SANYO
热爱人类与地球
敢为天下鲜
大连三洋冷链有限公司
Dalian SANYO Cold-Chain Co., Ltd.
地址：大连经济技术开发区松岚街6号
电话：(0411) 87544039 87326907 邮编：116600 传真：(0411) 87326912 87302236 http：//www.dalian-sanyo.com.cn

2006年中国连锁经营年鉴

中国连锁经营协会　编

中国商业出版社

编辑委员会名单

王宗南　联华超市股份有限公司　董事长
田甲男　沈阳市连锁经营协会　会长
刘立俊　武汉商会连锁经营协会　秘书长
华　洲　上海启点超市有限公司　董事长
吕伟顺　大商集团股份有限公司　总裁
吕国满　锦江麦德龙现购自运有限公司　副总经理
孙　雄　广东省连锁经营协会　会长
孙卫民　苏宁电器连锁集团股份有限公司　总裁
安建勇　西安市连锁经营协会　常务副会长
朱　丹　原深圳市海王星辰医药连锁有限公司　董事长
朱　平　东莞市零售行业协会　秘书长
朱　舫　《中国商报》　副总编辑
汤　琪　原华联超市股份有限公司　董事长兼总经理
纪志坚　大连三洋冷链有限公司　总经理
何　鹏　天津市连锁商业协会　秘书长
何家信　安徽省连锁经营协会　秘书长
吴伟栋　厦门市商业联合会连锁经营同业公会　秘书长
张文中　北京物美商业集团有限公司　总裁
张慧玉　河南省商业行业协会　会长
李成杰　沃尔玛（中国）投资有限公司　副总裁
李秀珍　北京市连锁经营协会　副会长兼秘书长
李远志　黑龙江省连锁经营协会　秘书长
李燕川　北京超市发连锁股份有限公司　总经理
杨德新　农工商超市（集团）有限公司　董事长兼总经理
沙振权　华南理工大学工商管理学院　教授
花　涛　深圳市零售商业行业协会　秘书长
苏敬轼　百胜（中国）投资有限公司百胜餐饮集团　总裁
邱源昶　上海可的便利店有限公司　总经理
陈　实　北京凯朗伯思咨询顾问有限公司　总经理
陈　智　深圳市铜锣湾百货有限公司　董事长
周　勇　农工商超市（集团）有限公司　副总经理
孟福平　太原市连锁经营协会　秘书长
郑万河　北京王府井百货（集团）股份有限公司　董事长兼总经理
郑丹阳　北京凡佳诗管理顾问有限公司　总经理
姚金来　安徽商业联合会零售商业委员会　会长
姜俊贤　中国北京全聚德集团有限责任公司　董事长
洪　涛　北京工商大学经济学院　教授
胡文章　上海连锁商业协会　秘书长
赵　顺　大连市连锁企业协会　副会长

前　言

2005年是中国取消对外商投资商业企业各种限制的元年。外资零售企业加快了在中国的攻城略地；内资企业积极应对竞争，稳中求进。

外资零售企业2005年在国内的市场份额提高，主要集中在目前具有竞争优势的大卖场业态，并保持了较为平稳的发展。同时外资企业已开始调整战略布局，以北京为中心向东北、华北、西北延伸，以广州、深圳为中心向西南延伸，在中部沿长江一线延伸；并且开始纵向延伸，向二级市场渗透。

面对来自外资零售企业的压力，众多内资企业也表现出了积极应对的态度。以区域为发展重点的区域性零售企业开始崭露头角，并保持着稳中求进的势头。2005年中国百家快速消费品零售企业中，78家是区域型企业，销售规模总额占百家企业销售总额的35%。

并购重组活动在过去的一年中依然是零售企业规模扩张的重要方式，并购、重组（包括资产重组、基本管理架构和机构设置重组）的消息不绝于耳，特别是家电行业的并购活动比较活跃。并购、重组的主要目的也是为了应对日趋白热化的竞争。

2005年到2006年间家乐福相继退出日、韩市场，沃尔玛也放弃韩国市场。外资零售巨头在亚洲其他市场的失败，也促使他们更关注中国市场，将更多的精力投入到中国市场中。这就意味着，2006年外资零售企业在中国将继续加大发展力度。从2006年上半年沃尔玛中国高层频繁考察并与二级城市签约的举措，就能对其目的窥见一斑。

反言之，两巨头在韩国市场的失败，对于中国本土企业如何应对外资也提供了宝贵的借鉴经验。区域内的强势将是内资企业抵抗外资巨头的优势，创新、错位竞争、区域联盟等同样也是很好的武器。

从韩国本土企业成功击败零售巨头的案例来看，仅靠本土企业自身的努力还不够，民族企业的发展壮大还需要政策的支持和消费者的忠诚。这正是目前中国零售市场所缺乏的。

希望在将来，在国家对本土企业支持政策的不断完善、在国民民族意识不断增强的环境下，中国的本土零售企业能蓬勃发展，中国的零售市场也能使外资巨头望而却步。

总结过去，展望未来。希望《2006年中国连锁经营年鉴》能让业内人士对过去一年中国的连锁经营市场有一个较为全面的了解。在此，也向参与此书编辑的专家、学者、业内人士和编委会工作人员，表示衷心的感谢！

中国连锁经营协会　会长 郭戈平

目 录

第一部分 行业综合篇

第二部分 调查篇

第三部分　地方篇

第四部分　技术篇

第五部分　法规篇

第六部分　附　录

第一部分　行业综合篇

2005年中国连锁经营发展基本情况

一、从2005年连锁百强看行业发展特点

根据中国连锁经营协会的统计，2005年“连锁百强”销售规模达到7076亿元，比2004年的4968亿元增长了42%；门店总数达到38260个，比上年的30416个增长了26%；营业总面积和员工人数均同比增长38%；“连锁百强”占社会消费品零售总额的比重首次突破10%，由上年的9.3%提高到10.5%。

“连锁百强”中家电企业的销售规模占比达到20%，销售增幅67%，明显高于其他业态；民营企业46家，外资企业18家，中外合资、合作及境外基金注入企业9家，国有企业及国家控股企业所占比重下降。

通过对2005年“连锁百强”进行分析，有以下三个特点值得关注：

（一）并购重组，连锁企业规模扩张的重要方式

2005年连锁百强前10位中的内资企业共发生收购活动14起，构成了收购活动的主体，在企业规模增长中占有较大比重。

家电企业收购活跃，进入百强的家电企业中，50%采用并购手段，共进行了8次并购活动。这些并购使家电企业2005年平均销售规模增长了67%，门店数增长了58%，远远高于百强企业平均增幅。

百强企业中，有近20家已组建的企业集团或大企业进行了重组，包括资产重组、基本管理架构和机构设置重组等。其中5家为上市做准备，其他企业的主要目的在于应对竞争，适应多业态发展的要求。

（二）布局全国，外资企业优势渐显

1. 市场份额提高

2005年百强中，外资企业18家，比2004年增加6家。销售规模总额1439亿元，占百强总销售规模的20%。如果包括中外合资合作、境外上市、国外资金注入内资企业等则上榜企业27家，销售总额2619亿元，占“连锁百强”总销售规模的37%。

2. 专注主力业态

外资企业主要集中在目前具有竞争优势的大型超市业态，百家快速消费品零售企业中，以大型超市为主的10家外资企业的店铺数为475家，占总店铺数的1.6%，实现销售额937亿元，占总销售额的23%。

3. 保持平稳发展

在前30名快速消费品零售企业中，从销售额增长情况看，外资企业2005年增长

23%，与2004年增幅相同；其他企业2005年增长32%，较上年下降14个百分点。从门店增长情况看，外资企业2005年增长22%，较上年下降3个百分点，其他企业26%，较上年下降6个百分点，外资企业发展基本平稳。

4. 优化战略布局

2005年10家以大型超市为主要业态的外资企业共新增大型超市120家，以北京为中心，向东北、西北延伸；以广州、深圳为中心，向西南延伸；在中部，沿长江一线延伸。

（三）聚集区域，内资企业稳中求进

2005年中国百家快速消费品零售企业中，78家是区域型企业（在本省或相邻省内发展，并在当地市场处于领先地位的企业），其销售规模总额占百家企业销售总额的35%。

分析快速消费品前30名中的内资企业，可以看到区域型企业和跨区域企业在销售和店铺增长上的不同点。从销售规模情况看，区域型企业2005年增长39%，比上年提高9个百分点，而跨区域企业2005年增长16%，比上年下降26个百分点；从店铺情况看，区域型企业2005年增长30%，2004年为26%，增速提高，跨区域企业两年的增长分别是22%和41%，增速下降。

在快速消费品零售行业，区域型企业有其独特的竞争优势。在发达国家的零售业中，一直有大量的区域企业保持旺盛的生命力。一些前几年快速跨区域发展的企业，目前也在进行调整，实行重点区域战略，这是2005年跨区域发展企业的一个显著特点。

二、2005年连锁发展总体特点

百强连锁企业的发展是我国连锁经营十多年发展的一个缩影。从行业总体发展情况看，还有以下一些特点：

（一）从连锁企业发展环境看

1. 政策环境得到改善

首先，刺激消费意图明显。这主要源于中国正在寻求经济增长方式的转变，从依赖出口和投资，转向通过内需促进经济增长，在这其中，“万村千乡”和“社区商业”尤其引人注目。

从2005年2月起，商务部拉开了旨在改善农村流通市场状况的“万村千乡”市场工程，计划以“村”为基础，用3至5年时间，培育出25万家左右的“农家店”，建立起覆盖全国城乡的流通网络。

5月初，商务部下发了《关于加快我国社区商业发展的指导意见》，提出社区商业是城市商业的基础，是满足居民综合消费的重要载体，计划争取利用3至5年时间，在全国人口过百万的166个城市中，初步完成社区商业建设和改造工作，形成满足基本生活消费需求的社区服务网络。

其次，加强行业的规范，促进发展。自去年下半年以来，陆续实施的法规和办法包括《商业特许经营管理办法》、《零售业态分类》、《零售业同业损害评估办法》等，正在制定或审议中的包括《特许加盟管理条例》、《城市商业网点规划条例》、《直销法》等。

在规范的基础上发展，是制定相关法规的主要目的。《国务院关于促进流通业发展的若干意见》于6月9日出台，重点提到要积极培育一批有著名品牌和自主知识产权、主业突出、核心竞争力强、具有国际竞争力的大型流通企业。此前，商务部已和国家开发银行签署了《商务部、国家开发银行支持流通业发展开发性金融合作协议》。国务院又下发了《关于促进流通业发展的若干意见》（国发［2005］19号）和《关于鼓励支持和引导个体私营等非公有制经济发展的若干意见》（国发［2005］3号）。目前正在制定的办法包括《零售商与供应商交易规范》、《零售商促销管理办法》等。

2. 竞争环境进一步加剧

大卖场在一级城市已经处于饱和或趋于饱和状态，二、三级城市成为发展的重点区域，很多大型企业（包括外资大卖场）发展到了县级城市。

超市受大卖场和便利店的挤压，生存困难。很多企业谋求通过创新和转型发展，如转型成为社区超市、高端超市或生鲜超市。

便利店发展的典型城市是上海，它是国内惟一的便利店出现饱和的城市（5400家），从整体上看，从2004年开始到2005年上半年，一直处于整合期，并且有相当一部分企业开始实现现金流的平衡和盈利。其他城市的便利店仍有一定的成长空间，但投资回报期将比较漫长，因为生活方式的改变是一个长期的过程。

3. 消费者更加细分

消费者的细分体现在不同年龄、财富、文化、生活方式、家庭组合、个人价值观的不同。细分的市场需求，一方面提供了不同的市场机会，同时要求企业确定自己的目标市场。

据对全国54500户城镇居民家庭抽样调查资料显示，2005年上半年，城镇居民家庭人均可支配收入为5374元，比上年同期增长11.6%，扣除物价上涨因素，实际增长9.5%。上海市统计局城调队提供的最新信息显示，2004年中国内地十大城市（上海、北京、天津、广州、重庆、武汉、南京、沈阳、西安、哈尔滨）人均可支配收入平均水平首次超过万元，为10448元，高出全国平均水平23%。

随着人均收入和可支配水平的提高，与以往的大多追求低价相比，消费者的消费模式有了很大的差异。更多的人开始追求绿色、安全、健康消费。根据中国连锁经营协会“2005年超市食品安全调查”的结果显示，有超过一半的消费者愿为食品安全支付少量的额外费用。

安永会计师事务所2005年9月发布的研究报告称，中国成为全球新的奢侈品消费中心，目前中国奢侈品市场排名仅次于日本、美国，居全球第3。研究报告显示，目前中国奢侈品市场的年销售额约为20亿美元，预计从现在到2008年，中国奢侈品市场销售额的年增长率将达到20%。

（二）从企业自身管理看

1. 企业成本意识增强，运营管理水平提高

各个企业都在千方百计强化成本管理，通过降低成本要效益。具体体现在采购成本管理、人力资本管理、运营成本管理等方面。通过精细化运作，从整体上看，企业的运营效率有所提高。

2. 企业学习氛围浓厚，注重先进理念应用

我国现代零售业经过十多年的发展，整体上处于学习和模仿阶段。对于现代经营管理技术和方法，企业表现出浓厚的学习热情。很多企业高层管理人员认为，连锁经营行业是高科技行业，是知识密集型行业。

3. 摆脱低端竞争，创新发展成为关键

从2002年到2004年的企业发展情况看，一些企业规模扩大，但盈利能力却没有得到提高，甚至反而下降。很多不同业态甚至同一业态的企业，在经营中往往市场一致，商品结构雷同，毛利率趋同，企业间处于低端的竞争局面。2005年，越来越多的企业开始关注企业内部的管理和创新发展，行业中涌现出很多管理创新、业态创新、营销创新、技术创新的优秀案例。如百佳超市的“TASTE”、华润的OLE生活馆、联华的“未来店”、启点超市的均价折扣店、上海城市超市的高端路线、欧洲高端卖场的中国化、可的便利店的鲜食产品开发、永辉的农改超实践等。

另外，中小企业在自愿连锁的道路上继续前行。步步高超市、大庆市庆客隆超市、武汉中百分别在上半年加盟美国最大自愿连锁体系IGA。而欧洲最大的超级市场自愿连锁体系——国际SPAR机构与山东家家悦超市有限公司合作，已在中国开办了3家SPAR门店，销售业绩取得明显改观。

（三）零售商与供应商，合作中的冲突

零售企业及供应商在经历了痛苦的选择和摸索之后，都在探索新的工商合作模式。尤其是零售商与供应商的关系由以前的简单的市场行为开始转向互动合作，在供应链管理、大客户服务等方面都有新的探索。供应商与零售商的战略合作从大企业开始。从2005年初开始，联华、华润万家、物美、国美、上海第一食品、大中等企业相继提出与供应商建立战略伙伴关系。

但供应链上的成本博弈导致两个利益群体之间的冲突时有发生：2005年初四大速冻食品供货商联手抵制物美超市的新合同，2月国美与三星交恶，4月彩电厂家联手抵制国美低价，7月河南海尔与国美发生冲突……

从中国连锁经营协会与IBM业务咨询服务部共同完成的《2005年工商关系调查报告》的情况看，零售商和制造商共同关注的最主要问题是“合作策略”，体现了双方对协同合作的关注。目前制约工商关系和谐发展的问题主要体现在通道费用和账期两个方面，特别是账期问题，已经成为供应商最为关注，也是最容易产生风险的问题。

（四）食品安全问题值得关注

2005年零售行业尤其是超市食品安全问题突出，消费者对食品安全的信任程度下降。食品安全问题被行业内及社会各界广泛关注。

1月份，以金龙鱼、福临门为代表的食用油被卫生部门监测出卫生不达标；2月份，亨氏食品中被发现含有苏丹红1号，琼森婴儿用品被发现含石蜡油成分；3月份，美国琼森产品含对婴儿有害的矿物油和化学成分遭质疑，美国立顿速溶茶含氟量超标引起了广泛的关注；5月份，雀巢再次被曝光其儿童奶粉碘超标，引起公愤；6月份，光明牛奶被指回收奶黑幕；10月份，有毒保鲜膜问题被披露……出现大量的食品安全问题，原因是多方

面的，包括标准体系不完善、法律法规缺失、检测体系落后等。

（五）农村商业和社区商业成为新的热点

2005年，商务部组织实施了以发展农村现代流通网络为主要内容的“万村千乡”市场工程。全国有1150家流通企业在777个县市进行试点，截至2005年底，已新建和改造7万多个标准农家店，新增营业面积800万平方米。商务部计划用3年时间培育25万家农村连锁超市，形成现代流通方式下的农村消费经营网络。这也为现代流通业提供了巨大的市场机会。社区商业作为整个流通环节的最末端，也越来越显示出其重要作用：在家门口满足日常生活所需，这对现代零售企业既是机会也是挑战。

（中国连锁经营协会）

2005年中国特许经营发展状况概要

本概要包括三方面内容：一是2005年特许企业发展战略与经营管理的特点总结；二是2005年特许经营领域较为活跃的新行业和业态的简要介绍；三是当前特许企业发展中面临的几个问题。需要说明的是，概要中的观点是在对国内近百家特许企业调查与沟通的基础上形成的，覆盖了30多个行业、业态，所调查的企业代表了目前国内特许经营的先进水平。考虑到大量新建企业没有纳入考察范围，报告的观点并不能全面反映过去一年国内特许经营发展的全貌。

根据中国连锁经营协会今年3月发布的特许经营统计数据，2005年，中国的特许体系数量达到2320个，加盟店16.8万个，分别比上年增长10.4%和40%。按照2006年年初EFF（欧洲特许联盟）推荐给WFC（世界特许联合会）的特许经营行业分类，目前我国特许经营已经覆盖了该分类的所有13大类别，只是在办公、商务供应与服务大类中的人力资源服务、税收、保险、会计、广告等方面还是空白，当然，国内特许企业的成熟度还存在较大差距。

一、企业特许经营的战略目标发生变化

特许经营是企业低成本快速建立品牌认知度和网络规模的理想模式。那么，当企业度过品牌初创和规模累积期后，特许经营的战略目标会发生怎样的变化呢？我们对企业2005年的发展状况进行考察后发现，品牌的维护和连锁网络的价值挖掘，已经成为企业特许经营工作的重点。特别是经历过快速扩张阶段后的企业，特许经营的战略重点正在向品牌维护和价值挖掘方向进行调整。其中包括：放缓加盟店的发展速度，加大培训、督导、品牌维护和人力资源开发的力度，以提高加盟店网络的规范化和稳定性。重视产品研发、差异化定位和业态调整，以适应市场变化，完善特许体系建设。利用加盟店的网络优势，在自有品牌产品开发、向产业链的上下游延伸、整合现金流、多品牌发展等方面进行探索，为加盟者创造更大的盈利空间。部分企业开始增加直营店的数量，为进入资本市场做准备。总之，战略目标的调整决定着特许企业发展与管理的方向。

（一）优化盈利模式，提高加盟店的盈利性

企业的做法包括，延伸产品和服务内容，增加连带销售，如在亲子教育中增加玩具和图书销售，在提供美容服务的同时销售商品等；降低加盟商运营成本，如整合采购渠道，提高统一采购批量，降低进货成本；强化区域的配送功能，提高配送商品比重；采取灵活的收费减免政策，扶持经营状况不佳的门店；提高加盟店的管理能力，如引入POS系统，利用销售数据帮助加盟商进行管理诊断，在“输血”的同时培养加盟商的“造血”机能；设立特许经营服务经理，强化对加盟店的综合服务功能。

（二）加强直营店建设和产业链延伸，为进入资本市场做准备

经过充分的准备，高盛成功入资21世纪（中国）不动产，引起特许经营领域的广泛关注。虽然目前达到融资规模的特许企业数量不多，但特许企业的品牌和网络资源以及市场潜力和发展前景被众多投资机构看好。要进入资本市场，首先要把盘子做大，因此，一些企业加大了开发直营店的力度，有的企业则尝试挖掘网络资源的潜在价值，如发行储值卡，增加现金流量；向生产领域延伸，生产销售与主业相关的产品，扩大经营规模等。

（三）实施多品牌策略，挖掘平台价值

多品牌策略的实施，一是来自加盟商的驱动，他们在取得加盟投资收益后，会表现出新的投资意愿，希望总部提供新的加盟机会；二是受主力产品的生命周期与市场需求变化的影响，发展新品牌以分散风险；三是来自特许企业对平台价值的认识和利用。这个平台包括团队、体系（包括培训、督导、配送）、手册以及现有的加盟商网络。一个成熟的平台可以容纳若干个店铺/品牌系统。目前，企业开发新品牌的方式包括自行研发商业模式、收购有潜力的小企业再改造包装、在原有店铺基础上以新品牌增加新的服务项目等。个别企业开始尝试从海外市场购买品牌。

二、提升运行质量是企业管理的重点

（一）加大品牌维护力度，确保可持续发展

2005年，企业的品牌维护力度明显加大。一年时间里，获得驰名商标的餐饮服务类特许企业至少在5家以上，企业打假维权的力度也在加强。

除了依靠法律和行政管理保护企业对品牌的使用权，企业对品牌维护的认识也在深化。企业已经认识到，更为有效的品牌维护，是对加盟商服务质量的监控。对于消费群体数量较少的家装、教育培训等行业来说，企业主要通过对顾客满意度调查，把握加盟商的服务水准。顾客流量大的零售、餐饮等行业，企业主要通过秘密顾客的方式掌控加盟店的产品和服务质量。有的企业还推出先行赔付制度，对在加盟店消费受损的客户，由总部先行赔偿，以维护品牌的美誉度。

（二）总部与加盟商的沟通机制进一步完善

新技术为总部和加盟商进行高效率的沟通提供了新渠道。例如，一些企业建立了视频会议系统，通过电视会议召开加盟商会议和对加盟店进行培训，使沟通频率大幅度提高。各种应用系统，包括ERP、CRM等在企业的应用以及企业网站的建设等，促进了加盟店经营数据的共享，为总部支持加盟提供更加有利的条件。此外，通过加盟商协会/委员会等机构的设立，也促进了总部与加盟商的沟通。

（三）设立矩阵式的职能构架，改善加盟网络的区域管理

企业跨区域开店达到一定数量后，由于配送、督导频次、支持和区域渗透等诸多方面

的原因，企业开始建立和强化分区管理力量，包括完善区域配送设施、把区域内的加盟招募和督导服务任务下放给区域分部等，分部的职能有的通过当地的直营店、分公司完成，有的则由总部委托给当地的区域加盟商，对其承担的支持服务工作给予补偿。总部各职能部门侧重于对区域公司的指导，与区域分部共同完成对加盟商的管理、指导与服务。

（四）设立企业“大学”，保障人才供应

对人员技能依赖度高或采取托管方式的企业，主要集中在餐饮、酒店、学校、家装等行业。这些企业在人才培养方面都倾注了很大的财力和人力，部分企业还设立了企业“大学”。企业自建的培训机构，主要满足连锁体系内部的需要，向直营和加盟店提供驻店经理、厨师、讲师、设计人员等。有的“大学”也面向社会提供教育服务。

三、特许经营的行业特点

（一）各行业发展特许经营具有不同特点

随着特许经营模式不断渗透到各个行业、业态，其在不同行业的发展特点也逐渐显现出来：各种专卖店（如特色食品、工艺品、礼品、服装、鞋类专卖店，水站等）和农村连锁店等零售业态，具有店铺营运简单、投资规模小、店址容易找等特点，而且大部分店铺经营品种单一，适于数量众多的中小投资人加盟，这些业态的特许经营一直处于平稳快速发展态势。洗衣店、美容店、地产中介、超市、便利店等行业和业态，投资额和经营管理的复杂程度略高于前者。从总体上看，这些行业和业态加盟店数量多，地域分布广。但进入门槛低，市场竞争较为激烈。

经济型酒店、餐饮、健身、家装、教育培训等行业进入门槛较高。具体表现为投资额大、系统复杂、标准化程度低、选址严格等，同时，这些行业对加盟者的经验和素质也有比较高的要求。为保证品质，帮助加盟商解决管理上的难题，很多总部采取了托管方式，派出管理和技术人员参与加盟店的管理，因此加盟店的发展速度较慢，每个体系所拥有的店铺数量相对较少。

行业特点不但影响加盟店的发展数量和扩张速度，同时对特许体系的运营模式、总部职能构建、运营手册的编制等，也具有显著影响。例如，酒店连锁体系的核心是客源建设，教育培训的重点在教材的开发，超市特许体系的核心在商品配送。

（二）各行业加盟店的开发速度不同

2005年，餐饮和超市类企业加盟店的开发速度普遍放缓。其中，经历了快速扩张阶段的餐饮企业，由于对加盟店缺乏有效控制，很多问题逐渐暴露出来，因此，强化对现有加盟店的管理，提升体系的运行质量成为2005年的工作重点。超市便利店发展速度减慢，一方面源于市场竞争，特别是外资企业的竞争压力，店铺盈利状况欠佳；另一方面，受配送和管理能力的制约，企业跨区域开店的步伐放缓。房地产中介行业受去年房地产“新政”的影响，局部市场的加盟店出现收缩。

酒店、健身、农村连锁等新兴市场在2005年进入高速扩张期，企业在发展加盟时普遍采取了积极的扩张策略，进入第一轮的高速扩张期。

（三）各行业加盟店的区域（市场）分布不同

不同城市和区域，消费水平与市场发育程度存在明显差异，不同行业和业态的加盟店在地区分布上，也形成鲜明特色。传统餐饮如火锅，中低价位的服装专卖店，其加盟店的区域主要分布在二、三级城市和中西部地区；西餐、休闲饮品、健身、亲子教育等行业的加盟店，则集中在大中城市和经济发达地区。超市、便利店、农村连锁店对物流配送的依赖度高，在加盟店的发展上表现出很强的区域化特征。

四、2005 年特许经营的热点行业、业态

（一）消费需求变化，拉动特许经营新行业

生活方式的改变带动了特许市场的变化。2005 年，以休闲、体验为目标的消费需求持续上涨，带动了各类食品专卖店如面包房、冰淇淋店和咖啡馆、酒吧等业态的发展，也拉动了经济型酒店、运动、旅行用品和服务业的繁荣。此外，随着汽车的普及和住房条件的改善，与汽车、住房相关的服务业如汽车后市场服务、家装、家纺和家具的零售等构成特许经营市场最活跃的组成部分。

（二）整合低端市场，发掘特许经营新领域

小商品、中低价位的服装一直被传统市场所主导，缺乏品质保证，逐渐进入恶性竞争的死胡同。一些企业通过特许经营的方式建立饰品和折扣服装连锁店网络，形成通路品牌和规模经营，让消费者以同样低的价格买到有品牌和品质的商品，在激烈竞争的市场中发掘出一片“蓝海”，把新商机通过特许模式发展起来。

（三）调整分销模式，催生特许经营新业态

利用特许经营整合分销渠道成为各类企业常用的手段。例如，电器、日用品生产企业为摆脱对专业零售商的过度依赖，尝试通过招募加盟商自建渠道。直销法出台前后，直销企业为适应政策要求，开始通过店铺销售，特许经营是其建立零售网点的方式之一。由产品主导型向服务型延伸的企业，如润滑油生产企业，也开始通过发展加盟店建立销售网络。物流企业利用特许经营方式构建物流体系并取得显著成果。

（四）已有特许业态和模式的创新

技术带动业态创新。例如，自动取衣设备在 2005 年被洗衣企业引入，正在使洗衣店的服务模式发生变化。人机对话式的计算机英语培训系统的开发，也丰富了英语培训学校的盈利模式。

加盟者的需求推动业态创新。为适应加盟者的投资能力和市场条件，确保较理想的投资回报，企业在旧有模式基础上规划出若干种适于不同投资规模、不同立地条件的新业态。

消费需求的个性化和时尚化，也推动了原有特许业态的创新。在家装行业，服务高端市场和大众市场的特许品牌逐渐形成各具特色的经营模式，健身品牌的差异化定位也使健身房的特许经营模式多元化，在超市、便利店等传统行业，通过市场细分，也挖掘出了新的商业概念和加盟机会。

五、目前特许经营需要关注的重点问题

（一）加盟商满意度下降

根据对部分特许企业加盟商的抽样调查和对总部管理人员的访问，同一家企业，2004年和2005年加盟商对总部的综合评价，得分下降的企业占到被调查企业一半以上。特许企业总部对导致评价下降的原因分析后归纳出四个方面：一是总部管控力度加大，对加盟商的考评、督导更加严密；二是行业竞争加剧，加盟商的投资回收期延长；三是加盟店数量增加，独占商圈缩小；四是总部的支持、服务能力和加盟店的增长不同步，相对滞后。

（二）特许市场环境存在不利因素

目前，企业反映最突出的问题主要集中在两个方面：一是企业的知识产权无法得到有效保护，品牌被其他企业恶意仿冒，损害了企业在消费者心目中的形象，对加盟店也造成不利影响；企业的特许系统，包括手册、网页、招募资料等被抄袭，抄袭者利用这些素材，以更低的价格招募加盟，扰乱市场秩序。二是潜在加盟者的投资信心需要保护。虽然国家在积极出台相关政策措施，但利用特许经营骗取加盟费等商业欺诈依然没有得到有效遏止，很多投资人对特许经营有抵触心理，给正常的加盟招募带来不利影响。

（三）关注消费安全和健康

以零售、餐饮和服务业为主体的特许企业，在消费者对健康和消费安全的关注空前高涨的情况下，必须积极回应。在餐饮业，调整产品配方和烹饪方法（如清油火锅的推广）、西式快餐增加吸纳本土饮食的健康元素等做法开始流行；家装行业对装修污染的防范，洗衣行业对环境安全的关注，超市食品加强安全措施和冷链建设等，都是保证加盟店赢得消费者的有效措施。企业围绕健康和消费安全改进现有连锁系统，是提升品牌美誉度和连锁店竞争力不可或缺的一环。

（中国连锁经营协会）

零售连锁类上市公司2005年经营业绩回顾及2006年发展展望

一、连锁类上市公司2005年经营业绩盘点

在分析2005年年报过程中，我们将与2005年连锁百强相关的15家公司同零售行业的53家公司进行了对比。从分析结果看，连锁类公司在经营业绩、盈利能力、营运能力等各个方面都要明显好于零售行业平均水平，连锁类公司在零售行业发展中继续起到领跑作用。

1. 连锁类公司业绩稳定增长，并处于零售行业领跑地位

总体来看，零售类公司整体经营业绩保持稳定增长态势。2005年，零售类公司主营业务收入和净利润稳步增加，主营业务收入24.86亿元，同比上年增长24.81%，净利润2832万元，增长12.29%，但是从总体来说，零售行业平均主营业务收入增长率大于净利润增长率。从盈利水平来看，平均每股收益持续稳定增加，2005年达到0.1086元/股，同比增长7.3%。

15家连锁类上市公司更是站在零售行业的前列，平均主营收入58.81亿元，同比增长31.30%；平均净利润8559万元，同比增长30.88%；平均每股收益0.23元，同比增长23.5%。

表1　15家连锁类公司主营业务收入增长情况

证券代码	证券简称	主营业务收入（百万元）			
		2002年	2003年	2004年	2005年
600631	G百联	2764.15	2664.30	4715.52	8998.93
600825	华联超市	3666.44	4014.09	3836.48	2945.93
600827	友谊股份	7584.64	11591.08	13752.71	18106.69
002024	苏宁电器	3525.56	6033.72	9107.25	15936.39
600694	大商股份	3048.99	5138.42	6354.45	8576.57
600361	G综超	2636.42	4417.29	4687.96	5300.83
600729	重庆百货	3088.86	3010.55	3148.51	3670.98
600898	三联商社	1256.90	1782.53	2291.42	2080.40
000417	G合百大	1176.35	1419.92	2079.90	2497.38
000501	G武商A	2739.15	3392.43	3843.35	4196.06
000759	G中百	2207.07	3187.48	3473.30	4108.92
600859	王府井	3325.64	3180.81	4119.23	5008.93

续表

证券代码	证券简称	主营业务收入（百万元）			
		2002年	2003年	2004年	2005年
600811	东方集团	1522.14	2283.97	2947.05	2945.71
600858	G银座	28.09	98.26	648.85	1582.70
000785	G中商	1875.35	1913.23	2186.24	2265.40
15家连锁类公司平均		2696.38	3608.54	4479.48	5881.45
零售行业平均		1367.42	1677.74	1992.20	2486.49

资料来源：WIND资讯、国泰君安研究所。

表2　　15家连锁类公司净利润增长情况

证券代码	证券简称	净利润（万元）			
		2002年	2003年	2004年	2005年
600631	G百联	4741.71	7000.25	13968.45	19940.92
600825	华联超市	6692.51	6198.66	3462.93	-4015.85
600827	友谊股份	8251.54	9011.48	13165.54	13496.08
002024	苏宁电器	5856.31	9890.19	18120.37	35062.99
600694	大商股份	8268.41	8364.89	14097.84	24395.01
600361	G综超	3655.52	6457.29	9724.96	13011.06
600729	重庆百货	6861.28	7042.83	6952.19	7731.90
600898	三联商社	2080.48	3113.38	3561.72	2370.50
000417	G合百大	2539.28	2595.27	3062.55	3324.37
000501	G武商A	308.44	195.30	-6915.19	1102.05
000759	G中百	1706.17	2099.67	3158.90	4911.02
600859	王府井	2475.55	1269.14	1338.45	2694.77
600811	东方集团	11909.38	11589.41	11346.36	9611.30
600858	G银座	-3519.81	352.49	2222.06	4617.71
000785	G中商	1251.57	803.72	828.59	-9866.02
15家连锁类公司平均		4205.22	5065.60	6539.72	8559.19
零售行业平均		1681.16	1971.92	2538.02	2832.49

资料来源：WIND资讯、国泰君安研究所。

表 3　　15 家连锁类公司每股收益增长情况

证券代码	证券简称	每股收益（元/股）			
		2002 年	2003 年	2004 年	2005 年
600631	G 百联	0.08	0.12	0.13	0.18
600825	华联超市	0.43	0.40	0.16	-0.15
600827	友谊股份	0.25	0.27	0.31	0.31
002024	苏宁电器	/	/	1.95	1.05
600694	大商股份	0.31	0.31	0.53	0.83
600361	G 综超	0.29	0.51	0.39	0.52
600729	重庆百货	0.34	0.35	0.34	0.38
600898	三联商社	0.11	0.16	0.16	0.11
000417	G 合百大	0.19	0.16	0.16	0.18
000501	G 武商 A	0.01	0.00	-0.14	0.02
000759	G 中百	0.08	0.10	0.15	0.23
600859	王府井	0.06	0.03	0.03	0.07
600811	东方集团	0.19	0.18	0.15	0.13
600858	G 银座	-0.29	0.03	0.18	0.38
000785	G 中商	0.05	0.03	0.03	-0.39
15 家连锁类公司平均		0.15	0.18	0.19	0.23
零售行业平均		0.07	0.09	0.10	0.11

资料来源：WIND 资讯、国泰君安研究所。

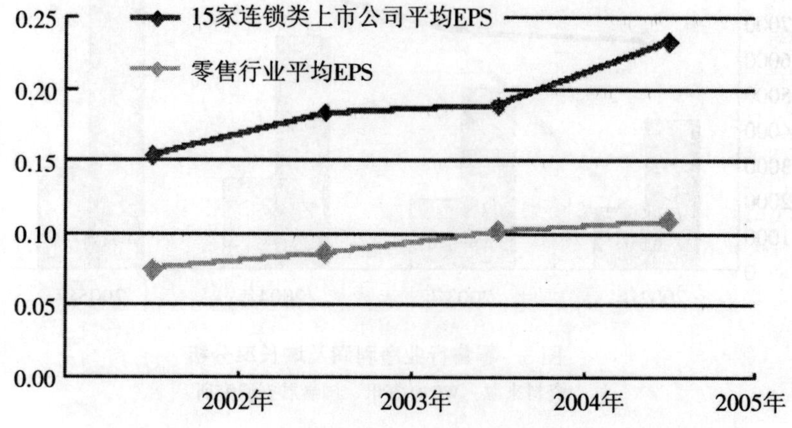

图 1　零售行业平均每股收益分析

资料来源：WIND 资讯、国泰君安研究所。

从发展趋势上来说，近 3 年连锁类公司主营收入分别增长 33.83%、24.14% 和 31.30%，而零售板块平均增长 22.69%、18.74% 和 24.81%，前者增幅明显高于后者。从绝对量看，近 3 年连锁经营类公司主营收入分别是零售行业平均水平的 2.15 倍、2.25 倍和 2.37 倍。

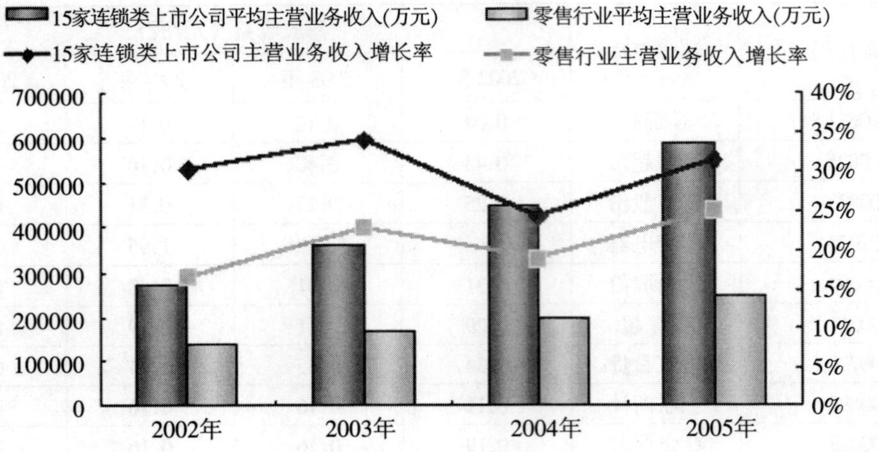

图 2　零售行业主营业务收入及增长率分析

资料来源：WIND 资讯、国泰君安研究所。

近 3 年连锁经营类公司净利润分别增长 20.46%、29.10% 和 30.88%，而零售板块平均增长 18.53%、27.7% 和 12.29%，前者年均增幅也明显高于后者。从绝对量看，近 3 年连锁经营类公司净利润分别是零售行业平均水平的 2.57 倍、2.58 倍和 3.02 倍。

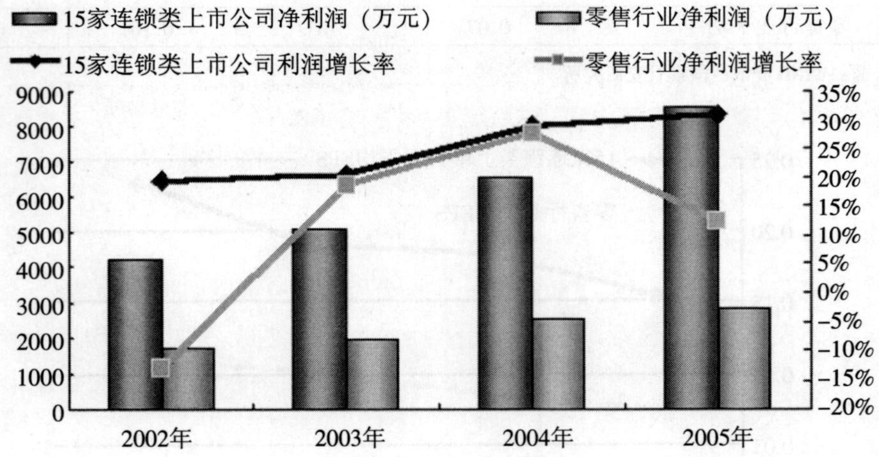

图 3　零售行业净利润及增长率分析

资料来源：WIND 资讯、国泰君安研究所。

连锁类公司经营业绩持续增长，主要有以下原因：一是连锁类公司不仅注重网点的快速扩张，更加注重单店盈利能力的提高，即从外延增长转向内生增长。2005 年连锁百强的门店数同比增长了 26%，低于 2004 年的 49% 的增长率，但是主营业务收入、净利润增长速度并未放缓，这说明连锁企业内生增长能力在提高。二是其他业务利润大幅增加，提高连锁类公司盈利能力。近几年，苏宁电器、华联综超等连锁龙头公司的进场费、租金、促销费等其他业务利润所占净利润的比重不断增加，已经成为盈利增长的主要来源。

2. 零售行业盈利能力缓步提高，连锁类公司更胜一筹

2005 年，零售类公司销售毛利率同比持平，净资产收益率为 3.91%，处于近 4 年的最高期；但销售净利率比 2004 年的 1.27%有所下降。我们分析，零售类公司尤其是超市和家电连锁公司普遍处于扩张周期，扩张展店的速度加快，主营业务收入增速快于净利润增速。随着扩张周期进入尾期，展店速度变缓，零售企业将更注重精耕细作，提高单店盈利能力，这将对销售毛利率的提升起到关键作用。

表 4　　零售行业赢利能力分析

	行业平均水平	2002 年	2003 年	2004 年	2005 年
销售毛利率	15 家连锁类上市公司	15.06%	14.38%	14.45%	14.55%
	零售行业	16.14%	15.55%	15.72%	15.72%
销售净利率	15 家连锁类上市公司	1.56%	1.40%	1.46%	1.46%
	零售行业	1.22%	1.18%	1.27%	1.14%
净资产收益率	15 家连锁类上市公司	4.88%	5.46%	5.47%	6.70%
	零售行业	2.79%	3.17%	3.56%	3.91%

资料来源：WIND 资讯、国泰君安研究所。

从发展趋势上来看，连锁类公司在销售毛利率方面略有提升，从 2004 年的 14.45%提高到 2005 年的 14.55%；而销售净利率为 1.46%，同比持平；连锁类公司的净资产收益率上升迅速，达到 6.70%，提升了 1.23 个百分点。

与零售行业整体比较而言，连锁类公司的平均销售毛利率低于整体零售行业的水平，而在销售净利率、净资产收益率方面高于零售行业平均水平。一方面因为连锁类公司经营效率高，销售规模大，使得其虽然在销售毛利率上低于行业平均水平，但在销售净利率、净资产收益率这些盈利能力指标方面优于行业平均水平。另一方面，连锁类公司在净利润构成方面，并不只是依靠主营业务利润，其他业务利润的增长也对连锁类公司盈利能力的提高做出一定贡献。

零售行业上市公司营运能力不断提高，平均存货周转率由 6.92 提高到 7.58。连锁类公司在营运能力方面更远远高于零售行业，2005 年平均存货周转率达到 10.25。这主要是像苏宁等家电连锁企业采用的是先销售再给厂家付款的方式，占用企业自有资金相对较少；与此同时，连锁类公司普遍采用比较先进的物流系统，也大大降低了存货水平。

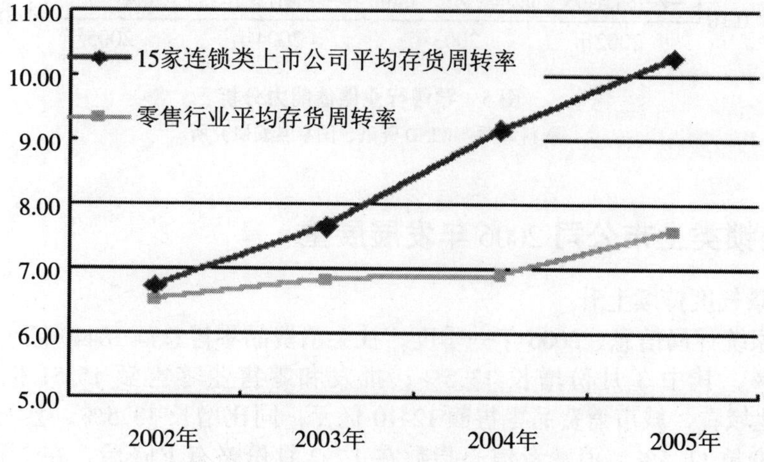

图 4　零售行业营运能力分析

资料来源：WIND 资讯、国泰君安研究所。

3. 偿债能力略有下降，但偿债风险不大

2005年零售类公司偿债能力略有下降，流动比率保持在0.77，速动比率由0.51下降到0.50，资产负债率由56.20%上升到59.33%。我们认为，就目前来说，由于行业整体业绩稳定增加，偿债能力各比率仍在合理区间，大多数零售公司的偿债风险并不很大。

连锁类公司在资产负债率、流动比率、速动比率方面一直是劣于零售行业平均水平，而在2005年连锁类公司在偿债能力方面提升较快，连锁类公司平均资产负债率59.90%，仍然高于零售行业平均水平的59.33%，但是流动比率、速动比率已经优于零售行业平均水平。

表5　零售行业偿债能力分析

	行业平均水平	2002年	2003年	2004年	2005年
流动比率	15家连锁类上市公司	0.74	0.74	0.76	0.78
	零售行业	0.80	0.80	0.77	0.77
速动比率	15家连锁类上市公司	0.45	0.45	0.52	0.51
	零售行业	0.55	0.51	0.51	0.50
资产负债率	15家连锁类上市公司	57.94%	59.39%	57.07%	59.90%
	零售行业	53.32%	55.28%	56.20%	59.33%

资料来源：WIND资讯、国泰君安研究所。

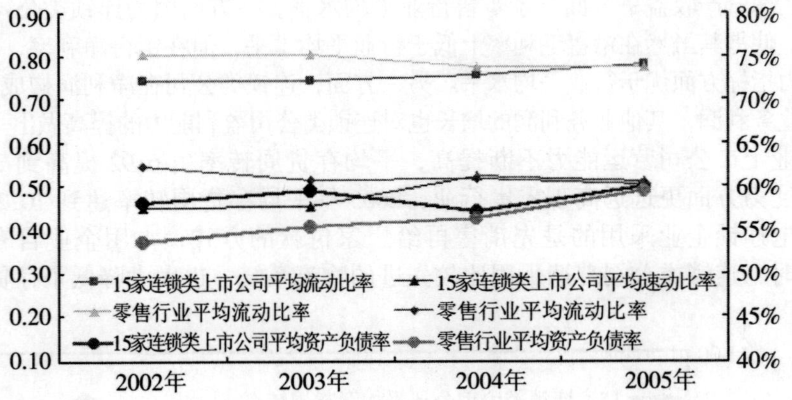

图5　零售行业偿债能力分析

资料来源：WIND资讯、国泰君安研究所。

二、连锁类上市公司2006年发展展望

1. 行业景气度持续上升

根据国家统计局信息，2006年一季度，社会消费品零售总额18440亿元，比2005年同期增长12.8%，其中3月份增长13.5%；批发和零售业零售额15551亿元，同比增长12.9%。分地域看，城市消费品零售额12410亿元，同比增长13.5%，县及县以下零售额6030亿元，增长11.5%。消费者信心指数在1、2月份略有下降后，在3月份达到94.2，上升了0.6个点。

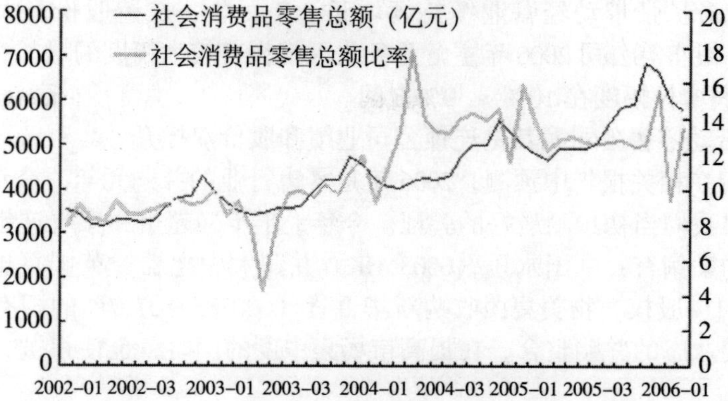

图 6　社会消费品零售总额

资料来源：国家统计局。

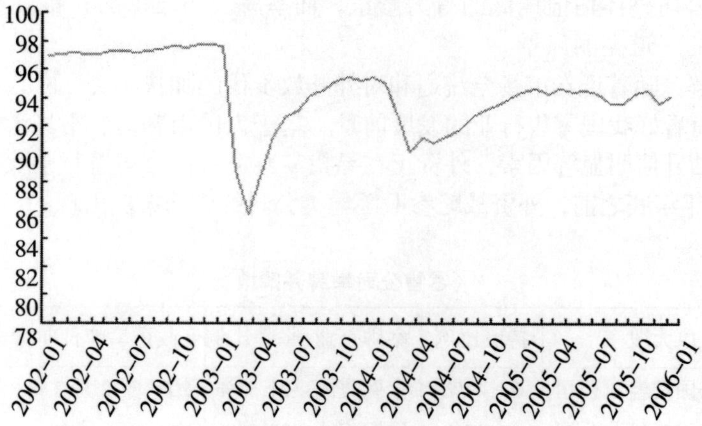

图 7　消费者信心指数

资料来源：国家统计局。

我们认为，由于城市化进程加快、居民消费升级和促进内需政策力度加大等因素，“十一五”期间零售行业的景气度要高于“十五”期间，而消费需求的持续增长将为零售连锁行业和企业的健康发展奠定坚实的基础。

2. 经营业绩仍将持续增长

具体分析 15 家公司的经营情况，我们认为 2006 年商业连锁板块的经营业绩仍然有较大幅度的增长。主要理由：

（1）股改对价承诺及公告预增。如，G 苏宁公告 2006 年上半年经营业绩将增长 50%以上，G 综超股改承诺 2006 年经营业绩增长 25%以上，重庆百货股改承诺今后 3 年业绩增长 10%以上，G 中百股改承诺今后 3 年业绩增长 30%以上。

（2）资产重组及减亏。2005 年华联超市每股收益亏损 0.15 元，公司近期公告将进行大股东更替型资产重组，新大股东承诺注入出版业优质资产使得公司 2006 年扭亏为盈；G 中商 2005 年每股收益亏损 0.39 元，主要原因是新开大型商业设施一次性损益计提，预计 2006 年将减亏甚至扭亏。

(3) 主营业务扩张带动经营业绩持续增长。G百联、友谊股份、大商股份、G合百大、王府井、G银座等公司2006年主营业务收入都将有较大幅度的增长，我们预计这些公司2006年净利润增长幅度在10%~30%之间。

3. 并购将带动零售公司尤其是连锁公司业绩和股价双提升

2005年我们在相关报告中预测，2006年是零售行业的并购元年。今年前5个月零售行业的发展，是对我们当初预测最好的验证。今年上半年，超市和家电连锁业态的并购整合频繁。比较大的案例有：中国永乐（0503.HK）并购大中电器，英国百思买以1.8亿美元收购五星电器51%股权，物美集团收购新华百货（600785）27.7%的国有股权而成为新大股东等等。相同业态的并购整合，在提高市场集中度的同时，也使得被并购企业得到了更好的发展机遇。

今年上半年，民营企业举牌收购零售类公司愈演愈烈（见表7）。在全流通实施前以及部分地区国有资本逐步退出的前提下，民营企业大举收购零售公司股权，看中的是商业公司日益稀缺的网点资源和商业地产升值的巨大潜力。民营产业资本的大量介入，是对证券市场对零售类公司整体估值偏低的有力修正，而举牌公司股价的大幅度上涨，已经成为上半年证券市场的一道亮丽风景。

据我们了解，随着证券市场全流通和对外开放步伐的加快，美、欧、日等国际产业资本和投资基金纷纷看好我国零售行业的发展前景。基于人民币升值、市场潜力巨大、经营业绩持续增长、重估升值明显等因素，外资正在寻找零售类目标公司进行中长期战略持股。我们预计，在2006年年底之前，外资战略参股零售类公司的成功案例出现的可能性极大。

表6　　零售公司举牌并购情况

举牌公司	原大股东	持股比例	举牌企业	举牌比例	截止举牌日期	年初以来股价上涨
南京新百	南京国资经营公司	24.49%	金鹰集团	24.55%	2006年2月2日	19.54%
南京中商	南京国资经营公司	23.07%	雨润集团	25.25%	2006年4月28日	58.40%
百大集团	杭州投资控股公司	29.93%	银泰集团	23.82%	2006年4月25日	42.58%
鄂武商	武汉国资经营公司	29.75%	银泰集团	18.11%	2006年4月11日	26.61%
武汉中百	武汉国资经营公司	14.41%	平泰商贸	7.14%	2006年5月8日	74.73%

资料来源：国泰君安证券研究所。

附表：2005年连锁零售类上市公司经营指标分析

附表1　　2005年连锁零售类上市公司主营业务收入增长情况

证券代码	证券简称	主营业务收入增长率			
		2002年	2003年	2004年	2005年
600631	G百联	-15.96%	-3.61%	76.99%	90.84%
600825	华联超市	12.89%	9.48%	-4.42%	-23.21%

续表

证券代码	证券简称	主营业务收入增长率			
		2002年	2003年	2004年	2005年
600827	友谊股份	31.38%	52.82%	18.65%	31.66%
002024	苏宁电器	111.89%	71.14%	50.94%	74.99%
600694	大商股份	53.95%	68.53%	23.67%	34.97%
600361	G综超	111.99%	67.55%	6.13%	13.07%
600729	重庆百货	30.98%	-2.54%	4.58%	16.59%
600898	三联商社	360.12%	41.82%	28.55%	-9.21%
000417	G合百大	17.22%	20.71%	46.48%	20.07%
000501	G武商A	23.09%	23.85%	13.29%	9.18%
000759	G中百	49.50%	44.42%	8.97%	18.30%
600859	王府井	7.12%	-4.36%	29.50%	21.60%
600811	东方集团	-12.26%	50.05%	29.03%	-0.05%
600858	G银座	1.21%	249.82%	560.33%	143.93%
000785	G中商	12.08%	2.02%	14.27%	3.62%
15家连锁类公司平均		30.15%	33.83%	24.14%	31.30%
零售行业平均		16.46%	22.69%	18.74%	24.81%

资料来源：WIND资讯、国泰君安研究所。

附表2　　2005年连锁零售类上市公司净利润增长情况

证券代码	证券简称	净利润增长率			
		2002年	2003年	2004年	2005年
600631	G百联	-31.44%	47.63%	99.54%	42.76%
600825	华联超市	33.66%	-7.38%	-44.13%	-215.97%
600827	友谊股份	17.79%	9.21%	46.10%	2.51%
002024	苏宁电器	131.91%	68.88%	83.22%	93.50%
600694	大商股份	-6.49%	1.17%	68.54%	73.04%
600361	G综超	-20.22%	76.64%	50.60%	33.79%
600729	重庆百货	17.80%	2.65%	-1.29%	11.22%
600898	三联商社	-160.72%	49.65%	14.40%	-33.45%
000417	G合百大	-47.54%	2.20%	18.00%	8.55%
000501	G武商A	-103.14%	-36.68%	-3640.89%	-115.94%
000759	G中百	-29.19%	23.06%	50.45%	55.47%

续表

证券代码	证券简称	净利润增长率			
		2002年	2003年	2004年	2005年
600859	王府井	1.40%	-48.73%	5.46%	101.34%
600811	东方集团	-27.02%	-2.69%	-2.10%	-15.29%
600858	G银座	4.65%	-110.01%	530.40%	107.81%
000785	G中商	-54.06%	-35.78%	3.09%	-1290.70%
15家连锁类公司平均		19.43%	20.46%	29.10%	30.88%
零售行业平均		-12.93%	18.53%	27.70%	12.29%

资料来源：WIND资讯、国泰君安研究所。

附表3　　2005年连锁零售类上市公司销售毛利率变化情况

证券代码	证券简称	销售毛利率			
		2002年	2003年	2004年	2005年
600631	G百联	21.11%	21.34%	21.52%	20.04%
600825	华联超市	15.77%	15.53%	13.93%	16.59%
600827	友谊股份	18.02%	17.68%	17.86%	17.69%
002024	苏宁电器	8.36%	8.57%	9.76%	9.68%
600694	大商股份	15.65%	14.26%	15.56%	15.53%
600361	G综超	14.85%	11.68%	10.99%	11.04%
600729	重庆百货	12.20%	14.04%	15.13%	14.78%
600898	三联商社	5.96%	5.33%	5.11%	5.12%
000417	G合百大	13.52%	13.36%	13.03%	11.76%
000501	G武商A	15.94%	16.46%	16.39%	15.34%
000759	G中百	12.23%	12.23%	11.81%	12.59%
600859	王府井	17.03%	18.09%	16.09%	18.02%
600811	东方集团	19.04%	13.41%	12.40%	11.53%
600858	G银座	1.14%	10.02%	15.92%	16.34%
000785	G中商	12.10%	12.04%	12.51%	12.27%
15家连锁类公司平均		15.06%	14.38%	14.45%	14.55%
零售行业平均		16.14%	15.55%	15.72%	15.72%

资料来源：WIND资讯、国泰君安研究所。

附表 4　　2005 年连锁零售类上市公司销售净利率变化情况

证券代码	证券简称	销售净利率			
		2002 年	2003 年	2004 年	2005 年
600631	G 百联	1.72%	2.63%	2.96%	2.22%
600825	华联超市	1.83%	1.54%	0.90%	-1.36%
600827	友谊股份	1.09%	0.78%	0.96%	0.75%
002024	苏宁电器	1.66%	1.64%	1.99%	2.20%
600694	大商股份	2.71%	1.63%	2.22%	2.84%
600361	G 综超	1.39%	1.46%	2.07%	2.45%
600729	重庆百货	2.22%	2.34%	2.21%	2.11%
600898	三联商社	1.66%	1.75%	1.55%	1.14%
000417	G 合百大	2.16%	1.83%	1.47%	1.33%
000501	G 武商 A	0.11%	0.06%	-1.80%	0.26%
000759	G 中百	0.77%	0.66%	0.91%	1.20%
600859	王府井	0.74%	0.40%	0.32%	0.54%
600811	东方集团	7.82%	5.07%	3.85%	3.26%
600858	G 银座	-125.31%	3.59%	3.42%	2.92%
000785	G 中商	0.67%	0.42%	0.38%	-4.36%
15 家连锁类公司平均		1.56%	1.40%	1.46%	1.46%
零售行业平均		1.22%	1.18%	1.27%	1.14%

资料来源：WIND 资讯、国泰君安研究所。

附表 5　　2005 年连锁零售类上市公司净资产收益率变化情况

证券代码	证券简称	净资产收益率			
		2002 年	2003 年	2004 年	2005 年
600631	G 百联	2.87%	4.06%	3.96%	5.54%
600825	华联超市	21.49%	16.78%	3.45%	-4.32%
600827	友谊股份	7.43%	6.79%	8.77%	8.55%
002024	苏宁电器	38.87%	38.74%	21.81%	29.99%
600694	大商股份	6.53%	6.15%	7.88%	10.30%
600361	G 综超	6.44%	10.20%	13.78%	16.67%
600729	重庆百货	15.02%	13.36%	12.42%	12.80%
600898	三联商社	8.30%	10.82%	11.18%	6.93%
000417	G 合百大	4.12%	4.04%	4.53%	4.84%

续表

证券代码	证券简称	净资产收益率			
		2002 年	2003 年	2004 年	2005 年
000501	G 武商 A	0.31%	0.21%	-7.91%	1.24%
000759	G 中百	2.19%	2.62%	3.89%	5.82%
600859	王府井	1.62%	0.82%	0.85%	1.70%
600811	东方集团	4.53%	4.05%	3.73%	3.07%
600858	G 银座	-50.94%	4.01%	16.17%	24.45%
000785	G 中商	2.30%	1.46%	1.48%	-21.37%
15 家连锁类公司平均		4.88%	5.46%	5.47%	6.70%
零售行业平均		2.79%	3.17%	3.56%	3.91%

资料来源：WIND 资讯、国泰君安研究所。

附表 6　　2005 年连锁零售类上市公司流动比率变化情况

证券代码	证券简称	流动比率			
		2002 年	2003 年	2004 年	2005 年
600631	G 百联	0.2983	0.204	0.5273	0.6206
600825	华联超市	0.6985	0.7563	1.5573	1.5684
600827	友谊股份	0.6004	0.7202	0.7159	0.6812
002024	苏宁电器	1.28	1.34	1.5329	1.2503
600694	大商股份	0.4143	0.4165	0.4245	0.4992
600361	G 综超	0.9999	0.8338	0.8726	0.8265
600729	重庆百货	0.6443	0.7425	0.7615	0.7123
600898	三联商社	1.0831	1.5732	1.2589	1.1949
000417	G 合百大	1.2383	0.9088	1.1022	0.9524
000501	G 武商 A	0.504	0.5842	0.5563	0.6551
000759	G 中百	0.8045	0.7188	0.6009	0.5862
600859	王府井	1.247	1.2394	1.0419	1.057
600811	东方集团	1.4299	1.0469	0.8252	0.8067
600858	G 银座	0.3836	0.5351	0.7123	0.7027
000785	G 中商	0.739	0.7745	0.6896	0.5462
15 家连锁类公司平均		0.74	0.74	0.76	0.78
零售行业平均		0.80	0.80	0.77	0.77

资料来源：WIND 资讯、国泰君安研究所。

附表 7　　2005 年连锁零售类上市公司速动比率变化情况

证券代码	证券简称	速动比率			
		2002 年	2003 年	2004 年	2005 年
600631	G 百联	0.2983	0.204	0.5273	0.6206
600825	华联超市	0.6985	0.7563	1.5573	1.5684
600827	友谊股份	0.6004	0.7202	0.7159	0.6812
002024	苏宁电器	1.28	1.34	1.5329	1.2503
600694	大商股份	0.4143	0.4165	0.4245	0.4992
600361	G 综超	0.9999	0.8338	0.8726	0.8265
600729	重庆百货	0.6443	0.7425	0.7615	0.7123
600898	三联商社	1.0831	1.5732	1.2589	1.1949
000417	G 合百大	1.2383	0.9088	1.1022	0.9524
000501	G 武商 A	0.504	0.5842	0.5563	0.6551
000759	G 中百	0.8045	0.7188	0.6009	0.5862
600859	王府井	1.247	1.2394	1.0419	1.057
600811	东方集团	1.4299	1.0469	0.8252	0.8067
600858	G 银座	0.3836	0.5351	0.7123	0.7027
000785	G 中商	0.739	0.7745	0.6896	0.5462
15 家连锁类公司平均		0.45	0.45	0.52	0.51
零售行业平均		0.55	0.51	0.51	0.50

资料来源：WIND 资讯、国泰君安研究所。

附表 8　　2005 年连锁零售类上市公司资产负债率变化情况

证券代码	证券简称	资产负债率			
		2002 年	2003 年	2004 年	2005 年
600631	G 百联	53.71%	49.70%	40.55%	43.76%
600825	华联超市	73.38%	71.73%	38.02%	38.65%
600827	友谊股份	62.57%	58.84%	57.46%	64.83%
002024	苏宁电器	63.32%	64.62%	57.81%	71.39%
600694	大商股份	67.00%	67.48%	67.91%	61.35%
600361	G 综超	69.35%	69.30%	68.91%	67.83%
600729	重庆百货	63.18%	62.03%	62.22%	62.21%
600898	三联商社	50.47%	35.32%	60.70%	70.38%
000417	G 合百大	48.65%	57.04%	57.57%	59.70%

续表

证券代码	证券简称	资产负债率			
		2002年	2003年	2004年	2005年
000501	G武商A	66.73%	68.53%	70.33%	68.23%
000759	G中百	55.16%	61.88%	63.02%	68.28%
600859	王府井	44.05%	48.02%	52.84%	55.39%
600811	东方集团	41.29%	52.05%	52.72%	52.43%
600858	G银座	64.08%	61.76%	67.60%	60.91%
000785	G中商	66.20%	68.59%	68.86%	77.22%
15家连锁类公司平均		57.94%	59.39%	57.07%	59.90%
零售行业平均		53.32%	55.28%	56.20%	59.33%

资料来源：WIND资讯、国泰君安研究所。

附表9　　2005年连锁零售类上市公司存货周转率变化情况

证券代码	证券简称	存货周转率			
		2002年	2003年	2004年	2005年
600631	G百联	14.9292	18.7539	13.8184	14.7945
600825	华联超市	10.6298	10.2191	9.3448	6.9718
600827	友谊股份	10.0425	10.6658	10.6187	9.5309
002024	苏宁电器	16.19	21.79	15.0476	10.3322
600694	大商股份	9.6619	10.6739	9.1229	9.6935
600361	G综超	7.7643	8.8722	11.4511	13.8034
600729	重庆百货	15.9847	12.9146	10.7191	10.451
600898	三联商社	22.0803	14.9345	14.3644	13.1049
000417	G合百大	5.1199	7.0687	12.214	13.5276
000501	G武商A	11.0503	8.7	8.8142	16.3976
000759	G中百	5.7497	5.8537	6.2287	7.3968
600859	王府井	3.2983	3.5355	6.5006	10.2994
600811	东方集团	1.3972	1.9456	4.337	10.748
600858	G银座	8.215	14.2296	32.0542	41.6867
000785	G中商	3.7282	4.2036	4.8122	5.261
15家连锁类公司平均		6.74	7.63	9.14	10.25
零售行业平均		6.51	6.82	6.92	7.58

资料来源：WIND资讯、国泰君安研究所。

（徐晓芳　刘　冰）

大型超市、仓储会员店、超市分析

一、行业业态概述

（一）本行业、业态市场发展状况及消费需求变化

2005年，超市类行业仍处于快速增长时期，但增幅减缓。百强中的超市类企业多数销售增长低于2004年。

在三种超市类行业中，综合超市发展最快，超级市场次之（其中生鲜超市尚未适应环境）、仓储会员店变化不大。

一般而言，超市类企业的市场容量取决于人口数量、购买欲望和购买能力等三个要素。据国家统计局发布的2005年国民经济和社会发展统计公报，2005年农村居民人均纯收入3255元，比上年实际增长6.2%；城镇居民人均可支配收入10493元，实际增长9.6%。居民可支配收入的增加，提高了居民的消费能力，为超市类企业的发展奠定了基本的消费基础。

超市类企业满足消费需求的商品主要有：生鲜及包装食品、日用品、耐用品等。对于包装食品、日用品，超市类企业已得到消费者的普遍认可。对于生鲜食品，消费者追求距离近、价格低、质量好、新鲜、可挑选性强、安全等，超市的生鲜区和生鲜超市暂时还未有效满足这种需求。对于耐用品，超市类企业与专业店、百货商店相比并没有多少优势，往往选择中低端耐用品作为食品、日用品的补充。

（二）竞争状况

2005年超市类企业的竞争主要表现出这样几个特点：

1. 区位竞争

超市门店的盈利带有很大的区域性，其生存和发展与周边的人口分布、居民收入、竞争、交通等因素有着密切的关系。好的区位毕竟是有限的，后进入者往往选择临近先进入者的位置布点，与先进入者展开区位竞争。2005年这种案例屡见不鲜。

2. 营销组合的运用

区位临近的竞争门店，为了取得竞争优势，广泛地采用了以消费者为导向的营销组合及主题营销策略。在产品方面，优化商品组合，推出自有品牌产品；在价格方面，选择个别价值低的商品低价销售以吸引人气；在促销方面，采用多种形式的广告、公共关系、营业推广及人员推销等促销方式，通过不间断的主题营销刺激消费者的购买欲望。一些企业在竞争对手的营销攻势下流失了忠诚顾客。

3. 内资企业竞争能力进一步提升

在与外资企业的竞争中，内资企业在企业战略、运营管理、市场营销等领域都获得了进一步的改善。大城市的消费者在选择商店时，对内外资的区分已淡化。综合超市领域多年来以外资为主导的状况正在发生变化。

4. 竞争的区域差异性

由于我国区域经济、城市规模和城市经济差异较大，因而对连锁企业的吸引力也具有较大差异。从区域经济差异看，长江三角洲、珠江三角洲、环渤海等三大城市群内的超市类企业竞争最为激烈。从城市规模上看，我国666个城市可分为特大城市、大城市、中等城市、小城市等四个等级，其中百万人口以上的55个特大城市竞争最为激烈。

（三）连锁企业经营及发展状况

表1给出了2005年中国连锁百强中以超市类业态为主的企业的基本情况，包括企业的增长率、销售额和店铺数等。2005年本行业企业的发展表现出以下几个特点：

表1　　2005年超市类企业销售额排行榜（前10名）

销售额排序	企业名称	年销售额（万元）	店铺数（个）
1	联华超市股份有限公司	3828478	3786
2	北京华联集团投资控股有限公司	2080000	74
3	苏果超市有限公司	1812000	1503
4	物美集团	1738932	615
5	农工商超市（集团）有限公司	1754900	1572
6	家乐福（中国）管理咨询服务有限公司	1743580	78
7	华联超市股份有限公司	1700000	1937
8	上海大润发有限公司	1570000	60
9	好又多商业发展集团公司	1320000	96
10	华润万家有限公司	1201946	610
注	其他主要的企业还有：新一佳、易初莲花、沃尔玛、乐购、麦德龙、人人乐、京客隆、欧尚等。		

资料来源：中国连锁经营协会发布的“2005年中国连锁百强企业”。

1. 超市类企业是最适宜进行连锁化经营的零售业态之一

2005年归因于连锁企业所开门店的增加和销售额的大量增长，连锁超市企业地位更加显著，行业集中度也进一步提升。

2. 外资超市类企业在百强中的排名下降

在外资超市类企业中，外国合资的企业有家乐福、沃尔玛、易初莲花、乐购、麦德龙、欧尚等，港台合资的企业有好又多、华润、江苏时代超市、百佳、大润发等。从表2可以看出，除了个别企业排名上升外（华润万家排名上升的原因在于其2004年5月并购了苏果；2005年大润发在欧尚的支持下获得了大的发展，算个特例），大部分外资企业的排名都有所下降。

表2　　外资超市类企业在2004、2005连锁百强中的排名

外国合资			港台合资		
企业	2004年排名	2005年排名	企业	2004年排名	2005年排名
家乐福	5	9	华润（含苏果）	华润15/苏果8	4
易初莲花	21	20	好又多	13	16
沃尔玛	20	22	大润发	—	10
乐购	—	27	江苏时代超市	34	42
麦德龙	24	28	百佳	42	47
欧尚	36	40			

3. 一些国有独资或控股、民营企业获得了明显的发展

由于内资超市类企业数量众多，实力差别较大，因而总体上必然是一部分企业获得了较快的发展，一部分企业保持稳定，一部分企业没有得到发展。在较快发展的企业中，国有独资或控股企业以联华超市、农工商超市为代表，民营企业以物美为代表。这些企业通过自开门店、并购或特许经营等方式扩张，实现了较大的门店数目增长及销售增长。

二、行业内典型/龙头企业情况

（一）典型内资企业发展状况

在表3中，描述了超市类行业3家典型内资零售企业近3年来的门店数、销售额和销售增长情况。受行业整体环境影响，3家企业有共同点又各具特色。

表3　　典型内资企业销售情况统计表

年度	上海百联（集团）有限公司			上海农工商超市有限公司			北京物美投资集团		
	店铺数（个）	销售额（亿元）	比上年增率（%）	店铺数（个）	销售额（亿元）	比上年增率（%）	店铺数（个）	销售额（亿元）	比上年增率（%）
2003年	4357	485.2	21.9	1213	124	41.8	518	85	67.8
2004年	5493	676.3	39.4	1232	137	11	608	132.8	56
2005年	6345	720.7	7	1572	175.5	28	659/615	190.7/173.9	44/31*

注：物美的数据中，“/”之前的数据不包括超市发，“/”之后的数据包括超市发。

1. 上海百联（集团）有限公司

上海百联集团是一个多元化的企业，其下属的超市类企业有联华超市股份有限公司、华联超市股份有限公司。其中联华超市增长速度较快，2005年销售额382.8亿元，增幅达25%，而华联超市与2004年相比增长速度却下降了20%。

2. 农工商超市

农工商在经历了2004年调整期销售增长的急剧下降后，2005年获得了反弹，销售增长达到28%，销售额达到175.5亿元。销售增长主要得益于其门店数量的急剧增加，2005年其门店数量增加了340家，远高于2004年19家的增长数目。

3. 北京物美投资集团

近几年，尽管物美的增长速度在减缓，由2003年的67.8%，降到2004年的56%，再降到2005年的44%，但44%的增长速度仍是很高的增长率，远高于2005年行业平均市场增长率。物美的高增长来自于两条途径，一是增开门店，二是通过资本运作并购商业网点。

（二）典型外资企业发展状况

表4　　典型外资企业销售情况统计表

年度	家乐福				沃尔玛				麦德龙			
	总店铺数（个）	在中国店铺数	销售额（亿欧元）	在中国销售额（亿元）	总店铺数（个）	在中国店铺数	销售额（亿美元）	在中国销售额（亿元）	总店铺数（个）	在中国店铺数	销售额（亿欧元）	在中国销售额（亿元）
2003	6074	41	704.86	134.4	4906	33	2563.29	58.5	2370	18	535.95	56.2
2004	6546	62	726.68	162.4	5289	43	2852.22	76.4	2110	23	534.75	64.6
2005	7030	78	744.97	174.4	6141	56	3124.27	99.3	2171	27	557.22	75.5

资料来源：根据相关资料整理。

1. 家乐福

2005年家乐福在中国的发展与2004年相比有所减缓，2005年销售额增加12亿元，而2004年增加了28亿元。造成家乐福销售额增长速度减缓的原因在于：（1）门店数量增长减缓，2005年门店数目增加16个，而2004年增加了21个；（2）遭受了激烈的市场竞争；(3)（冠军）超级市场经营不善。从2004年开始，家乐福在中国市场上推行“（家乐福）大型超市+（冠军）超级市场+（迪亚天天）折扣商店”三种业态组合的扩张战略，但在2005年（冠军）超级市场业绩不佳，最近有消息称，家乐福欲将（冠军）超级市场的经营权移交给合作方西友集团。

2. 沃尔玛

2005年沃尔玛在中国市场表现较佳，继续高速增长。主要表现在：（1）开店速度加快，2005年门店数目增加13个，高于2004年10个门店的增加数目。（2）销售额增长了30%，与2004年销售增长幅度持平。与家乐福类似，沃尔玛在中国市场上的增长主要依赖于综合超市（沃尔玛称为购物广场），而山姆俱乐部、社区店并没有实质扩展。

3. 麦德龙

麦德龙是仓储商店的典型代表，自进入中国市场以来，集中发展仓储商店一个业态，没有尝试多元化发展。尽管麦德龙早已制定了雄心勃勃的扩张计划，但近几年其开店速度有所减缓，2003年门店增加了8家，2004年增加了5家，2005年增加了4家。受益于麦德龙成熟的门店管理，在门店数目增长不大的情况下，其销售额却实现了持续增长，2005年麦德龙销售额增长了19%，高于2004年的15%的销售增长。

三、本行业发展热点及核心问题

（一）空间扩张上，表现为多点铺开、区域集中和向中小城市渗透

由于各个企业在全国空间布局上的进度有早有晚，有的企业已基本完成在各区域核心城市的布局，扩张重点已转向了在核心城市继续增开分店并向其周边的中小城市渗透。但大部分的连锁企业仍属于区域连锁企业，如农工商、物美等，这些企业在强化区域集中的同时，开始筹划进入新的区域（包括战略地位很重要、竞争力已很激烈的核心城市），如沃尔玛在珠江三角洲已实现了区域集中和城市集中，但具有战略地位的长江三角洲的核心城市上海直到2005年沃尔玛才进入。

另外，在总体扩张上，由于核心城市竞争非常激烈，2005年已表现出了向中小城市渗透的态势。

（二）外资企业增长较快，增幅平缓

2005年，超市类企业发展的一个很大的特点是，外资企业（含外国合资、港台合资企业）增长幅度趋于平缓。尽管一些外资企业在2005年仍取得较高的增长速度，如欧尚42%，易初莲花36%、大润发35%、沃尔玛31%等，但与2004年相比，除了大润发、华润增长较快，家乐福、沃尔玛、麦德龙略有增长外，大部分外资企业的增长幅度下降了。再加上一些内资企业的出色表现，外资超市类企业2005年在100强中的市场份额与2004年相比仅略有上升。

（三）综合超市生鲜区扩大，生鲜超市陷入困境

2005年是中国政府以及超市类企业探索生鲜食品盈利模式的又一年。政府站在便民利民的角度致力于提高生鲜食品的安全、卫生。2005年农贸市场的环境和食品安全得到了进一步的改善，农贸市场（包括其改进型）的变化在一定程度上增强了其与超市的竞争力。

纯生鲜超市在2005年并没有找到有效的盈利模式。与生鲜超市陷入困境相比，一些综合超市在2005年纷纷扩大生鲜区的面积，并取得了一定的成效。

（郭崇义）

便利店分析

我国便利店的发展特点是跃进式、渐进式与多样化相结合。跃进式发展是指发展速度快，国内便利店基本上是从2000年起急速发展起来的。这样做的好处是迅速形成规模，并依靠竞争而培育了比较成熟的便利店市场。渐进式改进是指在发展中调整，在调整中发展，还没有完全想明白就开始干，边干边想，边想边干，而不是等想明白以后再实施。这样做的好处是既抓住了发展机遇，又能够较好地跟随消费者同步发展。多样化模式是指我国便利店不是按照一种既定的模式发展起来的，也没有趋同于一种发展模式，由于各地的经济发展水平、居民消费水平以及业态成熟度不同，便利店在发展中形成了不同的模式。

（一）“跃进式”发展

从2000年到2003年，是我国便利店的规模化“跳跃”时期，期间我国便利店实现了“超速发展”。这对经营便利店的母公司来说带来了双重影响：一是为经营规模扩张开辟了新的增长点；二是总部利润被便利店大量吞噬。面对“两难”问题，最高决策者所实施的战略决策主要有以下四种：一是坚定不移地把规模扩张作为首要任务，集中力量发展并承受巨额亏损的压力；调低发展目标，降低发展速度，以减少亏损；三是通过资产整合，引进外来的“和尚”，但仍然无法改变亏损的局面；四是当本地市场出现饱和状态时，把发展重心转向其他区域。从这些战略的实施效果来看有以下几种结果：第一，母公司的实力与决心相结合，经过一段时间持之以恒的发展与改进，终于在规模化经营的前提下走出了“亏损地带”，如农工商超市集团创办的好德便利就属于这一类型。好德便利创办于2001年4月15日，第一年开店150家，第二年发展到500家，第三年达到了1000家的经营规模。但连续亏损四年，直到2005年才实现盈利。第二，母公司对便利店的发展信心不足，决策上动摇不定，最后失去发展机会，以变卖或倒闭为结局。最典型的就是上海“21世纪便利”，开始的时候制定了“要么不做，要做就做第一”的目标，当发展到500家的时候，面对投入上亿元但还不见底的亏损，思想上就产生了动摇，最后又错误地认为与“美亚”可以实现优势互补。美亚收购以后，在没有搞明白便利店运作的情况下，又错误地实施了一系列所谓的“改进与改革”，最终导致21世纪便利在“消费者、房东与供应商”三者的联合夹攻下被迫退出市场。21世纪便利的退出，与其说是被市场淘汰的，更不如说是由一系列决策失误和处事不当导致的，连锁公司应该从中汲取教训。实际上大家都面临着危机，危机处理能力强的可以面临危机而继续生存，反之就被淘汰。

最近几年快速发展起来的便利公司基本上就是按照以下轨迹发展的：经过“跃进式”发展达到了规模扩张的第一目标以后，再用几年时间进行调整，然后再继续发展。

（二）“渐进式”改进

渐进式的改进也发生在快速发展时期，快速发展的过程也就是渐进改进的过程。上海便利店近年来为什么由量变实现了质变，与其在发展过程中的不断变化是分不开的。2005年应该说是一个转折年，主要是销售与服务收入有较大幅度增长，暂时进入了盈利期。这种转折是以前两年的调整和改进为基础的。2005年上海便利店新增市内门店255个，即从2004年的3653个增加到了3908个，增长6.98%，销售总额超过100亿元（含市外门店与批发销售），同比增长28.59%，其中市内零售额超过75亿元，同比增长7%。应该说明的是：（1）上述数据是含税销售；（2）总销售包含了上海市内外的销售以及零售与批发销售；（3）销售额包括卡类销售（如电话卡），有些公司还包括公用事业代收代付金额，实际的零售额要小于报表数；（4）估计上海市内的便利店年含税零售额约为50亿元，单店日销售额在3500元以下，销售仍没有根本性的突破，经营业绩、盈利能力和抵御风险的能力依然很低，随时有可能重新进入亏损区。

便利店这些年来的改进主要表现为以下六个方面：

一是改头换脸。在上海连锁经营协会便利店委员会第37次例会上，可的便利的邱源昶总经理说："有外国人问，中国的便利店为什么老是在'换脸'。确实，快客与可的都换脸了，而且动作比较大。正面的说法是在不断改进，反面的说法是进入便利店的时候根本没有想明白便利店是怎么回事情，所以要不断地改。"其实，即便是后起之秀如好德便利也在改头换面，有30%的门店已经用上了亚克力面板灯箱，虽然投资成本提高了，但光亮度更好，也便于清洗，还可以在店铺调整时拆卸后再次使用。便利店的改头换脸主要发生过两次。第一次从2001年开始，主要是将便利店从超市中分离出来，起用了独立的商号，并在门面灯光与设施上有较大改进。上海的好德便利在这方面曾经是行业的代表，其宝蓝色门面、移动门以及差异化的店铺名称等都对推动行业的发展起到了积极的促进作用。第二次是行业间互动的改进。联华便利和可的便利都对原有的门面进行了再设计，推出了新的代表色与店铺标志，行业中开始普遍使用亚克力面板做门头灯箱。实际上，改头换脸反映的是经营理念与经营思路的转变，门头的改进体现了便利店越来越向"经营业态专业化，销售服务时尚化，企业形象图案化"方向发展的新趋势。

二是调整结构。最初的便利店大部分是迷你超市，其优势就在于"空间与时间的便利性"。近年来尤其是2005年，即刻需求与即食品越来越受到便利公司的重视，行业中普遍出现了"18度鲜食柜"，盒饭、三明治、汉堡等即食品已经十分普遍，有些公司还率先瞄准了韩式菜系，推出了适合早餐、午餐和晚餐食用的韩式菜肴。如可的便利研制推出的中式、西式、韩式等自有商品，已经将近200多个，涵盖了点心类、便当盒饭类、糕点类、面包类等鲜食品类。可的把旗下16%~18%的位于商务区、医院、大学城的门店改造成为全新的特色门店，并对产品结构进行调整，大约有30%的产品由"特色商品采购部"专门采购、配送；商务门店引进高档文教用品，并推出团购业务；大学城门店在品牌文化用品和时尚新产品上体现特色；医院门店则推出保质期要求更高的便当类产品。为了实施差异化经营，便利店也在大力发展自有品牌商品。资料显示，日本便利店的个性化商品占总销售额的比例是：7-11为46%，罗森为35%，全家为29%。值得关注的另一个普遍问题是：烟草证在某些地区（特别是上海）是由各区的烟草局严格控制的，一年发两次证，先申请排队登记，店多证少，即使排上了队也得不到证，即使拿到了证也不能保证香烟的足量供应。这是影响便利店烟草销售的一个重要因素。这是一个必须整治的垄断部门，也是新闻媒体从来不曝光的部门。此问题在国办发［2002］49号文件《关于促进连锁经营发展的若干意见》（国务院办公厅转发国务院体改办、国家经贸委）中早有明确规定：连锁经营企业经营烟草、药品、书籍、报刊、音像制品，代售邮票、信封、明信片、电话卡，代办公用电话等业务，可由总部向审批机关申请办理有关批准文件（或许可证）。总部取得批准文件（或许可证）后，门店不需再办理相应批准文件（或许可证），可由总部（或委托门店）持加盖总部印章的批准文件（或许可证）复印件，向门店所在地有关部门备案，并由门店向所在地工商行政管理机关办理相关登记即可。但是实际操作则是另外一码事。由此可见，发展我国连锁经营的最大障碍恐怕不是市场竞争的压力，而是来自政府与垄断行业的习惯势力以及传统的制度、体制、机制与既得利益。国务院应该设立一个课题，专门研究解决传统体制与现代流通之间的冲突与矛盾，这是对我国流通事业发展的最大支持。

三是增加服务。服务性商品在便利店具有很大的发展空间，大公司的卡类销售和代收代付金额已经超过了商品零售销售额。到便利店交纳公用事业费已经成为居民的习惯，但是便利店收取公用事业费的服务费率平均还不到0.3%，即收取1000元金额的公用事业费，便利店服务收入还不到3元。这一比例在我国台湾约为0.6%，日本为1%。因为费率太低，又常常影响正常的商品销售业务，因此有些公司已经停止收费。另外，早9点以前晚5点以后一般不收公用事业费，早上收费影响早营业高峰期间的生意，晚间收费会积存大量现金不安全。便利店可以推广的服务项目还有很多，如快递信件、冲洗照片、洗衣代收等代收代理服务；还有设备服务，如影印、电话传真、自动提款等；信息提供服务，如生活娱乐信息、家庭生活咨询等；其他服务，如为每日三餐不方便的顾客提供实时的食品加工和运送服务。便利店在商品配置上往往是根据商圈特征而分类的，不一定所有门店提供完全相同的服务项目，一般是根据不同类别设定经营商品和服务结构。此外，便利店也利用有限的空间推出了视频广告服务，增加了便利店的收入。

四是加强营销。营销包括日常营运与主题营销活动。门店营运是一个渐进的过程，开始的时候并没有建立起真正意义上的以业绩为核心的营运体系。因为便利店刚刚起步，也没有资深的督导，只是借用超市管理的模式，对门店现场的服务、环境卫生、商品陈列等面上的工作进行检查与督促。后来，各家公司普遍建立了营运督导体系，开始从关心服务现场转向对商品的关注，形成了“以商品为中心”的管理模式。但在这个时期由于缺乏营运标准与信息系统的支撑，营运仍然没有充分发挥保证目标实现、提升经营业绩的重要作用。发展到第三阶段，营运才真正从前台走向后台，从关注商品发展到关注人，最终是关注经营业绩。在营销方面，由于超市与大卖场起步早于便利店，顾客又往往把便利店当作提供购物便利的“小超市”，甚至超市与便利店也存在贴身竞争的问题。因此，便利店也常常会与超市发生价格摩擦。总体来说，目前便利店营销气氛和主题活动还不够活跃，商品陈列也不够丰满，非价格营销手段运用得不够。要提高业绩，必须强化“即食品”和“定牌商品”经营，把营销计划做到每一天，通过主题活动和非价格营销吸引顾客并提高客单价。

五是转换机制。便利店最终的组织模式是特许加盟，而且是以区域特许的方式为主导，如统一集团就拥有7-11在中国台湾地区和菲律宾的经营权。以下数据是上海便利店2005年与2004年的比较，基本反映了我国便利店目前的组织状态和发展趋势：（1）加盟店比例从25%提高到了27%；（2）市内加盟店比例从29.5%提高到了32%；（3）市外加盟店比例从12.5%提高到了13.5%；(4) 新开门店488家，其中上海市内255家（直营与合资74家，加盟181家），上海市外233家（直营合资188家，加盟仅45家）。这些数据表明：(1) 我国便利店的组织模式仍然以直营为主，没有达到以加盟为主的水平，加盟市场发展潜力很大；(2) 跨地区发展便利店仍然处于摸索阶段，快客是全国发展战略，可的则是局部发展战略，主要集中在华东地区比较发达的城市，好德则是集中在上海地区发展；(3) 市内发展以加盟为主，市外发展以直营为主，但市外新开门店的加盟比例在提高。目前的加盟形式主要是"委托加盟"，店铺租赁权和设备的大部分由总部拥有或投资。特许加盟在我国没有进入繁荣发展时期的原因是错综复杂的，如法律规范、行业成熟度、加盟者市场等。一般在发展初期是直营，然后是内部加盟（实际上是一种有抵押金做保证的经营承包责任制），接着在本地开展特许加盟，再发展到跨地区的特许加盟。在便利店行业还没有出现纯粹意义上的地区加盟商，这与加盟者与被加盟者的成熟度有很大的关系。国外便利店品牌把中国的便利店市场瓜分为一个个区域，如以北京为中心的华北地区，以上海为中心的华东地区，以深圳为中心的华南地区等，内资便利店发展壮大以后，也可以实施区域特许模式。在行业中值得关注的一种新模式是好德便利推行的"合伙合作承包经营制"。2003年10月份，好德便利推行以单体门店为单位的"合伙合作承包经营制"的试点，到2004年底已经有80%的门店实行了"合伙合作承包经营制"。实施该办法以后，在不改变店铺产权关系的前提下，总部与门店的积极性得以充分调动，销售明显增长，费用明显下降，当年9月，好德便利首次实现了经营性赢利。2005年好德便利进一步加大了"合伙合作"的推进力度，又有86家门店进入了"合伙合作"行列，全公司90%以上的门店实施了合伙合作承包经营，2005年好德便利终于实现了全年盈利的目标。所谓"合伙合作承包经营制"即由便利店店长与一名以上员工一起"合伙"向公司交纳风险抵押金，建立承包经营的班子；门店与公司签订包括销售指标、费用指标，以及根据不同的毛利额确定的分成比例的"合作"经营的合同。

六是提升技术。在便利店的创牌时期，发展速度与经营规模是比较关键的，但达到了一定的规模以后，物流设施、信息系统等方面的技术支撑就显得越来越重要。我国便利店物流设施与信息技术的发展经历了两个时期：第一阶段首先是从自己拥有的超市物流中分化出相对独立的常温物流，它与超市物流不同的主要是增加了拆零配送，并扩大配送中心的合流区。非常温商品则委托第三方物流或由供应商直送。在这个时期，物流作业以人工作业为主，订货等日常业务采取传真、邮件、网络等多种方式，零售、物流、供应商之间没有形成完整的信息链。为了保证门店销售，防止因缺货造成的销售损失，有些公司借助"自动补货系统"，订货由总部集中负责。这样做虽然会减弱门店的随机应变能力，但却保证了基本的销售业绩，实际上在发展初期有利于在较短时间内达到统一与标准的要求。这个时期由于便利店的主要功能仍然是商品销售，所以，信息系统以及对网络设施的要求也比较低。第二阶段是在达到了几百家甚至上千家门店规模以后，便利公司开始考虑新建配送中心，试图将非常温物流整合起来，并开始使用一系列新的物流技术，如WMS仓库管理系统、RFID无线射频技术、电子标签等。这个时期的物流与前一个时期的变化从表面上看是技术性的，其实最大的变化是依靠信息技术的支撑，物流开始了整体规划与联合组配，使配送效率大大提高，直送商品大幅度减少，门店接单次数也就相应减少了。与此同时，商品订货规则与补货系统也发生新的变化，从总部自动订货逐渐发展到给门店一定的订货自主权，把商品分为：统管商品，总部决定品种与要货数量；必配商品，总部决定品种，门店决定要货数量；选配商品，门店决定品种和要货数量。营运督导每天晚上都要从系统看门店的订货情况，对订单作相应的修改，这样督导就对门店销售也负起了责任。连锁店的管理也开始从“以商品为中心”向“以营运为中心”转变。由于经营规模的扩大，各种服务提供商开始利用便利店平台发展自己的业务或实现资源共享，公用事业收费以及各种充值卡业务在便利店的开通，使消费者对便利店的依赖性也日益增强。在此背景下，便利店的信息系统也相应地进行了多方面的升级换代，可实现与服务提供商的各种接口，宽带网络的建立更为实现网络资源与信息资源的共享和开通信用卡业务提供了有利条件。2005年初，上海的部分便利店还开通了国际信用卡业务。在未来的发展中，有三个问题是值得关注的：一是要根据商品类别形成专业化物流体系，如常温、冷冻、鲜食、文化品等；二是要进一步整合供应链，特别是要整合生鲜食商品供应商；三是建立更为动态与及时的信息分析与反馈体系，利用气候等各种信息资源实现更精细的经营。

通过上述六个方面的改进，我国便利店系统开始从规模化发展过渡到规范化与标准化管理，经营业绩也有了显著提高。但是，我国便利店发展的总体趋势仍然是发展模式的“多样化”。

（三）发展模式的多样化

我国便利店从一开始就呈现出多样化和差异化的发展态势，除参照7-11模式发展起来的便利店外，社区型的小超市和邻里型的杂货店都是十分普遍的类型。近年来，国内外还出现了一些新的便利店发展形式。

1. 加油站便利店

(1) 国外情况。国外加油站便利店属于“驾车消费型”便利店，从属于“零售贸易”中的“加油站系列”，该类便利店在美洲发展得特别好。在欧美等国家加油站的非油品业务发展较为成熟，除加油、充气、加水等常规业务之外，便利店、餐饮、户外广告、洗车、修车，乃至银行提款机、通讯、彩票等多元的非油品业务均开展得较为普遍，部分地区非油品业务销售利润占到加油站利润总额的50%以上。BP在美国、英国、澳大利亚的零售总利润中，非油品业务所占的比例已分别达到36%、40%和48%。国外加油站便利店的发展有其特殊原因，除汽车普及外，某些特殊法规也促进了加油站便利店的发展。国外对司机连续驾车时间有严格规定，如在德国，车上装有行驶记录器，司机如果没有按规定休息就会受到重罚，所以，司机都很自觉地到加油站休息。德国的这种便利店往往只有一个服务人员，加油机与便利店的收银机是联网的，司机自助加油后到便利店付款，休息20分钟以后再上路，游客也与司机一起休息购物。所以德国加油站便利店的生意就很好。

(2) 我国情况。近年来我国也在不断尝试“加油站+便利店”的发展模式，总体情况不是很好，广东比上海好。广东夜生活时间长，依托加油站24小时营业的特性，开在加油站的便利店的生意都比较好。而在上海，商业网点多，购买习惯也不同，人们更愿去卖场购物，于是加油站便利店就成了“城市商业的孤岛”。联华快客在中石化上海地区有38家门店，经营状况一般，未来不打算扩容。加油站便利店每天常温产品的销售有1000元已经是很不错了，最重要的商品是香烟和饮料，香烟占了销售额的七成。我国加油站的经营方式与国外不同，国外都开在郊区，长途驾驶员为其消费对象，但上海的加油站主要集中在市区，除了香烟和饮料外没有特别急切的消费需求，虽然盒饭也有需求，但便利店的盒饭还不如其他渠道供应的盒饭更适应消费需求。

（3）发展趋势。由于国际原油价格持续走高，以及陆续调高汽、柴油出厂价，导致中石油、中石化两大巨头下游加油站利润空间极度萎缩，中石化不得不将目光转向非油品业务，寻找第二个利润增长点。如果以后加油站便利店真正发展成一个新型的连锁网络，也是有良好发展前景的。2006年12月11日，原油和成品油的外资批发禁令将被取消，外资便利店有可能会趁机“潜入”加油站。中石化正在跟东方实创企业管理有限公司洽谈，计划在全国3万多家加油站里全线增设24小时便利店、广告、洗车、修车、餐饮、银行提款机、通讯、彩票等非油品业务。中石油BP成立不到1年，在广东一带收购和新建了近400家加油站，其中半数以上开设了便利店，到2010年这个数字将突破6000家。有关专家认为，收入水平较低、生活消费习惯不同以及加油站体制不同，是我国加油站目前还无法大规模推广便利店业态的三大原因。

2. 生鲜型便利店

（1）诞生。早在2001年4月，“SHOP 99”在东京创办了第一家100日元便利店，其大部分商品的定价为税前99日元，税后实际售价为104日元。便利店+均价+生鲜，就是这种新型便利店的特色。商品方面引进了“水果、鲜肉和鲜鱼”三类生鲜食品。由于经营业绩优秀，对以7－11为代表的传统业态造成了巨大冲击，业内外齐呼“便利店杀手来了”。

（2）发展。2005年5月27日，日本的罗森（LAWSON），在东京都的一个住宅区开设了第一家“100日元生鲜便利店”，店名为“STORE 100”。至6月末发展了20家，计划在2006年2月和2008年2月，将店铺分别扩张到100家和1000家。

（3）特点。根据《零售创新案例》一书提供的材料，罗森生鲜便利店与传统便利店相比，主要有以下特点：店铺面积扩大到130～170平方米；日销售大于50万日元（折合人民币37500元）；一般商品税前价格为100日元，盒饭等部分商品为200日元、300日元、400日元；客单价为600～700日元；营业时间为17～24小时；目标顾客为主妇、中老年顾客、单身居住顾客；来客数为1200人次；毛利率为25%～30%；商品品种3500种以上（水果和生肉分别为60个和5个品项）；销售结构为午餐和杂货分别占20%，生鲜和其他加工食品占60%；自有品牌占销售额的60%；物流配送将三种非常温食品由每日3次改为每日1次混载式一篮子配送，常温则减少至每周2～3次配送，还采用供应商直送到铺的新模式；服务方面，有些店铺开始尝试提供公共项目交费、快递、票券销售等服务项目。从总体上来说，虽然客单价低于传统便利店，但来客数高出罗森传统便利店47%，所以单店日销售额提高了20%以上。

（4）中国的生鲜便利店：伍缘折扣。在去年的“便利店分析”中，我们将这种模式列为“混合型便利店”。2005年，伍缘折扣店按计划在上海发展了200家连锁店，2006年计划发展100家，并且获得了中国连锁经营协会颁发的“中国零售创新奖”。这是伍缘折扣自2004年独立开店以来第二次荣获“创新奖”。在上海市商业信息中心、上海商报社共同主办的2004年上海商业创新奖评选活动中，伍缘折扣店曾荣获“2004上海商业创新奖”。大卖场虽然品种多价格便宜，但存在诸多购物不便。传统便利店虽然就近便利，但每日生活必需品比较少。农工商超市集团开发的伍缘折扣这一新业态，以新的方式来满足居民每日生活所需，把伍缘折扣定位于“居民身边的小菜场”，价格不仅比便利店低，有些商品甚至比大卖场低；与农工商超市的农副产品经营优势相结合，店内的鸡蛋、大米等定牌农副产品与农工商超市同价销售；为顾客优选商品，集中有限品项，实施以低成本为基础的低价销售；整箱陈列，简洁明快，简单方便，节省成本；借鉴便利店的设计，将服务台与收银台合二为一，既提高效率也通过面售增强了服务的人性化；开发了冷冻与冷藏合一的陈列设备；采用跳跃的色彩与亮丽的店面；采取直营连锁方式，暂不发展加盟店。伍缘折扣店以独特的方式，简便地满足了消费者对距离的便利性、购物的便利性、服务的便利性和时间的便利性要求。

3. 时尚化便利店

2005年罗森还开出了“自然罗森”（NATURAL LAWSON），推出了高附加价值的商品。全家则推出“针对东京白领女性的时尚店”。7-11已经不再是便利店的惟一模仿对象。与传统便利店可以竞争的另一种小型店铺就是“药妆店”，如香港的屈臣氏个人护理店和台湾统一集团的康是美药妆店。统一有意在上海发展康是美药妆店，因为目前在上海这个市场基本上由屈臣氏独占。台湾统一企业旗下的康是美和香港牛奶公司下属的万宁都已经进入内地市场。2004年底，统一超商与丽珠医药合作，共同组建统一康是美商业连锁（深圳）有限公司。也就从2004年开始，统一超商确定了在内地重点发展超市、量贩以及个人护理店等几块业务。康是美在上海发展可能有几种选择：便利店、药妆店或是“便利+药妆”。康是美在商品结构上有一定的优势，便利性商品走低价策略，药品走传统药房平价，化妆品走中高档路线。目前屈臣氏个人护理店已经在广州、上海、北京和深圳等核心城市拥有较高的影响力，现正在向二级城市拓展。屈臣氏个人护理店也加速了在内地的拓展步伐，在2005年年初，屈臣氏在广州正佳广场开出第100家个人护理店后，开店明显提速，至年底全国已有近200家店。屈臣氏公布了其未来五年的“千店计划”，即到2010年为止，屈臣氏在内地的门店数量将多达1000家。2005年11月屈臣氏在杭州开出的店铺面积达500多平方米，称为“第四代店铺”。与以前的店铺相比，第四代店铺更多考虑了女性的消费心理需求，力求营造一个更新颖、更令人兴奋的环境，让顾客在店里感受到一种更新、更舒服的购物体验，从而乐于在屈臣氏消费。新店运用了对人产生更强刺激的色彩进行分区，并利用人体工程学的原理，针对亚洲女性相对娇小的体型，将货架的高度相应调低，同时将走廊加宽，加之灯光的配合，使消费者获得更加舒适的购物体验。屈臣氏、万宁与康是美的共同特点是针对女性消费者，但在商品结构上，康是美一般是药品占40%，化妆品占35%，居家用品占25%；万宁店铺里以化妆品为主，占到60%~70%，保健品、药品占20%，其他如食品等仅占10%多；而屈臣氏店铺里，主要是日用品、化妆品和保健品。三家店各具特色，并拥有基于不同需求的消费者。由于我国城市大小药店很多，竞争比较激烈，康是美进入以后可能会减少药品的比重。

（四）主要事件

2005年的零售业是在一片责难声中步履艰难地发展过来的，便利店似乎是一个被人遗忘的角落，大概是因为它小，没有引起领导们的“注意和重视”。但行业中还是发生了一些值得关注的事件。

1. 全家便利连出两招

全家便利从2004年开始就把开拓门店的目光投向了罗森、喜士多等一些选址比较符合全家标准的便利店，采取向商铺的业主抬高租金的手法，将门店翻牌为全家。根据上海连锁经营协会便利店委员会提供的数据，2005 年上半年全家在上海已经发展到了 60 多家店铺。全家的做法惹怒了同行，委员会成员认为，上海便利店已经从“抢门面”发展到了“撬门面”（把人家到期或没有到期的门面挖过来）。有人建议要采取一点措施，看一看《反不正当竞争法》是不是适用。有专家说，这个办法好，做什么事情一要有效果，二要有法律依据。一位资深人士还诚恳地告诫全家便利，在完整移植海外成功的便利店经营经验的同时，不要把海外的那些不规范、不光明的手法也“移植”到内地来。到 2005 年下半年，媒体报道全家准备在年底前用降低门槛的办法吸引加盟者，全家出台的加盟条件，在费用归属（门店日常经营的水、电费用）、加盟费减免和毛利分成上提供更多的优惠。这后一招可能会比前一招产生更大的影响。业内人士担心：普遍降低加盟金以后会削弱加盟主对加盟者的约束，从而造成行业的混乱。后一种办法虽然对行业内的游戏规则有一定程度的打破，但是，从加盟策略来说，这是必然要发生的事情。

2. 好德便利实现盈利

上海便利店的最近一次提速开始于 2000 年，农工商超市集团在便利店行业加速发展刚刚启动的时候创办了好德便利。其实早在 1998 年，农工商超市就有意发展便利店，但最后因种种原因而没有起步，最关键的原因有两个：一是总部的经济实力还不足以支撑便利店的发展；二是便利店的发展还没有形成气候，市场条件还不成熟。好德便利创立以后，前三年急速发展，后两年持续调整，连续亏损近四年，小额赢利一年。好德便利 2005 年实现赢利，使上海网点规模超千个的三家大型便利公司（另两家为快客、可的）走出了低谷，标志着上海便利店行业进入了一个新的发展时期。好德便利的成长发展过程，可以作为中国便利店发展的一个经典案例，对便利店行业有以下七点启示：第一，便利店并不是只有 7 - 11 一种经营模式，中国需要也有可能创造出自己本土化的便利店发展模式。第二，创建便利店品牌需要有大集团的支持。农工商超市集团是从战略和培育新业态的角度来发展便利店的。该集团曾经提出，超市是今天的利润，好德便利是明天的利润，伍缘折扣是后天的利润，从未来赢利的角度来发展并有一定的经济实力为支撑，就能够忍受巨额的经营亏损，也就能够坚定不移地坚持发展不动摇。集团的决心与信心是关键。第三，由中国人自己在中国发展为中国人服务的事业，就必须牢记一条基本的原则：变化与变革相结合。最初的好德便利甚至有烧烤与馄饨，这些产品在开到 50 多家的时候就已经被取消了。在发展中不断总结经验，不断学习进步，才能逐渐完善。第四，创业时期领导要亲历亲为。好德便利是由农工商超市的一群富有激情的年轻人闯出来的，但是，重大的战略大部分都出自农工商超市集团的最高领导。最初 500 家便利店是经过四轮评估而决定的：一是展店员，二是展店经理，三是便利公司老总，四是集团最高经营者。严格把关，控制细节，抢占了很多有利位置。第五，要有发展的基本原则。好德便利发展初期就确立了一条基本的展店原则：“宁可租金贵一点也要位置好一点”，选择街角位置开设便利店。当时行业中盛传好德便利在抬高租金，其实，这两年的租金确实在提高，但那是市场的大势。只有真正好的位置，好德便利才愿意支付高租金。在这一原则指导下，好德便利占据了上海很大一部分“街角位置”的铺面。第六，要处理好发展与调整的关系，好德便利前三年发展完成了规模扩张，后两年调整实现了机制转换，并强化了标准化管理，2006 年将进入一个稳定发展时期，计划新开门店 100 家。经营发展就像部队行军，如果一刻不停的急行军，即使能够到达目的地也不会有战斗力，该冲的时候要冲，该整休的时候则整休，这样才能打胜仗。第七，要调动两个积极性。便利店是千家万户的事业，光靠便利公司总部的积极性永远无法经营好便利店，必须把每一家便利店经营者的积极性充分调动起来，而且要把每一位员工的利益与便利店的生意结合起来，只有这样才能经营好便利店。好德便利的1000多家门店全部是直营连锁店，他们用“合伙合作承包经营制”解决了调动两个积极性的问题。

3. 可的便利推出“春节特卖场”

从2006年1月4日到2月14日，可的便利推出了一个名为“春节特卖场”的促销活动，以“卖场量贩价”和“身边的便利卖场”为诉求点，在1200多家门店中以专题陈列形式和“卖场价”薄利销售保健品、巧克力、炒货、咖啡和烟酒五大类的103种春节礼品。这一活动有可能对便利店行业的未来发展产生重大影响。

（1）便利店的价格定位：便利店一直没有走出价格的困惑。中国大陆是先有超市后有大卖场再有便利店的普及，从超市到大卖场，价格是一路走低，消费者已经习惯于购买低价商品，而且大城市的消费者对价格也似乎比中小城市更敏感。便利店经营者努力营造着自己的业态功能，但是消费者仍然把便利店看作“方便的小超市”，他们在享受“空间与时间”的便利时，也有三点抱怨：一是价格太高，二是商品太少，三是东西不新鲜。而便利店的经营者也理直气壮地认为，针对白领的便利店价格就是应该高一点。但是，我们的便利店有很大一部分并不是针对白领的，即使是白领也对价格很敏感。而且，在即食品市场还没有达到一定规模的时候，依靠常温商品很难提高毛利率。既想提高毛利率，又没有办法使商品结构实现突破，结果是提高了常温商品的价格，使顾客产生了“便利店是高价商店”的印象。

（2）便利店成了节日市场的另类。几乎所有的零售商店在节日期间生意都十分火爆，只有便利店不冷不热，因为节日时目标顾客在家休息，其他顾客上卖场集中购物。而当天气实在不好的时候，大卖场生意下降，便利店的生意却大幅度上升。2005年春节年初一和5月1日，上海下大雨，大卖场销售同比普遍下降，但便利店销售同比上升了20%多。超市不好时便利店好，使便利店成了“城市商业的另类”和“看天吃饭的城市农民”。

（3）大卖场越来越像集贸市场，顾客满意度持续下降，给便利店抢夺市场提供了良好的机会。春节到大卖场购物大致有三种需求：一是买送人的东西，主要是烟酒营养礼盒；二是买自家吃用的东西，主要是生鲜糖果炒货；三是赶热闹用人家送的礼券，小额的就瞎买，大额的不买家电绝对用不完，所以，春节期间超市卖场家电的生意也不错。春节期间顾客在大卖场购物的最大抱怨就是“人多队长结账慢，车多拥堵停车难”。可的便利选择“春节礼品”，在获得供应商支持的情况下，以大卖场价格出售，打破了便利店传统的定价规则，获得了消费者青睐，因而也提高了销售业绩。

（4）便利店降价销售会不会损害自身的长远利益？可的便利是一种“主题营销活动”，这种活动能够亲近消费者，有人认为，这样做会引起价格竞争，违背便利店的基本定位，有人则认为，这对顾客对企业对行业对供应商都是利大于弊。我们没有必要去死守“便利店价格就是要比卖场高的原则”，凡是顾客喜欢、便利店也有条件做好的事情，就应该去尝试。只有这样，我国的便利店才能在变化与变革中发展得越来越好。便利店应该通过调整商品结构和扩大附加服务来提高收益率，而不是单纯提高非常温商品的价格。

4. 快客便利再次变脸

联华超市从1997年开始发展便利店，当初为了充分利用联华超市自身资源，就使用“联华便利”作为商号，利用联华超市的供应商资源和物流配送体系，而且联华便利的招牌颜色和联华超市是相似的。2002年初，现任总经理蔡立仁进入联华便利的时候就着手让旗下的便利店“变脸”，改为“联华快客便利”。其实，第一次变脸是一种过渡，这种过渡也是很有必要的。“超市卖商品，便利卖服务。”蔡立仁说。根据市场调查人员和专业的研究咨询机构调查研究结果，联华便利将旗号变更为“联华快客便利”，并且主要用“快客”汉字和“QUIK”英文字母作为门店标志，门店招牌底色由蓝色改为醒目的红、橙、绿三色，将其目标消费者的定位主要放在15~35岁的人群，随后，针对消费人群的需求，快客便利对商品结构、陈列、设备等一系列内部经营结构进行了很大的调整。2005年，联华快客进行再次“变脸”。2005版的店铺招牌，以朝阳图案作为品牌标志。蔡立仁说，“我们的2005版店铺招牌和LOGO（企业标志）是请香港的专业机构设计的，主要突出LOGO的图案，淡化文字。耐克的品牌标志里，以前含有NIKE字母，现在大家都认识了它的标志，所以他们把文字去掉了。以后快客品牌深入人心了，也要逐渐做到这一点。”便利店变脸的问题虽然在前面已经阐述过，但快客便利2005年的第二次变脸却是代表了行业的一种发展趋势，是值得关注的。市场对一个品牌的认知，大概会经历三个阶段：第一阶段是业态认知，我国连锁组织刚起步的时候，企业名称往往加上“连锁”二字，还规定“10家以上”才能算连锁，好像写上这两个字就已经跟上了时代的步伐，实现了连锁经营。在具体的店铺招牌中则要写上“某某超市”或“某某便利”，好像只有这样才便于顾客认知。第二阶段是名称认知。再不需要突出你是什么业态、如何组织，只要一看名称，人家就知道你是谁。如7-11、罗森、全家等外国品牌全部具有这个特征。第三阶段是标志认知。把名称与图案相关联，突出LOGO的图案，淡化文字。因为图比字更容易被接受，也更活跃和人性化。联华快客便利2005年的变脸就是由名称认知向标志认知的转变。

5. 便利店从市区到市郊

2005年6月1日开幕的第九届上海连锁加盟展览会上，参展的便利店连锁企业纷纷表示将把更多的加盟者店址选在市郊新社区。2006年1月召开的北京市商业服务业工作会议上也传出消息，2006年将进一步加强建设商业便民体系建设，发挥市场机制和政府引导的双重作用，在北京市郊开连锁超市、便利店600个。政府推动连锁发展的办法上海在12年以前就已经开始了，但越到后来，这种办法无论是推动还是控制都显得很乏力。上海在“十五”规划中确定的大卖场数量是60家，并于2001年11月建立了听证制度，结果到2005年底，上海的大卖场发展到了126个，比政府规划数翻了一倍还多。这种依靠政府或几个所谓专家“拍”出来的数据，往往与实际会有很大的差异。从现实来看，政府对市场的有效作为是非常有限的。便利店开到市郊，对行业有四点启示：第一，市郊新区是一个租金相对较低而竞争相对比较薄弱的地区，在未来有较好的成长性；第二，能不能开关键是看新区的入住人口构成与入住率，如果见房不见人，那就会比高租金的市区亏得更厉害；第三，即使在高度竞争的区域，也照样存在便利店发展的新空间，包括铺面的调整、交通线路的改变、主题建筑群的形成等都会影响商圈环境，导致一部分店面必须关闭，另一部分店面则可以新开；第四，开辟便利店发展的新区域，如将便利店渗透到医院、大学城、娱乐城、地铁站、商务楼、旅游景点等特定区域；第五，便利店如果真的开到了市郊农村，与“万村千乡”市场工程相结合，那肯定要再次变脸，调整经营结构，使便利店成为满足农村消费需求的“便利超市”。

6. 南中国第200家7－11广州开业

2005年4月27日，7－11在南中国的第200家分店在广州市康王路600号新光广场分店正式开业。7－11的加速扩张，不仅会加剧地区市场的竞争，而且也将会使中国便利店未来的竞争格局发生显著变化。虽然目前在北京的7－11还没有形成势力，推进上海也还没有最终确定，但是有一点是可以肯定的，他们迟早有一天会进入，而且有长足的发展，并成为中国本土便利店的主要竞争对手。如何面对便利店未来的竞争？可的总经理邱源昶讲过一些非常经典的话，“便利店的经营能力就在于利用各种社会资源进行经营的能力。门店的产权不是自己的，信息系统和维修也是外包给别人的，商品是供应商的，可的所拥有的就是自己的品牌和管理体系。从这个角度来说，可的便利的对外合作文化和团队心态是核心资源。”他还说，“如今，便利店行业的竞争，关键在于后台支持能力的较量。看一个便利店，首先是从外面看它的形象怎么样；第二是从店内看它的商品怎么样；第三个层次是从店后看它的后台系统怎么样。后台系统满足前台经营的能力，是竞争能力的关键所在了。因为强大的促销攻势和产品更新只有靠强大的后台系统才能完成。”其实这才是便利店有没有发展前途的关键所在。

在便利店行业所发生的事件还有很多，如香港“7＋1”与日本“7－11”之争、北京“7－11”中方股权的转让、便利店加强鲜食商品等，以上所述仅为主要事件。

（五）发展思考

我国便利店的发展正处于三个转折点：第一，前几年急速发展起来的公司已经基本上走出了长期亏损的困难时期，准备着新一轮的发展；第二，新的业态与新的竞争者正在逐渐进入中国市场，而且法规与政策也更有利于外资进入，无论你现在的规模有多大，竞争者绝对不会放弃中国这个巨大的市场；第三，我国便利店的竞争将从规模竞争向品牌与技术竞争的方向发展。

我们对便利店的未来发展目前有以下三点认识：

1. 大型便利公司的发展方向

首先想到的是大型便利公司的发展前途问题。这里所谓的大也是相对的，不是用一个绝对值来衡量，主要是与本地规模最大的公司比较而言。截至2005年底，快客便利的门店总数为1957个，其中上海市内1021个；可的便利的门店总数为1182个，其中上海市内592个；好德便利的门店总数为1010个，其中上海市内995个；良友金伴便利的门店总数为644个，其中上海市内574个。这几家公司都可以称为大型的连锁便利公司，其未来会有很多变数。这些公司目前仍然是以区域规模为主导的，没有发展成为全国性的公司，已经实施跨地区发展的快客与可的，在上海市内的销售额占其零售总额的比例约为68%～69%，好德与良友金伴则只有少量门店在外地。大型便利店大致有五种发展可能：

（1）以品牌为主导，利用品牌与系统运作的经营技术优势，用特许加盟方式建立全国性的便利店连锁网络。

（2）集中一个或几个临近的区域，实施区域发展战略。

（3）放弃自己的品牌，独立加盟或与人合作加盟国际品牌。

(4) 相互合作成立新公司，创立新品牌。

(5) 彻底放弃品牌和经营权，退出便利店行业。

如果要继续发展下去，无论是采取何种方式，都要解决三个基本问题：

(1) 市场化的运作机制。中国还没有以便利店为主导业态的上市公司，在未来，便利店应该作为一种现代产业组合上市。

(2) 专业化的管理体系。便利店从直营向加盟发展，对管理的要求会更高，没有一套成熟的管理体系与管理技术，是不可能有效地运作加盟系统的。

(3) 开放、学习、合作的经营心态。无论是从前台服务还是从后台系统保障，内资与外资的差距是客观存在的，最关键的是顾客的感觉存在差距。这种差距不可能在一夜之间就消失，要利用已经掌握的优势，无论是智力优势还是资源优势，都是优势，都应该利用好，以开放的心态、学习的精神、合作的态度去经营便利店，便利店的本土品牌将具有广阔的发展前景。

2. 全面提升服务形象

最近六年发展起来的便利店已经进入了设备更新期，店铺出现了老化，人员工资处于最低生活保障线的边缘，服务人员普遍缺乏良好的服务精神，进入便利店甚至连最起码的“欢迎光临”也听不到，加盟或承包虽然调动了店长的积极性，但由于缺乏一整套有效的管理措施，或即使有标准也没有严格执行，服务环境普遍难以令顾客满意。便利店还远远没有达到“明亮、整洁、热情、活跃、丰富、美味”的经营水平，但其价格却已经定位于白领。就目前的便利店形象而言，如果不做根本的改进，不仅得不到白领的青睐，也很难吸引家庭消费群。另一方面，店铺也进入了新的租赁期，势必会不同程度地提高租金。设备更新也好，提高租金也好，都需要便利店具有更强的赚钱能力，否则就会被市场淘汰，而无论你有多大的规模，甚至规模越大就越危险。所以，提升服务形象，吸引更多的顾客，让顾客买得更多，这才是根本的出路。

3. 个性化发展

2005年便利店通过发展即食品和新一轮的“变脸”在往个性化方向发展。个性化应该有两层涵义：一是便利店要与其他业态有差异，走出“迷你超市”的阴影。但这也不是绝对的，有些地方的便利店就是迷你超市，而且也只有迷你超市才有利可图。这里所说的是业态高度细分化的城市，如果便利店仍然是“迷你超市”，那终会有被淘汰的那一天。二是便利公司要树立自己的品牌特色，实施经营上的个性化与竞争中的差异化。吃是最能够体现差异化的，台湾五大便利店系统几乎都设有“试吃队”，主要以试吃新开发的鲜食为主。本土便利店过去的鲜食产品基本上是由供应商提供的，现在有些公司已经开始实施自行开发计划。我们应该向人家学习精细经营的精神，像统一超商，为了让“锅贴里要有汤汁”，员工试吃队成员除了吃遍全台湾锅贴外，回到公司厨房里还要再试验、再练习。这样做出来的东西就会有特色，一旦形成了特色，接下去关键是要维持与改进，因为最难对付的是那张喜新厌旧的“中国人的口”，而便利店的发展商机也就在其中。

（周　勇）

百货连锁分析

一、行业业态概述

（一）百货行业的发展情况

1. 百货店复苏，销售稳步增长

2005年，在前30家连锁企业中，百货店的销售额与2004年同期相比增长了25.7%，增幅较上年提高了11个百分点，占30家企业总销售额的比重也从2004年的14.9%上升到15.6%；店铺数则增长了13.4%，比2004年同期相比下降了8.4%。表明百货业态的连锁不是单纯地求数量，而更注重质量。目前百货店的平均单店销售额最高，为33207.2万元，并实现9.2%的增幅，扭转了2004年以来增幅下降的局面。

2. 上市公司业绩分析

商业百货类上市公司近几年经营业绩呈现明显上升势头。2004年该板块平均主营业务收入增长32.66%，平均净利润增长111.48%，加权平均毛利率达到17.69%。2005年上半年，百货类上市公司继续保持增长势头，平均主营业务收入和平均净利润同比分别增长45.51%和54.22%，加权平均毛利率达到18.18%。

重点百货公司类上市财务数据分析如表1、2、3所示。

（1）每股收益

表1　　每股收益

股票代码	公司名称	每股收益（元）		增长率（%）
		2005.12.31	2004.12.31	
600723	西单商场	0.012	0.0102	17.65
600712	南宁百货	0.04	0.03	33.33
600865	百大集团	0.11	0.10	10
600859	王府井	0.069	0.034	102.94
600631	百联股份	0.18	0.13	36.46
600824	益民百货	0.192	0.326	-41.10
600682	南京新百	0.134	0.175	-23.43
600628	新世界	0.25	0.27	-1.41
600694	大商股份	0.831	0.528	51.39

资料来源：上海证券交易所网站。

表 2 主营业务收入增长率

股票代码	公司名称	主营业务收入（万元）		增长率（%）
		2005.12.31	2004.12.31	
600723	西单商场	158720.78	115329.61	31.62
600712	南宁百货	92046.45	84172.96	9.35
600865	百大集团	131037.07	119487.95	3.67
600859	王府井	500892.78	411922.81	21.60
600631	百联股份	899893.40	471551.90	90.83
600824	益民百货	56436.30	51841.80	8.86
600682	南京新百	298905.68	329897.82	3.39
600628	新世界	149441.61	138690.87	1.75
600694	大商股份	857656.60	635445.18	34.97

资料来源：上海证券交易所网站。

表 3 净利润

股票代码	公司名称	净利润（万元）		增长率（%）
		2005.12.31	2004.12.31	
600723	西单商场	492.93	417.98	17.93
600712	南宁百货	586.73	406.83	44.22
600865	百大集团	2855.34	2635.73	8.33
600859	王府井	2694.77	1338.45	101.34
600631	百联股份	19940.92	13968.45	42.76
600824	益民百货	7419.75	6318.04	11.44
600682	南京新百	3084.10	4026.63	76.59
600628	新世界	11463.48	9669.56	18.55
600694	大商股份	24395.01	14097.84	73.04

资料来源：上海证券交易所网站。

总体来看，2004 年上半年，零售业受到“禽流感”的影响有所下滑，但影响并不大，整体成绩没有受到很大的影响。2005 年前三个季度，商业类上市公司总体业绩比上年同期大幅提升。在百货业 42 家公司中，共有 11 家公司 2005 年前三季度净利润同比增长率超过 50%，10 家公司的净资产收益率超过 6%。可见部分优势公司正以远远超过行业平均水平的速度快速成长。

（二）行业的竞争格局

1. 零售业企业之间相互并购，实现多业态经营

2005年4月，成都红旗连锁入主红旗商场，涉足百货领域；4月，西友集团控股首联集团，开始面临生鲜超市和折扣店的新课题；11月，王府井百货收购7-11（北京）有限公司25%的股权，进军便利店业务。2005年国美成功涉足房地产业，同时2006年计划进军百货业。

2. 电子商务的发展，促使当当网进军百货市场，变身网上最大百货店

国内电子商务巨头当当网已经成为全球最大的中文网上商城。2005年，当当网成功从华联、华润万家等零售巨头处挖到多位高层后开始全面进军百货市场，在化妆品、小家电、家居领域发起低价攻势，其数码、小家电、化妆品、家居用品等百货类商品销售也迅速增长，占到总营业额的60%。当当网2005年的营业额相对上年增长了120%，这也是当当网连续第6年实现倍速以上增长，以遥遥领先的网站流量和销售额荣膺国内B2C网站排名第一。在互联网协会等多家机构的评比中，当当网都名列中国电子商务零售网站第一名。

3. 外资开店的方式有所改变

全球零售巨头家乐福中国首家独资店现身昆明。2005年11月25日家乐福发布公告称，昆明家乐福的中国合资方昆明百货大楼股份有限公司，作价4171.5万元人民币转让其所持有的35%股份给家乐福中国控股有限公司。至此，加上原先持有的65%股份，昆明家乐福变身为家乐福在中国的首家独资企业。

2005年12月，新的“百货超市”模式——韩国新世界集团旗下易买得超市——在天津开业，占地1.06万平方米，设有1200个停车位，并提供3万多种商品，除了经营综合超市销售的商品外，还增加了高档化妆品、服装等百货商场中的商品，而且经营品牌丰富，并设立品牌专柜。韩国百货业第一品牌“新世界集团·E-Mart易买得购物中心”与“香港利星行集团·宝星置业”，12月22日于丽都饭店签署合作意向书，共同对外宣布“E-Mart北京一店”落户在望京A3区（宝星地块）。

（三）百货店连锁企业现状

根据中国连锁经营协会的统计，2005年“连锁百强”销售规模达到7076亿元，比2004年的4968亿元增长了42%；门店总数达到38260个，比2004年的30416个增长了26%；营业总面积和员工人数同比增长均为38%；“连锁百强”占社会消费品零售总额的比重首次突破10%，由上年的9.3%提高到10.5%。其中百货店连锁具有较显著地位，详见2005年零售连锁企业销售排行榜。

表4　2005年百货店连锁企业销售额排行榜（前10名）

销售额排序	企业名称	年销售额（万元）	店铺数（个）
1	百联集团有限公司	7207393	6345
2	大商集团股份有限公司	3011739	130
3	北京华联集团投资控股有限公司	2080000	74

续表

销售额排序	企业名称	年销售额（万元）	店铺数（个）
4	重庆商社（集团）有限公司	1505417	191
5	合肥百货大楼集团股份有限公司	1050000	54
6	武汉中百集团股份有限公司	799367	385
7	北京王府井百货（集团）股份有限公司	647446	14
8	深圳市铜锣湾百货有限公司	626800	56
9	山东潍坊百货集团股份有限公司	503148	199
10	重庆百货大楼股份有限公司	497959	58

（四）百货店业态的主要特点

1. 商品品类缩减

传统百货商店经营的大家电、日常生活必需品基本退出百货商店，而满足顾客享受生活需要的服装服饰、化妆品、珠宝等成为现代百货商店最主要的商品品类，特别是服装服饰类商品占销售总额的比例达到50%以上。

2. 重视品牌经营

在经济发展和消费需求的带动下，大型百货零售企业正在从“大而全”的品种经营向“专而精”的品牌经营转变，企业经营不再以多品种作为招揽顾客、获得利润的重要手段，转而向追求品牌、引导时尚的方向发展。特别是2005年以中产阶级为代表的消费者对具有鲜明个性和较高品牌价值的奢侈品的需求明显升温，使国内百货企业开始重视奢侈品牌的引进，特别是大型城市中的中高档百货商店在引进国际一线品牌时不遗余力。

3. 多业态快速发展

多年来，我国百货企业基本以百货商店为主要业态单一发展，在调整结构过程中，许多百货企业在业态结构上不断进行变革。多业态经营成为百货企业普遍选择的发展模式，如超级市场、大卖场、便利店是国内百货企业较多开发的业态，并采取了多业态连锁经营形式。

4. 管理手段提升

在调整转型过程中，信息技术手段发挥了重要作用，从观望到信息化管理理念的认可和应用的基本普及，百货店完成了营运管理技术手段上的一次飞跃。到2005年，百货企业在信息技术的应用上又有了新的发展，即从重视单一的、侧重于内部的信息管理系统，到关注和重视整个供应链的信息系统建设，从而达到提高整个供应链的管理效率，与供应商实现双赢的目的。

2005年百货店效益回升，但从百货店业态总体来看，百货业规模与效益增长脱节。2004年我国百货零售企业的平均利润率不到2%，但是百货业销售规模的年均增长在10%以上；国内限额以上百货企业的门店数增长了23.7%，市场份额却下降了0.8%；国内百货零售企业的销售量增加了10%以上，但人均效益和每平方米的效益的增长幅度均不到

10%。这说明，在国内百货零售企业进行规模发展的同时，经济效益并没有同步增长，甚至还有所下降。

二、百货业龙头情况

(一) 国内典型企业介绍

表5　　国内主要百货连锁企业销售情况

年度	大商集团			王府井百货（集团）			铜锣湾集团			安徽商之都		
	店铺数（个）	销售额（亿元）	比上年增率（%）	店铺数（个）	销售额（亿元）	比上年增率（%）	店铺数（个）	销售额（亿元）	比上年增率（%）	店铺数（个）	销售额（亿元）	比上年增率（%）
2003年	96	1818260	42	11	454833	5	8	247000	24	20	192132	14
2004年	120	2308492	27	13	587067	23	12	420100	70	32	303000	58
2005年	130	3011739	30	14	647446	22	56	626800	49.2	41	455400	50

1. 大商集团

企业介绍：大商集团是中国最大的零售业集团之一，起源于大连青泥洼的大商集团，以创建世界级大公司为理想，通过股票上市、组建集团、合资合作、异地扩张、业态创新等方法和步骤，推动企业快速健康发展。到2005年底，大商集团在东北、华北地区的大中型店铺总数超过130家，分布在7省（包括北京市）26个城市，总建筑面积超过200万平方米，资产市值总额超过百亿元，员工总人数10万人。2005年实现销售261亿元，实现利润3.9亿元，利税总额超过8亿元，连续9年保持销售年均递增30%以上的高速度。

经营特色：现代百货店、大型综合购物中心（新玛特）、大型综合超市及以电器、家居为代表的专业店是大商集团的四大主力业态，餐饮娱乐则是“大商集团无限发展的新业种”。

管理特色：百货店是大商集团的主力军。目前大商集团百货店已达40多家，营业面积一般在2万~6万平方米之间，组成了大商百货集团。大商百货集团突破传统百货的单一模式，形成了以“东北第一店”——大连商场为代表的综合百货店，以“中国最优秀的高档百货店”麦凯乐大连总店为代表的品牌店，以“东北第一家女士用品专业店”秋林女店和“中国第一家男士用品专门店”大商男店为代表的特色店等多种形式并存的局面，实现了百货店的连锁化经营、专业化管理、多样化发展。

大商集团购物中心主要是新玛特模式。新玛特是英文“NEW－MART”的汉译，是大商集团的新店、新标识、新业态。到2005年底，大商集团在东北已建立了大连、沈阳、大庆等14个新玛特店。

大商集团自1998年发展超市这一新兴业态，短短几年来，通过自主投资建设和收购等方式，使超市总数达到60多家。

大商集团专业店目前主要有电器连锁店和家居专业店两种。大商电器是中国家电销售领域著名品牌，是大商集团商品经营最强项之一。大商电器总部设在大连，立足东北，辐射全国，在东北、华北拥有专业电器连锁店70多家，年销售突破60亿元，是家电类商品在东北地区销售的“主渠道”和“宽带网”，成为东北家电市场的龙头霸主。

餐饮娱乐是“大商集团无限发展的新业种”。大商餐饮娱乐公司经营管理分布在集团所属的新玛特购物休闲广场、现代流行百货店和大型综合超市的餐饮娱乐项目，是大商集团的新兴行业，涉及美容院、健身会所、游泳馆、滑冰场、电影院、风味快餐、酒楼、宠物店等项目。

2005年重大事件：

2月25日，百联集团、大商集团战略合作暨大商国际有限公司成立签约，掀开了中国商业发展史上强强联合的新篇章。

9月10日，大商地产在大庆开发一炮打响。“大商·花样年华”是大商进军房地产业的处女作。

12月26日，大商集团收购济南人民商场儒商百货有限公司和山东儒商服饰有限公司全部股权，签署济南人民商场资产重组框架协议。这是大商集团进军晋冀鲁豫地区的第一个项目。

12月29日，大商集团将中国最早、哈尔滨最大的百货大楼收归旗下，签约重组哈一百；在哈尔滨最繁华的商业中心新建大商新玛特购物休闲广场。两大项目总投资22亿元，在大商集团购并史上一次性投资规模最大。

12月30日，大商集团签约购并青岛新城市广场，建立麦凯乐青岛总店。

2. 王府井

企业介绍：北京王府井百货（集团）股份有限公司，前身是享誉中外的新中国第一店——北京市百货大楼，创立于1955年9月25日，至今已有50年历史。2004年，王府井与日本株式会社伊藤洋华堂、株式会社约克红丸组建王府井洋华堂食品加强型超市，并在北京开设了两家分店。2005年11月20日，王府井以875万美元收购北京首联商业集团持有的7-11北京公司25%股份。由于王府井以百货为主业，王府井集团除了全力推进百货业连锁发展战略外，还积极寻求发展新型零售业态。在营销手段上王府井百货也进行了一些新的尝试，有网上购物和电话购物等多种新方式可供选择。通过改制、上市、连锁几个阶段的发展，王府井百货已在广州、武汉、成都、包头、重庆、南宁、长沙、呼和浩特、洛阳、贵阳等9省11市开设百货门店14家，形成遍及华南、华北、华中、华西四大经济区域的零售连锁网络。2005年，王府井百货集团销售647446万元，比上年增长22%。

经营特色：2004年12月，王府井百货被国家商务部正式确定为“国家重点扶植的全国20家大型流通企业”之一，是北京市国有商业系统惟一入选企业，也是入围的20家企业中惟一专注于百货业态发展的公司。2005年，王府井百货的国际品牌占比已经从5%提高到了20%～25%，正式宣布从传统百货业向现代百货业过渡。

管理特色：一是公司实行集中采购，2006年将实现北京市门店所有商品100%集中采购，接下来对外地店铺的商品进行渐进式的集中采购。集中采购的优势有：实现货流集中、实现信息集中和减少资金使用成本。二是打造百货名牌。王府井学习国外百货店经验，努力提高集约化和组织化程度，在开设分店时，注意使用共同的商号，同一类商品或同一厂家的商品统一采购，从而扩大规模，降低百货业的进货成本，并成功塑造品牌。

2005年大事记：

9月25日，东安市场装修后重新开业。

11月20日，王府井以875万美元收购北京首联商业集团持有的7-11北京公司25%股份。

12月2日，王府井百货在徐州的分店正式开业，这是王府井东安集团斥资2.7亿元重组徐州华联商厦后，首次以并购的方式成功实现的扩张。徐州王府井百货是王府井挺进华东地区的第一站，也是其推行百货连锁经营战略开设的第14家分店。

3. 深圳铜锣湾

企业介绍：铜锣湾集团是一家专业性大型零售企业，主营现代商贸流通业中的SHOPPING MALL和大型综合百货店两大业态，拥有“CMALL铜锣湾广场”和“铜锣湾百货”两大品牌，营业总面积逾203万平方米，员工6820人，包括17家SHOPPING MALL（美式购物中心）和18家大型综合百货店（Department store），另有高档百货——OMOMO阿玛百货及铜锣湾商业顾问有限公司。集团属下的香港铜锣湾广场连锁事业集团有限公司是全国最大的SHOPPING MALL连锁集团，是全国惟一一家拥有超过10家MALL的企业集团。2005年底其百货店出现经营困难。

经营特色：集团专致于两大业态的研究，致力于永续经营，旗下的另一品牌——铜锣湾百货亦率先打破传统百货的经营模式，引领都市流行时尚，展露创新能力和新百货魅力，坚持走休闲、品位、文化、体验的经营路线，注重格调和购物环境，注重创新能力的建设，“铜锣湾”商号已被评为“最具影响力的深圳知名品牌”，“铜锣湾”品牌已成为SHOPPING MALL的代名词。

管理特色：公司一直秉承“一切为了顾客满意”的企业核心理念；以“百年企业、商业报国”为企业宗旨；以“持续创新、追求卓越”为企业精神；以“诚信为本”为企业道德；以“与员工、客户、社区一起成长，一起升级”为企业永续发展动力，致力于永续经营；以“学习、沟通、协作、尊重、创新、奉献”为团队精神；倡导以人为本；品牌、管理、团队、策划、经验、创新能力、连锁网络和商业资源形成公司的核心竞争力。

2005年重大事件：

1月，深圳铜锣湾百货有限公司与四川协和鑫蜀房地产公司签约；株洲铜锣湾百货、铜锣湾百货华南MALL旗舰店、内蒙古“首府铜锣湾广场”开业。

5月，长春铜锣湾广场正式签约；新疆铜锣湾广场开业，乌鲁木齐市委书记杨刚、市长雪克来提出席了剪彩仪式。

6月，海口铜锣湾广场一期开业；重庆协信、厦门名汇、上海、湖南永州铜锣湾广场正式签约；“贵州神奇铜锣湾购物公园”正式签约；沈阳华锐铜锣湾广场举行主力招商签约仪式。

10月11日，铜锣湾集团与芜湖深安房地产开发有限公司签约，双方将合作建设芜湖铜锣湾广场，该项目占地182亩，商业面积约20万平方米，总投资7亿元人民币。

12月15日，铜锣湾集团和西安润德房地产开发有限公司签约，在西安共同打造中国首个唐文化MALL。

与百货店销售额比上年增长25.7%相比，铜锣湾2005年下半年进入“关店”低潮：8月12日，开业不到半年的铜锣湾烟台店闭店调整；10月，兰州店出现严重的供应商挤兑，被迫关闭；11月，铜锣湾在重庆解放碑开业未果。同样的门店亏损和欠费情况也发生在广东阳江、东莞的门店，包括旗舰店华北店同样出现多家专柜撤场和员工离职现象。目前铜锣湾百货共有30家店，但是，除深圳两家店外，铜锣湾百货在外埠扩张的自营店基本关闭或整顿。这一现象一直延续到2006年上半年，其大连青泥洼店、广东河源店、珠海店等相继关闭。

4. 安徽商之都

企业介绍：安徽商之都有限责任公司是由安徽省徽商集团有限公司控股的一家国有独资、国家大型二级商业企业，是一个以商业零售业、连锁业为主的商业综合类公司。公司自1995年12月28日成立以来，目前已经拥有亳州、滁州、巢湖、芜湖、宿州、宣城、霍邱、六安等12家百货连锁商场。2005年是安徽商之都加速发展连锁经营的重要一年，安徽商之都将进行规模扩张，抓机遇、抢滩点，全力推进“三个转变”——从单体店管理向规范的连锁经营管理模式转变、从传统的百货店经营向真正意义上的专业百货品牌转变、从以分散为主的采购向集中采配模式的转变。

经营特点：公司以市场为导向，立足合肥，面向全省，大力推进连锁经营，实施低成本扩张战略，积极发展百货业态、超市业态及家电专营店业态连锁经营，其百货连锁经营模式已成为全国商界的典范之作。目前公司在成功构筑的“一拖三”经营发展格局的基础上，即以商之都为发展龙头，以安徽商之都红府连锁超市有限责任公司、安徽商之都糖酒有限责任公司、安徽国生电器有限责任公司三个子公司为依托，以发展百货连锁经营，尤其是直营百货连锁商场为方向，逐步改变单店经营管理模式，正大踏步地朝着连锁化、规模化、集团化方向迈进。

管理特色：安徽商之都通过严格而科学的集约化管理，走出一条管理效益型的路子；积极探索规模经营，逐步向集团化、连锁化、国际化的方向发展。

2005年重大事件：

1月8日，商之都霍邱商厦开业；1月16日，商之都六安商厦开业；1月22日，商之都华亿购物中心开业。三个直营店的开业，标志着商之都连锁发展全面提速。

3月18日，商之都合肥商厦成立，总部成为连锁发展的管理中心，标志着商之都连锁管理组织架构更加完善。

6月6日，公司在稻香楼宾馆举行与安庆金华联、安徽大梁集团（无为县）合作项目签约仪式，商之都安庆店于9月16日盛大开业。

7月8日，公司首次以市场竞价方式成功购买巢湖商场。

5. 赛特购物中心

企业介绍：1992年12月20日赛特中心正式对外营业，以经营国内外高档名牌商品和时尚精品为主要特色，以“荟萃世界名优精品，传播现代消费文化”为经营宗旨，实施“名店名品”经营战略，吸引了众多国际知名品牌。自1992年开业以来，营业额以平均每年近13%的速度递增。2005年销售额达12.4亿元，平均每平方米销售1.18万美元。

具体来说，其特点主要有：准确的市场定位、高品质高品位的商品、独具特色的营销战略、特色服务带动消费、精细管理。

6. 北京菜百公司

北京菜百公司以特色百货吸引消费者，菜百首饰荣膺第二届“北京影响力”、“影响百姓生活的十大品牌”，2005年全年销售近12亿元，实现利税突破1亿元。除全国限量发售的“狗年贺岁”金条、金银对牌、金银挂件等传统项目外，菜百公司2006年独家发售的“金狗旺财”狗年金银砖和故宫造办的“九如金如意”成为公司新的经济增长点。

2006年1月1日菜百公司发售“狗年纪念金银币”，当天销售2500万元，实现名副其实的“开门红”。从2006年1月中旬开始，黄金珠宝类销售呈现不断攀升的趋势，1月份销售达到3.3亿元，再创历史新高。

7.天津友谊高端百货群

由天津一商集团投资发展的友谊商厦、友谊名都、友谊新天地广场、友谊新都市百货、友谊大港店、友谊武清店等六家高端百货店，被称为友谊高端百货群，其高端百货形式分别是高档百货店、高级百货店、时尚百货店。

近年来，世界级和国内顶级品牌越来越多地落户天津友谊，使其名声鹊起。不仅友谊商厦的销售额和利润快速增长，而且每新开一家店，培育期都缩短到一年，有的店甚至当年就实现赢利。近三年，友谊高端百货群连续实现销售总额平均增长53.69%，增幅每年列天津之首。

三类高端百货的品牌级别不同，所对应的消费群体不同，品牌的组合方式也不同。这种细分，不仅扩展了高端百货的外延，而且丰富了高端百货的内涵，更适合国情，也更符合天津消费市场的特点。

友谊高端百货群的模式正在显示一种独特的发展优势。由于高档、高级、时尚三类高端百货对品牌遴选范围扩大，直接为供应商提供更广阔运作空间的同时，也为品牌细分创造了前提条件。而细分化的品牌组合最大的成功之处，是实现了对消费市场的积极组合，由只对高档精品一层消费群体，改变为对应多层时尚消费群体，使消费者数量倍增。

（二）外资百货典型

1.太平洋百货集团

中国台北太平洋SOGO百货创立于1987年11月11日，为一个综合型的百货事业体。优质的商品、良好的服务，时时以满足顾客生活需要来举办各项百货的促销活动，深受消费者赞誉。太平洋SOGO百货集团1993年开始进入大陆百货零售市场，截至2005年底，共开设14家店。

在大陆的分店有：上海太平洋百货徐汇店、上海太平洋百货淮海店、上海太平洋百货不夜城店、成都太平洋百货春熙店、成都太平洋百货全兴店、重庆太平洋百货大都会店、重庆太平洋百货立洋店、北京太平洋百货盈科店、大连太平洋百货连洋店。

台湾地区计有：太平洋SOGO百货忠孝本馆、太平洋SOGO百货敦化新馆、太平洋SOGO百货中坜店、太平洋SOGO百货新竹店、太平洋SOGO百货高雄店。

太平洋SOGO百货集团秉持“改革、速度、挑战”的经营行动方针，以专业、系统的管理制度，不论在台湾还是大陆都创下了骄人业绩。为了迎合消费者多元的、丰富的生活需求，太平洋SOGO百货集团正全力投资开拓百货事业连锁规模，未来将更积极地在全国各城市开拓新店，为广大消费者提供更广面、更充实、更优质的零售服务。

2.百盛公司

由于百盛集团重组百货店业务，2005年公司全年纯利2.48亿元人民币，上升62.3%，略高于上市时预期的2.42亿元，每股盈利0.55元，每股派息0.26元。公司表示，2006年将计划开设4至5家分店，进一步扩展网络。

2005年11月9日，百盛在成都的中国第46家分店开业，该店是百盛在中国内地的首家独资店。自1993年百盛集团在北京复兴门建立第一家百盛商场开始，其在中国就选择了合资的扩张方式。北京百盛购物中心当时即是与中国工艺美术总公司合资经营。

三、2005年百货业政策、法规

1. 国务院《关于促进流通业发展的若干意见》

2005年6月9日，国务院发布《关于促进流通业发展的若干意见》，《意见》从提高流通企业竞争能力、加强流通基础设施建设、建立调控和应急机制、积极培育统一大市场、完善政策法规等几个方面，提出了21条支持流通业发展的政策措施。这是国务院第一次针对流通业制定系统的扶持政策。

2. 国务院《直销管理条例》、《禁止传销条例》

2005年8月，国务院公布《直销管理条例》（2005年12月1日实施）和《禁止传销条例》（2005年11月1日实施），明确了“直销”、“直销企业”、“直销员”等概念；对“传销”概念进行了明确界定——传销就是非法营销。除了《直销管理条例》作出注册资本不低于人民币8000万元、交纳一定额度的保证金等规定外，两部《条例》还特别规定，以下线的销售业绩为依据计算和给付上线报酬属于传销行为。如此一来，一些国际直销企业普遍采用的团队计酬方式遭到中国直销法的严令禁止，猖獗一时的“老鼠会”将在中国消失。两部《条例》的出台不仅会加速直销业的洗牌，也将对传统零售业带来一定影响。

3. 商务部等部委规范零供关系及零售商促销行为

2005年3月，为了严厉打击商业欺诈，国务院办公厅下发了《关于开展打击商业欺诈专项行动》的通知；2005年5月，商务部、国务院发改委、中宣部等11个部门印发了《打击商贸活动中欺诈行为专项行动工作方案》的通知；9月，商务部、公安部、国家税务总局、国家工商总局联合下发了《整治商业零售企业恶意占压、骗取供应商货款欺诈行为专项行动工作实施方案》。为进一步规范市场秩序，10月底，商务部起草的《零售商与供应商进货交易管理办法（征求意见稿）》以及《零售商促销行为管理办法（征求意见稿）》公开征求意见。无论是从流通业的健康发展还是构建和谐社会的角度，整顿市场秩序都是不可或缺的。许多省市相继出台规范零供关系及促销的管理办法。

4. 规范城市商业网点规划

2005年商务部三令五申要求各地抓紧制定城市商业网点规划，并与财政部、建设部联合下发了《关于进一步做好城市商业网点规划制定和实施工作的通知》。另外，为提高网点规划的编制水平，增加网点规划的科学性、可行性和有效性，商务部2005年6月份制定完成的《零售业同业损害评估方法》已经提交到国家标准化管理委员会，将作为行业标准发布。

5. 政策性融资政策

2005年5月20日，商务部与国家开发银行举行签字仪式，薄熙来部长和陈元行长签署《商务部、国家开发银行支持流通业发展开发性金融合作协议》。根据该协议，国家开发银行将安排500亿元人民币的政策性贷款，专项支持大型流通企业建设城乡现代流通网络基础设施。

四、百货业发展热点及核心问题

(一) 零售业合并重组继续推进

2005年初，北京物美集团正式宣布整体收购天津大荣在天津市的12家超市，开了国内民营零售企业接管外资超市的先河；7月初，在刚刚宣布要将河南通利永乐收购为全资子公司后两天，永乐又以1.4亿元接收了台湾灿坤在大陆的业务；新加坡嘉德置地以400万元，把西友新加坡转卖给中国第六大连锁零售商——北京华联集团，此举意味北京华联集团将成为第一家进军国外的百货企业。

(二) 社区型百货显现发展空间

由于大批房产项目出现在城市新区和郊区，配套的社区型商业设施开始出现。目前一些企业已经看到这一商机，上海百联百货事业部有关人士就曾透露，要在三年内将社区型百货在全国发展到20家以上。G综超的扩张计划中也包括在北京开设7家社区百货店。

(三) 百货向新兴连锁零售业态集中

在百货领域，民营、外资企业与国有性质企业相比，其基本的经营模式、经营管理手段并没有发生“质”的飞跃，只是“量”的提升，缺乏足够冲击力的创新，这导致民营、外资很难直接通过竞争快速抢占现有国有企业的市场份额。因此，百货领域的“国退民进”，其最基本的动力来自于企业的内部，而非外部的激烈竞争，我们将这种演进模式称为“收购、兼并为主的资本运作模式”。

(四) 百货店连锁化、产业化、集约化趋势

百货店的经营定位有强烈的本地化特色，但流行时尚和全球货品采购却决定了其经营手段仍然与连锁超市一脉相承，只是服务手段更加精细化而已。所以，我们现在谈论百货店不是可不可以连锁的问题，而是必须连锁发展的问题。

百货连锁经营的核心是生产要素的集约和标准化配置，主要是品牌商品资源的渠道管理、门店作业的标准化管理和选址定位标准及立地条件的品牌化管理。实现连锁经营的关键是信息化支持和百货供应商物流体系的改变。

(五) 外资继续进驻中国

截至2005年底，马来西亚百盛集团投资的百盛百货40多家连锁店遍布全国各地，成为当之无愧的全国百货连锁老大，而太平洋以11家店的规模排行第二。进入内地已经11年的远东下属的百货商场在祖国大陆有10家，根据远东的计划，6年内新开店的速度将是前11年的两倍以上。除了远东集团之外，远东在台湾的竞争对手台湾太平洋建设集团也宣布自己的扩张计划，在SOGO被远东百货集团夺走后，最近又重新进军百货业，继北京君太百货后，现又组建太平洋建设·房屋·百货集团，登陆深圳和广州市场。

菲律宾顶峰集团 ROBINSON 百货正在厦门、上海等城市建设连锁 ROBINSON 摩尔，有望引入自己的主力店 ROBINSON 百货。台湾最大连锁百货新光三越正与北京华联洽谈合作模式，预计第一家店最快将在 2008 年建成。日本西武 SEIBU 和韩国乐天百货 LOTTE 已登陆中国。全球最大专营世界一线品牌的百货公司美国“萨克斯第五大道百货公司”正在谋划在上海或北京开出中国内地第一家门店。

五、2005 年百货业大事记

1.“万村千乡”市场工程全面启动

2月，商务部正式启动“万村千乡”市场工程，目标是从 2005 年起，力争用 3 年时间，在试点区域培育出约 25 万家农家店，形成以城区店为龙头、乡镇店为骨干、村级店为基础的农村消费经营网络，逐步缩小城乡消费差距，并在农村引进商人、发展商业、发展商品生产，以“三商”来促“三农”。

2. 百联集团控股大商

2 月 25 日，在大连市国资委与中国百联（香港）有限公司（简称“百联香港”）、上华投资控股有限公司（简称“上华投资”，0371.HK）宣告共同成立大连大商国际有限公司（简称“大商国际”），有“零售业东北虎”之称的大商集团股份有限公司（简称“大商股份”，600694）大股东正式易主。大商国际注册资金为 16 亿元人民币，百联香港、大连市国资委与上华控股在大商国际的持股比例分别为 45%、40%和 15%。7 月份，双方合作得到政府部门的批准，并且合作方式也发生变化，最终百联集团所占股份增加到 60%。

3. 百盛香港上市

11 月 30 日，百盛商业集团有限公司（3368.HK，下称百盛或百盛集团）在香港联合交易所正式上市。该股收报 12.15 港元，较招股价 9.8 港元上涨 23.98%，全日共成交 6.42 亿港元。百盛此次发行 1.656 亿股，共募集资金 16.23 亿港元，其 10%的公开发售取得超额认购约 43.7 倍。百盛集团在港上市募集资金的目的是要加大在内地的扩张。募集资金中的 5.31 亿港元用于收购内地 10～14 家百货店，其中 2.75 亿港元将用在上海、北京等发展成熟的大城市开设新店；2 亿港元则用于装修现有的百货店；其余 3%左右的资金用于营运及提升资讯技术。同时，作为马来西亚最大的零售公司，百盛在内地的业务上市后，其大股东马来西亚金狮集团对它的持股量，由 100%降至 65.5%。

4. 北京华联跨国并购

新加坡嘉德置地以 17.46 亿元收购北京华联集团旗下的安贞华联商厦和望京华联商厦后，2005 年 12 月 3 日，嘉德置地（Capitaland）以 400 万新元（约 2000 万元人民币），把西友（Seiyu）新加坡转卖给中国第六大连锁零售商——北京华联集团投资控股。西友百货包括：新加坡碧山第八（Junction 8）、第一购物广场（Lot 1 Shopper’s Mall）及百乐和白沙浮商业城（Parco Bugis Junction）3 家店。此举意味着北京华联集团将成为第一家进军新加坡的中资零售企业，而这也是北京华联集团第一次跨出国门。华联商厦在国内的百货业务主要走“流行百货”路线，而商品多为国内名牌，国际高端品牌的引入缺乏。而如果进入百货业成熟的新加坡，与顶尖级的品牌厂商保持密切合作将变得尤为重要。

5. 西单商场再次转型

2005 年，西单商场迎来 75 周年店庆，公司计划在 2007 年底将完成从传统百货到现代百货的转型。在品类上，西单商场要发展现代、未来品类。现代品类包括手表、珠宝、男正装；未来品类的包括化妆品、青春女装、运动装。20%的一线品牌，50%的销量品牌是其经销品牌的构成，业态也定位在“大众时尚百货”上，同时引进了一大批消费者认知程度较高的成熟品牌，包括百丽、天美意、奥卡索、利奥纳多等。

6. 大商集团并购青岛新城市广场

2005年12月30日，大商集团在青岛成功签约购并青岛新城市广场，开始筹建麦凯乐青岛店。这是麦凯乐扩张发展的第三家分店，建筑面积10万多平方米，是麦凯乐首次走出大连在异地发展的第一店。

（洪　涛　王桂根）

购物中心发展分析

自上个世纪末以来，作为零售管理与地产开发相结合，集购物、餐饮、休闲、娱乐、文化、艺术、体育、教育等多项消费服务功能于一体的商业形态——购物中心，已在欧、美、日、东南亚以及我国的香港和台湾地区取得了蓬勃发展，并且正在逐步成为引领未来零售业发展的重要力量。在我国大陆地区，从经济发展的实际情况和增长潜力来看，购物中心的发展条件也在日趋成熟。截至2005年底，北京、上海、大连、广州、深圳等一些商业发达城市已经涌现出了300家以上的现代化购物中心。

一、2005年购物中心发展回顾

经历了前两年的火热势头，2005年购物中心的发展体现了行业性的举步维艰；但与此同时，越来越多投资项目的思路开始清晰、理念开始成熟，从某种意义上说，它们开始了中国商业地产的创新之路。因此，2005年是国内购物中心发展脚步沉稳而富有突破性的一年，我们可以用一个更成熟、一个新台阶、五个大突破来总结这一年的发展轨迹。

（一）发展的条件更加成熟

随着各项事业的逐步推进，国内经济保持快速发展势头，人民生活水平大幅度提高，已经初步进入小康阶段。统计显示，截至2004年底城镇居民年人均可支配收入达到9422元，农村居民年人均纯收入约2936元，城镇居民恩格尔系数已从2000年的39.4%下降到2004年的37.7%，农村居民恩格尔系数也从49.1%下降到47.2%，人民的消费观念已经发生很大改变。

尤其是近两年来，随着经济实力的不断增强，许多城市和地区的人均GDP已经达到或超过3000美元，也就是说在这些城市和地区已经基本具备了发展大型购物中心的经济实力；珠三角、长三角、北京等发达地区都建立起了包括高速公路、铁路、水路在内的密集交通网，城市正在达到或向汽车社会迈进；中国已经成为世界制造业的中心，珠三角、长三角变成世界性的加工厂，国内的商品种类得到了很大程度的丰富；另外，由于“假日经济”的推动，许多新的消费需求产生了。由此可见，购物中心发展的时机已经十分成熟，零售业态优化组合的趋势不可阻挡，购物中心这种能够融会各种消费功能、提供多种休闲选择的新型零售业态必将在国内蓬勃发展。

（二）发展迈上了一个新的台阶

经过几年时间的艰苦摸索，业界已经将购物中心发展的重点从前期的营销策划转移到后期的经营和调整上来。“理性调整、持续经营”的思想正在逐步深入人心，购物中心的发展已经迈上了一个新的台阶。

在购物中心发展的早期阶段，由于开发商专业能力不强、持续开发的意识淡薄、行业法规不健全，业主通常都急于出售物业以回笼资金、转嫁风险，这就导致购物中心的经营效率低下、规模和结构存在偏差、资金与零售品牌资源对接能力不强。2005年，市场的调控作用开始显现，国内购物中心开始纷纷走上专业化、理性化的道路，“只租不售”的经营理念逐步深入，中国购物中心已经开始全面进入到强调“持续经营”的阶段。

2005年9月的有关统计显示：MALL CHINA中国购物中心产业资讯中心会员总体商业面积4034万平方米，只租不售商业面积1493万平方米，售后返租面积1937万平方米，只售不租面积473万平方米，租售结合232万平方米，只租不售和售后返租两种方式都占有很大比例（见图1）。与前两年相比，只租不售项目快速增长，意味着很多发展商已经转变了操作思路。应该说，这是一种专业回归，是市场机制对购物中心行业直接作用的必然结果，更是市场对发展商提出的新要求。

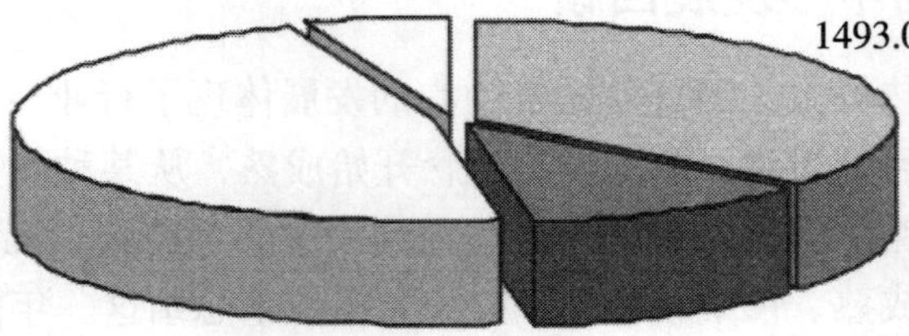

图1　MALL CHINA会员商业面积租售情况

经营思路的转变还体现在2005年4月召开的北京峰会上，此次会议的主题是“以专业化的规划、招商提升商业地产项目的竞争力”。这是2005年中国商业地产领域规模和影响最大的一次行业交流研讨活动，吸引了来自全国20余个城市的近300家购物中心企业、商业地产开发商和零售商代表参加。此次会议上，各位专家、投资者、职业经理人围绕商业地产价值最大化以及商业规划、招商租赁、业种选择、租户关系等七个专题进行了广泛而深入的讨论。峰会的成功召开为中国购物中心加快实现“专业化推动产业化”的发展目标提供了重要的专业理论支持。

持续经营理念的树立和各大公司、研究机构的理性思考意味着我们在专业化水平和产业化程度上已经取得了一定进展，而这一进展也必将推动国内购物中心迈上一个新的发展高度。

（三）在五大方面有所突破

1. 行业扩张相对平稳地域发展更加协调

与2004年20多家购物中心的大规模集中开业相比，2005年的扩张也许没有那么张扬，但是地产巨鳄们的脚步并没有停歇。年初，建筑面积达30万平方米的“亚洲体验之都”——正佳广场在广州隆重开业，它紧挨着国内第一家也是目前经营最为成功的购物中心——天河城广场，两者相得益彰。

同时，行业的扩张还体现在集团内部发展、购物中心连锁化以及MALL集群的形成上。2005年大连万达集团运用扩张发展战略，将旗下的购物中心数量发展到12家。与万达相比，素来以经营管理优势著称的天河城也终于在2005年迈出了省内扩张的第一步，建筑面积9万平方米的虎门天河城10月底全面试营业，另外天河城百货还在番禺万博中心开设了面积达13000平方米的名牌折扣店。可见这一年时间国内购物中心连锁化已取得了不小的进展，新的专业化发展格局也在随之形成。除此之外，购物中心发展的另一大特色就是MALL集群的建立拉开了序幕。在广州正佳商业广场周边1.5公里区域内，就聚集有天河城、维多利广场和太古汇广场（在建）等多个大型商业基地，它们共同构建起拥有最耀眼MALL集群的天河商圈，从中我们可以预见到未来行业扩张和商圈建设的脚步一定会更加急促。

2005年购物中心的发展不仅仅局限在北京、长三角、珠三角这些发达地区，而是逐步向中西部推进。成都、重庆、武汉以及一大批中西部城市都兴起了一些规模大、效益好的购物中心，这就令国内购物中心的地域分布更加合理，发展更为平衡。

2. 招商资源逐步优化、商品组合不断丰富

2005年购物中心发展理性化的一个重要标志就是新的企业十分注重选择合适的租户资源，老的企业也纷纷进行租户调整以锁定最优化的招商资源。在如此激烈的市场竞争中，租户资源的选择对于购物中心的发展至关重要；如果招商成功，购物中心不仅能够省去很多管理上的困难，极大程度地提升企业经营业绩，还能对自身品牌形象起到很好的推动作用。

另外，商品组合的不断丰富也是2005年国内购物中心发展的一大特点。随着我国零售业的全面开放，许多国际性商业品牌已经将中国作为其发展的首选之地，这将给国内购物中心的商户调整提供更大的空间和机遇，有助于各个购物中心扩大自身的商品组合范围。2005年沃尔玛、今日百货、三越百货、奥特莱丝、燕莎、天梭手表、百安居、米兰时尚、ZARA、FANCL、路易威登、麦当劳、星巴克、亨吉利、HOLA特力屋、国美、苏宁等一大批国内外知名品牌纷纷加盟各地购物中心，不仅增加了商品的数量，而且使经营种类逐渐丰富。从MALL CHINA中国购物中心产业资讯中心提供的某购物中心商品组合分析图中（下页），我们可以窥见购物中心商户组合与功能的日趋丰富和健全。

目前国内的购物中心一般都拥有数百个独立的店铺，经营重点也不仅仅局限在购物方面，而是全力打造集零售、娱乐、休闲、餐饮等要素于一身的消费中心，在业态分布上也注意将购物、餐饮、娱乐等部分都安排一定的比例，以便让顾客感受到多元化、综合性的消费体验。

3. 综合物业优势初现，商圈意识得到加强

2005年，综合性物业正在成为购物中心开发的主要趋势。广州三大城市MALL不约而同地联姻写字楼；北京东方新天地很好地利用了写字楼和酒店的商务客流功能，与商场遥相呼应；深圳华润中心二期开始兴建，这个项目包括一座超五星级商务酒店、酒店式公寓、国际商业休闲广场。但令人遗憾的是，目前国内的大型购物中心普遍缺乏合理规划，这在很大程度上影响了综合性物业的经营效率。由此看来，面对越来越多的综合性物业，

怎样从整体上做好前期项目策划和后期商业运营已经成为开发商今后需要慎重考虑的问题。

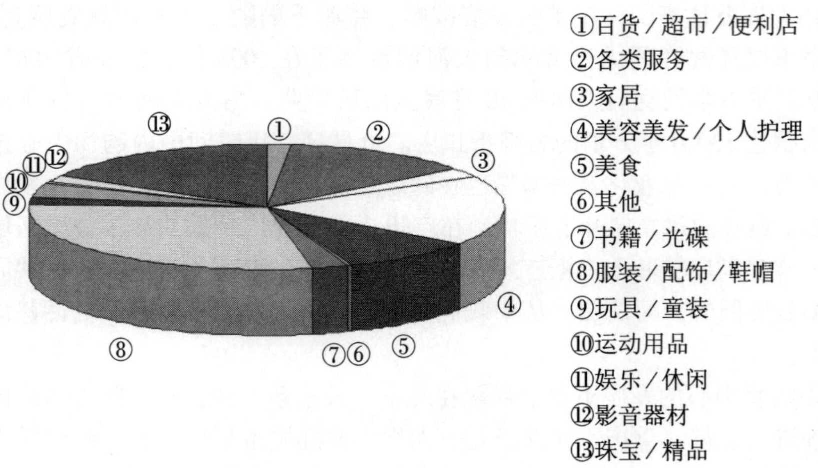

图2　某购物中心商品组合分析图

另外，购物中心的发展也不再仅仅局限于单个工程的建立，而是重在打造城市核心商业带，通过聚集效应吸引顾客，达到多赢的目的。2005年，各大城市购物中心集群化发展的速度都比较快，比如广州的天河北就集中了天河城、正佳广场两座大型购物中心，合力塑造华南最大商业圈；深圳也开始着手中心区商业圈的建设，完工之后将成为拥有三家大型购物中心、总经营面积达到30万平方米的巨型商业基地；在北京，西单广场新建、改造了三个集购物、娱乐、餐饮、休闲于一体的大型购物商场，改造之后的商场除了在功能和规模上增加了一些项目和设施外，还促进西城区形成了首都商业功能核心区，创造了无限商机；在西部，成都市花费9.8亿元，集中打造会府黄金商业圈，建立以水、阳光和绿化为主题，拥有酒店、写字楼、购物中心、商务中心、园林景观等多种服务设施的综合性商业圈。

4．主题商城渐入佳境，社区店面蓬勃发展

通过几年时间的培育，中国购物中心开始了新一轮的发展，突出表现就是不再一窝蜂追求大、追求全，而是逐步体现差异化，以独特的定位吸引消费者，其中主题式购物中心的成长就很能体现这一点。位于北京中关村的大型文化主题商城“第三极”于2005年3月26日开盘，它定位于满足区域内300万高知人群旺盛的知识消费和文化休闲需要，创新发展了休闲、健身、旅游、图书、教育、商务等商业板块。项目统一规划、统一招商、统一经营、统一管理，并以其得天独厚的定位优势取得了开业当天认购金额即高达近亿元的佳绩；在重庆，首个大型体育MALL也将建成，该项目定位于满足区域内人群的体育健身需求，以销售体育产品和提供体育服务为依托，综合发展体育器材维护、服装设计、场馆租赁、健身、娱乐、培训等多种服务；另外，上海的首个女性主题MALL——悦达芳汇广场也在积极筹建之中，该广场定位于女性休闲消费中心，每个部分都作了专题的、明确的业态划分，招商以国际一、二线品牌和国内一流产品为主，突出品位，体现个性，相信会有不错的反响。

2005年各类区域型购物中心也得到了一定的发展，它们大多立足于城市的某一区域，定位比较明确，目标消费群比较稳定，以满足消费者的日常生活需要为目标。其发展模式主要有两种：一种是走差异化道路，主要针对高端消费群，由引领时尚的各类高档专卖店组成，提供高价、高品质产品，或者针对不同的区域特色进行差异化经营；另一种是建在新兴的城区和住宅区，拥有零售、餐饮和健身娱乐功能，并进行统一的经营和管理，以物业发展商自营为主。

5. 宏观调控作用明显，行业法规逐步健全

随着购物中心开发的不断升温，政府的宏观调控作用也开始逐步显现，这点尤其体现在对市场承受能力的协调上。市场承受能力这一问题在中国部分城市的部分区域已经存在，但是随着政府网点规划的立法和推行，这种矛盾已经逐步得到缓解，新增的商业地产和购物中心项目会受到包括听证在内的法规约束，从而使项目开发的规范性得到增强。在行业法规的约束下，越来越多的商业地产和购物中心项目进入到内部调整阶段，绝对增量受到一定程度的抑制，更多的社会资源能够得到较为合理的利用。

政府主导的基础设施建设也比较有前瞻性，如对交通线路、站点、水电供应、绿化环保设施、后续施工等等都能起到一定的优化配置作用。另外，政府还扮演了协调人的角色，组织行业协会，举办企业高峰研讨会，提供行业综合性信息，促进各企业的交流与沟通，鼓励差异化竞争，避免恶性竞争，达到多赢目的。

二、关于购物中心发展的一些思考

（一）一年来取得的成绩

回顾这一年来的发展历程，我们可以清楚地看到国内许多购物中心已经踏上了一条正确、稳健的发展轨道，而这些积极的探索必然会为行业的整体性崛起创造良好的条件。

1. 规模效应逐步体现

成功的购物中心要提供充分的休闲和购物空间，让消费者体验到一种消费乐趣，这就要求购物中心必须达到一定的规模。2005年开业的购物中心很多都体现了大型化、规模化的特点；同时还有一些购物中心以连锁的方式发展，这也使规模效应得到了相应的发挥。这些购物中心除了基本的购物功能外，还包含了消费者所需要的其他日常服务，既满足了顾客多元化的消费需求、起到了很强的聚客能力，又降低了自己的经营成本，高度规模化的优势开始体现。

2. “集聚”效应得到发挥

购物中心开始发挥业态上的“集聚”效应。所谓“集聚”（Cluster）是指在特定地域上，一些相互联系的企业和机构在地理上集中的现象。许多大型购物中心里面包括散铺、专卖店、餐饮、超市、百货、电影院、娱乐设施、运动场所、酒店，甚至旅游景区等，由发展商聘请商业规划专家进行精心规划和组织设计，各种业态均可得益于其他业态带来的人流及消费流，同时在业态组合上实现“错位经营”，即由两到三个具有不同档次或特色的百货店、几百家中档专卖店、一两家超市，以及餐饮、娱乐、运动、休闲等项目组成，

它们各自拥有不同的消费群体，同一消费群体又具有不同的需求，不仅让购物中心更加丰富多彩，还避免了同行业的过度竞争。

3. 管理水平逐步提高

一间购物中心专业化水平的高低集中体现在管理上，管理堪称购物中心的生命线。购物中心由于规模较大，管理的内容往往很多，包括物业、租户、营销、财务等许多方面；在2005年里，中国购物中心的管理水平得到了较大提高，集中体现在以下几个方面：

(1) 招商与租户组合工作日渐成熟。许多购物中心都取得了较为稳定的租金收入，逐步得到金融机构的青睐，有些正在实施上市或者再融资的计划；并且还通过较为成功的商户组合来塑造整体形象，进而形成强大的集客能力。另外，许多购物中心逐渐摆脱了大型主力店的“阴影”，开始选择符合自己定位的租户，按照自己的商业定位进行经营，并根据受众的需要、环境的变化及时进行业态调控和品牌优化。

(2) 零售艺术和技巧得到锤炼。国内购物中心开始重视对消费流行趋势的把握和判断，加强对消费者心理和购物习惯的调研工作。结合这些调查结果，对商品陈列、橱窗利用、内部设施搭建等方面进行独特设计以营造出最具吸引力的卖场气氛，让租户在与购物中心管理者默契的合作中分享客流增长所带来的利益，达到双赢。

(3) 硬件设备维护水平和软件服务质量都得到了一定程度的提高和改善，建立起一套完整的危机应对体系，能够随时保持正常的营业环境和营业秩序，避免各种不确定性危机造成的影响。

4. “体验”理念创造财富

购物中心具有主题明确、个性突出的特点，它能营造出一种立体的生活模式，相对于一般的零售业态而言，它提供的精神享受更为丰富，更能满足不同层次人群的个性化体验需求。与规模经济寻求低价不同，体验经济增加了产品的附加值，能创造出更多的财富。2005年有一批真正意义上的体验式主题购物乐园开业，它们集零售、娱乐、餐饮、会展、康体、休闲、旅游、商务等功能于一体，定位于“体验、休闲、时尚”，通过组织一些娱乐性、观赏性较强的活动，率先引进世界先进的体验经济模式，将购物与体验相结合，满足顾客多元化的需求。

(二) 存在的问题

当然，对于还处在成长之中的购物中心行业来说，一定会存在一些发展中的问题、前进中的问题，这是不容忽视也是难以回避的事实。这些问题主要集中在购物中心经营理念存在偏差、相关专业人才比较缺乏、购物中心类型定位不明确、执行策略一味追求短期开发利益等方面。

1. 理论体系极不健全，行业人才严重短缺

中国购物中心一直是在缺乏理论支撑的背景下探索前行的，而缺少了理论的依托，很多问题都变得束手无策，无法找寻依据。令人庆幸的是在2005年，伴随着社会业界、政界和学界对购物中心理论研究的深入以及一系列研讨会的成功召开，购物中心理论研究和实践的整合终于走上了前台，也让从业者看到了专业的力量和价值，看到了理论体系对行业的积极推进意义。但是，长期行业性理论缺乏的问题不可能一下子得到根本性解决，在未来一段时间仍会制约购物中心的发展。

另外，在2005年购物中心的发展过程中人才匮乏的问题依然存在，而且越演越烈。

可以说，人才匮乏已经成为中国购物中心发展的一个瓶颈，如果不能得到有效解决，一定会影响整个行业的发展。目前行业发展特别缺乏两种人才：一种是了解市场规律，熟悉商业运作模式，具有大型购物中心成功操盘经验，能够独当一面的领军人物；另一种则是熟悉先进零售管理技术的专业人员。另外，由于购物中心在中国的发展只是刚刚起步，没有规范的行业操作理念和方法，因此对人才有着更为特殊的要求——需要高度复合型的人才并需要其在实践中慢慢积累经验。

2. 片面求大定位偏高，经营理念难以传播

目前国内购物中心发展的一个突出问题就是规模过于夸大，存在一个“倒三角”的现象，大型项目数量太多，位于倒三角上部，而下部的小型购物中心数量却非常有限，因此行业结构很不稳定。许多购物中心片面贪大求洋，动辄要全国最大、亚洲第一，最后就变成千店一面的超级大卖场。项目过大，投资周期长，见效慢，同时在招商过程中受种种因素制约，无法招徕足够的品牌和业态，因此造成购物中心的空心化、雷同化。

定位方面存在的问题则主要体现在虚化市场定位的真正涵义，研究策划环节不够市场化、专业化，造成定位与市场的真正需要脱节、市场主观预期与客观需求脱节等情况，这直接影响到购物中心竞争能力的提升和商业特色的发挥。同时还有一些购物中心虽然有较为明确的定位，但是在实际操作中并没有结合自身项目特点进行整体考虑，过于依赖大店、大卖场和超市，导致商品组合与自身定位不协调，影响了购物中心的经营业绩。

某些购物中心定位模糊或定位过高，还会造成理念难以传播的情况。一些购物中心最初的定位是休闲、娱乐和享受的生活场所，但现实中人们的看法却与之相距甚远。究其原因，除了知名度、认知度不够之外，恐怕定位模糊、价格过高，没有准确把握消费主流，休闲理念难以传播也是其中的关键所在。在现阶段，由于国内厂商和服务商资源比较有限，品牌数量不足，可供选择的余地很小，如果定位不准，没有将理念传播于大众心中，最终导致的结果就是消费土壤缺乏，购物中心死亡。

3. 管理制度不能统一，店内租户各自为营

当购物中心经历了前期的融资、设计和招商后，工作的重点也就开始过渡到物业管理上。然而由于大型购物中心往往具有“分散经营，统一管理”的行业特征，各租户的分散经营往往会给统一管理提出较高要求。一个购物中心里常有上百个独立的零售商，管理难度很大，很多管理者面临诸如是否统一收银、是否统一营业时间、是否统一进行促销行动等问题时不能很好地进行协调，直接损害了购物中心的整体形象，使顾客失去光顾的兴趣。

三、2006年购物中心发展展望

经历了前两年的快速发展，2005年购物中心进入到了一个相对平稳的阶段，并且由于居民消费能力和土地资源的制约，这个阶段还将维持一段时间。这段时期既是购物中心加强内部消化、改善经营结构、深抓运作管理的大好时机，又是购物中心产业逐渐走向成熟的必由之路。放眼2006年，中国购物中心的发展将会呈现以下几个新的特点：

（一）结构和规模将趋向合理

随着开发、招商、经营和管理难度的加大，未来几年内大型购物中心的数量将继续平稳增长，而社区型购物中心则由于开发运营难度适中，受到国家政策的支持而得到越来越

多的开发商和投资者的青睐，更多的项目将会诞生在新兴社区，发挥社区商业的功能，社区型购物中心在未来一段时间将会有更大的生存空间和发展潜力。

由于大型购物中心和社区购物中心两方面的共同作用，我国购物中心的平均面积将逐步下降，与此同时专业化程度和产业化程度也将取得一定程度的突破，尤其是在市场定位、商业规划、招商组织和经营创新等几个方面，购物中心的经营流程将更加严谨化、管理将更加持续化、理念将更加动态化，最终保证项目应有的活力和竞争力。

（二）由开发时代向运营时代转变

随着购物中心发展模式的日益成熟，商业运营和管理的作用正在逐步增大，中国购物中心开始从地产概念阶段向商业运营阶段全面转变，购物中心行业慢慢走向成熟。在未来的发展过程中，运作管理必将取代前期的营销策划成为新的工作重点，因为只有这样才能真正体现购物中心的业态优势，也才能真正体现购物中心的商业性质和商业价值，真正提高经营效率，从而进一步催生购物中心在中国的发展。因此怎样提高购物中心的管理水平将是未来发展的核心问题。

（三）功能更加完善、定位更加明确

相关资料显示，购物中心在国际上可分为两个阶段：第一代的SHOPPING MALL主要是利用较大空间，摆放较多的商品，完成“一站式购物”；第二代的LIVING MALL，除保留第一代MALL的优势外，更增加了购物之外的餐饮、娱乐、旅游、会议、会展等其他非购物功能，完成“一站式消费”。国内第二代MALL的强劲发展势头已经引起了相关部门和企业的关注，因此引进世界先进的体验经济模式，将购物与体验相结合也是未来购物中心发展的一个趋势。

另外，逐渐成熟的购物中心还会对自己的消费群有日益明细的定位，在这方面华润万家旗下的Ole’生活时尚中心走在了前面。它定位于生活时尚店，以中高消费群体为自己的目标顾客。精心布置店面，统一协调国际流行色，给人一个清新的购物环境。店内分为时尚霓裳、格调家居、生活广场、生活管家等一些版块，创造了一种全新的零售新概念。由此我们说打破业态同质化，突破定位不明确的瓶颈，注重购物中心的营运管理，从细分市场、兼顾不同需求这个层面入手，在商品结构和品种上进行尝试将会是今后购物中心发展的一个方向。

购物中心既是时代的产物，又是时代的象征。回顾一年来中国购物中心行业所走过的每一步，我们可以欣喜地发现已经有那么多的企业走上了极具竞争力的发展道路；尽管这个行业还存在种种问题、还不够成熟，甚至面对着太多的批评、太多的压力，但这都不能阻挡最先进零售模式的发展脚步。我们有理由相信在新的一年里，不断摸索、实践、创新着的中国购物中心必然会奏出更为和谐的乐章。

（沙振权　甄东伟）

家电连锁经营分析

一、行业业态概述

（一）市场概述

随着居民生活水平的不断提高，我国家电市场容量与日俱增。2005 年全国各地家电市场继续保持高速增长势头，粗略估计目前家电市场容量超过 5000 亿元人民币。

目前行业内将家电产品按品类主要分为彩电、音像、冰洗、小家电、空调、电脑、数码和通讯共八大品类。2006 年各品类容量预测见表 1。

表 1　　2006 年家电产品各品类容量预测

品类	通讯	电脑	彩电	小家电	空调	冰洗	数码	音像	其他
容量（亿元）	1296	928.8	847.6	649	499.55	428.48	392	224.22	467.25

注：数据来源于 CMM。

（二）竞争格局

1. 连锁扩张疯狂提速，行业格局已见雏形

2005 年是家电连锁扩张最为快速的一年，在苏宁、国美的带领下，整个家电连锁行业纷纷加快扩张的脚步。从发展速度及数量上看，主要家电连锁企业已经逐渐分化：苏宁、国美已经基本确立全国连锁巨头的地位，具备在任何地区进行复制的实力，连锁发展演变成一种“复制”行为。

2005 年，包括三联在内的六家连锁企业合计销售额达到 1300 亿元，占全国家电市场容量的 26%，较 2004 年的 10% 提升了 16 个百分点。由此可见，家电零售在向连锁渠道集中的同时也已开始向少数家电连锁巨头集中。随着各主要家电连锁企业在新的一年里继续加快扩张速度，资本优势和规模优势将使家电零售市场进一步向几大连锁企业集中。

2. 整合方式多样化，中小型企业大量退市

2005 年之前传统渠道与专业连锁渠道的竞争是主线，2005 年则是专业连锁的内部整合元年。家电连锁行业除了疯狂开店外，最显著的特点就是参股、并购现象开始大范围出现，大型连锁企业资本优势的凸显使得许多地方性中小企业成为大企业吞食的对象。2005 年各企业在追求速度的同时，不少企业告别了只租不购的单一发展模式，开始参股、并购多种模式并行。

5 月，国美收购了黑天鹅电器，打破了只租不购的惯例，并保留了黑天鹅原有的品牌

和原先所有管理人员的岗位与级别，尝试一个公司双品牌双制度的新模式；8月，国美收购了中国建材旗下易好家的全部股权；11月，国美收购武汉中商家电零售业务。

永乐则先后通过收购股份，完全控股了通利永乐量贩有限公司和成百永乐生活电器公司，正式兼并了河南通利；通过并购江宁上元电器进入南京市场，通过并购扬州广源电器进入扬州；通过参股厦门思文电器以合作经营的方式操控了思文电器；以1.4亿元收购灿坤，并迅速将灿坤的门店易帜为永乐。

3. 厂家自建渠道，产业格局微妙变化

按照直辖市及省会副省级城市、地级城市、县（县级市）、乡镇等不同地区级别业内将市场划分为一、二、三、四级市场，目前大型家电连锁企业已经垄断了一级市场的家电销售，并且在二级市场占据了相当份额，但在三、四级市场涉足尚浅。

2005年家电产业格局发生了微妙的变化：除格力等企业坚持走传统分销渠道，将专业家电连锁渠道视为重要补充外，一些家电制造企业采取在一、二级市场以家电连锁为主，而开始在三、四级市场自建渠道。

2005年TCL、美的、志高、新科等家电制造商启动了三、四级市场自建终端的计划，并且有了实质性进展。4月，美的在革命老区井冈山宣布：全面启动“乡镇空调普及革命”，攻占三、四级市场；5月，志高空调对外宣布，将从广东、京津、江浙等区域县级市场原有的专卖店中挑选1000家打造成样板店，再向全国推广；6月，TCL牵头打造的“幸福树”电器连锁卖场在河北沧州和河南长垣开出分店，新科空调则全面启动“乡镇工程”，拟在全国三、四级市场建立1500家核心商家网点。

4. 外资企业加快进军速度，百思买（Best Buy）全面进入中国市场考察

2004年12月11日我国零售市场向外资全面开放，外资零售商在中国开店的数量、股权和选址不再受到限制。为此，我国零售行业的巨大市场引来了各路资本的关注，百思买将成为第一个进入国内家电零售的企业。

百思买已在上海设立亚太区总部，在深圳建立华南分公司，在北京也建立了办事处；下一步百思买将在武汉等生产制造和物流交通较发达的地区继续建立采购中心。

外资连锁企业一般都有一个长期的“中国策略”，即进入中国初期没有赢利计划，在零售上搞“倾销”，以国外市场的赢利来贴补中国市场。可以预见，随着外企的进入，国内家电市场的竞争必将更加惨烈，外资渠道拥有全球数量众多的连锁店面以及成熟的流通业运营经验，这将对本土品牌渠道造成极大的竞争压力。

5. 家电零售市场的竞争已经扩散到资本市场

2005年家电零售市场的竞争已经进入到“巨头”竞争的时代，竞争的范围随着苏宁、国美、永乐的上市已经扩散到了资本市场。为了获得发展的资本支持，永乐、五星在2005年积极上市，其中永乐成功在香港上市；苏宁、国美虽然已经上市，但它们在2005年的资本市场上动作频频，家电连锁巨头之间的竞争范围已经渗透到了资本市场的竞争，谁在资本市场上表现好，谁就拥有了更大空间发展的源泉。

（三）连锁企业经营及发展状况

表 2　　2005 年家电连锁企业销售排行

销售额排序	企业名称	年销售额（亿元）	店铺数（个）
1	北京国美电器有限公司	498.4	426
2	苏宁电器股份有限公司	397.2	363
3	上海永乐家用电器有限公司	151.7	199
4	江苏五星电器有限公司	146.1	193
5	山东三联集团有限责任公司	132.0	274
6	北京市大中电器有限公司	100.0	120
7	宏图三胞高科技术股份有限公司	67.0	75
8	广东大地通讯连锁服务有限公司	18.0	130
9	深圳市顺电连锁股份有限公司	15.0	16

总的来看，2005 年全国主要家电连锁企业均保持了店面的高速扩张和销售额的快速增长，其中苏宁、国美、永乐、五星、三联和大中均进入了商务部公布的全国商业连锁 30 强之列。

二、行业典型企业介绍

（一）国内典型企业介绍

表 3　　国内典型企业销售情况

年度	国美电器			苏宁电器			永乐电器		
	店铺数（个）	销售额（亿元）	比上年增率（%）	店铺数（个）	销售额（亿元）	比上年增率（%）	店铺数（个）	销售额（亿）	比上年增率（%）
2003 年	139	177	63.3	148	120	99.4	55	87	80.2
2004 年	227	239	34.3	193	221	79.6	110	108	50.7
2005 年	426	498	108.4	363	397	79.6	199	152	40.7

1. 苏宁

（1）企业简介：苏宁电器集团始创于 1990 年，现已成为全国最大的电器流通企业之一，作为江苏省首家著名服务商标，“苏宁”已成为江苏乃至全国的知名企业。为推进连锁事业的发展，苏宁先后在江苏、上海、北京、广州、杭州、合肥、西安、武汉及省内主要城市设立了十多家地区连锁管理中心，成为集流通、实业制造、地产开发、电子商务、投资事业于一体的国家级企业集团。

(2) 经营特色：苏宁集团的经营理念是“整合社会资源，合作共赢；满足顾客需要，至真至诚。”苏宁“合作共赢”的经营理念得到了广大供应商的认同。同时，苏宁也一直致力于和厂商共同规范行业秩序和创新经营。2005年8月在上海召开的2005平板电视论坛上，苏宁和与会厂商共同推出了关于平板电视售后服务的行业标准；而苏宁与索尼SIS店的设立以及与三星、MOTO等一大批国际品牌的B2B对接等事件都是苏宁积极优化供应链、提升合作层次的战略举措，也对苏宁经营业绩的持续提升有着战略意义。

(3) 管理特色：调整集团内部的组织架构，实现扁平化管理，以连锁推进为目标，形成采购、连锁管理和地区销售相结合的管理体系；形成统一的连锁管理规范文件，以统一形象、统一资源、统一服务，贯彻苏宁连锁；以内部管理的ERP系统和外部交易的电子商务为手段，发展连锁企业之间的B2B交易和面向全国公众的B2C网上购物；同步建立第二代售后和物流基地，强化对连锁企业的后台支持系统。

(4) 2005年重大事件：①2005年3月15日，苏宁电器宣布启动为期3年的“5315”服务平台建设工程。这一工程是苏宁电器阳光服务的升级行动，核心是实现苏宁电器服务平台的标准化、连锁化、规模化和信息化，以强大的连锁服务平台支撑连锁店面和销售规模的迅速扩张。

②2005年5月1日，苏宁电器一天内在全国开了22家连锁店，创下了业界单日开店数量的最高纪录。

③2005年6月22日，三星电子大中华区营业总裁许琪烈与苏宁电器总裁张近东在一份协议书上签字，苏宁电器连锁店和三星电子公司的仓库、设计等实现了即时对接。这个被行业称为“B2B”的系统表面上看起来只是两个企业的数据对接，而实际上却是零售业一次“零售技术革命”。

④2005年7月2日，苏宁电器进入武汉，率先完成全国一级重点市场布局。

⑤2005年8月4日，苏宁电器股权分置改革方案获公司股东大会通过，苏宁电器高票进入G股时代。

⑥2005年8月7日，世界品牌实验室（WBL）评定“苏宁”品牌价值为64.55亿元，比2004年增值0.93亿元。

⑦2005年8月21日，最新“2005中国企业500强名单”出炉，国内家电连锁巨头苏宁电器以2004年220亿元销售规模在这一榜单中排行第117位，是江苏排名最高的民营企业。

⑧2005年9月24日，苏宁电器举行新VI推广新闻发布会，表明苏宁电器已朝着国际化品牌方向迈出第一步。

⑨2005年10月30日，苏宁电器入选“2005年度中国著名品牌200强”。

⑩2005年11月17日，苏宁电器成功通过了ISO9000服务体系国际质量认证，其服务体系运作全面进入标准化阶段。由此苏宁电器成为首家通过该项认证的国内家电连锁企业。

⑪2005年11月30日，苏宁电器在全国门店同时启动“共享苏宁15周年盛典，体验360度狂欢”的大型庆典月活动，整个12月份苏宁电器以十亿元让利回馈消费者，回报社

会。

⑫2005年12月21日，“2005中国上市公司竞争力100强”名单出炉，苏宁电器排名第七，成为惟一进入前十的全国性商业连锁企业。

2．国美

（1）企业简介：目前，国美电器已成为中国驰名商标，是中国最大的家电零售连锁企业之一。在北京、天津、上海、成都、重庆、西安、广州、深圳等国内100个城市以及香港地区拥有直营店270余家，40000多名员工。

（2）经营特色：国美坚持“薄利多销”的商业宗旨，以低价去吸引消费者，迅速占领市场。国美所售商品之所以低价，一方面是直接从厂家进货，省略中间环节，降低了成本；另一方面，也有赖于国美的规模，通过渠道优势而尽可能压低厂商的供货价格。

（3）管理特色：国美已经开始将原来从属于营运中心的客户服务部、物流部、门店管理部分别升级为与营运中心平级的客户服务中心、物流中心和门店管理中心，将原来从属于采销中心的品牌管理部升级为与之平级的品牌管理中心，并且建立了大区管理制。

（4）2005年重大事件：①2005年1月1日，国美电器成立18周年。同天，国美在南宁的连锁店开业。

②2005年2月，国美划分东北区、华北一区、华北二区、华东区、华南区、西南区、华中区七个大区，建立国美电器大区管理制。

③2005年3月，胡润与百度网站联合推出“2004百富人气榜”和《2004财富品牌影响力报告》，黄光裕被百度8400万网民推举为“百富人气榜”首位，国美电器则位居“品牌影响力企业”第二位。

④2005年3月，“2005国美全球战略合作高峰会”在上海举行，100多位全球消费电子制造企业的高层就“共荣WTO”展开广泛评论。会后，国美与众厂家共同签署了《全球消费电子产业上海宣言》，力求建立中国消费电子产业健康的经济秩序和规范有序的市场竞争新秩序，在全球市场实现厂商、消费者和社会利益的共赢。

⑤2005年3月，“2005国美手机流行趋势新闻发布会”在北京举行，国美电器在会上与众知名手机制造商签订70.77亿元订单，在业界引起强烈反响。

⑥2005年4月，国美电器成功收购哈尔滨黑天鹅电器品牌及其全部零售网络，从而使得国美电器在整个黑龙江家电零售市场份额达到85%。

⑦2005年5月，在中国社会调查所、世界华商会、中国名牌协会、中国百业社会调查活动组委会联合组织的“中国文化推动力”评选活动中，经网上投票和专家综合评定，《国美报》、《国美文摘》、国美网站分别获得“中国优秀企业内刊文化推动力奖”。

⑧2005年6月，鹏润集团与大连万达集团缔结战略合作伙伴关系，双方携手共同发展商业地产。

⑨2005年6月，国美电器通过中国红十字总会，向在洪灾中遇难的黑龙江省宁安市长安小学的学生家庭捐献110万元现金，用于灾后重建。

⑩2005年6月，在由中国生产力学会、中国民营科技促进会、北京大学、中国职业经理人促进会（香港）联合主办的“2005年中外企业CEO职业经理高峰论坛”上，黄光裕总裁荣获“中国企业具有影响力职业CEO”称号。

3．永乐

(1) 企业简介：永乐家电经历了9年家电零售业巨大变革的洗礼，目前在上海、北京、天津、江苏、浙江、广东、深圳、福建、河南、四川、陕西等地拥有家电连锁大卖场，保持了年年超常规的发展业绩。公司于2005年10月在香港主板实现成功上市，在未来3~5年里，永乐将发展成为以家电连锁为主业的大型商业集团公司。

(2) 经营特色：在经历了家电销售的第一种模式——低价进、高价卖，赚取家电销售差价，及第二种模式——赚取家电销售差价的同时，利用好现金流获取综合赢利之后，永乐最终寻找并实践了家电销售的第三种模式，即在争夺家电商品市场的同时，仍将享有消费者在使用家电过程中延续消费通话费和上网费等消费的后期利润，这便是其新商业销售模式的精髓。

(3) 管理特色：永乐通过泛微协同管理平台，将企业所有的信息（供应商、零售商、商品、人员等）进行统一、集中管理，企业决策层和部门所需要的资料都可以在这个平台上查询到，真正做到了信息的有效共享，实现了企业在任何地点可以查询到自己想要的信息。

(4) 2005年重大事件：

①2005年2月5日，YOLO首届电模大赛落下帷幕，生活电器与时尚生活第一次亲密接触，中国首次电模大赛的冠军正式诞生。

②2005年2月26日，上海市商业企业第一个民营企业党委——上海永乐家用电器有限公司党委揭牌仪式隆重举行。

③2005年8月15日，上海永乐和厦门思文举行联合新闻发布会，宣告二者正式“联姻”。

④2005年9月15日，上海永乐收购河南通利量贩有限公司零售部分的全部资产，组建全资河南永乐生活电器有限公司。

⑤2005年10月14日，永乐家电在香港主板成功上市。

（二）国外典型企业介绍

表4 国外典型企业销售情况

年度	Best Buy（百思买）				山田电机				小岛电器			
	总店铺数（个）	在中国店铺数（个）	销售额（亿美元）	在中国的销售额（亿元）	总店铺数（个）	在中国店铺数	销售额（亿美元）	在中国的销售额（亿元）	总店铺数（个）	在中国店铺数	销售额（亿美元）	在中国的销售额（亿元）
2003年	662	0	210	0		0	90	0		0	46	0
2004年	830	0	280	0	270	0	100	0	240	0	50	0
2005年		0		0		0		0		0		0

1.Best Buy（百思买）

(1) 企业简介：Best Buy成立于1966年，是北美地区经营消费类电子产品、个人电脑、娱乐软件和电器产品的第一大零售商。它主要经营零售商场和网上超市，通过分布在美国、加拿大、波多黎各及美属维京群岛的1900多家零售商场面向消费者提供服务。主要的产品领域包括消费类电子产品（音响、视频个人手提产品、通讯产品、照相器材及附件）、家庭办公用品（电脑、数码成像、软件及其他外设）、娱乐软件（音乐、电影及软件）及电器产品（大家电产品、家具、小型家用产品）等。2003年在上海设立第一家全球信息办公室，采购中国低成本家电商品。

（2）经营特色：Best Buy把店内的销售人员减到最低，让顾客自行选择商品，人工成本为产品降价提供了更大的空间。同时，Best Buy还扩大营业面积，改变卖场的购物环境；增加商品种类，尤其是提高电子和数码产品的比重；配备专业销售人员，提高服务质量；简化结账和加快送货安装流程等。目前主要集中在临近的加拿大市场扩张。

（3）管理特色：Best Buy拥有一个复杂的运输网络。大多数产品是从亚洲进口并集中运至美国西海岸的西雅图和长滩集货中心，在那里，被称作“棕色货物”的27英寸彩电和其他小件货物再被分拨到全美的七个配送中心，其中三个配送中心是专门为网上商店和非虚拟传统商店进行配送服务的。

2. 山田电机

（1）企业简介：山田电机于1973年作为松下的系列店创业，1983年脱离系列，展开独立的连锁经营。至1996年拥有90家连锁店，其后迅速增长，以经营效率高著称。2001年9月其连锁店扩大到139家，2002年3月其决算销售额、利润额均超过上年第一位的小岛电器，成为日本最大的大型家电零售商。

（2）经营特色：山田电机一直坚持廉价销售。为了加强在日本市场的营销能力，增加市场份额，山田电机公司2005年6月在家用电器连锁店“迪奥迪”的根据地广岛本店不远处新开了一家营业面积为7500平方米的大型连锁店，与之展开了“面对面”的竞争。

3. 小岛电器

（1）企业简介：小岛电器是日本第二大连锁集团，于1955年创业，属于日立的系列店。从创业开始小岛电器就坚持廉价销售，后遭到厂商的抗议和发货限制，于1967年脱离厂商系列独立开店，1972年开设第1家分店，至1991年其连锁店扩大到144家，1997年左右其销售额跃居日本家电零售商第一的水平，并一直保持到2001年。

（2）经营特色：目前小岛电器的经营重点只放在日本，暂时没有向国际扩展的计划。小岛电器开设店面的思想与其他企业不同，它通常只在大城市周边地区开设大型家用电器连锁店，而很少开设在大城市的市中心位置。

三、本行业发展热点及核心问题

（一）营销整合

在整个大家电营销体系内，2005年是营销整合最为激烈的一年，厂家方面TCL收购法国汤姆逊家电、联想收购IBM、长虹收购美菱、海信收购科龙，而连锁零售方面永乐收购河南通利、完全控股成百永乐，五星兼并青岛雅泰，国美并购黑天鹅、武汉中商、深圳易好家和江苏金太阳。应该说，2005年是名副其实的并购年，随着连锁企业加速扩张，更多的中小型家电零售企业还将陆续退出市场，而零售渠道的整合也必将导致上游厂商的整合，最终形成一个相对稳定、互动，以大企业为主的大营销体系。

（二）全面渗透

2005年，以苏宁、国美为首的大型家电连锁企业，在全国范围掀起了一场圈地运动高潮，各家电连锁门店累计增长到1500家，2005年一年所开店面超过了各企业之前所开店面之和。以河南市场为例：2004年，以国美、通利为主的连锁店在河南不到30家，而目前，仅郑州及郊县市场包括苏宁、国美、永乐、五星、八方在内的连锁卖场就达到30多家。而幸福树、日日顺等厂家背景的连锁企业则在广大三、四级市场开始连锁布局。整个2005年行业内用得最多的一个词就是“开店”。

（三）提升盈利能力

由于开店速度不断提高，店面数量的急剧增加导致了质的相对下滑，这主要是因为新开店面经营运作不成熟造成的。随着经营运作越发成熟以及企业加大对后台经营管理的投入，单店盈利水平必将得到提升。鉴于2006年连锁扩张将保持2005年的速度，大量的资源仍将用在连锁扩张上，因此，各大连锁企业纷纷转移策略，通过品牌、服务、差异化经营来提高盈利水平，以提升自身的利润。

如苏宁提出了“5315”工程加强后台建设，开始通过内部管理增加利润；国美开始尝试多业态联合营销，通过与全国1200多家不同业态的商业企业签约，结成联盟店，以寻找新的利润增长点；永乐通过进一步完善门店产品结构和功能来提高单店利润率。

（四）多业态拓展

2005年，家电连锁企业纷纷向多元化进行发展。

国美“侵入”家电制造业。上半年国美与汕头爱多集团正式签订战略合作联盟协议书，以51%的股权份额入股爱多，开始研发自有品牌的家电产品。下半年，国美又联手新鸿基进驻沈阳打造家电工业园区。

永乐冒险进入家居领域。3月，永乐总裁陈晓宣布，继家电零售主业之后，永乐将进入家居功能系统行业，实现企业的多元化战略投资，并新成立了一家全资子公司——永乐楼宇设备销售有限公司，负责家居功能系统的采购、施工及售后服务。

（五）加强后台建设

经过2005年的急速扩张，店面数量成倍增加，各大连锁企业逐渐开始加强硬件服务平台建设以支持日益庞大的连锁网络和年年加快的连锁扩张。这标志着连锁行业开始从进销差价赚取利润转向通过内部管理寻找利润增长点的时代。

作为业内首先提倡并实施“第二代物流基地”的苏宁电器，在售后平台的建立上已经先行一步，引领了家电物流模式变革。第二代物流基地采用立体机械货架、电动托盘车、手推车、进货液压平台、夹抱车等先进的自动机械工具，并采用集成在SAP信息管理系统平台上的WMS（wirehouse manage - ment systerm）库存管理系统进行管理，而配送也将统一采用安装了GPRS全球定位系统的车辆。随着“5315”服务平台的建设，这500个服务网点、30个客服中心和15个物流基地将逐渐投入使用，苏宁的服务质量和效率将会有一个质的飞跃。

国美也计划从2006年开始在全国范围内建设售后维修中心，以提升售后服务质量；并着手进行组织架构调整，将原来的客服部、物流部、门店管理部、品牌管理部升级为客服中心、物流中心、门店管理中心和品牌管理中心，从而在组织架构上提升终端部门的地位，加大对终端服务的投入力度。

（六）厂商战略协同

随着家电连锁企业规模的不断扩大，在一级市场渠道整合完毕后，二、三级市场的整合业已开始，为此，供应商将更多地依靠家电连锁渠道。随着厂商关系不断融洽，以及市场销售不断向连锁渠道倾斜，家电产业链的优化已得到厂商的共识。为专注于新产品的研发以及自主知识产权的突破，厂家将会不断缩减自身的销售队伍和物流规模，从而将更多的市场销售权交给连锁商，这也符合专业分工的行业原则。

目前，不少厂家已开始调整营销政策，供销双方的营销资源进一步整合，逐步形成了不同供应商和连锁企业组成的战略利益集团。如索尼与苏宁实现信息平台共享后，2005年三星与苏宁也签订了B2B信息系统对接协议，里面包括订单、发货、入库和销售汇总等数据的实时传递，双方人员将在一个共享的信息平台上决定采购供应和终端促销。2006年这种深层次的合作将会被广泛采用。

（七）会员制式顾客管理

由于店面同质化严重，价格战造成的影响使各连锁企业的品牌效应大打折扣，消费者品牌忠诚度极低，使各连锁商陷入价格战的恶性循环。为此，2005年各家电连锁企业相继推出会员卡，根据顾客的终身价值和消费层次对消费群体进行分类，针对不同的消费群体，在提供不同优惠方式的同时突出了自身的服务与品牌。通过增值服务实现顾客的固定化，通过超值服务实现顾客的组织化，建立家电连锁企业的品牌忠诚度。随着连锁规模渐成定局，打造品牌、培育固定消费群将成为各大连锁企业追求的第一目标。

（八）电子商务

早在2003年非典时期，苏宁就通过网上商城、电话订购进行商品销售，并取得了不俗的业绩。2004年苏宁把B2C电子商务项目提上日程，并进行项目开发。与此同时，世界家电连锁巨头Best Buy在ebay网站开设了两个商铺，向ebay支付租金。而近几年来，随着我国家电连锁企业加大信息化的投入，信息化管理水平不断提高，已具备进行无店铺销售的软硬件基础。苏宁、国美、永乐等都相继在公司网站上开通了网上商城。

目前，家电电子商务之所以不成规模，主要有以下几个原因：一是消费者仍习惯于到商场进行实物选购，且能领到商场促销礼品；二是网络上商品形象不能最真切的反映实物，而且消费者不能亲身体验；三是中国家庭网络尚未普及；四是信用体系与法制体系不健全，权益难以得到有效保护。

随着电子商务越来越受到各商家和政府的青睐，家庭网络开始普及，网络法制逐渐健全，更重要的是连锁店面经营模式发生转变。电子商务将成为家电第二大销售渠道。

（九）以国际家电连锁为标杆

基于与国际大型家电连锁企业相互学习，学习国外先进管理经验以提升自身企业竞争力，并着眼于未来走向国际市场的想法，近两年，我国家电连锁企业加快了与国际家电连锁业的交流，对其先进的营销模式进行了深入研究，如美国 Best Buy、沃尔玛、日本山田电机等营销管理理念、管理技术、运营模式都对国内企业产生了较大的影响。正如苏宁电器董事长张近东所言：外资连锁有品牌比较成熟、资本雄厚、模式固化等3个显著特点，但是国内市场比较特殊，在模式上更需要变化。2006年我国家电连锁企业将在学习借鉴的基础上，开始向营销国际化努力。

（十）品牌战略

目前，为了增加整体市场份额，抢夺更多的消费者，一些企业采取了同一业态多品牌运作的方式。这也是社会资源整合的一种结果。

目前我国家电业的资源正在加快向强势企业整合，为此，伴随着行业整合出现了多品牌经营策略。如国美收购黑天鹅后，保留了黑天鹅的品牌，在黑龙江使用双品牌经营策略。同时，国美又打造了新的家电连锁品牌——鹏润电器。该品牌定位于高端，采取体验式、会员式等销售模式。由于国美的新品牌鹏润电器定位于高端，所以必须跟传统的国美品牌形成区隔，甚至让消费者不知道是国美集团的，否则会产生不利于品牌的联想。

但是从目前情况来看，这种多品牌策略并没有表现出运作上的优势。制造业通过产品性能差异化进行多品牌运作，而国美并未能真正实现这种差异化，商品的同质化削弱了多品牌运作的优势，与通过店面数量的增加来提升市场份额没有本质上的差别。不过，如能做到各品牌平行运行，对促进公司内部竞争、激活员工斗志仍有一定的作用。

（十一）百安居欲与连锁家电博弈

世界第三大、欧洲第一大装饰建材零售超市——百安居（B&Q）进入中国6年后，破天荒地卖起了冰箱、洗衣机等白色家电产品。

面对国美、苏宁等零售巨头的强大采购优势，在华首次切入白电业务的百安居将拿出多种独特手段进行对抗。百安居利用消费者在装修新房时首先会买建材装饰产品的优势来争夺这部分客户。国美、苏宁等在冬季很少大规模向空调厂家购买产品，但百安居的空调销售瞄准的是装修卧室的目标客户，百安居可在冬季、春季空调销售淡季以极低价格大规模买断空调厂家存货，这种价格优势将是家电连锁企业所没有的。如百安居买断了伊莱克斯的冬季空调库存。同时，百安居已做好了必要时采取“零毛利润”销售手段。因为热销白电产品还可反过来促进百安居相关建材、家居产品的销售。而且，越来越多的家庭习惯将冰箱、洗衣机等在装修厨房时就嵌置在橱柜中，百安居计划通过整套橱柜销售来带动白电产品销售。

虽然建材产品和家电产品是互补性产品，但是百安居一直给消费者的印象是建材品牌，侵入家电行业与国美、苏宁等家电龙头竞争对百安居来说是一个巨大的考验。

（孙为民）

家居建材连锁经营分析

目前，中国家居建材零售业态主要有两种，一种是家居建材商店（又称“建材超市”），另一种是以摊位租赁式为主的传统市场。根据连锁经营的定义，只有家居建材商店属于连锁经营的范畴。家居建材商店是中国《零售业态分类》中的第10种业态，是连锁零售业的一个重要分支。在2004年中国连锁百强企业中，家世界（大型综合超市，含家居建材商店）、东方家园和百安居分别列第23、29和48位。世界最大的家居建材商店Home Depot，是世界第3大零售商。

一、家居建材商店成为中国建材零售先导业态

（一）中国家居建材商店的历史沿革

1996年12月6日，家世界天津东丽家居店开业，标志着家居建材商店开始导入中国大陆（以下简称“中国”或“我国”）。截至1999年12月31日，东方家园、家世界、好美家、百安居和欧倍德（2005年上半年已经并入百安居）等在中国从事家居建材商店经营的5家主要企业，开业门店数量达到9家。如果以分店数量达到2家以上为连锁经营的最低门槛，则此时家世界和好美家分别以分店数量为3家和4家而形成连锁经营，这标志着家居建材连锁经营在1999年开始出现在中国。1年以后，东方家园和百安居也进入了家居建材连锁经营阶段。

（二）家居建材商店带动业态升级

2002年12月2日，新华社报道：伴随着建材超市、家居连锁店等现代业态的兴起，摊位制传统建材市场正面临前所未有的挑战。专家介绍，一个国家或地区人均年收入达600～850美元时，建材超市就会迅速发展。2002年，我国城市人均收入7700元，折合930美元；2005年，全国城镇居民人均可支配收入10493元，折合1304美元。我国消费者对家居建材商品的需求偏好已经从单纯追求数量和价格，转向绿色环保、产品质量、价格、专业化和一站式服务并重阶段。2004年2月6日，国内一家媒体报道，从未来发展趋势看，由于独立经营型的超市等现代业态的大举进入，对招商制市场构成了巨大压力，两大类市场的竞争成为业内人士关心的焦点。2004年7月28日，中国建筑材料工业协会会长张人为表示，经过10多年的发展，我国建材市场已经进入了一个调整、整合、转型的历史时期。

（三）家居建材连锁商店成为建材零售先导业态

从百安居（含欧倍德）、好美家、东方家园和家世界等4家国内目前主要企业的开店情况来看，家居建材连锁商店自2003年起成为引领中国家居建材零售业态发展方向的先导业态。专家预测：从2003年起，经过5年左右的发展，家居建材商店的市场占有份额在一些城市和地区将与现在占据主渠道地位的摊位制零售市场抗衡；再过5年左右的时间，家居建材商店将逐步占据建材零售市场主渠道的地位。自2003年起，家居建材商店从北

京、上海、深圳、广州和天津等发达大城市，向全国范围内的其他大城市迅速延伸。2003年，4家主要企业共新开门店24家，其中11家在上述5个发达大城市之外。而在1996－1999年间，9家门店中只有2家在这5个城市之外。家居建材商店扩张不断提速，从1996年12月6日到2005年12月31日，4家主要企业的门店数量之和从1家发展成115家，门店数量年均增加13家。1999年1月1日－2005年12月31日，全国新开门店114家，平均每年16家。从图1能看出这种提速的趋势。

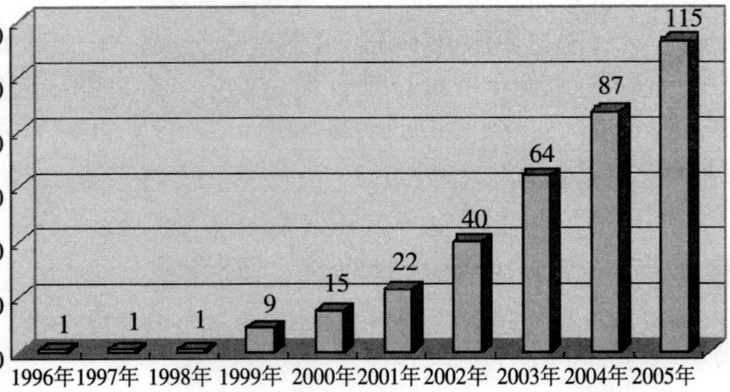

图1　1996－2005年4家主要企业的门店数量之和

由于中国建材消费者的消费能力参差不齐，许多消费者购物的首要诉求点仍然停留在商品价格上，因此传统市场在一定时期内仍然具有生存空间。另外，生产厂商也仍然存在依靠经销商、自营门市部等分销渠道推销自己的商品的需求。因此，中国建材零售业态在今后相当长的时间内，会延续目前的家居建材商店和传统业态并存的局面。然而，经过5至10年的发展，家居建材连锁商店取代传统市场，成为中国建材零售主导业态的趋势已经显现出来。

二、中国家居建材零售市场容量可观

10年来，我国经济一直持续、快速增长。我国GDP从1996年的67795亿元增加至2005年的116694亿元。社会消费品零售总额从1996年的24614亿元增加到2005年的67177亿元。进入21世纪以来，人们的消费重点已经从吃、穿、用方面，转为住和行等领域，住房同旅游、购车、教育、网络一道，成为当前乃至今后一个时期的5大消费热点。同购房相伴随，房屋装修成为消费热点的组成部分。而中高收入人群所带来的消费冲动，及我国城市居民住房制度改革后，人们住房观念变化导致的对购房和提升居住环境质量的巨大需求，为家居建材零售市场提供了快速增长的市场空间。专家估计，2001年全国市场容量为3300亿元，2005年突破6500亿元。2003年9月23日，《中国绿色时报》披露，今后5年装修建材的需求有望突破7000亿元。

三、中国家居建材连锁业的竞争结构

（一）主要竞争者

目前，中国家居建材连锁业的主要竞争者（以下简称“主要竞争者”）包括：东方家园、百安居、好美家和家世界等4家。它们在2005年的基本情况如表1所示。

表1　　中国家居建材连锁业的主要竞争者2005年的基本情况

	名　称	门店数量	城市分布数量	销售收入（亿元）
1	东方家园	26	16	602473
2	百安居	48	21	516000
3	家世界	13	7	
4	好美家	28	9	249194
合计		115	32	

（二）竞争要素和竞争结构

目前中国家居建材连锁业所面临的5种竞争力分别是：Home Depot和Lowe's等潜在进入者的威胁；主要竞争者之间的竞争；供应商讨价还价的能力；顾客讨价还价的压力；个体店铺、专卖店、摊位市场等传统市场和网上商城等替代品的压力等。上述5种竞争力构成的竞争结构如图2所示。

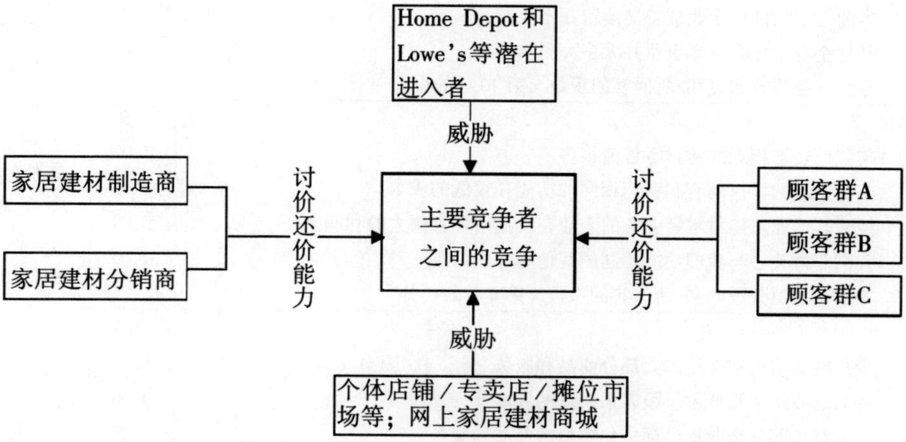

图2　中国家居建材连锁企业所面临的5种竞争力

（三）竞争结构模型分析与竞争力排序

表2根据2005年的一次问卷调查加权汇总而成。表2显示出5种竞争力的分数排序依次是：消费者-20.71分；同业态竞争对手-15.00分；潜在进入者-8.57分；替代品-2.50分；供应商-2.00分。这一结果说明，对于家居建材商店，5种竞争力的排序如下：顾客；主要竞争者；潜在的进入者；替代品和供应商。上述结果表明，在买方市场环境下，对于任何企业，顾客（买方）的讨价还价能力都是最大的威胁。与此相对应，与供应商打交道的主动权却掌握在零售商手中。业内竞争十分激烈，并且潜在进入者的可能进入将加剧竞争。传统家居建材市场对仓储式超市的威胁程度已经在降低。

表2　　中国家居建材连锁业竞争结构分析模型

5种竞争力量		分数	备注
1. 潜在进入者		8.57	
1-1	进入该业态成本很高	2.00	
1-2	我们经营的商品和服务有很大的差异性	4.00	
1-3	需要大量资本方能进入这个业态	1.00	
1-4	顾客更换零售商的成本很高	5.00	
1-5	争取顾客很困难	2.00	
1-6	很难得到政府批准经营与我们同样的商品和服务	3.00	
1-7	进入该业态对该业态和本企业威胁性不大	3.00	
评分方法	分数=各项分数之和/所回答的项数×第7项的得分		
2. 同业态竞争对手		15.00	
2-1	本业态内有许多的竞争者	3.00	
2-2	本业态内所有的竞争者几乎一样	2.00	
2-3	商品和服务销售市场增长缓慢	5.00	
2-4	本业态的固定成本很高	3.00	
2-5	我们的顾客转换零售商十分容易	1.00	
2-6	在现有销售能力上增加一点销售能力十分困难	5.00	
2-7	本业态没有2个企业是一样的	2.00	
2-8	本业态大部分企业要么成功要么垮台	3.00	评分标准采用自坚决同意至坚决反对，从1分递增到5分，即坚决同意为1分，坚决反对为5分，两者之间为2、3、4分
2-9	本业态中大部分企业准备继续留在本业态	1.00	
2-10	其他企业干什么对本企业并无多大影响	5.00	
评分方法	分数=各项分数之和/所回答的项数×第10项的得分		
3. 替代品		2.50	
3-1	与我们业态相近的建材零售商很多	1.00	
3-2	其他业态的零售商有和我们相同的功能和较低的成本	3.00	
3-3	经营其他业态建材零售业务的企业在其他市场有很大的利润率	5.00	
3-4	我们非常关心与我们功能相同的其他业态的门店	1.00	
评分方法	分数=各项分数之和/所回答的项数×第4项的得分		
4. 消费者		20.71	
4-1	少量顾客购买本企业的大部分商品和服务	5.00	
4-2	我们的商品和服务占了顾客采购量的大部分	4.00	
4-3	本业态大部分企业提供标准化类似的商品和服务	5.00	
4-4	顾客更换零售商很容易	1.00	
4-5	我们的一些大顾客可买下本企业	5.00	
4-6	我们的顾客了解本企业	4.00	
4-7	诚实地说，顾客对本企业的供应商影响很小	5.00	
评分方法	分数=各项分数之和/所回答的项数×第7项的得分		
5. 供应商		2.00	
5-1	本企业的重要货源有许多可供选择的供应商	2.00	
5-2	本企业的重要货源有许多替代品	3.00	
5-3	我们需要最多的商品货源方面，我们公司是供货商的主要客户	3.00	
5-4	我们可以很容易地变换大多数商品供应商	1.00	
5-5	相对于我们公司来说没有1家供应商是最大的	2.00	
5-6	供应商是我们经营中的重要部分	1.00	
评分方法：	分数=各项分数之和/所回答的项数×第6项的得分		

（四）行业生命周期分析

表3列出了处于成长期的零售业的7项特征指标，中国家居建材连锁业的现状基本上符合这些指标。因此，可以说中国家居建材连锁业正处于行业生命周期中的成长期。

表3　中国家居建材连锁业生命周期分析表

序号	项目	成长期主要特征
1	顾客和市场	市场容量年均增长率20%以上，顾客对商品和服务质量要求越来越高。
2	商品和服务	靠商品和服务的差异性吸引顾客，质量不断改善，服务品种创新速度加快。
3	营销策略	广告、价格折扣是主要的促销手段，广告费比例较高。
4	总体战略	企业都采取快速扩张的发展型战略，市场营销策略非常关键。
5	竞争态势	更多的竞争者进入，规模、价格和服务是主要竞争手段，进入壁垒提高。
6	风险特征	快速扩张中的投资风险；只有快速扩大规模、抢占市场才能化解经营风险。
7	盈利能力	毛利率高于零售业平均水平。

四、发展、整合和创新是2005年中国家居建材连锁业的主旋律

（一）继续快速发展

2005年是中国零售市场对外资全面开放的第1年，中国家居建材连锁业的内外资经营者都保持了快速发展的势头。主要竞争者的门店数量从2004年的87家发展到115家，增加了28家；门店所分布的城市数量从25个扩大到32个，增加了7个；分布在上海和北京的门店数量分别占全国门店数量的20.35%和13.27%，接下来依次为沈阳、深圳、天津、青岛、广州、成都和武汉等，可见直辖市和特大型中心城市是家居建材连锁门店分布集中的城市。

（二）并购重组和资源整合拉开序幕

2005年伊始，百安居以并购的方式加快开店的步伐。2004年12月24日，英国翠丰集团（百安居的母公司）在英国宣布，集团旗下的百安居中国公司将以约合1.05亿元人民币现金收购普尔斯马特的5家门店。2005年3月18日，对原普尔斯马特门店改造而成的百安居哈尔滨长江路店开业。2005年4月27日，英国翠丰集团又发布公告：百安居协议收购欧倍德在华业务。这项并购使百安居在中国的门店数量从当时的23家一下增加到36家，同时加上欧倍德建设中的门店，百安居2005－2006年的门店扩张速度将大步提升。截至2005年12月31日，百安居在中国的开业门店数量增加到48家，是1年前的2.18倍，是主要竞争者门店总数的41.6%。

百安居的上述并购行为对中国家居建材连锁业形成如下影响：

1. 中国家居建材零售业态升级加快

2004年，家居建材商店在上海所占据的建材零售市场份额为20%~25%，在北京为15%~20%，在其他拥有家居建材商店的城市估计为5%~10%。2005年家居建材商店所占的市场份额继续提升，传统建材市场加速转变业态或倒闭。家饰佳建材商场把经营面积从原来的1.5万平方米扩建至6万平方米，销售品种也增至数千个国内外知名品牌的近20万种建材家具商品；北京玉泉营环岛家具城、名流家居、东方美都建材城倒闭或者转变业态。

2. 主要竞争者之间的竞争加剧，竞争结构出现了向寡头垄断型转变的趋势

2003年以前，东方家园、百安居、好美家、欧倍德和家世界之间难分伯仲，甚至在门店的地区分布、同一城市内的位置布局，存在一定的错位或者说至少直面竞争的程度较低，竞争结构处于垄断竞争型。2004年开始，随着百安居做中国家居建材市场独占寡头目标的进一步明确，其他竞争者就自然成为了百安居进攻的靶子；同时，其他竞争者的防卫意识也迅速增强，竞争呈现出白热化的苗头。2005年，随着百安居独占市场目标的进一步实施，竞争更加激烈；同时，随着百安居行业地位的凸显，竞争结构随之出现了向寡头垄断型转变的趋势。

3. 家居建材连锁业面临重新洗牌

百安居并购壮大以及其他国外建材超市的涌入，正在摊薄这一行业的平均营业额，使得整个行业面临洗牌。人才、资金和经营管理系统之间较量的结果，必然是优胜劣汰。

4. 其他并购行为也在酝酿之中

东方家园、家世界和好美家等中资家居建材企业也在想办法和外资合作。据悉，Home Depot目前正在就合作事宜与东方家园、家世界和好美家进行接触和洽谈，这些接触和洽谈有望在2006年取得结果。同时，业内还有传说世界第2大家居建材零售商，美国的Lower's准备并购百安居。随着时间的推移，中国家居建材连锁业的竞争结构会出现新的变化。因此，百安居并购欧倍德，只是中国家居建材连锁业并购、整合的序幕。对于容量巨大并处于快速增长中的中国家居建材零售市场，究竟鹿死谁手目前还难以预料。

（三）增加家居商品成为创新点

按销售额计算，家居建材商店中建材类商品一直占92%以上。为了追求商品结构乃至业态创新，2005年10月以后，百安居在新开业的门店中推出了销售家庭装饰系列产品的全新业态——百安居生活时尚馆。据称，随着生活水平的提高，中国消费者对家居建材商品的消费结构正在从建材类向家居类发展。百安居生活时尚馆究竟在多大程度上适应上述市场需求的转变目前还不得而知。但是，这个举措对于打造出差异化的营销亮点的作用却十分突出。

五、2006年中国家居建材连锁业发展趋势预测

（一）家居建材连锁商店的地位继续提升

2005年，中国人均GDP达到1700美元，全国城镇居民人均可支配收入10493元，比

上年实际增长9.6%。随着生活水平的提高，人们对家居建材商品的消费偏好会更加注重绿色环保和质量。同时，中国家居建材连锁业的4家主要竞争者在2006年的总体开店速度不会降低。因此，2006年，家居建材连锁商店所占据的中国家居建材零售市场份额会继续提升。

（二）市场份额继续向百安居集中

百安居目前的门店数量，已经占据4家主要竞争者门店总数的42%。2006年1月18日，上海百安居总经理施静芳表示，接下来百安居中国的扩张将不排除借助并购来完成。按照这个趋势预测，2006年百安居占业内门店数量的比例可能会继续增加，在主要竞争者中所占的市场份额会继续加大。

（三）发展、整合和创新的主旋律将持续

以门店数量和市场份额的增长为标志的持续发展，将构成2006年中国家居建材连锁业的第一主旋律；以Home Depot与东方家园、家世界以及百安居与其他家居建材零售企业之间的并购行为为标志的业内资源整合，将构成2006年中国家居建材连锁业的第二主旋律；以业态创新、管理创新等为标志的创新，将构成2006年中国家居建材连锁业的第三主旋律。

（黄欧翔）

医药零售连锁经营分析

2005年是国内医药零售连锁业整合与调整的一年，在平价药品超市和药品分类管理以及药品降价政策的限制之下，医药零售业利润率进一步下降，这使得众多医药零售企业纷纷开始寻求新的突破与利润增长点。

一、中小企业面临亏损，百强企业销售增长依然强劲

2005年，受各种政策的限制，众多上一年兴起的平价药店悄然倒闭，部分中小企业也在亏损的边缘挣扎。但连锁药店百强企业的销售额却依然保持着高增长的态势。从《中国药店》公布的连续四年“连锁药店销售百强榜”（以下简称“百强”）的数据来看，2005年百强药店的销售总额达343.71亿元，较上年增长48%，已远远超过了近两年该数据的增长率。

表1　　2002－2005年连锁药店百强总销售额情况

年度	2002年	2003年	2004年	2005年
销售额（万元）	1292485	1780829	2323528	3437093.97
同比增长率	——	37.8%	30%	48%

二、店铺扩张速度开始恢复，以加盟扩张为主

经过上一年GSP认证等的规范调整之后，2005年医药零售连锁企业的店铺扩张速度开始复苏。“连锁药店门店百强榜”的数据显示，2004年百强门店总数增长率为29%，较2003年的41%有明显的下降。2005年百强门店总数的增长率为38%，又恢复到了较高的增长水平。但从数据中可以看出，2005年百强的直营店铺总数呈现出负增长的态势，而加盟店总数则高达70%。这说明，在2005年一年当中，众多医药零售连锁企业还是采取了以加盟为企业发展的主要方式。

表2　　2003－2005年连锁药店百强总店铺数情况

年度	2003年	2004年	2005年
店铺总数	20395	26326	36361
同比增长率	41%	29%	38%
直营店数	9492	11216	10999

续表

年度	2003年	2004年	2005年
占总店铺比率	47%	43%	30%
同比增长率	——	18%	-2%
加盟店数	10903	15110	25362.00
占总店铺比率	53%	57%	70%
同比增长率	——	39%	68%

三、合作发展成为企业解决生存问题的选择

2005年，在医药市场整体不景气的大背景之下，为了应对残酷的市场竞争，保证企业的利润率，众多中小企业纷纷走上战略结盟之路。如华北制药和太极集团进行工商结盟；贵州一树、湖南民生堂等9家中小医药商业企业，共同出资成立了一家药店管理有限公司等。还有不少企业通过组成采购联盟降低进货价来保证利润。由此，还产生了比松散的采购联盟更具竞争力的PTO（药店贸易联盟）组织。

四、差异化、多元化经营成为企业的关注点

随着市场环境的日趋复杂，竞争的日趋激烈，医药零售连锁企业逐渐开始考虑差异化、多元化经营。价格竞争在2005年已不具有杀伤力，业态定位、优势集中、品类选择等成为企业差异化竞争的重点。社区药店、药妆店、非药品销售等模式的出现印证了企业的选择。

五、经营管理开始受到重视

几年来，各医药零售企业之间的竞争已非常激烈，经过了扩张速度竞争、价格竞争等初级环节的竞争，以及GSP认证、国家各种政策限制的大浪淘沙之后，国内医药零售连锁业已进入经营管理竞争阶段。企业逐渐开始关注商品管理、人员培训、促销方式、顾客服务等经营管理层面的问题，开始从管理提升经营业绩。

有观点认为，2005年中国医药零售连锁行业经历了较为萧条的一年，但从有关数据和事件的分析中，我们可以说2005年是中国医药零售连锁企业经过制度规范后逐步稳健发展的一年，是广大医药零售连锁企业思考发展战略的一年，是行业开始规范发展的开端。

（王洪涛）

中式正餐行业连锁经营分析

一、2005年餐饮行业发展状况

（一）2005年餐饮业总体状况

餐饮业作为第三产业的重要组成部分，以其市场大、增长快、投入相对较少和吸纳劳动力多的特点受到广泛重视，也是发达国家对外进行资本和品牌输出的载体。餐饮业的快速发展归因于国民经济的快速发展，城乡居民可支配收入的提高，社会经济交往活动的增加，居民消费观念的更新。

2005年我国餐饮业持续快速增长，增长质量不断提高，餐饮连锁发展势头强劲，餐饮企业发展的协调性不断增强，餐饮消费继续成为拉动消费需求快速增长的重要力量。全年餐饮业零售额实现8886.8亿元，同比增长17.7%，比上年净增1336亿元，高出社会消费品零售总额增幅4.8个百分点，占社会消费品零售总额的比重达到13.2%，对社会消费品零售总额的增长贡献率和拉动率分别为17.4%和2.3%。全年实现营业税金488.8亿元，同比增长17.8%。

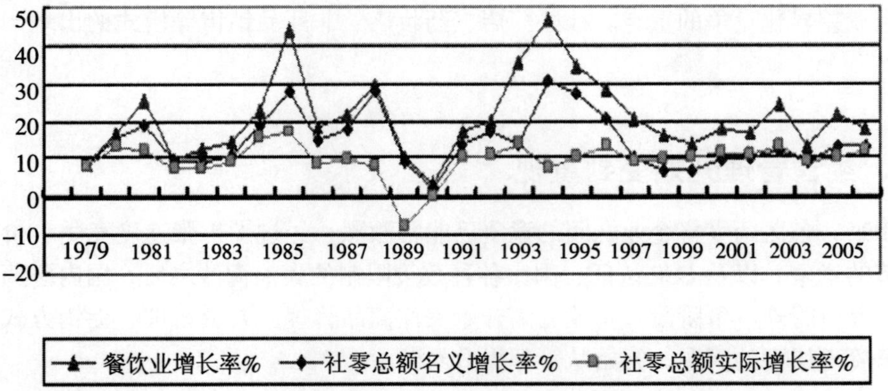

图1　餐饮业与社零总额的增长速度比较

分月看（按统计局公布但未调整的数据），年内有3次创下历年月度零售额新高纪录，分别为：10月份846.7亿元、11月份823.1亿元、12月份905.1亿元。其中12月份最高，比上年同期增长24%，高出社会消费品零售总额增幅11.5个百分点，对社会消费品零售总额的增长贡献率和拉动率较高，分别为23%和3%。如图2所示。

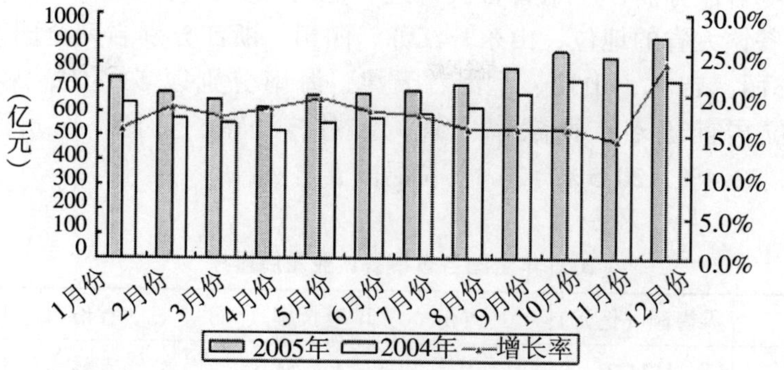

图 2　2005 年各月餐饮业零售额与增长速度

分区域看，东部地区餐饮业零售额最大，中部地区增长贡献率最强，西部地区餐饮业零售额占本区域社会消费品零售总额比重（以下简称社零比）最高。东部地区 11 个省份零售额 5007.7 亿元，占全国餐饮业零售额的 56.4%，比上年同期增长 17.4%，占东部地区社零比 12.5%，对社会消费品零售总额的增长贡献率和拉动率分别为 14.8% 和 2.1%，广东、山东、江苏省零售额依然位列东部地区前三名；中部地区 8 个省份 2150 亿元，占全国的 24.2%，比上年同期增长 20.4%，占中部地区社零比 13.1%，对社会消费品零售总额的增长贡献率和拉动率分别为 18.2% 和 2.5%，河南、湖北、湖南三省仍位居前三名；西部地区 12 个省区市 1724 亿元，占全国的 19.4%，比上年同期增长 15%，占西部地区社零比 14.9%，对社会消费品零售总额的增长贡献率和拉动率分别为 15.8% 和 2.2%。

表 1　　2005 年全国三大区域餐饮业发展情况比较

区域	省份数	绝对额（亿元）	占全国比例（%）	增长率（%）	高于社零增长百分点	社零比（%）	贡献率（%）	拉动率（%）
全国	31	8886.8	100	17.7	4.8	13.2	17.41	2.25
东部地区	11	5007.7	56.4	17.4	3.1	12.5	14.81	2.12
中部地区	8	2150.0	24.2	20.4	6.5	13.1	18.21	2.53
西部地区	12	1724.0	19.4	15.0	1	14.9	15.81	2.21

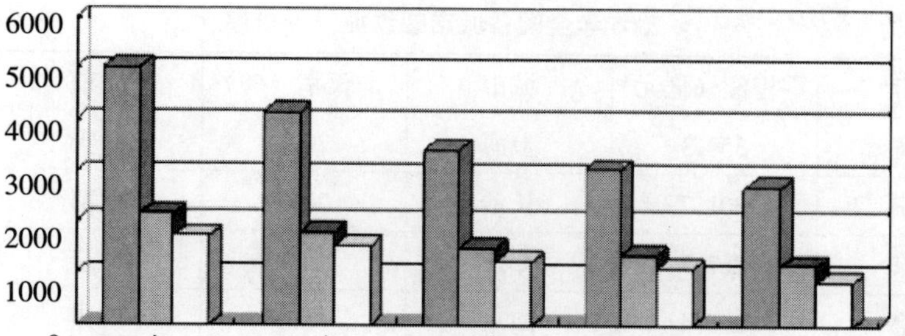

图 3　“十五”时期全国三大区域餐饮业零售额

分省份看，零售额方面，广东省首次跨过千亿元大关，为1174.3亿元，高居全国之首，保持了全国餐饮大省的地位，山东、江苏、四川、浙江分别名列全国第二、三、四、五位；增长率方面，吉林、山西、上海、天津、海南分别以53.3%、28.9%、25.4%、20.9%、20.9%位居前五名；贡献率方面，吉林、海南、上海、四川、山西分别以43.5%、25.1%、22.4%、20.5%、20.1%位居前五名。

表2　　2005年全国各省市餐饮业发展排序

名次	省份	零售额（亿元）	省份	增长率（%）	省份	贡献率（%）
1	广东	1174.3	吉林	53.3	吉林	43.45
2	山东	753.0	山西	28.9	海南	25.14
3	江苏	629.1	上海	25.4	上海	22.42
4	四川	545.6	天津	20.9	四川	20.46
5	浙江	533.2	海南	20.9	山西	20.13
6	河南	497.5	江苏	19.4	宁夏	19.37
7	辽宁	453.1	湖南	19.3	新疆	19.27
8	湖北	386.6	河北	19.1	天津	19.02
9	河北	354.3	福建	18.9	甘肃	18.78
10	上海	350.3	新疆	18.8	云南	17.56

分城市（指省会城市以上）看，超过百亿元零售额的城市有17个，比上年多出6个，上海、广州、北京、成都、西安分别以350.3亿元、301.7亿元、267.9亿元、205.4亿元、205.4亿元位列前五名，上海市第一次取代广州市维持多年的餐饮“霸主”地位；增长率方面，上海、长沙、郑州、南京、天津、武汉、宁波等7个城市位居前七名；从占社会消费品零售总额比重看，西安、成都、大连、广州、郑州、长沙、济南、天津、重庆、沈阳等10个城市均超过全国平均值，作为西部地区的西安、成都两市在当地社会消费品零售总额中的地位十分突出。

表3　　2005年全国各城市餐饮业发展排序

名次	城市	零售额（亿元）	城市	增长率（%）	城市	社零比（%）
1	上海	350.3	上海	25.4	西安	20.6
2	广州	301.7	长沙	23.2	成都	20.6
3	北京	267.9	郑州	22.7	大连	16.4
4	成都	205.4	南京	21.5	广州	15.9
5	西安	205.4	天津	20.9	郑州	15.5
6	深圳	179.5	武汉	19.6	长沙	14.8

续表

名次	城市	零售额（亿元）	城市	增长率（%）	城市	社零比（%）
7	重庆	162.0	宁波	18.5	济南	14.2
8	天津	159.5	济南	15.3	天津	13.4
9	武汉	144.97	青岛	15.1	重庆	13.3
10	沈阳	121.3	成都	14.5	沈阳	13.3

（二）2005年餐饮市场主要特点

2005年餐饮市场快速增长，市场规模进一步扩张，连续15年实现两位数高速增长，与改革开放初期的1978年相比增长161倍。主要特点有：

1. 人均餐饮消费水平快速增长

2005年我国国民经济增长较快，城乡居民收入继续快速提高，消费需求增长进一步加快，居民外出就餐花费持续升高，全年人均餐饮消费支出达到680元，比改革开放初期的1978年增长118.4倍；自“八五”以来，人均餐饮消费年均增长23.2%。有关资料显示，2005年又比2004年多出100元，同比增长17%，并且人均餐饮消费支出超过全国水平的有11个省份，其中超千元的有上海、北京、天津、广东、浙江、辽宁等6个省市。餐饮市场发达的广州市人均餐饮消费支出4160元，继续保持全国之最，是全国平均水平的5.1倍。

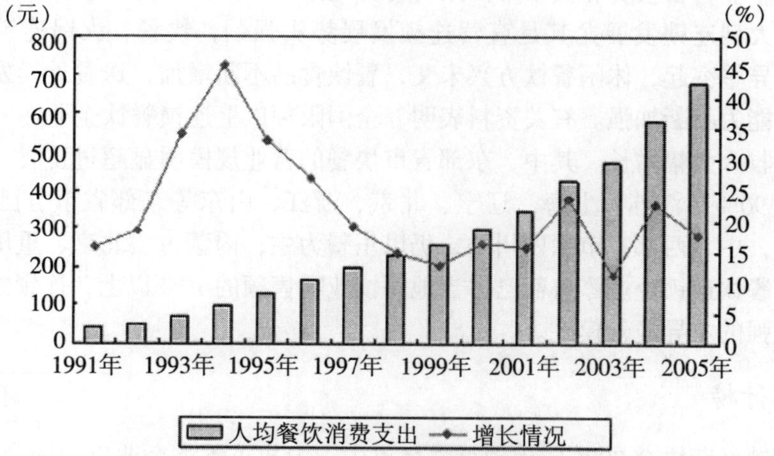

图4 “八五”以来我国人均餐饮消费变化情况

2. 餐饮业贡献率大幅提高

2005年餐饮业零售额对社会消费品零售总额增长的贡献率大幅提高，达到17.4%，比上年提高7.2个百分点，根据1976－2005年30年间的餐饮经济增长贡献率分析，前15年贡献率在2.19%～7.21%之间，年均值约4.91%，从形态上看，属于缓坡慢起的变化状态；1996－2005年的后10年则上升到10.72%～17.41%之间，年均值约16%，形态表现上，数据指标震荡上行，表明经济增长贡献率不断提高。从移动平均趋势线看，除2004年因经济普查结果调低数据外，未来两年贡献率指标仍将坡起扬头，继续上抬。如图5所示。

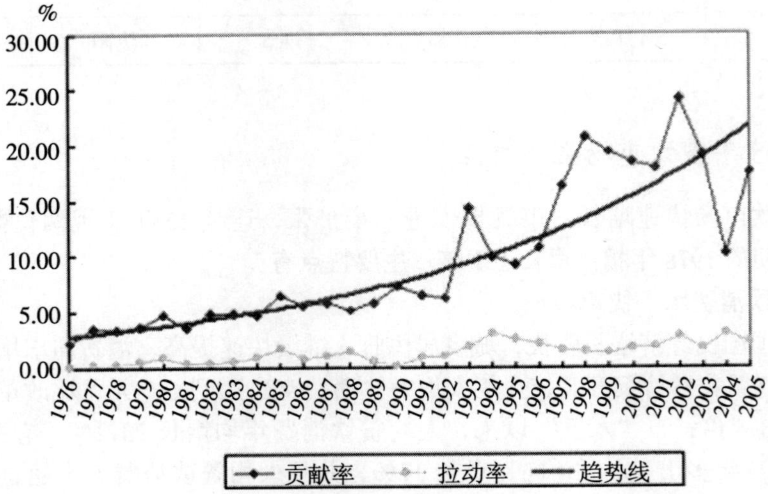

图5　1976－2005年餐饮业增长贡献率和拉动率变化情况

3．连锁经营成为餐饮业发展的主导模式

今年餐饮企业盲目投资和低水平扩张的行为逐渐减少，全国重点餐饮企业发展的协调性得到改善，大型连锁发展尤其是直营连锁发展势头强劲，快餐、火锅连锁方式发展加快，团体供餐异军突起，休闲餐饮方兴未艾，餐饮食品不断增加，送餐外卖发展加快，企业自主创新的能力不断加强。有关资料表明，全国限额以上连锁餐饮企业尤其是直营连锁快餐企业营业收入大幅增长。其中，东部省市快餐的营业规模明显超过正餐，广东快餐的市场份额高达90%，江苏、上海、辽宁、北京、浙江、山东等东部省市也已达到50%以上；与此相反，中、西部省市除四川外，仍以正餐为主；内蒙古、北京、重庆、上海等省份的限额以上餐饮连锁企业零售额已占当地餐饮业零售额的10%以上，连锁经营已经成为餐饮业做大做强的主导经营模式。

（三）排行榜

在中国连锁经营协会2005年连锁百强名单中，中式正餐类企业仅中国全聚德（集团）股份有限公司进入。除此以外，暂无其他权威的行业统计和排名数据信息。

由易铺网、中国经营商户联盟等单位发布的“2005年中国餐饮50强（营业收入1亿元以上，且具有较高知名度）”前10位的中式正餐企业均已开展连锁经营。

表 4　　2005 年中国餐饮 50 强中的前 10 位中式正餐企业

序号	在"50 强"中的位置	企业名称
1	2	北京小土豆企业（集团）有限公司
2	5	中国全聚德（集团）股份有限公司
3	6	中山市海港饮食娱乐管理有限公司
4	9	北京顺峰饮食娱乐有限公司
5	10	湖南省韶山毛家饭店发展有限公司
6	13	重庆陶然居饮食文化（集团）有限公司
7	16	厦门舒友海鲜大酒楼有限公司
8	21	四川省成都市巴国布衣餐饮发展有限公司
9	24	北京聚德华天控股有限公司
10	26	天津狗不理包子饮食集团

二、行业发展特点

（一）投资额

中国连锁经营协会的调查显示，中式正餐连锁经营项目的投资额最低的为 25 万元，最多的达 800 万元。50 万元以内的项目和 50 万～100 万元之间的项目所占比例接近，均不到 40%，100 万元以上的占 23%。

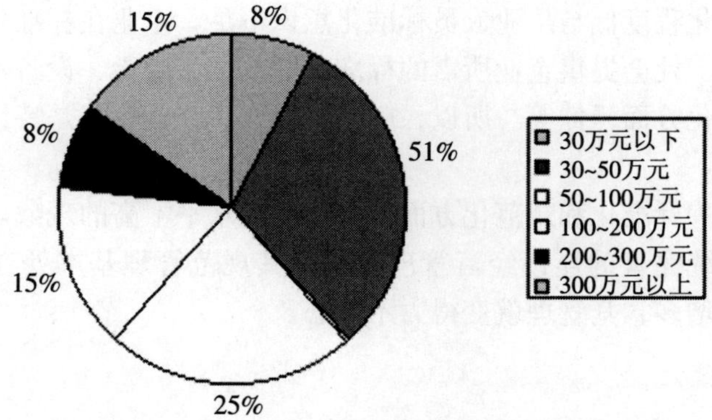

图 6　中式正餐连锁项目单店投资额分析图

中式正餐连锁经营项目投资回收期均在三年以内。其中半数以上在 1.5 年以内，过三成的需要 2 至 3 年。

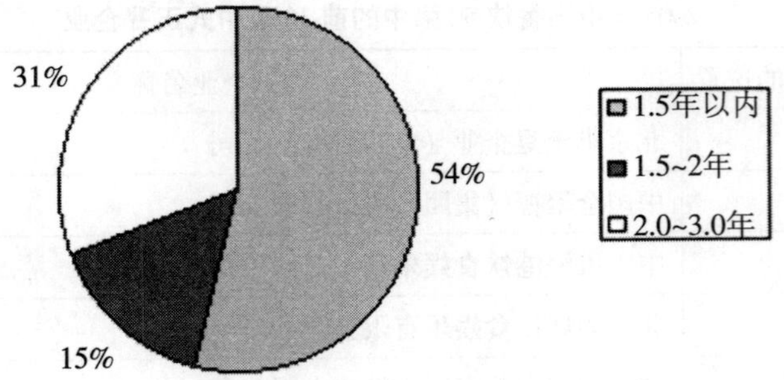

图7　中正式餐连锁经营投资回收期分析图

（二）连锁模式

大多数的中式正餐连锁经营企业选择直营连锁模式，如俏江南、顺峰等品牌。据不完全统计，采用“直营+特许”的连锁模式的企业不足100家，其中有代表性的如全聚德、韶山毛家饭店、咸亨酒店、巴国布衣等。也有个别企业采用“特许+托管”的模式开展特许经营，并且取得了较好的效果。在特许加盟方面，大多数企业采用单店加盟的模式，不足20%的企业采用“单店+区域”的加盟模式。

（三）标准化程度

影响中式正餐连锁经营发展的瓶颈是产品的标准化。由于中式正餐加工操作的复杂性和长期以来缺乏标准化方面的研究，使其连锁经营的步伐受到制约。虽然中式正餐连锁经营的企业不少，但是其产品标准化程度普遍不高。表现为一是能够标准化的产品数量少；二是能够标准化的产品的标准化程度低，仅仅能够做到部分原料和部分工艺标准化；三是标准化所依托的机械化和工业化设备的使用不足，仍然大量依靠手工制作。深入分析显示，中式正餐标准化程度低与从业人员标准化意识不足，企业在标准化和机械化、工业化等方面的投入不足，社会提供企业所需的标准化的技术、经验、设备不足，中餐行业产业化发展没有向标准化方面延伸等。所以，中式正餐连锁经营尤其是特许经营的发展受到限制。

中式正餐在管理标准化和规范化方面也普遍存在水平不高的现象。大多数中式正餐连锁企业没有建立系统完善的连锁经营管理体系，其规范管理基本处在单店规范管理的水平。随着连锁店的增多，其管理就变得力不从心。

（四）配送

所有的中式正餐连锁企业都为连锁店提供配送服务，但是配送程度普遍不高。配送的物品基本上都是原料类的，成品半成品较少，企业专有的物品较少，可替代性较强。这也是中式正餐连锁经营标准化和控制力不足的原因之一。

（五）培训

培训是连锁经营非常重要的管理手段，85%的中式正餐连锁企业开业前的培训在1~4

周，其余的在 5~12 周之间，85%的企业每年安排的培训在 1~4 周之间，其余的在 5~6 周左右。仅仅从上述时间分析，企业对培训的重视程度还远远不够，培训还远远不能满足企业连锁经营发展的要求。如果从内容考察，培训内容的系统性、专业性和深度也明显不足。

（六）督导

督导也是连锁经营管理中非常重要的手段。由于餐饮行业的特殊性，必须保持较高的督导频率，一般每次督导相隔不宜超过 2 个月。调查发现，60%的企业至少每 2 个月对连锁店进行一次督导。40%的企业督导安排不能满足连锁店的要求，尤其是加盟店的要求。

督导的规范性和系统性也表现得参差不齐。多数企业的督导内容简单，督导的职能发挥不够。

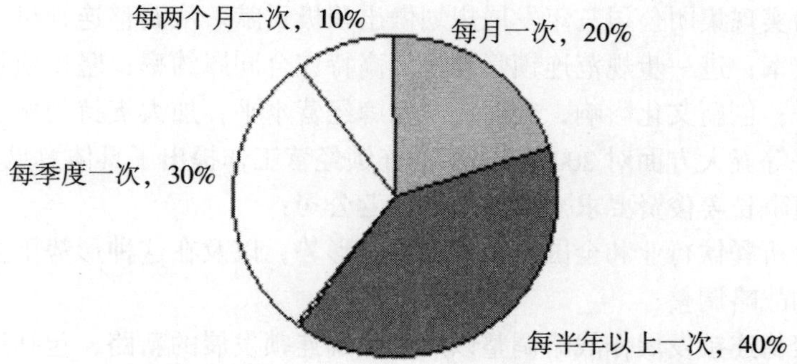

图 8　中式正餐连锁经营企业督导频率分布图

（七）多品牌

约 60%的中式正餐连锁企业已经和打算实施多品牌战略，40%的企业坚持单一品牌的战略。在实施多品牌战略的企业中，北京的全聚德和聚德华天由于历史的原因，形成了众多的品牌，并且老字号居多。巴国布衣经过精心策划，按照业态的不同实施不同的品牌策略。这种情况正在成为一些有实力的连锁企业的发展趋势。

（八）区域布局

中式正餐连锁企业在连锁店布局方面表现出两种特点：

(1) 区域性发展。区域集中在某一城市（如“聚德华天”在北京）或者某一地区（“飘城”主要在皖、苏、浙一带）发展。

(2) 全国性发展。这类企业为数不少，并且因此使品牌的知名度得到提升。比如巴国布衣、阿瓦山寨、韶山毛家饭店等。

三、典型企业简介

2005年中国全聚德（集团）股份有限公司的全国连锁企业经营业绩再创新高，全年总收入达到3.99亿元，较上年增长30%；连锁发展取得新进展，全年新开发10家特许和托管连锁企业，至年底有8家已正式营业。连锁管理迈出新步伐，一是技术小分队在全国开展巡回技术指导，全面提升连锁企业服务和菜品质量，二是规范化管理取得突破，以贯彻《手册》内容为核心重新设计并实施了督导检查表格，进一步推进《手册》贯标，促进连锁企业规范化管理水平进一步提升，全聚德连锁经营品牌荣获“中国特许奖”。

2006年全聚德对连锁经营战略进行了调整。今年是全聚德集团公司实施三年发展规划的起步之年，是为实现三年发展规划奠定基础之年。全聚德连锁经营工作将按照集团公司三年发展规划的总体战略，致力于加强连锁企业管理，提高连锁企业质量，提高品牌经营的整体水平，为实现集团公司三年发展规划做出积极贡献。从调整连锁机构，规范连锁管理，提高工作效率；进一步规范连锁管理，提高特许合同履约率；坚持质量第一，不断提高品牌管理水平；创新文化影响，全面提升品牌经营水平；加大支持与服务力度，确保品牌连锁整体水平等五大方面对2006年全聚德连锁经营工作提出了具体意见和要求。

集团公司董事长姜俊贤要求全聚德连锁经营公司：

一是深入分析餐饮行业和全国连锁业面临的形势，以及在这种形势下全聚德连锁经营如何做出适当的战略调整；

二是在全聚德连锁发展作战略调整以后，找到连锁发展的新路，包括以发展直营连锁为主、多品牌经营等。

三是整合资源，提高统一配送的能力和水平。

四是围绕如何发挥整体优势提出具体建议。

（陈　实　李　诚）

中式快餐连锁经营状况分析

一、行业发展状况

（一）概况

2005年中国餐饮业连续15年保持两位数的增长。根据国家统计局公布的数据，2005年全国餐饮业零售额达到8887亿元，增长17.7%。社会经济的发展，商务活动的活跃与居民家庭可支配收入的增长，为其外出就餐比重扩大提供了有力支撑。预计2006年将突破10000亿元大关，同比增速超过15%。

根据中国连锁经营协会《2004年中国特许经营蓝皮书》之《2004年中国餐饮业特许经营分析报告》关于餐饮业的业态分类，从事中式快餐的企业既包括知名品牌如上海新亚大包、马兰拉面、广东真功夫、深圳面点王饮食连锁公司、丽华快餐、武钢集团快餐公司以及刚刚进军中式快餐领域的快餐大鳄——中国“百胜”（KFC的母公司）的东方暨白等，也包括难以统计的名不见经传的小企业、小吃店，甚至小吃摊。在上年的百强餐饮企业中有18家企业经营快餐，营业额占到百家企业营业额的33.29%。

（二）业态及变化

洋快餐涉足中式快餐。经过在上海郊区一个普通社区一年多的低调实验性营业，百胜的中式快餐“东方暨白”在上海繁华的徐家汇、浦东正式开业，店面风格与肯德基如出一辙。这个“原本预计还要再过三到五年后，才会有竞争高峰期出现”的市场，竞争对峙提前到来了。中式快餐市场太大了，而洋快餐一直争议很大，进军中式快餐是明智的选择。东方暨白的产品包括米饭、面条、点心和饮料，实验时经营的饺子和馄饨等产品因为不能在“90秒内”送到顾客面前而遭暂时淘汰。据悉，东方暨白在正餐时段的营业额已经超过附近的KFC，但是在休闲时段，东方暨白与其他中式快餐一样缺乏顾客的光临。国际快餐巨头进入中式快餐市场，与本土中式快餐企业形成直接交锋。尽管知名本土快餐品牌如新亚大包和永和豆浆都曾表示，百胜涉足中餐目前对他们影响不大，但是业内人士普遍认为本土企业不能掉以轻心。

不管是国际还是本土快餐企业，开发中式快餐市场都要面临品种多样化、标准化和盈利能力三个问题。从这个意义上来说，国际快餐企业和本土企业处在同一起跑线上。顾客也不可能因为是肯德基的延伸品牌就降低消费要求。在提供足够多样的菜式同时又能达到品质稳定、卫生快捷的服务标准一直是中式快餐的难题。讲究烹饪技巧的中餐很大程度依赖于厨师的经验，即使同一个厨师也不能保证同一道菜的味道始终如一。无法量化，就难以达到快餐所需要的工业化生产。东方暨白推出的45个种类都有标准化制作步骤：规定每个原材料用怎样的烹调方式，例如多少分量、多少温度、多少时间等。

中式正餐连锁经营的领军品牌全聚德、火锅连锁经营的著名品牌小天鹅等也有进军中式快餐的计划。

（三）排行榜

在中国连锁经营协会2005年连锁百强名单中，中式快餐类企业无一进入。除此以外，暂无其他权威的行业统计和排名数据信息。由易铺网、中国经营商户联盟等单位发布的“2005中国餐饮50强”（营业收入1亿元以上，且具有较高知名度）前10位的中式快餐企业如下表所示。

序号	在“50强”中的位置	企业（品牌）
1	12	马兰拉面快餐连锁有限责任公司（马兰）
2	15	上海弘奇食品有限公司（永和豆浆）
3	20	上海市老城隍庙饮食有限公司（老城隍庙）
4	22	江苏大娘水饺餐饮有限公司（大娘水饺）
5	23	广东省深圳面点王饮食连锁有限公司（面点王）
6	25	广东省深圳市嘉旺饮食连锁有限公司（嘉旺）
7	31	山东金德利快餐连锁总公司（金德利）
8	33	北京老家快餐有限责任公司（老家）
9	34	广西桂林人集团有限公司（桂林人）
10	39	大连亚惠快餐有限公司（亚惠）

注：由于业态分类不完全统一，信息统计不完整，上表可能存在遗漏。

二、2005年中式快餐发展特点

（一）投资额

中式快餐的投资额一般不超过100万元/店，10万元以内可以开三五十平方米的小吃店；单店投资额在30万~50万元之间的是中式快餐连锁店的主力，面积约在100平方米左右；有一定规模，影响较大的品牌比较重视企业的形象，单店投资额往往在50万~100万元之间，其面积约在200~400平万米之间。

（二）直营与特许

中式快餐多选用“直营+特许”的模式发展。特许经营在中式快餐的发展中遇到来自企业内部的管理瓶颈。调查显示，近年中式快餐品牌企业直营店的发展速度超过了加盟店的发展速度。企业更加重视直营业务的发展，一方面是因为直营业务能够给企业带来直接的利润和现金流，另一方面企业希望通过加强直营业务的发展加强连锁体系的建设，加强管理，为特许经营的健康发展打下更坚实的基础。

中式快餐的加盟费用包括加盟费、品牌使用费、权益金、管理费等。加盟费一般不超过5万元，品牌使用费一般不超过5万元/年，管理费一般不超过2万元/年。马兰拉面相对较高，各项费用相加约20万元。

（三）连锁经营体系建设

中式快餐连锁经营体系建设包括：品牌、产品及其组合、单店模式、总部支持系统等。在生产加工方面，标准化和工业化是中式快餐的必要条件，在经营和管理方面，标准化和系统化是所有连锁经营的基本功。中式快餐连锁的核心经营要素包括：市场调研充分，人才培训与培养及时完备，工业化、规模化生产，标准化操作，现代化管理，品牌化战略，专业化品种选择，营养化膳食结构。

中式快餐标准化和工业化仍然是行业发展的主要瓶颈，管理体系薄弱和不健全是中式快餐企业的软肋。

目前国内中式快餐企业大多仍保留传统的经营观念、经营模式和经营措施，主要依靠传统经验型的管理与服务手段，企业一旦发生人事变动，管理水平就可能出现波动，致使连锁店之间往往会存在管理差异，统一管理成为空话。

大部分的中式快餐企业原材料供应没有规范，厨师管理困难重重，厨房作业没有标准，物流配送网点不足，加盟商管理不到位，商圈拓点成本过高，品牌发展策略模糊。专业人才仍较缺乏，成为企业发展中的共性要求，职业经理人和店长的后备队伍明显不足。

大部分中式快餐企业没有系统的营运管理手册等管理体系文件。制定运营管理手册是提高和统一管理水平的有效手段，有利于连锁企业的科学管理，形成可以传授的系统性知识，并形成一套专业化、规范化、标准化的实用技术，从而使企业的经营环节、经营过程、管理制度成为可继承的技能，保证企业经营管理的连续性和一致性。从连锁经营水平较高的麦当劳、肯德基等西式快餐来看，它们都具有一个共同的特点，即具备一套完善细致的制度手册。它们分布在全球的近几万家店铺都遵循着一个统一的运营规范，这个规范不是国内常见的那种简单的制度，更不是纪律约束和惩罚条款，而是详细地规定着店长和店员的作业内容和标准，使之操作起来简便易行，同时又有规范作用，确保其全世界的店铺不仅装潢标志相同，商品质量及服务水平也大体一致，不会因个别店铺的低水准而砸了牌子。

服务水平不高是中式快餐体系建设薄弱的一个表现。中式快餐业要提高水平，保证各连锁店在服务上具有统一性，需要根据自己的特点形成服务上的优势。在服务业中，由于服务的抽象性和复杂性，使之表述具有一定难度，提高服务的技术含量具有较大困难。在成功的西式快餐中，服务人员的言词、仪容、态度、观念和行为举止都有严格的规定，通过企业培训，将这些细化的服务标准灌输给员工，使服务工作标准化、定型化、统一化。由于饮食服务业的产品服务因素含量较高，其质量控制问题比较复杂，因此，有必要提高服务人员自身素质，选择具有较高的文化修养，具有熟练的技术本领，具有一定的服务艺术和良好职业道德的服务者，这对提高服务质量的作用是不可估量的，所以规范服务、提高从业人员素质是统一服务的必要条件。

信息化程度低是中式快餐“地基”不牢固的原因之一。中式餐饮业连锁经营要实现科学化、规范化、现代化的必要条件是建立一个与管理一体化相适应的信息系统网络。目前中式快餐企业的财务核算、营业管理、预算管理等重要环节多采用人工处理，信息处理方式十分原始，常会造成信息传递滞后或带有一定主观性，甚至造成信息重复、丢失和混乱。当分店数量增多时，靠人工管理财流、物流、信息流，所带来的问题必将愈加突出。

专业人才缺乏是中式快餐发展后继乏力的根本原因。连锁经营是一种技术含量高的流通经营方式，也是一种高度专业化、规范化的运转体系，中式快餐连锁更是一种新型的连锁形式。目前中式快餐从业人员素质参差不齐，从小学毕业到大学学历都有。年龄跨度大，总体素质较差。科学文化素质低制约了中国烹饪科学的发展，对传统的烹饪技艺难以进行科学的总结和提炼，创新开拓难度大。经营管理水平低，限制了中式快餐的发展速度。

“真功夫”在标准化方面有所突破，其产品的原料、配方和工艺基本实现了标准化，其生产加工的工业化水平在同行中也处于领先地位。其营销活动显得系统规范，是中式快餐其他品牌所明显不及的。马兰拉面等更多的企业在经营开发和品牌培育方面的力度不断加大，普遍加大了营销力度，突出菜品、技术、环境优势的基础上，通过改善用餐环境、增加外卖、更新菜品结构，更加注重品牌营销和企业文化的培育。

（四）区域布局

中式快餐大多以区域布局为主，几乎每个地区都有当地的品牌。有的品牌覆盖范围较小，只在一个城市或2~3个城市，比如青岛的“新尚快餐”在当地是著名品牌；有的覆盖某个区域，比如北京的“老家肉饼”在北京、河北、山西、内蒙古、辽宁等省市自治区都有覆盖；有的则呈全国性布局，比如马兰拉面。另外，以真功夫、大娘水饺为代表的中式快餐连锁品牌在南方城市建立了稳固的根据地后，已开始进军北京市场。

“永和豆浆”、“马兰拉面”等几家中式快餐近期都分别找到了来自海外的战略合作伙伴。中式快餐企业在几经磨难之后，准备又一次发力。

三、典型企业简介——真功夫

“真功夫”的前身是1994年4月14日在广东东莞长安霄边开张的“168”蒸品快餐店，1997年11月16日公司在虎门镇文化宫开设的分店更名为“双种子”。2004年6月19日，第一家真功夫餐厅在广州东山口开业，新品牌诞生。2005年底，真功夫已有约100家直营店；2006年真功夫的发展目标为200家直营店；2008年真功夫的发展目标为500家直营店。

真功夫蒸品餐厅吸取西餐标准化服务模式，结合中餐健康、营养的饮食养生理念，以特色蒸品为主，其品质控制、清洁、卫生、食品品种等方面参照国际标准，以创新的饮食文化成为中式快餐的著名品牌。

（陈捷睿）

餐饮火锅连锁经营状况分析

一、行业发展状况

（一）概况

今年餐饮企业盲目投资和低水平扩张的行为逐渐减少，全国重点餐饮企业发展的协调性得到改善，大型连锁发展尤其是直营连锁发展势头强劲，快餐、火锅连锁方式发展加快，团体供餐异军突起，休闲餐饮方兴未艾，餐饮食品不断增加，送餐外卖发展加快，企业自主创新的能力不断加强。

中餐的火锅行业开展特许经营时间较早，发展较快，基本形成了三大流派：重庆火锅、北方涮羊肉和新派火锅。重庆火锅以小天鹅、德庄、秦妈和苏大姐为代表，北方火锅包括百年老字号东来顺和新兴内蒙古品牌小肥羊、小尾羊等。在近期揭晓的“2005 中国餐饮 50 强”的前十名中有五家火锅企业，年销售额近 130 亿元，火锅业已成为中国餐饮行业的一支中坚力量。

（二）排行榜

在中国连锁经营协会发布的 2005 年连锁百强中，火锅连锁企业有 5 家，其情况如表 1 所示。

表 1 连锁百强中的火锅连锁企业

百强排序	企业名称	销售规模（万元）	增幅（%）	门店总数（个）	增幅（%）
36	内蒙古小肥羊餐饮连锁有限公司	525000	21	716	2
48	内蒙古小尾羊餐饮连锁有限公司	359230	28	532	28
73	重庆小天鹅控股（集团）有限公司	156920	8	339	10
75	重庆德庄实业集团	152000	24	355	18
97	重庆秦妈餐饮文化有限公司	92669	10	304	16

二、行业发展特点

（一）火锅连锁发展速度有所减缓

大多选择进入火锅业的店主，看重的是它的易操作性，没有对厨师技能的苛刻要求，只需要确保材料的品质和多样化。但是，一时的成功并不代表永远的胜利，特别是随着时间的推移，因为开起来容易，要在众多同类中脱颖而出，就需要更多的心思。这个行业将产生怎样的变化，以及这些变化将在哪种程度上决定其成败，已经成为众多火锅企业迫切需要思考的问题。

2005年火锅连锁的发展速度较2004年有明显减缓，而发展速度的调整也预示着行业正在酝酿变化。

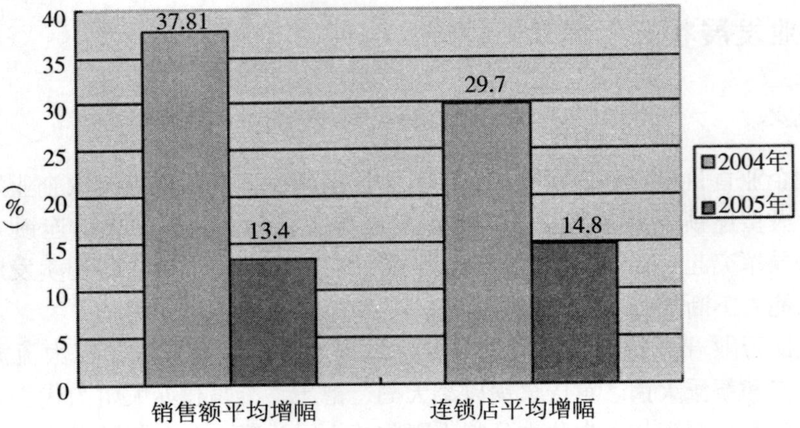

连锁百强中火锅连锁近两年变化情况

(二) 火锅连锁在餐饮连锁业中优势明显

据对连锁百强企业不同业态的经营数据分析，火锅连锁在餐饮连锁业中单店营业额、平均每平方米的年营业额和平均每个员工的年销售额居较高的水平（如表2所示）。虽然火锅企业在单店年营业额上比特色酒楼要少，但从资产效率来看，特色酒楼企业的平均资产利润率为27.88%，火锅企业的平均资产利润率达到54.71%，资金回报相对比较大，效益较好，尤其是那些大的连锁火锅企业更是如此。

表2　　**各类餐饮企业经营情况**

细分行业	单店营业额（万元）	平均每平方米的年营业额（万元）	平均每个员工的年销售额（万元）
西式快餐	813	3.1151	11.0283
特色酒楼	969	0.7700	9.0731
火锅	404	1.0938	7.4934
中式快餐	352	1.4400	8.3113

(三) 核心竞争力的变化和体现

目前，火锅企业的竞争异常激烈和残酷，各种促销手段层出不穷，诸如“酒水免费”、

"吃多少送多少"、"生日免费"、"店庆大酬宾"等广告常见于堂前、店外和多种媒介上，在价格上给消费者以实惠和优惠，但是这种单纯在价格上的竞争手段已经不适应当前中国的餐饮消费市场。因为，现在的很多餐饮消费者在选择到某餐馆消费时，不只考虑价格的因素，而是从环境、饭菜质量（好吃适口）、服务水平、价格、声望、地理位置、风格等综合因素出发，最后才做出消费的决定。所以，那种仅靠几个花点子、"绝招"的经营方式是很难形成长久竞争力的。另外，激烈的市场竞争，使同一档次的企业在硬件设施和服务水平上很难形成大的差异，因此，主要的竞争并不体现在这个层面上，而更集中地体现在企业是否具备了标准化、规范化、系统化的体系，是否有自己的品牌，是否树立了良好的社会形象，这些才是火锅企业乃至整个餐饮企业的核心竞争力所在。

（四）投资额

面积在300~500平方米火锅店的投资额一般不超过100万元/店；投资额在20万~50万元/店之间的是火锅连锁店的主力，面积约在200~300平方米之间；有一定规模，影响较大的品牌比较重视企业的形象，单店投资额往往在60万~350万元之间，其面积约在300~1500平方米之间（重庆小天鹅、东来顺）。

（五）连锁经营模式

火锅多选用"直营+特许"的模式发展。特许经营在火锅的发展中遇到来自企业内部的管理瓶颈。调查显示，近年火锅品牌企业直营店的发展速度超过了加盟店的发展速度。企业更加重视直营业务的发展，一方面是因为直营业务能够给企业带来直接的利润和现金流，另一方面企业希望通过加强直营业务的发展加强连锁体系的建设，加强管理，为特许经营的健康发展打下更坚实的基础。

火锅企业的加盟费用包括加盟费、品牌使用费、权益金、管理费等。加盟费一般不超过5万元，品牌使用费一般不超过5万元/年，管理费一般不超过2万元/年。重庆小天鹅相对较高，各项费用相加约20万元。

由于火锅在经营方式上大部分菜品为半成品，如果锅汤和小料配比标准能统一，那么在复制连锁店的时候在口味方面很容易得到保证，这是中餐炒菜所不能及的，正因此在特许体系中火锅占了很大一部分。

从近年的全国特许经营展会来看，餐饮业占全部特许行业的40%左右，而火锅在餐饮行业中又几乎占有六成。

（六）区域布局

火锅餐饮的布局为遍地开花，几乎每个地方都有火锅店。但大部分属无品牌跟风，某火锅店这样经营火了，大家都这样经营，一轰而上，导致很多火锅企业的短命。有的品牌覆盖某个区域范围，著名品牌则覆盖全国及海外（重庆小天鹅、东来顺）。

三、典型企业简介——重庆秦妈餐饮文化有限公司

重庆秦妈餐饮文化有限公司是以经营正宗重庆品牌火锅——"秦妈老火锅"为主业的

著名餐饮企业及调味品生产、销售企业。公司已通过ISO9001：2000国际质量管理体系认证，旗下现有10家直属店和200余家连锁加盟店，拥有在册员工5500余人，年销售额达9.3亿元，产值利润每年以300%的速度递增。在公司董事长秦远红女士的带领下，自1991年经营火锅以来，形成了独特的调料风格、先进的服务管理模式及著名的“秦妈老火锅”品牌，成为重庆乃至全国火锅业的领头羊之一。重庆“秦妈老火锅”在短短的十几年时间里发展到现在的规模，原因主要有：

（1）树立自己的品牌，走规模化、现代化和连锁化经营道路的发展战略；

（2）不断创新，拥有两项国家专利技术，形成了自己独特的调料风格；

（3）注重塑造企业的良好形象，在企业因高速发展，而急缺资金的时候，仍不忘帮助特困下岗职工，赢得了很好的口碑，取得了经济效益与社会效益的双丰收。

现公司已荣获“国际餐饮名店”、“中国十佳火锅店”、“中国名火锅宴金鼎奖”及“2002年度中国餐饮百强企业”、“中华餐饮名店”等称号，其中“秦妈老火锅”、“秦妈荔枝锅”、“秦妈菊花锅”均被评为“中国名火锅”，公司同时还享有“全国绿色餐饮企业”、“重庆市首届餐饮业诚信经营示范单位”、“中国烹饪协会团体会员”、“重庆名火锅”、“重庆市火锅协会副会长单位”、“重庆市餐饮商会副会长单位”等二十余项殊荣。

（陈捷睿）

休闲饮品连锁经营分析

一、行业业态概述

随着社会的发展、经济的增长和文化素质的提高，人们对饮食的需求也在不断发生变化，从传统的国营饭馆到新奇的洋快餐，再步入特色餐厅。2000年后，休闲饮品店加快了踏上正式“舞台”的步伐。好像一个轮回，从生活节奏很慢（改革开放初期），到“时间就是金钱”（变革中，洋快餐文化），又到现今的生活节奏太快（开始提倡慢餐运动、减压和工作是为了享受生活的理念）。中国正像很多发展中国家走过的路途一样，随着向中产阶级时代发展，人们的思想就会如现在的欧洲人一样：享受生活才重要，而不是工作狂。

休闲饮料店是社会发展的必然产物，人们的隐私意识加强，更需要在家和办公室以外的地方进行交流与沟通，除了吃饭还要有时间和空间用来“消磨时光”，以达到解压（工作的压力和生活的压力）的目的。年轻人需要时尚健康的场所，释放他们的活力和想像力。

目前休闲饮品店分为以下几类：

1. 我国传统的茶馆，如：北方风格的老北京大碗茶楼，可以看京戏听相声。江浙一带的小茶舍，品茶聊天，听民乐。广式茶馆，谈生意、品尝特色点心。四川风格茶馆，打麻将、摆龙门阵。

2. 以日本、台湾为代表的咖啡馆和茶社，如：真锅咖啡，日式咖啡文化，烘焙精致的单品咖啡，以及咖啡道的表演。目前中国有30多家连锁店。两岸咖啡，中式风格环境，搭配西式精品咖啡和牛排。虽叫咖啡但实际具有茶餐厅的规模，有100多家连锁店。圆缘圆泡沫红茶坊，以台湾泡沫红茶和珍奶茶为特色，年轻时尚。

3. 欧美特色的咖啡馆，如：星巴克咖啡，美式连锁咖啡店，快捷标准，国际知名，主要吸引白领商务人士。在北京、上海、广州等城市有160多家连锁店。SPR咖啡，意大利咖啡，浓郁而深厚。总部在青岛，拥有200多家连锁店。雕刻时光咖啡，欧式咖啡，艺术而独特。北京有4家店。

4. 时尚冰品店，如：哈根达斯冰激凌，美国连锁店，高档精品。主要吸引高收入白领、外宾、时尚一族。1996年登陆中国，现有40多家店铺遍布北京、上海等10多个城市。DQ冰激凌，美国连锁店，大众美味，特色是软冰。北京有21家连锁店，主要吸引小孩、学生、时尚年轻人。水果捞，时尚年轻的饮品店，以新鲜多彩的水果为主题。主要客人为20~35岁女士。现共有店铺25个（北京9，广州5，长沙4，珠海2，东莞2，其他3）。其他品牌还有31种冰激凌、仙踪林等。

5. 酒吧、饭店大堂吧，如：酒吧，以啤酒、洋酒、鸡尾酒为主，通过特色歌手演奏营造独特的氛围，多数只在晚间营业（17：00~2：00），主要对象为时尚人群、白领、自由职业者、外宾。例如：北京的三里屯、上海的新天地。饭店大堂吧，主要是在各大城市的4、5星级饭店中，对象为外宾和游客。

根据连锁机构的调查数字显示，休闲饮品店正在逐年递增，2000年占整个餐饮行业的12%，到2005年上升到26%。中国市场的经济趋势显示，饮食业中咖啡店/酒吧从1999年到2005年6年间经营者增长率达168%，而营业额增长亦达183%，但与国外相比这个数字还很低。下面以咖啡销量为例：

咖啡的全球贸易额排名第二，仅次于石油。

根据研究公司AC尼尔森称，中国2004年咖啡进口猛增75%，达9468吨，而同期速溶咖啡的销售额则大增了42%，咖啡文化正在茶的故乡流行。

根据AC尼尔森的统计，意大利人均每年咖啡的消费量为600杯，而中国人均每年喝不到一杯咖啡。同样作为临国日本，也是茶文化的故乡，但日本人均咖啡消费量为200杯。由此可以看出，同是茶的故乡，中国有着巨大的咖啡市场潜力。

正是因为如此，一些海外品牌看好中国巨大的饮品市场，准备寻找合作伙伴进入中国。

二、行业内典型企业

（一）哈根达斯冰激凌

哈根达斯（HaagenDazs）是通用磨坊（GeneralMills，全球最大的食品企业之一）的下属企业。哈根达斯品牌1921年创立于美国，上世纪80年代进入新加坡、日本，90年代进入意大利、冰岛、中国台湾，1996年进入上海，1998年进入北京，目前在中国有40多个冰淇淋专卖店，主要分布在北京、上海、广州等10多个大中城市。

哈根达斯的中国策略沿袭了欧洲的传统，以极品的冰激凌产品满足部分人“追求高品质”和“炫耀高贵”的心理需求。哈根达斯专卖店的布局简洁、温馨，给人以轻松、悠闲、舒适、时尚、浪漫的感觉。哈根达斯秉持“无孔不入”的渠道建设原则，先设立精装修的形象店，再通过高档的咖啡店、五星级酒店、影院、高档餐馆、购物中心和夜总会开设自己的零售点，甚至还导入了直销的方式。哈根达斯在中国的价格定位非常高，甚至高过其在欧美市场的价位。

（二）星巴克咖啡

1971年，首家星巴克（Starbucks）店开张。店名来源于赫尔曼·麦尔维尔所创作的小说《白鲸记》，该部作品描述了19世纪的捕鲸故事。最初只是美国西雅图当地的一家连锁店，以咖啡质量上乘而闻名。1982年，星巴克总裁霍华德·舒尔茨（Howard Schultz）参观了米兰一些著名的意式浓缩咖啡营业厅，这些营业厅生意之兴隆、文化意蕴之丰富给舒尔茨先生留下了深刻的印象，他也从中看出了在西雅图开办更多咖啡馆的潜在商机。事实证明他对了——当星巴克试销了一些拿铁咖啡和摩卡咖啡之后，西雅图人很快就迷恋上了这家咖啡店。2004年底，该公司的连锁店铺已经接近8000家。

星巴克的成功首先源于它对自身的定位，“星巴克的业务模式是，不仅仅让客人在店铺内喝咖啡，还可以让客人读书和聊天，为此星巴克将提供多种综合性服务。”“它是家庭与公司外的第三个去处，是客厅的延伸……”此外，星巴克对咖啡文化的传播、对咖啡质量的追求和对品牌的珍惜也是它成功的主要因素。

上世纪90年代中期，星巴克开始布局中国，以区域授权的方式将中国市场的经营权授予了三个公司。2003年以来，由于看好中国市场，星巴克开始回收以上公司股份，2005年年底星巴克在中国已有160家连锁店。

（三）DQ冰激凌

美国IDQ公司是世界上最大的食品连锁企业集团之一，该公司拥有DairyQueen（经营冰淇淋、糖果和快餐业的公司）、Orange Julius（经营混合鲜果汁的公司）和Karmelkorn（经营特色爆米花的公司）等子公司。DQ是DairyQueen的首字母缩写，意为“奶品皇后”。1938年，DQ鼻祖美国人McCullough在格林河畔尝试制作一种与以往冷冻冰激凌不同的新型产品。他发现刚从冰激凌机中流出的软质冰激凌比冷冻后的尝起来味道更好，于是，他同儿子开始试销这种新产品，结果在2个小时内接待了1600多名顾客。然后他又开始寻找适合温度下的机器，来大量生产这种冰激凌。在一切计划成熟的条件下，1940年夏天，他开了第一家冰激凌店。在奶制品的行业中，牛奶被称为奶品工业的皇后，因此他把店名起成与新鲜奶制品最靠近的名称“DairyQueen”（奶品皇后）。经过近60年的发展，DQ成为商人们在午餐时小憩、和家人们在闲暇时光共享美味食品和冰激凌的最佳场所。

迄今为止，DQ已在25个国家开了近8000家连锁店。DQ冰激凌1992年进入北京，目前北京地区已有21家DQ连锁店。

DQ冰淇淋以独立专卖店形式分布，分街面店和店中店，选用国内最优质的奶液，配合美国原装进口稳定剂，口味独特。为保障品质，DQ所有果酱由美国进口，使其软冰口感在国内独占鳌头。

DQ的冰淇淋产品极其丰富，共有5大类28个品种，其中又以“暴风雪”和“脆皮蛋糕”极具特色。

儿童、学生、时尚年轻一族是DQ主要而忠实的消费者。

（四）迪欧咖啡

迪欧咖啡是苏州迪欧餐饮管理有限公司旗下的餐饮连锁品牌，提供多种满足客户需求的产品组合，包括西餐、商务套餐、汤面、精品粥、水果拼盘、三文治、松饼等餐点及其他冷热饮品。从2001年在上海青浦创设首家迪欧咖啡门店至今，迪欧咖啡一直以其优雅的欧陆气息和“诚信、尊重、关怀”的服务价值体现而受到消费者认可。目前，迪欧咖啡已在中国大陆地区开设了200余家连锁门店，遍布中国近20个省份和直辖市。

迪欧咖啡的店面兼具了大气和精致的特色，千余平方米的餐厅区别于现今普遍的Coffee Express咖啡文化，迎门而进便可立即感受到热烈的欧陆气氛，暖色调的木材和欧风铁艺、布艺流苏相接，打造出和谐的欧洲怀旧风格，从店内宽敞的桌椅摆设、服务生温暖灿烂的笑容，直至店内的一幅壁画、一段钢琴演奏、一个亲柔的服务手势，都能为顾客品尝咖啡、享用餐点营造出一种恬静、舒适的氛围和尊贵而又不失亲切的感受。

作为国内知名餐饮连锁经营品牌之一，从材料精挑细选、产品制作流程严格操控，到

"服务在客人开口之前"，迪欧咖啡始终秉持"永续经营、终生学习、服务为本"的理念，构筑了迪欧与众不同的精神风貌，连续被评为2004中国最适合投资的百强连锁品牌、2004年度加盟商最满意总部奖、2005中国100最佳特许经营品牌，2005、2006最具影响力特许品牌，CCFA2005年度十大优秀特许品牌，成为中国连锁经营协会理事，入选餐饮委员会、特许委员会专业委员单位，并被商务部和中国烹饪协会评为中国餐饮百强企业。

迪欧咖啡有四种加盟方案：特许加盟、特许托管加盟、特许保证加盟、直营加盟。

特许加盟：加盟商自筹全部开店费用，加盟商主导加盟管理，总部负责配合管理，加盟商须按总部商业模式及经营规则管理。总部提供装修设计、人员培训并协助加盟店开业筹备，加盟店必须接受总部的定期督导。

特许托管加盟：加盟商自筹全部开店费用，委托总部直接主导经营管理，总部提供装修设计、人员培训并协助加盟店开业筹备，加盟店必须接受总部的定期督导。

特许保证加盟：加盟商自筹全部开店费用，委托总部直接主导经营管理，总部承担装修设计、人员培训及配置、支援系统管理之责任，通过四年保证补差的模式，保障最低利润，为加盟商分解、转化投资风险。

直营加盟：总公司持有20%～30%的股份，其余开放加盟，总部直接主导经营管理，加盟商配合经营管理，加盟店财务独立运行，必须接受总部的定期督导。

（张军辉　陈捷睿）

图书零售连锁经营分析

(一) 2005年图书零售连锁行业概况

按照中国加入WTO的协议，2004年12月11日起中国对外资开放了全国各地的所有图书的零售市场。我国的图书零售领域除独立书店、网上书店以外的市场由新华书店系统、民营书业和少量的外资连锁书店支撑着。2005年图书零售行业可以说是比较动荡的一年。

1. 新华书店系统内各大板块继续改制

新华书店由于历史的沿革，现在还保留着庞大的销售网络。虽然目前有教材、教辅类书籍批发零售逐渐向民营书店放开的政策，但是短期内在实施上还有很大的难度。新华书店还基本上垄断着图书分销利润率最高的教辅图书的批发环节。近两年新华书店系统的改制成为国内书业的焦点之一，目前各地域性的新华书店板块正在积极转型，纷纷成立当地的发行集团。但是，到目前为止各地的新华书店还处于各自为政的时期，对新华书店体系网络的整体构建和对网络的整体支持还没有形成，并且新华书店体系内基本上还都采用直营连锁的经营形式。这样就使得新华书店这一所谓的最庞大的图书销售网络暂时仅仅是各地“新华板块”的集合，还没有形成真正意义上的系统性运作、协作的整体。

(二) 民营书业何去何从的艰辛探索尚未求得答案

由于行业政策和行业体制的原因，民营书业从诞生伊始就在外资和新华书店系统的夹缝中艰难求生。为了解决资金上的问题，大多的民营连锁书业都走上了特许经营的连锁之路。但是强大的地方保护主义、行业内运作不规范、盗版严重等致命的问题还是极大地限制了民营书业的发展。当民营书业终于盼到相关的相对宽松的行业政策时又发现外资书业几乎在同时已经踏上了国内的图书市场。中国民营书业何去何从还将有一番艰辛的探索。

外资书业进军国内图书市场并不是单打独斗，而是与国内知名书业进行联手。2004年贝塔斯曼通过与上海中国科技图书公司的合资和对北京21世纪锦绣图书连锁公司的收购成立了“贝塔斯曼-21世纪图书连锁公司”，2005年5月，贝塔斯曼直接与辽宁出版集团合资成立的辽宁贝塔斯曼图书发行有限公司，陆续形成目录邮购、网上书店和遍及全国的会员连锁店这三大零售渠道。目前，贝塔斯曼在我国已有150万书友会会员，40多家连锁书店。

2005年上半年国内著名的民营书业——“席殊书屋”也在北京举行的年度特许展会上向业界介绍了外资新股东。

另一方面，2005年曾在沪上名噪一时的民营书店——“思考乐”却深陷债务泥潭，惨遭破产，不得不出售商标。

(三) 国内业外资本大手笔涉足图书零售连锁

业外资本大举进入可以算是2005年国内书业的另一个焦点。中国最大的商业集团——“百联集团”与“世纪出版集团”签约，共同投资3000万元组建“上海百联世纪图书连锁有限公司”，打算“通吃”图书分销系统中的大、中、小型书店以及报刊店等各种业态，依托百联集团的百货商厦、购物中心、大卖场以及便利店丰富的网点资源，立足上海，用三到五年时间，在全国建立起超过1000家网点的全国图书连锁销售网络。

另外，在音像制品零售领域内享有较高声誉的“浙江华人传媒发展有限公司”意图依托其现有的4000多个音像销售网点引入图书分销经营项目，意在打造图书、音像的集成零售优势。

二、业内热点企业简介

(一) 外资参股的“席殊书屋”

“席殊书屋”是中国新华书店系统外最大的连锁图书分销商，也是国内书业特许经营的典型企业，经过近10年的发展，“席殊书屋”在全国拥有10家直营机构，600多家特许机构，形成了一定规模的全国连锁态势。但是，由于行业内操作不规范、地方保护主义严重等一些外部因素和民营资本自身资金实力不强等内部因素，“席殊书屋”在需要大量资金支持的中国书业中举步维艰。面临国内市场的战乱纷纷，“席殊书屋”与外资联手，在接受资金支持的同时也引进了国外书业先进的管理理念和管理经验来壮大自身实力。

2005年“席殊书屋”融入国外资本，特许体系，营业额略有增长，特许机构数量也略有发展。

席殊书屋连锁发展状况

门店类型	店铺数（间）			销售额（万元）		
	2003年	2004年	2005年	2003年	2004年	2005年
加盟店	580	630	655	29000	29700	31300

席殊书屋2006年的目标是加盟店数量能增加到700间，加盟店的销售额达到3.5亿元。

(二)“思考乐”黯然神伤

2005年曾在沪上名噪一时的民营书店——“思考乐”深陷债务泥潭，不仅拖欠出版社、供货商等方面2000多万元，拖欠上海相关银行的款项更高达4000多万元。为解决这一危机，“思考乐”找来“江苏大众书局”达成合作协议，由大众书局经营其在上海的三处门店及接手价值1000万元的书券和30万会员。“思考乐”商标2005年年底、2006年1月接连两次举行拍卖。虽然两次拍卖都由于某些原因没有成交，但是这一品牌还将继续被拍卖。

三、图书零售行业连锁分析

（一）连锁经营模式分析

国内图书零售由于历史和现实的原因，真正做到全国连锁的品牌并不多，不少品牌尚属区域连锁品牌。其中各地新华书店属于区域性连锁，其内部采取的都是直营形式。特许经营连锁多存在于民营品牌中，比如“席殊书屋”、“十大书坊”等。2004 年成立的“全国民营社科文艺图书发行联合体”属于自由连锁的范畴。

（二）连锁经营单店投资分析

据统计，每个连锁书店的投资大都在 30 万元左右，属于中小型投资。由于图书零售行业的特点，比较适合中小投资者进行经营，而根据国外同行业的发展经验，特许经营比较适合这个行业的特点，所以，只要政策、行业时机成熟，特许经营在图书零售行业内迅速发展将是必然趋势。

四、连锁经营存在的问题及难点分析

（一）互联网对图书零售的影响

互联网渐渐成为人们学习娱乐的重要途径，网民们传统的读书习惯和消费方式正在悄悄地改变。

第一，互联网改变了人们的阅读习惯。据《中国消费者报》的报道，中国现在网民已经超过了 1 亿人，面对网民们日益高涨的读书需求，许多网站开设了读书频道。除一些门户网站外，互联网上还兴起了一批以读书为主的“开放式的电子书籍数据库”网站。业内人士指出，随着网民的日益增多，基本的信息汲取方式很大一部分是通过互联网，网上阅读电子书籍的方式会被越来越多的人接受。

第二，互联网也正在改变人们的消费习惯和购买方式。网上书店在中国的销售额正在逐年增长，2004 年以当当网和卓越网为代表的网上书店的销售额已经过亿元。

（二）图书零售行业内部存在的问题

1. 行业操作不规范，上下游之间拖欠货款的行业习惯阻碍了行业的发展

图书零售行业内上下游之间的欠款问题已经是公开的秘密。一般的操作都是拿到下一批货物才结上一笔的货款。这种不规范的操作已经成为行业发展的一种阻力。

2. 行业信息闭塞，没有构成通用的信息平台

中国的图书行业目前还没有形成通用的信息平台，2005 年国家出台了《图书流通信息交换规则》，希望能对行业的信息平台构建产生积极的影响。

3. 图书零售行业人才缺乏的问题

人才缺乏的问题是图书零售行业一直呼吁的，但是一段时间以来这个问题还没有得到实质性的解决。在当今社会，人才的缺乏是行业发展的瓶颈，相关人才的培养成为图书音像行业发展必须突破的限制性条件。

(4) 图书零售行业的配送问题

连锁企业的支持能力成为衡量企业标准化的一个重要条件，其中总部的配送能力成为关注和评估的焦点。但是建立配送中心，尤其是对于民营资本而言在资金投入上还是有着很大的困难。相反，新华书店系统内各地发行公司都在大力建造物流基地，但是物流基地的使用效率令人担忧。

（王　琰）

音像零售连锁经营分析

一、2005 年音像零售行业发展总体概况

音像零售行业是民营资本介入较早的一个领域，经过十几年的发展，民营资本已经成为国内音像零售行业的中流砥柱。早在 9 年前民营资本就在这个领域内进行了连锁经营的探索和尝试。但是由于盗版音像制品的猖獗，民营资本一直在这个领域苦苦挣扎。为了维护自身的品牌、打击盗版，音像零售企业大部分都采取直营的经营形式，特许经营仅在小范围内存在，并需要当地文化行政部门的强力支持。对国内音像零售业而言，2005 年是备受煎熬打击与低迷徘徊的一年，是痛定思痛与深刻反省的一年。在严峻的市场形势面前，音像业第一次像现在这样显得软弱无助。

二、音像零售连锁行业年度表现

（一）音像制品的传统销售业继续急剧下滑

2005 年市场形势不容乐观，北京、上海、广东三个国家级音像批发市场的音像制品发行数额都出现较大幅度的下降，2005 年基本已下降到了谷底。据《中国文化报》初步统计，截至 2005 年 11 月，广东音像城音像制品发行量仅近 7500 万盘，发行额约 2.15 亿元。2005 年广东音像城音像制品的发行量较 2004 年下降 40%左右，发行额较 2004 年下降 55%左右，不足 2003 年的 1/6。上海东部音像批发市场的情况更是有过之而无不及，2005 年上半年的营业额仅有 600 多万元，与其 2002 年全年 1 亿元收入的历史记录相比，简直有天壤之别。2005 年 4 月开始营业的上海音像城至 8 月底 4 个月的营业额只有 3000 万元，仅为预测收入的一半。北京音像大厦的情况与此类似，目前已有多家驻场单位明确表示要缩减营业面积。

另一方面，统计数字表明，2005 年音像制品的出版发行量并没有出现明显的下降势头。根据文化部文化市场发展中心发放音像制品防伪标识的统计数据判断，2005 年发行的印象制品防伪标识仅比 2004 年少了近 1000 万枚。

从上述情况可以得出初步判断，2005 年的音像行业很有可能造成一定数量上的库存积压。音像企业的库存是影响企业发展的主要因素。库存是每个经营企业必须承担的一个营销结果。而音像制品的库存如何销售，在现阶段，销售人员除了把库存卖给碟机商外，还没有找到其他的行之有效的处理库存的方法。产品越出越多，库存量越来越大，严重地影响了企业的资金运作，发展到今天，已成为音像企业在发展中必须解决的一个主要问题。

（二）音像制品发行销售网络严重萎缩

音像制品销量的急剧下降，压缩了音像发行销售商的利润空间，甚至造成经营单位的连续亏损。市场形势的不明朗和销售形势的不景气，大大打击了音像业下游经销商的信心。一些音像发行商不断削减企业规模，裁减发行人员，收缩发行网络。

另外，音像制品经营门店由于难以承受高额的房租和惨淡的经营，逐渐退出繁华闹市区，让位于大量分散的游商，给盗版音像制品的销售提供了可乘之机。

（三）外资的影响不大，但是业外资本大举进入，对业内有很大的冲击

继国美宣布进军内地音像制品销售领域后，国内另外两大家电连锁巨头苏宁和永乐也传出与内地音像发行商暗中接触，准备试水音像制品经营的消息。业内人士指出，种种迹象表明，强大的家电连锁企业积极争夺音像连锁市场的行动，对势单力薄的音像连锁企业而言，意味着前所未有的竞争压力。全国连锁音像门店最多的企业——“广东FAB精彩无限”目前在内地的连锁店数量也只有500余家。而国美从筹备进入音像市场不过10个月时间，就已在全国开出100余家音像店。苏宁和永乐一旦最终确定音像市场目标，也可以凭借其家电连锁经验快速扩张。

三、业内热点企业简介

“美亚音像连锁”已徒有虚名。根据以往资料，上海美亚音像一度拥有200多家连锁店，分布在上海港汇广场和中信泰富广场等高档商业区以及一些居民社区，主要进行音像制品的租赁与销售业务，同时介入旅游票务市场。

美亚音像初创时期，有关管理部门曾计划由美亚音像和东方音像连锁构成两条销售网络。上海音像市场的营业额在2001年就达到10亿元，形成以两家连锁为主的分享态势。美亚音像高峰时每年的营业额高达8000万至1亿元，2005年却债台高筑，上半年营业额不足400万元。由于美亚音像的部分连锁店设在原来的美亚21世纪便利店内，而便利店业务已经转手“百联”，其他音像零售店也不断关张，美亚音像连锁目前已经“徒有虚名”。

四、行业发展热点及核心问题

音像零售行业在我国作为一个产业发展的时间较短、基础薄弱，在有限的时间里，许多依靠自身积累发展起来的连锁企业离成熟的业态还有较大的距离，相对其他行业音像连锁企业规模都偏小，行业整体缺乏有规模的企业，缺乏专业的全国性品牌和企业，盗版猖獗，产业运行不规范，行业整体经营管理水平不高，缺乏高素质的从业人员，理论研究落后，业态行为需要规范，信息技术在经营管理中的应用不够。

（一）互联网对音像零售业的影响

据《中国文化报》对国内412名网民的抽样调查显示，60%以上的受访者表示自己曾经在网上下载过音乐、视频类节目，45.08%的受访者知道未经授权的下载是一种违法行

为，23.28%的受访者感觉应当是不合法的，另外31.64%的受访者表示不知道这是一种违法行为。由此可见，大多数网民对于在线影视音乐节目的版权问题已经有所认识，但付费下载的习惯还没有形成。

（二）版权维护及对盗版治理的问题

2005年是音像领域知识产权保护呼声最烈、规格最高、形式最多的一年。全国保护知识产权专项行动持续到年底，中宣部、文化部、公安部、全国整规办、保知办、全国扫黄打非办等部门都牵头组织过音像市场的专项整治行动，既有全国性的专项治理，也有区域性的集中行动，还有对重点部位和突出问题的重点整治。尽管各个部门尤其是文化行政部门在音像市场治理整顿方面组织了不少行动，采取了不少措施，但盗版泛滥的局面并未得到根本遏制，国际国内的压力持续加大，音像市场整体形势仍然十分严峻。

除传统的音像制成品的盗版形式外，网络盗版的影响也不可小觑。据国际唱片业协会估计，全球互联网上90%以上的音乐文档都是非法复制的，全球51个互联网比较发达的国家有超过200万人在同一时间在网上交换及共享超过7亿个音乐文档。

（三）音像零售行业内部存在的问题

1. 行业操作不规范，上下游之间拖欠货款的行业习惯阻碍了行业的发展

音像零售行业上下游之间的欠款问题使行业的发展雪上加霜。音像企业如何协调客户关系，现在已是音像企业必须研究的课题了。

2. 图书音像行业人才缺乏的问题

人才缺乏的问题是音像零售行业一直呼吁的，但是一段时间以来这个问题还没有得到实质性的解决。在当今社会人才的缺乏是行业发展的瓶颈，相关人才的培养成为音像零售行业发展必须突破的限制性条件。

3. 特许企业加盟商管理的问题

在音像连锁行业中，不少加盟商为了谋取更高的利润，在操作上会有一些违反连锁总部规定的行为，这种违规会对连锁总部的品牌带来很大的负面影响，连锁总部如何加强对加盟商的管理是实行特许加盟的音像连锁企业的管理重点。

4. 物流配送问题

物流配送问题一直是音像连锁行业产业链上的重要问题，如何将畅销的音像制品快速及时地输送到各个门店，如何充分利用连锁总部的物流配送系统是音像零售连锁企业的难题。

（王　琰）

教育培训连锁经营分析

一、行业业态概述

2005年的教育培训市场仍处在快速发展阶段，IT培训、英语培训等主要培训市场需求继续增长。随着教育培训市场的迅猛发展，消费者对于培训的接受程度日益提高，在教育培训上的消费支出也越来越高，培训消费趋于理性。与此同时，培训机构也开始分得更细、更专、更精。当然有实力的培训机构也在本业更专的基础上向综合性培训机构扩展。

培训市场走进个性化时代。随着培训课程选择余地的拓宽，以及国内消费者培训观念的日趋理性，盲目崇拜名师、盲目选择热门课程的现象大为减少。培训产品不仅要适销对路，还要符合越来越挑剔的培训者的口味，这从另一角度也反映出培训市场正日渐成熟。未来的培训市场将更加突出个性和时尚，培训产品不仅要符合企业不断提升的用人标准的要求、个人职业生涯发展的需要，还需富有个性和独到之处，同时具有更多的包容性。

（一）行业竞争格局

教育培训行业巨大的市场潜力以及较低的进入门槛，使得行业内企业间的竞争异常激烈，每年都有一大批中小企业因各种原因被淘汰。据统计，北京市每年新增教育培训机构300家，同期自然“死亡”的也有300家左右。目前上海地区提供教育培训的机构已近万家，包括外资、合资、民办、高校办等各种形式。学员接受培训的种类和内容包括学历文凭、高教自考、技术职称、外语、电脑、管理、高考复习等。其中，竞争最为激烈的是外语类（CET、PETS、口语、雅思、GRE、口译、商务英语等）、电脑类（等级考试、图形设计、网络技术、编程技术等）和管理类（企业团体培训、MBA等）。这些培训机构失败的原因，很大程度上是市场定位不准，没有找准适合自己的细分市场，并制定适合自己的竞争策略。

外资加快了进军教育培训市场的步伐，他们大多采取的是“教育连锁经营”模式。微软、APTECH、SKILLSOFT、剑桥少儿英语、英孚等公司都已扎根中国，占领了大部分中等偏高和高端市场。微软公司是最早进入中国计算机培训市场的外国大公司，一开始就推行的是特许经营或授权培训的方式；印度最大的计算机教育培训机构APTECH公司2001年初与北大青鸟合作，组建北大青鸟APTECH，在国内采用加盟授权的方式开展计算机软件工程师的培训，目前已发展为中国最大的电脑职业培训机构；“剑桥少儿英语”与中国教育部考试中心合作，在全国各地发展了大量培训网点。海外培训机构经过前几年的“热身运动”，对中国培训市场的了解不断加深，正出现加速发展趋势。

随着教育培训市场的快速发展，教育培训资源越来越丰富，消费者在选择培训项目时出现了困惑和盲目。因此一些专为培训者收集、整合培训资源的代理公司应运而生。这些公司一开始就以特许加盟方式运作，以图迅速占领市场，壮大自己。他们选择与具备优势资源的学校、有实力的职业培训机构，甚至留学中介公司合作，取得大量优质资源，以满足消费者不同的需求。

（二）行业发展动态分析

1. 英语培训

英语培训市场广阔。据统计，我国有一个近3亿人的庞大英语学习群体，英语培训市场需求巨大，年产值已超过150亿元人民币，英语培训机构总数量达到近5000家，到2010年我国英语培训的市场总值将会达到300亿元，而这一市场需求仍呈供不应求的势头。

英语培训市场呈现出办学主体多元化的特征，主要表现在：

（1）民营培训机构发展非常快，是英语培训市场的主要构成部分，由于民营资本自身的市场经济特征，在培训理念、产品创新、营销策略、管理机制方面都是以市场为导向，因而其潜力巨大。

（2）高校在英语培训市场具有强大的专业支持和品牌优势。在师资、硬件、生源等方面，高校占据了很多民营资本所无法具备的优势；一些具有海外留学经历和英语基础扎实的教师运用双语或全英文讲授专业课程，这为专业英语培训培育了巨大的市场，他们深厚的教学积淀和坚实的学科背景，增强了市场号召力。

（3）戴尔国际英语学校、环球雅思全国连锁培训学校、英孚教育、平和英语、ABC外语培训学校等培训机构在竞争激烈的英语培训市场占有很大的份额，这些外资或中外合资培训机构具有比较丰富的培训经验，以优良的教学质量与相对低廉的价格能迅速打开市场，并根据实际情况，提出适合中国学员的学习与教学理念，设计出符合中国人学习实际的教学方案，并且将其教学与管理人员本土化，这就增强了亲和力。

中国英语培训市场已基本形成强势品牌占领市场主体格局，新东方、李阳疯狂英语、英孚教育、剑桥、环球雅思、牛津英语等培训机构占领了市场绝大部分份额。实力强大的培训主体将因为培训质量优良、师资力量雄厚、管理规范、培训产品丰富而获取更大的市场份额，而质量差、规模小、没有核心竞争力的培训主体将面临倒闭或被兼并的命运。品牌至上、适度集中将成为未来英语培训市场发展的总趋势。

2. IT培训

随着我国“信息化带动工业化”策略的深入人心，许多人的工作开始与计算机紧密相连，甚至不可分离，这就造成了大量的工种需要进行IT技能的培训。据统计，目前IT业已经有200多种认证。不算各类社会认证，每年仅参加教育部、劳动部和人事部组织的认证考试的人员就有500多万人。面对如此规模的培训需求，我国IT培训认证市场以惊人的速度发展着。据赛迪顾问的数据分析显示，国内IT认证市场以每年30%的速度递增，远高于全球12%的增长速度。在这样的形势下，IT培训的势头将有增无减。信息产业部公布的数据表明，我国IT业目前对IT人才的需求每年至少在40万人以上，除去每年高校不足7万人的计算机专业毕业生外，还有近40多万的人才空缺。

IT认证市场目前逐渐向一些技能类培训转向，如：CAD制图、网络安全、平面设计、JAVA等逐渐火热。随着就业压力的突出，技能类培训已成为培训市场关注的焦点，在课程内容上，出现了大量以“就业”为导向的培训项目，在主打“就业牌”的同时，也开始向创业培训试探。

3. 婴幼儿教育培训

随着社会竞争的激烈、社会就业压力的不断增大、家庭收入的增长、家长对婴幼儿科学教育意识的觉醒，以及现有保育和教育机构的空白，早教市场正在成为教育产业中一块最具潜力和前景广阔的天地。

有关婴幼儿教育培训的经营趋势将会出现四大阵营：

（1）领先型：拥有自己的理论体系、有效的赢利模式、雄厚的专家研发团队、鲜明的办园特色、不断创新的能力，拥有高新技术、权威机构认证、强有力的品牌支持。

（2）加盟网络型：总部授权加盟机构使用总部品牌、商标、教材、产品、特有的教学方法等资产，加盟者交纳总部加盟金、权益金、保证金。加盟者以其在当地的优势与总部强大的品牌优势进行强强联合。这已是当今早教产业的主流趋势。

（3）缝隙型：在夹缝中生存，凭借自己在某一方面的暂时优势，如有一些较知名的老师、市场营销在某一方面较突出或有一些暂时稳定的生源，在激烈的市场竞争中也许会争取到一杯羹。

（4）淘汰型：缺乏知名的品牌、缺乏强大的教育集团背景支持、没有办学特色、没有持续不断的生源支持，如果经营者再管理不善，无战略远光，其结果只能是被市场淘汰。

4. 职业资格认证培训

2005年职业资格认证市场十分火热。热火朝天的物流采购认证、新兴的商务策划认证，还有被视为“金领门槛”的理财规划师认证，一个接着一个横空出世，令整个职业资格认证培训市场不断升温。

职业资格认证火爆带来的一大难题，就是证书的“含金量”。根据不完全统计，目前社会上推出的各种职业资格认证已多达百余种。其中既有国家认证，也有地方认证，还有行业协会组织、专业学术团体的认证，实在是五花八门，难免使认证的“含金量”打了折扣。

政府选择有实力的培训机构颁发政府认可的职业资格认证证书也将逐渐成为发展趋势。如劳动和社会保障部职业技能鉴定中心与北大青鸟APTECH信息技术有限公司宣布，双方将在劳动保障部职业技能鉴定中心的监督和管理下，由北大青鸟APTECH实施软件人才培养，按统一的标准组织考试。对通过培训考试合格的人员，北大青鸟APTECH向学员颁发其国际化标准的ACCP证书，国家劳动和社会保障部职业技能鉴定中心核发相应等级的软件工程师职业资格认证证书。从而开创了“企业培训，政府认证”的软件人才认证新模式。这将对有品牌实力的教育培训机构提供更大的发展机会。

（三）连锁企业经营发展状况

2005年教育培训行业企业的总体发展状况是扩张与盘整共生，消费者的期待与狂热共存。可以说，各大培训机构仍然对市场充满了期待，不少优质的培训机构发展势头稳定。面对复杂的市场环境，培训机构在改进产品和服务、维护品牌和塑造品牌方面有独到的见解，做了不少扎实细致的工作。

以“特许加盟”方式开展教育培训业务也获得了快速发展。加盟商已逐渐认可了以“特许加盟”方式进入这个行业。原已实行连锁经营方式的品牌企业继续加快发展速度，同时又涌现了许多新的以连锁加盟开拓业务的公司。

教育培训业态也开始逐渐与其他业态进行深度整合，以为消费者提供更好的服务。如英语培训机构与出国留学服务机构合作，为出国留学的学生提供一条龙服务；职业培训机构与用人单位合作，为求职人员培训后再就业铺开一条道路；一些培训机构与企业合作，为企业打造适合本身需求的培训课程，取得了很好的效果。

二、业内典型企业简述

（一）北京红黄蓝儿童潜能教育娱乐公司

红黄蓝是一个集儿童教育、娱乐、商品销售、儿童潜能研究为一体的综合性教育服务企业，致力于儿童早期智力的开发教育，聘用了一大批我国著名的儿童教育专家、医学专家、心理学专家。该公司以公司网站为平台，以特许加盟形式形成全国的教育网络，力求为幼儿家长提供儿童成长过程中所遇到的各方面问题的全面解决方案。

2005 年 7 月，红黄蓝教育集团的论文在“多元智能与教育改革国际研讨会暨 DIC 国际合作项目第四届年会”上分获一、二、三等奖。

2005 年 11 月，红黄蓝成功主办“首届中国亲子教育高峰论坛”。

（二）环球雅思国际英语连锁学校

环球雅思目前是国内最大的培训类学校之一，在招生量、教学质量、分校规模、办学管理等方面是国内教育界领先的大型民办学校。“环球雅思”教学品牌享有较高声誉。环球雅思开办的各项课程以权威、实效、精炼而著称。公司与国内、国外许多大型教育机构、学校合作，力求为消费者提供更贴身、更实用的服务。

2005 年，公司获得全国英式口语第一名校称号；荣获陈香梅教科文创新和贡献奖；入围中国优秀连锁品牌。

（三）北京阿博泰克北大青鸟信息技术有限公司

北大青鸟 APETCH 组建于 2000 年 1 月，目前已发展为国内最大的电脑职业培训机构。北大青鸟以持续、稳定、高质量的专业化服务、支持与培训，以先进、标准、科学、系统的职业教育课程体系为支撑，通过特许经营的业务模式，为加盟伙伴提供先进的经营管理方法，取得了快速的发展。

2005 年 4 月，北大青鸟 APTECH 摘 IDC 桂冠，再获中国培训市场第一。

2005 年 6 月，北大青鸟 APTECH 喜获中国保护消费者基金会“质量放心用户满意双优品牌”。

三、本行业存在的问题

（一）缺乏培训质量监管

多元化的教育培训市场格局，较低的培训市场准入，使很多经营者对教育培训的规律缺乏科学的认识，在怎样教、教什么上缺乏深入的研究，教学效果无从保证，加上急功近利的心态，导致对教学质量的漠视。另外，虽然培训机构的师资大多数是合格的，但由于培训本身的商业性质，又必然出现浮躁的教学风气，使教学效果大打折扣。还有更多的培训机构聘请的是在校学生或企业人员，没有经过正规的教学训练，缺乏教学经验，因此教学效果更是无法保证。没有统一的教学质量监督和管理的组织、制度，在外在的监管缺位的情况下，很多培训机构无法做到良好的自律。

（二）缺乏行业规范

目前培训机构数量十分庞大，鱼龙混杂。一些培训机构无核心课程体系，临时搭班子，无课程研发力量和专职培训师。培训机构实际上只起中介的作用，从客户那里得到了培训需求之后，到社会上去找培训师。培训师通常上课的时候来，下课的时候就走。课前培训师与学员的交流和课后的效果跟踪反馈都做不到位。这样的低投入导致低产出，培训的质量理所当然会越来越坏。消费者在选择英语培训机构时也非常茫然，宣传册和广告上的信息在一定程度上具有欺骗性，大多数消费者据此表面现象作出选择，往往会上当受骗，给广大消费者带来了很大的困扰。

（三）课程抄袭现象严重

由于市场的供不应求，导致培训课程的粗制滥造。目前课程的抄袭现象有两种：一是“抄书”。比如客户那里有销售技巧的需求，培训师就从各大书店买几本销售技巧类的图书，东抄西抄一番，一门课程就产生了。另外一种是“互相抄袭”。比如，有的优秀的培训课程刚一出来，就有大量模仿者全方位复制，且马上学以致用，可谓是“快并快乐着”。这极大地挫伤着有着可贵的创新能力的一些优秀培训师的积极性。

（四）缺乏营销理念

培训市场虽然红火，但培训组织普遍缺乏营销理念的指导。表现在定位不准确，缺乏长远规划，追求短期利益，缺乏品牌意识，竞争手段单一等诸多问题。缺乏以顾客为核心的服务意识。

（五）教育培训手段滞后

目前仍以课堂式教育为主，无论是短期还是中长期教育，偶尔利用多媒体、闭路电视、录像、录音式教学形式，囿于条件的限制，如现场参观解剖教学，到基地实验、实践教学，开展研讨会以会代训，利用因特网进行敞开式教学等形式运用不是很充分，尤其是运用先进的电子技术和社会信息资源开展网络化教学的力度有待于加强。

（赵　宽）

服装业连锁经营分析

2005年，中国服装行业完成服装总产量465亿件，比上年增长11.2%，各类服装销售数量同期增长超过21%，有权威人士说，“这是中国服装行业努力最大的一年，也是收获最大的一年。”

这一年一个积聚起来的凸显现象是：品牌蜂拥，国际化滥觞。

中国市场上出现了从未有过的极度丰富的品牌世界，迷炫着各个消费阶层的视线。一方面是国内资本看到了服装品牌运作的巨大潜力，先后创造出了成千上万的品牌，林林总总地出现在遍布全国的商场、步行街、商业圈，或高调或低调、或全面铺开或重点突破地尝试着自己的品牌战略。另一方面，服装品牌国际化现象滥觞中国。国际顶级大牌长驱直入，夺取了中国高端消费人群，牢牢占据了顶级市场，带来的直接结果是：中国品牌无法与之抗衡。原来在中国高端市场上称雄的国内品牌，被强行向下游市场挤压。对于这种现象，人们看到的另一重意味是：外国品牌给成熟的中国品牌提供了一个在本土市场竞争的机会，促使中国品牌更加努力，在国内市场上“实现产业素质的国际化蜕变”，提升中国服装企业的素质，更好地融入世界。中档市场上，机会巨大，烽烟再起，群雄逐鹿，国际中低档品牌，甚至在国外不值一提的小品牌也迅速进入中国，寻找合作伙伴。中国成熟品牌也纷纷试图通过与他国通过品牌合作、联合设计、联合生产的方式，获得品牌的提升。据有关机构调查，目前20到40岁的中、青年是我国服装消费的主导群体，占服装消费总量的50%，40岁以上的占19%。中、青年是追求生活休闲和个性化的主导群体，不同的消费群体对应的服装的消费层次各不相同。目前，高档、名牌服装的消费者占城市人口的0.6%；中档服装的消费者占城市人口的70%～75%，占农村人口的26%；低档服装的主要消费群体为城镇人口中的低收入者和待业人口，以及农村人口的65%。

而从经营业态上，连锁经营、特许经营已成为中国服装品牌的常规模式。

一、2005年服装业连锁经营发展的特点

（一）特许经营已成通行的操作范式

从中国服装企业发展开始，特许经营存在三个良好的趋势：

第一，特许经营已经成为服装企业主要的运营模式。杉杉作为大型服装企业率先由直营系统向特许经营转制获得成功，带动了一批已经经营数年的企业部分或全部向特许经营运作模式转移。风起云涌的新的服装品牌公司天然撷取特许经营这一实践成果作为惟一选择的模式。“服装品牌”与“特许经营”已经成为一个系统概念，深深地影响着品牌经理人的行为。

第二，服装企业正在进一步摸索适合自己品牌的特许经营模式。普遍适用的特许经营

理论仅只是一种理念，任何产品、任何品牌的特许经营都要有自己独特的运作思想和运作方法、运作技巧。

第三，“特许经营”正与“品牌运作”日益融合。特许经营不再像刚开始那样仅仅被看作是“渠道策略”，而被整合到品牌形象、产品设计、消费者关系、店铺形象、促销企划、价格策略等品牌运作的各个环节中。

（二）品牌服装“连锁”各大卖场

伴随着大型超市在中国各大中城市的出现和普及，服装品牌企业突然意识到“超市”这种业态是一个各种消费层集中、消费者逗留时间长、购买力旺盛、需求广泛的良好购物场所，于是，一些适应大众的品牌试探性地进入，或在超市内开设专卖店，或直接进入超市货柜，一些尝到甜头的品牌进入各大卖场，形成服装品牌连锁经营的一个新现象。

二、2005年服装业连锁经营概况

根据中华全国商业信息中心对全国重点大型零售企业的统计监测，2005年各类服装销售总体状况如下图所示。

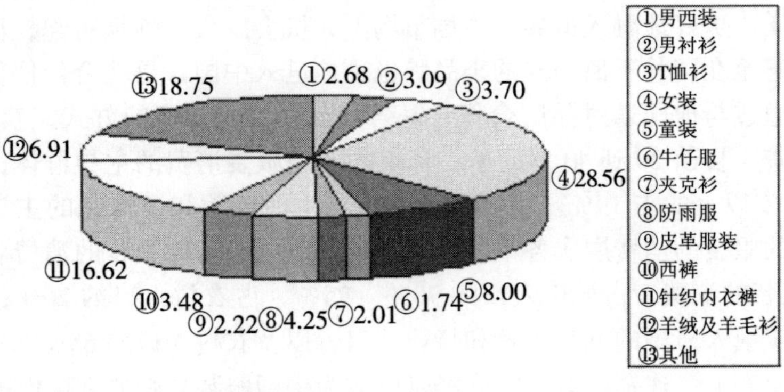

各类服装占服装销售总量的比重（%）

（一）男装

以西装、衬衫为主的男装，2005年随着国内消费能力的不断增强和中国服装市场国际化程度的显著加强，进入“鼎立”发展时期。这一时期有如下两个特征：第一是品牌骤增，人们熟悉的国内品牌、国际一线品牌、国际二三线品牌、“伪”国际品牌同时瓜分中国市场。结果是，原国内一线男装品牌的地位滑向二三线市场，一线市场被国际大牌牢牢占据，几股势力在中低端市场扭结混战，男装市场正在重新洗牌。第二是国内品牌集群化倾向明显，拥有杉杉、雅戈尔、罗蒙、太平鸟等著名品牌的男装重镇浙江宁波依旧以正装为核心，正集中精力实现由原来以生产能力为核心的优势向以品牌经营为核心的优势的转变；而拥有报喜鸟、庄吉等品牌的另一男装重镇温州，则顺应当地“中国制造”的文化，正着力于发挥 OEM 能力，试图走先贴牌后创牌的国际化路线；拥有七匹狼、九牧王、利郎、劲霸等品牌的福建泉州，在一心一意地固守商务休闲理念，打造中国男装休闲服名牌产业基地。

由此，男装的经营业态也出现了较为复杂的状态，总体趋势是：高端国际大牌直营连锁居多；国内老品牌由直营连锁向特许经营转化，呈现直营连锁和特许经营并举状态；新建品牌和国际二三线品牌以构建直营连锁为主，逐步发展特许连锁。

（二）女装

女装在各种服装销售中独占鳌头。女装在服装类细分商品的销量中所占比重最大，达到 28.56%。但是，中国市场幅员辽阔，而女装特定的要素——版型、型号、款式、风格、面料特性、色系敏感度等，在不同区域市场有着不同的甚至是相反的市场需求，这就给女装品牌走向全国市场造成了相当大的障碍，所以有“南不过黄河、北不过长江”之说。也正因为这种原因，经过十几年的发展，中国女装形成了杭派、粤派、海派、闽派、汉派等几大派系，集群化倾向表现得也非常突出。杭州的杭派服装以清新、淡雅、婉约的江南风格富有盛名，拥有了浪漫一身、江南布衣、女性日记、红袖等品牌；集聚在深圳的粤派女装拥有时尚、款式新、品种全、面料好、加工工艺先进等特点，出现了安莉芳、马天奴、桑迪斯、迪思平等品牌；上海的沪派女装融合海外设计元素，已拥有广泛性和包容性著称；集聚在武汉的汉派女装以大众化、平民化为特征，出现了红人、爱地、佐而美等全国有影响力的品牌。总体上，尽管区域化特征明显，但绝对优势品牌尚未形成。

女装由于季节性强、周期短、经营地域性显著，因此企业在销售渠道建设上往往采取直营连锁和特许连锁并举的方式。

（三）童装

童装在整个服装行业中还比较分散，企业规模较小，大中城市的中高档童装占据一定份额，但总体上中低档童装占的比例较大，在中小城市和农村市场潜力很大。品牌童装中，外资企业品牌童装实力雄厚，起点高，在中高档童装市场所占份额比较大。位居前十位品牌的市场综合占有率总和为 27%，雅多、丽婴房、水孩儿、巴布豆、小猪班纳、米奇妙、派克兰帝、安奈尔、蔓琳格、拉比等成为深受喜爱的童装品牌。

童装以商场销售为主，专卖店为辅，业态上也是直营连锁和特许连锁互相渗透。人们购买童装的习惯，呈现两种特点：一是本地品牌高于外地品牌，这是“属地性”的一种体现。目前童装产业的现状是品牌的产地与销售、业绩呈对等关系，上海的品牌在上海销售得好，北京的品牌在北京销售得好，这是现阶段童装品牌的一大特色。二是在同一城市大部分消费者习惯于就近购买，因而社区型商场有明显的地域优势。而童装品牌企业在进入商场时多半会考虑市场的定位和在童装销售上的业绩，因此社区型商场的品牌拥有率就较高。

北京一项对 18 家上规模商场的调查显示出童装品牌的区域排行和商场进驻情况。

排名	品牌	进驻商场数	商场覆盖数
1	水孩儿	14	78%
2	派克兰帝	12	67%
3	婴方喜	10	56%
4	丽婴房	9	50%
5	加菲猫、昱璐、米奇妙、耐克、阿迪达斯、雅多、杉杉	8	44%

品牌童装的销售渠道还不很畅通，这也是制约童装品牌企业发展的一大瓶颈。销售是企业实现最终利益的关键，因此，童装企业面临的问题是：打通销售渠道。

(四) 休闲装

从20世纪90年代开始，以夹克衫、T恤衫为主的休闲服装逐渐进入我国，给中国服装产业带来了重大影响。1992年“佐丹奴”在广州首次出现，紧接着，“真维斯”、“堡狮龙”等从香港进入广东，并迅速席卷全国。休闲服装专卖店遍布各大城市，改变了人们的着装观念和审美情趣。目前我国专业的休闲装生产厂家已达万余家，休闲服装在中国的销售已占整个服装业的18%左右，国内休闲服装品牌多达2000多种，休闲服装已在我国服装产业中渐居主导地位。2005年，休闲服装产品更加丰富多彩，休闲服装在品类上日益增多，趋于系列化。有充满时代气息的“青春休闲类”、具有粗犷风格的“牛仔休闲类”、洋溢着青春活力的“运动休闲类”、随意而不失规范的“职业休闲类”、庄重中蕴藏着变化的“正装休闲类”等；在色彩上也富有个性；面料则以纯棉、纯毛为主，穿着舒适，体现自然、健康的主调。

休闲服是近年来中国服装特许经营的亮点，一些新兴品牌借助特许经营的魔力在两三年的时间内迅速拓疆辟域，发展壮大，成为深受消费群喜爱的知名品牌。

三、服装业特许经营模式分析

“特许经营”涉及的是企业内部一种崭新的营销模式，这种模式的一个重要特点是把参与营销的人的资本也融入到公司的事业拓展中来，使“加盟者”的小舰艇和品牌公司的旗舰“生死与共”，实现“双赢”。最初，在其他行业的特许经营实践中，一些聪明过头的人便借这种模式的这个特点实施欺诈，设一个特许经营的“局”骗取加盟者的钱财后销声匿迹，所以，对一部分人来说，“特许经营”这几个字意味着“圈钱”和“欺骗”，其副作用就像全国仍然散布着的烂尾楼，令人切齿。因此，规范特许经营的呼声从一开始就不绝于耳。

相比之下，服装品牌的特许经营在整个业界有着良好的口碑，这主要是因为服装的特许经营与餐饮、娱乐、零售等行业的特许经营有着较本质的差别：其一，其他产品的特许经营可以只提供“模式”或用一个洋一点的专业名词，而服装必须提供最终产品；其二，许多特许经营的产品制造过程和销售过程均在被特许人一方完成，特许人和被特许人都有可能脱离对方单独行动，随时有可能“逃匿”。而服装产品的制造必须在特许人一方完成。

而且，产品必须是一年四季的、适合定位消费者的、看得到经营收益的。因此，服装企业的“特许”常常只是在价值链末端销售环节的“特许”，最多再加上某一区域“品牌形象使用”的特许，而永远不会伸展到前端“原材料采购”、“产品设计”、“产品生产”诸环节。这样，特许人和被特许人成了价值链上的战略同盟，谁也离不开谁，只能谋求“双赢”。所以服装企业或服装品牌的特许经营，从一开始就在一条相对规范的道路上运行。

服装品牌特许经营模式由品牌企业确定，一般分为单店加盟、城市加盟、区域加盟等多种形式。小型服装企业常采取单店加盟；中型企业采取单店与城市结合的方式；大型企业常采取城市和区域加盟结合的方式。

四、政府政策对服装业特许经营的影响分析

2005年，商务部颁发了《商业特许经营管理办法》。十年发展，特许经营的神秘面纱已经揭开，新《办法》发布，对以特许经营方式进行的市场行为有了明确的法律约束，对广大做加盟商的中小型投资人是一个利好的消息，对真正进行品牌运作的盟主也是极大的保障。《办法》还对以特许经营模式运作的企业的“内功”有了明确的要求，某种程度上，可以作为企业特许经营操作规范的指南。有评论说，“新的《特许经营管理办法》在市场准入条件、信息披露制度、广告宣传制度等方面均有着实质性的进步”，这种进步还包含着建立完善的特许经营监管机制的努力。

特许经营出现的问题很大程度上是由于特许经营的准入条件太低，新《办法》明确规定特许人应在中国境内至少拥有两家经营一年以上的直营店或者由其子公司、控股公司建立的直营店，这对从源头上预防加盟陷阱起到了积极作用。

信息披露制度是新《办法》的亮点内容，将使中国大地上的特许经营事业呈现在阳光之下，使加盟商对盟主真实情况的了解有了具体可知的法律规定，对于已经实施特许经营的企业来说，这也是新《办法》给它们带来的最直接、最具体的工作要求。

新《办法》关于广告宣传的规定对规范特许经营市场也有着举足轻重的作用。广告宣传直接影响投资人的决策，进而影响消费者，广告信息的真实可靠是特许经营健康发展的信誉保证，《办法》对广告宣传的干预切实保证了受许人的知情权。

政府是全行业的政府，政府终于在规范特许经营市场秩序上迈进了一大步，尽管这一步不是“未雨绸缪”，而有点“亡羊补牢”的味道，相信它对中国特许经营的规范进入快车道起到极大作用。

五、企业在特许经营中遇到的难点问题

（一）服装特许经营的模式规定性问题

特许经营本身是一个系统工程，要求拥有强大的品牌、管理的科学性和可行性、强大的服务支援系统、盈利保障和风险规避系统、产品品质保障系统、产品开发和更新系统、物流供应保障系统、人才遴选和培训机制等等，这些都是品牌特许经营必须具备的。但国内服装零售商普遍存在经营素质偏低、缺乏系统管理的现象。加盟经营的核心是科学、完

善、细致、周密的管理体系，有了这个核心，品牌运营商才会具备抵御风险的能力，加盟商才会有加盟的信心，才有可能实现双赢。

（二）凸现品牌核心价值问题

有人说，中国服装特许经营，做得好的企业达到“形似神不似”，不好的企业则“似是而非”。所有的连锁经营的品牌都在请专业的广告公司进行VI形象设计，把全国的店铺“统一”得美轮美奂，请明星做形象代言人，用精美的POP把产品衬托得色彩鲜艳，“统一”的陈列、语言、手势、灯光……每个公司都有品牌督导、AD培训、市场策划、产品开发，可市场上有个性的品牌形象、有针对性的服务、有明确的市场定位且文化、产品、服务又准确贴切的品牌少之又少。在品牌运作中，“我是谁”这个根本问题没有得到大多数品牌的清晰回答。

（三）服装特许经营人才

特许经营是一项专门的综合性的经营管理技术，必须有既懂特许经营又懂服装企业经营的专门人才，特许经营人才的引进或人才的培养是我国服装企业遇到的一个长期性问题。

六、服装企业特许经营最关注的问题

现在服装企业特许经营的最大问题是：“模式”意味的虚化或流失。

特许经营的精髓是“成功运作模式”的“复制”，一些产业，如餐饮业，复制一个模式的难度极大，模式中各要素的关联性极强，必须全部到位才能产出货真价实的产品，才能产出效益。服装业不然，服装业特许经营模式中的关联性不强，加盟商只要拿到了产品，在什么场合、以什么形式都可以销售，因此，很多服装品牌在分销经营中难以做到“统一的品牌理念、统一的产品组合、统一的专店形象、统一的价格、统一的促销方式、统一的陈列与摆放、统一的迎宾礼仪”，致使“模式”丧失，甚至很多天天在谈特许经营的公司根本就没有建立过“模式”，从而使“特许经营”仅仅成为经营者追逐现代管理的“口头标签”，而真实的渠道模式，无非就是“代理商”而已。这样导致的最坏的结果是：品牌形象迅速低劣化，企业最终难以为继。

（张亚辉）

洗染连锁经营状况分析

一、行业发展状况

（一）概况

洗染行业新的连锁系统不断增加，连锁化普及率达到较高水平，2005 年尤为突出。2005 年以来，除去极少数连锁品牌销声匿迹以外，一些新兴的洗衣业品牌不断出现在行业展会和媒体广告上，并且都是以加盟连锁模式进行经营。一些生产销售洗涤设备或是洗涤原料的企业，通过扩大或延伸经营范围，也加入到洗染业特许经营领域，形成新的洗染业连锁品牌。如济南绿洲本来是具有一定实力的设备生产厂家，2005 年经过充分准备之后开始进行洗衣业连锁品牌的发展。

2005 年行业内部以及政府相关部门开始控制开启式干洗机的使用。目前，全国拥有各类干洗机 20 余万台，其中四氯乙烯干洗机占 80%以上，而全封闭式的干洗机还不足 30%。即便在北京，全封闭式干洗机也仅占 50%左右。按照《北京市洗染行业经营管理规范》，北京自 2005 年起不再批准使用开启式四氯乙烯干洗机的新开洗衣店，对于目前还在使用总数超过 40%的开启式干洗机，到 2006 年年底，将全部叫停。

服装行业的快速发展与洗衣业之间产生矛盾与磨擦，并出现信息不对称。服装行业的快速发展、新型服装面料的不断推出以及服装款式上的个性化设计，大大增加了衣物洗涤时的难度。很多服装企业、服装设计师为追求服装整体风格的差异性和个性化，在设计制作服装时并不考虑到服装日后的洗涤与保养问题，从而为洗衣店的业务带来一定程度的困扰，由此导致的洗涤事故屡屡发生。

新兴洗衣品牌层出不穷，但发展不稳定。运作成熟且成功的连锁企业稳步发展，并成为业内纷纷效仿的对象，再加上洗衣市场的良好前景，使得新的洗衣连锁品牌不断增加，但很多都是昙花一现，比如：白雪公主等等。

中国特许经营事业的发展已受到世界的瞩目。2005 年，全球最大的特许经营展会——法兰克福展首次在中国举行。通过这次展会可以看出，我国大型连锁洗衣企业的硬件水平已与世界发达水平接近，但仍旧有相当多的洗涤设备处于落后状态，洗衣业的整体水平和工作效率等方面与国际水平还有一定差距。

政府主管部门加大了对连锁业的扶植力度。为进一步推动北京连锁经营的发展，促进现代特许经营模式的不断推广，积极为中小流通企业发展提供创业机会和就业岗位，北京市商务局于 2004 年 6 月在全市范围内组织开展了“2004 北京优秀特许品牌”推选活动，向社会推出特色突出、信誉良好的特许经营企业，以进一步规范本市特许经营发展，促进连锁经营在更广阔的领域推广。

为进一步发展北京社区连锁洗衣网点，落实北京市政府为群众办实事的要求，2004年，北京市政府有关部门制定出《北京市商务局关于发展社区连锁洗衣店给予银行贷款贴息的实施办法》，对连锁洗衣店的发展提供了资金方面的支持。

（二）排行榜

2005年洗染业主要品牌基本情况

品牌	企业名称	销售额（万元）		总店铺数		加盟店数	
		2005年	2004年	2005年	2004年	2005年	2004年
福奈特	北京福奈特洗衣服务有限公司	20750.00	20850.00	415	391	398	374
伊尔萨	荣昌·伊尔萨洗染连锁集团	19000.00	34050.00	352	401	345	340
尤萨	北京尤萨洗涤设备有限公司	15120.00		120		120	
康洁	郑州市康洁洗涤有限公司	12075.00	8508.00	483	347	480	337
象王	上海象王洗衣有限公司	10145.00	9690.00	251	230	241	222

二、行业发展特点

（一）投资额

目前国内的连锁品牌洗衣店投资额从几万元到几十万元不等，甚至个别品牌投资额达到上百万元。

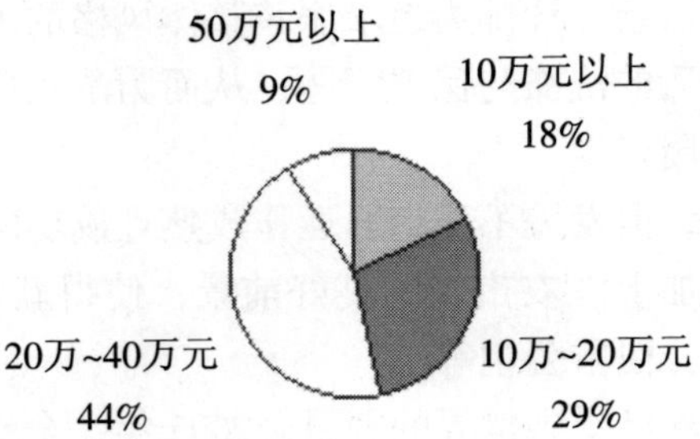

图1　开店投资额分布情况

（二）经营模式

前店后厂的经营模式以其快速、便利等特点日益成为洗衣市场的主流。由于多数洗染业特许品牌采用前店后厂的经营模式，随着特许经营的成长壮大，使前店后厂的经营模式以其快速、便利等特点日益成为洗衣市场的主流。

（三）连锁模式

洗染业连锁经营以特许经营为主，大部分都是以直接特许的方式在全国范围内开展连锁加盟，只有少数区域性品牌主要采取区域特许的形式来发展。2005 年特许经营的扩张速度逐渐放缓。洗染业的加盟连锁系统在过去的几年中一直保持着较快的发展速度，处于前列的几个大型特许经营系统每年都会以 50～100 家的速度扩张。进入 2005 年以来，各企业平均新增加的加盟店数量比往年有所降低，包括各大系统都有不同程度的减少。通过对典型企业调查了解到，2005 年洗染行业总店铺平均增长率为 29%，营业总收入增长率为 32%。

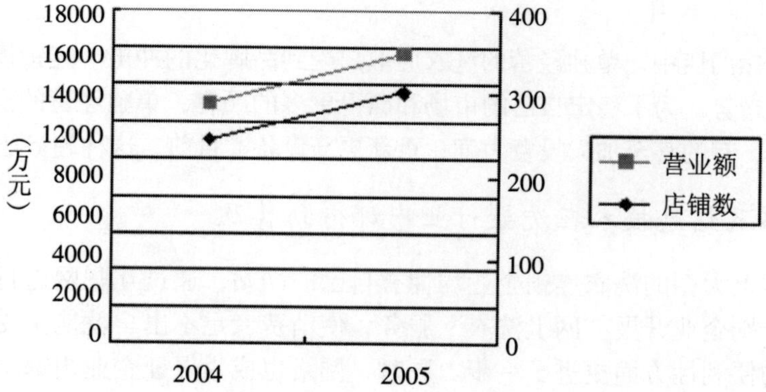

图 2　典型企业发展情况

（四）加盟费

从盈利模式上来说，新兴品牌以销售设备和辅料为主要收入来源。新兴品牌为了降低费用，吸引更多的投资者，除了设备和辅料之外，其他费用的收取都比较低，甚至不收，比如免除加盟费和品牌使用费等等。

（五）培训督导

各企业的培训督导水平均有所增强。从培训硬件条件上，部分企业扩大了培训中心的面积，以满足更多的培训需求。根据对典型企业的调查，2005 年较 2004 年各企业培训中心的平均面积增加了近 13%。

在培训周期及频次上主要分为三个阶段：新店开业初级培训、经营期间的培训以及不定期的培训督导。部分已具一定规模的企业还形成了独具特色和优势的培训体系，除了常规的培训之外，还会定期举办针对专项技术的培训，以进一步提高各加盟店的专业技能，保证品牌的竞争力。

根据对典型企业的调查，一般新店的初级培训时间平均在 3 周左右，每年还会进行 2～5次的技术提高性培训，不定期的培训督导达到数十次。

（六）规范化程度

行业经营规范化程度提高。经营多年的连锁系统在发展的过程中逐渐摸索并形成了自己的特许体系，并将体系的规范化管理作为系统发展的重要环节之一。不论是经营模式、技术支持还是形象设计都在逐渐成熟。

运作成熟的特许企业逐渐加强品牌的规范化管理力度。根据对典型特许企业的调查，2005年特许总部与加盟商之间的合同续约率为89.5%，未续约的原因除了加盟店自身经营不力等因素之外，还有相当一部分是因为加盟商在经营过程中有严重违反特许合同条例或因个人行为损害品牌整体形象和利益等原因导致特许总部主动与之解约的情况。

（七）品牌

洗染业的自然门店中，单独经营的洗衣店散户受到品牌化的冲击。连锁模式似乎已成为洗染行业发展的趋势，为了稳定自己的市场和赢得更多的顾客，单独经营的洗衣店有很多转而加入连锁品牌，有的甚至加大投资力度，重新更新设备。目前，这种趋势还在逐渐上升。

（八）网络及信息技术在洗染行业内部得到普及

目前，基本上大型的洗衣连锁企业均拥有自己的网站，通过互联网进行加盟招商及品牌宣传。还有个别企业开展“网上洗衣”服务，使消费者足不出户就能享受到专业的洗衣服务，在服务的便利性方面更进了一步。同时，网络也成为保证企业内部信息及时沟通的有效途径，是特许总部与加盟商之间进行交流的又一桥梁。

三、洗染业连锁经营发展的瓶颈与问题

首先，行业发展不规范，竞争无序、夸大其辞的现象频频发生，并存在利用连锁的幌子，高价兜售假冒伪劣产品甚至实施欺诈行为。

为了规范洗衣市场，杜绝此类事件的发生，各地的洗衣企业以及行业协会应加强与政府相关职能部门的联系，并呼吁出台相应的法律法规对整个行业进行制约，同时应呼吁全国性行业法规尽快出台，制定出统一的标准，以规范全国的洗衣市场。

其次，适合洗衣店的门面房不易寻觅。洗染业开店选址至关重要，顾客群体聚集处是洗衣店的最佳位置。然而由于受到相关法规对洗衣店所处位置的限制，大量社区的底商门面房不能开设洗衣店。相当多的投资者苦于找不到门面房而无法开店。

第三，营业用房租金居高不下，洗衣店房租负担太重。由于门面房不易寻觅，较好的商业用房自然租金很高。洗衣店的房租占了经营成本的大头，远远高于员工工资。洗衣业是劳动密集型行业，高房租直接影响了投资者的利润和员工工资。

第四，行业发展过快，技术骨干匮乏。洗衣业在改革开放的20几年中壮大了一百多倍，而原有技术骨干有限而且年龄渐大。由于工薪低、劳动繁重等原因，加上系统的技术培训不到位，新的技术骨干成长较为缓慢，高端技术人才甚缺。

第五，微利行业员工工薪低，人员流动频繁。由于洗染行业属于微利行业，员工工薪低，一些员工流向工薪较高的行业。骨干队伍难于巩固，形成员工频繁流动。

第六，行业投诉率较高，服务质量尚待提高。新型纺织纤维和各种新型面料整理技术层出不穷，服装服饰科技含量增加，而洗衣业的自身素质提高又面临种种困难。再加上服装行业不能准确把握相关技术，在服装标识上的标注缺乏科学依据，给洗衣业造成方方面面的艰难。因此洗衣业顾客投诉率较高，服务质量尚待提高。

第七，竞争无序，需要整合。改革开放后洗衣业快速发展时期，一些投资者获得成功，吸引更多的人转向洗衣业。由于急功近利，一些企业盲目降价竞争，伤害了洗衣行业的整体利益，不利于洗衣业的健康发展，需要全行业整合竞争秩序。

第八，设备水平低下，面临较大面积的更新。干洗机是洗衣店的主要设备，目前全国范围内开启式四氯乙烯干洗机所占比例仍然在60%～70%，开启式石油干洗机更是占有90%以上，与发达国家相比差距极大。

四、洗染行业连锁发展情况预测

随着洗染行业的快速发展，采用加盟连锁业态的洗衣品牌将继续增加，竞争会更加激烈；市场会进一步细分，洗衣行业内部也随之进行细分；随着洗染业规范程度的提高，洗染企业对相关职能部门的依赖程度会越来越高，行业协会的作用也会越来越明显，但全国以及地方行业协会进行的相关管理与控制刚刚起步，今后将会有一定效果，然而目前期望值不可过高；随着特许经营条例及洗染业管理办法的相继出台，洗染业将会更加健全和规范；鱼龙混杂的状况对于洗染行业来说，在短期内仍然会继续存在，但随着市场竞争的日益加剧，最终会通过优胜劣汰而使洗衣市场得到净化。

五、典型企业简介——上海象王洗衣

上海象王洗衣有限公司自1999年始，将国际先进的洗衣技术与洗衣理念从台湾地区带入祖国大陆，本着“打造百年洗衣品牌，对社会负责、对环境负责、对加盟商负责”的经营理念，在全国发展象王洗衣连锁事业。

上海象王洗衣有限公司在祖国大陆经过六年的全方位开拓发展，公司生产的象王洗涤系列设备及上百种原材料已销往世界各地。象王凭借领先的绿色环保干洗，独到的特殊污渍处理和独特的精洗麂皮、貂皮、裘皮技术以及为确保洗衣品质而独创的洗衣六大关卡赢得了市场。象王目前已获得“全国洗涤十佳企业”、“全国洗涤行业信誉AAA级单位”、第六届上海科技界标志产品、中国市场驰名品牌、“绿色环保信得过名优产品”、“绿色产品信得过优秀企业”等多项荣誉。

洗衣业的业态转型过程、行业技术与服务水平的提高，同样也凝聚了“象王”的一份贡献。象王洗衣连锁店不仅以其环保石油干洗、特殊污渍处理技术、皮革洗涤技术等技术优势立足，还推出了一系列特色服务，如“洗衣看得见”——透明作业方式、免费上门收送服务、高档衣物保值精洗、真空氮气包装等令消费者不仅洗得安心，还能穿得舒心；让顾客不仅能花钱得到专业的洗衣技术消费，还能得到温馨、实在的服务享受。

（兰 容）

美容业连锁经营分析

一、行业业态概述

中国美容行业由三个基础业态构成，分别是：(1) 化妆品及配套用品的生产和贸易，处在行业运转的上游，供应着行业发展的物质粮食；(2) 研究和教育，类似行业的心脏，研究和教育的水平到哪里，就限定行业可以发展到什么水平，这是必然的规律；(3) 美容店铺，处于行业大树的根基，保障整个行业的生存。三者各自独立又相互作用，展现了行业今天的欣欣向荣。

(一) 美容业市场发展状况及消费需求变化

《中国美容经济年度报告》指出，美容经济正在成为继房地产、汽车、电子通讯、旅游之后的“第五大消费热点”。据统计，截至2005年，中国的美容服务业直接就业者约达1120万人，美容就业机构总数近180万家，年营业收入近2000亿元，较2004年增长近20%。

1. 行业概况

(1) 经济属性方面以民营经济为主。在各种不同的经济类型中，民营经济所占比重最大，达到了87.13%，国有和外资企业所占比重很小。这一方面显示出美容行业作为投资规模小、经营灵活多样的特点，利于民营经济发挥所长；另一方面也透露了我国美容行业尚处于发展的前期，其他经济类型尤其是外资的渗透还远远没有达到成熟市场的程度。

(2) 经营形态以传统方式为主。在经营形态上，独立投资雇用专人经营的方式所占比例最大，达85.09%；合伙投资经营方式占10.7%；连锁、特许加盟等现代经营方式只占到总行业的4.2%。这些信息进一步印证了我国的美容行业尚存在很大的发展空间，尤其是国际美容行业的主流经营方式——连锁经营和直销商铺，在中国拓展市场的潜力还很大。

(3) 经营面积普遍缩小。中国美容业以单体店占绝大多数，以中小型店为主流，其比重达83.6%，开有一家以上分店者仅占16.4%。50平方米以下的小美容店占总量的65.04%，50～100平方米的中小型美容店占总量的24.12%，100平方米以上的大型美容店仅占美容店总量的10.84%。最近五年的新开店数占总数的78%。

(4) 经营场所以租赁为主。从全国来看，美容店经营场所的使用方式以租赁为主，所占比重高达89.7%；自有房产和自己买房合计占9.5%。中国每家美容店平均年租金水平为2.50万元。经营场所的这种经营特点是与我国美容店普遍规模较小直接相联系的。

2. 经营现状分析

中国美容业总的经营效益较好。从被调查的美容店来看，2001年49.6%的店盈利，

38.6%持平，只有10.6%亏损，表明该行业总的经营状况尚好。但2003年以后，这一状况正在发生变化，亏损的美容院逐步占比达到30%以上。

与餐饮、娱乐、保健等第三产业相比，美容业处于中等稍好水平。从被调查的四城市（北京、上海、广州、成都）看，美容店的经营者普遍认为，他们同餐饮、娱乐、保健等第三产业相比，经营状况处于中等稍好水平，既没有明显优势，也没有明显劣势。

3. 就业现状分析

美容业从业人员高达1120万人。中国美容业近6年发展迅速，1996年从事美容业的人员仅为现在的1/4。这1120万从业者遍布于中国各地的154.2万家美容机构，85%的美容机构为个人所有。

中国美容业是一个二元结构的就业市场，来自本地的就业人员和来自外地的就业人员几乎各占一半。在许多大中城市，美容业已成为继餐饮、娱乐等服务行业之后吸纳外来务工人员的重要行业。

中国美容业是一个青春行业。就业人员平均年龄为25.5岁，其中，一级城市为24.6岁，二级城市为24.43岁，三级城市为25.92岁，县级市为25.25岁。

中国美容业就业人员接受教育程度略显偏低。其中，初中及初中以下占38.07%，高中/中专占50.2%，大专以上仅占11.7%。这种教育程度的结构特征与上面提到的“青春饭”的特征密切相关，大部分就业人员在完成初、高中学业之后就进入美容业就业。并且该行业的人均就业时间很短，仅为4.8年。这也造成了美容业从业者尤其是技术性较差的岗位人员流动性较大的现象。

中国美容业是一个女性就业人员占优势的产业。调查显示，美容业男女性别比为23.6:76.4。这是与美容行业的顾客多为女性以及该行业的传统有关的。但同时需要提起注意的是，在美容行业，管理人员及比较高级的技术工作岗位，男性就业人员并不占劣势，而女性往往只从事一些技术含量较低的工作。

通过上述调查显示，中国美容业现在正处于市场发展的较快增长期，是一个完全竞争的成长型产业。仅最近五年的新开店数就占了总数的78%。美容业无论是在GDP中所占比重，还是在第三产业中所占比重以及就业人数在第三产业中所占比重均呈增长态势。美容业的这种快速发展态势表明：该产业属于朝阳产业。美容业是投入少、进入门槛低、民营资本占绝对优势的新兴服务产业，也是典型的青春产业，是吸纳新生劳动力就业和失业人员再就业的最有力的就业门路。

4. 居民消费现状概览

自美容业发展的二十余年来，我国居民的消费与经济增长同步发展。以目前全国150余万家专业美容机构的市场规模，按平均每家美容院拥有100名女性顾客计算，则至少有1.5亿人在美容院接受专业美容护理。每人年均花在美容方面的消费按1000元计算，则有1500亿元的消费空间。

通过一项对美容院的调查得知，在以包卡消费的模式中，某美容院推出的白金钻石卡价格高达万元左右，一般普通会员年卡也达千元以上。在以省会城市为中心的一线城市中，大部分美容院的固定顾客以包卡消费为主，年最低消费金额达1000元以上，如加上平时购买产品计算，每位顾客年消费金额至少有2000元左右。这还不包括如美体类等特殊护理项目的消费。

经济的持续发展有效地促进了消费力的加强，与此同时，随着生活质量的不断提高，普通顾客对美容的认识越来越深刻，而对美容消费的需求也越来越强烈。正是美容消费的持续增长，带动了美容产业20余年来的蓬勃发展。

5. 美甲事业蓬勃发展

更多的女性越来越关注自我形象的完善。如何在人群中与众不同，于细节处举手投足间体现自己的女性魅力，这是挑战也是创新。目前美甲业在北京、上海、广州、福建等地如雨后春笋般蓬勃发展，专业美甲店发展到20~30家左右，各大美容院、各大商场也都有美甲业务，而且经营状况都很不错，具有用人少、市场大、投资小，利润空间大，技术易掌握、回报快的特点，因此被广大爱美女士和投资者所青睐，特别适合下岗职工和再就业人员。从国际市场来看，美国、日本等国家的美甲行业已发展得相当成熟，前不久在日本举办的一场国际美甲大赛中，参赛选手达2000人之多，足以见得该行业在日本的发展势头，同时这对我们国内的行业发展也将是一种带动。由于美甲服务需求的不断升温，不但拉动了各种美甲设备及产品市场，大批优秀的美甲师、美甲培训师、专业的经营管理人员也将成为市场亟需人才。

6. “个人形象设计顾问”大行其道

随着社会发展的不断进步及不同的职场需求，人们已不再满足于简单的穿衣打扮，而是有了更高层面的审美要求。私人请形象设计师在国外已相当普遍，而在国内的北京、上海、广州等地也逐渐走俏。

对人的整体形象进行塑造的“形象设计师”已经正式成为我国社会中的新职业。据业内人士分析，国内的形象设计师在近几年发展很快，已逐步进入日常生活中，受到更多人的青睐，具有相当大的市场需求潜力。

中美协已经举办了两届整体形象设计大赛，目的是想将形象顾问这个行业迅速融入美容美发行业中来，为美容美发行业百万美发美容师承担起个人形象顾问这个造福百姓的职业做了很好的铺垫。

7. 男士美容市场渐成气候

上世纪90年代初期美容院刚刚兴起的时候，还没有出现男士美容；到了90年代中期，开始有男士去美容店做美容，到了现在，男士对美容的需求明显提高，在北京、上海、大连等一些经济发达的城市相继出现了男士美容院，在一些女子美容店里也开辟了男士美容区。从近两年推出的越来越多的男士护肤品来看，男士对美容的需求也是越来越高。

另外，目前市场上男性杂志的逐渐多样化以及报纸杂志专门针对男性的专栏的增多，从这个角度也促进了男性美容市场的升温。

8.SPA风热吹中国美容业

在全球SPA风潮的影响下，SPA馆在中国的发展速度是极快的，仅两三年时间，以SPA为主要服务项目的美容院在中国的大江南北就如雨后春笋般大量涌现，在首都北京，大大小小不同规模的SPA美容院已超过数百家。

现今的SPA馆的规模大小不一，有占地面积达上千平方米的大型综合会所，也有二三百平方米的温馨小店。每个店都有各自较为突出的特点，装修上大多注意营造自然清新、典雅幽静的氛围。

在服务项目的设置上也具有极大的多样性，内容丰富而全面，讲究个性化服务。会员制是北京SPA普遍采取的消费方式，而且非常注意照顾消费者的私隐空间。顾客多为成功女性、白领丽人、企业老板、名人明星等，价位通常处于中高档水平。

在美容方式上，有的将健身和SPA有机地结合在一起，不仅对美容市场，而且对健身市场都是不小的推动。

（二）竞争格局分析

1. 我国美容行业竞争格局分析

（1）在美容院业态中，绝大多数的美容院经营还将以产品销售和服务并重，但随着消费者对美容消费的认识加深，服务越来越被重视，以服务项目整体销售为主越来越成为经营者的共识。

（2）美容个体经营者在营销方式上更加主动和多样，以适应日益激烈的市场竞争。坐等顾客上门的被动做法现在早已经很难维持生意，街道上林立的美容店开始主动接近自己的目标顾客和老顾客，用各种手段请顾客上门光顾，同时也增强了宣传的投入和与顾客感情沟通的投入，例如节日里进行的亲客活动、日常联络、礼品馈赠等。

（3）国家有关部门对美容行业的管理和规范的加强，促使行业从业者提升自身的经营素质。《美容美发管理暂行办法》从经营范围到经营必须具备的资格以及卫生条件要求都有了新的规定，随着检查监督的执行，美容机构必须改变以前局部存在的经营项目混乱、环境脏乱差的现象，给自身先做一次“美容”。直销法律法规对广大的美容行业企业提供了新的合法的营销方式，但目前可以适应新法规要求开展直销的企业很少，只有诚信经营做大做强才有新的开拓市场的资格和机会。这样的观念必然被更多的美容化妆品企业接受。

（4）经营特色成为美容院竞争和生存的要点。特色就是“与众不同”，就是差异性。但目前绝大多数美容院不懂得特色经营，习惯跟着市场走。创建特色美容院的策略：①突出自己的经营特点；②保证产品品质；③服务项目的独特性、超前性、新颖性；④独创的专有技术；⑤制定独特的促销赠送方案；⑥个性化的服务方式；⑦有特点的装修风格；⑧引进新型的实用管理技术和设备；⑨塑造美容师专业形象，强化员工的主人翁意识和礼仪训练，激励美容师发挥自己的潜能。

2. 美容连锁经营的发展趋势

随着美容消费市场的繁荣，美容行业连锁经营近几年发展相当迅速，特许加盟连锁和直营连锁企业都在行业里有了较快速的发展，已经成为美容行业的半壁江山。美容行业媒体和行业协会组织相当重视和关注美容行业里的连锁经营企业，毕竟只有连锁经营才能有大规模的企业和较大的市场影响力。

随着美容市场的深度发展和行业竞争的激烈，未来一两年连锁经营的美容市场将呈现以下一些特点和发展趋势：

（1）已经成熟的连锁品牌继续快速扩张市场，逐步形成一定的市场统治力。前几年加盟连锁的品牌多如雨后春笋，层出不穷，但随着市场成熟和竞争的结果，少数一批真正有影响力和市场生命力的品牌正在成熟，并已经显示出对市场的统治力。其中大部分是具有良好美容专业资历和经营管理能力的连锁品牌。

(2) 直营连锁美容企业以其紧密型管理的凝聚力继续发展壮大，显示出其持久的生命力。近几年，一些优秀的美容企业在美容店经营中积累了丰富的经验，并且以直营分店的形式扩张连锁事业，随着美容市场消费的增长而快速发展壮大起来，成为了地区性或者全国性的知名品牌。这些企业实力不凡，具备了较强的抵御市场竞争的能力，因而可以得到长足的发展。

(3) 一批具有知名度的国际品牌陆续进入专业美容市场，并以其强大的实力进行连锁经营，必将加剧市场的竞争态势。专业美容市场空间不断扩大，产值不断提升，随着WTO有关产业和投资的开放程度加大，国际性的美容化妆品企业将更多地进入国内美容市场，以其固有的技术、资金和管理优势拓展连锁经营业务，这样也必将给美容连锁经营带来新的理念。

综上所述，美容行业的特许连锁经营虽然代表未来行业的方向，但是目前的特许连锁企业客观上对人、财、物管理及商流、物流、信息流的调控还在摸索当中。美容行业的特许连锁经营还有待进一步的完善，以适应快速发展的行业店铺经营者的实际需求。

二、行业内典型企业情况

（一）柔婷集团

柔婷集团是集科研、生产、销售、服务、娱乐为一体大型美容化妆品集团公司，拥有与国际接轨的企业制度、技术研发中心和现代化工厂。目前在上海、北京、天津、重庆、四川、云南、山东、江苏、浙江、广西、贵州、广东等三十多座大中型城市的2000多家商场、购物中心建立了近3000家标准化国际美容美体专业店，开发和销售11大系列400多种产品，拥有近百万名忠诚的顾客，年销售额直逼位居世界排名领先的同行。一直以来，柔婷集团以“优质的产品，一流的服务，让顾客满意”为宗旨，提倡“柔性服务，口碑相传”的经营理念。2005年12月，耗资2000万元打造的柔婷SPA水疗尊贵会所在蓉城闪亮登场。这是柔婷集团在国内打造的第一个高档大型SPA水疗尊贵会所。

（二）自然美集团

自然美国际事业集团20多年前由蔡燕萍女士创办，为香港主板上市公司，亦是世界最庞大的SPA护肤品牌。自然美致力于使顾客、学员及加盟者学习自然美容术及使用自然美产品及服务。集团拥有完整的教育训练及美容考证机构，集团以研发、生产、行销、通路、培训、技导、物流的垂直整合，采取前面是卖场、后面是SPA的前店后院式的创新复合式经营，是最新型态的美容连锁。

（刘泽琴）

家装连锁经营分析

一、行业概述

随着我国“十一五”计划的全面实施和市场经济体制的完善，随着国民经济持续、稳定、快速增长，家装行业保持着快速发展的态势，并且逐步向整个家居产业链延伸，涉及的范围更加广泛。据不完全统计，2004 年建筑装饰行业企业约 25 万家，从业人员达到 1500 多万人，产值 8800 多亿元；其中家装企业近 20 余万家，占行业企业总数的 80%，从业人员近 900 万人，其中室内设计人员 30 万人，施工技术及管理人员约 70 万人，家装业工程产值约 5700 亿元。

表 1　　家装行业近年发展情况

	2000 年	2001 年	2002 年	2003 年	2004 年	年均增长
总产值（亿元）	2300	3300	3830	4800	5700	25.47%

据世界银行的统计，人均国民收入达到 1000 美元是城镇化的“起飞点”，人均国民收入在 800 ~ 3000 美元同时也是住房消费的旺盛期。“十一五”期间，我国人均国民收入将在 1400 ~ 1900 美元，正是消费结构升级阶段，将为住宅装饰装修市场带来巨大的需求。随着人民生活水平的提高，房地产业、建材、建筑业包括相关产业的发展，预计 2010 年装饰装修产业将达到 28000 亿元，其中住宅装饰装修可达 19000 多亿元。

随着外资企业的大量进入，以及国内装饰装修市场准入条件的放宽，市场的竞争将更加激烈。家装行业的发展将呈现新的态势，家装企业生存环境发生了变化，需要企业在变革中创新。

家居产业链整合是大势所趋，但目前绝大多数家装家居企业的整合都处在混乱的初级状态，短期行为严重，以品牌拼凑、OEM 贴牌生产为主，还没有形成相对完整的自有品牌体系。“整合是死，不整合也是死”，意味着对家居企业的考验、挑战与机遇，只有打造企业自身坚实的系统竞争优势，才能迎接挑战，成为行业新变局中的佼佼者。

家装业既是生产又是服务，2005 - 2006 年家装服务业向家居制造业渗透，逐步形成产品整合的完整家居服务模式，产业化、TV 化、规范化已成为行业发展的必然趋势。

面对新的发展环境，优势企业的发展方向只有做强做大，将产品和服务“品牌化”，充分整合行业内部资源，才能提升行业整体竞争力。

表2　　2005年家装行业企业销售排行

销售额排序	企业名称	年销售额（万元）	店铺数
1	北京东易日盛装饰有限责任公司	107000	136
2	北京龙发建筑装饰工程有限公司	78000	48
3	北京业之峰装饰有限公司	60000	240
4	深圳市居众装饰设计工程有限公司	5000	50
5	北京轻舟世纪建筑装饰工程有限公司	35000	72
6	北京元洲装饰有限责任公司	7900	76

二、家装业典型企业情况

（一）北京东易日盛装饰有限责任公司

“东易日盛”创建于1996年，经过十年的发展，在中国家居产业已形成规模化、专业化、品牌化、集团化、产业化的绝对领先优势。东易日盛集团以“做今日名牌，创百年企业”为宗旨，以东易日盛品牌为平台，以家居产业链为主线，立足在中高端家居装饰设计与施工、材料和家具及配饰供应、房地产楼盘精装修设计、全国性特许经营品牌发展、行业专业研究分析等多个方向，对相关产业领域进行深度家居集成和资源优化整合，构建起中国最具竞争力的装饰产业和品牌梯队，形成齐发并举的战略体系和格局。

“东易日盛”融合东方传统文化和国际家居时尚，以全新的“人居合一”的居住理念和室内环境艺术设计为宗旨，为中国消费者创造出美好、时尚而具品味的生活方式。“东易日盛”正成为中国高品质家居文化的倡导者，令厚积数千年的中国家居文明重新焕发炫目光彩。

“东易日盛”凭借高度专业化、规模效益化、企业制度化的成功商业模式，被视为中国家居行业的杰出典范。2004年起，东易日盛作为家装行业惟一代表连续蝉联“中国500最具价值品牌”、“中国优秀特许品牌十强”、“中国建筑装饰行业百强企业”荣誉称号，品牌价值评估为11.1亿元。2005年，“东易日盛”被认定为“北京市著名商标”，这是国家工商管理政府部门为保护著名品牌权益，首次在全国家装行业审核并认定出的第一个著名商标。

作为行业的开拓者，“东易日盛”创造的众多服务规则、客户满意度标准以及相应的技术、设计方面的创新性举措，已成为装饰行业规范发展的参考标准。2004年，由中国建筑装修装饰协会组织拍摄的国家标准《住宅装饰装修工程规范》实录演示是根据建设部、国家质监总局联合发布的国家标准为蓝本，东易日盛作为行业杰出代表被选为惟一实录示范单位，进行装修施工全过程演示。

“东易日盛”已在中国20个城市成立全资服务机构，在41个城市授权成立特许加盟服务机构，品牌影响力辐射全国大江南北。“东易日盛”更借助多家行业系统专业成员，形成了广布全国的家居产业服务网络。目前，东易日盛在全国拥有千余人的专业设计师等服务人员、逾万余名固定施工人员规模，凭借先进的管理模式、杰出的设计团队、严格的质量控制体系和卓越的企业文化，已成为行业内的“标杆企业”，赢得了消费者的信赖、行业企业的尊敬和政府的支持和鼓励，被媒体称誉为“中国装饰行业的一道厚重的承重墙”。

“东易日盛”正朝着成为中国家居产业领导者的战略目标不断前进。

2. 北京龙发建筑装饰工程有限公司

北京龙发建筑装饰工程有限公司创立于1995年，多年以来持续稳定发展，目前已成为业内享有较高美誉的大型装饰企业。龙发装饰总部坐落在北京，目前的产业项目涵盖装饰设计施工、商贸、家具、厨柜制造、物流等在内的近十个门类。目前，龙发公司在中国的华北、东北、华南、华东、西南和西北地区等多个省市和地区分别建立了分公司，家装服务辐射全国。作为北京装饰行业的龙头企业，龙发公司始终坚持以市场为导向，经济规模和整体实力日益增强。龙发公司凭借雄厚的企业实力、优质的施工服务和良好的社会信誉，被建设部中国建筑装饰协会授予“全国装饰行业优秀标兵企业”荣誉称号，并成为行业内首家“消费者满意单位”、“售后服务信得过企业”，并先后被北京市建筑装饰协会、北京室内装饰协会授予“执行国家新标准、创建环保健康室内环境倡议活动”奖、“百家质量信得过企业”、“诚信、服务满意单位”等荣誉称号。

3. 北京业之峰装饰有限公司

北京业之峰装饰公司是业内发展迅猛的龙头企业之一，重点以家装业务为主，集家装、工装于一身，具备国家设计及施工双乙级资质，同时兼营装饰与生活网站、金融、建筑材料及房地产相关业务。公司自1997年组建以来，通过建立、完善现代企业制度，积极探索市场经济尤其是家装行业发展规律，由一家地域性公司迅速成长为有全国性影响的，由北京、石家庄、大连、郑州、成都、青岛、济南、太原、南京、天津、沈阳、西安、武汉、重庆、哈尔滨、合肥、厦门、长沙、杭州、贵阳、南昌、宁波、乌鲁木齐、兰州等数十家分公司和数十家特许加盟公司作为战略支撑的集团性企业。

集团现拥有正式员工约2000人，技术工人12000余人。作为一家以装饰服务成长起来的专业性公司，“业之峰”拥有一支逾700人的设计师队伍和上百支训练有素、质量过硬的工程队伍，在业内享有很好的口碑和用户知名度，连年被北京市装饰协会和中国装饰协会评为“优秀装饰企业”、“优秀家装公司”。“业之峰”一直将设计水平和工程质量及售后服务视为体现公司实力和塑造企业口碑的大事来抓，广泛吸纳海内外不同风格高水平的设计师加盟企业，公司还通过多方位的系统培训全面提升设计师、监理及工程人员的服务水平。与此同时，“业之峰”大力与其他行业的管理、市场、金融专家以及顾问、培训机构合作，通过坚实的内功修炼，逐步向专业化、规模化与国际化迈进。

随着中国加入WTO，国内装饰领域的竞争也日趋激烈，业之峰继续坚持其“始终以市场为导向，诚信为本，强化企业内部管理，积极向外发展”的市场策略；坚持不断提高质量标准，为客户提供高水平的个性化服务；保持自己始终处于行业的领先位置，积极引导国内家装潮流、主导行业时尚，并力争通过不断的创新和发展为人们带来更加优美的居室和工作空间。

三、规范行业发展的相关法律体系

以国家建筑业法律法规为依据，以《建设工程质量管理条例》、《建设项目安全生产管理条例》、《物业管理条例》等法律，《住宅装饰装修管理条例》、《建筑施工企业安全生产许可证管理条例》等法规，以及《建筑装饰装修工程质量管理验收规范》、《住宅装饰装修施工规范》、《民用建筑工程污染控制规范》等规范为基础，以市场准入标准和技术标准为主要内容的法律法规体系正在形成，为规范装饰装修市场秩序、促进行业持续快速发展奠定了基础。

《商业特许经营管理条例》确立了我国特许经营的管理体制，明确特许经营双方的资质条件，对特许经营行为进行了具体规范，将为家装特许经营的规范化与合理化发展创造良好的环境。

四、家装行业发展热点及核心问题

（一）家装连锁发展特点

家装企业的加盟拓展从系统初建时的重规模、重速度逐步转向提升现有特许系统成员的经营管理质量，打造一体化的品牌竞争力。行业内发展较快的家装特许企业对加盟商的管理也从单纯的理念复制转向帮助加盟企业深挖内功、加强内部管理、提高服务和工程质量，将无形的服务和施工标准落到实处，实现从环保材料的统一配送到服务流程、施工工艺的标准化统一。行业内一些优秀的家装企业普遍意识到只有整体提升连锁系统的经营水平与管理素质，才能充分代表总部的品牌形象，注重企业自身内部的稳健发展与基础的进一步夯实，对连锁企业的培训、督导支持等更加专业与系统化。

（二）家装连锁发展瓶颈与问题

1. 标准化瓶颈

服务质量、施工工艺标准、渠道终端仍存在不规范的现象。

2. 加盟商管理问题

加盟商缺乏诚信导致的材料环保问题、工艺不规范等问题仍在一定范围内存在。

3. 人才问题

开设分支机构对于企业的人力资源是一个挑战，对于家装行业企业而言也不例外。一些分支机构人才匮乏极其严重，当地人才市场所提供的人力资源很难达到企业所要求的人才高度。

从整个行业来看，市场从有形到无形，从小到大，从不是很规范到现在的比较规范，正朝着健康、规范、有序、可持续发展的良性循环的方向努力，尽管现在还存在着各种各样的问题，比方说多头管理和有些省市管理不规范的问题，无序竞争的问题，很多市场还没有建立起来的问题，发展不平衡的问题等等，但通过集团总部系统管理水平的提升，通过投资人、加盟商的积极配合，通过政府、协会和社会各界的支持协助，家装连锁经营体系将会不断的成熟与规范。

（三）家装连锁发展趋势

家装企业的区域授权模式与运营模式更为成熟与相对稳定，全国网络的拓展将从长远战略发展考虑而不是单纯的遍地开花；家装企业自身连锁体系的完善建设、无形服务的标准化、渠道管理职能的侧重是2005－2006年家装连锁经营的重点。

家居产业的整合，给家装特许企业带来了更大的网络发展平台与发展前景，家装连锁模式向家居连锁模式的过渡将是未来家装特许经营的发展趋势。新的连锁模式需要在实践中逐步发展与成熟。伴随家装特许企业总部产业链整合的趋势，部分经营稳定的优秀直营公司与加盟公司在总部的战略指导下，也开始由以家装为主的业务模式向以家居整合为中心的全新业务模式过渡。

（张　平　陈　实）

汽车维护与修理连锁经营分析

一、行业发展总体概况

据中国汽车工业协会专家介绍，2005年，仅汽车用品行业产值就可达到420亿元，维修行业产值达400亿元。就目前情况看，我国的汽车维修业还属于起步阶段，离世界水平还有相当大的差距。统计表明，目前国内仅汽车维修正式在册的企业就已达30万家，汽车用品及服务方面，仅经营汽车美容的企业就有9000家左右。与跨国企业相比，国内企业服务单一，规模有限，企业素质不高，恶性竞争，秩序混乱，市场机制和服务体系不完善。尽管中国汽车后市场还处于起步阶段，有业内专家分析，中国本土汽车维修企业在建立网络渠道、了解消费习惯、推广服务文化等方面具有先天优势，外资的国际标准化服务体系进入中国，也需要一个适应本地水土的过程。

（一）国内汽车维修连锁品牌效应逐渐凸显

在上海、深圳、北京、沈阳等大中城市，一批装修统一、颜色醒目、标识新颖的汽车连锁快修店悄然出现在社区、街道等居民、商业聚集区，成为汽修业一道新的风景。在全国范围开展连锁经营的较有实力的企业有中车汽修、新焦点等。中车汽修是目前国内最大的汽修连锁企业，总资产120多亿元，在全国22个城市拥有60多家下属企业，控股一家上市公司，在国内建有200多家汽修连锁店，其中在北京有直营店60多家。上海新焦点有230家连锁店，其中直营店30家，加盟店200家。2005年2月28日，新焦点在香港联交所挂牌（0360. HK），融资近1亿港元，成为内地首家在香港主板上市的主营汽车后市场业务的公司。新焦点已经在上海家乐福超市开设连锁店5家，包括汽车精品专卖店与汽车美容店，前者设在家乐福大卖场，后者设在家乐福停车场。上海新奇特、美车饰、车居佳等维修连锁企业也在不断发展。即使与4S品牌店相比，这些快修网点的维修质量也并不逊色，而由于运营成本低，这些快修点的价格可比4S店便宜20%左右，具有更多价格优势。四川置信精典已拥有26家汽车维修店（包括上海大众4S站、一汽大众4S站、三菱猎豹4S站及德国博世四川维修中心店）。元征科技经营范围也从单一的汽保设备生产销售扩大到汽车维修领域，主要经营内容包括汽车美容、养护、快修及汽车精品销售。长城润滑油汽车养护中心目前已在北京有11家直营店。苏友拥有快修连锁店18家，苏友美容装潢店4家。广州新干线成立于1994年，历经12年的发展，目前旗下有10多家直营分支机构，分布在广州各城区。爱义行的连锁店已经扩展到17家，在全国范围内已经授权了7家特许加盟店。“皇菠萝”一站式汽车服务店已经向广州以外地区如深圳、湛江、浙江等地发展，到2005年年底，“皇菠萝”一站式汽车服务店达15家，其中加盟店8家。

（二）国际实力较强的汽车维修连锁企业不断进入中国

近年来，国外著名汽车服务商，如美国AC德科、日本澳德巴克斯和黄帽子、德国博世等，纷纷抢滩北京、上海、广州、杭州、成都等国内大中城市汽车快修市场，其竞争战略都聚焦于新兴的快修连锁业态。德国博世在全国建立连锁店360家。通用AC德科在全国20个重点城市建立快修连锁店100多家。黄帽子进入中国大陆近3年，目前开设有4家店铺，分布在上海、北京、大连及济南市。2005年进入中国的全球有实力的汽修连锁企业有美国的胜牌和韩国的SKNetworks公司，这两家企业只是试探性地在中国开展连锁经营。亚什兰胜牌中国首家店于2005年6月在上海开业。在亚洲，胜牌快修店目前仅此一家。胜牌国际大中华区总裁辛善名说这是胜牌中国战略的第一步。胜牌快保连锁店是美国第二大快保连锁商，服务于全球140多个国家，在全球有800多家快保中心，同时也是世界高品质汽车产品、工业产品的主要生产商、供应商和服务商。2005年9月27日，全球500强中第446位的SKNetworks公司称，已在中国成立合资公司及“SpeedMate”汽车服务品牌的第一家连锁店，从而正式进军中国汽车后市场。SKNetworks公司是韩国第三大集团韩国SK（鲜京）集团旗下的贸易和石油分销子公司，年销售额140亿美元左右。“SpeedMate”是SKNetworks旗下汽车服务品牌，以汽车维修业以及紧急救援拖车（ERS）为主营业务，兼营汽车用品销售等汽车相关服务。SKNetworks公司近5年来年营业额增长达10倍以上，以360家连锁店、100多亿元的营业额成为韩国仅次于现代、起亚、大宇之后第四大的汽车后服务品牌。

（三）各地加大对汽车维修连锁企业扶持力度

各地纷纷加大了对快修连锁的扶持力度。如上海和浙江先后出台了《上海市汽车快修站开业条件》和《浙江省汽车快修（连锁）业户经营条件》，积极引导企业走专业化连锁经营道路。浙江省的规划目标是在2007年之前发展两到三家快修连锁品牌，1000个左右的快修连锁店，以这样的布局来提高维修企业的品牌化和集中化。

（四）轮胎零售店向汽车维修连锁店发展

近年来，固特异、米其林、普利司通纷纷将其轮胎零售店从单一的轮胎服务提升到可以提供汽车装饰、汽车保养、汽车检测、其他类损耗品更换等综合性服务。固特异中国区销售副总经理孟宪光在接受《民营经济报》记者专访时也承认，因为考虑到消费者的需要，所以必须从单一的轮胎服务向综合性服务靠拢。因此在固特异之前，普利司通和米其林的高档形象店——“驰加店”和“车之翼”就都已经实行这一服务模式。在过去短短一年时间里，米其林发展了100家“驰加店”。到目前为止，米其林的“驰加店”已经超过200家，普利司通的“车之翼”近100家。

二、行业发展特点

（一）积极开展特许加盟连锁

德国博世、美国AC德科、黄帽子、百援嘉华、3M、驰耐普、车爵仕、百援特福莱、长城润滑油汽车养护中心、皇菠萝、非常城市汽车、车酷、新车居等公司积极开展特许业务，德国博世360家连锁店全部为加盟店，黄帽子、百援嘉华、爱义行、长城等多家连锁服务品牌参加有关展览会，发展加盟店。在长城润滑油汽车养护中心的展台，“特邀加盟”的广告牌非常惹眼。日本著名的汽车用品连锁品牌黄帽子计划到2008年在上海及周边地区开出29家连锁店，其中直营店的比例不到三分之一。深圳的九九汽车服务连锁公司有300多家汽车维修连锁店，但直营店只有2家。

（二）部分企业以直营连锁为主

SKNetworks、中车汽修、新干线、爱义行、月福等企业发展加盟店速度较慢，甚至以直营店为主。这与目前许多外资汽车服务品牌以加盟为主的市场战略大相径庭，也与国内企业百援、驰耐普、凯萨朗快速发展加盟店风格不同。

“SKNetworks”公司目前在韩国拥有360多家SpeedMate连锁店，其中80%左右为直营店。1999年前SpeedMate品牌连锁店90%为加盟店。然而受加盟店难以管理的拖累，1993年创立的SpeedMate品牌，尽管最多发展到800余家连锁店，数量是现在的两倍，和在韩国汽车服务市场居第二位的起亚汽车目前的数量相近，却一直无法实现盈利。此后，SKNetworks公司推倒重来，取消了几乎全部连锁店的品牌授权，大力发展以直营店为核心的网络体系建设。SpeedMate品牌的连锁店数目从1999年的仅有3个迅速发展到目前的360多个，并迅速实现了盈利，2001年单店销售额高居韩国市场第一，是当时市场平均水平的两倍以上。直营店模式也将在SKNetworks公司的中国汽车后服务市场战略中扮演主要角色。

中车汽修保持连锁店数量的稳定，谨慎发展加盟店，2005年重点抓了配送体系的完善，首先抓了合格供应商选择认定，确保配件来源正宗、可靠，价格相对低廉，体现连锁化集中规模采购的经济效益。其次完善了配件供需信息传递系统建设，使中车汽修的配件配送率在我国汽车品系复杂、种类繁多的情况下达到了43%。中车集团是我国最大的国有轮胎企业，中车汽修连锁店经销中车集团“黄海”、“双喜”等轮胎及中车集团汽车零部件企业生产的上千种系列产品。中车汽修的赢利模式为树立品牌，发展直营店，控制加盟店数量，以直营店为营销平台，为车主提供全方位服务，销售中车集团下属30多家企业的产品。

新干线总裁叶青介绍说，“新干线整合资源，淘汰不适合市场发展的门店，现在的门店只有12家，虽然数目上没有以前多，但我们讲究企业创业的盈利，‘干一个稳固一个’，不在于‘多’而在于‘强’。”

爱义行总裁邢爱义介绍，爱义行不像其他连锁企业，通过自主产品，赚取加盟商利润。爱义行是通过输出品牌及服务模式，扩大经营实力，类似家电业的“苏宁”、“国美”

模式。

在我国，汽车美容装饰、快修业刚刚起步，并将快速发展，在“淘金时代”要想站稳脚跟，关键是要意识到“做生意最重要的是赚取人心”。

（三）行业利润并非高得惊人

一些媒体夸大了汽车维修行业的投资回报，误导了大量的投资者，致使大量非行业资金进入，导致整个行业投资过热，而真正在做品牌的不多。重庆汽车服务业商会秘书长郭仁山指出：“汽车美容连锁的疯狂扩张正隐藏着深刻的危机。我市的汽车美容业尚需规范经营，尤其是一些所谓的美容连锁店，更是暗藏了种种针对投资者的陷阱，投资者在入行时一定要慎重。”重庆凯萨朗总经理李明表示：“现在的很多投资者在货品渠道、操作技能、日常管理、经营发展、抗风险能力等方面显得经验不足。一旦开始经营，就会处处陷入被动，这也导致目前市场上汽车美容店大多数面临着亏损的窘境，所以我们每天几乎都可看到有汽车美容店的转让广告。”AC 德科在浙江的发展商承认，目前发展的 6 家加盟店中，只有 2 家盈利。湖南省汽车用品行业商会会长魏武介绍，湖南省目前拥有汽车美容、养护门店 2000 多户，从业人员达 4 万多人，年营业收入达 3 亿元，每个门店年均营业额仅 15 万元。不少门店只能硬挺死撑着。

（四）走向规范的双重动力

2005 年 8 月 6 日，德国博世汽车专业维修网络在广东的 40 多家成员聚在了一起，在珠三角地区开启了一项针对汽修行业不规范行为的自驾车宣传活动。在活动中，各参与企业不仅大揭汽修行业“小题大做、以次充好、偷梁换柱、趁机‘揩油’”等潜规则，还向消费者做出了“诚信经营”的承诺，并向汽修业同行发出“自律、诚信”的号召。这次活动发起的一个背景是，从 2005 年 8 月 1 日开始，由交通部颁发的《机动车维修管理规定》正式实施。在这个管理规定中，对汽修行业长期存在的乱收工时费、材料费等不规范行为做出了较为明确的规定。全球 500 强企业 3M 公司在上海宣布，在其旗下的 3M 汽车美容授权施工中心启动 3M 汽车防爆隔热膜电子认证系统，以保护消费者权益。如果说政策层面的规定出台，重在保护消费者的利益；那么，企业发起活动讲诚信、树品牌，更主要的考虑显然还是自身利益。

三、行业发展瓶颈与问题

（一）扩张过快但缺乏成熟的盈利模式

我国的汽修连锁服务还处于成长初期，还很不成熟，许多品牌还处于探索阶段，网络建设的规范化程度、稳定性不高，连锁总部的管理、控制、支持、服务能力不强，貌合神离、连而不锁，有些企业不顾一切地抢占地盘，很多品牌还是在跑马圈地之中，终端客户群尚没有得到细分。他们以为只要占领了地盘就占据了市场，实际上消费者不会受商家的左右，他们有自己的辨别能力。扩张速度过快的企业应该放慢发展加盟店速度，着手打造连锁品牌，练内功，否则只能是大起大落，加盟店因效益不好而关门，最终殃及品牌形象甚至连锁体系崩溃。

(二) 部分企业以圈钱为目的

一些不法公司假借特许经营名义，利用媒体广告、不规范的特许加盟展会进行招募加盟，而其总部既没有成熟的盈利模式，又没有支持加盟店经营的体系，只有一个充满诱惑的概念和一份漂亮的招商手册。不成熟的市场和不规范的行业给有些人带来可乘之机。例如某些高喊“零费用加盟、进货零付款、返还装修费、无忧退换货”等优惠政策的汽车美容连锁机构，曾被业内人士指称为使用迷惑手段“圈钱”。还有一些连锁机构的加盟费中包含大量的品牌使用费、商标授权费、培训费、企划费、服务费等等，但提供的货品却很少，统一配货的价格也高得离谱，还有一些所谓的“洋品牌”、“洋连锁”也不过是披着假“洋外衣”的国内注册机构。据中国经营报记者了解，“一些企业在资金、技术、人才等各方面都没有搞连锁的实力，更没有一套可以行之有效的连锁店管理标准，可他们也搞快修连锁。”一位业内人士对此表示：“他们搞快修连锁的目的就是为了圈钱。”除了一两家形象店外，这些以圈钱为目的的企业一般很少建直营店。推出一个牌子，把品牌标识和装修风格统一一下，便开始寻找加盟店。这样的快修连锁企业，既没有严格的技术培训，也不对加盟店认真进行管理，更不会有统一的采购和配送体系，为的就是收取加盟费。而一些“路边店”为了迷惑顾客，借个牌子仍搞不规范操作，也乐意花点儿钱找这样的快修连锁企业加盟。

(三) 存在水土不服现象

汽车维修是一个慢热型的产业，许多消费者选择企业相对比较谨慎保守，不少老客户的忠诚度非常高。这对于新开出的快修连锁店显然是不利的。一些正准备在中国大干一场的外资品牌也碰上了水土不服的麻烦。上世纪90年代，美国最大的汽配连锁企业NAPA就已进入中国开展业务，但至今仍然没有在中国大规模开店。在日本网点数位居第二的汽车服务商黄帽子，在中国内地开出的第一家品牌店——广州番禺店的名称已经悄然换成了中国合作方的名号：捷力快车。据了解此事内情的人士称，其中的主要原因在于黄帽子照搬日本的做法未被市场接受，在经营情况不佳的情况下，中国合作方选择了更名。靓车堡、山力盛等汽车美容企业与3M解除合作关系，从而3M失去了在福州的所有加盟店。外资是“以商品带动服务”，而国内企业是“以服务带动商品”，更贴近中国人消费心理。所以外资企业虽然来势汹汹，但暂时未对本土企业构成很大威胁。因此，维修连锁企业应不断深化对维修连锁课题的研究，结合本地实际制定发展战略，有选择而不是全盘照收地学习国外发展过程中的先进经验。

(四) 缺乏行业标准

目前汽车美容市场之所以混乱不堪，其根源在于没有一套完整可行的行业标准。就全国而言，几乎所有的汽车服务店都没有建立完整的服务规范和施工标准，80%的店铺甚至连一个商品价签都没有。拿防爆膜来说，这类产品所宣传的隔热、遮光、防爆等作用并没有任何衡量其优劣程度的标准。而真皮座椅、汽车香水等产品也都没有什么行业标准可循，在这种状态下所生产销售的产品不免令人担忧。建立汽车维修行业标准，有利于该行业健康发展。制定行业标准必须由政府牵头，由质监部门制定生产标准，工商部门制定市场标准。政府主管部门在继续保证对快修连锁政策、法规上的扶持和引导外，还应进一步加大对行业的规范力度，推进行业秩序的建立，创造一个公平竞争的市场环境，保证快修连锁在我国的稳步、健康发展。

四、发展趋势预测

汽车维修业正在向“连锁店”和“一站式服务店”两个方向发展。而连锁经营在汽车维修业中是比较理想的模式，有助于提高整个行业的服务水平。按照这个连锁经营模式，国内现有的汽车维修企业应审时度势，根据自己的经营实力和规模，正确定位以寻求生存扩张之道。中国汽车后市场已经掀起了加盟连锁浪潮，并成长了一批有影响的汽车维修企业。一批原来的传统汽车维修企业和汽车轮胎、机油零售商逐步转向汽车快修业，并利用原来的规模、技术及销售网络开办起快修连锁企业，取得了很好的效果。在这些连锁店中，一站式服务是其共同特点，不但从事汽车维修、改装、美容等业务，还包括了车辆保险、免费代理车辆年审等相关服务，强大的维修能力和完善的服务特点，完善的设备以及严格的管理成为快修连锁店的强大优势。

（张从新　陈　实）

第二部分　调查篇

2005年中国连锁经营发展环境相关统计数据

表1 人民物质文化生活状况

项 目	单位	1995年	2000年	2001年	2003年	2004年	2005年
就业							
每一农村劳动力负担人数	人	1.56	1.52	1.52	1.47	1.45	1.45
每一城镇就业者负担人数	人	1.73	1.86	1.88	1.91	1.91	1.96
城镇登记失业率	%	2.9	3.1	3.6	4.3	4.2	4.2
收入							
农村居民家庭人均纯收入	元	1578	2253	2366	2622	2936	3255
农村居民家庭人均纯收入指数	1978 = 100	383.7	483.5	503.8	551.0	588.1	625
城镇居民家庭人均可支配收入	元	4283	6280	6860	8472	9422	10493
城镇居民家庭人均可支配收入指数	1978 = 100	290.3	383.7	416.3	515.0	554.0	607
职工年平均工资	元	5500	9371	10870	14040.0	16024	18405
消费水平							
全国居民	元	2236	3397	3608	4058	4556	5434
农村居民	元	1434	2037	2156	2399		2608
城镇居民	元	4874	7704	7761	8265		9278
农村居民家庭人均生活消费支出	元	1310	1670	1741	1943	2185	2555
农村居民家庭恩格尔系数	%	58.6	49.1	47.7	45.6	47.2	45.5
城镇居民家庭人均生活消费支出	元	3538	4998	5309	6511	7182	7943
城镇居民家庭恩格尔系数	%	49.9	39.2	37.9	37.1	37.7	36.7
储蓄							
城乡居民储蓄存款年底余额	亿元	29662	64332	73762	103618	119555	141051
平均每人储蓄存款余额	元	2449	5076	5780	8018	9197	10787
住房							
农村新建房屋面积	亿平方米	7.0	8.0	7.4	7.6	6.8	6.5
城镇新建房屋面积	亿平方米	3.8	5.5	5.4	6.2	5.5	6.1
农村人均居住面积	平方米	21.0	24.8	25.7	27.2	27.9	29.7

续表

项　目	单位	1995年	2000年	2001年	2003年	2004年	2005年
城市人均建筑面积	平方米	11.8	14.9	20.8	23.7	25	
城市公用事业							
用气普及率	%	70.0	84.2	60.4	76.7	81.5	
人均公用绿地面积	平方米	5.0	6.8	4.6	6.5	7.4	8.1
文化							
农村每百户有电视机	台	80.7	101.7	105.2	110.6	113.0	84.0
城镇每百户有彩色电视机	台	89.8	116.6	120.5	130.5	133.4	134.8
广播综合人口覆盖率	%	78.8	92.5	92.9	93.7	94.1	94.5
电视综合人口覆盖率	%	84.5	93.7	94.3	94.9	95.3	95.8
教育卫生							
学龄儿童入学率	%	98.5	99.1	99.1	98.7	98.9	99.2
每万人口中在校大学生数	人	24.0	43.9	56.3	86.3	103.2	161.3
每万人有医院、卫生院病床	张	23.4	23.8	23.9	23.4	24.0	24.5
每万人有医生数	人	15.8	16.8	16.9	14.8	15.0	15.1

注：1. 本表价值量指标按当年价格计算；指数按可比价格计算。

2. 城市住房人均使用面积和居住面积为建设部数字。

3.2003年起计算方法有调整，城市公用事业数据与以前不可比。

表2　　城乡居民家庭人均收入及恩格尔系数

年份	农村居民家庭人均纯收入		城镇居民家庭人均可支配收入		恩格尔系数（%）	
	绝对数（元）	指　数（1978＝100）	绝对数（元）	指　数（1978＝100）	农村居民家庭	城镇居民家庭
1978	133.6	100.0	343.4	100.0	67.7	57.5
1980	191.3	139.0	477.6	127.0	61.8	56.9
1985	397.6	268.9	739.1	160.4	57.8	53.3
1990	686.3	311.2	1510.2	198.1	58.8	54.2
1991	708.6	317.4	1700.6	212.4	57.6	53.8
1992	784.0	336.2	2026.6	232.9	57.6	52.9
1993	921.6	346.9	2577.4	255.1	58.1	50.1
1994	1221.0	364.4	3496.2	276.8	58.9	49.9
1995	1577.7	383.7	4283.0	290.3	58.6	49.9
1996	1926.1	418.2	4838.9	301.6	56.3	48.6
1997	2090.1	437.4	5160.3	311.9	55.1	46.4
1998	2162.0	456.2	5425.1	329.9	53.4	44.5
1999	2210.3	473.5	5854.0	360.6	52.6	41.9

续表

年份	农村居民家庭人均纯收入		城镇居民家庭人均可支配收入		恩格尔系数（%）	
	绝对数（元）	指　数（1978＝100）	绝对数（元）	指　数（1978＝100）	农村居民家庭	城镇居民家庭
2000	2253.4	483.5	6280.0	383.7	49.1	39.2
2001	2366.4	503.8	6859.6	416.3	47.7	37.9
2002	2475.6	528.0	7702.8	472.1	46.2	37.7
2003	2622.2	550.7	8472.2	514.6	45.6	37.1
2004	2936.4	588.1	9421.6	554.2	47.2	37.7
2005	3254.9	624.6	10493.0	607.4	45.5	36.7

注：本表指数按可比价格计算。

表 3　**全国城乡居民储蓄存款年底余额和年增加额**

单位：亿元

年份	年底余额			年增加额		
	总计	定期	活期	总计	定期	活期
1978	210.6	128.9	81.7	29.0	17.2	11.8
1980	399.5	304.9	94.6	118.5	138.5	－20.0
1985	1622.6	1225.2	397.4	407.9	324.3	83.6
1986	2238.5	1729.7	508.8	615.9	504.5	111.4
1987	3081.4	2361.3	720.1	842.9	631.6	211.3
1988	3822.2	2848.5	973.7	740.8	487.2	253.6
1989	5196.4	4215.4	981.0	1374.2	1366.9	7.3
1990	7119.8	5911.2	1208.6	1923.4	1695.8	227.6
1991	9241.6	7691.7	1549.9	2121.8	1780.5	341.3
1992	11759.4	9425.2	2334.2	2517.8	1733.5	784.3
1993	15203.5	11971.0	3232.5	3444.1	2545.8	898.3
1994	21518.8	16838.7	4680.1	6315.3	4867.7	1447.6
1995	29662.3	23778.2	5884.1	8143.5	6939.5	1204.0
1996	38520.8	30873.4	7647.4	8858.5	7095.2	1763.3
1997	46279.8	36226.7	10053.1	7759.0	5353.3	2405.7
1998	53407.5	41791.6	11615.9	7615.4	5473.7	2141.7
1999	59621.8	44955.1	14666.7	6253.0	3198.5	3054.5
2000	64332.4	46141.7	18190.7	4976.7	1310.3	3666.4
2001	73762.4	51434.9	22327.6	9457.6	4144.5	5313.2
2002	86910.6	58788.9	28121.7	13233.2	7432.0	5801.2
2003	103617.7	68498.7	35119.0	16631.9	9674.5	6957.4
2004	119555.4	78138.9	41416.5	15929.4	9640.6	6288.9
2005	141051.0	92263.5	48787.5	21496.8	14127.2	7369.6

表4　　城镇居民家庭基本情况

项目	单位	1990年	1995年	2000年	2003年	2004年	2005年
调查户数	户	35660	35520	42220	48028	50430	54496
平均每户家庭人口	人	3.50	3.23	3.13	3.01	2.98	2.96
平均每户就业人口	人	1.98	1.87	1.68	1.58	1.56	1.51
平均每户就业面	%	56.57	57.89	53.67	52.49	52.35	51.01
平均每一就业者负担人数(含本人)	人	1.77	1.73	1.86	1.91	1.91	1.96
平均每人全年可支配收入	元	1510.2	4282.95	6280.0	8472.2	9421.6	10493.0
平均每人全部年收入	元	1522.8	4288.09	6316.8	9061.2	10128.5	11320.8
工薪收入	元	1149.70	3390.21	4480.5	6410.2	7152.8	7797.50
经营净收入	元	22.50	72.62	246.24	403.8	493.9	679.60
财产性收入	元	15.60	90.43	128.38	135.0	161.2	192.9
转移性收入	元	328.41	725.76	1440.78	2112.2	2320.7	2650.7
平均每人实际支出	元	1413.9	4102.94	6147.4	8731.5	9714.0	10579.5
消费性支出	元	1278.89	3537.57	4998.00	6510.9	7182.1	7942.9
非消费性支出	元	37.16	561.11	1146.12	2220.6	2531.9	2636.6
恩格尔系数	%	54.25	49.92	39.18	37.1	37.7	36.7

注：1. 本表为城镇居民家庭抽样调查资料。
2. 可支配收入指居民家庭在支付个人所得税之后，所余下的实际收入。计算公式为：
可支配收入 = 实际收入 - 个人所得税 - 家庭副业生产支出 - 记账补贴
3.2000年城镇居民住户调查第四季度数据为10月、11月的平均数，不包括12月的数据。

表5　　城镇居民平均每人全年支出和购买的主要商品数量

项目	1999年	2000年	2001年	2003年	2004年	2005年
消费性支出（元）	4615.9	4998.0	5309.0	6510.9	7182.1	7942.9
1. 食品	1932.1	1958.3	2014.0	2416.9	2709.6	2914.4
粮油类	340.2	304.1	296.7	321.1	382.3	389.4
肉禽蛋水产品类	618.0	611.4	622.3	704.5	773.1	825.2
蔬菜类	194.6	192.3	194.3	236.4	256.5	275.5
糖烟酒饮料类	213.3	228.3	233.1	268.8	285.6	309.7
干鲜瓜果类	153.3	151.4	155.9	174.9	189.6	206.3
糕点、奶及奶制品	96.6	110.4	122.6	178.2	189.8	200.0
饮食服务	260.1	301.7	329.0	439.2	534.3	608.5
2. 衣着	482.4	500.5	533.7	637.7	686.8	800.5
服装	320.2	337.2	364.3	455.3		
鞋袜帽及其他衣着	123.1	130.8	140.6	150.6		
3. 家庭设备用品及服务	395.5	439.3	438.9	410.3	407.4	446.5
耐用消费品	231.3	259.1	250.6	213.6		

续表

项目	1999 年	2000 年	2001 年	2003 年	2004 年	2005 年
4. 医疗保健	245.6	318.1	343.3	476.0	528.2	600.9
5. 交通和通信	310.6	395.0	457.0	721.1	843.6	996.7
交通	136.9	162.2	175.5	297.1	389.1	499.6
通信	173.7	232.8	281.5	424.0	454.6	497.1
6. 娱乐教育文化服务	567.1	627.8	690.0	934.4	1032.8	1097.5
文娱用耐用消费品	135.3	146.9	139.4	155.9	217.2	245.9
教育	323.3	363.8	428.3	514.0	559.0	571.3
7. 居住	454.0	500.5	548.0	699.4	733.5	808.7
住房	195.9	200.6	217.0	256.5	247.9	249.3
水电燃料及其他	258.1	298.9	331.0	412.7	451.5	516.3
8. 杂项商品和服务	228.8	258.8	284.1	215.1	240.2	277.8
个人消费	185.2	210.5	233.6	134.6		
购买的主要商品数量(千克)						
粮食	84.9	82.3	79.7	79.5	78.2	77.0
鲜菜	114.9	114.7	115.9	118.3	122.3	118.6
食用植物油	7.8	8.2	8.1	9.2	9.3	9.3
猪肉	16.9	16.7	16.0	20.4	19.2	20.2
牛羊肉	3.1	3.3	3.2	3.3	3.7	3.7
家禽	4.9	7.4	7.3	9.2	8.4	9.0
鲜蛋	11.5	11.9	11.1	11.2	10.4	10.4
水产品	10.3	11.7	12.3	13.4	12.5	12.6
酒	9.6	10.0	9.7	9.4	8.9	8.9
煤炭	115.5	128.1	129.5	104.7	92.0	84.0

表 6　　**城镇居民平均每百户耐用消费品年底拥有量**

项　目	单位	1997 年	1998 年	1999 年	2000 年	2001 年	2003 年	2004 年	2005 年
摩托车	辆	11.6	13.2	15.1	18.8	20.4	24.0	24.8	25.0
洗衣机	台	89.1	90.6	91.5	90.5	92.2	94.4	95.9	95.5
电冰箱	台	73.0	76.1	77.7	80.1	81.9	88.7	90.2	90.7
彩色电视机	台	100.5	105.4	111.6	116.6	120.5	130.5	133.4	134.8
录放像机	台	21.3	21.7	21.7	20.1	19.9	17.9	17.6	15.5
组合音箱	套	15.3	17.5	19.7	22.2	23.8	26.9	28.3	28.8
照相机	台	33.6	36.3	38.1	38.4	39.8	45.4	47.0	46.9
空调器	台	16.3	20.0	24.5	30.8	35.8	61.8	69.8	80.7
淋浴热水器	台	38.9	43.3	45.5	49.1	52.0	66.6	69.4	72.7
排油烟机	台	42.6	45.9	48.6	54.1	55.5	63.6	65.6	67.9

续表

项　目	单位	1997年	1998年	1999年	2000年	2001年	2003年	2004年	2005年
影碟机	台	7.9	16.0	24.7	37.5	42.6	58.7	63.3	68.1
家用电脑	台	2.6	3.8	5.9	9.7	13.3	27.8	33.1	41.5
摄像机	台	0.8	0.9	1.1	1.3	1.6	2.5	3.2	4.3
微波炉	台	5.4	8.5	12.2	17.6	22.3	37.0	41.7	47.6
健身器材	台	2.3	3.0	3.8	3.5	4.0	4.1	4.2	4.7
移动电话	台	1.7	3.3	7.1	19.5	34.0	90.1	111.4	137.0
家用汽车	台	0.2	0.3	0.3	0.5	0.6	1.4	2.2	3.4

表7　　按五等份分组的城镇居民收入与支出

单位：元

项　目	1999年	2000年	2002年	2003年	2004年	2005年
平均每人可支配收入	5854.0	6280.0	7702.8	8472.2	9421.6	10493.0
低收入户	3048.7	3132.0	3032.1	3295.4	3642.2	4017.3
中低收入户	4363.8	4623.5	4932.0	5377.3	6024.1	6710.6
中等收入户	5512.1	5897.9	6656.8	7278.8	8166.5	9190.1
中高收入户	6905.0	7487.4	8869.5	9763.4	11050.9	12603.4
高收入户	10295.5	11299.0	15459.5	17471.8	20101.6	22902.3
平均每人消费性支出	4615.9	4998.0	6029.9	6510.9	7182.1	7942.9
低收入户	2825.8	2899.1	2826.0	3066.8	3396.3	3708.3
中低收入户	3694.5	3947.9	4206.0	4557.8	5096.2	5574.3
中等收入户	4432.5	4794.6	5452.9	5848.0	6498.4	7308.1
中高收入户	5347.1	5894.9	6940.0	7547.3	8345.7	9410.8
高收入户	7320.0	8135.7	11023.1	12066.9	13753.1	15575.9

表8　　各地区城镇居民人均可支配收入

单位：元

地　区	1998年	1999年	2001年	2002年	2003年	2004年	2005年
全国总计	5425.1	5854.0	6859.6	7702.8	8472.2	9421.6	10493.0
北　京	8472.0	9182.8	11577.8	12462.5	13882.6	15637.8	17653.0
天　津	7110.5	7649.8	8958.7	9337.6	10312.9	11467.2	12638.6
河　北	5084.6	5365.0	5984.8	6678.7	7239.1	7951.3	9107.1
山　西	4098.7	4342.6	5391.1	6234.3	7005.2	7902.9	8913.9

续表

地　区	1998 年	1999 年	2001 年	2002 年	2003 年	2004 年	2005 年
内蒙古	4353.0	5129.1	5536.0	6051.2	7012.9	8123.0	9136.8
辽　宁	4617.2	4898.6	5797.0	6524.6	7240.6	8007.6	9107.6
吉　林	4206.6	4480.0	5340.5	6260.2	7005.1	7840.6	8690.6
黑龙江	4268.5	4595.1	5425.9	6100.3	6678.9	7470.7	8272.5
上　海	8773.1	10931.6	12883.5	13250.2	14867.5	16682.8	18645.0
江　苏	6017.9	6538.2	7375.1	8177.6	9262.5	10481.9	12318.6
浙　江	7836.8	8428.0	10464.7	11715.6	13179.5	14546.4	16293.8
安　徽	4770.5	5064.6	5668.8	6032.4	6778.0	7511.4	8470.7
福　建	6485.6	6859.8	8313.1	91893.0	9999.5	11175.4	12321.3
江　西	4251.4	4720.6	5506.0	6335.6	6901.4	7559.6	8619.7
山　东	5380.1	5809.0	7101.1	7614.5	8399.9	9437.8	10744.8
河　南	4219.4	4532.4	5267.4	6245.4	6926.1	7704.9	8668.0
湖　北	4826.4	5212.8	5856.0	6788.6	7322.0	8022.8	8785.9
湖　南	5334.3	5815.4	6780.6	6958.6	7674.2	8617.5	9524.0
广　东	8839.7	9125.9	10405.2	11137.2	12380.4	13627.7	14770.0
广　西	5412.2	5619.5	6665.7	7315.3	7785.0	8690.0	9286.7
海　南	4852.9	5338.3	5838.8	6822.7	7259.3	7735.8	8123.9
重　庆	5466.6	5896.0	6721.1	7238.0	8093.7	9221.0	10243.5
四　川	5127.1	5477.9	6360.5	6610.8	7041.9	7709.9	8386.0
贵　州	4565.4	4934.0	5451.9	5944.1	6569.2	7322.1	8151.1
云　南	6042.8	6178.7	6797.7	7628.3	7643.6	8870.9	9265.9
西　藏		6908.7	7869.2	7762.0	8765.5	9167.4	9431.2
陕　西	4220.2	4654.1	5483.7	6330.8	6806.4	7492.5	8272.0
甘　肃	4009.6	4475.2	5382.9	6151.4	6657.2	7376.7	8086.8
青　海	4240.1	4703.4	5853.7	6503.9	6530.5	7319.7	8057.9
宁　夏	4112.4	4472.9	5544.2	6067.4	6531.0	7217.9	8093.6
新　疆	5000.8	5319.8	6395.0	6898.6	7073.5	7503.4	7990.2

表9 2005年各地区城镇居民人均收支情况

单位：元

地 区	全部收入	可支配收入	实际支出	消费性支出	非消费性支出	恩格尔系数（%）
全国总计	11320.8	10493.0	10579.5	7942.9	2636.6	36.7
北 京	19533.3	17653.0	17174.3	13244.2	3930.1	31.8
天 津	13563.3	12638.6	14450.3	9653.3	4797.1	36.7
河 北	9616.8	9107.1	8461.6	6699.7	1761.9	34.6
山 西	9538.6	8913.9	9043.8	6342.6	2701.1	32.4
内蒙古	9565.1	9136.8	9064.2	6928.6	2135.6	31.4
辽 宁	9837.2	9107.6	9844.8	7369.3	2475.5	38.8
吉 林	9123.0	8690.6	8774.1	6794.7	1979.3	34.7
黑龙江	8722.5	8272.5	8008.6	6178.0	1830.6	33.5
上 海	20602.9	18645.0	19368.4	13773.4	5595.0	35.9
江 苏	13330.0	12318.6	11898.0	8621.8	3276.2	37.2
浙 江	17877.4	16293.8	16906.1	12253.7	4652.4	33.8
安 徽	9184.6	8470.7	8933.3	6367.7	2565.6	43.7
福 建	13407.6	12321.3	11896.5	8794.4	3102.0	40.9
江 西	9042.5	8619.7	7879.9	6109.4	1770.5	40.8
山 东	11607.8	10744.8	9888.9	7457.3	2431.6	33.7
河 南	9146.0	8668.0	7830.7	6038.0	1792.7	34.2
湖 北	9395.1	8785.9	8582.8	6736.6	1846.2	39.0
湖 南	10106.1	9524.0	10252.7	7505.0	2747.7	35.8
广 东	16249.9	14769.9	15570.4	11809.9	3760.6	36.1
广 西	10022.4	9286.7	9007.1	7032.8	1974.3	41.3
海 南	8670.2	8123.9	7932.7	5928.8	2003.9	47.6
重 庆	11079.2	10243.5	10832.2	8623.3	2208.9	36.4
四 川	9003.6	8386.0	9211.1	6891.3	2319.8	39.3
贵 州	8385.1	8151.1	7644.5	6159.3	1485.2	39.9
云 南	9994.7	9265.9	8993.0	6996.9	1996.1	42.8
西 藏	10659.3	9431.2	12719.4	8617.1	4102.3	44.5
陕 西	8902.3	8272.0	8572.4	6656.5	1915.9	36.1
甘 肃	8738.1	8086.8	8631.9	6529.2	2102.7	36.0
青 海	8766.7	8057.9	8424.4	6245.3	2179.1	36.3
宁 夏	8744.9	8093.6	9107.8	6404.3	2703.5	34.8
新 疆	8693.7	7990.2	7822.4	6207.5	1614.8	36.4

表 10 农村居民家庭基本情况

项目	单位	1995 年	2000 年	2001 年	2003 年	2004 年	2005 年
调查户数	户	67340	68116	68190	68190	68190	68190
调查户常住人口	人	301878	286162	283223	279536	278234	277759
平均每户常住人口	人	4.48	4.20	4.15	4.10	4.08	4.07
平均每户整、半劳动力	人	2.88	2.76	2.73	2.80	2.82	2.82
平均每个劳动力担负人口（含本人）	人	1.56	1.52	1.52	1.47	1.45	1.45
平均每户生产固定资产原值	元	2774.27	4673.06	4883.80	5586.00	5956.00	7156.00
平均每人经营耕地面积	亩	2.17	1.98	1.99	1.96	2.00	2.08
平均每人年收入（总收入）	元	2337.87	3146.21	3306.92	3582.40	4039.60	4631.20
工资性收入	元	353.70	702.30	771.90	918.40	998.50	1174.50
家庭经营收入	元	1877.42	2251.28	2325.23	2455.0	2804.50	3164.40
财产性收入	元	40.98	45.04	46.97	65.80	76.60	88.50
转移性收入	元	65.77	147.59	162.83	143.30	160.00	203.80
纯收入	元	1577.7	2253.42	2366.40	2622.24	2936.40	3254.90
工资性收入	元	353.70	702.30	771.90	918.38	998.50	1174.50
家庭经营收入	元	1125.79	1427.27	1459.63	1541.28	1745.80	1844.50
财产性收入	元	40.98	45.04	46.97	65.75	76.60	88.50
转移性收入	元	57.27	78.81	87.90	96.83	115.50	147.40
现金收入	元	1595.6	2381.60	2534.70	2929.50	3234.20	3915.50
工资性收入	元	352.88	700.41	769.77	916.60	997.60	1173.10
家庭经营收入	元	1116.73	1498.81	1565.51	1822.10	2019.80	2472.30
财产性收入	元	38.19	38.89	41.05	56.00	62.60	71.80
转移性收入	元	87.76	143.49	158.37	134.70	154.20	198.30
平均每人年总支出	元	2138.33	2652.42	2779.96	3025.0	3430.10	4126.90
生活消费支出	元	1310.36	1670.13	1741.09	1943.30	2184.70	2555.40
恩格尔系数	%	58.62	49.13	47.71	45.60	47.20	45.50
现金支出	元	1545.81	2140.37	2284.62	2537.40	2862.50	3567.30
房屋使用情况							
平均每人年内新建房屋面积	平方米	0.78	0.87	0.84	0.79	0.60	0.83
平均每人年末住房面积	平方米	21.01	0.87	25.73	27.24	27.90	29.68

表 11　　　　**农村居民平均每人全年支出和主要食品消费量**

项　目	1998年	1999年	2000年	2001年	2003年	2004年	2005年
平均每人总支出（元）	2457.17	2390.37	2652.42	2779.96	3025.0	3430.1	4126.9
家庭经营费用支出	652.48	599.72	654.27	695.97	755.4	923.9	1189.7
购置生产性固定资产支出	54.31	57.63	63.90	78.13	100.3	106.4	131.1
税费支出	106.70	99.98	95.52	91.24	67.3	37.5	13.1
纳税	37.93	36.00	36.08	38.10	55.3	29.6	4.7
生活消费支出	1590.33	1577.42	1670.13	1741.09	1943.3	2184.7	2555.4
食品	849.64	829.02	820.51	830.72	886.0	1031.9	1162.2
衣着	98.06	92.04	95.95	98.68	110.3	120.2	148.6
居住	239.62	232.69	258.34	279.06	308.4	324.3	370.2
家庭设备用品及服务	81.92	82.27	75.45	76.98	81.7	89.2	111.4
医疗保健	68.13	70.02	87.57	96.61	115.8	130.6	168.1
交通及运输	60.68	68.73	93.13	109.98	162.5	192.6	245.0
文化教育、娱乐用品及服务	159.41	168.33	186.71	192.64	235.7	247.6	295.5
其他商品及服务	32.87	34.32	52.46	56.42	43.0	48.3	54.5
平均每人现金支出（元）	1930.98	1917.23	2140.37	2284.62	2537.4	2862.5	3567.3
家庭经营费用支出	511.66	470.73	544.49	584.8	740.1	788.6	1052.5
生活消费支出	1128.16	1144.61	1284.74	1364.08	1576.6	1754.5	2134.6
食品	428.90	425.98	464.26	484.47	551.2	629.9	770.7
衣着	97.04	91.48	85.17	97.95	109.5	119.6	147.9
居住	199.35	206.60	231.06	249.84	278.1	297.2	342.3
主要食品消费量（千克）							
粮食（原粮）	249.28	247.45	249.49	237.98	223.7	219.3	208.8
细粮	208.97	206.18	207.10	199.70	192.5	189.8	181.8
蔬菜	108.96	108.89	111.98	109.30	107.4	106.6	102.3
食油	6.13	6.17	7.06	7.03	6.3	5.3	8.0
猪牛羊肉	13.20	13.87	14.41	14.50	15.0	14.8	17.1
家禽	2.33	2.48	2.81	2.87	3.2	3.1	3.7
蛋及制品	4.11	4.28	4.77	4.72	4.8	4.6	4.7
水产品	3.66	3.82	3.92	4.12	4.7	4.5	4.9
食糖	1.40	1.46	1.28	1.43	1.3	1.1	1.1
酒	6.98	6.98	7.02	7.10	7.7	7.8	9.6

表 12　　农村居民家庭平均每百户年底耐用消费品拥有量

项 目	单位	1996 年	1997 年	1998 年	1999 年	2000 年	2001 年	2003 年	2004 年	2005 年
自行车	辆	139.12	141.95	137.15	136.85	120.48	120.83	118.5	118.1	
电风扇	台	100.46	105.93	111.59	116.07	122.62	129.42	138.1	141.9	
电视机	台	87.97	92.44	96.16	100.59	101.71	105.15	110.6	113.0	105.7
彩电	台	22.91	27.32	32.59	38.24	48.74	54.41	67.8	75.1	84.0
电冰箱	台	7.27	8.49	9.25	10.64	12.31	13.59	15.9	17.8	20.1
收录机	台	31.15	32.02	32.36	31.99	21.58	20.74	18.7	18.0	
摩托车	辆	8.40	10.89	13.52	16.49	21.94	24.71	31.8	36.2	41.0
洗衣机	台	20.54	21.87	22.81	24.32	28.58	29.94	34.3	37.3	40.2
照相机	架	1.94	2.06	2.22	2.69	3.12	3.23	3.4	3.7	
录像机	台	1.52	1.79	2.09	2.66	3.30	3.33	3.5	3.7	

表 13　　按五等份分组的农村居民纯收入

单位：元

项 目	2000 年	2001 年	2002 年	2003 年	2004 年	2005 年
平均每人全部纯收入	2253	2366	2476	2622	2936	3255
低收入户	802	818	857	866	1007	1067
中低收入户	1440	1491	1548	1607	1842	2018
中等收入户	2004	2081	2164	2273	2578	2851
中高收入户	2767	2891	3031	3207	3608	4003
高收入户	5190	5534	5903	6347	6931	7747

表 14　　各地区农村居民纯收入

单位：元

地 区	1998 年	1999 年	2000 年	2001 年	2003 年	2004 年	2005 年
全国总计	2161.98	2210.34	2253.42	2366.40	2622.2	2936.4	3254.9
北 京	3952.30	4226.59	4604.55	5025.50	5601.6	6170.3	7346.3
天 津	3395.70	3411.11	3622.39	3947.72	4566.0	5019.5	5579.9
河 北	2405.30	2441.50	2478.86	2603.60	2853.0	3171.1	3481.6
山 西	1858.60	1772.62	1905.61	1956.05	2299.2	2589.6	2890.7
内蒙古	1981.50	2002.93	2038.21	1973.37	2267.7	2606.4	2988.9
辽 宁	2479.80	2501.04	2355.58	2557.93	2934.2	3307.1	3690.2
吉 林	2383.60	2260.59	2022.50	2182.22	2530.4	2999.6	3264.0
黑龙江	2253.10	2165.93	2148.22	2280.28	2508.9	3005.2	3221.3

续表

地区	1998年	1999年	2000年	2001年	2003年	2004年	2005年
上海	5406.80	5409.11	5596.37	5870.87	6653.9	7066.3	8247.8
江苏	3376.80	3495.20	3595.09	3784.71	4239.3	4753.9	5276.3
浙江	3814.60	3948.39	4253.67	4582.34	5389.0	5944.1	6660.0
安徽	1862.90	1900.29	1934.57	2020.04	2127.5	2499.3	2641.0
福建	2946.40	3091.39	3230.49	3380.72	3733.9	4089.4	4450.4
江西	2048.00	2129.45	2135.30	2231.60	2457.5	2786.8	3128.9
山东	2452.80	2549.58	2659.20	2804.51	3150.5	3507.4	3930.5
河南	1864.10	1948.36	1985.82	2097.86	2235.7	2553.2	2870.6
湖北	2172.20	2217.00	2268.59	2352.16	2566.8	2890.0	3099.2
湖南	2064.90	2127.46	2197.16	2299.46	2532.9	2837.8	3117.7
广东	3527.10	3628.95	3654.48	3769.79	4054.6	4365.9	4690.5
广西	1971.80	2048.33	1864.51	1944.33	2094.5	2305.2	2494.7
海南	2018.30	2087.46	2182.26	2226.47	2588.1	2817.6	3004.0
重庆	1720.50	1736.63	1892.44	1971.18	2214.6	2510.4	2809.3
四川	1789.20	1843.47	1903.60	1986.99	2229.9	2518.9	2802.8
贵州	1334.50	1363.47	1374.16	1411.73	1564.7	1721.6	1877.0
云南	1387.30	1437.63	1478.60	1533.74	1697.1	1864.2	2041.8
西藏	1231.50	1309.46	1330.81	1404.01	1690.8	1861.3	2077.9
陕西	1405.60	1455.86	1443.86	1490.80	1675.7	1866.5	2052.6
甘肃	1393.10	1357.28	1428.68	1508.61	1673.0	1852.2	1979.9
青海	1424.80	1466.67	1490.49	1557.32	1794.1	1957.7	2151.5
宁夏	1721.20	1754.15	1724.30	1823.05	2043.3	2320.1	2508.9
新疆	1600.10	1473.17	1618.08	1710.44	2106.2	2244.9	2482.2

表15　2005年各地区农村居民家庭收支情况

单位：元

地区	总收入			总支出			恩格尔系数（%）
		纯收入	现金收入		生活消费	现金支出	
全国总计	4631.2	3254.9	3915.5	4126.9	2555.4	3567.3	45.5
北京	8855.6	7346.3	8724.2	7119.0	5315.7	7041.6	32.7
天津	7459.7	5579.9	7032.5	4943.0	3036.0	4811.7	38.6
河北	4986.0	3481.6	4317.7	3711.0	2165.7	3372.0	41.0
山西	3628.3	2890.7	3053.1	2719.4	1877.7	2432.0	44.2

续表

地区	总收入	纯收入	现金收入	总支出	生活消费	现金支出	恩格尔系数（%）
内蒙古	5345.9	2988.9	4235.1	5091.9	2446.2	4174.0	43.1
辽　宁	6028.3	3690.2	5491.4	5672.5	2805.9	5227.2	40.2
吉　林	5154.2	3264.0	4451.5	4669.8	2306.0	4202.0	43.5
黑龙江	6042.9	3221.3	5321.2	6151.3	2544.6	5692.0	36.3
上　海	8906.4	8247.8	8723.5	8717.2	7277.9	8520.0	36.9
江　苏	6682.3	5267.3	6035.3	5281.3	3567.1	4776.1	44.0
浙　江	8805.0	6660.0	8445.3	8041.3	5433.0	7753.7	37.9
安　徽	3669.0	2641.0	3043.2	3360.3	2196.2	2887.9	45.5
福　建	5499.3	4450.4	4963.4	4514.4	3292.6	4127.9	46.1
江　西	4211.8	3128.9	3460.2	3776.5	2483.7	3169.1	49.1
山　东	5677.0	3930.5	5114.4	4561.3	2735.8	4197.1	39.8
河　南	3945.7	2870.6	3015.7	3107.0	1891.6	2657.9	45.4
湖　北	4221.8	3099.2	3454.2	3675.7	2430.2	2974.5	49.1
湖　南	4489.4	3117.7	3692.5	4289.5	2756.4	3552.8	52.0
广　东	5957.8	4690.5	5381.7	5081.0	3707.7	4543.0	48.3
广　西	3717.5	2494.5	2994.1	3696.7	2349.6	3078.5	50.5
海　南	4129.6	3004.0	3604.1	3127.1	1969.1	2609.9	57.6
重　庆	3783.0	2809.3	2653.1	3273.4	2142.1	2344.0	52.8
四　川	4158.2	2802.8	3086.5	3742.8	2274.2	2746.5	54.7
贵　州	2660.6	1877.0	1953.5	2490.7	1552.4	1823.1	52.8
云　南	3179.1	2041.8	2175.1	3017.0	1789.0	2146.8	54.5
西　藏	2869.9	2077.9	1925.3	2389.2	1723.8	1360.3	68.8
陕　西	3037.0	2052.6	2576.0	3111.3	1896.5	2769.3	42.9
甘　肃	2888.0	1979.9	2217.4	2828.9	1819.6	2170.1	47.2
青　海	2942.1	2151.5	2287.5	2966.2	1976.0	2286.1	45.2
宁　夏	4179.7	2508.9	3463.4	4126.9	2094.5	3426.8	44.0
新　疆	4604.9	2482.2	3921.2	4302.3	1924.4	3855.3	41.8

表 16

国内贸易基本情况

单位：亿元

指　标	1998 年	1999 年	2000 年	2001 年	2003 年	2004 年	2005 年
一、批发零售贸易业							
商品购销存总额							
商品购进总额	24297.4	24580.8	29784.1	32489.0	45383.9		88163
商品销售总额	56437.7	58780.1	66359.5	72415.2	95507.0	114071	164033
限额以上	2146.8	27448.3	32265.5	32809.8	45323.0	55390	93796
限额以下	29290.9	31331.7	34094.0	37243.0	50184.0	58682	70237
商品库存总额	3789.7	3629.7	3327.2	4156.9	3148.0	3528	7072
二、社会消费品零售总额	29152.5	31134.7	34152.6	37595.2	45842.0	53950	67177
按销售单位所在地分							
市	17825.2	19091.6	21110.3	23543.4	29777.3	35573	45094
县	3681.9	3892.5	4217.2	4583.2	5247.8	6161	7485
县以下	7645.4	8150.6	8825.1	9468.6	10816.9	12216	14597
按行业分							
批发零售贸易业	19185.8	20551.8	23042.3	25510.8	37692.5	44840	56589
餐饮业	2816.4	3199.6	3752.6	4368.9	6065.7	7486	8887
其他行业	7150.3	7383.3	7357.7	7715.5	2083.8	1624	1701
三、城乡消费品市场情况							
市场数（个）	89177	88576	88811	86454	81017	71552	69520
城市	24127	24983	26395	26699	27006	25404	25905
乡村	65050	63593	62416	59755	54011	46148	43615
成交额	19835.5	21707.8	2427936	24949.4	26497.5		
城市	11042.8	13800.4	14319.7	14319.7	15447.5		
乡村	8792.7	9382.1	10479.2	10629.6	11050.0		
在成交额中							
粮油类	1464.9	1591.1	1959.5	1868.5	2324.9		
肉禽蛋类	3557.4	3802.1	4201.9	4185.3	4541.4		
水产品类	1659.0	1800.7	2073.4	2076.8	2246.0		
蔬菜类	2207.0	2425.5	2551.8	2695.2	2938.1		
干鲜果类	1234.7	1398.2	1546.2	1584.4	1708.8		
工业品	7792.6	8767.1	9559.34	10001.4	9927.0		

注：1998 年及以后批发零售贸易业商品购、存总额为限额以上批发零售贸易业数据。

表 17　　各地区社会消费品零售总额

单位：亿元

地　区	1998 年	1999 年	2000 年	2001 年	2003 年	2004 年	2005 年
全国总计	29152.5	31134.7	34152.6	37595.2	45842.0	53950.1	67176.6
北　京	1167.2	1313.3	1443.3	1593.5	1916.7	2191.8	2902.8
天　津	597.1	657.3	736.6	832.7	922.3	1052.7	1190.1
河　北	1332.6	1458.8	1613.9	832.7	2177.9	2522.9	2952.9
山　西	547.1	587.1	629.1	679.9	729.3	884.8	1401.2
内蒙古	399.5	437.4	484.0	537.3	726.8	892.0	1344.1
辽　宁	1568.7	1696.1	1847.6	2034.9	2330.8	2642.8	2999.0
吉　林	680.4	734.0	810.9	909.1	1110.3	1252.6	1460.8
黑龙江	949.7	1016.2	1094.0	1198.9	1376.5	1555.4	1760.1
上　海	1471.0	1590.4	1722.3	1861.3	2220.6	2454.6	2973.0
江　苏	2238.0	2394.1	2604.1	2869.0	3566.5	4159.7	5699.9
浙　江	1909.1	2075.8	2298.8	2555.5	3157.1	3645.4	4631.7
安　徽	924.8	979.1	1054.3	1142.8	1331.2	1503.1	1765.0
福　建	1132.5	1246.3	1372.8	1499.5	1740.5	1995.8	2345.8
江　西	605.1	650.5	704.9	763.3	923.2	1059.9	1236.2
山　东	2127.2	2310.1	2545.9	2834.9	3936.5	4483.4	6126.4
河　南	1496.2	1616.0	1786.7	1979.8	2426.4	2808.2	3358.4
湖　北	1481.4	1617.1	1789.4	1975.2	2358.7	2667.5	2964.6
湖　南	1125.3	1229.2	1364.7	1511.1	1816.3	2069.8	2459.1
广　东	3316.3	3656	4071.9	4515.3	5606.0	6370.4	7882.6
广　西	733.9	791.3	859.2	935.9	857.7	973.4	1397.0
海　南	147.9	157.7	172.5	187.5	191.6	220.2	268.6
重　庆	553.7	596.3	643.4	699.3	835.5	955.0	1215.8
四　川	1298.6	1382.6	1523.7	1680.4	2091.1	2384.0	2981.4
贵　州	289.9	313.8	343.7	378.0	458.8	517.6	606.9
云　南	500.1	539.0	583.2	655.4	782.5	884.6	1034.4

续表

地　区	1998年	1999年	2000年	2001年	2003年	2004年	2005年
西　藏	35.0	37.9	42.9	49.0	58.3	63.7	73.1
陕　西	518.8	557.1	607.6	665.1	853.2	966.5	1322.4
甘　肃	303.7	331.6	362.7	395.4	474.6	535.8	632.8
青　海	70.6	75.2	82.1	90.4	102.7	115.6	160.5
宁　夏	77.2	82.7	90.2	98.9	120.8	137.8	174.3
新　疆	327.5	347.4	374.5	406.3	421.2	482.1	637.8

注：1. 社会消费品零售额及增长速度均按当年价格计算。

2. 各地区相加不等于全国总计，原因是全国数据进行了修正（下表同）。

3. 2000－2003年全国总计为经济普查后修订数据，2004年全国和各地区为经济普查数据。

表18　　2005年各地区社会消费品零售总额

单位：亿元

地　区	社会消费品零售总额	按销售单位所在地分			按行业分		
		市	县	县以下	批发零售贸易业	餐饮业	其他行业
全国总计	67176.6	45094.3	7485.4	14596.9	56589.2	8886.8	1700.6
北　京	2902.8	2459.7	59.4	383.7	2529.4	268.0	105.4
天　津	1190.1	1113.0	42.2	34.9	958.4	159.5	72.2
河　北	2952.9	1398.8	588.4	965.7	2535.2	354.3	63.4
山　西	1401.2	902.8	262.3	236.1	1187.4	163.3	50.5
内蒙古	1344.1	903.4	275.9	164.8	1071.7	229.6	42.8
辽　宁	2999.0	2523.8	145.5	329.7	2479.2	453.1	66.7
吉　林	1460.8	1140.7	106.7	213.4	1238.6	217.1	5.1
黑龙江	1760.1	1323.0	226.4	210.7	1518.0	204.2	37.9
上　海	2973.0	2588.9	21.3	362.8	2611.3	350.3	11.4
江　苏	5699.9	4126.2	327.2	1246.5	4964.8	629.1	106.0
浙　江	4631.7	3046.7	460.6	1124.4	4020.8	533.2	77.7
安　徽	1765.0	941.2	360.6	463.2	1497.1	240.7	27.2
福　建	2345.8	1479.4	272.9	593.5	2011.9	286.8	47.1
江　西	1236.2	651.7	271.4	313.1	1096.5	123.3	16.4
山　东	6126.4	4004.5	605.9	1516.0	5116.7	753.0	256.7

续表

地　区	社会消费品零售总额	按销售单位所在地分			按行业分		
		市	县	县以下	批发零售贸易业	餐饮业	其他行业
河　南	3358.4	1805.2	657.4	895.8	2780.4	497.5	80.5
湖　北	2964.6	2057.3	279.1	628.2	2402.4	386.6	175.6
湖　南	2459.1	1371.4	453.6	634.1	2104.5	317.4	37.2
广　东	7882.6	5617.9	332.7	1932.0	6575.3	1174.3	133.0
广　西	1397.0	819.2	245.3	332.5	1203.7	166.5	26.8
海　南	268.6	190.7	19.7	58.2	210.9	46.1	11.6
重　庆	1215.8	714.8	163.0	338.0	1042.6	162.0	11.2
四　川	2981.4	1446.9	525.9	1008.6	2337.6	545.6	98.2
贵　州	606.9	362.7	115.8	128.4	531.8	64.7	10.4
云　南	1034.4	564.5	239.3	230.6	823.8	155.5	55.1
西　藏	73.1	33.0	30.8	9.3	57.9	11.2	4.0
陕　西	1322.4	867.0	233.1	222.3	1151.5	144.3	26.6
甘　肃	632.8	413.3	99.7	119.8	512.1	99.8	20.9
青　海	160.5	105.6	36.4	18.5	132.1	24.4	4.0
宁　夏	174.3	131.2	19.6	23.5	141.2	30.0	3.1
新　疆	637.8	442.4	95.3	100.1	509.8	90.6	37.4

表 19　　**各地区最终消费品**

单位：亿元

分类／年份／地区	最终消费					居民消费				
	1999 年	2000 年	2001 年	2003 年	2004 年	1999 年	2000 年	2001 年	2003 年	2004 年
北　京	954.1	1221.3	1467.71	1967.87	2264.55	633.8	808.5	913.95	1209.27	1354.23
天　津	716.8	804.7	901.85	1134.69	1272.6	503.8	557.3	621.00	722.86	806.11
河　北	1983.8	2240.7	2509.30	3259.52	3743.05	1523.6	1682.8	1857.54	2331.08	2619.18
山　西	857.1	946.0	1046.43	1374.17	1581.58	584.4	651.8	727.68	969.27	1147.27
内蒙古	724.5	787.2	936.2	1218.20	1411.61	540.2	578.7	671.12	896.64	1019.05
辽　宁	2330.5	2587.5	2828.09	3102.51	3287.27	1707.3	1867.4	2001.97	2172.06	2344.99
吉　林	1030.5	1174.9	1331.32	1678.60	1868.58	824.7	890.0	971.22	1231.20	1389.86
黑龙江	1730.8	1871.5	2110.54	2465.29	2793.53	1297.7	1394.2	1534.64	1771.63	1958.36
上　海	1917.5	1947.1	2149.07	2769.74	3261.42	1352.9	1521.1	1663.73	2122.90	2476.19

续表

地区 \ 分类/年份	最终消费					居民消费				
	1999年	2000年	2001年	2003年	2004年	1999年	2000年	2001年	2003年	2004年
江　苏	3339.8	3710.7	4295.96	5484.04	6667.64	2594.2	2815.5	3181.71	3909.55	4581.5
浙　江	2355.4	2774.7	3306.10	4368.50	4723.33	1727.9	1957.9	2197.33	3008.27	3216.42
安　徽	1861.2	1947.8	2108.09	2520.31	2835.44	1559.1	1615.4	1725.80	2038.10	2296.38
福　建	1830.6	2052.4	2225.23	2682.76	3019.07	1337.1	1496.2	1586.70	1859.60	2078.72
江　西	1174.6	1269.6	1357.47	1515.64	1822.14	865.9	989.2	1041.96	1161.01	1431.42
山　东	3809.1	4099.7	4582.61	5787.76	6810.2	2821.9	3099.8	3382.64	3992.22	4545.39
河　南	2358.3	2758.6	3114.13	3975.53	4673.62	1778.9	2084.1	2270.83	2913.36	3422.11
湖　北	1983.1	2146.5	2408.84	3042.34	3564.14	1593.9	1699.5	1899.35	2388.96	2814.42
湖　南	2212.5	2383.27	2553.14	2886.03	3315.51	1690.7	1782.8	1871.64	2016.88	2301.57
广　东	4511.6	5336.2	5841.32	7566.13	8774.75	3435.0	3754.8	3907.02	4900.01	5930.47
广　西	1342.9	1443.2	1597.05	1850.81	2079.28	978.8	1019.4	1075.89	1244.70	1395.28
海　南	258.5	284.5	299.86	355.22	401.85	201.5	218.4	226.61	264.27	294.74
重　庆	924.1	994.4	1078.06	1415.31	1579.2	716.4	760.0	817.56	1004.38	1128.05
四　川	2247.2	2522.9	2691.47	3155.90	3824.88	1827.0	2059.2	2076.80	2413.60	2943.58
贵　州	725.8	775.3	833.87	942.97	1086.53	568.1	600.1	611.31	665.97	750.57
云　南	1256.5	1481.8	1430.44	1597.60	1889.2	975.3	1066.8	934.60	1086.23	1303.68
西　藏	59.2	66.2	82.79	168.06	187.11	42.3	47.0	50.68	75.85	86.08
陕　西	903.8	956.5	1004.50	1188.41	1336.39	683.5	743.1	789.34	943.19	1075.63
甘　肃	547.8	579.2	674.42	750.45	901.11	419.2	444.2	473.85	564.06	642.29
青　海	151.5	167.3	197.79	250.98	301.72	109.9	116.8	128.23	155.23	172.27
宁　夏	154.0	186.6	223.52	277.05	318.75	108.7	125.7	133.20	168.55	198.83
新　疆	745.2	899.9	854.60	1037.59	1150.81	530.4	585.7	541.09	617.26	663.52

注：本表按当年价格计算。

表20　　居民消费水平及指数

年份	绝对数（元）			指数（1978=100）		
	全国居民	农村居民	城镇居民	全国居民	农村居民	城镇居民
1978	184	138	405	100.0	100.0	100.0
1980	236	178	496	115.8	115.5	111.9
1985	437	347	802	181.3	194.4	147.5
1990	803	571	1686	221.0	219.5	198.1

续表

年份	绝对数（元）			指数（1978 = 100）		
	全国居民	农村居民	城镇居民	全国居民	农村居民	城镇居民
1991	896	621	1925	239.4	234.2	216.6
1992	1070	718	2356	270.3	257.2	249.9
1993	1331	855	3027	292.2	272.8	272.1
1994	1746	1118	3891	304.8	285.4	276.7
1995	2236	1434	4874	327.7	308.7	289.6
1996	2641	1768	5430	357.5	351.9	296.7
1997	2834	1876	5796	372.4	363.6	307.0
1998	2972	1895	6217	393.1	370.2	332.4
1999	3138	1927	6796	424.2	387.6	370.0
2000	3397	2037	7402	462.7	406.6	418.5
2001	3609	2156	7761	491.0	424.6	449.8
2002	3791	2259	7972	521.1	441.3	485.1
2003	4058	2399	8265	540.4	466.7	452.1
2004	4925	2301	8679			
2005	5434	2608	9278			
平均每年增长（%）						
1979 – 2003 年				7.0	6.4	6.2
“六五”时期				9.4	11.0	5.7
“七五”时期				4.0	2.5	6.1
“八五”时期				8.2	7.1	7.9
“九五”时期				7.0	5.6	7.1

注：1. 本表绝对数按当年价格计算，指数按可比价格计算。

2.2004 年和 2005 年为经济普查后修订的数据，因与以前年份数据不可比，故指数暂缺。

表 21　　各地区居民消费水平及增长速度

地　区	消费水平（元/人）					
	1998 年	1999 年	2000 年	2001 年	2003 年	2004 年
北　京	5178	5784	7326	8197	10584	12405
天　津	5209	5551	6117	6802	7836	8765
河　北	2207	2312	2534	2785	3452	3858
山　西	1835	1833	2037	2232	2934	3451
内蒙古	2141	2279	2425	2806	3742	4233.2

续表

地 区	消费水平（元/人）					
	1998年	1999年	2000年	2001年	2003年	2004年
辽 宁	3829	4128	4490	4789	5159	5561
吉 林	3015	3148	3381	3651	4557	5136
黑龙江	3276	3431	3669	4029	4645	5132
上 海	9202	10328	11546	12562	15866	18382
江 苏	3498	3594	3862	4322	5274	6159
浙 江	3784	3877	4366	4772	6451	6844
安 徽	2370	2523	2588	2739	3312	3707
福 建	3934	4066	4428	4611	5324	5913
江 西	1973	2056	2396	2500	2739	3353
山 东	2899	3194	3467	3751	4385	4966
河 南	1862	1902	2208	2385	3129	3681
湖 北	2706	2691	2857	3183	3985	4684
湖 南	2471	2594	2723	2845	3284	3739
广 东	2594	4760	5007	5038	6190	7286.48
广 西	2040	2079	2147	2247	2567	2863
海 南	2562	2729	2904	2961	3275	3620
重 庆	2224	2336	2466	2642	3217	3596
四 川	2121	2191	2456	2466	2839	3643
贵 州	1511	1542	1608	1631	1770	1946
云 南	2059	2340	2530	2192	2495	2966
西 藏	1551	1669	1823	1939	2825	3166
陕 西	1852	1884	2035	2150	2548	2893
甘 肃	1612	1650	1734	1839	2171	2460
青 海	2047	2050	2255	2443	2895	3183
宁 夏	1947	2014	2290	2384	2927	3404.91
新 疆	2745	2936	2650	2882	3237	3377

注：绝对数按当年价格计算，增长速度按可比价格计算。

表22

各种价格指数

（上年=100）

项　目	1985年	1990年	1995年	2000年	2001年	2003年	2004年	2005年
居民消费价格指数	109.3	103.1	117.1	100.4	100.7	101.2	103.9	101.8
城市居民	111.9	101.3	116.8	100.8	100.7	100.9	103.3	101.6
农村居民	107.6	104.5	117.5	99.9	100.8	101.6	104.8	102.2
商品零售价格指数	108.8	102.1	114.8	98.5	99.2	99.9	102.8	100.8
工业品出厂价格指数	108.7	104.1	114.9	102.8	98.7	102.3	106.1	104.9
原材料、燃料、动力购进价格指数		105.6	115.3	105.1	99.8	104.8	111.4	108.3
固定资产投资价格指数（上年=100）			105.9	101.1	100.4	102.2	105.6	101.6

表23

2005年居民消费价格分类指数

（上年=100）

项　目	全国
居民消费价格指数	101.8
一、食品	102.9
粮食	101.4
油脂	94.3
肉禽及其制品	102.5
蛋	104.6
水产品	105.9
菜	109.1
糖	104.0
茶及饮料	100.1
干鲜瓜果	102.2
奶及奶制品	100.9
二、烟酒及用品	100.4
烟草	100.4
酒	100.6
三、衣着	98.3
服装	98.1
鞋帽袜	98.3
四、家庭设备用品及服务	99.9
耐用消费品	98.8

续表

项　目	全国
室内装饰品	99.5
家庭服务及加工维修服务	104.4
五、医疗保健和个人用品	99.9
医疗保健	99.5
个人用品及服务	100.8
六、交通和通信	99.0
交通	101.5
通信	96.6
七、娱乐教育文化	102.2
文娱耐用消费品及服务	93.8
教育	105.1
文化娱乐用品	101.2
旅游及外出	99.6
八、居住	105.4
建房及装修材料	102.6
租房	101.9
自有住房	105.6
九、水电燃料	108.6

注：从2001年起，国家统计局计算发布以2000年价格水平为固定对比基期的居民消费价格指数。

表24

2005年各地区居民消费价格分类指数

（上年=100）

地区	居民消费价格指数	食品	烟酒及用品	衣着	家庭设备用品及服务	医疗保健和个人用品	交通和通信	娱乐教育文化	居住
全　国	101.8	102.9	100.4	98.3	99.9	99.9	99.0	102.2	105.4
北　京	101.5	104.9	100.0	100.1	99.7	98.0	97.5	99.7	105.9
天　津	101.5	103.4	99.7	96.3	99.1	97.6	98.6	100.0	106.7
河　北	101.8	102.4	99.9	98.8	98.4	99.2	99.0	105.0	105.5
山　西	102.3	102.7	100.8	97.8	100.4	99.9	98.8	108.1	104.5
内蒙古	102.4	102.9	100.0	100.1	100.3	105.7	99.8	100.4	106.9

续表

地区	居民消费价格指数	食品	烟酒及用品	衣着	家庭设备用品及服务	医疗保健和个人用品	交通和通信	娱乐教育文化	居住
辽　宁	101.4	101.8	100.9	96.9	99.7	99.3	98.7	106.3	104.5
吉　林	101.5	101.8	101.1	100.5	99.2	98.6	96.2	103.0	107.6
黑龙江	101.2	100.1	101.3	99.3	100.2	100.0	99.4	100.2	109.4
上　海	101.0	104.5	99.7	92.1	100.8	100.3	97.5	98.3	102.9
江　苏	102.1	103.9	100.6	98.6	100.2	100.2	98.4	102.2	104.4
浙　江	101.3	103.0	100.0	97.0	100.1	100.8	98.9	100.2	104.4
安　徽	101.4	102.6	100.0	98.5	99.3	98.7	99.3	100.9	105.3
福　建	102.2	103.7	99.8	97.1	99.6	98.8	97.7	104.7	106.8
江　西	101.7	103.1	100.2	97.7	99.6	100.9	99.5	100.0	105.7
山　东	101.7	102.7	100.3	98.2	100.1	99.7	99.5	102.7	105.2
河　南	102.1	103.4	101.0	98.2	99.6	98.2	100.3	102.6	106.8
湖　北	102.9	104.2	100.8	100.1	98.8	98.1	101.5	103.6	105.7
湖　南	102.3	102.9	99.8	99.4	100.7	99.0	99.3	103.0	107.3
广　东	102.3	104.7	101.3	98.3	100.6	99.2	99.1	100.3	104.4
广　西	102.4	102.7	99.9	97.1	99.9	100.2	101.1	106.6	104.0
海　南	101.5	101.7	101.2	97.0	100.7	99.7	100.5	101.1	105.9
重　庆	100.8	100.1	101.2	92.1	100.1	102.5	99.9	104.1	103.0
四　川	101.7	102.1	100.4	97.6	99.7	101.3	100.2	104.5	103.8
贵　州	101.0	101.3	100.1	99.3	99.4	100.5	99.4	99.0	106.4
云　南	101.4	100.8	103.7	98.0	100.4	102.2	98.3	102.3	105.9
西　藏	101.5	101.3	102.2	100.7	99.6	100.4	100.2	99.6	106.7
陕　西	101.2	101.0	100.3	100.0	99.8	98.5	100.6	100.3	106.7
甘　肃	101.7	101.2	97.9	97.1	99.4	103.3	97.3	104.1	109.1
青　海	100.8	101.0	100.0	97.3	99.8	102.0	91.8	103.6	106.3
宁　夏	101.5	101.9	99.0	103.5	99.1	98.2	100.5	99.6	106.3
新　疆	100.7	98.5	99.3	98.4	99.1	109.3	99.5	98.6	107.3

表25　　　　2005年商品零售价格分类指数

（上年=100）

项目	2005年		
	全国	城市	农村
商品零售价格指数	100.8	100.5	101.4
一、食品	103.1	103.3	102.8
粮食	101.4	101.6	101.2
油脂	94.7	94.6	94.8
肉禽及其制品	103.0	102.8	103.3
蛋	104.7	104.3	105.5
水产品	105.8	106.3	104.6
菜	108.1	108.6	107.2
干鲜瓜果	101.7	101.9	101.2
奶及奶制品	100.9	100.7	101.5
二、饮料烟酒	100.5	100.4	100.6
三、服装鞋帽	97.9	97.4	99.1
四、纺织品	99.8	99.3	100.4
五、家用电器及音像器材	96.3	95.9	97.3
家庭设备	98.8	98.8	98.8
文娱用耐用消费品	92.8	91.2	95.6
音像器材类	97.0	96.8	98.1
六、文化办公用品	96.7	96.0	98.2
七、日用品	100.2	100.2	100.2
八、体育娱乐用品	98.4	98.1	99.1
体育用品	99.8	99.9	99.7
娱乐用品	97.4	96.9	98.7
九、交通、通信用品	91.7	90.8	94.0
交通运输机械	95.3	94.7	97.1
通讯机器类	85.6	83.2	90.4
十、家具	99.1	98.7	100.1
十一、化妆品	99.3	99.2	99.5
十二、金银珠宝	104.4	104.6	104.1
十三、中西药品及医疗保健用品	97.6	97.7	97.4

续表

项目	2005年		
	全国	城市	农村
中药材及中成药	96.5	96.6	96.3
西药	97.8	97.8	97.8
十四、书报杂志及电子出版物	100.3	100.4	100.3
教材及参考书	100.8	101.0	100.5
书报杂志	100.7	100.7	100.5
电子音像制品	98.7	98.5	99.1
十五、燃料	115.4	114.3	117.4
煤炭及制品类	121.5	120.1	122.7
石油及制品类	113.6	113.2	114.6
十六、建筑装潢材料	102.1	101.9	102.5
建筑装潢材料	102.3	102.0	102.8
五金电料类	101.5	101.6	101.3

表 26　　各地区年底人口

单位：万人

地　区	1998年	1999年	2000年	2001年	2003年	2004年	2005年
全国总计	124761	125786	126583	127627	129227	129988	130756
北　京	1246	1257	1357	1383	1456	1493	1538
天　津	957	959	1001	1004	1011	1024	1043
河　北	6569	6614	6744	6699	6769	6809	6851
山　西	3172	3204	3297	3272	3314	3335	3355
内蒙古	2345	2362	2376	2377	2380	2384	2386
辽　宁	4157	4171	4238	4194	4210	4217	4221
吉　林	2644	2658	2728	2691	2704	2709	2716
黑龙江	3773	3792	3689	3811	3815	3817	3820
上　海	1464	1474	1674	1614	1711	1742	1778
江　苏	7182	7213	7438	7355	7406	7433	7475
浙　江	4456	4475	4677	4613	4680	4720	4898
安　徽	6184	6237	5986	6328	6410	6461	6120

续表

地 区	1998年	1999年	2000年	2001年	2003年	2004年	2005年
福 建	3299	3316	3471	3440	3488	3511	3535
江 西	4191	4231	4140	4186	4254	4284	4311
山 东	8838	8883	9079	9041	9125	9180	9248
河 南	9315	9387	9256	9555	9667	9717	9380
湖 北	5907	5938	6028	5975	6002	6016	5710
湖 南	6502	6532	6440	6596	6663	6698	6326
广 东	7143	7270	8642	7783	7954	8304	9194
广 西	4675	4713	4489	4788	4857	4889	4660
海 南	753	762	787	796	811	818	828
重 庆	3060	3075	3090	3097	3130	3122	2798
四 川	8493	8550	8329	8640	8700	8725	8212
贵 州	3658	3710	3525	3799	3870	3904	3730
云 南	4144	4192	4288	4287	4376	4415	4450
西 藏	252	256	262	263	270	274	277
陕 西	3596	3618	3605	3659	3690	3705	3720
甘 肃	2519	2543	2562	2575	2603	2619	2594
青 海	503	510	518	523	534	539	543
宁 夏	538	543	562	563	580	588	596
新 疆	1747	1774	1925	1876	1934	1963	2010

注：1.2000年数据为第五次全国人口普查时汇总的11月1日零时数，各省总人口包括外来人口，不包括外出人口。其他年份数据为人口变动情况调查推算数。

2005年中国连锁百强企业状况分析

一、从五年来的“连锁百强”看中国连锁经营发展

中国连锁经营协会自2001年发布“连锁百强”，至今已有五个年头。从“连锁百强”的变化，可以看出我国连锁经营发展的几个突出特点。

1．现代流通方式在消费品零售市场中的地位越来越重要

2001年，“连锁百强”企业的销售额只占社会消费品零售总额的4.3%，到2005年已超过10%。

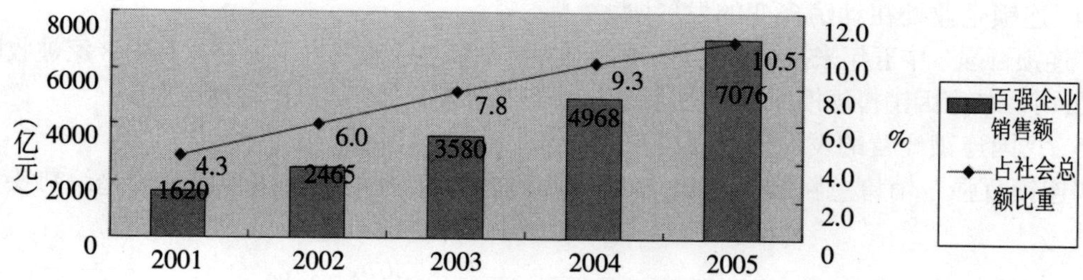

图1　百强企业销售额及其占社会消费品零售总额比重

2．行业集中度不断提高，龙头企业正在逐步形成

2005年与2001年相比，“连锁百强”平均销售额由16亿元增长到71亿元，增长了3.4倍，平均企业店铺数量从131个增长到382个，增长了1.9倍。2005年，百强前十名销售额占到百强销售总额的44%。

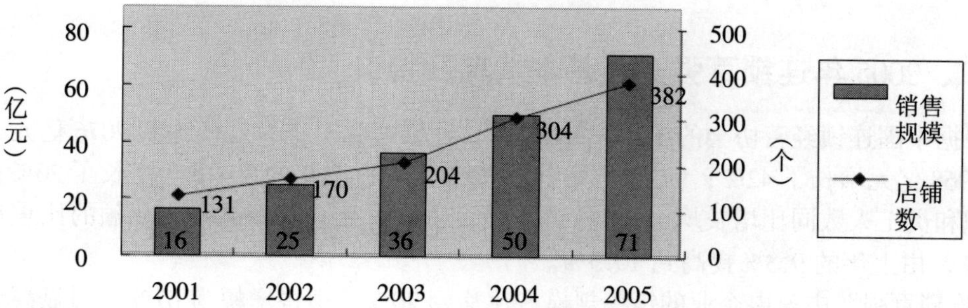

图2　百强企业平均规模

3．多种经济成分并存

国有企业主体地位让位，外资和民营经济占有越来越大的份额，反映了零售业改革开

放以来所有制变化的轨迹。

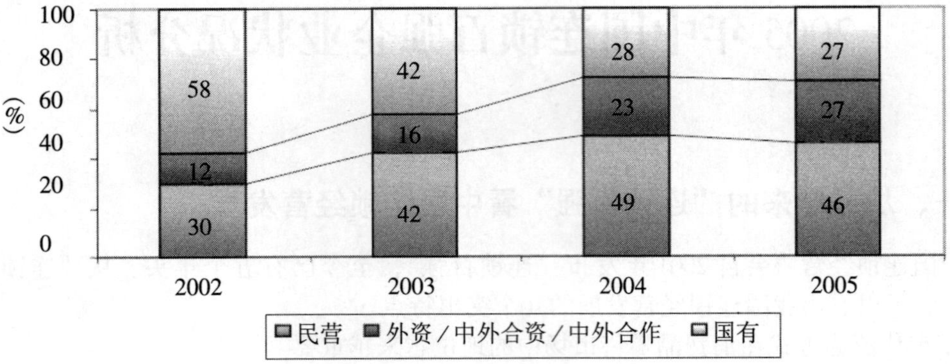

图3 百强企业所有制结构变化情况

4. 连锁企业处在动荡多变的发展阶段

"连锁百强"中五年来持续榜上有名的企业为55家，45家发生了更替，其中8家被收购纳入母公司，25家因销售规模原因无法持续进入，5家转型，7家因破产等情况退出。

5. 我国连锁经营的发展依然保持高速增长，但增势减缓

"连锁百强"销售总额增幅2001年为65%，2005年为42%，呈现明显的趋缓势头。

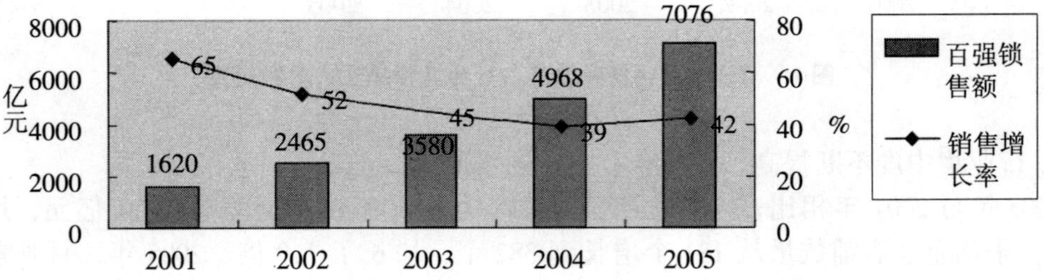

图4 百强企业销售额的变化

二、2005年连锁百强企业基本情况及特点

根据中国连锁经营协会的统计，2005年，"连锁百强"销售规模达到7076亿元，比上年的4968亿元增长了42%；门店总数达到38260个，比上年的30416个增长了26%；营业总面积和员工人数同比增长均为38%；"连锁百强"占社会消费品零售总额的比重首次突破10%，由上年的9.3%提高到10.5%。

"连锁百强"中家电企业的销售规模占比达到20%，销售增幅为67%，明显高于其他业态；民营企业46家，外资企业18家，中外合资、合作及境外基金注入企业9家；国有企业及国有控股企业所占比重下降。

对2005年"连锁百强"情况进行分析，有以下三个特点值得关注：

1. 并购重组已成为连锁企业规模扩张的重要方式

2005年连锁百强前10位中的内资企业共发生收购活动14起，构成了收购活动的主体，在企业规模增长中占有较大比重。

家电企业收购活跃，进入百强的家电企业中，50%采用并购手段，共进行了8次并购活动。这些并购，使家电企业2005年平均销售规模增长了67%，门店数增长了58%，远远高于百强企业平均增幅。

百强企业中，有近20家已组建的企业集团或大企业进行了重组，包括资产重组、基本管理架构和机构设置重组等。其中5家为上市做准备，其他企业主要目的在于应对竞争，适应多业态发展的要求。

2．布局全国，外资企业优势渐显

市场份额提高。2005年百强中，外资企业18家，比2004年增加6家；销售规模总额1439亿元，占百强总销售规模的20%。如果包括中外合资、合作、境外上市、国外资金注入内资企业等则上榜企业27家，销售总额2619亿元，占“连锁百强”总销售规模的37%。

专注主力业态。外资企业主要集中在目前具有竞争优势的大卖场业态，百家快速消费品零售企业中，以大卖场为主的10家外资企业店铺数为475家，占总店数的1.6%，但实现销售额937亿元，占总销售额的23%。

保持平稳发展。在前30名快速消费品零售企业中，从销售额增长情况看，外资企业2005年增长23%，与2004年增幅相同，其他企业2005年增长32%，较上年增幅下降14个百分点；从门店增长情况看，外资企业2005年增长22%，较上年增幅下降3个百分点，其他企业增长26%，下降6个百分点，外资企业发展基本平稳。

优化战略布局。2005年10家以大型超市为主要业态的外资企业共新增大型超市120家，以北京为中心，向东北、西北延伸；以广州、深圳为中心，向西南延伸；在中部，沿长江一线延伸。

3．聚集区域，内资企业稳中求进

2005年中国百家快速消费品零售企业中，78家是区域型企业（在本省或相邻省内发展，并在当地市场处于领先地位的企业），销售总额占百家企业销售总额的35%。

分析快速消费品前30名中的内资企业，可以看到区域型企业和跨区域企业在销售和店铺增长方面的不同点。从销售规模情况看，区域型企业2005年增长39%，比上年提高9个百分点，而跨区域企业2005年增长16%，比上年下降26个百分点；从店铺情况看，区域型企业2005年增长30%，2004年为26%，增速提高，跨区域企业两年的增长分别是22%和41%，增速下降。

在快速消费品零售行业，区域型企业有其独特的竞争优势。在发达国家的零售业中，一直有大量的区域型企业保持旺盛的生命力。一些前几年快速跨区域发展的企业，目前也在进行调整，实行重点区域战略，这是2005年跨区域发展企业的一个显著特点。

三、2005年度特许连锁发展总体状况

此次特许年度调查内容，包括特许连锁企业经营状况、发展模式、特许经营费收取等项目，在十五个行业和业态中进行了专项调研。

调查显示，截至2005年12月底，我国特许体系达到2320个，比上年增长10.4%，增幅与上年持平；加盟店铺总数为168000个，较上年增长40%；单个特许体系平均加盟店

铺数达到73个，企业经营规模较上年有明显增长（2004年单个特许体系平均拥有加盟店57家）。以上数据显示，国内特许体系的增长速度与上年持平，但单个体系规模增长较快。

2005年度特许连锁领域的发展呈现以下特点：

1. 零售业中采用特许经营模式的比例上升最快

根据本次调查结果，开展特许经营的企业中零售企业增长最快，占到全部特许体系的49%，较上年增长16个百分点，服务业占25%，餐饮业占26%。零售企业中又以便利店、超市和各类特色商品专卖店增幅最为明显。

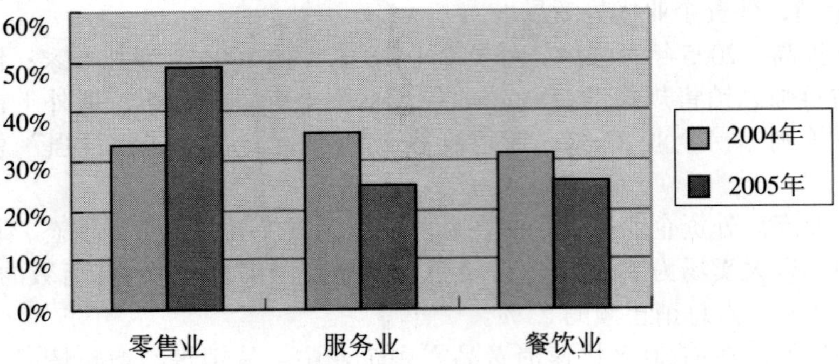

图5　2004－2005年三大行业特许体系占比情况

2. 多品牌发展渐成趋势

调查结果显示，特许企业开展多品牌经营已成趋势，尤其是餐饮业特许企业，调查中仅有10%的餐饮企业目前仍未考虑多品牌发展。

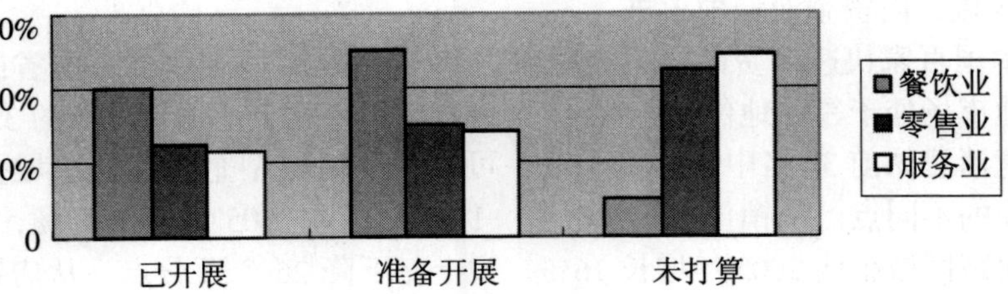

图6　三大行业中特许企业多品牌发展比较

3. 国际化步伐日渐加快

调查中我们了解到，2005年，海外特许品牌进入中国发展的速度明显增快，如Burger King，Super 8，5àSec（五优洁），Bojangles（堡简阁），Uniglobal Travel等。这一方面得益于我国政策环境的完善，另一方面则是中国特许经营市场环境稳步发展的体现；同时，海外特许品牌的进入不仅带来了新的商业概念，增加了特许行业和业态的覆盖面，而且还带来了更先进的管理技术和营销手段，促进特许连锁整体水平的提高。

国内已经在海外开展业务的特许企业及有意向海外发展的特许企业数量也明显增加。目前已走向海外市场的特许品牌有全聚德、小肥羊、马兰拉面、小天鹅、谭木匠等。另外，调查统计的300家企业中，有10%的特许品牌计划年内向海外发展。

表 1　　**2005 年中国连锁百强企业**

	序号	企业名称	销售规模（万元）	增幅（%）	门店总数（个）	增幅（%）
☆	1	百联集团有限公司	7207393	7	6345	15
		联华超市股份有限公司	3828478	25	3786	15
		华联超市股份有限公司	1700000	-20	1937	14
		华联吉买盛购物中心有限公司	216900	2	19	26
		好美家装潢建材有限公司	249194	24	27	23
★	2	北京国美电器有限公司	4984000	109	426	88
★	3	苏宁电器集团	3971841	80	363	88
★	4	华润万家有限公司	3129946	26	2133	20
		苏果超市有限公司	1812000	31	1503	15
★	5	大商集团股份有限公司	3011739	30	130	8
★	6	北京华联集团投资控股有限公司	2080000	30	74	6
★	7	物美控股集团有限公司	1907184	44	659	8
		北京超市发连锁股份有限公司	168252	2	44	2
★	8	农工商超市（集团）有限公司	1754900	28	1572	28
★	9	家乐福（中国）管理咨询服务有限公司	1743580	25	78	26
	10	上海大润发有限公司	157000 *	35	60	28
★	11	上海永乐家用电器有限公司	1516550	40	199	81
★	12	重庆商社（集团）有限公司	1505417	14	191	12
★	13	江苏五星电器有限公司	1461163	56	193	61
★	14	百姓（中国）投资公司	1330000	13	1757	21
★	15	山东三联集团有限责任公司	1320147	0	274	8
	16	好又多商业发展集团公司	1320000	10	96	9
★	17	新一佳超市有限公司	1180145	39	79	36
★	18	中国百盛集团	1100000 *	49	36	20
☆	19	合肥百华大楼集团股份有限公司	1050000	44	54	29
	20	易初莲花（中国）连锁超市有限公司	1006000 *	36	61	49
★	21	江苏文峰大世界连锁发展股份有限公司	1000100	31	612	21
★	22	沃尔玛（中国）投资有限公司	993370 *	31	56	30
★	23	家世界连锁商业集团有限公司	921743	28	82	30
★	24	利群集团股份有限公司	822890	61	643	26
★	25	武汉武商集团股份有限公司	807206	3	42	8

续表

	序号	企业名称	销售规模（万元）	增幅（%）	门店总数（个）	增幅（%）
		武商量贩连锁有限公司	441650	10	28	17
★	26	武汉中百集团股份有限公司	799367	31	385	17
★	27	上海康诚仓储有限公司（乐购）	792000	13	39	26
★	28	锦江麦德龙现购自运有限公司	754633	19	27	17
★	29	人人乐商业集团	672443	8	40	25
★	30	宏图三胞高科技术股份有限公司	670000	72	75	97
★	31	北京王府井百货（集团）股份有限公司	6447446	22	14	8
★	32	深圳市铜锣湾百货有限公司	626800	49	56	367
★	33	东方家园有限公司	602473	15	27	23
★	34	北京京客隆商业集团股份有限公司	551000	5	156	47
☆	35	山东银座商城股份有限公司	542984	23	62	48
★	36	内蒙古小肥羊餐饮连锁有限公司	525000	21	716	2
☆	37	武汉中商集团股份有限公司	521169	14	44	10
★	38	百安居（中国）建材超市	516000 *	156	48	129
★	39	山东潍坊百货集团股份有限公司	503148	48	199	36
	40	欧尚（中国）公司	500000 *	42	13	18
★	41	重庆百货大楼股份有限公司	497959	2	58	9
★	42	江苏时代超市有限公司	462560	26	58	4
★	43	山东家家悦超市有限公司	461040	30	286	42
★	44	安徽商之都有限责任公司	455400	50	41	28
★	45	麦当劳（中国）有限公司	445000 *	25	750	25
★	46	深圳天虹商场有限公司	425593	51	19	27
★	47	百佳超级市场有限公司	379456	17	37	19
★	48	内蒙古小尾羊餐饮连锁有限公司	359230	28	532	28
★	49	福建永辉集团有限公司	357501	80	78	16
★	50	北京新燕莎控股（集团）有限责任公司	355907	27	8	0
★	51	山东新星集团有限公司	340000	31	158	16
★	52	步步高商业连锁股份有限公司	337000	59	63	40
★	53	新合作商贸连锁有限公司	310000		6010	
	54	华糖洋华堂商业有限公司	310000 *	15	7	40
★	55	湖南友谊阿波罗股份有限公司	307583	10	29	38

续表

	序号	企业名称	销售规模（万元）	增幅（%）	门店总数（个）	增幅（%）
★	56	四川省互惠商业有限责任公司	300000	20	616	27
★	57	成都红旗连锁有限责任公司	278026	13	607	10
★	58	宁波三江购物俱乐部有限公司	252157	23	68	36
★	59	辽宁兴隆百货集团	250000	47	7	40
★	60	上海家得利超市有限公司	249200		128	6
★	61	上海可的便利店有限公司	239139	17	1182	10
★	62	广州市广百股份有限公司	230000	19	19	58
★	63	南京华诚超市有限公司	218637	11	340	5
★	64	湖南老百姓大药房连锁有限公司	218000	20	70	21
★	65	青岛维客集团股份有限公司	217220	42	726	2
★	66	上海捷强烟草糖酒（集团）连锁有限公司	191330	3	366	－12
★	67	永旺（中国）商业有限公司（佳士客）	190900		10	25
★	68	北京美廉美连锁商业有限公司	189800	39	20	18
	69	福建新华都购物广场有限公司	189768	56	15	50
★	70	广东大地通讯连锁服务有限公司	180000	20	130	16
★	71	浙江人本超市有限公司	179809	19	175	72
★	72	深圳市海王星辰医药有限公司	160000	58	1115	67
★	73	重庆小天鹅控股（集团）有限公司	156920	8	339	10
★	74	安徽华夏集团	155378	23	179	220
★	75	重庆德庄实业集团	152000		355	18
★	76	河北保龙仓商业连锁经营有限公司	148800	29	13	18
★	77	上海良友金伴便利店连锁有限公司	142969	10	643	12
★	78	深圳市民润农产品配送连锁有限公司	140413	－3	116	1
★	79	济南华联超市有限公司	140000	133	6	50
★	80	华普超市有限公司	138175	35	22	38
★	81	天津德克士食品开发有限公司	136192	35	545	42
★	82	中国全聚德（集团）股份有限公司	123627	24	64	16
★	83	浙江华联商厦有限公司	121000	10	185	7
★	84	临沂九州经贸有限责任公司	120000	20	72	3
★	85	河北省邯郸市阳光百货集团	120000	26	19	6
★	86	哈尔滨中央红集团股份有限公司	115249	11	145	0

续表

	序号	企业名称	销售规模（万元）	增幅（%）	门店总数（个）	增幅（%）
★	87	陕西海星连锁超级市场有限责任公司	113544	13	185	19
★	88	哈尔滨联强商业发展有限公司	113005	25	29	7
★	89	漯河双汇商业连锁有限公司	109953	-7	319	-13
★	90	安徽徽商农家福股份有限公司	101711		1021	3
★	91	西安爱家商贸有限公司	10900	35	9	13
★	92	北京东易日盛装饰有限责任公司	107000	44	136	42
★	93	辽宁千里明药业（集团）有限公司	100502	21	1080	21
★	94	中贸联万客隆商业有限公司	100000		5	-17
★	95	阜阳华联超市有限公司	98000	9	118	23
★	96	北京顺天府商贸有限公司	94077	14	20	11
★	97	重庆秦妈餐饮文化有限公司	92669	10	304	16
★	98	山西太原唐久超市有限公司	87000	123	308	93
★	99	青岛利客来商贸股份有限公司	83600	39	155	
★	100	内蒙古呼伦贝尔友谊有限责任公司	82136	19	24	20
		合计	70760912	32	38260	32

表2　2005年中国百家快速消费品连锁零售企业基本情况

会员	序号	企业名称	销售规模（万元）	门店总数（个）
★	1	联华超市股份有限公司	3828478	3786
★	2	北京华联集团投资控股有限公司	2080000	74
★	3	苏果超市有限公司	1812000	1503
★	4	物美集团	1738932	615
★	5	农工商超市（集团）有限公司	1754900	1572
★	6	家乐福（中国）管理咨询服务有限公司	1743580	78
★	7	华联超市股份有限公司	1700000	1937
	8	上海大润发有限公司	1570000 *	60
	9	好又多商业发展集团公司	1320000	96
★	10	华润万家有限公司	1201946	610
★	11	新一佳超市有限公司	1180145	79
★	12	合肥百货大楼集团股份有限公司	1050000	54

续表

会员	序号	企业名称	销售规模（万元）	门店总数（个）
	13	易初莲花（中国）连锁超市有限公司	1006000 *	61
★	14	沃尔玛（中国）投资有限公司	993370 *	56
★	15	家世界连锁商业集团有限公司	921743	82
★	16	利群集团股份有限公司	822890	643
★	17	上海康诚仓储有限公司（乐购）	792000	39
★	18	锦江麦德龙现购自运有限公司	754633	27
★	19	人人乐商业集团	672443	40
★	20	武汉中百仓储超市	607400	41
★	21	北京京客隆商业集团股份有限公司	551000	156
★	22	山东潍坊百货集团股份有限公司	503148	199
	23	欧尚（中国）公司	500000 *	13
★	24	江苏时代超市有限公司	462560	58
★	25	山东家家悦超市有限公司	461040	286
★	26	武商量贩连锁有限公司	441650	28
★	27	百佳超级市场有限公司	379456	37
★	28	福建永辉集团有限公司	357501	78
★	29	山东新星集团有限公司	340000	158
★	30	步步高商业连锁股份有限公司	337000	63
★	31	新合作商贸连锁有限公司	310000	6010
★	32	华糖洋华堂商业有限公司	310000 *	7
★	33	湖南友谊阿波罗股份有限公司	307583	29
★	34	四川省互惠商业有限责任公司	300000	616
★	35	成都红旗连锁有限责任公司	278026	607
★	36	宁波三江购物俱乐部有限公司	252157	68
★	37	上海家得利超市有限公司	249200	128
★	38	上海可的便利店有限公司	239139	1182
★	39	武汉中商平价超市分公司	230000	20
★	40	南京华诚超市有限公司	218637	340
★	41	青岛维客集团股份有限公司	217220	726
★	42	华联吉买盛购物中心有限公司	216900	19

续表

会员	序号	企业名称	销售规模（万元）	门店总数（个）
★	43	上海捷强烟草糖酒（集团）连锁有限公司	191330	366
★	44	永旺（中国）商业有限公司（佳士客）	190900	10
★	45	北京美廉美连锁商业有限公司	189800	20
	46	福建新华都购物广场有限公司	189768	15
★	47	浙江人本超市有限公司	179809	175
★	48	北京超市发连锁股份有限公司	168252	44
★	49	河北保龙仓商业连锁经营有限公司	148800	13
★	50	上海良友金伴便利店连锁有限公司	142969	643
★	51	深圳市民润农产品配送连锁有限公司	140413	116
★	52	济南华联超市有限公司	140000	6
★	53	华普超市有限公司	138175	22
	54	浙江华联商厦有限公司	121000	185
★	55	临沂九州经贸有限责任公司	120000	72
★	56	浙江华润慈客隆超市有限公司	116000	125
★	57	哈尔滨中央红集团股份有限公司	115249	145
★	58	陕西海星连锁超级市场有限责任公司	113544	185
★	59	哈尔滨联强商业发展有限公司	113005	29
★	60	漯河双汇商业连锁有限公司	109953	319
★	61	西安爱家商贸有限公司	109000	9
★	62	安徽徽商农家福股份有限公司	101711	1021
★	63	中贸联万客隆商业有限公司	100000	5
★	64	阜阳华联超市有限公司	98000	118
★	65	北京顺天府商贸有限公司	94077	20
★	66	山西省太原唐久超市有限公司	87000	308
★	67	青岛利客来商贸股份有限公司	83600	155
★	68	唐山华盛超市有限公司	82000	40
★	69	浙江供销超市有限公司	80374	700
★	70	宁波市北仑区加贝购物俱乐部	80000	138
★	71	湖北富迪实业有限公司	80000	180
★	72	河南思达连锁商业有限公司	79000	231

续表

会员	序号	企业名称	销售规模（万元）	门店总数（个）
★	73	广西南宁康迈商业有限责任公司利客隆超市	68535	161
★	74	天津市津工超市有限责任公司	61913	252
★	75	日照百货大楼	61000	40
★	76	北京首航国力商贸有限公司	57787	37
★	77	河南大张实业有限公司	56000	40
★	78	信阳市西亚超市	55000	21
★	79	江苏雅家乐超市有限公司	51730	42
★	80	东莞市糖酒集团美宜佳便利店有限公司	51559	682
★	81	河北国大连锁商业有限公司	51000	369
★	82	胜利油田胜大超市	50000	30
★	83	山东奥德隆集团有限公司	46362	56
★	84	无锡天惠超市股份有限公司	45262	54
★	85	河北沧州好日子超市股份有限公司	41367	758
★	86	唐山百货大楼集团八方购物广场	36933	6
★	87	唐山陈氏超市有限公司	33000	46
★	88	大庆市庆客隆商贸有限公司	32000	13
	89	宁波新江厦连锁超市有限公司	29757	18
★	90	石家庄天元发展有限责任公司	28000	95
★	91	太原市金虎连锁超市配送有限公司	26239	256
★	92	浙江省普陀华侨友谊有限公司	26000	117
★	93	淄博政通超市有限公司	25000	40
★	94	张家口佳美连锁超市有限公司	25000	221
★	95	秦皇岛家惠商贸有限公司	23558	19
★	96	浙江天天惠超市有限公司	21880	55
★	97	唐山市金客隆超市有限公司	21859	8
★	98	大连昌临旺客隆连锁有限公司	21000	78
★	99	北京翠微家园超市连锁经营有限公司	21242	4
★	100	大连金玛超市连锁有限公司	20000	145
		合计	39805389	31281

表3　　2005年部分省、自治区连锁经营发展情况

（按占比排序）

省份	社会消费品零售总额（亿元）	连锁经营零售额（亿元）	占社会消费品零售总额比%	连锁网点数量
辽宁	2999	625	21	7225
广东	7883	1582	20	11076
新疆	638	128	20	3000
四川	2981	502	17	
浙江	3477	452	13	7052
吉林	325	33	10	
山东	6126	331	5	
湖南	2459	114	5	1304
山西	1401	64.7（限额以上）	5	

表4　　2005年部分城市连锁经营发展情况

（按占比排序）

城市	社会消费品零售总额（亿元）	连锁经营零售额（亿元）	占社会消费品零售总额比（%）	连锁网点数量（个）
深圳	1438	676	47	
上海	2973	1079	37	9264
北京	2903	951	33	5973
天津	1190	384	32	2422
杭州	841	234	28	
广州	1899	521	27	13000
青岛	866	235	27	4500（到三季度）
沈阳	915	230	25	4200
重庆	1100	194.5（1－9月）	25	8200
成都	999	230	23	2000
合肥	327	72	22	400
南宁	378	76	20	
哈尔滨	788	36	5	

表 5　　2005 年主要外资连锁零售企业基本情况

序	企业名称	来自国别及地区	销售规模（万元）	门店数量（个）
1	家乐福（Carrefour）	法国	1743580	70
2	大润发（RT-MART）	台湾	1570000 *	60
3	百胜集团（YUM!）	美国	1330000	1700
4	好又多（Trust Mart）	台湾	1320000	105
5	华润万家（Vanguard）	香港	1201946	509
6	百盛（Parkson）	马来西亚	1100000 *	36
7	易初莲花（Lotus）	泰国	1006000 *	61
8	沃尔玛（Wal-Mart）	美国	993370 *	56
9	乐购（Hymall TESCO）	英国	792000	39
10	锦江麦德龙（METRO）	德国	754633	27
11	百安居（B&Q）	英国	516000 *	48
12	欧尚超市（AUCHAN）	法国	500000 *	13
13	麦当劳（Mcdonald’s）	美国	445000 *	750
14	百佳（PARKnSHOP）	香港	379456	37
15	伊藤洋华堂（seven&1）	日本	310000 *	7
16	佳士客（Jusco）	日本	190900	10
17	德克士（Dicos）	台湾	136192	545
18	万客隆（Makro）	荷兰	100000	5
	合计		14389077	4078

表 6　　2005 年中国主要便利店企业基本情况

编号	品牌名称	主要地区	店铺数量（个）	
			2005 年	2004 年
1	快客便利店	上海市	1959	1734
2	可的便利店	上海市	1182	1079
3	好德便利店	上海市	1010	1000
4	上海良友金伴便利店	上海市	800	669
5	沧州市好日子超市有限公司	沧州市	758	310
6	青岛维客加盟店	青岛市	718	150
7	东莞市糖酒集团美宜佳便利店	东莞市	682	350

续表

编号	品牌名称	主要地区	店铺数量（个）	
			2005年	2004年
8	绍兴供销超市供销便利店	绍兴市	622	172
9	青岛利群便利店	青岛市	620	492
10	北京物美便利超市	北京市	564	548
11	河北国大36524便利店	石家庄	369	179
12	武汉中百便利店	武汉市	326	280
13	漯河双汇便利店	漯河市	319	367
14	山西省太原唐久便利店	太原市	307	228
15	太原金虎便利店	太原市	255	180
16	天津津工便利店	天津市	252	240
17	苏果便利店	南京市	249	220
18	7-Eleven便利店	广州市/北京市	227*	198*
19	喜士多（C-store）便利店	上海市	220*	150*
20	南京华诚超市有限公司	南京市	207	197
21	罗森便利店	上海市	200*	120*
22	浙江华联商厦新华联便利店	余姚市	146	146
23	哈尔滨中央红集团月亮便利店	哈尔滨	137	140
24	北京京客隆便利店	北京市	126	60
25	山东新星购销总部	淄博市	124	87
26	北京好邻居便利店	北京市	115*	85
27	北京超市发便利店	北京市	110*	110*
28	中百便利店（潍坊百货集团）	潍坊市	105	90
29	石家庄天元便利店	石家庄	85	83
30	浙江人本超市有限公司	温州市	83	55
31	全家便利店	上海市	70*	45*
32	OK便利店	广州市	64*	22*
33	陕西海星便利店	西安市	60	50
合计			13071	9836

表 7　　2005 年主要家电连锁企业基本情况

序号	企业名称	销售规模（万元）		门店数量	
		2005 年	2004 年	2005 年	2004 年
1	北京国美电器有限公司	4984000	2387900	426	227
2	苏宁电器	3971841	2210764	363	193
3	上海永乐家用电器有限公司	1516550	1083426	199	110
4	江苏五星电器有限公司	1461163	937890	193	120
5	山东三联集团有限责任公司	1320147	1325580	274	254
6	北京大中家电连锁有限公司	1000000 *	800000 *	120	72
7	宏图三胞高科技术股份有限公司	670000	390000	75	38
8	广东大地通讯连锁服务有限公司	180000	150000	130	112
9	顺电连锁股份有限公司	150000 *	110000 *	16	14

表 8　　2005 年主要药店连锁企业基本情况

序号	企业名称	销售规模（万元）		门店数量（个）	
		2005 年	2004 年	2005 年	2004 年
1	湖南老百姓大药房连锁有限公司	218000	18200	70	58
2	深圳市海王星辰医药有限公司	160000	101469	1115	668
3	辽宁千里明药业（集团）有限公司	100502	82919	1080	890
4	深圳中联大药房有限公司	72500	58000	420	336
5	北京金象大药房连锁有限责任公司	58600	52600	305	288
6	深圳一致医药连锁有限公司	45000	38000	330	218
7	嘉事堂药业股份有限公司	44000		346	
8	山西万民药房连锁有限公司	43216	29120	17	12
9	云南健之佳连锁健康药房有限公司	25800	18000	156	110
10	湖南金莎大药房零售连锁有限公司	10300		108	

表 9　　2005 年餐饮业主要特许品牌基本情况

序号	特许品牌	企业名称	销售额（万元）	总店铺数	加盟店数	加盟店数占比
1	肯德基	中国百胜餐饮集团	1160000	1530	63	4.1%
2	小肥羊	内蒙古小肥羊餐饮连锁有限公司	525000	716	700	97.8%

续表

序号	特许品牌	企业名称	销售额（万元）	总店铺数	加盟店数	加盟店数占比
3	麦当劳	麦当劳（中国）有限公司	445000 *	750	1	0.1%
4	小尾羊	内蒙古小尾羊餐饮连锁有限公司	359230	532	485	91.2%
5	海港	中山市海港饮食娱乐管理有限公司	198000 *	108	90	83.3%
6	德庄	重庆德庄饮食连锁有限公司	169176	371	346	93.3%
7	小天鹅	重庆小天鹅投资控股（集团）有限公司	156920	339	309	91.2%
8	德克士	天津德克士食品开发有限公司	136192	545	456	83.7%
9	全聚德	中国北京全聚德集团有限责任公司	123627	64	57	89.1%
10	秦妈	重庆秦妈餐饮管理有限公司	92669	304	296	97.4%
11	东来顺	北京东来顺集团有限责任公司	75000	126	120	95.2%
12	毛家	韶山毛家饭店发展有限公司	71836	103	100	97.1%
13	东方菜根香	重庆东方菜根香餐饮有限公司	70244	236	138	58.5%
14	苏大姐	重庆苏大姐餐饮文化有限责任公司	66776	394	389	98.7%
15	狗不理	天津狗不理集团有限公司	63297	103	57	55.3%
16	迪欧	苏州迪欧餐饮管理有限公司	58200	202	106	52.5%
17	桂花鸭	南京桂花鸭（集团）公司	58000	101	74	73.3%
18	谭鱼头	成都谭鱼头投资股份有限公司	52500	117	111	94.9%
19	好利来	北京好利来企业投资管理有限公司	50000	600	300	50.0%
20	阿瓦山寨	咸阳阿瓦餐饮文化连锁有限公司	49800	140	138	98.6%
21	马兰拉面	马兰拉面快餐连锁有限责任公司	46856	385	211	54.8%

续表

序号	特许品牌	企业名称	销售额（万元）	总店铺数	加盟店数	加盟店数占比
22	永和豆浆	上海弘奇食品有限公司	46320	208	180	86.5%
23	仙踪林	上海仙踪林餐饮有限公司	32685	198	175	88.4%
24	绿茵阁	广州市绿茵阁发展有限公司	31000	48	25	52.1%
25	聚德华天	聚德华天控股有限公司	30675	56	3	5.4%
26	曼德夫	福州曼伯罗食品有限公司	25660	236	187	79.2%
27	SPR	青岛全统旅游育乐有限公司	24406	302	282	93.4%
28	好伦哥	北京好伦哥餐饮有限公司	23822	56	33	58.9%
29	老家	北京老家快餐有限责任公司	18300	195	164	84.1%
30	来必堡	上海市来必堡餐饮有限公司	18000	53	21	39.6%
31	川江号子	成都川江号子餐饮发展有限公司	18000	33	30	90.9%
32	小蓝鲸	武汉市小蓝鲸酒店管理有限责任公司	17900	21	20	95.2%
33	大滇园	昆明大滇园美食有限公司	16139	61	57	93.4%
34	百年老妈	河南百年老妈饮食管理有限公司	16000	36	32	88.9%
35	摸错门	青岛市摸错门饮食文化有限公司	14790	58	51	87.9%
36	吉祥馄饨	上海世好餐饮管理有限公司	13500	400	375	93.8%
37	刘秀	内蒙古刘秀餐饮连锁管理有限责任公司	12800	63	43	68.3%
38	老妈米线	江苏老妈米线（连锁）有限公司	11512	23	3	13.0%
39	桥香园	昆明江氏兄弟桥香园过桥米线连锁店	10000	35	15	42.9%
		合　　计	3766832	9848	6243	
		平　　均	96585	252	160	63.5%

表10　　2005年家装业主要特许品牌基本情况

序号	特许品牌	企业名称	销售额（万元）	总店铺数	加盟店数	加盟店数占比
1	东易日盛	北京东易日盛装饰有限责任公司	107000.00	136	80	58.8%
2	龙发	北京龙发建筑装饰工程有限公司	78000.00	48	30	62.5%
3	业之峰	北京业之峰装饰有限公司	60000.00	240	140	58.3%
4	居众	深圳市居众装饰设计工程有限公司	50000.00	50	38	76.0%
5	轻舟	北京轻舟世纪建筑装饰工程有限公司	35000.00	72	62	86.1%
6	元洲	北京元洲装饰有限责任公司	7900.00	76	59	77.6%
		合　　计	337900.00	622	409	
		平　　均	56316.67	104	68	65.4%

表11　　2005年教育培训业主要特许品牌基本情况

序号	特许品牌	企业名称	销售额（万元）	总店铺数	加盟店数	加盟店数占比
1	韦博	上海韦博文化交流有限公司	15000.00	21	11	52.4%
2	红黄蓝	北京红黄蓝儿童潜能教育娱乐有限公司	10008.77	106	92	86.8%
3	环球雅思	北京市东城区环球雅思培训学校	10000.00	37	7	18.9%
4	吉的堡	上海吉的堡教育软件开发有限公司	7822.00	150	135	90.0%
5	东方爱婴	北京市东方爱婴咨询有限公司	7190.95	116	102	87.9%
6	盖伦	北京盖伦教育发展有限公司	7000.00	161	33	20.5%
		合　　计	57021.72	591	380	
		平　　均	9503.62	99	63	63.3%

表 12　　2005 年洗染业主要特许品牌基本情况

序号	特许品牌	企业名称	销售额（万元）	总店铺数	加盟店数	加盟店占比
1	福奈特	北京福奈特洗衣服务有限公司	20750.00	415	398	95.9%
2	伊尔萨	荣昌·伊尔萨洗染连锁集团	19000.00	352	345	98.0%
3	尤萨	北京尤萨洗涤设备有限公司	15120.00	120	120	100.0%
4	康洁	郑州市康洁洗涤有限公司	12075.00	416	396	95.2%
5	象王	上海象王洗衣有限公司	10145.00	251	241	96.0%
合　计			77090.00	1554	1500	
平　均			15418.00	311	300	97.7%

表 13　　2005 年房屋中介业主要特许品牌基本情况

序号	特许品牌	企业名称	销售额（万元）	总店铺数	加盟店数	加盟店数占比
1	顺驰	天津顺驰置业集团有限公司	30000.00	1286	86	6.7%
2	21 世纪不动产	北京埃菲特国际特许经营咨询服务有限公司	28000.00	663	663	100.0%
3	CB 信义	信义房产管理咨询（上海）有限公司	10068.39	92	50	54.3%
4	我爱我家	北京我爱我家房地产经纪有限公司	5859.00	230	4	1.7%
5	千万家	北京千万家房地产经纪有限公司	5000.00	62	12	19.4%
合　计			78927.39	2333	815	
平　均			15785.48	467	163	36.4%

注：表 1 至表 13 中，★表示为中国连锁经营协会会员企业，☆表示其下属公司为协会会员单位；数字后面带 * 的为估计值。以上数据为中国连锁经营协会分析整理而成，如需引用，请注明出处。

2004年度中国连锁企业经营状况分析报告

一、从2004年连锁百强看连锁经营发展基本情况

中国连锁经营协会对2004年连锁企业的调查统计显示，2004年百家连锁企业总计实现销售额4968亿元，比2003年百强企业销售总额3580亿元增长了39%。门店总数达到30416个，比上年百强的20424个增长了49%。营业总面积达2580万平方米，比上年的1907万平方米增长了35%。员工人数81万人，比上年的64万人增长了27%。

从2004年的全行业统计情况看，连锁行业主要有以下特点：

（一）企业规模继续扩大

从统计结果看，百强企业的平均规模有较大增长，企业平均销售规模为49.7亿元。第100位的销售额为4.8亿元，比上年第100位的4.1亿元增长了17%。百强连锁企业平均拥有店铺数304家，比上年的204家增长了100家（包括直营和加盟）。

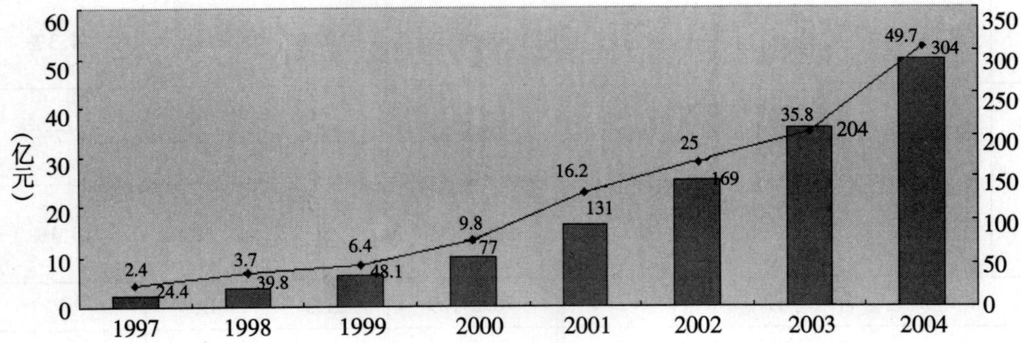

图1　百强企业平均规模增长趋势

近几年，百强企业总体销售一直保持比较快的增长速度，尽管2004年的增幅（39%）略低于2003年（45%），但仍远远快于社会消费品零售总额10.2%的增幅。同时，百强连锁企业销售额占社会消费品零售总额的比例也逐年提高，从2000年的2.9%提高到2004年的9.3%。

从2004年全行业的发展看，连锁已经成为第三产业发展的主旋律之一，各地连锁经营企业销售占社会消费品零售总额比例均有不同程度的提高。

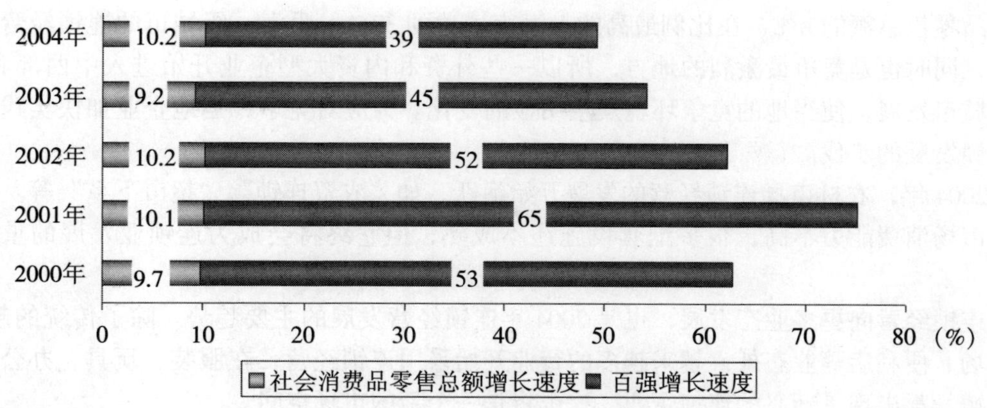

图 2 百强销售额与社会消费品零售总额增幅比较

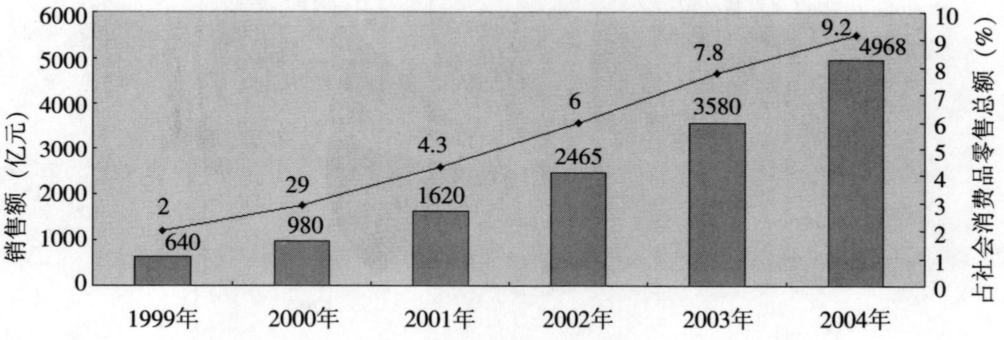

图 3 百强企业销售额绝对与相对增长趋势

（二）行业发展环境得到进一步规范和改善

政府加强了市场规范力度，包括制定和出台《外商投资商业领域管理办法》、《商业特许经营管理办法》、《零售业态分类标准》等，加强了城市商业网点规划，对“零售交易规范”、“直销”等领域进行了深入的研究，并着手进行新的法规的出台。政府对连锁行业的规范和约束，促进了行业的健康发展。

随着连锁经营越来越多地融入百姓生活，消费者对连锁企业的认可度大大提高。根据中国连锁经营协会和其他相关机构的调查显示，连锁超市已经成为消费者最常光顾的购物场所。特别是在整体食品安全形势并不乐观的形势下，连锁超市已经成为消费者购物最放心的场所（来源：中国连锁经营协会《2004 超市食品安全调查报告》）。

资本市场的青睐是连锁企业价值的直接体现。2004 年有多家连锁企业在香港和内地成功上市，还有一些企业得到了国际大型风险投资基金的青睐。大量资本的进入，加速了连锁经营的发展。

（三）连锁经营向更多地区、更广业态发展

即使在连锁经营发展并不是很快的陕西省，连锁经营企业的销售额也占到了当地社会

消费品零售总额的8%，在比例最高的上海市，达到37%。沿海一级城市的连锁经营发展迅速，同时也是竞争最激烈的地方，所以一些外资和内资大型企业开始进入中西部和二、三级城市发展，使当地的竞争环境发生明显的变化。为应对竞争，当地企业加快实践和扩大连锁发展的步伐。

2004年，农村市场连锁经营的发展开始活跃，如“农资连锁”、“超市下乡”等。尽管农村市场消费能力不高，很多配套设施还不成熟，但它终将会成为连锁业发展的重要领域。

连锁经营向更多业态发展，也是2004年连锁经营发展的主要趋势。除了传统的超市、大卖场、便利店等业态外，越来越多的行业开始采用连锁经营，在服装、玩具、办公用品等领域，都出现了新兴的连锁企业，这也将是一个新的市场空间。

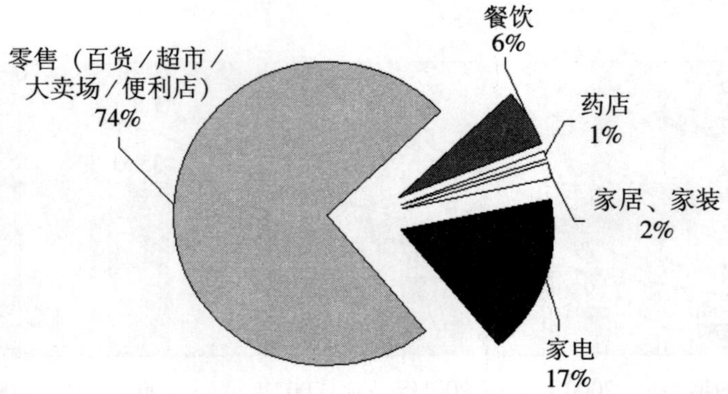

图4 百强不同业态销售额占比

同时，在同一业态中，很多企业也在尝试差异化的路线，出现了生鲜超市、个人护理用品店等。

另外，随着人均GDP的进一步提高，便利店仍然是连锁发展的一个重要内容。

（四）企业发展外延与内涵并重

2001、2002、2003年是连锁企业的“跑马圈地”年，三年中企业店铺数量增幅大大高于销售额增幅，但呈逐年回落的趋势。在规模扩大的同时，提高管理水平是每个企业的重要课题。由于店铺过多、竞争加剧，加之企业管理基础不牢固，一些企业管理水平在快速扩张中下降，造成企业现有管理水平和运营能力与企业的发展规模不匹配。但在2004年，这种现象得到了一定的改善，企业销售额增幅与店铺数量增幅基本保持一致。

2004年，直接开店仍是连锁企业扩大规模的最主要手段，另一方面并购重组已成为企业发展的重要形式，如联华收购石家庄万利福、百安居收购普马部分店铺。另外，特许加盟、自愿连锁也是连锁企业扩大规模的重要手段。

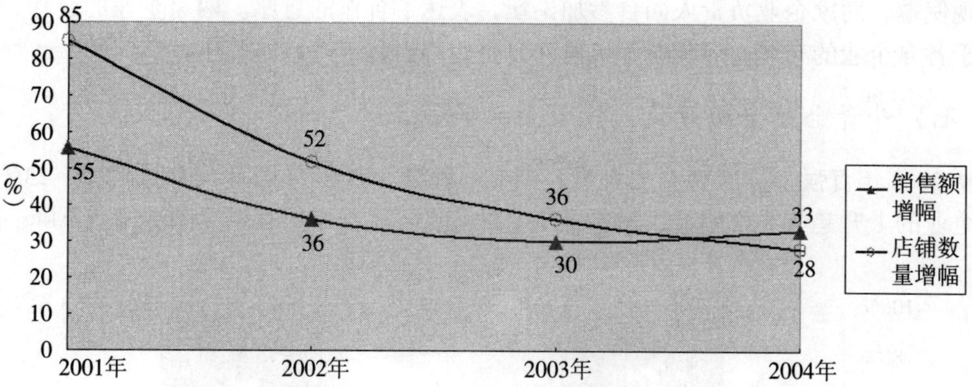

图5　百强连锁企业销售和店铺增长趋势（企业自身同比）

（五）中国连锁经营连锁企业在产业链中发挥更大的作用

在上游，零售商与供应商努力构建新型工商关系。随着行业的发展，供应商与零售商之间紧密联系的需求比以往更加强烈。制造商越来越需要与零售商进行密切的合作，了解市场需求，动态安排生产和营销；零售商越来越需要与制造商紧密联系，以获得更低的采购成本和更快的订单响应。

从2004年年初开始，联华、华润万家、物美、国美等大企业相继提出与供应商建立战略伙伴关系，并通过流程和技术等手段予以实施。但同时，个别零售商在与供应商交易过程中，随意收费、延长账期等做法，也破坏了整个行业的和谐发展。

对下游，零售商比以往更加关注消费者，采取多种手段建立和维护客户关系，包括改善食品安全、差异化经营、建立会员积分制度等。

（六）企业间战略合作升级

如果以前企业的发展只讲求战术和战役的话，2004年则有了很大的提升，企业开始从战略角度考虑发展问题，表现为企业与供应商的合作和企业间的合作大大增强。

供应商与零售商的战略合作从大企业开始，在（五）中已有所阐述。

零售企业间的战略合作往往是大手笔，三个典型案例是：乐购与特易购、东方家园与家得宝、百联与大商集团联手发展。

2004年7月，英国最大的超市连锁集团“特易购”（TESCO）宣布，出资1.4亿英镑（1英镑约合1.85美元）收购中国“乐购”（HYMALL）超市集团50%的股份，标志着又一家世界级零售巨擘进入中国大陆市场。

2005年初，人们从公开消息来源获悉，家得宝（HomeDepot）将以超过2亿美元的代价收购东方家园49%的股权。这一消息应该是长期谈判的结果，也是国内企业与国外企业又一次重大的战略合作。

2005年2月，目前国内规模最大的两家流通企业集团——百联集团与大商集团正式签署战略合作协议，并联手组建大商国际有限公司。这一跨地域、跨所有制的战略合作，将对我国流通产业发展产生重大影响。这一合作，在第6届中国连锁业会议暨展览会上，已经出现倪端，两家企业负责人同台参加论坛，表达了合作的意愿。两家企业的合作，无论是对于各自企业的布局，还是对于抗衡外资企业都引起了人们的关注。

（七）外资企业全面开花，民营企业数量上升

从 2004 年百强企业所有制比例看，国有、民营、外资分别是 45%、32%、23%，但外资企业的上升趋势非常明显，增长了 7 个百分点，民营和国有企业则有相应下降。

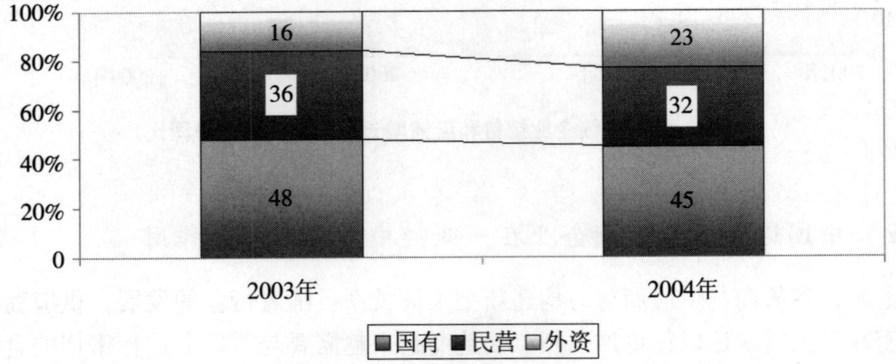

图 6　2003、2004 年不同所有制企业在百强连锁企业中的销售占比

从店铺数量占比情况看，也有类似的趋势。

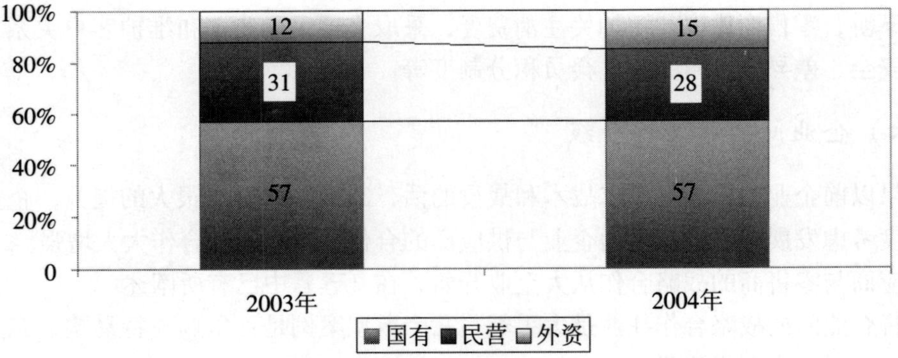

图 7　2003、2004 年不同所有制企业在百强连锁企业中的店铺数占比

从地区上看，外资企业不仅占据一级城市，而且在二级城市、西部地区都有明显的扩张。在业态方面，大卖场、折扣店、便利店等多业态并进。

同时，民营连锁企业在 2004 年百强中达到 49 家，在 2003 年百强中为 42 家，增长 17%。

二、大型超市发展情况

1. 企业总体情况

1.1 样本基本说明

在所有反馈回问卷的连锁企业中，经营有大型超市（根据2004年颁布的《零售业态分类标准》，指实际营业面积超过6000平方米的超市）的企业达到98家（个别企业的内部划分标准中，将5000平方米左右的门店也作为大型超市），最多的企业拥有58家大型超市，最少的只拥有1家（同时拥有多家超市和便利店），其中只有4家企业仅经营大型超市一种业态。

从分布地区上看，98家企业中，近50%分布在沿海省市，30%分布在内陆省会城市，其他分布于内陆二、三级城市（如保定、芜湖、湘潭、大庆、桂林等），且多为近年开始营业。在沿海一些城市，如上海、深圳，大型超市基本处于饱和状态，所以无论是内资企业还是外资企业，向二、三级城市发展的趋势十分明显。

从所有制形式上看，样本企业中，国有企业和民营企业各占40%，外资企业占20%（因一些主营大型超市的外资企业没有反馈数据，这一数据不能反映行业的真正所有制比例）。

1.2 企业平均规模

98家企业都是全国和各地区的大型企业，基本代表了全国大型超市和超市发展的先进水平。企业平均拥有店铺238家（除大型超市外，多为超市和便利店），企业平均销售额达42亿元，比上年增长26%。企业平均营业面积为10.5万平方米，比上年增长33%。而企业平均拥有员工数量为2800人，仅比上年增长了7%。销售额和面积的增长基本保持一致，员工数量增幅减少，说明企业的劳动效率大大提高。

1.3 毛利率

根据样本企业的情况，得到企业平均毛利率为10.6%，最高为17.6%，最低为8.7%，相差一倍。纯利率平均为0.8%，最高为4.9%，4家企业为负值。如果单纯从大型超市的情况看，毛利率将会更低些。

1.4 企业物流配送相关情况

98家企业平均拥有配送中心1.4个，平均面积为1.4万平方米，其中最多的拥有5个配送中心，8家企业没有建立物流中心。平均库存单品为1.5万种。

企业库存平均年周转13次，即约每28天周转一次。

从以上一些数据我们可以看到目前国内大型超市企业发展的一些特点：

首先，业态复合度高。很多企业尽管内部存在不同业态（经营有3种业态的达45%，超过4种业态的占35%），但在管理上却是没有差别，如对便利店和超市的管理基本上是同一个采购中心、同一个营运中心、同一个物流中心，这样势必造成两种业态商品结构和管理上的雷同。造成这一现象的主要原因是由于超市发展初期，竞争不充分，很多企业在各个业态中都发现了市场机会，因此开出不同规模的店铺。比较而言，外资企业往往业态比较单一，容易进行专业化管理，发挥集中优势。

其次，企业间标准不统一。大型超市的定义，是国家标准中明确规定的。但在企业具体经营中，对不同规模的店铺，有完全不同的定义方式。如同样是6000平方米的大型超市，有的定义为社区店，有的定义为平价店，有的定义为综合超市。再比如150平方米的便利店，也有的企业定义为社区店。定义的不统一为统计造成一定的障碍。

最后，企业向二、三级城市发展的趋势明显。与2003年的地区发展情况相比，2004年二、三级城市开店的数量明显增加，这一趋势在以后会更加显现。

2. 大型超市门店经营情况

2.1 基本情况

调查的有效大型超市样本店数共43家，2000年以前开业的占一半，大部分是成熟的店铺。其中45%位于商业区，30%位于住宅区，其他位于交通枢纽或城郊结合部。在一级城市的占50%，在二级城市的占30%。

43家店中，最高销售额为6亿元，最低销售额为6000万元。其中面积最大的店铺为2.4万平方米，用工298人。

营业最早的店铺始于1995年，早于2000年开业的大型超市大多分布于沿海城市。

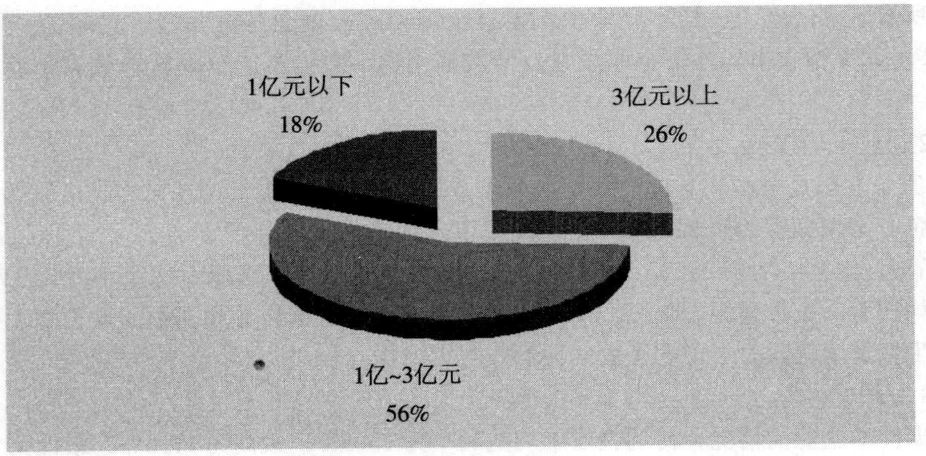

图8　43家企业销售额分布情况

表1　　**2003、2004年店均情况比较**

项目	店均销售额（万元）	店均员工数（人）	店均面积（平方米）
2004年	23653	278	9800
2003年	20736	288	9790
增幅（%）	14	－3	0

2.2 大型超市分地区比较

为了更好地说明大型超市的发展现状，现选择北京和上海各4家万米以上大型超市作比较。4家门店中，所处位置的比例一致，均有两家位于住宅区，一家位于商业区，一家位于交通枢纽地区。

2.2.1 基本情况比较

两组样本面积平均超过了 14000 平方米，在大型超市中是规模偏大的，销售规模也比较高。

表 2　北京、上海地区大型超市规模比较

地区	销售额（万元）	营业面积（平方米）	正式工数量	单品数量	收银机数（台）
北京	29983	14037.5	442	17675	36
上海	36501	14166.5	256	17523	29

在面积相近的情况下，上海大型超市的销售额比北京的高出 21%，而用工数量却少了 42%。

从纵向情况看，2004 年上海样本企业销售额较上年增长 12%，而北京地区样本企业销售额的增幅只有 1%。

另外，从单品的销售额上看，北京样本超市平均每个单品的销售额为 1.7 万元，上海地区的为 2.1 万元，明显偏低。主要原因可能有两个方面，一是企业的数据库中存在较多的垃圾信息，有些商品已经不再经营，但仍然保留在商品资料库中；二是确实存在大量的销售情况不好的商品，虽然占据着货架，但销售额却很有限。无论哪种情况，都是需要改善的。

2.2.2 交易情况比较

交易次数是衡量门店聚客能力的重要指标，客单价则反映了门店的商品结构是否具有吸引力，较高的客单价往往是合理的商品结构的反映。不同地区消费者的生活方式对客单价的大小也有一定的影响。如经济发达地区，就业充分，人们工作紧张，每周一次购齐所需要商品的比例就会大些，客单价自然较高。

表 3　北京、上海地区门店的交易情况比较

地区	销售额（万元）	日交易次数	客单价（元）
北京	29983	11000	77
上海	36501	10490	93

两个地区门店的日交易次数相差不大，说明了 1.4 万平方米大型超市交易次数的大致标准。但客单价有所差别，上海门店的客单价高于北京的 21%，而收银台设置却少一些，因而劳动效率要高于北京的门店。

2.2.3 效率性指标比较

表4　　北京、上海地区门店的相关效率性指标比较

地区	平效（万元/平方米·年）	人效（万元/人·年）	收银效率（万元/台）	毛利率（%）
北京	2.1	67.8	832.9	8.1
上海	2.6	142.7	1269.6	7.6

表4中明显反映出上海的门店除了毛利率略低外，在其他方面有更高的效率，说明从整体上看，上海大型超市的管理水平要好于北京的情况，但由于企业间的竞争更加激烈一些，导致毛利率下降。

在各种连锁业态中，大型超市的平效和人效都是比较高的。

表5　　北京、上海地区门店的毛利情况比效

地区	销售额（万元）	毛利率（%）	毛利额（万元）
北京	29983	8.1	2428.6
上海	36501	7.6	2774.1

虽然门店的毛利较低，但是供应商的返点、通道费用的收取往往在总部计算，所以最终企业的毛利率水平将高于门店1~3个百分点。

大型超市的毛利率是各种零售业态中较低的。

2.2.4 租金对比

表6　　北京、上海地区门店的租金比较

地区	营业面积（平方米）	单位租金（元/平方米）	门店租金（万元/店）	租金占销售比（%）
北京	14037.5	590	828.2	2.76
上海	14166.5	720	1020.0	2.79

从表6中可以看出，上海地区的平均单位租金要高于北京22%，但由于上海地区门店的销售额高，两地租金占销售额的比例基本一致。

另外，两地门店的租金水平均比上年增长了8%左右，两地门店的租金成本增加了50万至80万元，说明企业的成本负担在逐年加大。这一现象与近年逐渐升温的商业地产不无关系。

2.2.5 统一配送比例

两地超市经营的单品数量基本一致，都在17500种左右，统一配送数量均为4000种左右，比例为23%。

由于大型超市销售额高，采购量较大，所以往往采用总部统一确定采购渠道和采购价格，由供应商直送到店的方式。因此，统一配送比例不高。这就要求门店有较强的自我管理的能力。与一般超市和便利店强调总部控制不同，大型超市的门店有更大的权力，可以决定某种商品是否引进、采购数量是多少、摆放在什么位置等。这相应也会造成一定的问

题，如具体操作人员向供应商索要好处等。目前供应商与零售商有关通道费用的争议，实际上其中也有小部分原因是具体操作人员的问题造成的。

2.3 大型超市不同面积比较

根据《零售业态标准》的定义，大型超市的面积为6000平方米以上。在实际操作中，面积浮动较大，为便于比较，选两组门店类型，面积分别为10000＋2000平方米和6000＋1000平方米，每组各选择10家门店。

2.3.1 基本情况比较

表7　　两组门店的基本情况比较

类别	销售额（万元）	营业面积（平方米）	正式工数量	单品数量	收银机数（台）
10000＋2000	22201	11605	272	21837	41
6000＋1000	6695	5174	166	17835	24

在一组门店面积为另一组面积2倍的情况下，销售额、日交易次数也达到了2倍，但经营的单品数量相差不大。

2.3.2 交易情况比较

大型门店在满足消费者一站购齐方面有明显的优势。其实两种面积不同的大型超市单品数量差距并不大，但更大面积的店铺可以进行大量陈列，以及营造更多的店堂气氛，刺激消费者的购物欲望，因此交易次数和客单价均高于6000＋1000平方米的店铺。

表8　　两组门店的交易情况比较

类　别	销售额（万元）	日交易次数	客单价（元）
10000＋2000	22201	8790	69
6000＋1000	6695	4400	42

2.3.3 效率性指标比较

大型超市的效率性指标在各个业态中是较高的。

表9　　两组门店的效率性指标比较

类　别	平效（万元/平方米·年）	人效（万元/人·年）	收银效率（万元/台）	毛利率（%）
10000＋2000	1.9	81.7	541.5	9.2
6000＋1000	1.3	40.2	279.0	9.9

两组门店的毛利率均高于北京、上海两组的毛利率，说明在竞争激烈的地区，企业的毛利率必然下降。从整个样本的情况看，二、三级城市的大型超市的毛利率一般高于一级城市。

2.4 不同开业时间的大型超市比较

从样本数据中选取一些典型店分为两组，每组15家店，一组为2000年以前开业（简称为A组），另一组为2000年以后开业（简称为B组），两组样本的一些指标仍有差异性。

表10　　不同开业时间的大型超市的基本情况比较

类　别	销售额（万元）	增幅（%）	营业面积（平方米）
A	25300	7	8600
B	26900	15	12700

B组平均面积大于A组，但销售额相差不大。从销售增幅情况看，A组增幅不高，只有7%，B组则达到了15%。说明开业早的门店处于相对稳定的阶段，而新开业店铺的销售额则仍有一定的上升空间。

三、超市发展情况

1. 企业总体情况

从整体样本情况看，经营有超市业态的连锁企业大都经营有大型超市业态（仅经营超市一种业态的连锁企业样本只有8家），对于超市企业的总体情况在“大型超市发展情况”中已有说明，在此不对单纯的连锁超市企业情况进行赘述。

报告重点分析了超市门店的经营情况。

2. 超市门店经营情况

2.1 基本情况

有效样本45家，其中2000年以前开业的占三分之二，大部分是成熟的店铺。其中50%位于住宅区，40%位于商业区，其他位于交通枢纽。在一级城市的占30%，二级城市的占50%，三级城市的占20%。销售额最高的达27000万元（3500平方米），销售额最低为800万元（400平方米）。销售额过亿元的门店有9家，面积都在2500平方米以上。

2.2 不同地区比较

为了便于比较各个地区超市的发展情况和经营水平，报告将样本按其所在地区分为三个部分（每个地区选取5家规模相近的门店，面积在1000－1300平方米之间），即：一级城市（北京2家，上海2家，广州1家）、二级城市（成都、太原、西安、南京、长沙各1家,）、三级城市（柳州、唐山、盐城、绍兴、潍坊各1家）。

表11　　三组样本的平均规模

类别	营业面积（平方米）	员工数量	收银机数（台）
一级城市	1140	43	10
二级城市	1220	51	9
三级城市	1020	45	7

2.2.1 销售增长情况比较

由于地区发展水平不同，竞争环境差别很大，所以销售规模和增幅有一定的差异。

表 12　　三组样本的销售规模比较

类别	2004 年销售额（万元）	2003 年销售额（万元）	增幅（%）
一级城市	3071	3200	-4
二级城市	2142	1986	8
三级城市	1976	1726	15

其中一级城市的门店销售增长大多处于停滞状态，而且从 5 家样本总体上看，出现了负增长的情况；二级城市增长了 8%；三级城市则增长了 15%。

这一趋势从侧面反映了不同区域的市场竞争态势。在一级城市，超市受大型超市的挤压和其他业态的竞争，市场空间已经越来越小，单店销售额很难有大的提高。二级城市竞争相对较弱，因而有一定的上升空间，但随着大型连锁企业向二级城市扩张步伐的加快，这一区域超市的市场空间也将受到影响。而三级城市目前市场仍然有很大的发展空间，在样本中表现为销售额的增长幅度较大。

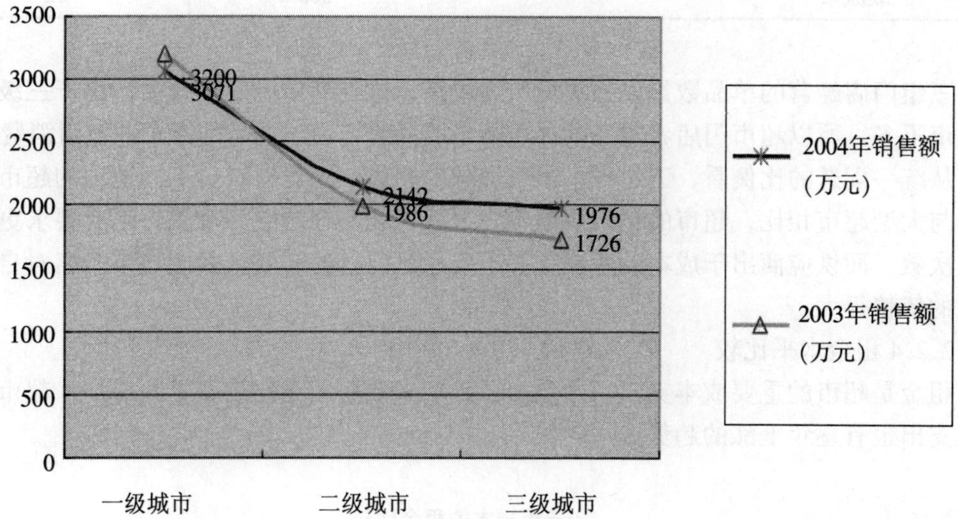

图 9　三组样本销售额比较

2.2.2 效率性指标比较

平效与劳效反映出超市门店的运营效率。

表13　　三组样本的效率性指标比较

类别	平效（万元/平方米·年）	劳效（万元/人·年）	收银效率（万元/台）
一级城市	2.7	71.4	307
二级城市	1.8	42.0	238
三级城市	1.9	43.9	282

其中一级城市在三个效率性指标比较中都是最高的，说明其管理相对成熟。二、三级相差不大，从中主要反映出三级城市的经营管理水平与其他地区的差距正在缩小，并且由于竞争环境相对宽松，在某些指标方面甚至好于二级城市。

2.2.3 单品及配送情况比较

物流水平是超市核心竞争力之一，物流效率和成本的高低直接影响到企业最终的效益情况。报告以配送比例来反映这一问题。

表14　　三组样本的物流水平比较

类别	经营单品数量（个）	统一配送单品（个）	统一配送比例（%）
一级城市	7700	5600	73
二级城市	7061	4900	69
三级城市	8900	5500	62

三组门店经营的单品数量以三级城市为最高，这与其市场定位有关，由于三级城市大型超市不多，所以超市门店希望经营尽可能多的品种，通过商品的齐全性吸引消费者。

从统一配送的比例看，三组样本呈现递减的趋势。这也反映出不同地区的超市发展水平。与大型超市相比，超市的销售规模不大，陈列和储存的空间有限，因此要求更频繁的配送次数，而供应商出于成本的考虑，并不能满足门店的需要，因此超市门店对自身物流系统的依赖很大。

2.2.4 租金水平比较

租金是超市的重要成本支出，而且由于近年来商业地产的热度不断提高，超市的租金成本支出也有逐年上涨的趋势。

表15　　三组样本的租金比较

类别	租金（元/平方米）	房租占销售额比例（%）
一级城市	700	2.6
二级城市	580	3.3
三级城市	352	1.7

三组样本租金水平逐级递减，但租金占销售额的比例有较大不同。最高的是二级城

市，三级城市是绝对值和相对值最低的。

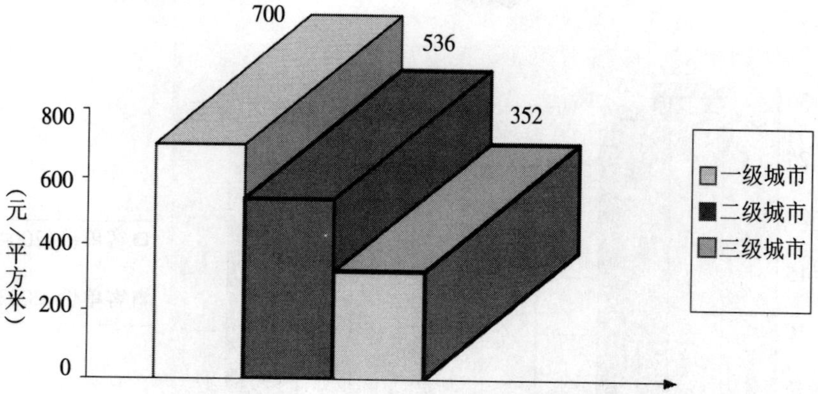

图 10　三组样本的租金比较

2.2.5 交易情况比较

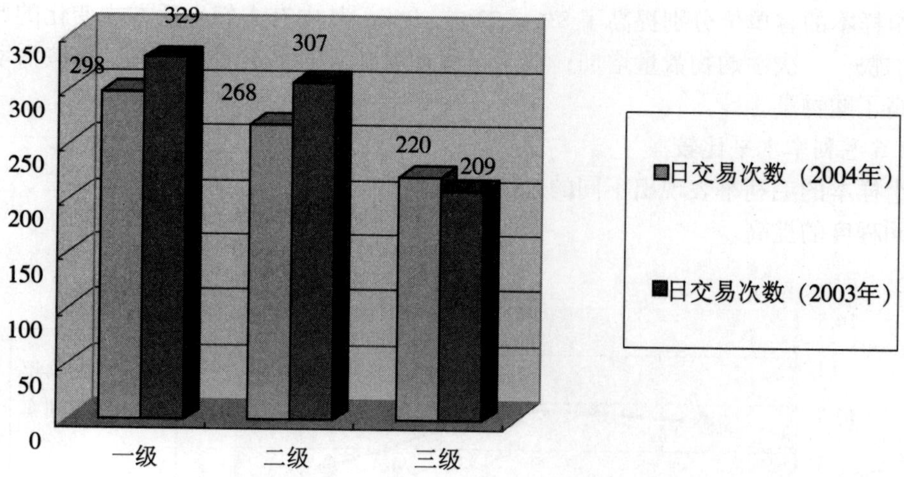

图 11　三组样本的交易次数比较

一级和二级城市的交易次数分别下降了 9% 和 13%，而三级城市增加了 6%。交易次数的变化反映出市场格局的变化。在一级和二级城市，不断有新店进入，每个新店的开业都会吸引一部分客流，造成原有门店客户的流失。

三级城市新店开业数量不多，现有门店可以通过一些营销手段增加新的客源。但是，这样的局面不会持续很长时间，因为三级城市同样也是大企业扩张的重点区域。三级城市的企业应把握目前的机会。

曾有研究机构的研究结果说明，中国消费者的忠诚度是最低的。本报告认为，这与中国零售业的发展阶段处于“追求效率期”是直接相关的，由于相对稳定的市场格局远未形成，新的店铺、新的业态不断出现，消费者尝试和体验新事物的选择也很多。市场格局一旦稳定，企业发展将进入差异化阶段，这时每家门店会形成自己相对固定的客户群。

与交易次数增减不一的情况相比，三组样本的客单价都有不同程度的提高。

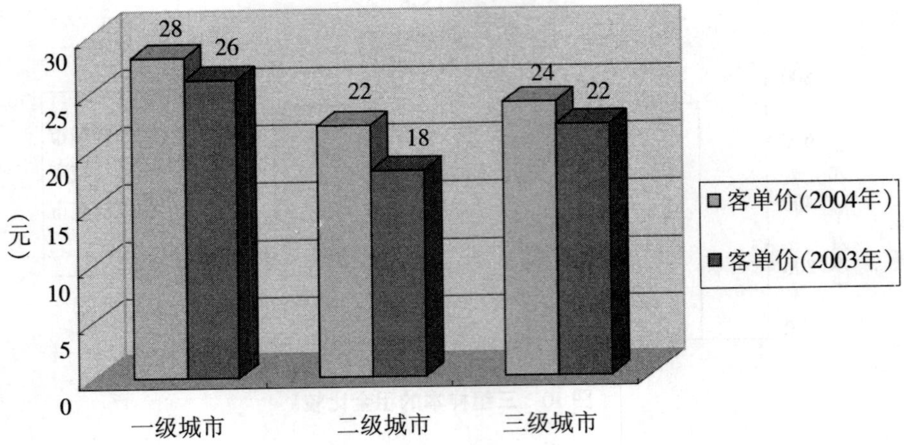

图12　三组样本的客单价比较

三组样本的客单价分别提高了8%、22%、9%。其中有人们生活方式变化的原因，生活节奏加快，一次性购物数量增加；也与超市开展丰富的营销活动相关，这些活动促使消费者提高了购物量。

2.2.6 毛利率水平比较

三组样本的毛利率表现出不同的趋势。一级城市降低了近1个百分点，二、三级城市则有不同程度的提高。

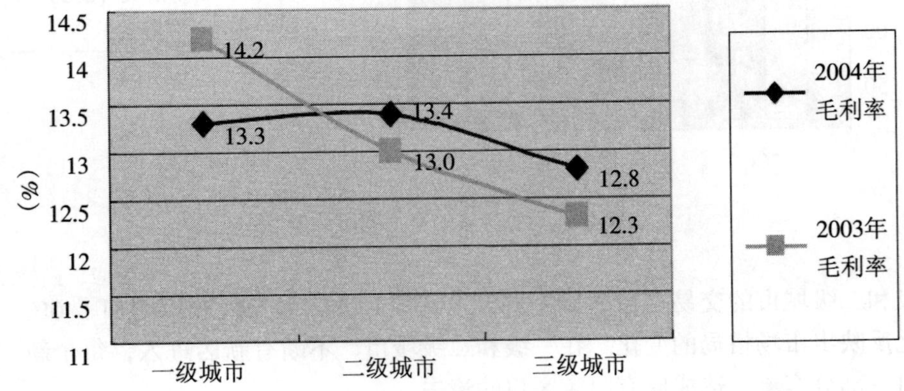

图13　三组样本的毛利率比较

毛利率可以简单理解为进价与售价的差额情况，其中进价受区域、采购数量、谈判能力等方面的影响，售价则受到竞争情况、营销策略等的影响。从一级城市毛利率下降反映的情况看，一级城市仍然是竞争最激烈的地区。

2.3 不同面积比较

根据《零售业态标准》的定义，200～6000平方米的门店分为小型超市（500平方米以下，有的企业称为便超），超市（500～2000平方米，有的企业称为标超），综合超市（2000～4000平方米，有的企业称为社区店或综超）三种业态。

为便于比较，将样本中的门店按面积分为两组，即2500+500平方米一组，1000+300平方米一组（以下简称为大店和小店），每组选择10家门店。

从门店所在区域看，1000平方米门店90%分布于住宅区，2000平方米以上的门店90%分布于商业区。

表16　两组样本的平均规模

类别	营业面积（平方米）	员工数量	收银机数（台）
2500+500	2571	121	15
1000+300	990	44	8

2.3.1 销售增长情况比较

两组样本的销售额在2004年都有小幅增长。

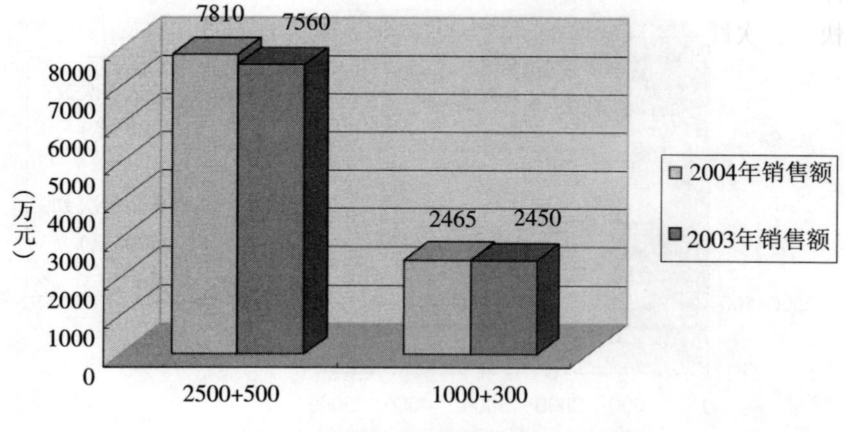

图14　两组样本的销售额比较

其中大店绝对额增加了250万元，增长率为3%；小店绝对额增加了15万元，增长率为1%。

2.3.2 效率性指标比较

由于门店的规模不同，集约化程度不同，其平效和劳效都有较大差别。

表17　两组样本的效率性指标比较

类别	平效（万元/平方米·年）	劳效（万元/人·年）	收银效率（万元/台）
2500+500	3.0	64.5	520.7
1000+300	2.5	56.0	308.1

2.3.3 单品及配送情况比较

两组门店的商品配送比例都超过了60%，均比2003年有所提高。

表18　　两组样本的物流水平比较

类别	经营单品数量（个）	统一配送单品（个）	统一配送比例（%）
2500+500	14500	8800	61
1000+300	7800	4990	66

从单品的销售额上看，大店平均单品的销售额为5390元，小店只有3160元。其中的原因和问题在大型超市门店的情况中已有所分析。

2.3.4 交易情况比较

两组样本的交易次数和客单价呈现相对趋势的变化，交易次数下降，客单价上升。其中主要原因与按地区比较中的说明一致。

图15反映了交易次数的变化情况，其中大店每天交易减少了近190次，比例为4%，小店减少了200次，比例为7%。

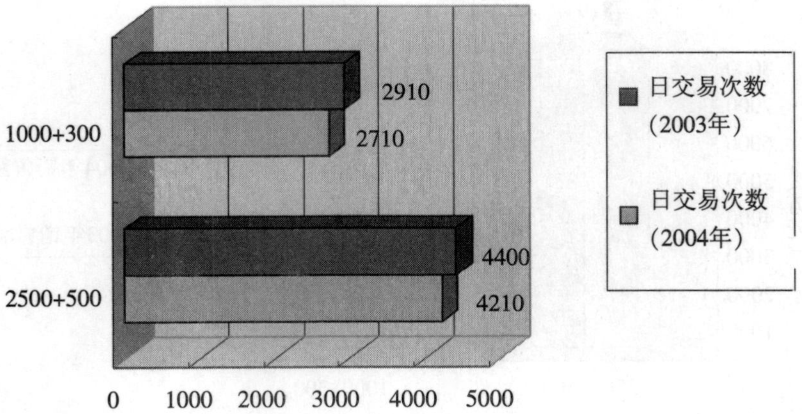

图15　两组样本的交易次数的比较

图16反映了客单价的变化情况，大店和小店的客单价均增长了9%，其中大店增加了4元，小店增加了2元。

2.3.5 毛利率比较

大店的毛利率有所降低，而小店的毛利率略有提升。

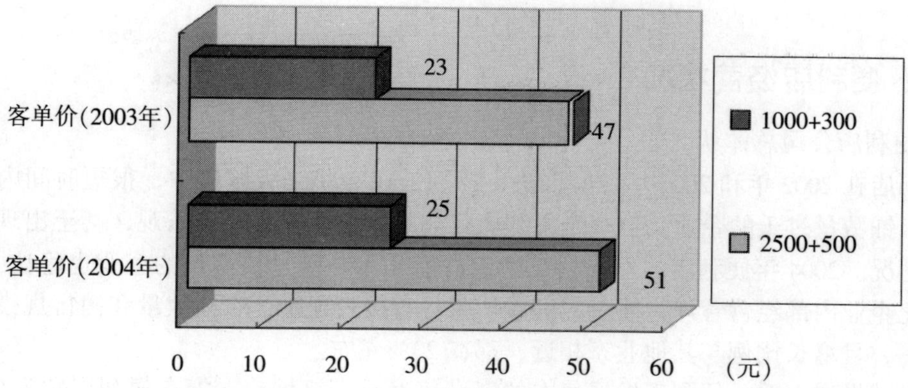

图 16　两组样本的客单价比较

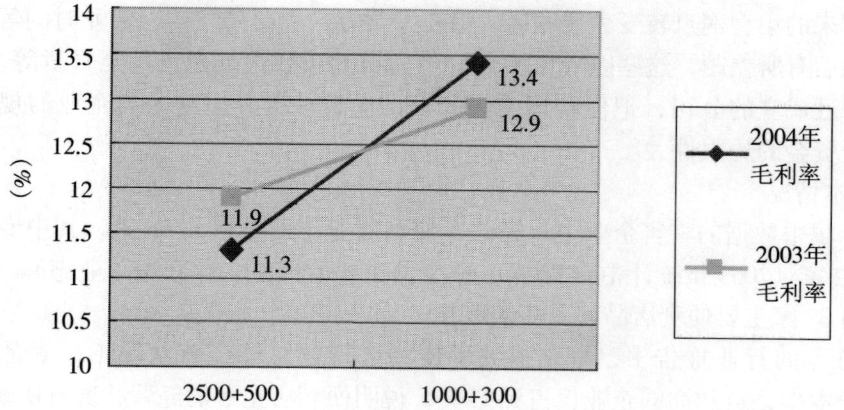

图 17　两组样本的毛利率比较

大店毛利水平的下降，从侧面反映出目前 2000 – 4000 平方米超市的市场定位有时处于尴尬的位置。这些店如果开在社区，居民的消费能力可能不足以支撑这样大的面积，如果开在商业区，必然又面临着大型超市的巨大压力，在商品的齐全性和卖场购物环境上都无法和大型超市相比。

中国连锁经营协会认为，在零售业全面开放的今天，国内零售企业可以通过区域优势和差异化来实现竞争优势。

区域优势需要一定的基础，一些地方连锁企业由于历史的原因，在其所在地区拥有大量的门店，这些企业应发挥这一优势，巩固本企业在该地区的地位，使外来企业很难再开店和参与竞争。新的企业也应以某一区域为主进行扩张。

创新是我国零售业发展的必然阶段。中国现代零售业经过 10 年的发展，正在从以效率为主的扩张阶段转变为以差异化求生存、谋发展的新阶段。这一阶段的主要特点是，市场空间逐渐缩小，企业外延扩张受到限制，转而通过区别于其他企业的营销手段、客户管理、业态创新等赢得竞争。

四、便利店经营状况

1. 便利店公司总体状况

便利店在2002年和2003年发展很快，特别是在一些一级城市中，很短时间内便出现了几家店铺数量过千的企业。但整个便利店行业的效益情况却并不乐观，甚至出现了关门歇业的情况。2004年便利店的发展相对稳定，前几年一些过快增长的企业也稳住了脚步，大力强化企业内部经营管理，注重内涵式扩张。直接表现是，店铺数量和销售规模的增长基本持平，且增长比例与其他业态相近，都在20%左右。

从区域发展上看，便利店发展集中的区域仍然是一级城市，拥有便利店数量超过500家的企业均在一级城市。一级城市的便利店数量约占全国的80%。

在二、三级城市，也出现了很多经营便利店的公司，主要分两类。一类是传统的当地企业，将原来的小型网点转变为便利店，但在经营方式、商品结构、营业时间等方面均与标准的便利店有所差距，这些企业大多同时经营有超市、大型超市甚至百货等多个业态。另一类是新近成立的公司，把便利店作为公司的主营业务，但这些类企业的规模普遍偏小，而且受资金的局限性大。

1.1 样本情况

2004年填报数据的零售企业中，经营有便利店业态的企业共56家，其中专营便利店业态的有12家（2003年统计中有16家，减少的主要原因是企业新增了业态）。表78列出了目前国内37家主要便利店品牌及店铺数量。

在2003年的行业报告中，特别提到了便利店行业总体经营状况不乐观的情况，在2004年的样本中，负利润的企业仅占到15%，说明便利店企业的经营状况有所改善。

国内一直有一个被广泛认同的理论，认为在人均国民收入达到3000美元时，便利店进入导入期，4000美元时即进入快速发展期。上海是最先达到上述两个指标的，一方面造就了几个大的便利店公司，同时也有相当的企业步履维艰，甚至关门歇业。

便利店的发展核心取决于生活方式，即人们愿意为便利性、节约的时间支出成本。生活方式与国民收入水平有一定的关系，但不是直接的关系，特别是在中国收入差距较大的情况下。平均的收入水平并不意味着大部分人达到的水平。而且即使在指标上达到某一水平，生活方式的改变仍然是漫长的过程。特别是中国人穷了很多年，高收入阶层的消费受到其家庭背景、成长经历的影响很大，即使收入较高，生活方式有的也保持一种传统的状态。

1.2 样本企业情况分析

在本报告便利店企业分析中，以6家便利店品牌为依据。这6个品牌均是目前国内便利店行业领先的品牌，其销售额、门店数量、营业面积、员工数量等均有较大规模。

1.2.1 企业平均规模

样本企业均为国内领先的便利店企业，平均规模均较大。

表 19 样本企业的平均规模

年度	销售规模（万元）	门店数量（个）
2004 年	164000	890
2003 年	139000	764
增幅（%）	18	16

从表 19 中可以得出单店的年销售额均在 190 万元左右，日销售额在 5000－6000 元。如果是在一级城市，房租和人工成本较高，这一销售数字应处于盈亏相抵或者略有盈余的水平。

另外，对加盟店核算方式的不同也可能造成上述数字偏低。比如，有的企业在统计店铺数量时，将加盟店的数量计入在内，但由于配送能力和管理能力不足，加盟店的销售额往往无法统计。所以一些企业在对加盟店征收加盟权益金时，往往以定额费用代替按比例收取的方法。在样本企业中，也可能存在便利店数量计入，但销售额并未统计的情况。

在对便利店进行讨论的过程中，曾有过一种理论，认为便利店要达到 150－200 家，形成所谓的规模经济，才能够盈利。对此理论，本报告不能认同。便利店是否盈利在于其核心的管理能力，而与门店数量的多少没有直接关系。如果片面追求数量的提高而忽视了企业自身管理，结果将是店越多亏损额越大，成为规模不经济。

1.2.2 周转情况

由于商品结构的特点，便利店的周转速度在各种零售业态中是最快的。6 家企业的平均周转天数为 16.3 天，平均周转次数为 22.4 次。这与 2003 年报告中样本企业的平均情况相类似。

周转速度快慢一方面反映了门店的销售能力，另一方面也是衡量商品结构是否合理的重要指标。

1.2.3 毛利率

与周转速度类似，由于便利店的业态特点，它的毛利水平也是各个零售业态中最高的。6 家企业在 2004 年的平均毛利率为 17.6%，比 2003 年的 18.1%有所下降。

在《2003 年行业分析报告》中，16 家便利店企业的平均毛利率为 14.6%，两个数据的差异主要是由于样本不同造成的，而且 2003 年的 16 家便利店企业中，有的企业将便利超市（200－400 平方米）纳入便利店统计，也造成了毛利偏低的情况。

1.2.4 主要问题

从样本总体情况看，主要有以下几个问题：

首先，企业业态复合度高，缺少经营便利店的专门机构和人员。很多企业在经营便利店的同时，经营有大型超市、超市、百货店等其他业态，管理超市或大型超市的人员同时在管理便利店的业务，包括营销、管理、共用配送中心和配送车队等。这种情况限制了对便利店的专业化运营和管理。

其次，企业规模小，分布范围大。目前全国拥有便利店数量超过 1000 家的企业仅有 3 家，拥有 500 家店以上的不超过 5 家。规模小，且同一品牌店铺分布在较大区域内，规模优势和品牌优势无法发挥。特别是便利店对物流的依赖性很大（供应商不愿意小批量而频繁地送货上门)，如果在过于广大的范围内开店而物流能力又无法达到，对便利店的长期发展是有危险的。

第三，如何开发和管好加盟店，对于大多数便利店企业来说是个难题。一个原因是企业内部缺少必要的管理机制，如信息系统、督导体系等。另一个原因与国内整个特许加盟环境相关，《特许管理条例》尚未出台，特许人和被加盟者的某些权益无法得到保障。

最后，没有形成便利店区别于超市业态的差异性特点。便利店的商品有即时消费、小批量、应急性等特点，但如果商品结构、服务方式、服务内容与超市相比均没有大的区别，毛利率只能略高于甚至是相当于超市的水平。

2. 便利店店铺经营情况

2.1 基本情况

此次调查共有有效样本门店 22 家，面积从 40 平方米到 230 平方米不等，其中位于商业区的有 14 家，占 64%，其他位于住宅区。从城市分布上看，主要集中在一级城市，特别是沿海地区。其中销售额最高的为 560 万元（面积 167 平方米），最低的为 122 万元（面积 69 平方米），有两家门店净利润为负。

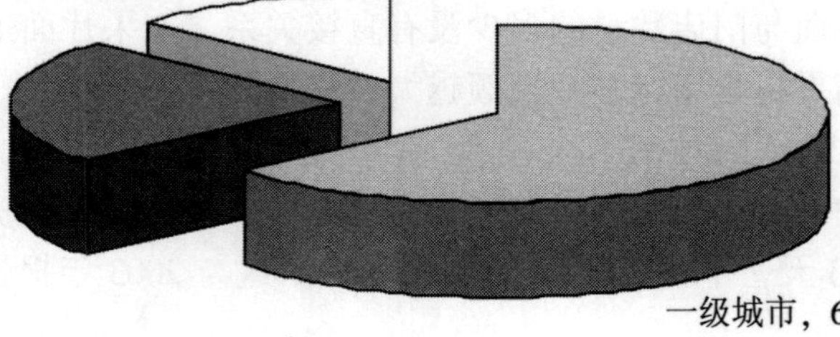

图 18　便利店的地区分布情况

2.2 不同地区的便利店比较

与其他业态相比，便利店在我国发展时间偏短，在各个地区的发展差异化很大。为了更好地说明问题，从北京、上海、其他地区（以二级城市为主）各选取 4 家便利店进行分组比较。

表 20　　三组样本的平均规模

类别	营业面积（平方米）	员工数量	收银机数（台）
北京	110	9	2
上海	91	7	1.5
其他地区	85	6	1.3

2.2.1 销售增长情况比较

单店的销售额增长情况是一个地区业态发展潜力的参考，三个地区呈现不同的增长趋势。

另外，便利店的收入模式正在发生着变化，传统的以商品差价为利润来源的模式正在向

"商品利润+服务性收费"转变。对于一个经营良好的便利店而言，商品销售带来的收入仅是整个收入的一部分。在有的企业中，服务性收入占到了企业最终利润的15%~20%。

表21　　**三组样本的销售增长情况比较**

类别	2004年销售额（万元）	2003年销售额（万元）	增幅（%）
北京	340	345	-1.5
上海	395	372	6
其他地区	255	233	9

北京样本门店销售额出现了小幅的负增长，上海门店销售额增长了23万元（相当于每天增长了630元，如果客单价为16元，相当于每天增加了40笔交易），其他地区的销售额则增长了9%。

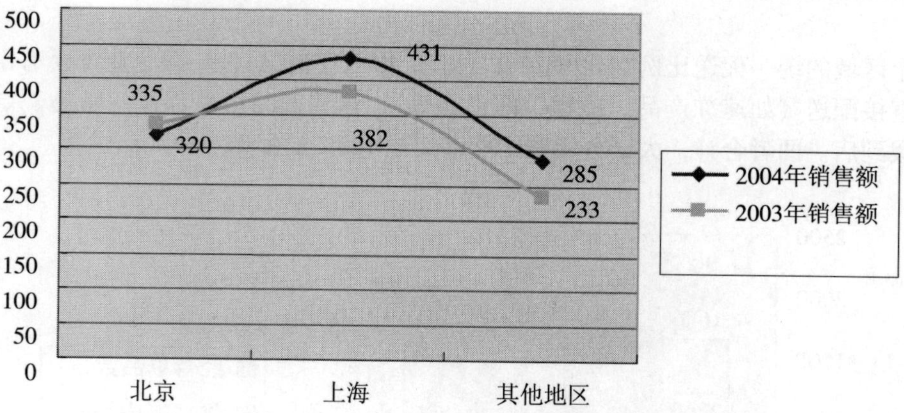

图19　三组样本的销售额比较

2.2.2 效率性指标比较

上海一直处于便利店发展的前沿，运营管理相对成熟，因此也是劳动效率最高、单位面积效率最高的地区。

表22　　**三组样本的效率性指标比较**

类别	平效（万元/平方米·年）	劳效（万元/人·年）	收银效率（万元/台）
北京	3.1	37.8	170.0
上海	4.3	56.4	263.3
其他地区	3.0	42.5	196.2

相对而言，北京的效率并不高，这主要与其所处的地理位置和居民的消费方式有关，愿意到便利店去为便利性而多付出成本的消费者并不多。因此从整体上看，北京地区的便

利店业绩并不理想。

另外，运营管理水平也是一个重要的原因。包括其他零售业态，从整体上看，上海的营运管理水平基本上代表了行业的最高水平。

2.2.3 单品及配送情况比较

由于便利店的商品结构以流转快的品类为主，商品整体周转快，并且门店空间小，存货数量有限，因此便利店是各业态中对物流依赖最大的一种业态，要求送货频繁，并且要根据不同温度条件采用冷链配送。

表 23　　三组样本的物流水平比较

类别	经营单品数量（个）	统一配送单品（个）	统一配送比例（%）
北京	2260	1650	73
上海	1990	1730	87
其他地区	2100	1790	85

三个区域的统一配送比例在80%左右（好于2003年情况），一般企业都会有部分商品由厂家直接配送（如速冻产品、冷饮、即食品等），这些商品由总部统一管理、定价甚至直接划拨到店。两者合计，大部分便利店能够实现100%的配送。

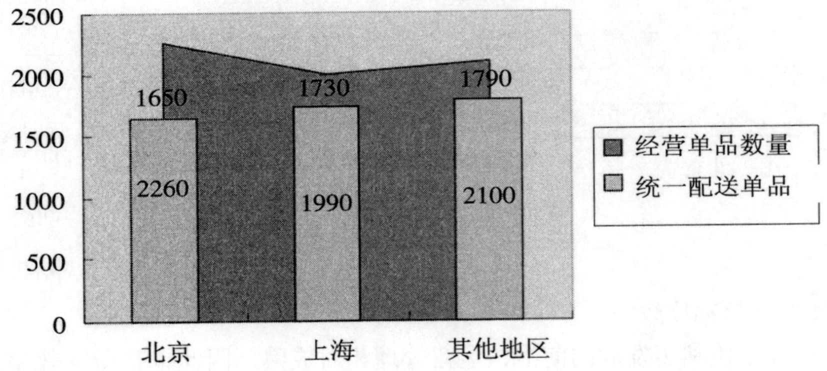

图 20　便利店的配送比例情况

另外，从店铺经营的单品数量看，2003年的报告中，显示为2400种（店均面积为102平方米），一些行业研究人士也认为便利店的商品标准配置数量应为3000种，但是从调查中门店的实际情况看，100平方米店的单品数量一般在2000～2500种。

2.2.4 租金水平比较

便利店成功的最重要因素是选址，好的店址对便利店经营的成败有决定性作用，它是最能体现“一步差三市”理论的业态了。最好的店址是有两面临街的位置，所谓“金角银边”。所以，好的位置自然成为不同企业争夺的焦点，由此租金水平逐年提高。

便利店的租金水平是各业态中最高的。

表 24　　三组样本的租金比较

类别	租金（元/平方米）	房租占销售额比例（%）
北京	1091	3.5
上海	1750	4.0
其他地区	824	2.7

从三个地区看，上海的租金明显高于其他地区，每平方米达到了 4.8 元/天，但这只是一个综合的平均数值，样本中也有 6 ~ 7 元/天的租金水平。北京、上海以外其他地区的租金要低些，租金压力明显小于前两地。

2.2.5 交易情况比较

从交易次数上看，便利店企业每天都在 500 ~ 700 次之间，三个地区的门店交易次数均有增长。上海的门店增长率为 13%，每天增加了 76 次交易；北京的为 5%；其他地区的为 2%。

同一门店交易次数的提高，说明越来越多人的生活方式在悄悄地发生变化，多支出些成本换回时间，人们乐于得到这样的服务，这也是最有利于便利店发展的因素。

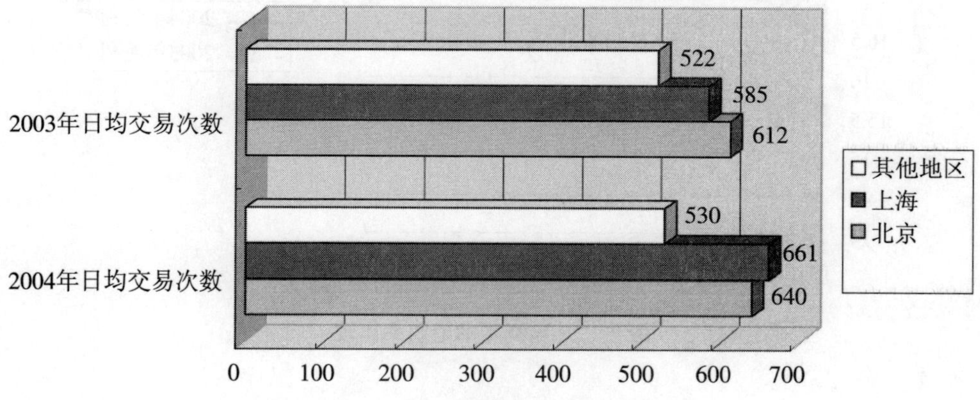

图 21　三组样本的交易次数比较

样本便利店的客单价在 12 ~ 17 元之间，其中上海的客单价最高，为 16.4 元，但是 2004 年比 2003 年减少了 1 元，其他两个地区也均有减少。

2.2.6 毛利率水平比较

2003 年便利店的平均毛利率为 17.3%，2004 年根据三个地区的情况，最低的为北京（16.5%），并且三个地区都比上年略有增长。上海地区便利店的毛利率水平最高。

2.3 不同面积的便利店比较

为便于对便利店的细分比较，将便利店分为 140 ~ 150 平方米和 100 ~ 110 平方米，各选取 3 家店进行比较。

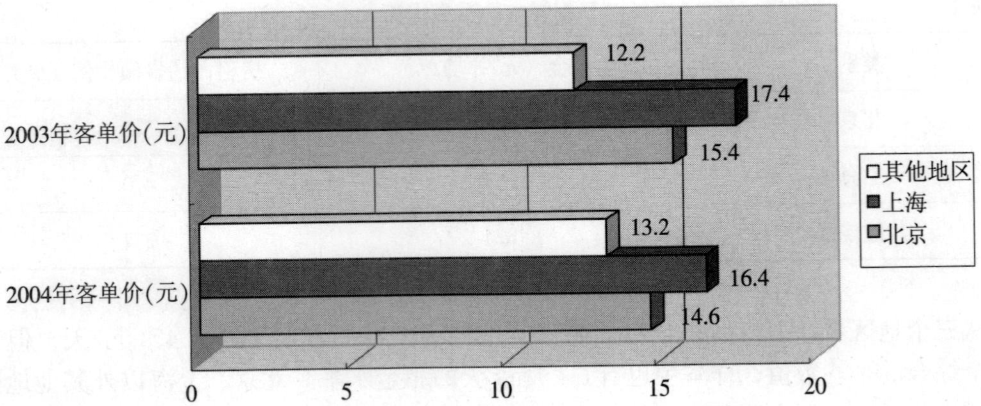

图22　三组样本的客单价比较

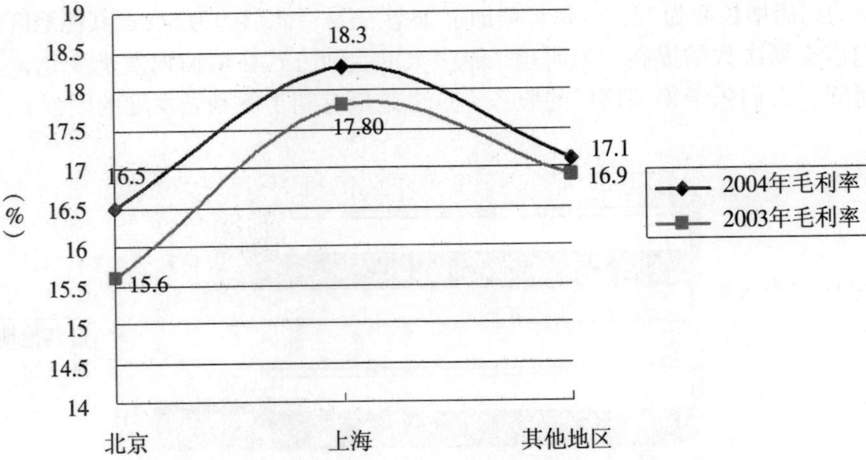

图23　三组样本的毛利率比较

表25　两组样本的平均规模

类别	销售额（万元）	营业面积（平方米）	员工数量	收银机数（台）
140～150平方米	488	145	10	2
100～110平方米	386	105	8	1.5

尽管面积大的店，销售额明显高于面积小的店，但如果以单位指标来比较，就会有些不同，将在2.3.2中有所说明。

2.3.1不同面积门店的销售增长情况

从表26中，我们可以看到140～150平方米的大店销售额的增长率为负值，而100～110平方米小店的增长率为11%。

表 26　　两组样本的销售额比较

类别	销售额（万元）		增幅（%）
	2004 年	2003 年	
140～150 平方米	488	503	－3%
100～110 平方米	386	349	11%

2.3.2 效率性指标比较

我们往往会认为，面积大的门店的平效、人均劳效都会高一些，但是从这两组样本的情况看，并不完全是这样。

表 27　　两组样本的效率性指标比较

类别	平效（万元/平方米·年）	劳效（万元/人·年）
140～150 平方米	3.4	48.8
100～110 平方米	3.7	48.3

100～110 平方米门店的平效高于 140～150 平方米的门店，劳效则基本持平。说明对于便利店而言，前者的面积足够开展经营，如果面积过大，有可能会形成浪费，甚至背负过重的租金负担。

2.3.3 交易情况比较

面积大的门店由于品种相对丰富，聚客能力明显高于面积小的门店，平均每日约多交易 50 次。

另外，两组门店的日交易次数均有所提高，大店和小店分别增长了 14 次和 35 次。

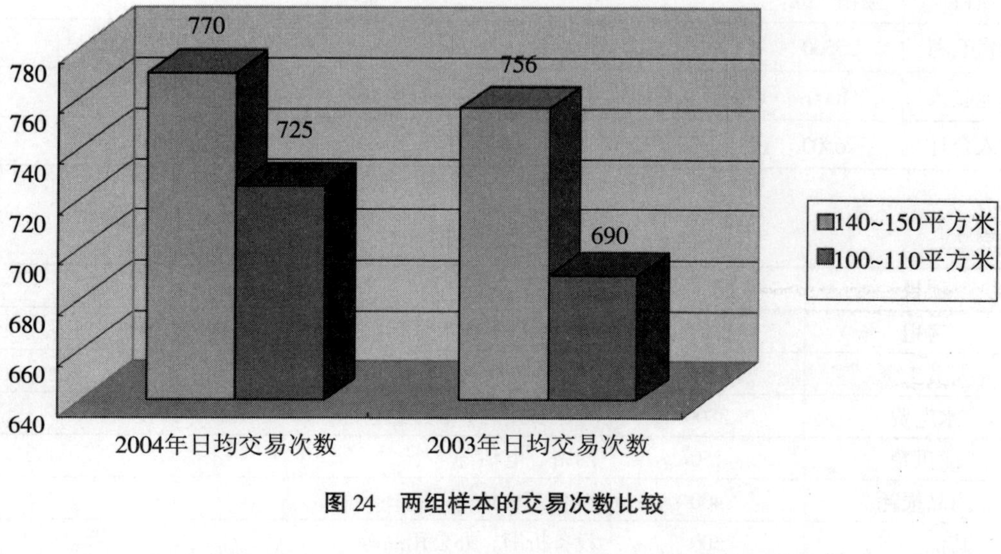

图 24　两组样本的交易次数比较

同样，由于可选择商品种类多，大店的客单价也要高于小店，2004 年大店的客单价为 17.4 元，高于小店的 14.5 元。但大店的客单价比 2003 年下降了 0.8 元，而小店则增加了 0.6 元。

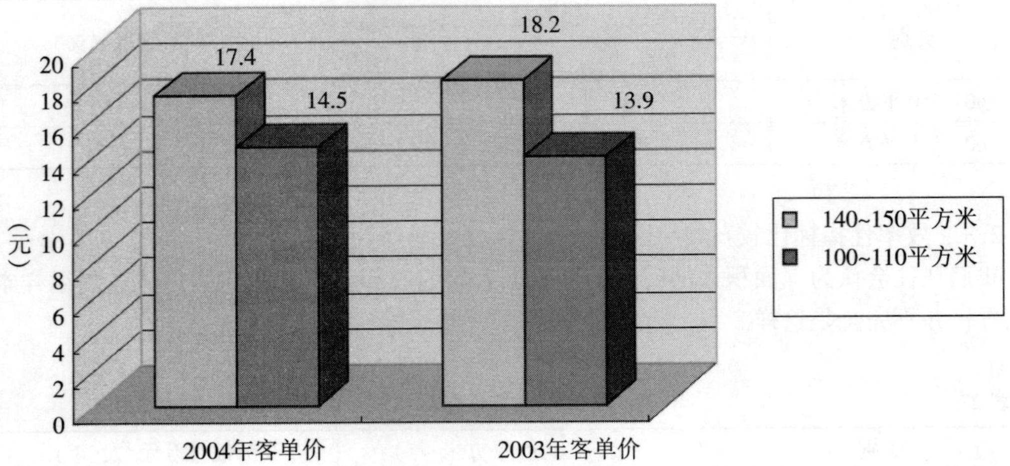

图25　两组样本的客单价比较

2.3.5 毛利率水平比较

100～110平方米门店的毛利率为16.6%，高于140～150平方米门店的15.8%，进一步说明：如果便利店的面积偏大，它的效益有可能会呈反向的趋势。

2.4 便利店的成本收益测算

便利店的盈亏如何测算呢？根据样本的情况，下面以一家90平方米开在上海的便利店为例说明。

表28　　月营运收入

项目	金额（元）	备注
销售毛利	25500	销售额5000元/天×30天×0.17（地区2004年毛利水平）
其他收入	1000	返点、赠品等，由于单店销售规模有限，此类收入不高
收入合计	26500	

表29　　月营运支出

项目	金额（元）	备注
房租	13000	1750（每平方米每年租金）/12月×90平方米
人员工资	8400	7人×1200
水电费	3800	每年费用约4.5万元
通讯费	250	网络、电话等
商品损耗	400	按0.25%计
其他支出	500	设备折旧、办公用品等
合计支出	26350	

月盈余 = 月营运收入 – 月营运支出 = 150（元）

以上是粗略的测算，与实际经营情况会有所出入。

五、百货店经营情况

1. 百货公司总体情况

百货公司在 2004 年处于稳步发展的阶段，没有像 2002 年和 2003 年那样急于开店扩张，也没有因为零售业全面开放而无所适从。

1.1 样本基本情况

在所有的回收调查表中，经营有百货业务的连锁企业为 36 家，共经营有 140 家百货店。除了百货店外，大多数企业同时经营有大型超市、超市、便利店、家电专业店等业态，只有少数企业把百货店作为主力业态。因此在进行企业总体情况分析时，其中的指标并不完全是代表百货连锁企业的。但是在门店分析中，会将百货店的具体经营数据进行详细的分析。

表 30　　样本企业的平均规模

年份	销售规模（亿元）	门店数量	营业面积（万平方米）	正式员工数量
2004 年	43.35	130	25.72	5411
2003 年	34.12	110	19.75	4447
增幅（%）	27	18	30	22

企业的销售规模和营业面积基本处于同比例增长，门店增幅略低于前两者，说明企业处于良性发展阶段。

1.2 效率性指标

由于百货类商品单价价值量大，因此人效是各种零售业态中较高的。但由于面积大，平效一般不高。

表 31　　样本的效率性指标

年份	平效（万元/平方米·年）	人效（万元/人·年）
2004 年	1.69	80.11
2003 年	1.73	76.73
增幅（%）	– 2.3	4

上述两组指标均低于 2003 年企业的总体情况，由于并不是严格的百货连锁企业的比较，因此与 2003 年相比的意义不大。

1.3 库存周转次数

2004 年，百货企业的周转次数为 12.1 次（每次周转时间为 30.2 天），2003 年的周转次数为11.5次（每次周转时间为31.7天）。企业增加周转0.6次，如果以年销售额36亿元，周转一次约3亿元计算，约增加销售额1.8亿元。如果按照15%的毛利率计算，增加毛利额2700万元。由此可见，提高周转次数，对于企业效益的提高是非常重要的。

1.4 毛利率

上述样本企业在2004年的平均毛利率为13.2%，比2003年的13.9%有所下降。

2004年百货连锁业最值得关注的事件是商业网点规划、商业地产和购物卡问题，网点规划直接关系到企业在某个区域能否建店，商业地产则关系到企业的用地成本，而购物卡与企业的经营收入息息相关。

关于商业网点规划：商务部近年逐步加强了对商业网点规划的管理，希望对企业开店的区域和规模进行控制。一些地方政府还建立了听证会制度，对大店的选址进行听证。《城市商业网点规划管理条例》也在制定当中。

关于商业地产：在商务部发布的2004年度《中国流通产业发展报告》中指出，以商业地产投资为先导的流通产业布局调整出现了快速发展的势头。2004年全国商业地产投资达到1723亿元，比上年增长31.4%。实际上，商业地产快速发展的势头在2004年初即已出现。当时针对国内商业地产盲目开发的状况，曾有专家学者和新闻媒体纷纷上书谏言，引起中央高层关注，温总理接连三次批示，相关部委、金融机构和地方政府着手调查和清理有关项目，宏观调控直指商业地产。

关于购物卡：国家有关部门曾多次限令，禁止购物卡/券的使用，但实际上很多企业都在广泛使用。2004年9月3日和10月21日，中国连锁经营协会先后两次组织购物卡专题讨论会，邀请相关主管部门、企业界与理论界的代表对购物卡问题进行了积极的讨论。

与会代表普遍认为，作为发达国家广泛使用的购物卡/券，根本上讲是一种市场营销手段和支付手段。它有利于刺激消费，推动经济增长；有利于降低交易费用，减少了现金交易过程中的差错损失和风险；有利于企业锁定目标顾客，增加了目标顾客对企业的忠诚度；有利于相关企业对持购物卡消费者的购买行为研究，为企业经营决策提供数据支撑；有利于完善现有的支付体系。当然，在购物卡/券的使用过程中，确实存在如腐败等方面的问题，但这并不是由于购物卡/券自身造成的。所以应全面衡量购物卡的利弊，客观评测禁堵办法的效果（一方面没有得到禁止，另一方面损害了政府的权威性），采取有效措施控制使用中的问题，采用疏导的方式，兴利除弊。

2. 百货门店经营情况

调查中，数据完整的百货门店共15家，报告以此为样本进行分析。

15家门店中，14家位于商业区，只有一家位于交通枢纽地区。15家全部为2002年以前开业，最早开业的是在1980年。

15家门店中的最高销售额为11亿元（面积为4.8万平方米），销售额最低的为1.6亿元（面积为1.4万平方米）。

2.1 基本情况

百货店单店的规模都很大，而且商品线长，经营品种多，有些百货店为自己取名为"购物中心"，也不无道理。

表 32　　样本门店的基本情况

销售额（亿元）	营业面积（万平方米）	员工数量	经营单品数量（万种）
5.76	2.79	604	7.3

由于面积大且单位商品价值高，百货店的交易量和客单价也很高，并且 2004 年比上年都有所增加。

表 33　　样本门店的交易情况

年　份	日交易次数	客单价（元）
2004 年	7830	202
2003 年	7610	181
增幅（%）	3	11

15 家百货店的平均毛利率为 16.2%，比上年的 15.5%略有提高。

2.2 不同面积百货店比较

由于百货店面积的浮动空间很大，为便于比较，按照面积大小的不同各选取 4 家门店分为两组，即 35000 ~ 38000 平方米为一组，22000 ~ 25000 平方米为一组，每组 4 家门店，以下简称为大店和小店。

2.2.1 基本情况比较

表 34　　两组样本门店的基本情况

类别	销售额（万元）	营业面积（平方米）	员工数量	收银机数（台）
35000 ~ 38000 平方米	55500	36600	675	59
22000 ~ 25000 平方米	47100	23310	620	41

两组样本 2004 年的销售额都比 2003 年有较大提高，增幅大约都为 7000 万元。

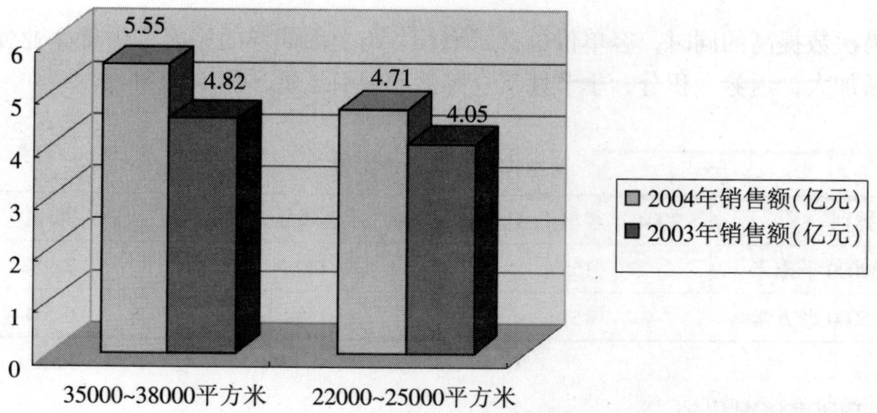

图 26　两组样本的销售额比较

2.2.2效率性指标比较

大店的人效高于小店，但平效低于小店。

表35　两组样本的效率性指标比较

类别	平效（万元/平方米·年）	人效（万元/人·年）
35000～38000平方米	1.5	82.2
22000～25000平方米	2.0	76.2

2.2.3租金情况比较

百货店是各个业态中面积最大的，所以租金总额也非常大，但由于是批租，单位租金一般低于便利店等业态。

表36　两组样本的租金比较

类别	占销售比（%）	单位租金（元/平方米）
35000～38000平方米	2.1	319
22000～25000平方米	1.9	388

2.2.4交易情况比较

两组门店的日交易次数都有一定程度的增长，这与百货店开展越来越多的促销活动直接相关。

表37　两组样本的交易次数比较

类别	2004年日交易次数	2003年日交易次数	增幅
35000～38000平方米	9770	9400	3.9%
22000～25000平方米	8525	8050	5.9%

在交易次数提高的同时，客单价也有所增长，与上面同样的原因，由于企业促销力度和频率不断加大，返券、积分、季节性清仓等活动吸引了更多的消费者。

表38　两组样本的客单价比较

类别	2004年客单价（元）	2003年客单价（元）	增幅
35000～38000平方米	155	140	7.9%
22000～25000平方米	151	138	6.5%

2.2.4毛利率情况比较

虽然2004年百货店的促销力度加大，但从总体上看，百货店的毛利水平仍然得到了提高，大店提高了0.6%，小店提高了0.7%，对于庞大的销售基数来说，这意味着增加了很大的收入（以大店为例，增加的收入 = 年销售额 × 增长的毛利率 = 55500万元 × 0.6% = 333万元）。

2.3不同地区百货店比较

尽管百货店是各类零售业态中发展时间最长的，但是由于各地区经济发展水平的不同，在不同的地区百货店的经营情况也有很大不同。

报告选取沿海和内陆各2家店（沿海选取的城市为上海和深圳，内陆选取的是长沙和重庆，这4家店都位于商业区，面积相近，均为22000平方米左右），以此作为样本进一步比较。

表39　　两组样本的基本情况

类别	销售额（万元）	面积（平方米）	员工数量
沿海	51700	22400	630
内陆	45633	22100	744

从表39中可以看出，虽然面积相近，但沿海的门店用工数量更少，销售额要高出一些。这是从总体情况来看，不排除一些个别相反的情况。

2.3.1效率性指标比较

从表40中可以得出两组门店的平效和人效情况，两个指标仍然是沿海的要好于内陆的。

表40　　两组样本的效率性指标比较

类别	平效（万元/平方米·年）	人效（万元/人·年）
沿海	2.3	82.1
内陆	2.1	61.3

2.3.2交易情况比较

沿海门店的日交易次数和客单价均高于内地的门店，这与消费能力直接相关。

表41　　两组样本的交易情况比较

类别	日交易次数	客单价（元）
沿海	9800	145
内陆	8980	138

尽管上面各个指标中，沿海的都要高于内地的，但从毛利率来看，沿海样本为16.2%，低于内地的17.9%。

六、餐饮连锁企业经营状况

1. 企业总体情况

2004年，我国餐饮业总体营业额超过6000亿元，餐饮企业呈现良好的发展趋势。随着餐饮企业规模的扩大，越来越多的企业采取连锁经营的方式，有很多企业通过连锁经营迅速提升了品牌影响力，提高了盈利水平。

1.1 样本基本情况

共有餐饮企业样本78家，其中有效的企业样本为56家，销售额最低的为1500万元，最高的为118亿元（中国百胜餐饮集团），进入2004年中国连锁百强的有14家。店铺数量最多的是中国百胜餐饮集团，达1400家。

从经济类型上看，民营企业占绝对优势份额，为46家，占82%，国有企业和外资比例不大。其中国有独资或控股企业大多为老字号企业，如全聚德、东来顺等。

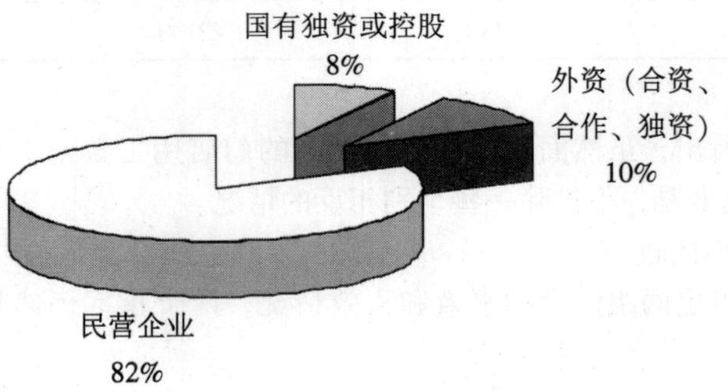

图27 餐饮企业所有制结构

从经营业态上看，餐饮企业一般包括中式正餐、中式快餐、西式正餐、西式快餐、休闲饮品等细分业态。与零售企业明显不同的是，餐饮企业一般只经营某一种餐饮业态，相对单纯和专业。

有效样本企业中，中式正餐和中式快餐比例最大，分别为14家和12家，西式正餐比例最低。

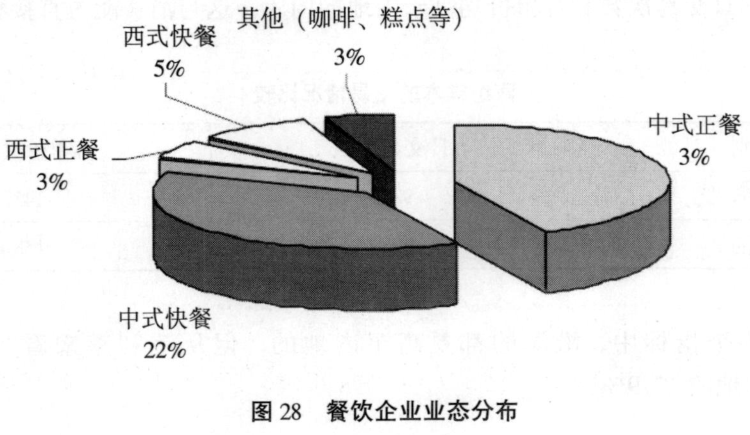

图28 餐饮企业业态分布

1.2 样本企业的平均规模

由于在样本企业中有 14 家进入 2004 年中国连锁百强企业名单，因此各项指标均较大，反映了行业的领先水平。

表 42　**样本企业的平均规模**

销售额（万元）	门店数量（个）	营业面积（平方米）	员工数量
67080	164	77350	7078

大型企业提升了指标，因此对企业总体情况的分析反映的是部分大企业的情况。在后面的门店分析中，会更加客观和具体。

样本企业 2004 年的平效为 0.87 万元/平方米，人均劳效为 9.48 万元/人，作为多种业态的平均数值，只能提供一个参考，具体的经营情况在后面的门店分析中说明。

2004 年企业平均毛利率为 52%，高于 2003 年的 49%，毛利水平基本与 2003 年行业分析报告中的数据相一致。

根据样本反馈的情况，跨区域发展是餐饮连锁体系建设中最大的问题。如果单纯开办直营店，企业的资金和管理压力都非常大，人力资源更是一个扩张的瓶颈。如果采取加盟店的方式，由于整个法律环境不健全，企业有很大的顾虑。

2. 餐饮门店经营情况

2.1 基本情况

共有样本门店 45 家店，除了 2 家为 2004 年新开业外，其他均为有效样本。其中位于商业区的店铺占 70%，位于住宅区和交通枢纽地区的占 30%。

样本中，2004 年最高的销售额为 4400 万元（2600 平方米），单店面积最大的达 4500 平方米。

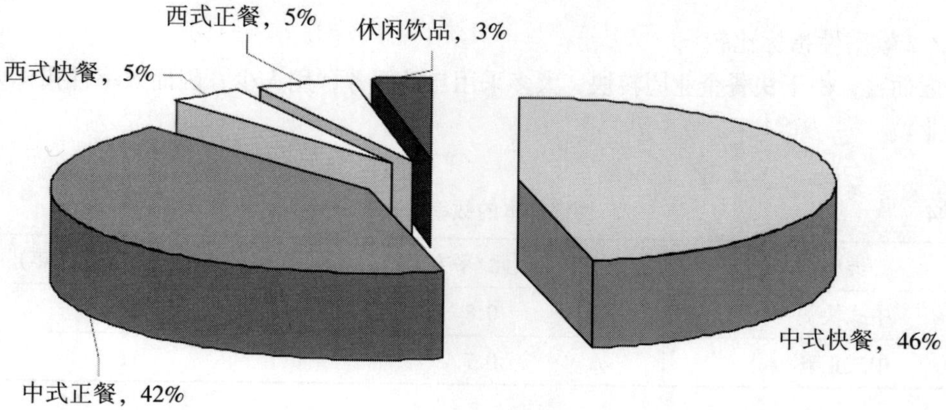

图 29　样本店的经营业态比例

所有的门店都有较好的盈利水平，样本中没有亏损门店。

2.2 不同经营业态的餐饮店比较

为便于比较，在数量最多的中式快餐和中式正餐中，各取15家店进行相关指标的比较。

表43　两组样本的平均规模

类型	销售额（万元）	营业面积（平方米）	员工数量
中式快餐	983	1170	68
中式正餐	1159	1552	101

一般而言，正餐的规模都要大于快餐，而且用工数量较多。

2.2.1 销售增长情况比较

两类样本2004年的销售额都比2003年有所提高，中式正餐达到了10%，中式快餐达到了23%。

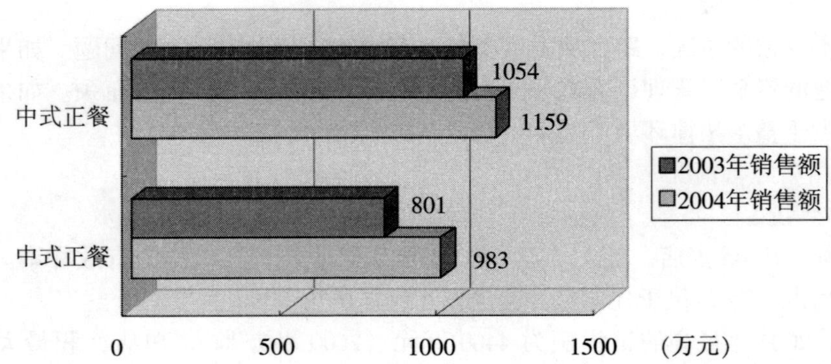

图30　两组样本的销售额比较

2.2.2 效率性指标比较

一般而言，由于快餐企业周转快，大多采用自助服务，用人少，因而效率性指标要高于正餐企业。

表44　两组样本的数率性比较

类型	平效（万元/平方米·年）	人效（万元/人·年）
中式快餐	0.8	14.5
中式正餐	0.7	11.5

2.2.3 租金水平比较

地段同样也是决定餐饮门店成败的重要因素。对于超市等零售业态而言，在一个商业区中，最好的选址地点只有一个。而对于餐饮企业，周边环境氛围和菜品特色往往更重要，“酒香不怕巷子深”有一定的道理。所以餐饮门店的单位租金水平低于零售业态平均租金水平。

表 45　　两组样本的租金比较

类型	租金（万元/店）	占销售比（%）
中式快餐	92	9.4
中式正餐	155	13.4

根据门店租金额度和门店面积，计算单位面积租金为：中式快餐 786 元/平方米·年，中式正餐 999 元/平方米·年。

2.2.4 服务情况比较

餐饮店的接待能力除了与店面大小有关外，另一个重要的因素是周转速度（翻牌率）。快餐的优势在于周转速度快，但客单价小，正餐则相反。

表 46　　两组样本的服务情况比较

类别	日均接待人次	客单价（元）
中式快餐	930	29
中式正餐	620	51

2.2.5 毛利率水平比较

正餐更多地体现了餐饮的本质，即不仅仅是商品，更重要的是服务。正餐一方面要讲求环境气氛，追求菜品的特色，同时也要通过优质、周到的服务来吸引消费者。因此正餐的毛利水平一般高于快餐。

表 47　　两组样本的毛利率比较

类别	2004 年毛利率（%）	2003 年毛利率（%）
中式快餐	51.6	50.8
中式正餐	55.8	55.2

即使同样是中式正餐或快餐，由于面积变化很大，企业间的比较也是相对笼统的，无法说明具体细节。因此，下面从快餐和正餐中分别选取了不同面积的门店进行比较。

2.3 中式快餐不同经营规模的门店比较

在 150～200 平方米和 700～800 平方米两个区间内，各选 2 家中式快餐门店，共 4 家店分成两组，进行对比分析。

表 48　　两组样本的平均规模

类别	销售额（万元）	营业面积（平方米）	员工数量
150～200 平方米	294	178	28
700～800 平方米	740	775	63

根据上表，计算出两组样本的平效和人效情况，虽然大店有规模上的优势，但是平效和人效与小店差别不大。

表 49　　两组样本的效率性指标比较

类别	平效（万元/平方米·年）	劳效（万元/人·年）
150～200平方米	1.7	10.5
700～800平方米	1.0	11.7

从接待能力看，大店比小店自然有更多的优势，且相差很大。

表 50　　两组店的服务情况比较

类别	日接待人次	客单价（元）
150～200平方米	590	13.5
700～800平方米	1073	18.9

从毛利率水平看，小店的毛利率为51%，大店的毛利率为48%。

2.4 中式正餐不同经营规模的门店比较

与中式快餐的比较类似，同样是中式正餐，面积差距也很大。报告在中式正餐门店中，选取700～750平方米和2500～2600平方米两个区间内各2家店，共4家店分成两组，进行对比分析。

表 51　　两组样本的基本情况

类别	销售额（万元）	营业面积（平方米）	员工数量
700～750平方米	880	775	68
2500～2600平方米	2955	2550	92

根据上表得出两组样本的平效和人效情况。

表 52　　两组样本的效率性指标比较

类别	平效（万元/平方米·年）	劳效（万元/人·年）
700～750平方米	1.1	12.9
2500～2600平方米	1.2	32.1

根据样本反馈的数据，计算两组门店的日接待人数和客单价，同样作为中式正餐，接待人次和客单价都相差了近一倍。

表 53　　两组样本的服务情况比较

类别	日接待人次	客单价（元）
700～750 平方米	640	38
2500～2600 平方米	1305	62

以上各个指标中，大店均高于小店。毛利率也有类似的趋势，大店的毛利率为 55%，小店的毛利率为 52%。

3. 餐饮行业特许经营发展情况分析

3.1 餐饮业概况

3.1.1 餐饮业行业和业态分类

根据国家统计局行业分类标准，餐饮业的细分行业分类如表 54 所示。

表 54　　餐饮业细分行业分类

<table>
<tr><td rowspan="2">正餐</td><td>中式正餐</td><td rowspan="2">指提供各种中西式炒菜和主食，并由服务员送餐上桌的餐饮服务。包括：
■ 宾馆、饭店、酒店内独立（或相对独立）的酒楼、餐厅
■ 各种以正餐为主的酒楼、饭店、饭馆及其他用餐场所
■ 各种以涮、烤为主的餐饮服务
■ 车站、机场、码头内独立的餐饮服务
■ 火车、轮船上独立的餐饮服务
■ 不包括提供单一类食品的餐饮服务（如饺子、包子、面条、米粉等）</td></tr>
<tr><td>西式正餐</td></tr>
<tr><td rowspan="3">快餐</td><td>各种西式快餐</td><td rowspan="3">• 指服务员不送餐上桌，由顾客自己领取食物的一种自我服务的餐饮活动。
• 不包括各种特色小吃的餐饮服务（如清真小吃、四川小吃等）。</td></tr>
<tr><td>中式快餐</td></tr>
<tr><td>自助式餐饮</td></tr>
<tr><td colspan="2">饮料和冷饮服务</td><td>指以提供饮料和冷饮为主的服务。包括：
■ 各类茶馆
■ 各类酒吧、酒馆
■ 各种咖啡厅（屋、馆）
■ 冰激凌店、冷饮店
■ 以提供牛奶及饮料为主的乳品店
■ 其他形式的饮料服务
不包括：
■ 以出售蛋糕、面包为主的乳品店、面包房
■ 可乐、矿泉水等饮料的柜台销售及流动销售</td></tr>
</table>

续表

其他餐饮服务	指上述未列明的餐饮服务。包括： ■ 风味特色小吃（清真小吃、四川小吃等）餐饮服务 ■ 提供单一类品种的餐饮服务（面条、粉丝、汤圆、包子、饺子等） ■ 提供现场就餐服务的糕点制作售卖服务 ■ 仅提供早点的饮食服务 ■ 摆摊餐饮服务 ■ 流动车餐饮服务 ■ 餐饮配送服务（为公司、学校、机关等送餐） ■ 其他未列明的餐饮服务 ■ 不包括为连锁快餐店送货的服务

随着餐饮业的发展，其所属细分行业和业态也发生了许多变化。业内约定俗成的分类如表55所示。

表55　　餐饮业细分行业

餐饮业分类		餐饮业细分行业的外延
正餐业	中式正餐业	包括传统菜系和创新菜系的家常菜餐厅、高档餐厅和特色风味餐厅，酒楼，饭店和宾馆的餐厅
	西式正餐业	西餐厅
	其他	包括韩式烧烤等各国风味特色餐厅
快餐业	中式快餐业	包括经营改造的传统中餐品种的有标准化、简单化和工业化特征的快餐厅，提供单一食品的小吃店，送餐服务，早餐供应点，团膳企业
	西式快餐业	包括欧美速食和外卖餐饮品种和消费方式的餐厅
	其他	包括日式快餐和其他类型快餐
火锅业		包括重庆火锅、北方涮羊肉、内蒙古涮羊肉、鱼头火锅、菌类火锅和台湾涮锅等
休闲饮品业		包括咖啡店、酒吧、冷饮店、茶楼等

餐饮业业态分类尚无国家标准。根据研究，可按表56所示进行分类。

表56　　餐饮业细分业态

业态	特征
大众餐馆类	以家常菜为主
快餐类	包括中西快餐

续表

业态	特征
高档正餐类	以满足商务和公关等特殊需求为主，包括中式和西式
星级宾馆餐饮类	依托星级宾馆饭店的餐厅，定位与高档正餐相近
主题餐厅类	以个性化的主题为背景
休闲餐饮类	以提供饮料、点心、小吃和零食的休闲环境为主，菜品较少
餐饮娱乐结合类	包括可以在就餐时欣赏各种表演的餐厅和提供自助餐等食品的娱乐场所
餐饮街类	有大大小小的众多餐馆扎堆形成的商业街
移动细分餐饮类	包括汽车餐厅和送餐服务
团膳类	机关、团体、学校、写字楼等的餐厅（包括自营和外包专业机构）

3.1.2 餐饮业特许经营状况

餐饮业是我国开展特许经营较早的行业。在上个世纪80年代以前，规范的连锁经营和特许经营尚未进入国内，餐饮业就有开“分店”和以产品生产加工技术、店铺“字号”和经营模式等要素进行合作开“分店”的案例。80年代以后，餐饮业的特许经营从不自觉地开分店，到学习洋快餐自发地发展特许经营，经历了从不认识到认识，从盲目模仿到系统学习，从随意发展到有计划地实施特许经营战略的转变过程。尤其是1997年，原国家内贸部颁发《商业特许经营管理办法（试行）》以后，在中国连锁经营协会的引导下，餐饮业特许经营开始由感性发展向理性发展转变。这一阶段出现了一批特许经营品牌，它们大多数目前仍然活跃在市场中。目前，国内餐饮企业最早从事特许经营的几个品牌，比如北京全聚德、马兰拉面和重庆小天鹅等已进入相对稳定的发展阶段，对它们来说，质量的提高已经重于规模的发展。一批新兴餐饮连锁企业在总结前者经验教训的基础上，正在成长。

3.1.3 餐饮业状况

2004年餐饮业继续保持快速发展，餐饮业实现零售额7486亿元，增长21.6%，高于社会消费品零售总额增幅8.3个百分点，比上年净增1300多亿元，实现餐饮业年营业额连续14年高增长。2004年餐饮业实现营业税金411亿元，同比增长23.3%，占社会消费品零售总额的比例达14%，对社会消费品零售总额的增长贡献率为21%。

3.2 餐饮业特许经营概况

3.2.1 连锁餐饮是快速增长的餐饮业中的亮点，特许经营与直营连锁的发展基本同步

根据调查统计，2004年连锁餐饮企业连锁店数量和连锁店销售额的增长都非常明显。其中平均销售额的增长直营店为37.23%，加盟店为25.89%，都高于餐饮业21.6%的行业平均增长率。并且，餐饮业各行业直营店和加盟店数量的平均增长率比较接近，直营店数量增长比加盟店数量增长高4个百分点；而销售额的增长两者有一定差距，直营店比加盟店高11.34个百分点。总体上，直营业务的增长与特许经营业务的增长基本同步。

如图31所示，在餐饮业各行业中，加盟店数量增长最高的是中式正餐业，超过50%；

加盟店销售额增长最高的是西式快餐业；火锅业直营店数量和直营店销售额的增长明显高于加盟店；中式快餐整体增长相对偏低。

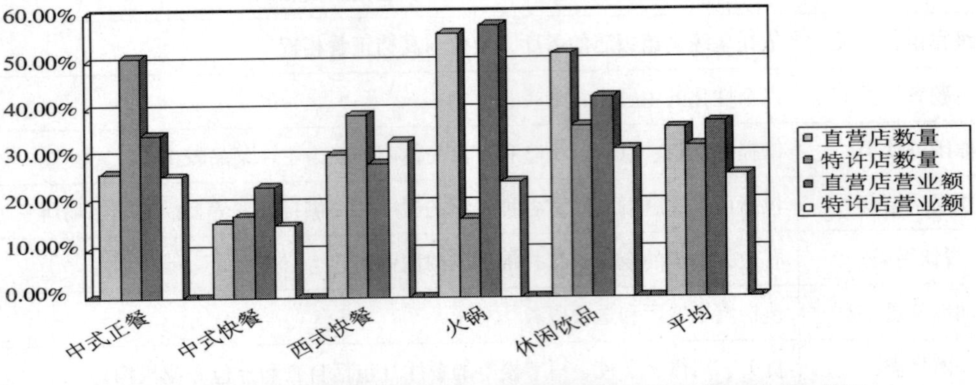

图 31　2004 年餐饮业部分连锁企业连锁店数量和连锁店销售额增长情况

分析上述情况，中式正餐开展特许经营较餐饮业其他行业难度大，加盟店数量少，增长相对明显。中式正餐在 2004 年加大了特许经营的力度，比如全聚德 2004 年成立了连锁经营公司，将特许经营业务全部划归连锁经营公司，连锁经营公司又取得了开门红的良好业绩，当年新开加盟店 7 家，比上年增长 40%。有着类似情况的不止全聚德一家。火锅业相对适合开展特许经营，以往特许经营发展速度较快，加盟店多，而直营店相对较少。2004 年火锅业在保持特许经营业务稳定发展的同时，直营店有一定的增长。由于直营店基数小，增长率显得较高。中式快餐在保持多年高速增长后，近年进入相对稳定增长和调整阶段，增长率较低。

3.2.2 连锁餐饮业各行业加盟店的数量与品牌成熟度

调查显示，近 80% 的受调查连锁餐饮企业其直营店集中在 10 家以内。一半以上的受调查企业的加盟店在 50 家以内。连锁餐饮业各行业因加盟店数量不同，形成了几个阵营：

2/3 的中式正餐企业的加盟店集中在 50 家以内；

中式快餐业分三个阵营，1/3 左右的企业加盟店在 10 家以内，1/4 左右的企业加盟店在 50 ~ 100 家之间，1/6 左右是在 200 ~ 300 家之间；

火锅业分两个阵营，1/3 左右的企业加盟店在 10 ~ 50 家之间，1/3 左右的企业加盟店在 300 ~ 400 家之间，并且这个阵营集中的企业多于前一个阵营 50% 左右；

休闲饮品业也分两个阵营，1/3 左右的企业加盟店在 30 家以内，1/3 左右的企业加盟店在 300 ~ 400 家之间，并且这个阵营集中的企业多于前一个阵营 1 倍左右。

由此可知，加盟店的数量与特许经营品牌的成熟度呈正比关系。在上述阵营中，加盟店数量少的阵营往往集中了该行业的新兴品牌，加盟店数量多的阵营往往集中了该行业的著名品牌或主要企业。

3.2.3 加盟店配送额明显增长

配送是连锁经营的基本特征。连锁餐饮业配送率的高低，在一定程度上反映出产品标准化程度和总部对连锁店的控制能力。受调查的连锁餐饮企业 2004 年配送额平均增长 42.78%（如图 32 所示）。其中总部对加盟店配送额的增长比总部对直营店配送额的增长高约 8 个百分点，说明总部对加盟店的控制力在进一步增强，加盟店产品的标准化程度在进一步提高。

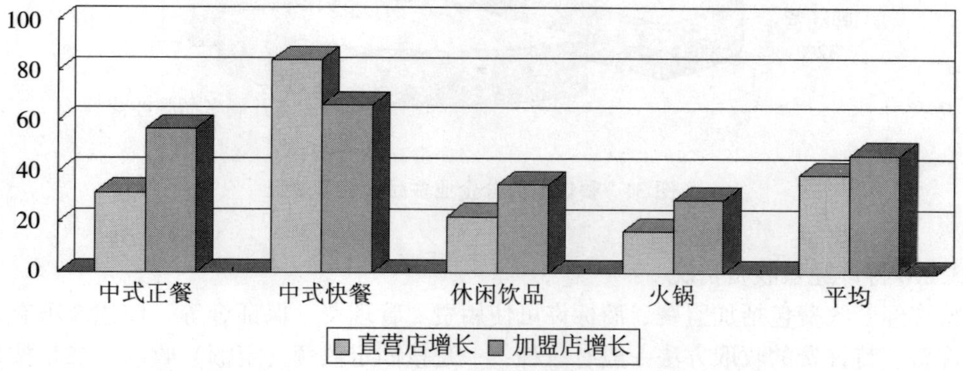

图 32　餐饮业部分企业特许经营配送额增长情况

3.2.4 培训在特许经营中的作用受到广泛重视

培训是连锁经营实现标准化和统一化的重要措施，也是连锁经营的基本特征。受调查的连锁餐饮企业 2004 年在培训方面的变化是直营店和加盟店的平均增长速度接近，相差不到 6 个百分点，并且增长幅度都高于 30%（如图 33 所示）。其中火锅业更为突出，超过 50%。中式正餐业特许加盟店参加培训的增长高于直营店参加培训的增长，与该行业加盟店数量增长高于直营店数量增长一致。

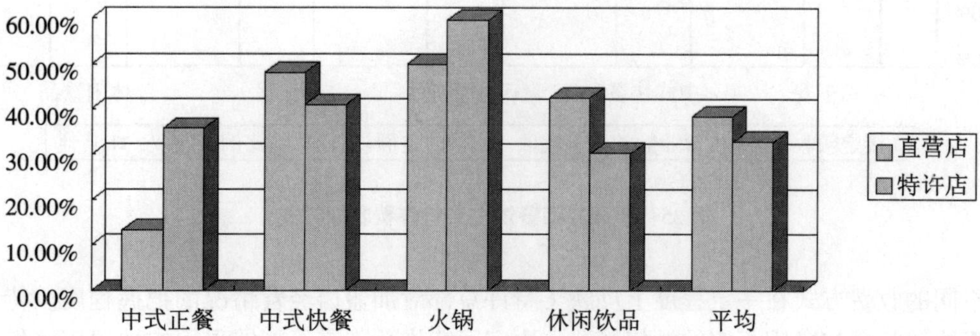

图 33　2004 年部分连锁餐饮业培训增长情况

3.2.5 多品牌经营可能成为趋势

调查显示，6 成以上的连锁餐饮企业已经或者将要开展多品牌经营（如图 34 所示）。其中中式正餐、中式快餐和火锅行业表现突出。

多品牌经营是一把双刃剑。对于有一定基础的企业，开展多品牌经营将为加盟商开辟一条新的投资渠道，总部可以进行集约化管理，提高管理效率，降低管理成本。但是对于基础较差的企业，开展多品牌经营，无疑将分散总部的资源和精力，影响原有品牌的巩固和提升。

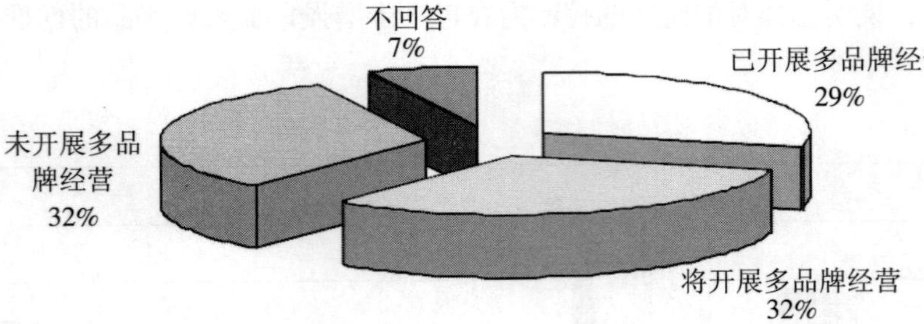

图34　餐饮业部分企业多品牌经营情况

3.2.6 特许经营收费情况

特许经营收费包括加盟费、商标许可使用费、管理费、保证金等，前述3项有时也统称特许费。特许费的收取方法一般有三种：一是按固定数额（定额）收取；二是按加盟店销售额的一定比例收取；三是上述两种方式的结合。

按定额收取特许费是餐饮业各行业普遍采用的收费方式，并且也是采用比例最高的方式；除西式快餐业外，其他行业采用按销售额比例收取特许费的比例较低；同时采用上述两种方式收费的也不多。如图35所示。

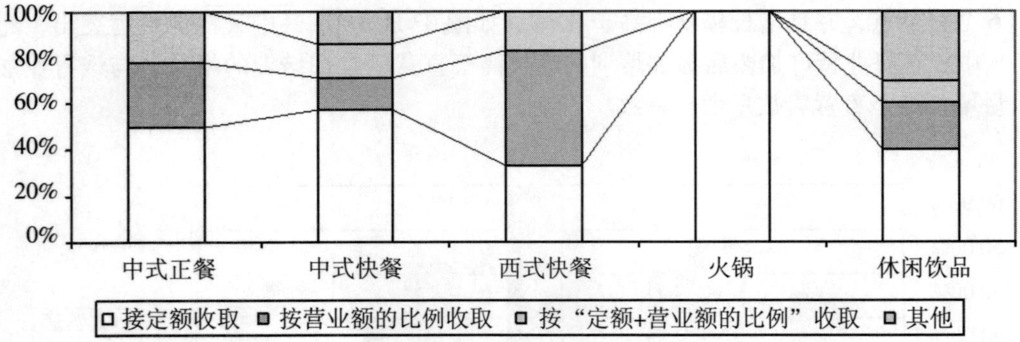

图35　部分连锁餐饮企业特许费收取方式

不同的收费方式在一定程度上反映了特许总部对加盟店经营情况的把握程度。特许总部是否能够掌握加盟店真实的销售情况，决定了特许总部是否能够采用按加盟店销售额的一定比例收取特许费。

了解加盟店销售情况的方式主要有三种：加盟店通过销售报表（网上填报或传真）向特许总部报告；特许总部通过配送核心物料换算；加盟店与特许总部信息系统联网，总部即时或定时了解加盟店的销售情况。上述方法中最后一种方法得到的信息更准确。

目前在国内，企业的诚信体系正在建立，特许总部了解加盟店的经营信息相对比较困难。由于涉及加盟店向特许总部缴费，目前在国内，一般情况下，一部分加盟店会隐瞒真实的缴费基数，以降低缴费额。所以，加盟店填报的销售报表的准确性一般不太可信，而通过配送了解加盟店的销售情况较通过报表准确。但是，一部分特许企业的配送物品简单，并且没有特殊性，在市场上能够采购到，加盟店可以不依赖于总部采购。即使配送物品有特殊性，个别加盟店为降低缴费，甚至会采取一些损害特许经营体系的手法，其中包括减少从总部配送核心物料，以其他方式填补不足等，这样又使产品和服务的质量、食品安全受到严重影响。通过将加盟店收费系统与特许总部信息系统联网，能够有效地解决信息失真的情况。但是，信息系统的建设往往需要投入巨额资金，大多数的餐饮连锁企业尚不具备这个能力，大多数的产品和特许管理体系也没有达到与信息化匹配的标准化程度。因此，按定额收取特许费成了餐饮连锁企业无奈的选择。

西式快餐由于体系规范，产品和管理的标准化程度高，采用按加盟店年销售额的一定比例收取特许费的比例较高。而其他行业开展特许经营仍然处于初始探索阶段，模式尚未成熟，经验不够丰富，所以采用按定额收费的比例较高。有的甚至是一次收取3至5年的费用，以此确保特许总部能够足额收取到特许费。也有相对成熟的品牌，比如全聚德、小天鹅等，在每年一次性收取定额费用的同时，另外按月向加盟店收取当月销售额一定比例的提成。

向加盟店收取一定数额的保证金是特许经营通常的做法。在被调查的连锁餐饮企业中，近七成企业收取保证金。火锅业100%收取保证金，西式正餐收取保证金的比例最低，但也达到50%。

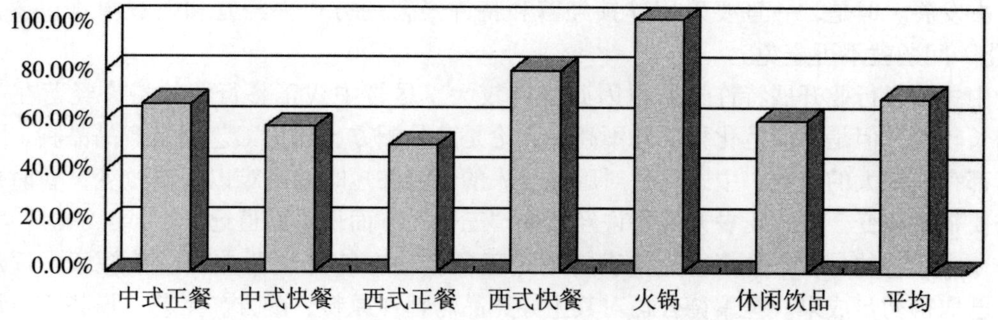

图36 受调查的连锁餐饮业各行业保证金的收取比例

表57 **受调查的连锁餐饮业各行业收取保证金数额**

	中式正餐	中式快餐	西式正餐	西式快餐	火锅	休闲饮品
保证金数额（万元）	1~30	2~20	5	5~20	1~20	2~10

3.2.7 连锁餐饮业各行业特许经营投资情况分析

表58 **受调查的连锁餐饮企业特许经营单店投资额**

	中式正餐	中式快餐	西式快餐	火锅	休闲饮品
投资额（万元）	30~400	4~150	50~200	20~200	30~250

中式快餐投资相对最低，由于项目的专业化和和设备的简单化程度不同，单店投资从4万元到150万元不等，30万~60万元的中式快餐项目居多，也最受投资者青睐。中式正

餐投资相对最大，这与其规模、产品的复杂性和店铺装修的档次有关；火锅和休闲饮品由于规模弹性可大可小，档次可高可低，投资居中；西式快餐投资的起点高，这与其标准化、机械化和工业化程度有关。

投资额是一道门槛。投资额低，加盟商容易进入，加盟店发展速度快。但是，项目容易被模仿，加盟商在掌握项目经营管理技能后也容易产生离心力；投资门槛高，有能力的投资者少，加盟店发展速度相对较慢。但是，有投资能力的投资者的素质较高，容易与总部在理念上达成一致。充足的资金能够使项目保持一定的规模、品质和竞争力，同时提高了模仿者的成本和难度。设计合适的投资门槛，是连锁餐饮企业把握项目特许经营发展的一个关键。

3.3 2004年连锁餐饮业各行业特许经营的特点

3.3.1 中式正餐特许经营的标准化工作任重而道远

特许经营对项目或产品的基本要求是标准化、简单化、专业化（简称“三化”）。“三化”可以确保特许经营项目有较高的复制力和控制力。而中国源远流长的饮食文化和精湛的烹饪技艺使中餐，尤其是中式正餐在标准化、简单化和专业化方面困难重重。

在浩如烟海的中餐品种中，适合和需要采用连锁经营和特许经营进行发展的只是一部分。并非所有的中式正餐都可以开展连锁经营，并非所有的中式正餐都需要通过连锁经营方式去发展。但是，一旦要采用连锁经营和特许经营的方式去经营和发展中式正餐，其“三化”问题就不可避免。

中式正餐行业开展特许经营也因此难度较大。尽管中式正餐行业的特许经营在2004年增长较快，但是其规范化程度并不高，无论是产品配方、加工工艺还是产品品种，各连锁店都存在较大的差异。中式正餐对厨师个人的依赖在短时间内难以根本改变，暂时也没有必要根本改变。中式正餐开展特许经营在“三化”方面任重而道远。

令人欣慰的是，以全聚德为代表的中式正餐企业在特许经营方面积极探索，逐步推进，已取得初步成果。全聚德公司对其主导产品烤鸭在原料、配方、工艺、设备等方面基本实现了标准化，尤其是全面推广电脑控制烤鸭炉，不仅使烤鸭的标准化程度得到充分保证，而且通过电脑程序设计控制了烤鸭技术的扩散，保证了烤鸭炉在特许经营合同有效期内安全运行，超过合同期自动停止运行，确保企业对加盟店的控制力。全聚德公司用几年时间对全聚德经营管理经验进行了全面的总结，完成了系统的连锁经营营运和管理体系手册编写，在中式正餐特许经营方面取得突破性进展。其对中式正餐特许经营的发展具有重要意义。

3.3.2 中式快餐特许经营进入盘整期

中式快餐自1997年以来一直保持高速发展的态势。近年的发展速度相对减缓，以至于有人担忧中式快餐的发展是否遇到了障碍和困难，中式快餐是否会进入新的低谷。调查显示，中式快餐的发展速度的确在减缓，在连锁餐饮业中其增长速度最低。但是，这并非说中式快餐的发展已进入低谷。一些前几年发展较快的企业经过这一阶段的调整进入了一个平台期，其管理体系、发展战略、人力资源等面临调整和升级，其建立的连锁店也面临升级和淘汰，部分加盟店面临特许经营合同和铺面租约到期，连锁店总数不仅增长缓慢，可能还会出现负增长。其他骨干企业发展也进入一个相对稳定和理性的发展阶段。经过一段时间的调整后，中式快餐业的发展将再次提速。

2004年，在中式快餐连锁著名品牌和知名连锁企业中，“送餐大王”丽华快餐在华东的南京、上海、苏州、无锡和华南的广州、深圳等城市大规模克隆丽华“北京模式”，在河南和湖南初试特许经营。其制定的中国快餐业的首个《快餐企业标准》，于2004年11月初通过了北京质检局的审查批准，获得01号标准登记证书。其采用快捷的全国订餐电脑化互联接线传输系统，各地订餐响应时间仅需5秒钟，并可实时完成异地订餐功能。马兰拉面、大娘水饺、老家快餐等著名品牌在发展直营店方面投入较多，特许经营发展速度受到控制。

中式快餐行业后起之秀不断涌现。上海世好的吉祥馄饨发展势头迅猛，加盟店以40%的发展速度增加到70家，销售额达1.2亿元，增长率为41.18%，企业首度进入餐饮业百强行列。

还有一些经营状况良好的中式快餐品牌由于产品和产业结构特点所限，或者没有把握特许经营的管理技术，或者资源配置尚不具备条件开展特许经营，而坚持或者暂时选择直营连锁。知名品牌面点王和快餐新秀嘉旺城市快餐在深圳拥有50家左右的直营店，备受消费者青睐。其产品品种丰富，操作过程的人工因素较多，尚不打算将现有模式进行特许经营。广西南宁的“三品王”米粉顾虑特许经营对品牌的负面影响而坚持直营，不发展特许经营。

东莞的“蒙自源”过桥米线，坚持在直营中规范，在规范后发展，2004年底，其在总结20多家、四代直营店成功经营管理经验和基本完成特许经营管理体系后，尝试特许经营并取得初步成功。“蒙自源”模式在新生代中式快餐企业中有一定的普遍性，这种模式与老牌中式快餐品牌在特许经营的探索中完善和发展的模式有较大的区别。

3.3.3 外资西式快餐特许经营获政策支持

西式快餐的代表麦当劳在2003年建立中国大陆第一家特许加盟店后，虽然没有新建加盟店，但是其在中国大陆的特许经营战略已清晰。麦当劳2004年底获得商务部关于其在中国开展特许经营的批文，加快了启动特许经营的步伐。

百胜2004年在中国市场上保持了20%的开店增长率，其中肯德基开始进入三级以下城市，其店铺总数超过1200家。

德克士继续保持高速发展的势头。2004年加盟店总数达到337家，年增长35.9%。好伦哥2004年新开加盟店2家，增长11.1%。

3.3.4 火锅行业特许经营高速发展令人喜忧参半

火锅行业开展特许经营时间较早，发展较快，基本形成了包括重庆火锅、北方涮羊肉、内蒙古涮羊肉、鱼头火锅、菌类火锅和台湾涮锅等流派。

重庆火锅以小天鹅、德庄和苏大姐为代表，2004年，其加盟店分别达276、326和360家；北方涮羊肉以百年老字号东来顺为代表，其加盟店的数量达107家；内蒙古涮羊肉火锅以近年新兴品牌小肥羊、小尾羊为代表，其加盟店的数量达567和391家。

火锅行业突出地演绎了规模为王的故事。内蒙古小肥羊和小尾羊2004年营业额在餐饮业百强中紧随超级品牌百胜和麦当劳之后，列第三、四位，成为本土餐饮品牌的状元和榜眼。小肥羊2004年总营业额超过41亿元，增长率达22.4%；小尾羊的总营业额为28.15亿元，增长率更高达74.89%。火锅行业特许经营企业重庆小天鹅居餐饮业百强第六、火锅业第三，总营业额为12.65亿元，与上年相比增长平稳。北方涮羊肉火锅老字号东来顺总营业额为6.5亿元。成都谭鱼头投资股份有限公司2004年基本完成在香港创业板上市的相关手续，将成为国内首家纯餐饮概念的上市公司。菌类火锅的代表深圳山天坚持先规范、再发展，先建配送、再开连锁店的原则，其发展速度虽受到制约，但是其特许经营管理体系发展健康，产品品质比较稳定，连锁店经营业绩稳步提高，2004年其新开加盟店22家，使总店铺数达到72家。

特许经营复制力和控制力的关系问题是老生常谈。中式快餐行业近年的调整说明这个问题是特许经营发展的重要问题。现在在火锅行业讨论这个问题，其现实意义不可忽视。加盟店过快的发展需要企业具有强大的体系支持和人力资源支持。百胜在中国的发展经历了先慢后快的过程。先慢是慢在体系建设上。相比百胜，国内餐饮企业在体系建设方面差距很大。2005年，某火锅品牌计划发展超过500家加盟店。这类计划令人喜忧参半。东来顺15%，小天鹅25%左右的发展速度比较切合实际。此外，经过几年快速发展的昆明大滇园滇味火锅已进入调整阶段，2004年其加盟店关闭了45家，这需要实力和勇气。

3.3.5 休闲饮品特许经营乱中有治

随着人民生活水平的提高，休闲饮品行业在餐饮业中所占比例在逐步上升。2004年休闲饮品品牌的增加和连锁店数量的增加都达到两位数。

星巴克在华的经营模式正发生着根本性转变。继2003年7月增持上海统一星巴克45%股权后，星巴克正在紧锣密鼓地与北京美大咖啡有限公司商谈收购事宜，并对外宣布五年内将在中国大陆开办500家以上咖啡馆。苏州迪欧咖啡成长较快，连锁店总数已超过120家，其中加盟店40家。仙踪林经过几年的发展，2004年在店铺形象升级、加盟店规范化经营管理、加盟店履约等方面进行了完善，对市场定位进行了调整。上岛咖啡的品牌之乱造就了全国各地一度出现数百家上岛加盟店，而部分上岛加盟商已在发展自己的品牌。

3.4 餐饮业特许经营模式分析

特许经营的模式一般可以分为单店直接特许（简称“单店特许”），区域授权特许（简称“区域特许”）和授权二级特许（简称“二级特许”）三种。餐饮业特许经营多采用单店直接特许的方式，近年来“单店特许+区域特许”和“单店特许+区域特许+二级特许”开始被企业所重视，单纯的区域特许和二级特许很少被采用。由此可以看出，单店特许是餐饮业特许经营的基本模式。一方面，把握单店特许可以把握市场的主动权，另一方面，企业熟悉单店特许，不熟悉区域特许和二级特许模式。单纯采用单店特许，不利于连锁店的管理，也不利于区域市场的深入开发，所以部分企业在单店特许的基础上，探索对一些非重要地区开放区域特许和二级特许。如图37所示。

3.5 连锁餐饮企业经营网点的覆盖面分析

约47%的受调查品牌的连锁店集中在1至7个省份。其中，约13%的品牌的连锁店分布在3个省份。品牌覆盖区域相对集中主要显示出品牌具有一定的扩张能力，事实上不具备远距离扩张的能力。连锁店覆盖面超过20个省份的品牌不到20%，其中，除了麦当劳、KFC两个国际著名品牌外，火锅行业的著名品牌在这个领域比较集中，其中包括小天鹅、东来顺、小肥羊、小尾羊、苏大姐等，在此，也体现了火锅业快速发展的状况。另外还有天津德克士、北京马兰拉面、韶山毛家菜、苏州迪欧咖啡、内蒙古草原牧歌、四平市李连贵风味大酒楼、重庆东方莱根香等。约20%的品牌（包括国际品牌）在境外有连锁店。

3.6 政策对餐饮业特许经营的影响

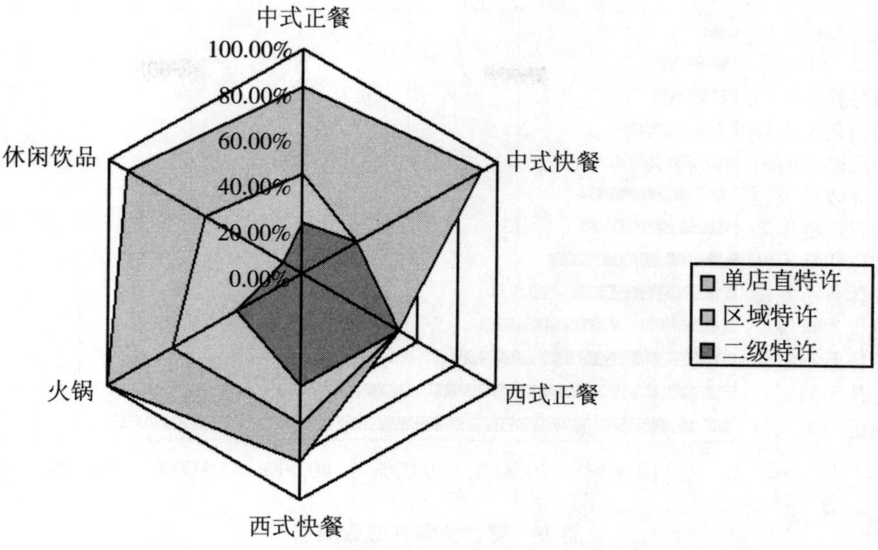

图 37　连锁餐饮业各行业部分企业特许经营模式

北京、上海等中心城市对餐饮业店铺的面积有一定的要求。北京市的要求是餐饮业店铺面积不得小于 100 平方米，并且餐厅营业面积与厨房面积之比不得小于 1:0.8。这项规定对于非连锁经营的普通餐馆是必要的，但是，对于开展特许经营的快餐和休闲饮品行业就不尽合理。

一是前后堂面之比对连锁餐饮企业要求过高。比如连锁快餐的许多加工是在中心厨房完成的，店铺不需要也不允许有大量的加工。休闲饮品连锁店有部分产品需要现场加工，但是其工业化程度较高，设备先进，与普通餐馆有明显区别。

二是许多连锁餐饮项目按市场需求进行的设计就是面积小于 100 平方米的小店，比如某些快餐是对小吃的快餐化，其品种简单，适合开在居民社区，50 平方米即可。这种一刀切的政策对连锁餐饮业的发展有明显的不利影响。有关部门可以根据细分行业的不同情况制定不同的政策，既规范了市场，又促进了行业发展。

3.7 企业在特许经营中遇到的难点问题

调查显示（如图 38 所示），餐饮业特许经营企业认为开展特许经营最大的难点在于加盟商行为不规范，因此产生了许多问题甚至法律纠纷。这也是限制餐饮业开展特许经营的瓶颈之一。

当然，加盟商行为的不规范除与加盟商的素质有直接关系外，其与特许商特许体系的完善程度和项目的标准化程度也有一定关系。这一点，从排名第二和第三的难点问题就可以看出，特许总部是矛盾的主要方面。这需要加盟商和特许商两方面共同改进和提高。

3.8 餐饮业特许经营企业最关注的问题

最受餐饮业特许经营企业关注的问题（如图 39 所示）是“品牌价值的提升”，其次是品牌保护。品牌问题成为焦点问题，显示餐饮业特许经营企业的经营理念已经步入可持续发展阶段。只有在可持续发展的状态下，品牌才有意义，品牌价值的提升和品牌保护才会受到重视。品牌保护被作为重点关注的问题，也显示出企业经营环境存在问题。品牌方面

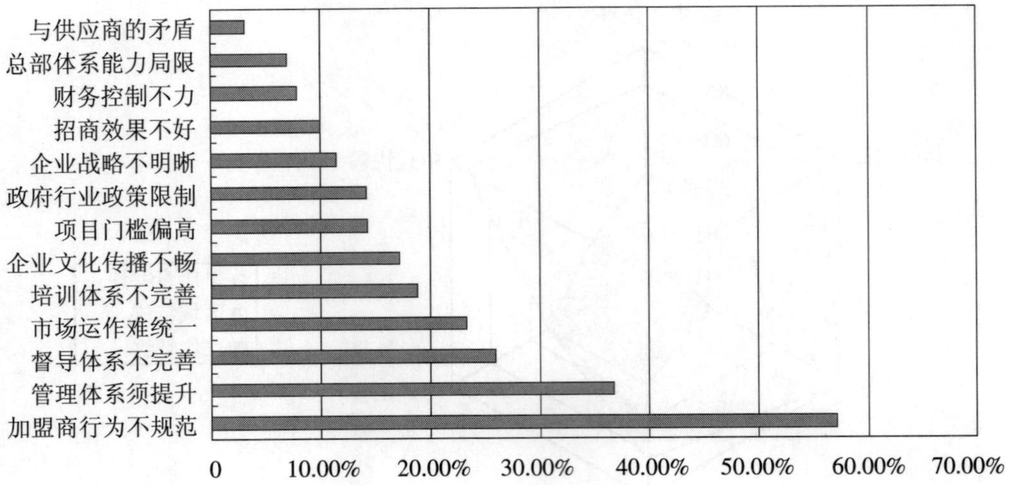

图38　餐饮业特许经营难点

的侵权在餐饮业特许经营领域是一个比较严重的问题，特许商往往防不胜防，打击的手段和效果都十分有限。此问题的解决需要政府和全社会的共同努力。

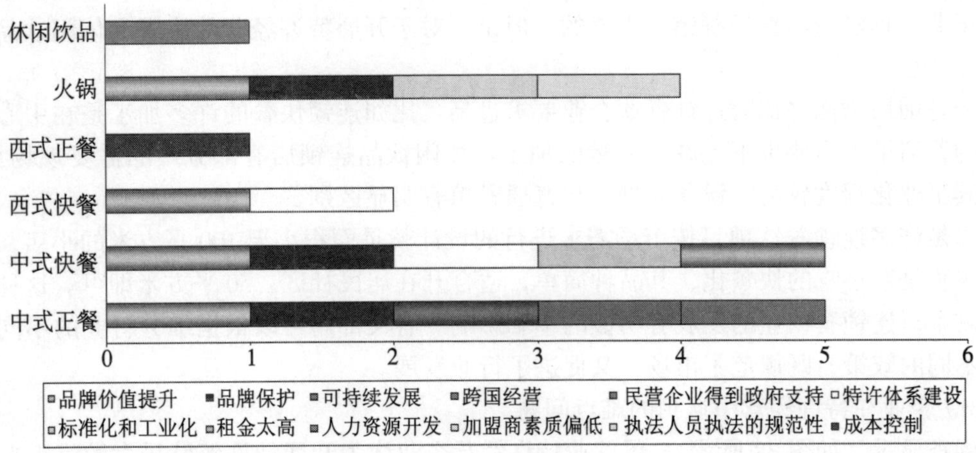

图39　餐饮业各行业关注的主要问题

3.9 餐饮业特许经营存在的主要问题

首先，研发能力弱，技术含量低。餐饮业开展特许经营除了西式快餐、西式正餐和部分休闲饮品外，大多数的中式正餐、火锅和中式快餐企业缺乏对产品、技术和设备的研发能力，使项目的技术含量低，易于模仿。

其次，标准化程度低。大多数中式餐饮的连锁经营标准化程度亟待提高。由于缺乏研发能力，许多连锁餐饮企业没有自己的产品标准；餐饮业企业的管理水平普遍不高，许多餐饮连锁企业没有手册化的经营管理标准。因此，出现产品质量不统一、不稳定等问题。如此，上述企业开展特许经营往往可以有一时的快速，但是不能持续稳定发展，其加盟店的规模往往在一百家左右就会出现一道难以跨越的门槛。标准化问题已经成为制约其进一步提高和发展的瓶颈。

第三，特许经营管理体系比较薄弱。大多数餐饮连锁企业尚没有建立比较完善的特许经营管理体系，特许总部提供给加盟商的除了单店经营模式以外，几乎不能提供管理和经营指导。因此，特许总部对加盟店的控制能力十分薄弱，加盟店在经营品种、经营方式等方面不完全听从总部的指挥，原辅料的配送比例也难以控制，加盟店欠缴加盟费和品牌使用费的情况比较多见，甚至存在只挂牌不缴费的加盟店。

第四，营销理念和手段落后。大多数中式餐饮企业的营销理念都比较落后。连锁餐饮企业开展营销活动的很少，会开展营销的更少，有的甚至认为餐饮企业只要把产品做好就可以了，不需要做营销。但是，在中式餐饮连锁企业中也有例外。2004 年，全聚德策划的以电视剧《天下第一楼》在 CCTV - 1 黄金时段播出为形式的文化营销与媒体营销活动，在全国连锁店产生了明显的效果。它不仅仅是起到了促销的作用，更重要的是对全聚德的品牌知名度和美誉度的进一步提升，对品牌价值的提升。全聚德还开展了 140 周年系列庆典等营销活动。其营销手法高明而娴熟，值得连锁中式餐饮企业借鉴和学习。

第五，投资陷阱不少。餐饮业特许经营体系很多，不少体系竟是圈钱陷阱，其总部既没有成熟的盈利模式，又没有支持加盟店经营的体系，只有一个充满诱惑的概念和一份漂亮的招商手册。许多投资者既没有餐饮业从业经历，又不了解特许经营，常常上当受骗。

最后，加盟商素质有待提高。在过去，从事餐饮业往往不需要受教育水平的限制，同时投资可多可少，进入门槛低。这种情况对现代连锁餐饮业的影响依然存在。加盟商对特许经营的认识很少，对特许经营规范化、标准化、统一化的经营管理难以真正理解，在合同执行中也存在许多随意性。加盟商素质已成为影响特许经营体系健康发展的重要因素。

七、家电专业连锁企业

1. 总体情况说明

1.1 行业基本情况

在零售行业全面对外开放的 2004 年，家电行业的几大巨头先后加快了上市融资、大举扩张的脚步。国美、苏宁两大家电巨头先后在香港和深圳上市，永乐、五星也不断传出上市计划。通过上市等手段募集了更多资金的家电企业 2005 年将进一步加快扩张的脚步。

根据公开的消息显示，国美计划在 2005 年新增 130 多家店；苏宁计划在 2005 年新开 150 - 170 家店；永乐计划 2005 年底门店总数达到 250 家，并在 4 月进军北京市场；五星高调宣布进军河南、浙江、成都市场，开始全国扩张的步伐，预计 2005 年新开店 122 家；大中宣布同时挺进全国 12 个省会城市，计划开设 60 家面积均在 5000 平方米以上的大型家电连锁商场，而首先开进的地区将包括广州、深圳和南宁。

扩张规模的同时，为了提升市场占有率，在竞争中取得有利位置，家电企业也在不断开拓不同的经营策略和促销方式。上海永乐在推出低息贷款业务之后，又推出了无息贷款购物的方式；苏宁在沈阳试水音像业务；IT、数码领域也成为家电企业关注的新领域。

1.2 企业样本基本情况

上报数据家电企业共9家，其中数据较为完整的有5家（均进入2004年中国连锁百强企业名单），它们都是全国或地区发展领先企业，因此样本数据代表了国内行业最好的经营水平，各项指标明显高于行业平均水平。

5家企业总销售额达731亿元，同比上年增长44%，其中最高的企业达到226亿元，最低的也达到39亿元。总店铺数904家，同比上年增长48%，其中销售额最多的企业拥有店铺227家，最少的有120家。

5家企业目前都已成为跨区域发展的企业。

1.3 平均规模

表59　　家电连锁企业的平均规模（企业同比）

项目	平均销售额（万元）	平均门店数（个）	平均营业面积（平方米）
2004年	1463822	181	521457
2003年	1017180	122	276811
增幅（%）	43.9	48.3	88

5家企业的门店和销售额均保持了比较高的增长速度，而营业面积增幅高于销售额和门店数的增长幅度。可以看出，2004年家电企业在扩张中以新增大型家电卖场为主。

从近2年各项指标的增长速度看，企业销售额的增幅略有下降（从53%降到44%），但门店的增幅有较大的提高。

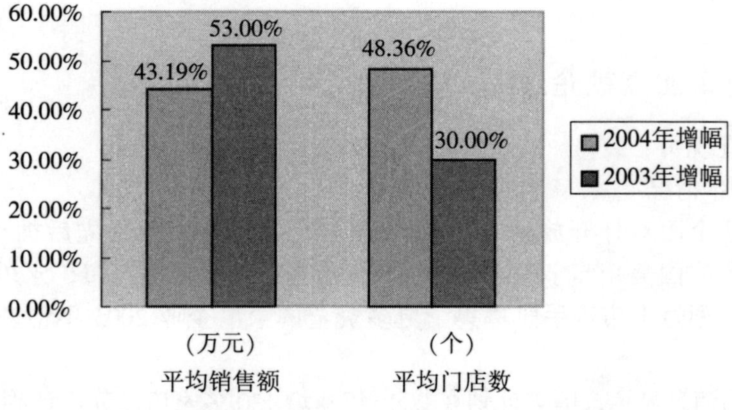

图40　2003年、2004年样本企业平均规模增长情况

1.4 人效和平效

虽然从总体上看，企业的各项规模指标都在增长，但平效和人效却都有不同程度的下降。

表 60　　样本企业的效率性指标

项目	平效（万元/平方米·年）	人效（万元/人·年）
2004 年	2.81	68.90
2003 年	3.67	77.65
增幅（%）	－23	－11

以上两项指标的下降，一方面说明行业的竞争在加剧，另一方面也说明企业的管理能力和效率水平没有随着规模的扩大而增加，反而有下降的趋势。

1.5 配送中心个数及面积

由于家电卖场只能存放少量样本，为了适应企业的采购模式，快速满足消费者订单，企业对配送的要求很高。

表 61　　样本企业的物流水平

项目	配送中心数量（个）	配送中心面积（平方米）
2004 年	32	168738
2003 年	21	123132
增幅（%）	52	37

1.6 毛利率

2004 年，家电企业的平均毛利率为 8.5%，同比 2003 年的 7.9%有一定程度的增长，这与家电流通企业家电产品的定制、限定渠道、增加服务性收入等措施不无关系。

随着家电流通渠道发生越来越大的变革，传统的流通方式不断被打破，新的流通方式由于其强大的规模，显示出对上游越来越强的整合力度。因此，2004 年家电渠道和家电制造商的关系是一个不容忽视的问题。

2004 年 2 月因成都国美大幅降价，遭致格力电器不满，并停止向国美供货。以此为开端，最终蔓延成为国美对格力空调发布“清场令”。这是近年来闹得最大的“厂商交恶事件”。2004 年 6 月永乐一个“话费卖批发”的营销动作，不仅打破了一贯以来“话费政策由运营商制定、零售商执行”的游戏规则，同时也让一向关系甚好的永乐与上海联通闹红了脸。2005 年 1 月，国美与三星之争沸沸扬扬，最终双方以 20 亿元订单平息。2005 年 4 月，国美开展“平板电视”促销，各厂商均以不同方式抵制国美此次促销活动，“超低价格”变成了“空有价格”。

与日用消费品领域零售商与供应商的关系一样，家电领域的供需双方也将在矛盾中和双方力量的变化中共同发展。

1.7 外资家电

家电零售业是零售市场上受到外资冲击最小的行业之一。但同时，美国、德国、法国的家电零售巨头们也表示出了对中国市场的强烈兴趣，他们有的只是在等待更合适的进入时机，有的将中国作为他们重要的货源地，有的则表示出进入中国的明确意向。

面对挑战，国内家电企业已经从其他零售业态与外资企业的对决中获得经验，他们大多选择了加速扩大规模，争取网点资源，积极应对正在到来的激烈竞争。

2. 家电连锁企业门店情况

2.1 典型店铺说明

在填报了调查数据的店铺中，选择5家数据相对完整且营业一年以上的门店作为分析样本。

2.2 店铺规模

5家门店均为面积近万平方米的大型专业家电卖场，无论是从绝对规模上看，还是从相对指标上看，都处于行业中的领先水平。

表62　　样本企业的平均规模

项目	店铺销售额（万元）	店均面积（平方米）	店均员工
2004年	68813	8260	218
2003年	72965	8260	226
增幅（%）	-7	0	-4

近年来家电卖场增加很多，这是消费者最直观的感受。门店间的激烈竞争，使5家店的平均销售额稍有降低。

店均员工也略有下降。在家电卖场中，一般都有大量的厂方促销人员。

家电卖场尽管在外观上大同小异，但在内部经营方式上却有比较大的区别，主要有两种形式：一种是以厂家为主经营，卖场只是提供了拥有大量客流和多个品牌集中在一起的一个空间，而家电连锁企业直营的商品仅有一部分，有大量的厂方人员在卖场中促销；第二种是连锁企业绝对主导，卖场中所有商品都归企业所有并进行统一管理。第二种要求企业具有更强的管理水平，而且易于实现更高的毛利率，进行更好的服务管理。

2.3 门店经营指标

由于销售额略有下降，面积和人数基本不变，所以门店的平效和人效也有相应的下降。

表63　　样本企业的效率性指标

项目	人效（万元/人·年）	平效（万元/平方米·年）
2004年	316	8.1
2003年	323	8.8
增幅（%）	-2	-8

家电卖场的人效大大高于零售行业的平均水平。家电卖场中大量的促销员（或厂方信息员）分担了门店工作人员的工作量，他们也可以为顾客提供咨询和专业的帮助。

厂家促销员的使用为门店减少了人工成本，但加强对促销员的管理，保证服务的一致性，也是门店的一项重要工作。

2.4 门店费用情况

工资、房租、水电费是家电门店的三项主要费用。与2003年相比，三类费用均有所上升，其中工资增长了9%，房租增长了4%。由于演示的需要，水电费用增长最高，为13%。

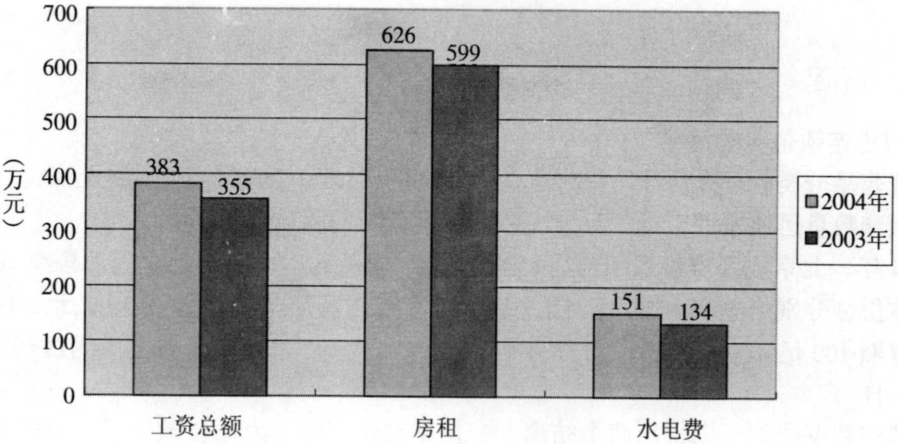

图 41　样本企业的费用情况

家电企业门店选址关注的重点还是一级城市相对比较繁华的地段，可以看出房租在各种费用中的占比较大。

从单位租金看，2004 年样本企业的年平均租金为 626 元/平方米，每平方米租金增加了 27 元，增长率为 4.5%。很多企业在与物业签订租赁协议时，一般都有按年递增的条款，4%的增长属于合理的范围内。

2.5 门店的交易情况

表 64　　样本企业日均交易次数和客单价

项目	日均交易次数（次）	客单价（元）
2004 年	2777	679
2003 年	2839	704
增幅（%）	-2	-4

从日均交易次数的减少可以看出，越来越激烈的竞争给门店客流和客单价带来了影响，二者都略有减少。

表 65　　样本企业平均毛利率情况

项目	毛利率（%）	纯利率（%）
2004 年	8.4	1.02
2003 年	8.1	0.97
增幅（%）	4	5

样本企业 2004 年的毛利率比 2003 年略有增长，从企业整体看，毛利水平应略高一些，纯利率的情况仅供参考。

八、药店

1. 药店连锁企业的情况

随着药品分类管理办法和医保定点药房制度的实施，各地药业企业跑马圈地，连锁药店的规模和数量迅速发展，竞争也愈演愈烈，所面临的困难越来越大。

2004年，北京地区零售连锁药店实现销售额26亿元，医院药房实现销售额104亿元，两者所占份额分别为20%和80%。上海地区零售连锁药店实现销售额30亿元，医院药房实现销售额100亿元，两者所占份额分别为23%和77%。（资料来源：中国医药报，2005年4月4日。）

由这些数据我们可以得出两个结论，一是零售连锁药店为社会做出了很大的贡献，另一方面，连锁药店的市场份额仍然很小，随着医药流通体制改革的展开，将会有更大的市场空间。典型的例证是：高盛集团注资海王星辰，沃尔玛深圳申请卖药。

1.1 基本情况说明

上报数据的经营药店的8家企业中有6家数据基本完整，作为分析样本。6家企业的总销售规模为35.8亿元，同比上年增长22%，其中销售额最高的10.1亿元，最低的4亿元。总店铺数5981家，同比上年增长50%。

2004年是GSP认证的关键年，许多小药房都欲投身连锁药房麾下成为加盟店，所以大的连锁药店的开店速度非常快，某家大药房仅1年时间就发展了1500多家分店，店铺总数达到4216家。另一家也比2003年增加了700家左右的分店。

1.2 平均规模

表66　　样本企业的平均规模

项目	平均销售额（万元）	平均门店数（个）	平均营业面积（平方米）	平均人数
2004年	59631	997	68023	3274
2003年	48775	668	46012	2762
增幅（%）	22	49	48	19

药店企业的平均销售额增幅远远低于门店数和营业面积的增幅。门店大幅增加一方面是由于国家对药店准入门槛提升使得自身能力有限的中小药店纷纷加盟大型连锁药店以求生存；另一方面，为了应对竞争压力，各大连锁药店都有强烈的做大的愿望。

从表66中我们发现，2004年，单店的平均月销售额仅有6万元，单店的营业面积为68平方米。根据有关数字的统计显示，我国药店单店月销售额不到10万元的占50%以上，约60%的药店面积在50平方米左右。另外，统计方法的不同也可能会造成这个结果，有的药店作为加盟店通过定额交纳加盟费，企业只计算店铺数量而没有计算其销售额。但无论如何，我国药店“小、散、乱”是不争的事实。

在美国，前10位大型医药连锁企业经营着全国15000家零售药店，连锁药店销售额占全国药品销售额的60%，其中最大的连锁企业CVS有4100多家门店，药品年销售额达到200亿美元，几乎占美国年药品零售额的1/5。

1.3 经营性指标

表 67　药店连锁企业的平效和人效

项目	平效（万元/平方米·年）	人效（万元/人·年）
2004 年	0.88	26
2003 年	1.06	28
增幅（%）	-17	-7

由于药店企业新增的大量加盟店自身实力和经营水平有限，加盟后需要时间改造以适应大型连锁药店的运营体系，因此在经营性指标上都有不同程度的下降。

人效和平效的降低也说明在大型连锁企业收编中小药店的同时存在着不容忽视的风险，如何有效的整合利用这些资源还需要做更多的探索。

1.4 库存周转和毛利

表 68　药店连锁企业的效率情况

项目	库存周转次数	毛利率（%）	纯利率（%）
2004 年	5.6	17.81	1.56
2003 年	5.4	17.72	1.42
增幅（%）	3.7	5.2	9.9

国内零售企业普遍采用价格战作为竞争的最重要的手段，整体利润率低下的问题同样存在于药店企业。由于行业整体毛利率不高，内部管理、成本控制水平又比较低，造成药店企业纯利率仅为 1.56%。由于样本企业均为国内行业中处于领先地位的龙头企业，代表了行业最高的经营水平，可知药企的整体经营水平不容乐观。

据中国医药商业协会连锁药店分会提供的统计数据，2003 年全国零售连锁药店 1/3 亏损，1/3 保本，1/3 盈利；然而到了 2004 年，全国零售连锁药店的盈利状况进一步恶化，在某些区域市场 50% 亏损，30% 保本，只有 20% 盈利。

样本企业连续两年的毛利率均不到 18%，而在国际上，零售连锁药店的平均毛利率为 24% ~ 37%。

1.5 配送水平

表 69　样本企业的配送规模

项目	配送中心个数（个）	配送中心面积（平方米）
2004 年	4.8	26917
2003 年	4	18033
增幅（%）	20	49

药店企业的配送率基本上达到了 100%，配送中心的个数和面积有比较大的增长，通

过提高物流配送水平降低成本成为药店企业扩张发展的重要手段。

在企业扩大规模，店面分布地区日益扩大的情况下，建立大型的物流中心降低成本成为医药企业的必然选择。有些药店与生产企业是同一母公司，更便于设立物流中心。

1.6 行业发展主要特点

1.6.1 特许经营成为连锁药店扩张的重要途径

我国医药流通企业大多是区域性企业，随着国家对医药零售区域限制的取消，这些企业开始跨区域发展。直营连锁药店的投资规模较大，开办一个中等规模的连锁药店，需要投资40万元左右。所以，很多企业在尝试跨区域发展时，大都采取特许经营的方式。据中国连锁经营协会对国内代表性连锁药店进行的问卷调查，2004年连锁药店企业的加盟店平均增长39%，加盟店营业收入增长21%，增长幅度明显高于直营店的增长。特许经营方式已成为我国医药流通企业规模扩张的重要途径。

1.6.2 国内连锁药店基本属于区域性品牌

据调查，目前连锁药店大都分布在总部所在省市，个别管理较成熟的本土品牌已经开始跨省经营；国外连锁药店品牌刚刚进入国内市场，但跨区域扩张的速度明显快于本土企业。

1.7 连锁药店特许经营面临的主要难题

通过市场调查与企业访谈，企业认为发展连锁药店特许经营面临五大难题。最突出的难点是政策限制，占被调查企业的75%；其次是行业利润率低，占被调查企业的62%；企业培训体系不完善，占被调查企业的48%；与供应商之间矛盾突出，占被调查企业的30%；企业管理体系须提升，占被调查企业的25%（见图42）。

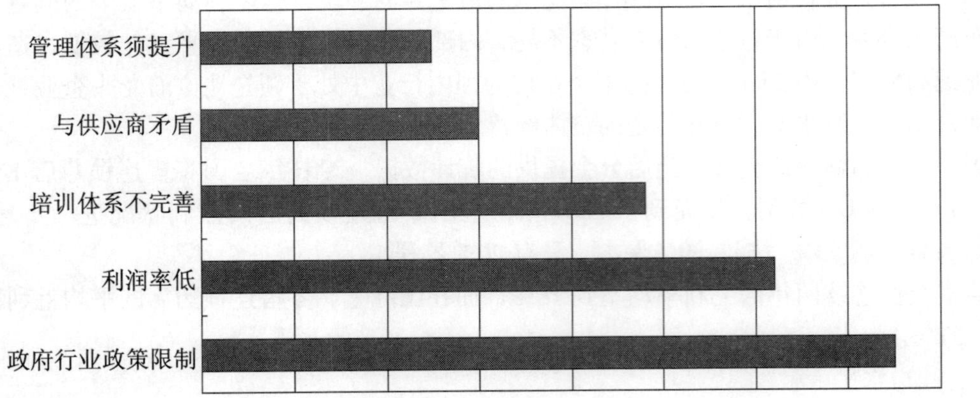

图42 药店业发展特许经营面临的难点问题

综上所述，我们把影响连锁药店特许经营的问题归结为以下几个方面。

1.7.1 外部政策环境的制约

2004年7月1日是药品零售业一个重要的分界点，从这一天开始，国家开始施行GMP认证，同时颁布抗生素限售令。抗生素限售令在相当程度上影响了国内医药行业的固有秩序，药品零售业因此失掉了10%以上的营业额和20%以上的利润，对竞争日益激烈的连锁药店造成更大的生存压力。

1.7.2 缺乏有效的盈利模式

据被调查企业反映，2004年在药品连锁业快速发展的同时，价格战同步拉开。“平价连锁药店”、“十点利”等字眼在竞争日趋激烈的医药零售市场迅速出现。目前，部分连锁药店的平均毛利率在20%～35%之间，有的地区还要高一些。但是，平价药品超市的超低价位经营和国家政策性降价、连锁药店准入条件的放松等，也在很大程度上加剧了竞争的激烈程度，使毛利水平有下降趋势，进而影响特许连锁药店的获利水平。从目前的发展情况看，特许连锁药店的优势并未得到充分显现，利润非但没有想像的那么高，整体盈利状况甚至有进一步恶化的趋势。据估算，在目前的经营状况下，连锁药店要实现盈利，毛利率必须要达到20%以上，因为房租（约占销售额的4%～6%）、人工成本（约占销售额的4%）、营运费用（约占销售额的2%～3%）以及税收（约占销售额的10%）等各项成本大约占到总销售额的20%。利润率低直接影响了特许连锁药店的良性发展。

1.7.3 总部管理水平有待提升

连锁药店的特许经营由于大规模的“圈地运动”，已经暴露出管理上的缺陷和不足，包括加盟店铺布点和选址不合理，导致管理成本和配送成本加大。同时，快速的扩张使管理难度加大，加盟药店出现许多违规现象。

连锁药店大都缺乏具有核心竞争力的经营技术，既没有鲜明的服务特点，品牌的个性也不突出，因而对加盟者的吸引力不大。这也是制约连锁药店发展特许经营的重要原因。

此外，大部分连锁药店都是由原来的国有药店改制而成，虽然实行了专业化经营，但是在管理体制上还没有摆脱国有的模式，对加盟店的管理没有统一的规范，管理方法不成熟，没有形成特许经营的成功模式。

另一方面，由于历史的原因，很多连锁药店都是作为批发企业的一个“窗口”存在，在药品经营管理上，大部分连锁药店自身缺乏质量保证能力，而上游批发企业在化学测定、仪器分析、卫生学检查等方面也存在不足，因此连锁药店在药品质量控制上也面临不少难题。

1.7.4 专业人才供应短缺

由于连锁药店发展速度较快，人才断流现象比较突出。据被调查企业反映，目前连锁药店最短缺的人才主要集中在经营管理和执业药师两类，特别是药剂师的供应与连锁药店的扩张需要之间存在很大缺口。

执业药师是药品质量的把关者及药学服务的技术指导者，但执业药师的专业技术优势在药店的日常经营中还没有真正体现出来，大多数消费者在购药时，不了解执业药师的职责，也难以获得执业药师的药学咨询和指导。

我国现有连锁药店12万家，注册药师1.9万名，即每6家药店才配有一名药师，而且分布不均。许多大型医药连锁企业每个分店平均拥有执业药师0.3人，有的只能达到0.1人，而有的中小连锁企业仅在公司或总店配备有1名或数名药师，分店根本没有执业药师。在拥有数千家连锁药店的北京市，执业药师不足千人。按药品分类管理的要求，目前至少需要15万执业药师。此外，现有药师中还有相当一部分缺乏审方、验方和指导合理用药所必须的临床药学知识，这些问题都严重制约了连锁药店的扩张和营运质量的提升。

1.8 当前连锁药店主要的应对策略

1.8.1 尝试自有品牌产品开发，探索完善连锁药店的盈利模式

自有品牌产品的开发和销售在发达国家连锁药店普遍存在。在美国，连锁药店一般定位为低价位的健康产品连锁店，毛利率基本在20%~30%之间，近几年更有不断下降的趋势。要在保证低价的前提下保证一定的毛利水平，几乎所有的连锁药店都在开发自有品牌产品，有的大型连锁药店有30%的销售都来源于自有品牌产品。自有品牌产品的价格一般低于同类品牌商品的20%左右，毛利率可以达到40%~50%。

目前，北京几家知名的医药企业正在酝酿开发自有品牌药品。一家生产企业透露，他们正在与北京某特许大药房进行接洽，商谈贴牌生产的事宜。开拓自有品牌药品已成为部分连锁药店当前的工作重点。自有品牌开发将成为医药零售企业新的利润增长点。

从目前情况看，连锁药店瞄准的自有品牌主要集中在OTC类药品，如感冒药、外用药等。这些药品具有专业技术要求低、供应商资源多、消费者购买频率高等特点。但国内连锁药店经营规模普遍较小，2004年，销售额超过10亿元的连锁药店只有5家，而具有较大的经营规模和较高的知名度是自有品牌产品开发的基础条件。

1.8.2 通过营销创新来培育品牌忠诚度，为发展特许提供品牌保障

在经历过前两年大规模的价格竞争之后，连锁药店开始强调服务的重要性，希望通过服务质量的提升，树立企业的品牌和诚信。例如，许多连锁药店推出会员制度，顾客在购药后可以得到一张会员卡，持卡可以在全国连锁店享受打折优惠。有的企业引进自动煎药机，免费为顾客代煎中药；有的企业提供电话预约订货服务，保证在24小时内免费送货上门；有的企业聘请名医坐堂，定期流动义诊等。连锁药店的这些营销创新对打造品牌美誉度，提高加盟店的成功率都是非常有力的支撑。

1.9 连锁药店的政策机遇及对外开放带来的挑战

国家药监局GSP认证的实施，给连锁药店发展加盟提供了政策机会。按照规定，连锁药店要通过GSP认证，店堂面积必须达到40平方米以上，还要有20平方米以上的仓库。这对单体连锁药店来说，无疑是一笔不小的经济负担。如果他们加盟连锁企业，则无需仓库方面的投入。

2004年12月11日是我国开放药品分销业的最后期限。目前，我国已取消外资参与佣金及批发服务和零售服务的地域、股权、数量限制，取消对外资参与特许经营的所有限制，这意味着今后将可能有“洋”连锁药店加入到连锁药店的竞争行列，这个领域的竞争将更加激烈。

2. 药店门店情况

2.1 基本情况

所取样本为经营时间1年以上，填报数据完整的5家有代表性的店铺。样本药店均是各企业中效益最好的门店，因此各项指标均代表了行业中的较高水平。其中销售额最高的为8165万元（面积为600平方米），销售额最低的为208万元（面积为92平方米）。

5家样本药店除1家位于北京外，其他均在沿海一级城市，并且均位于商业区。

2.2 平均规模

表 70　　　　样本药店门店的平均规模

项目	店均销售额（万元）	店均人数	店均面积（平方米）
2004 年	1954	25	247.7
2003 年	1805	25	247.7
增幅（%）	8	0	0

样本门店店均销售额较高，日均销售额达到 5.3 万元，店均员工为 25 人。

2.3 效率性指标

表 71　　　　样本药店门店的效率性指标

项目	平效（万元/平方米·年）	人效（万元/人·年）
2004 年	7.9	78.16
2003 年	7.3	72.2
增幅（%）	8	8

样本选取的多为企业内经营较好、发展成熟的具有成长性的店铺，因此经营性指标均有所提高。

2.4 费用

2004 年平均单店费用总额为 155 万元，同比 2003 年降低了 6%，费用率降低了 12%。费用率的降低是药店企业通过扩大企业规模、提高采购水平、加大物流配送投入等方式带来的经营水平的提升。

各类费用中工资占比最大，达到总费用的 34%，其次为房租、水电等其他费用。

2.5 交易情况

表 72　　　　样本药店门店的交易情况

项目	客单价（元）	日交易次数（次）
2004 年	43	1245
2003 年	44	1125
增幅（%）	－2	11

日交易次数的提升比较明显，说明去药店买药的方式越来越被大家所接受。各地政府大量增加医保定点药店数量，也促使消费者越来越多的选择比医院更方便、更便宜的药店作为选购药品的场所。

同时，药店交易量的增加也说明对药品这一特殊商品的销售进行有效规范以保证用药安全是十分必要的。

2.6 毛利水平

表73 样本药店门店的毛利水平

项目	毛利率（%）	纯利率（%）
2004年	20	1.9
2003年	22	2.1
增幅（%）	-9	-10

毛利率和纯利率不同程度的降低也印证了药店企业利润率下降的趋势。

2.7关注药妆店

国内医药零售企业在传统药店的基础上，进一步引进了国外发展已经很成熟的药妆店经营模式。填报数据企业典型店铺中虽然只有1家药妆店，但与同地区、同面积的传统药店相比，药妆店的销售额远远高于普通药店。

2005年4月，健康元药业集团旗下的丽珠医药与台湾统一集团旗下的统一超商签订合作协议，共同组建了“统一康是美商业连锁（深圳）有限公司”，资本额为5000万元人民币，其中统一超商持股65%，丽珠医药持股35%，由台湾统一超商派任专业团队经营和管理。预计在未来3年，康是美在深圳、珠江三角洲地区将开设30家门市。

康是美连锁药妆店是台湾药妆店的第一品牌，主要提供美容、保健及个人生活用品，满足不同消费阶层对美丽与健康的需求，其中80%的顾客为女性消费者。

九、规范一发展：中国特许连锁市场的主旋律

几年以来，特许连锁的发展给我们的生活带来了巨大的变化，让我们感受最真切的是遍布城镇的连锁超市、便利店、餐馆、各类专卖店等，特许连锁正在深入流通业、服务业的方方面面。

2004年以来，政府对特许连锁给予了前所未有的关注。12月30日，商务部颁布了新的《商业特许经营管理办法》，国务院法制办也正在针对即将出台的《商业特许经营管理条例》征求各方面意见。

2004年12月11日，中国零售业全面开放，境外企业开展特许连锁有了更为明确的规定，海外企业纷至沓来，掀起了进驻中国市场的新高潮。

过去的一年是特许连锁充满活力和变化的一年，也是特许市场走向规范和有序发展的一年。

2005年1月，中国连锁经营协会对国内特许经营的发展状况进行了较全面深入的调查，内容包括特许体系的经营状况、发展模式、总部和体系建设等内部营运情况，也涉及特许连锁发展的外部环境因素。

（一）当前特许连锁发展的总体情况

1.特许体系数量超过2000个，居世界首位

自 1997 年原国内贸易部颁布《商业特许经营管理办法（试行）》以来，特许连锁开始在国内普及。1999 年，以中国连锁经营协会举办的中国特许展为标志，特许连锁进入快速发展期。到 2003 年底，全国特许体系总数达到 1900 个，成为特许体系最多的国家。2004 年，特许体系总数达到 2100 个；加盟店总数达到 12 万个，从业人员 180 万。特许体系平均拥有加盟店数量为 57 个，企业经营规模比上年有明显增长。

从 2000 年至 2004 年，中国特许连锁体系稳步快速增长。体系数量从 410 家增加到 2100 家，增幅高达 410%。

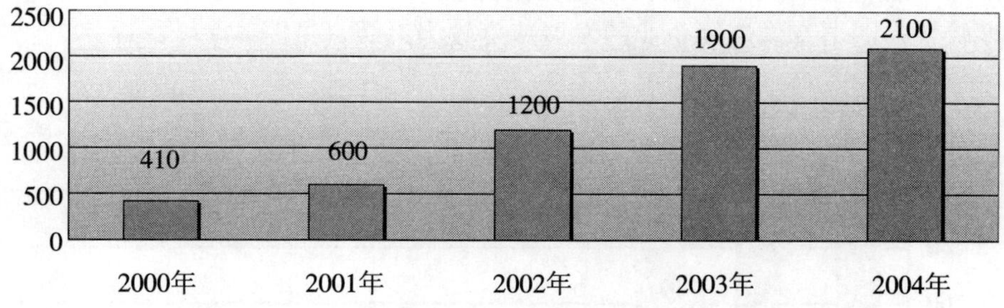

图 43　中国特许连锁体系增长情况

2. 特许经营向更多行业、业态渗透

目前，采用特许连锁方式的企业遍及各个领域，据不完全统计，到 2004 年底，国内导入特许连锁的行业、业态已近 70 个（见表 74）。

表 74　　国内导入特许连锁的行业、业态（2004 年）

行　业	业　态
零　售（24 个业态）	便利店、超市、家电专业店、服装专卖店、书店、药店、音像制品商店、鞋店、服饰店、礼品店、珠宝首饰店、眼镜店、办公用品商店、家居用品店、家具建材店、通讯用品店、体育用品店、女士内衣店、保健用品店、美容化妆用品店、宠物商店、车行、农资连锁、其他生产资料连锁
餐　饮（12 个业态）	中式正餐、中正快餐、火锅店、西式正餐、西式快餐、饼屋、咖啡馆、食品外卖、茶馆、休闲餐吧、酒吧、冰淇淋店
汽车后市场服务	汽车装饰、美容、养护
汽车销售	汽车销售
汽车租赁	汽车租赁
成品油零售	加油站
房屋装修	房屋装修
房屋中介	房屋中介
教育培训	英语培训、亲子园、幼儿园、计算机培训
商业服务	速印、标牌制作、速递、商业清洗

续表

行业	业态
洗　衣	洗衣店
休闲健身	美容店、美发店、健身房、足底按摩、体检中心、歌厅
旅　游	连锁旅馆、旅行社
其　他	图书馆、网吧、音像租赁店、冲印店、咨询服务、家政服务

2004年，各行业、业态加盟扩张速度存在很大差异，汽车养护、家装、房屋中介行业扩张速度较快，图书音像连锁企业的发展速度较为迟缓（见图44）。

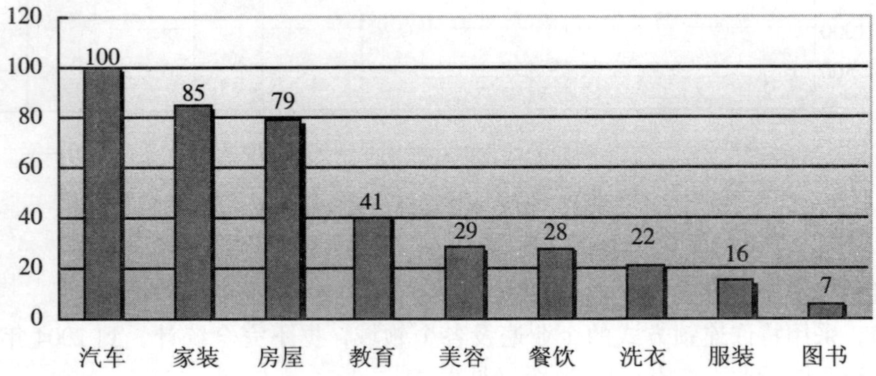

图44　2004年部分行业加盟店增长情况

从各行业开展特许连锁经营的企业数量看，餐饮、零售和服务类企业分别占到特许企业总数的31.6%、33%和35.4%（见图45）。

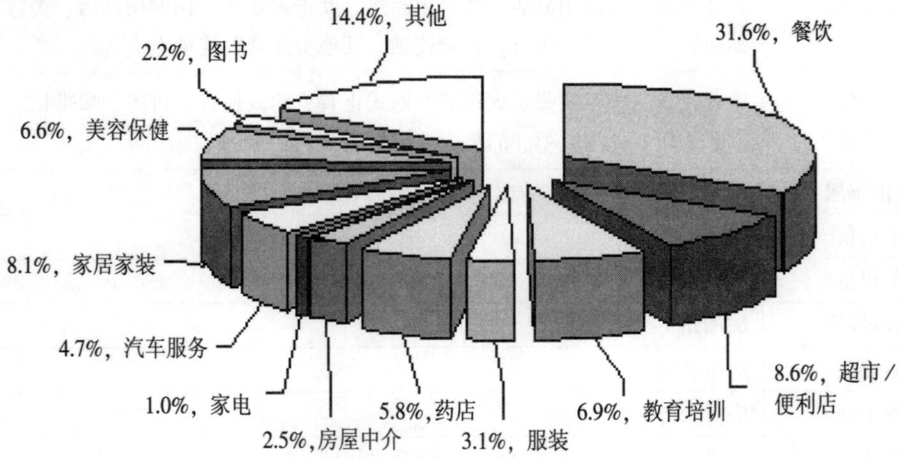

图45　主要行业、业态特许连锁企业数量分布

（二）特许连锁的发展环境

1. 政策环境

特许连锁在提升流通业的规模化和专业化以及拉动内需、扩大就业等方面具有积极作用，政府对发展特许连锁一直采取鼓励和扶持的态度。2004 年，由于出现了得意馆、金旗舰等以特许加盟名义进行商业诈骗的案件，引起国务院领导的高度重视，政府主管部门强化了对特许连锁的工作重点由支持发展转为规范整顿。2004 年底，商务部出台了新的《商业特许经营管理办法》，对企业开展特许加盟的资格、信息披露、外资特许企业的审批和备案等方面做出了规定，《特许连锁管理条例》也在抓紧酝酿。

2. 市场环境

虽然能源短缺给经济发展带来一定压力，但 2004 年国民经济整体运行良好，GDP 增长 9.5%，社会消费品零售总额增长 13.3%，首次超过 5 万亿元。特别是现代零售业态，2004 年的销售规模已占到整个零售市场份额的 15%，增长速度明显高于零售业的平均水平。餐饮业实现营业额 7486 亿元，比上年增长 21.6%。2004 年，我国汽车生产超过 507 万辆，产量已居全球第 4 位。伴随着汽车工业的繁荣，我国汽车维修企业达到 31 万家。此外，房地产市场、休闲旅游市场都呈现出快速增长态势。市场的繁荣为特许企业提供了一个有利的发展空间。

按照中国加入世贸组织的约定，境外企业通过跨境交付开展特许经营没有限制，因此其在境内的特许经营活动一直没有停步。目前境外特许品牌进入中国市场，主要采取跨境交付方式。该方式进入成本低，但总部对区域加盟商支持力度小，加盟商在市场扩展、品品维护方面比较欠缺。一些知名品牌先直营、再特许，虽然前期投入大，但在品牌推广、产品本土化和市场占有率方面取得理想效果。同时，2004 年是中国零售业全面开放前的最后一年，外资零售企业已经加快了其扩张步伐。对于内资企业来说，竞争的压力不断加剧，在超市、便利店、汽车后市场服务、家居建材和家装、教育培训、连锁旅店等领域，内外资之间的竞争较为明显。

2004 年商业地产和购物中心的开发空前高涨，2004 年 1 至 10 月份商业地产规模达到 9526 亿元，同比增长 28.9%，商业地产的增幅大大高于全国地产增幅的水平。购物中心的开发为连锁企业开店提供了新的店铺资源，同时也影响和改变着各业态的选址方法和经营模式。

3. 社会环境

仅从加盟者的角度来看，加盟者的投资能力偏低，但近几年已有很大提高。据 2000 年的一项调查结果显示，在 1800 名被访问者中，计划投资额在 50 万元以下的人数占 97%。

根据 2004 年 5 月、10 月中国连锁经营协会在北京、上海对有意向加盟的投资人的调查，潜在加盟者的投资能力主要集中在 10 万至 50 万元之间，占被调查对象的 35%，50 万至 100 万元的占 12%。

加盟者的诚信度有待提高。根据调查显示，总部在排列“企业发展最关注的问题”时，加盟商行为不规范被列在第一位。总部认为加盟商当前最突出的前 5 个问题是：①缺乏对总部企业文化、经营理念的理解；②急功近利，存在浮躁心态；③不履行特许经营协议，违约、违规经营；④改变核心产品配方，自己加工生产；⑤品牌意识不够，不愿意接受总部的监督。

此外，特许企业发展中频繁遇到的合同执行不到位，商标权、著作权等知识产权遭模仿、抄袭，人才流失等问题，也是困扰企业发展的主要障碍。

4. 技术因素

IT技术、设备的普及和价格的下降为特许总部及时掌控加盟店的经营状况提供了技术支撑，在部分较规范的餐饮、零售特许体系，总部已可以根据POS系统实时传递的数据，按照国际通行的以销售额的一定比例提取特许权使用费。此外，通讯技术的应用（如视频会议）也为总部和加盟商之间实现有效沟通创造了条件。

（三）特许企业发展状况

1. 从加盟网络的成长性和稳定性看，特许企业的成熟度有所提高

调查显示，2004年，加盟店营业收入增长率为38%，与店铺增长速度持平。特许企业合同期限三年以上的占到92%以上，合同到期续签率为88%，比上年提高了3个百分点，说明大部分特许体系和连锁网络具有较好的稳定性。

2. 从特许连锁扩张模式分析，总部发展加盟店的速度有所下降，直营店的开发速度加快

其原因：为维护品牌的美誉度和体系的运行质量，总部支持和服务加盟店的投入有上升趋势，但加盟金和特许权使用费的收取偏低，很多企业特许权使用费占总收入的比例不超过1%，而且收取方法单一，大多采用固定额度收取。投入产出比率低于直营店。

3. 从特许体系的建设与管理看，总部的统一配送能力较欠缺，培训能力则有长足提高

产品配送是总部支持和控制加盟店的重要手段之一。2004年，总部向加盟店配送产品占加盟店进货总额的比率（统一配送率）为37%，比直营店低9个百分点，总部对加盟店在产品配送环节的力度不够，控制乏力。

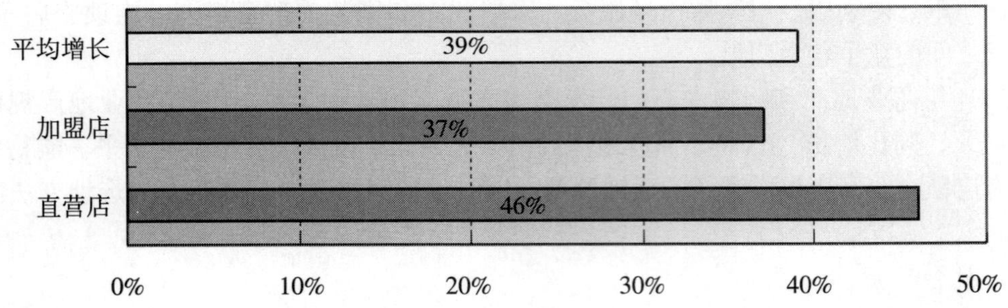

图46 总部统一配送比率的增长情况

2004年特许企业加大了在培训方面的投入。

4. 特许企业内部管理中存在的其他问题和不足

企业营销理念和手段落后，研发能力弱，技术含量低，很多特许企业没有自己的产品标准和手册化的管理工具，提供给加盟商的除了单店经营模式以外，缺乏有效的后续管理和经营指导，项目也很容易被竞争对手模仿，加盟店欠缴加盟费和特许权使用费的情况比较多见，特许企业的核心竞争力还有待于进一步提升。

（四）特许经营市场发展趋势展望

经过若干年的快速发展，特许市场将进入一个规范发展的新阶段。新进入者在市场日趋规范、进入门槛提高、加盟者更加理性的环境下，会更加关注特许体系的建设与完善，现有的特许企业会把内部管理和系统建设置于更重要的战略地位。前期发展留下的问题，包括加盟商关系维护和品牌维权将通过体系的不断完善予以解决。

随着境外企业开展特许经营相关政策和法规的明确，将有更多的海外品牌以独资、跨境交付、投资、收购并购等方式进入中国市场，并会出现高潮。海外品牌的进入不仅会带来新的商业概念，增加特许行业和业态的覆盖面，还会引进更领先的管理技术和营销手段，促进特许连锁整体水平的提高。

一些产品分销网络会调整策略，提高技术含量，统一服务标准，由产品分销或产品品牌特许向经营模式特许过渡。在转型过程中，连锁网络的增长会放慢，但特许体系会得到进一步优化。

多品牌发展策略和品牌延伸成为部分优势企业的选择。企业发展到一定规模后，可以利用现有的网络和品牌美誉度，向上游或下游延伸，为企业带来更多的商机和价值。同时，单一品牌在市场上的局限性，也会促使特许总部进一步细分市场，通过现有连锁网络，快速克隆第二品牌。目前，多品牌策略在餐饮行业中已开始尝试。

（五）中国连锁经营协会在规范和推进特许市场中的主要任务

1. 完善行规行约，加强行业自律

2000 年 3 月中国连锁经营协会颁布了《特许经营行为准则》。为促使会员遵守该《准则》，协会于 2003 成立了行业自律委员会，承担起对违反《准则》要求的会员予以纠正的职责。

新的《商业特许经营管理办法》实行后，协会根据新办法的规定，将对《准则》进行修订。同时，协会还将加大对《准则》推广和自律委员会的工作力度，使协会会员成为规范特许市场、带动特许经营健康发展的主力军。

2. 强化培训与评估，提升企业规范化水平

完善协会特许经营培训体系，通过职业经理人培训证书制度、高等自学教育、网上特许知识普及等渠道，为企业和社会培养特许经营专业人才，为企业特许体系的建设与规范提供支持；发挥特许加盟大会、研讨会和各委员会的专业优势，促进企业间学习、交流、合作，带动整个特许行业管理水平的提高；研究制定特许经营行业标准，并以此为基础建立特许体系评估系统，为企业完善自身建设提供技术指导。

3. 推广特许加盟理念，维护投资人利益

协会将做好优秀特许品牌推选和宣传工作，为企业规范发展树立标杆，为投资人寻找理想项目提供指南，增强投资人信心。

协会将通过与各国协会的密切合作关系，利用协会主办的展会和活动，积极引进海外优秀品牌和商业新概念，带动特许经营市场的进一步发展；利用媒体、网络和各种活动，宣传特许经营知识，提高社会及潜在投资人、加盟商对特许经营的认识和理解，以规避风险，成功加盟。

协会还将研究制定不同行业和业态的特许经营合同样本，维护特许双方的合法权益。

4. 开展行业统计，为政府、企业和投资人服务

及时、准确地掌握特许经营发展状况，是政府制定相关政策的重要依据，也是特许企业经营决策和广大投资人寻找加盟机会的需要。协会将发挥自身的会员资源优势，依托政府主管部门和专业机构，开展特许经营行业调查，发布特许连锁与加盟信息，为政府、企业和投资人服务。

5. 参与相关法规与政策协调，为企业营造良好的发展环境

受商务部和国务院法制办的委托，协会组织专家、律师、海内外企业、海外协会等，对新的《商业特许经营管理办法》和《特许经营管理条例》等相关法律政策提供了很多有价值的专业意见和建议。《条例》出台后，协会将积极配合政府相关部门做好政策推广工作。

针对涉及特许经营的其他政策和法规，包括商标与商号、驰名商标申请、税收等问题，协会也在与相关部门积极协调，力争为企业规范发展创造条件。

表75 2004年中国连锁百强企业

（中国连锁经营协会2005年3月17日发布）

会员	编号	企业名称	经济类型	主要业态	销售规模（万元）	增幅（%）	门店数（个）	增幅（%）
☆	1	百联（集团）有限公司	国有独资或控股	百/综/便/专	6762714	22	5493	25
★	2	北京国美电器有限公司	民营企业	家电专业店	2387886	34	227	63
★	3	大连大商集团有限公司	国有独资或控股	超/百/其他	2308492	27	120	25
★	4	苏宁电器连锁集团股份有限公司	民营企业	家电专业店	2210764	80	193	30
★	5	家乐福（中国）	中外合资/合作	综	1624050	21	62	51
	6	北京华联集团投资控股有限公司	国有独资或控股	超/综/百	1600000	18	70	13
★	7	上海永乐家用电器有限公司	中外合资/合作	家电专业店	1584910	62	108	71
★	8	苏果超市有限公司	中外合资/合作	超/综/便	1388000	45	1345	16
★	9	农工商超市（集团）有限公司	国有独资或控股	超/综/便/折扣店	1370300	11	1232	2
★	10	北京物美投资集团有限公司	民营企业	超/综/便	1327674	56	608	17
★	11	三联商社股份有限公司	民营企业	家电专业店	1325580	24	254	26
★	12	重庆商社集团有限公司	国有独资或控股	超/综/便/百/专	1311315	18	153	16
	13	好又多管理咨询服务（上海）有限公司	中外合资/合作	综	1200000	155	88	226
★	14	中国百胜餐饮集团	中外合资/合作	西式快餐	1186879	26	1400	27
★	15	华润万家有限公司	中外合资/合作	超/综	1101444	7	476	2
★	16	江苏五星电器公司	民营企业	家电专业店	937890	84	120	25
★	17	新一佳超市有限公司	民营企业	综	850041	44	58	26
★	18	武商集团股份有限公司	国有独资或控股	综/会/百/家电	785900	12	39	26
★	19	江苏文峰大世界连锁发展股份有限公司	国有独资或控股	综/会/家电/其他	764262	34	506	55
★	20	沃尔玛（中国）投资有限公司	中外合资/合作	综/会	763542	30	43	30
	21	易初莲花（中国）连锁超市有限公司	中外合资/合作	综	739405	40	41	86

续表

会员	编号	企业名称	经济类型	主要业态	销售规模（万元）	增幅（%）	门店数（个）	增幅（%）
☆	22	合肥百货大楼集团股份有限公司	国有独资或控股	超/综/便/家电	730000	26	49	32
★	23	家世界连锁商业集团有限公司	民营企业	综	722539	37	69	41
★	24	锦江麦德龙现购自运有限公司	中外合资/合作	综	645898	15	23	28
★	25	人人乐连锁商业（集团）有限公司	民营企业	综/超	620013	93	32	113
★	26	武汉中百集团股份有限公司	国有独资或控股	综/便/百/家电	608768	35	330	15
★	27	北京王府井百货（集团）股份有限公司	国有独资或控股	百	587067	23	15	36
★	28	北京京客隆超市连锁集团有限公司	国有独资或控股	超/综/便	523774	13	140	20
★	29	东方家园有限公司	民营企业	家居专业店	523309	55	22	57
★	30	青岛利群集团股份有限公司	国有独资或控股	综/便	510502	49	512	61
☆	31	武汉中商集团股份有限公司	国有独资或控股	超/综/便	457841	25	24	14
☆	32	山东银座商城股份有限公司	国有独资或控股	便/百/专	442164	43	32	0
★	33	内蒙古小肥羊餐饮连锁有限公司	民营企业	中式快餐	433000	22	703	7
★	34	江苏时代超市有限公司	中外合资/合作	综	367869	36	56	8
★	35	山东家家悦超市有限公司	民营企业	超/综/会/折	353690	53	202	19
	36	上海欧尚超市有限公司	中外合资/合作	综	351178	63	11	38
★	37	山东潍坊百货集团股份有限公司	国有独资或控股	超/综/便/百/专	339252	35	146	25
★	38	上海家得利超市有限公司	国有独资或控股	超	319800	33	121	13
★	39	安徽商之都有限责任公司	国有独资或控股	百/超	303000	58	32	60
★	40	友谊阿波罗股份有限公司	国有独资或控股	综/百/家电	290293	21	18	13
★	41	内蒙古小尾羊餐饮连锁有限公司	民营企业	火锅	281597	75	417	60
★	42	百佳超级市场有限公司	中外合资/合作	超/综	274996	26	31	41
★	43	成都红旗连锁有限公司	民营企业	超/便	246310	12	552	33
★	44	北京超市发连锁股份有限公司	国有独资或控股	超	214113	13	43	2
★	45	步步高商业连锁股份有限公司	民营企业	超/综/百/便	211700	52	45	22
★	46	宁波三江购物俱乐部有限公司	民营企业	综	204974	28	50	35
★	47	上海可的便利店有限公司	国有独资或控股	便	204958	29	1079	14
★	48	百安居（上海）管理系统有限公司	中外合资/合作	家居专业店	201000	44	21	40
★	49	山东新星购销总部	民营企业	综/便/百/家电	200000	11	128	29
★	50	南京华诚超市有限公司	国有独资或控股	超/综/便	196517	19	323	9
★	51	首联商业集团有限公司	国有独资或控股	超/综/便/折	196350	0	56	－7
	52	广州市广百股份有限公司	国有独资或控股	百/家电	192545	20	12	20
★	53	上海捷强烟草管理（集团）连锁有限公司	国有独资或控股	超/专	185569	5	416	42
★	54	北京小土豆企业（集团）有限公司	民营企业	中式正餐/快餐	183600	31	170	16

续表

会员	编号	企业名称	经济类型	主要业态	销售规模（万元）	增幅（%）	门店数（个）	增幅（%）
	55	湖南老百姓大药房连锁有限公司	民营企业	药品专业店	182000	143	58	107
★	56	山东省青岛维客集团股份有限公司	民营企业	超/综/便/百	153181	46	715	0
★	57	浙江人本超市有限公司	民营企业	综/便/折	150500	25	102	24
★	58	重庆小天鹅投资控股（集团）有限公司	民营企业	中式快餐	145000	28	308	22
★	59	北京美廉美连锁商业股份有限公司	民营企业	超/综	137000	62	17	55
★	60	上海良友金伴便利连锁有限公司	国有独资或控股	便	127767	16	669	34
	61	福建新华都购物广场有限公司	民营企业	综/百	121388	139	10	150
★	62	漯河双汇商业连锁有限公司	国有独资或控股	便	118586	21	367	11
★	63	青岛全统旅游育乐有限公司	中外合资/合作	休闲饮品	117544	112	238	76
★	64	河北保龙仓商业连锁经营有限公司	民营企业	综	115000	10	11	22
★	65	华普超市有限公司	民营企业	超	102728	3	19	19
★	66	深圳市海王星辰医药有限公司	民营企业	药品专业店	101469	45	668	45
★	67	陕西海星连锁超级市场有限责任公司	民营企业	超/综/便	100928	18	156	32
★	68	天津德克士食品开发有限公司	中外合资/合作	西式快餐	100855	27	383	34
★	69	哈尔滨中央红集团股份有限公司	民营企业	超/综/便	100376	0	145	0
★	70	中国全聚德（集团）股份有限公司	国有独资或控股	中式正餐	99300	46	55	15
★	71	浙江慈客隆超市有限公司	民营企业	超/综/便	95300	22	74	45
★	72	河北省邯郸市阳光百货集团	民营企业	综/百	95000	23	18	6
★	73	哈尔滨联强商业发展有限公司	民营企业	超/综/便/百/家电	90700	21	27	13
★	74	阜阳华联超市有限公司	民营企业	超/综/便	90000	1	96	4
	75	重庆桐君阁大药房连锁公司	国有独资或控股	药品专业店	881807	7	4216	58
	76	深圳百佳华实业发展有限公司	民营企业	综	85666	−2	5	0
★	77	重庆秦妈餐饮文化有限公司	民营企业	火锅	84340	36	262	36
★	78	西安爱家商贸有限公司	民营企业	超	81487	17	8	0
★	79	广西佳用商贸股份有限公司	民营企业	超/综/会/便/百/其他	80362	1	90	10
★	80	北京好利来企业投资管理公司	民营企业	中西糕点	80000	33	503	20
★	81	湖南佳惠百货有限公司	民营企业	超/综/百	78236	38	18	38
★	82	北京东易日盛装饰有限责任公司	民营企业	家装专业店	74500	69	96	55
★	83	唐山华盛超市有限公司	民营企业	综/超	71200	23	40	25
★	84	重庆东方菜根香餐饮有限公司	民营企业	中式正餐	70244	8	138	35
★	85	内蒙古呼伦贝尔市友谊有限公司	民营企业	超/综/便/百/家电	69023	51	20	25
★	86	河南思达连锁商业有限公司	民营企业	超/综	68396	18	208	23
★	87	北京东来顺集团有限公司	国有独资或控股	中式正餐	65000	8	18	6
★	88	重庆苏大姐餐饮文化有限公司	民营企业	中式正餐	64756	22	360	20
★	89	北京顺天府商贸有限公司	民营企业	超	60897	8	18	6

续表

会员	编号	企业名称	经济类型	主要业态	销售规模（万元）	增幅（%）	门店数（个）	增幅（%）
★	90	绍兴供销超市有限公司	民营企业	便	60712	29	240	140
★	91	济南华联超市有限公司	民营企业	综	60000	33	4	33
★	92	天津津工超市有限责任公司	国有独资或控股	便	59066	20	240	20
★	93	深圳市中联大药房有限公司	国有独资或控股	药品专业店	58000	17	336	10
	94	重庆汇源火锅研究所（奇火锅）	民营企业	火锅	57000	44	150	34
★	95	吉林省白山市方大商业有限公司	国有独资或控股	综/便/家电	56872	14	40	5
★	96	韶山毛家饭店发展有限公司	民营企业	中式正餐	56260	50	81	53
★	97	北京金象大药房医药连锁有限公司	国有独资或控股	药品专业店	51600	21	288	32
★	98	北京合兴食品集团（吉野家）	中外合资/合作	中式快餐	50762	36	95	46
★	99	上海仙踪林餐饮有限公司	中外合资/合作	休闲饮品	48558	83	196	24
★	100	河北国大连锁商业有限公司	国有独资或控股	超/便	48000	5	214	19
		合计			49680973	33	30416	28

注：1. 超：超市，综：大型综合超市，百：百货店，便：便利店，会：仓储会员店，专：专业店，折：折扣店。

2. 百联集团中，联华超市股份有限公司、华联超市股份有限公司、华联吉买盛购物中心有限公司销售额分别为3068494万元、1803300万元、430000万元。

3. 实心星表示为中国连锁经营协会会员企业，空心星表示其下属公司为协会会员单位。

表76　　2004年部分省（直辖市）连锁经营占社会消费品零售总额的比重

省份	社会消费品零售总额（亿元）	连锁经营零售额（亿元）	占社会消费品零售总额比重（%）
上海	2455	926	37
北京	2192	635	29
江苏	4160	990	24
天津	1053	245	23
重庆	958	210	22
广东	6370	737	12
山东	4483	382	9
陕西	967	73	8
江西	1060	57	5
湖南	2070	75	4

表77　　部分城市连锁经营占社会消费品零售总额的比重

省份	社会消费品零售总额（亿元）	连锁经营零售额（亿元）	占社会消费品零售总额比重（%）	连锁网点数量
上海	2455	926	37	10220
北京	2192	635	29	5000

续表

省份	社会消费品零售总额（亿元）	连锁经营零售额（亿元）	占社会消费品零售总额比重（%）	连锁网点数量
青岛	606	174	29	3785
沈阳	809	216	27	4000
武汉	961	249	26	2350
宁波	596	143	24	
天津	1053	245	23	
重庆	958	210	22	3000
太原	226	46	20	
杭州	704	126	17	1222
苏州	625	101	16	1093
烟台	440	61	14	1400
哈尔滨	707	32.8（1－11月）	5 *	253

注：1. 数字后面加 * 号的为估计值。

2. 以上数据由中国连锁经营协会统计整理，如需引用，请注明出处。

表 78　　2004年主要便利店品牌基本情况

编号	品牌名称	主要地区	店铺数量
1	快客便利店	上海市	1734
2	可的便利店	上海市	1079
3	好德便利店	上海市	1000
4	上海良友金伴便利店	上海市	669
5	北京物美便利超市	北京市	548
6	青岛利群便利店	青岛市	492
7	二十一世纪便利店 *	上海市	400
8	漯河双汇便利店	漯河市	367
9	东莞市糖酒集团美宜佳便利店	东莞市	350
10	武汉中百便利店	武汉市	280
11	天津津工便利店	天津市	240
12	山西省太原唐久便利店	太原市	228
13	苏果便利店	南京市	220
14	7－Eleven	广州市/北京市	198
15	南京华诚超市有限公司	南京市	197
16	太原金虎便利店 *	太原市	180

续表

编号	品牌名称	主要地区	店铺数量
17	河北国大 36524 便利店	石家庄	179
18	绍兴供销超市供销便利店	绍兴市	172
19	喜士多（C－store）*	上海市	150
20	青岛维客加盟店	青岛市	150
21	浙江华联商厦新华联便利店	余姚市	146
22	哈尔滨中央红集团月亮便利店	哈尔滨	140
23	沧州市好日子超市有限公司	沧州市	140
24	河南邦杰食品便利店	周口市	127
25	罗森便利店 *	上海市	120
26	北京超市发便利店 *	北京市	110
27	中百便利店（潍坊百货集团）	潍坊市	90
28	山东新星购销总部	淄博市	87
29	石家庄天元便利店	石家庄	83
30	青岛海滨便利店	青岛市	82
31	北京京客隆便利店 *	北京市	60
32	大连明天便利店	大连市	60
33	浙江人本超市有限公司	温州市	55
34	重庆十分利 *	重庆市	55
35	北京万方便利 *	北京市	50
36	陕西海星便利店	西安市	50
37	柳州佳用便利店	柳州市	50
	合计		10338

注：1. 标 * 的企业，其店铺数量为估计值。

2. 如引用以上数据，请注明出处：中国连锁经营协会。

表 79　　2004 年部分中外合资/合作零售企业发展情况

序	在华企业	销售规模（万元）	门店数（个）	总公司情况	备注
1	家乐福（Carrefour）	1624050	62	法国家乐福集团，全球第 2 大零售企业	
2	苏果超市有限公司（SUGUO）	1388000	70	香港华润集团	
3	好又多（Trust Mart）	1200000	88	台湾诚达集团和宏仁集团	

续表

序	在华企业	销售规模（万元）	门店数（个）	总公司情况	备注
4	百胜集团（YUMA）	1186879	1400	美国YUM！餐饮集团，全球零售第84位	
5	华润万家	1101444	476	香港华润集团	
6	大润发	950000	40	台湾润泰集团，大润发与欧尚相互持股	*
7	沃尔玛（Wal－Mart）	763542	43	美国沃尔玛公司，全球第1大零售企业	
8	百盛（Parkson）	740000	30	马来西亚金狮集团	*
9	易初莲花（Lotus）	739405	41	泰国正大集团	
10	乐购（TESCO50%）	700000	31	台湾顶新国际集团与英国TESCO公司各持股50%，全球零售第6位	*
11	锦江麦德龙（METRO）	645898	23	德国麦德龙，全球零售第4位	
12	太平洋百货（PACIFIC）	430000	10	台湾远东集团	*
13	麦当劳（Mcdonald’s）	355000	600	美国麦当劳公司，全球零售第49位	
14	欧尚超市（AUCHAN）	351178	11	法国欧尚集团，全球零售第18位	
15	华堂（Ito Yokado）	290000	5	日本伊藤洋华堂，全球零售第20位	
16	百佳（PARKnSHOP）	274996	31	香港屈臣氏集团（香港和记黄埔有限公司）	
17	百安居（B&Q）	201000	21	英国翠丰集团，全球零售第43位	
18	万客隆（Makro）	150000	6	荷兰万客隆（德国麦德龙）	*
19	德克士（Dicos）	100855	383	台湾顶新集团	
20	欧倍德（OBI）	100000	11	德国廷格尔曼集团（Tengelmann），全球零售第21位	
21	全家便利店（Family Mart）	80000	43	台湾顶新集团	*
22	宜家（IKEA）	80000	2	瑞典宜家公司	*
23	吉之岛（JUSCO）	65000	2	日本永旺集团AEON，全球零售第22位	*
24	迪亚（Dia）	55000	150	法国家乐福集团，全球第2大零售企业	*
25	吉野家（Yoshinoya）	50762	95	日本株式会社吉野家D&C，东亚及北美1200家店	
26	冠军（Champion）	50000	6	法国家乐福集团，全球零售第2位	*
27	天津大荣（Daiei）	45000	12	原属日本大荣集团（全球零售第42位）	*
28	7－Eleven	45000	198	日本伊藤洋华堂，全球零售第20位（北京10家，与华南为不同的经营方）	*
29	喜士多（C－store）	26000	150	台湾润泰集团	*

续表

序	在华企业	销售规模（万元）	门店数（个）	总公司情况	备注
30	罗森（Lawson）	22000	120	上海百联集团控股	*
31	屈臣氏（Watson）	15000	100	香港和记黄埔有限公司，全球零售第94位	*
32	OK便利店（OK）	5600	22	香港利丰集团	*
33	乐华梅兰（LeroyMerlin）	新开业	1	法国欧尚集团，全球零售第18位	
	合计	13831609	4282		

注：1. 以上备注中带*号的企业数据来源于媒体、业内专家的综合评估，仅供参考。
2. 总部的排名来自2004年世界零售百强（2003年销售数据）名单。
3. 以上数据由中国连锁经营协会（www.ccfa.org.cn）统计，如需引用，请注明出处。

表80　　2004年部分餐饮连锁企业基本情况

编号	企业名称	经济类型	经营业态	销售规模（万元）	增幅（%）	门店数（个）	增幅（%）
1	中国百胜餐饮集团	中外合资/合作	西式快餐	1186879	26	1400	4
2	内蒙古小肥羊餐饮连锁有限公司	民营企业	中式快餐	433000	22	703	7
3	麦当劳中国*	中外合资/合作	中式快餐	355000		600	
4	深圳市麦路嘉食品有限公司*	民营企业	面包西饼	300000	50	50	
5	内蒙古小尾羊餐饮连锁有限公司	民营企业	火锅	281597	75	417	60
6	北京小土豆企业（集团）有限公司	民营企业	中式正餐/中式快餐	183600	31	170	16
7	重庆小天鹅投资控股（集团）有限公司	民营企业	中式快餐/食品加工	145000	28	308	22
8	青岛全统旅游育乐有限公司	中外合资/合作	休闲饮品	117544	112	238	76
9	天津德克士食品开发有限公司	中外合资/合作	西式快餐	100855	27	383	34
10	中国全聚德（集团）股份有限公司	国有独资或控股	中式正餐	99300	46	55	15
11	重庆秦妈餐饮文化有限公司	民营企业	火锅	84340	36	262	36

续表

编号	企业名称	经济类型	经营业态	销售规模（万元）	增幅（%）	门店数（个）	增幅（%）
12	北京好利来企业投资管理公司	民营企业	中西糕点	80000		503	
13	重庆东方菜根香餐饮有限公司	民营企业	中式正餐	70244	8	138	35
14	北京东来顺集团有限公司	国有独资或控股	中式正餐	65000	8	112	12
15	重庆苏大姐餐饮文化有限公司	民营企业	中式正餐	64756	22	360	20
16	重庆汇源火锅研究所（奇火锅）	民营企业	火锅	57000	44	150	34
17	韶山毛家饭店发展有限公司	民营企业	中式正餐	5626	0	50	81
18	北京合兴食品集团（吉野家）	中外合资/合作	中式快餐/休闲饮品	50762	36	95	46
19	上海仙踪林餐饮有限公司	中外合资/000合作	休闲饮品	48558	83	196	24
20	成都谭鱼头投资股份有限公司	民营企业	火锅	45300	-3	108	6
21	上海弘奇食品有限公司	国有独资或控股	中式快餐	38600	141	18	50
22	苏州迪欧餐饮管理有限公司	中外合资/合作	中式快餐/西式正快餐	35040	50	120	50
23	成都巴国布衣餐饮连锁管理有限公司	民营企业	中式正餐	26453		24	
24	福州曼伯罗食品有限公司	民营企业	西式正餐/西式快餐	20158	21	201	37
25	成都川江号子餐饮发展有限公司	民营企业	中式正餐	20000	67	31	94
26	河南百年老妈饮食管理有限公司	民营企业	中式正餐	19000	36		
27	上海新亚大家乐餐饮有限公司	中外合资/合作	中式快餐	17986	-6	76	15
28	北京老家快餐有限责任公司	民营企业	中式快餐	17900	2	203	7
29	北京俏江南餐饮有限公司	民营企业	中式正餐	15000	88	16	

续表

编号	企业名称	经济类型	经营业态	销售规模（万元）	增幅（%）	门店数（个）	增幅（%）
30	上海世好餐饮管理有限公司	民营企业	中式快餐	12000	41	306	206
31	上海来必堡餐饮有限公司	民营企业	中式正餐/中式快餐	11000	83	33	94
	合计			4058132	41	7357	36

注：1. 企业名称后带 * 号的为估计值。

2. 以上数据由中国连锁经营协会统计，如需引用，请注明出处。

表 81　　2004 年主要家电专业连锁企业基本情况

序	企业名称	销售规模（万元）	增幅（%）	门店数量	增幅（%）
1	北京国美电器有限公司	2387886	34	227	63
2	苏宁电器连锁集团股份有限公司	2210764	80	193	30
3	上海永乐家用电器有限公司	1584910	62	108	71
4	三联商社股份有限公司	1325580	24	254	26
5	顺电连锁股份有限公司 *	110000		17	
6	江苏五星电器公司	937890	84	120	25

注：1. 企业名称后带 * 号的为估计值。

2. 以上数据由中国连锁经营协会统计，如需引用，请注明出处。

表 82　　2004 年部分药品专业连锁企业基本情况

编号	企业名称	销售规模（万元）	增幅（%）	门店数（个）	增幅（%）
1	湖南老百姓大药房连锁有限公司	182000	143	58	107
2	重庆桐君阁大药房连锁公司	881807	7	4216	58
3	深圳市中联大药房有限公司	5800017	17	336	10
4	深圳市海王星辰医药有限公司	101000	10	1800	20
5	北京金象大药房医药连锁有限公司	5160021	21	288	32
6	嘉事堂药业股份有限公司	4400010	10	267	15
7	深圳市仟禧堂医药有限公司	1453879	79	206	67

注：1. 公司名称后带 * 号的为估计值。

2. 以上数据由中国连锁经营协会统计，如需引用，请注明出处。

表 83　　2004年各业态门店指标综合比较

业态分类			平均面积（平方米）	人效（万元/人·年）	平效（万元/平方米·年）	租金水平（元/平方米·年）	日交易次数	客单价（元）	毛利率（%）
大分类	细分组								
大型超市	按地区：各选4家万米以上店	北京	14037	67.8	2.1	590	11000	77	8.1
		上海	14166	142.7	2.6	720	10490	93	7.6
	按面积：各选10家门店	大店	10000+2000	81.7	1.9		8790	69	9.2
		小店	6000+1000	40.2	1.3		4400	42	9.9
超市	按地区：每个地区选5家规模相近门店，面积在1000～1300平方米	一级城市	1140	71.4	2.7	700	2980	28	13.3
		二级城市	1220	42.0	1.8	580	2683	22	13.4
		三级城市	1020	43.9	1.9	352	2208	24	12.8
	按面积：选2500+500平方米和1000+300平方米各10家店	大店	2500+500	64.5	3.0		4210	51	11.3
		小店	1000+300	56.0	2.5		2710	25	13.4
便利店	按地区：北京、上海、其他二级城市各选取4家便利店	北京	110	37.8	3.1	1091	640	15	16.5
		上海	91	56.4	4.3	1750	661	16	18.3
		其他地区	85	42.5	3.0	824	530	13	17.1
百货	按面积：选35000～38000平方米和22000～25000平方米各4家店	大店	35000～38000	82.2	1.5	319	9770	155	16.3
		小店	22000～25000	76.2	2.0	388	8525	151	15.5
	按地区：沿海上海和深圳2家店，内陆长沙和重庆2家店，均为22000平方米左右	沿海	22400	82.1	2.3		9800	145	16.2
		内陆	22100	61.3	2.1		8980	138	17.9
家电			8260	316.0	8.1		2777	679	8.4

2005年中国零售商和快速消费品企业工商协作研究

一、工商协作调查介绍

（一）工商协作调查背景

现代零售业态已经成为快速消费品最为重要和最具发展潜力的分销渠道。AC尼尔森2004年的全国渠道调研显示，在中国的城市和城镇分布了464万个进行快速消费品销售的网点。虽然其中大卖场和超市在门店数量上只占到总体的0.9%，但是销售额的占比却接近30%。同时，大卖场和超市的销售网点数还在以每年超过40%的比率快速增长。根据商务部商业改革发展司的调查，2004年中国商业连锁企业经营继续稳步增长。全国前30家零售连锁企业2004年销售额3845亿元人民币，同比增长32.9%，店铺总数13801个，增长23.8%。外资零售商和内资零售商都在迅速提升经营规模，进入各个区域和层次市场。

中国零售市场的竞争也日趋激烈，抢夺竞争对手的市场份额在所难免。随着商品和服务的过度供应，话语权和影响力必然会越来越多地从快速消费品企业转向零售商的手里，而商品成本和物流配送成本无疑是零售企业最大的经营成本。只有通过零售商和快速消费品企业的协同合作，加快商品流转的速度，降低商品成本，提升物流配送的效率，更好地满足消费者，通过提升整体价值链效益来将市场蛋糕做得更大。对于快速消费品企业和零售商来讲，如果希望成为未来市场的大赢家，别无选择！

因此，了解制造商与零售商彼此的关注点和未来需求是非常重要的。供应商希望零售商提供哪些信息？而零售商需要供应商为他们做什么？如何从深层次上为未来工商协作提供指引？这些都是迫切需要解决的问题。

中国零售商和快速消费品企业协作研究正是在此背景下展开的，并由中国连锁经营协会（CCFA）发起，由中国连锁经营协会与IBM业务咨询服务事业部（原普华永道咨询公司）合作实施，从2003年开始到2005年已经连续进行了三年。在2005年的调研中，《超市周刊》、联商网和《销售与市场》作为三个行业专业媒体成为调研的合作方共同参与，加大了研究的深度和影响力。

特别感谢参与和支持此次行业研究的各个公司，行业人士及IBM中国商业价值研究院。

本次数据分析由北京华通市场研究公司完成，一并致谢。

（二）调查主要目的

工商协作调查的主要目的是：

通过行业协会和专业咨询公司的合作，找出并分析国内大型消费品零售商和快速消费品企业彼此的业务关键需求和相互评价；对领先的零售商和快速消费品企业进行排名分析和最佳实践的研究，从而分享行业的成功合作经验并指导未来的合作。

重点研究的领域包括：快速消费品企业的合作策略、供应链管理及大客户服务；零售企业的合作策略、零售前端管理及零售后端管理。

（三）研究方法

1. 问卷调查

通过设计专门的问卷，对国内主要的零售企业和消费品企业进行问卷调查。调查问卷分为零售商对供应商评价和供应商对零售商评价两个版本。问卷发放的主要目标企业是：

零售商：排名位于全国连锁业百强企业；业态包括综合性大型超市/连锁超市/便利店/仓储式超市；企业性质为国内企业/外资企业。快速消费品企业：主要消费品行业的大型企业；产品包括食品/饮料/日用化学品/日用百货；企业性质为国内企业/外资企业。

2. 数据录入、分析与建模

将收集的问卷输入电脑，采用专业的统计分析软件SPSS进行建模分析。

具体分析方法如下：

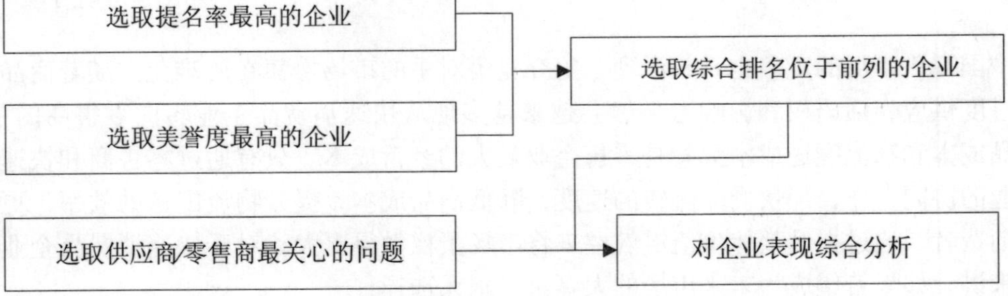

图1　分析流程

3. 行业人士访谈

通过对业内人士的访谈，定性地了解供应商和零售商对上述一些关键问题的观点，并对问卷调查反映出的一些问题进行佐证。

二、调研综析

（一）调研主要发现

1. 调研中针对快速消费品企业的主要发现

（1）快速消费品企业在商品交易的最基本的合作领域和零售商已经度过了磨合期；

（2）零售商逐渐开始从“向价格和费用要效益”转向“向供应链要效益”；

（3）零售商的关注重点从日常运营合作转向“如何同供应商建立合作伙伴关系”；

（4）提高客户服务能力是快速消费品企业提升产品在终端市场表现的最有效的途径之一；

（5）组织系统、业务流程和人力资源能力是快速消费品企业提高客户服务能力的关键。

2. 调研中针对零售企业的主要发现

（1）零售商的信用和付款永远是双方合作的基石；

（2）零售商提升自身运营管理能力和与制造商协同提升供应链效率必须并重；

（3）零售商必须更加关注和取悦消费者，才能够建立其忠诚度；

（4）零售商的定位策略，品牌策略等竞争策略将决定其未来；

（5）零售商的管理模式和执行力成为影响工商合作和业绩的关键因素。

（二）综合排名

1. 快速消费品企业

零售商综合评价最高的15个快速消费品企业总体排名结构变化不大；外资企业继续保持领先。

本土上榜快速消费品企业变化较大，乳品企业比例上升。

（1）在零售商评价的最佳15名快速消费品企业中，7个外资企业依然占据了半壁江山，排名靠前，可乐的得分有大幅上升，宝洁和可乐并列排在首位。

（2）在单项排名中，宝洁、强生和高露洁等跨国快速消费品企业全面领先；本土和台资企业在基础供应链管理领域和跨国公司差距最小。

（3）台资公司有统一、旺旺和顶益，惟一的变化是顶新出榜。本土企业比去年略有提升，虽然有5家中资企业入榜，但有三家是新面孔。纳爱斯和丝宝落榜，伊利、三元和蒙牛三家乳品企业成为新贵。

2. 零售商

快速消费品企业综合评价最高的15个零售商总体排名变化不大；外资零售商继续保持领先，部分外资企业领跑优势加大，本土企业入围数量变化不大，但是新老交替，几进几出。

（1）前15名零售商排名依然保持了三分天下的格局，全球知名零售商沃尔玛继续领先；乐购在被TESCO收购后也上升了3位，占据榜眼位置，排名仅次于沃尔玛；大润发表现抢眼，一跃进入三甲；易初莲花上升了一位；家乐福仍不被快速消费品企业认可，综合排名跌至第13位；好又多也从去年的第10位跌至第15位。

（2）国内几大零售商上榜数量变化不大，但是新老交替几进几出，综合评价满意在8至14名之间的位置。在部分单项排名中，家世界、联华等有不错的表现。值得注意的是，家世界成为新力量的代表。

（3）零售行业比的是耐力和实力，所以最终注定是看谁成为中国零售市场的长跑冠军。

（三）综合评价

每个参与调查的快速消费品企业和零售商分别针对合作方的合作战略和营运水平进行评估。通过综合分析，我们选出了在各方面综合表现最佳的十个企业。

1. 快速消费品企业

零售业对十佳快速消费品企业的总体评价：跨国零售企业在合作策略、大客户服务和供应链管理三个方面全面领先，本土企业的表现差强人意。

参与调研的零售商从合作策略、大客户服务和供应链管理三个方面对快速消费品企业作出了评价。

（1）合作策略。在合作策略方面，前三名基本上被跨国企业垄断，前五名中也很少出现本土和台资企业。宝洁、可口可乐、强生、高露洁和雀巢等传统领先的跨国零售企业表现出色。对工商合作策略的重视，在一定程度上也反映了供应商在渠道管理上的理念不同。深层次的工商合作是未来发展的趋势，本土企业由于受到管理水平和经营理念的限制，得分不高，需要引起重视。

（2）大客户服务。2005年零售商对大客户服务的关注点主要集中在销售人员身上，包括对销售人员专业知识、业务水平、职业道德和敬业精神的关注。外资快速消费品企业依靠强大的品牌影响力、合理的薪酬体系和更完善的人力资源计划表现出色。除了娃哈哈和旺旺有两项指标进入前五名，其他都被宝洁、嘉里粮油、强生和雀巢等跨国企业垄断。

（3）供应链管理。供应链管理是本土企业表现稍好的一个领域，但是仍然和跨国公司有很大差距。娃哈哈在订单交付和同零售商信息沟通两项上排名第一，值得其他本土企业借鉴。

2. 零售商

快速消费品企业对十佳零售商的总体评价：外资零售商在策略层面与执行能力方面表现好，后端管理优势仍在；本土零售商在前端管理的少数指标上进步明显。

参与调研的零售商从战略合作、零售前端管理和后端管理三个方面对快速消费品企业作出了评价。

（1）合作战略的满意度。在合作战略的满意度上，跨国零售企业三强沃尔玛、家乐福和麦德龙继续显示出总体优势，保持其在总体合作战略方面的延续性和前瞻性。表现抢眼的还有台资的大润发、乐购（已经被TESCO收购）。本土零售商在前十位排名中入围数量较少，而且排名居后。

（2）零售前端管理。在快速消费品企业对零售企业的零售前端管理水平的评价中，家乐福和欧尚在提供消费者良好购物环境和体验中表现最佳；沃尔玛在消费者研究和沟通，高效的品类管理以及改善合作流程中排名第一；家世界在配合供应商的促销活动与新产品推出两项指标上，获得了认可。总体来看，在前端管理上，内资零售商的总体满意排名与外资零售商差距相对较小。

（3）零售后端管理。沃尔玛在良好的信用，及时付款，准确的订单和高效的库存管理等多项指标上名列前茅，继续显示其无可比拟的后端管理体系优势；家世界作为本土零售商的代表评分较高。

三、快速消费品企业卷

（一）零售商关注焦点

2005年工商协作调研中，在中国的跨国零售商和本土零售商的高级管理人员对40多项有关工商合作的指标进行了评估。参与调研的零售企业被要求针对每个指标作出重要性评价（即：不相关/不重要/较不重要/一般重要/较为重要/非常重要），IBM以选择“较为重要/非常重要”的问卷比例为该指标的被关注度。零售商关注度超过90%的指标有6项，超过80%的有23项，主要集中在大客户服务、合作策略和供应链管理三个方面。

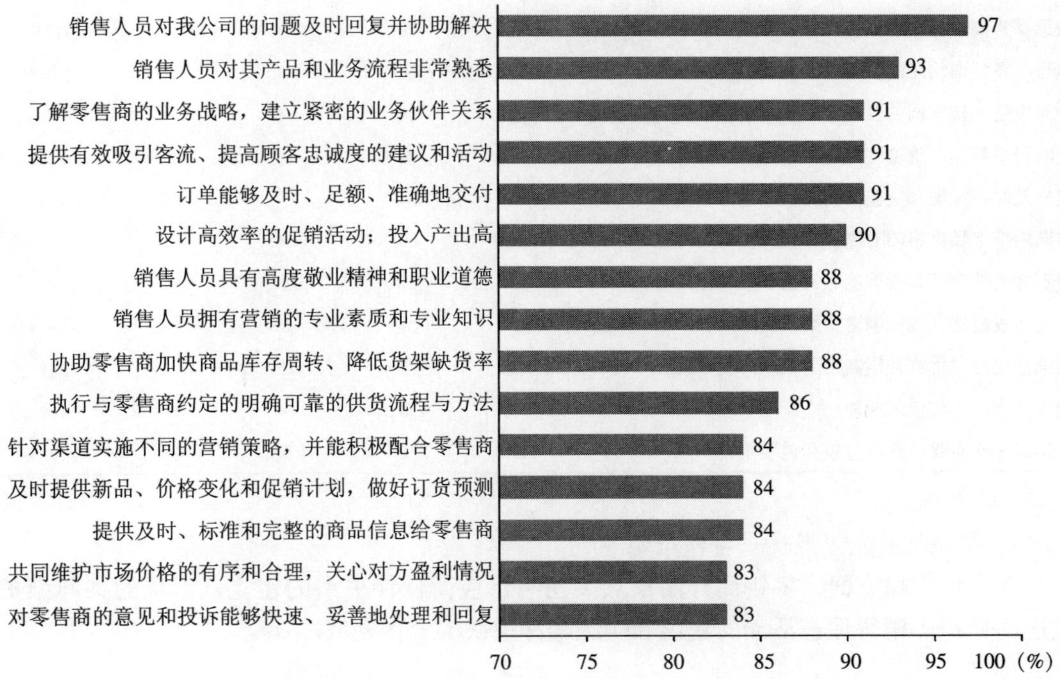

图2　2005年中国零售商重点关注的工商合作指标

对比2004年，更深层次的合作和服务已经逐渐取代了原来的基础业务活动指标，成为零售商关注的新焦点。

2005年零售商最关注的工商合作指标的新变化：

（1）合作策略：零售商开始重点关注深层次的合作，包括建立与供应商的合作伙伴关系，关注市场的共同维护、供应商促销等销售促进活动的建议和实施，以及供应商客户化的营销策略等。

（2）大客户服务：服务取代订单交付成为零售商最关注的领域——体现在零售商对销售人员的客户服务水平、业务能力和职业素质的关注上。

（3）供应链管理：零售商开始从简单的基础供应链服务转向对深层次的供货流程和综合绩效指标的关注。

表1　　2005年和2004年零售商最关注的工商合作指标对比

指标描述	2005年排名	关注度%	2004年排名	关注度%	变化情况
销售人员对我公司的问题及时回复并协助解决	1	97	12	86	↑↑
销售人员对其产品和业务流程非常熟悉	2	93	11	86	↑↑
了解零售商的业务战略，建立紧密的业务伙伴关系	3	91	<15	74	↑↑↑
提供有效吸引客流、提高顾客忠诚度的建议和活动	4	91	7	89	↑
订单能够及时、足额、准确地交付	5	91	1	97	↓↓
设计高效率的促销活动；投入产出高	6	90	4	91	→
销售人员具有高度敬业精神和职业道德	7	88	3	91	↓
销售人员拥有营销的专业素质和专业知识	8	88	10	87	→
协助零售商加快商品库存周转、降低货架缺货率	9	88	–	–	新指标
执行与零售商约定的明确可靠的供货流程与方法	10	86	<15	48	↑↑↑
针对渠道实施不同的营销策略，并能积极配合零售商	11	84	<15	76	↑
及时提供新品、价格变化和促销计划，做好订货预测	12	84	2	92	↓↓
提供及时、标准和完整的商品信息给零售商	13	84	*	92	↓↓
共同维护市场价格的有序和合理，关心对方盈利情况	14	83	<15	82	→
对零售商的意见和投诉能够快速、妥善地处理和回复	15	83	5	90	↓
及时回收退货，或控制退货数量到非常少	23	81	6	90	↓↓↓
实施合理的“货物补偿制度”，弥补商店运营中的损失	25	79	15	85	↓↓
避免货物损坏和包装短缺	30	78	14	86	↓↓
提供零售商需要的商品包装和包装单位	33	76	9	88	↓↓↓

1. 零售商关注焦点——合作策略

在合作策略方面，零售商开始重点关注与供应商伙伴关系的建立、市场的共同维护、供应商促销等销售促进活动的建议和实施等深层次的合作领域。

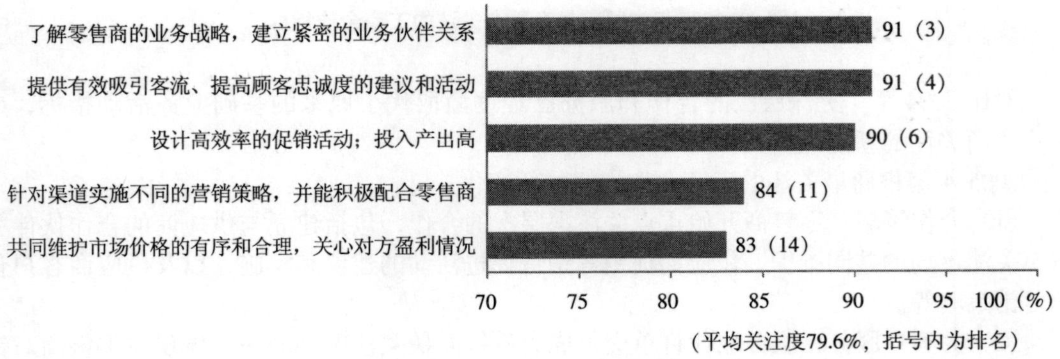

图3　合作策略领域零售商最关注的指标

零售商已经意识到工商更深层次合作的重要性和必要性，开始高度关注同供应商建立合作伙伴关系，共同管理和维护市场，促进销售，实现共赢。

供应商能否“了解零售商的业务战略，建立紧密的业务伙伴关系”首次成为零售商最关注的15个工商合作指标之一，并且列在第3位。

在具体的执行层面，零售商更关注供应商能否建议和实施高效的促销或其他业务活动，不仅能促进销售增长，更能够为零售商带来综合效益。零售商的关注重点从单纯的要求供应商不断推出新品、提供合理的促销和市场经费提升到更关注供应商能否设计和执行更高效的促销活动，并且根据渠道的不同实施差异化的营销策略。

共赢和合作成为新的合作主题。零售商已经意识到不能单纯地向供应商“要”利益，而是双方共同将“蛋糕”做大。

2. 零焦商关注焦点——大客户

大客户服务取代订单交付成为最受关注的领域，零售商对服务的关注主要集中在供应商销售人员的客户服务水平、业务能力和职业素质等方面。

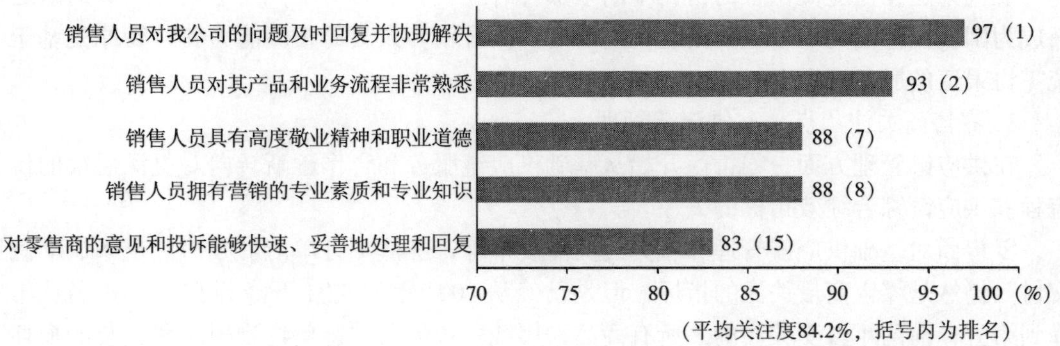

图4　大客户服务领域零售商最关注的指标

大客户服务成为2005年零售商最关注的领域，零售商对供应商的大客户服务的需求升级。大客户服务领域的平均关注度为84.2%，远远超出合作策略领域的79.6%和供应链管理领域的80.3%，“销售人员对零售商的问题及时回复和协助解决”和“销售人员对产品和业务流程非常熟悉”是2005年零售商最关注的两项指标。

零售商对最基础的客户服务的满意度上升，前两年一直备受零售商关注的供货问题、供应商业务流程问题的关注度大幅下降，同时零售商要求供应商提升服务水平，以便能够进行更好的沟通和配合。

供应商销售人员的服务水平、业务能力、职业素质等方面是零售商对供应商大客户服务关注的主要指标。

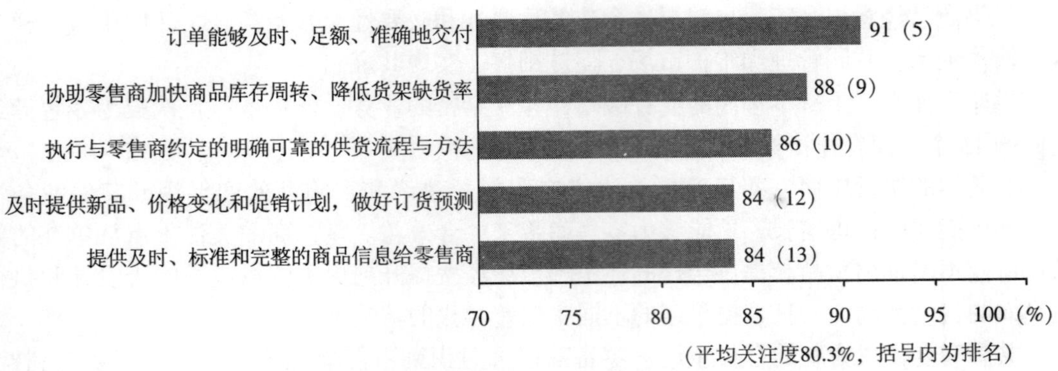

图5　供应链管理领域零售商最关注的指标

零售商对客户服务最关注的前4项指标都与销售人员有关，依次是问题的回复和解决能力、业务水平、职业素质和关于营销的专业素质和知识。

现代渠道在供应商销售的占比不断增加，有经验和能力的现代渠道销售人员的缺乏逐渐成为困扰供应商的一个主要问题，迫切需要提升销售人员的相应能力和转变原先基于传统零售渠道的服务观念。

3. 零售商关注焦点——供应链管理

在供应链管理方面，零售商开始从基础供应链服务和合作逐渐转向对更深层次的供货流程和供应链综合绩效指标的关注。

零售商对基础供应链管理和服务的关注度下降，虽然“订单能够及时、足额、准确地交付”仍然是零售商最关注的指标，但是已经从2004年的97%下降到91%，排名从第一降到第五，前两年备受关注的“所有商品采用统一条码”，“避免货物短缺和包装的损坏”，“实施合理的货物补偿制度”，“及时回收退货”等逐渐不再受到零售商重点关注。

零售商对供应链管理和服务的关注点转向供应商的供货流程、数据共享和共同的销售预测，以及如何通过改进供应链合作降低成本，提高效益。面对销售额和利润的双重压力，零售商开始关注“商品的库存周转和缺货率”等对销售业绩有直接影响的综合指标。

零售商希望不仅仅只是减少双方订单实施、货物交付和退货过程中出现的基础供应链问题，而是期望能够通过双方的沟通、协调和共同努力降低成本，提高效率，实现销售和利润的增长。

4. 零售商关注焦点——满意度

零售商对15个最关注工商合作指标的平均满意度比2004年有所提高，提升了3.5%，但整体满意度水平仍然偏低。

零售商对关键工商协作指标的整体满意度为47%，相比2004年的43.5%有所提高；满意度方差减小，所有指标都超过了35%，而2004年有多项低于30%。

（二）2005年研究的关键发现和建议

快速消费品企业对现代渠道的基础管理和服务的能力有了快速的提高；经过多年的不

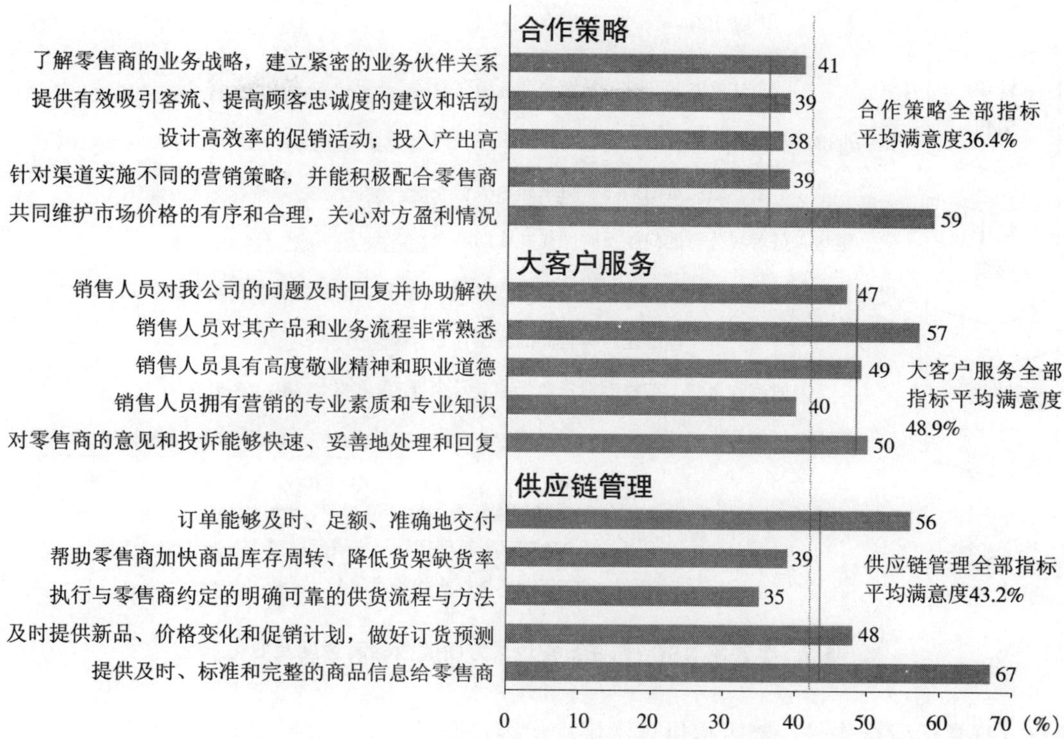

（平均满意度是该领域所有相关指标的平均值，2005年全部指标平均满意度为42.4%。）

图6　2005年零售商对重点关注的工商合作指标的满意度

断努力，工商双方在日常运营上的合作已经基本度过了磨合期。从零售商角度看，工商合作关系进一步发展的关键是快速消费品企业除了较好地实现双方日常运营合作外，能否提供更深层次的客户服务；对快速消费品企业来说，发展和提升深层次的客户服务能力将是驱动其产品在终端市场上的表现的最有效途径之一，而组织系统能力和业务流程能力的提高将是帮助快速消费品企业实现深层次客户服务能力发展和提升的关键。面对零售渠道的快速发展，现阶段快速消费品企业需要及时进行销售组织结构的调整和业务功能的重新定位。

1. 快速消费品企业对现代渠道的基础管理和服务的能力有了快速的提高，经过多年的不断努力，工商双方在日常运营方面的合作已经基本度过了磨合期

从零售商对供应商的满意度的变化上反映出供应商能力的快速提升。

2005年零售商对涉及双方从订单交付到结款和售后服务等8项最基本的合作指标的满意度，比2004年同类指标有了较大幅度的提高，8项最基本的合作指标的满意度比整体满意度高出近9%。

经过几年的磨合，多数快速消费品企业已经适应了现代销售渠道的游戏规则，虽然仍然存在很大的提升空间，但对比整体工商合作的情况，在日常运营层面已经基本上可以满足零售商的要求。

2. 从零售商角度看，工商合作关系进一步发展的关键是快速消费品企业除了较好地实

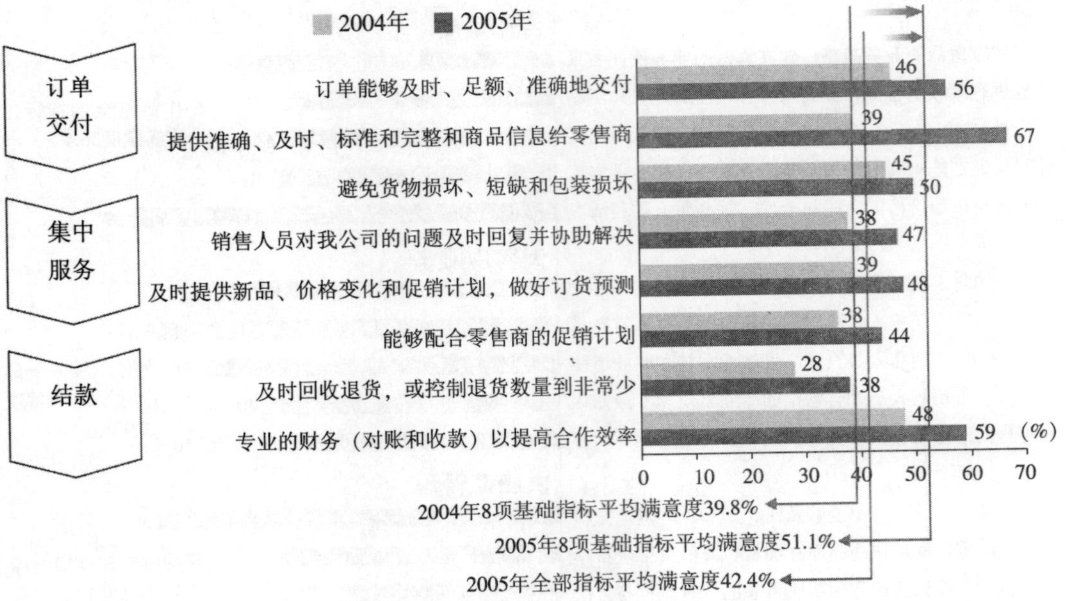

图 7　零售商对供应商在日常运营方面的指标满意度及变化

现双方日常运营合作外，能否提供更深层次的客户服务

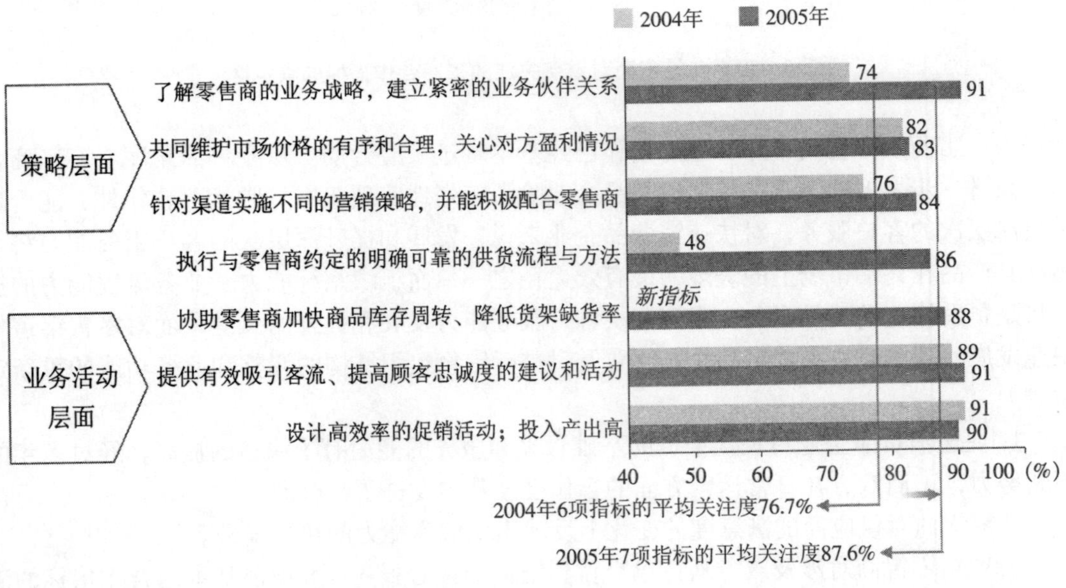

图 8　零售商对部分深层次客户服务指标的关注度及变化

零售行业的竞争日益激烈，零售商受到的销售和利润压力越来越大，仅仅依靠在日常运营中同供应商的顺畅配合已经不能使零售商从大多数竞争对手中被区分出来，同供应商更深层次的合作将是未来零售商获得差异化优势的来源。

供应商对现代渠道的理解和管理水平日渐提升，建立在零售商和供应商更深层次合作基础上的业务活动是未来双方最高效的业务增长来源之一。

3. 发展和提升深层次的客户服务能力将是快速消费品企业驱动产品在终端市场上的表现的最有效的途径之一

深层次的客户服务能力可帮助快速消费品企业实现与消费者和市场的连接，使快速消费品企业能更快更准确地了解市场需求变化情况和消费者信息；及时准确地了解终端市场产品销售情况，而不仅仅是 B2B 的数据；为促销等业务活动得到即时的消费者和市场反馈。

高水平的客户服务将帮助快速消费品企业获得零售商更多的支持和配合，工商双方良好的沟通和更流畅的业务活动配合，将会带来高成功率的促销等业务活动，使快速消费品企业争取到比竞争对手更有利的零售商支持，降低冲突和摩擦带来的效率损失。

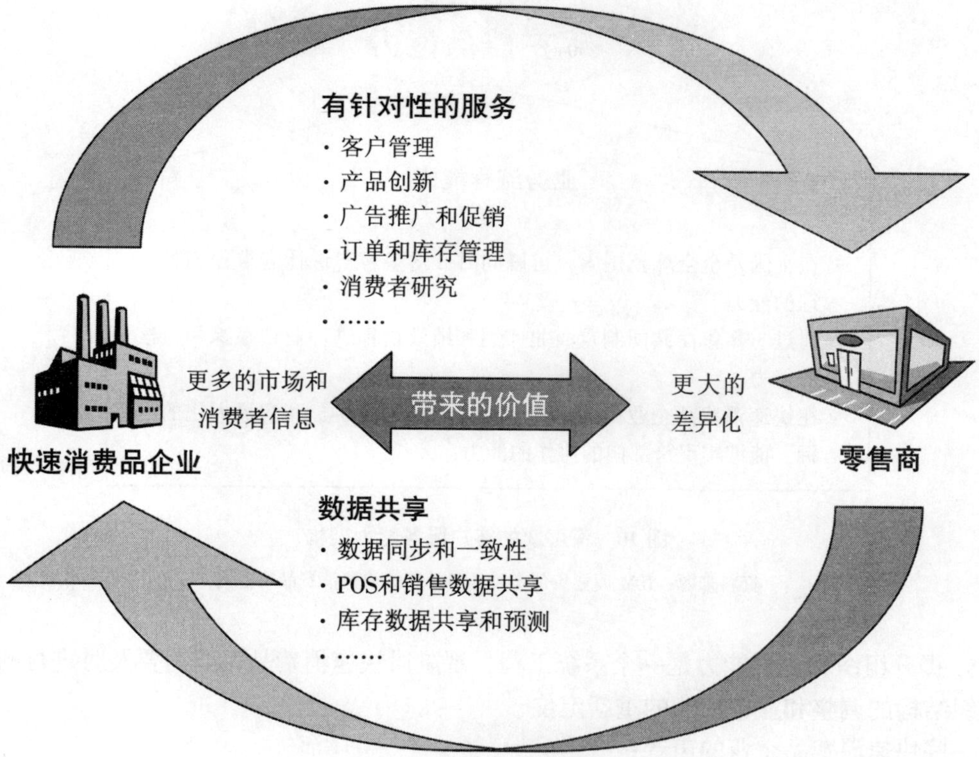

图 9 工商合作带来的价值

资料来源：IBM 商业价值学院《2010 年的快速消费品行业》。

4. 组织系统能力和业务流程能力的提高将是帮助快速消费品企业实现深层次的客户服务能力的发展和提升的关键

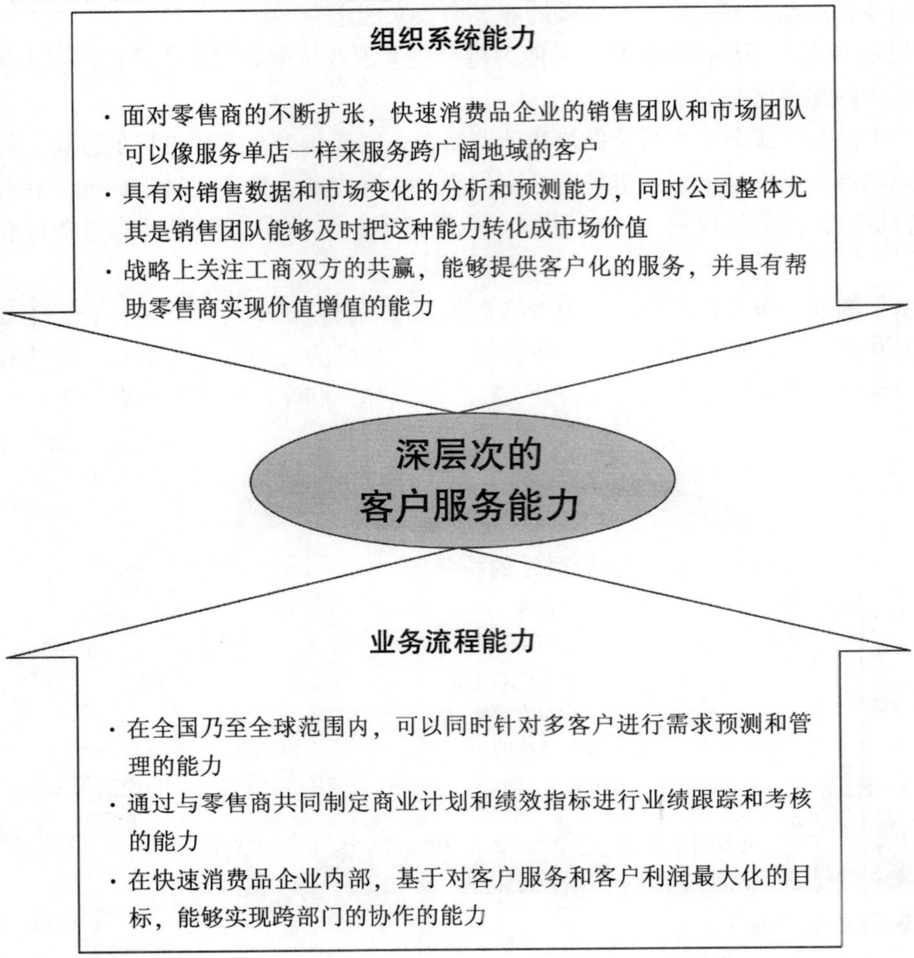

图10　深层次的客户服务能力架构

资料来源：IBM商业价值学院《2010年的快速消费品行业》。

5. 提升组织和流程能力是一个系统工程，现阶段快速消费品企业需要及时进行的是销售组织结构的调整和业务功能的重新定位

一些快速消费品企业的声音：

"我们在组建现代渠道销售团队的时候遇到了两个冲突：首先是和原来各个区域传统渠道销售团队的冲突；其次是在从经销商手中收回KA的控制权时，受到了经销商的抵制。"

——某国内领先食品企业KA经理

"针对现代渠道，我们公司成立了针对全国客户的KA团队，在具体操作层面还是由各个地区的销售团队执行。但是实际工作中会经常遇到地方销售渠道无法执行全国KA客户团队制定的计划的情况，客户也经常反映地方销售人员缺少经验，无法沟通。"

——某国内大型快速消费品企业总经理

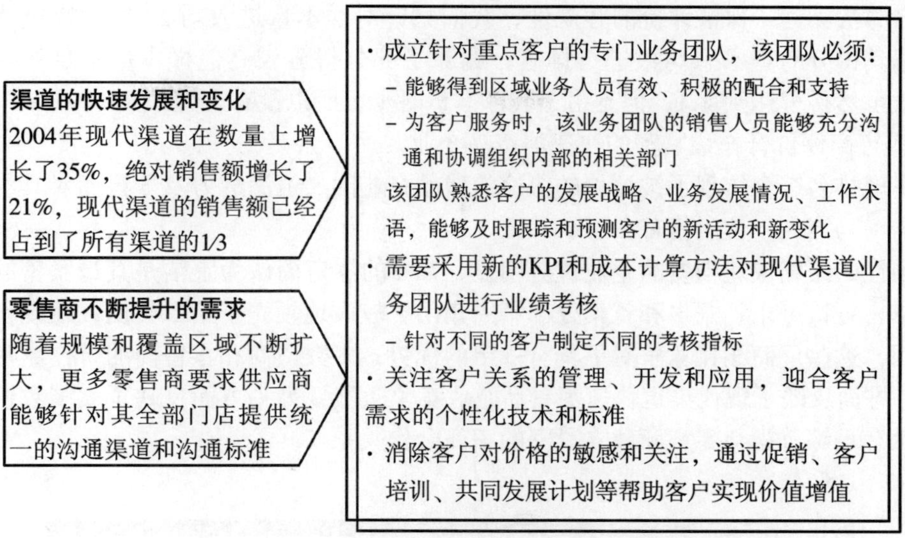

图 11 渠道的发展和变化

（三）综合评价最高的快速消费品企业

2005 年零售商综合评价最高的 15 家快速消费品企业的总体结构同上年相比变化不大，乳品企业比例有所上升。零售商对可口可乐的综合评价大幅提高，而宝洁得到的评价比上年略降，和可乐并列排在榜首位置。在 2005 年最佳快速消费品企业评价中，伊利、三元、嘉里粮油和蒙牛新入榜单。

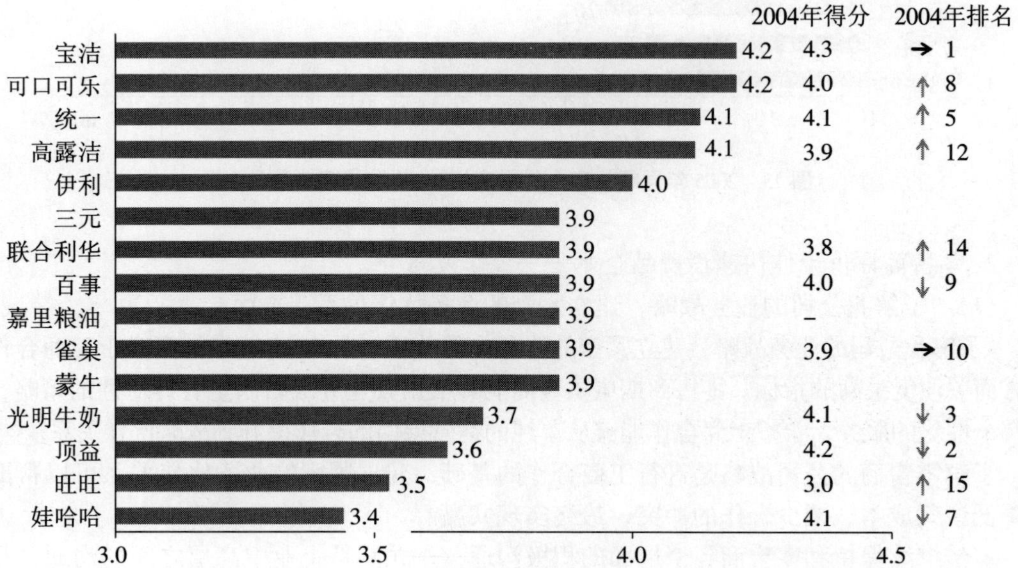

图 12 2005 年零售商评价最高的 15 个快速消费品企业

排名方法：为了保证评价的客观性，我们只针对样本量进入前20位的快速消费品企业，依据其得分的算术平均数进行排名；删除了部分得分较高但样本量不足的企业，例如：强生虽然得分达到4.1，但是由于其样本量略少，所以没有入选。

1. 零售商评价合作最紧密的快速消费品企业

紧密度排名综合体现了被评价的快速消费品企业的渠道渗透力及零售商对其的满意程度，宝洁一马当先，位居榜首。

全国性的跨国快速消费品企业优势明显，76%的零售商认为宝洁是其最紧密的合作伙伴，宝洁、可口可乐、蒙牛和雀巢处于第一集团，较大地领先于第二集团，在现代渠道的管理方面，这些厂商相比竞争对手具有一定的优势；多数厂商和零售商的合作紧密度低于40%，一方面反映了现代渠道快速消费品企业竞争激烈，另一方面反映了大多数快速消费品企业没有足够重视与零售商建立紧密的工商合作关系。

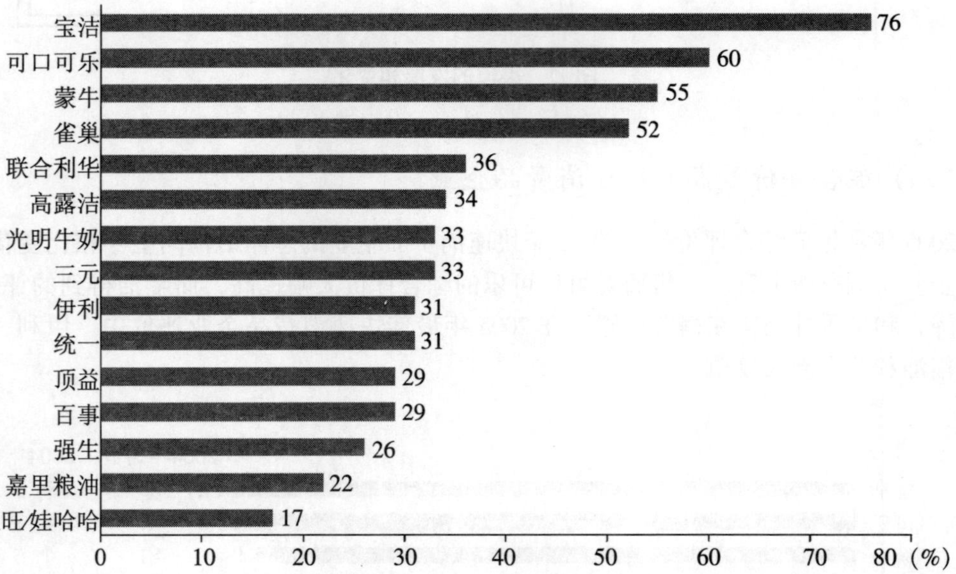

图13　2005年同零售商合作最密切的15个快速消费品企业

2. 零售商评价十佳快速消费品企业——合作策略

(1)“了解我公司的业务战略，建立紧密的业务伙伴关系”方面

“了解我公司的业务战略，建立紧密的业务伙伴关系”是2005年零售商对于工商合作策略方面关注度最高的指标。零售商期望供应商能够根据其业务战略制定有针对性的策略，提供有个性化的服务，希望工商合作能够从单纯的运营层面的合作提升到战略伙伴关系。

了解零售商的公司战略是进行工商合作的基础，建立紧密的业务伙伴关系可以帮助双方降低谈判成本，减少合作的冲突，最终实现共赢。

宝洁继续保持和零售商各个层面的积极沟通——尤其是企业中高层之间的沟通，帮助零售商制定共同的业务发展计划和进行定期的业务回顾，定期地帮助零售商进行业务改进项目。

(2)“提供能有效吸引客流、提高顾客忠诚度的建议和活动”方面

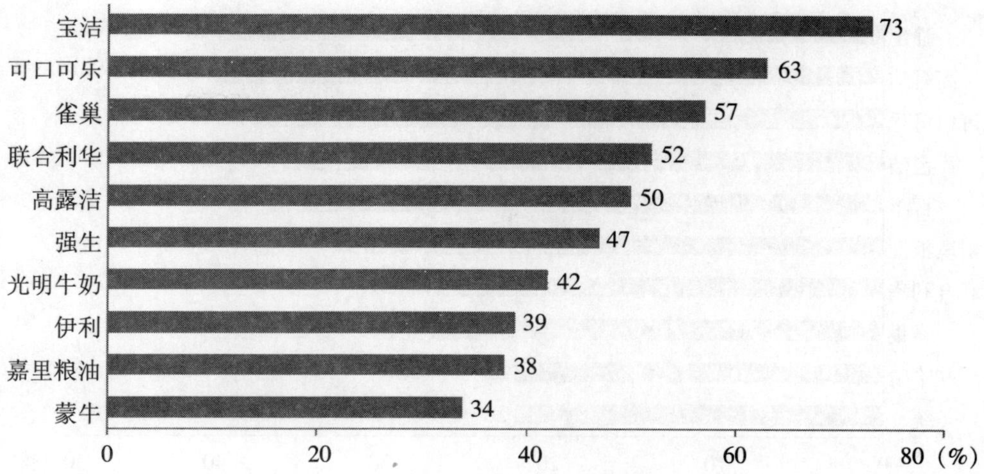

图 14 “了解我公司的业务战略，建立紧密的业务伙伴关系”方面
（零售商关注度 91%，列第 3）

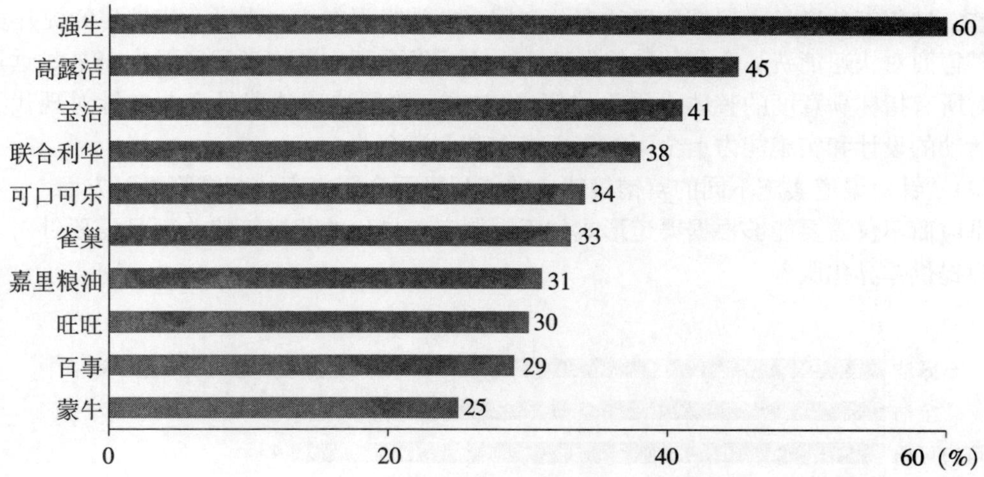

图 15 “提供能有效吸引客流、提高顾客忠诚度的建议和活动”方面
（零售商关注度 91%，列第 4）

这项一直是历年来零售商最关注的指标之一，对待业务活动，零售商希望不仅仅只是促进该产品销售的增长，同时也关注能否为其带来客流的增加和顾客忠诚度的提高。

从零售商角度看，快速消费品企业虽然在不停地进行广告、促销等业务活动，但是真正能够帮助零售商增加客流、提高顾客忠诚度的活动和建议并不多。

跨国公司在“客户发展”的销售意识上全面领先于本土企业。

(3)“设计高效率的促销活动；投入产出高”方面

跨国快速消费品企业在针对现代渠道促销活动的设计和实施能力上全面领先于本土和台资企业。

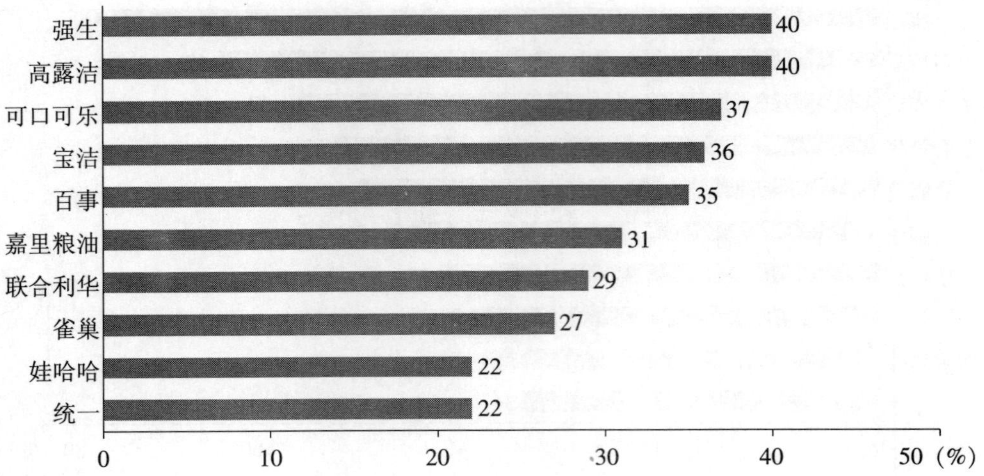

图16 "设计高效率的促销活动；投入产出高"方面
(零售商关注度90%，列第6)

促销活动是当前工商合作中日常营销活动的主要形式，高效的促销活动对零售商而言意味着：销售额的增长；促销位置的充分利用；有效吸引客流，带动全店销售的提升。

零售商对快速消费品企业的整体促销水平满意度不高，平均满意度仅为38%，远远落后于对所有指标满意度的整体水平平均值（47%）。跨国快速消费品企业在针对现代渠道促销活动的设计和实施能力上全面领先于本土和台资企业。

(4)"针对渠道实施不同的营销策略，并能积极配合零售商的营销策略"方面

供应商不仅需要能够根据渠道形式的不同制定差异化的营销策略，而且需要针对不同的客户提供差异化服务。

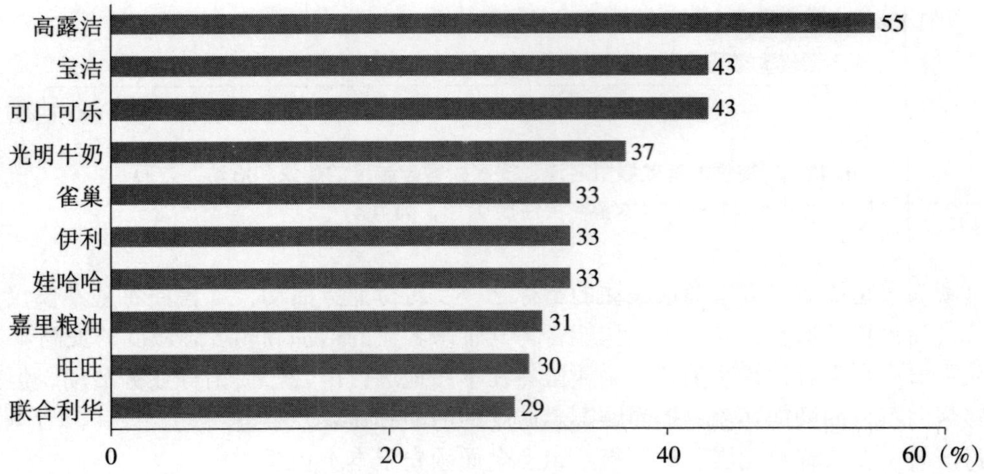

图17 "针对渠道实施不同的营销策略，并能积极配合零售商的营销策略"方面
(零售商关注度84%，列第11)

零售渠道结构快速变化，不同的零售渠道通过差异化定位对市场进行区隔，不同的零售商有不同的产品结构，不同的目标消费者，不同的定价策略……零售商面临越来越大的销售和利润压力，零售商主导的促销计划将会逐渐增多。

积极地有策略地配合零售商的促销计划，不仅会加强供应商和零售商的合作关系，同时可以有效利用零售商的平台实现共赢；抵触和忽视都将可能造成双方的冲突和企业资源的浪费。

(5)“共同维护市场价格的有序和合理、关心对方盈利情况”方面

维护市场秩序，避免不同渠道和不同客户之间的价格冲突，争取双方的共赢才是长期合作的基础。

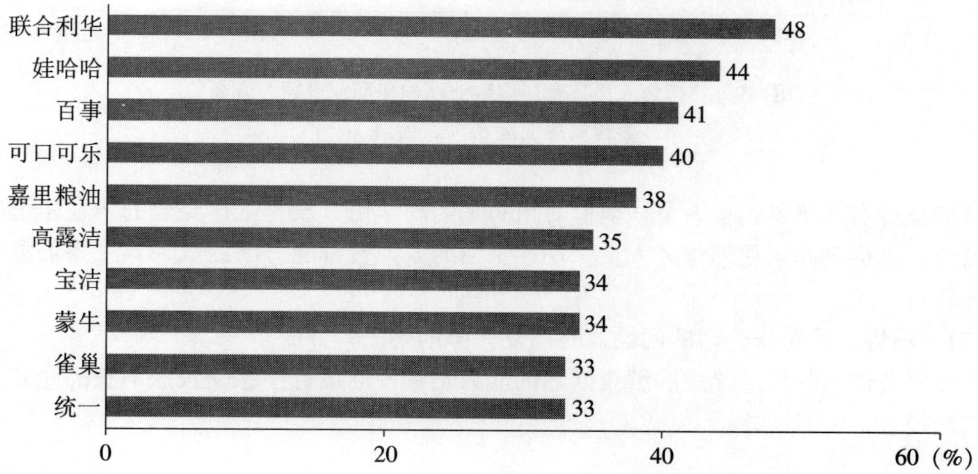

图 18　“共同维护市场价格的有序和合理、关心对方盈利情况”方面
（零售商关注度 83%，列第 14）

零售商很多时候担心的不是能不能拿到最低的价格，而是对于主要竞争对手能不能卖出最合理的价格。大多数大型快速消费品企业，给予相同类型和地位的零售商的价格条款基本相同；市场价格的频繁变动将使得零售商的销售受到很大影响，同时利润空间变薄；类似于“冲货”的价格混乱会打击零售商对供应商的信心。

某食用油生产商在实际操作中利用其强大的品牌力，统一控制最终销售价格，对违反价格约定的经销商和零售商执行严厉的断货等处罚措施，同时留给零售商足够的利润空间，避免针对单个客户或单个渠道的价格促销活动。

3. 零售商评价十佳快速消费品企业——大客户服务

(1)“销售人员具有高度敬业精况和职业道德”方面

从零售商的评价来看，快速消费品企业销售人员在敬业精神和职业道德方面的表现继续提高。

跨国快速消费品企业的销售人员在敬业精神和职业道德方面的表现普遍高于本土和台资企业，主要是因为跨国公司的品牌效应对人才有很强的吸引力，对销售人员的直接报酬普遍比本土和台资高，且有比本土和台资企业更完善的人力资源管理能力和培训计划。

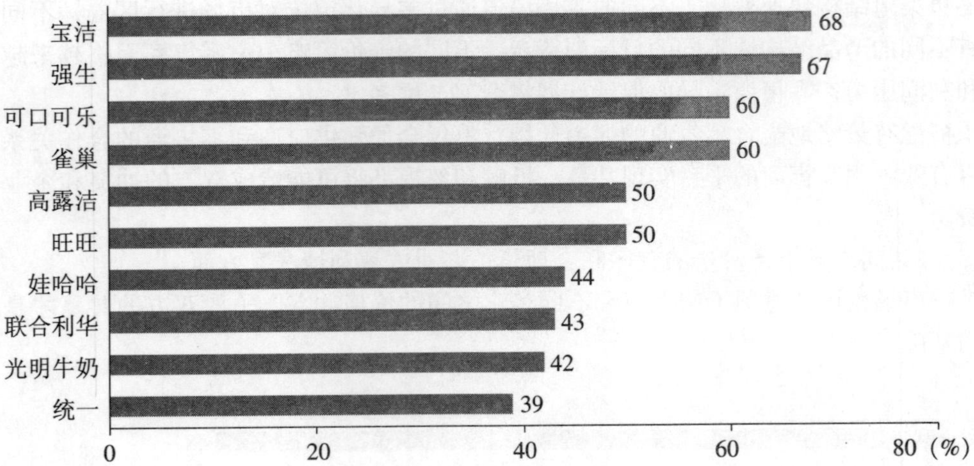

图19 “销售人员具有高度敬业精神和职业道德”方面
（零售商关注度88%，列第7）

宝洁坚持自己培养销售人员，他们对招聘来的高学历、没有工作经验的毕业生进行系统的培训，以培养高素质的业务人员。现在宝洁的人力资源能力已经成为其主要的竞争优势之一。

（2）“销售人员对我公司的问题及时回复并协助解决”方面

客户服务体系的反应速度和解决问题的能力是零售商最直接感受快速消费品企业服务水平的途径。

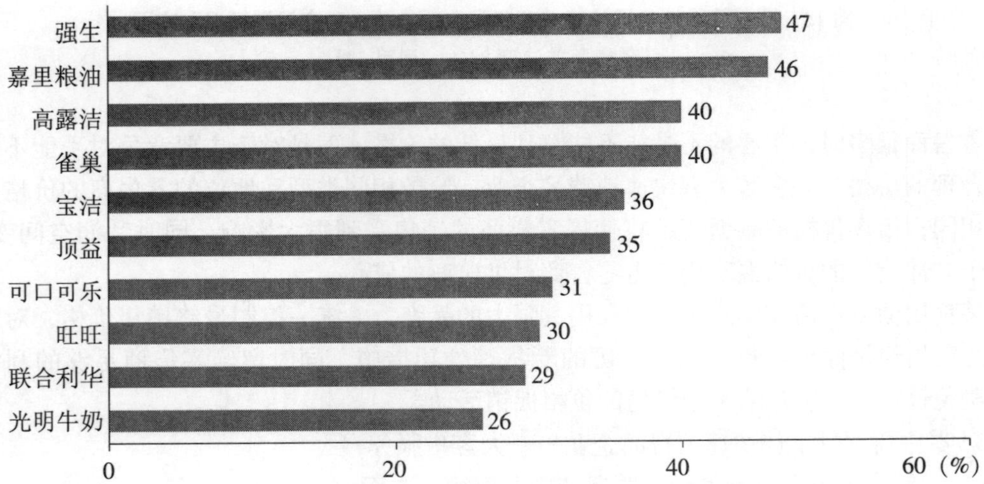

图20 “销售人员对我公司的问题及时回复并协助解决”方面
（零售商关注度97%，列第1）

（3）“销售人员拥有对顾客和营销的专业素质和专业知识，能为我们的业务带来价值增值”方面

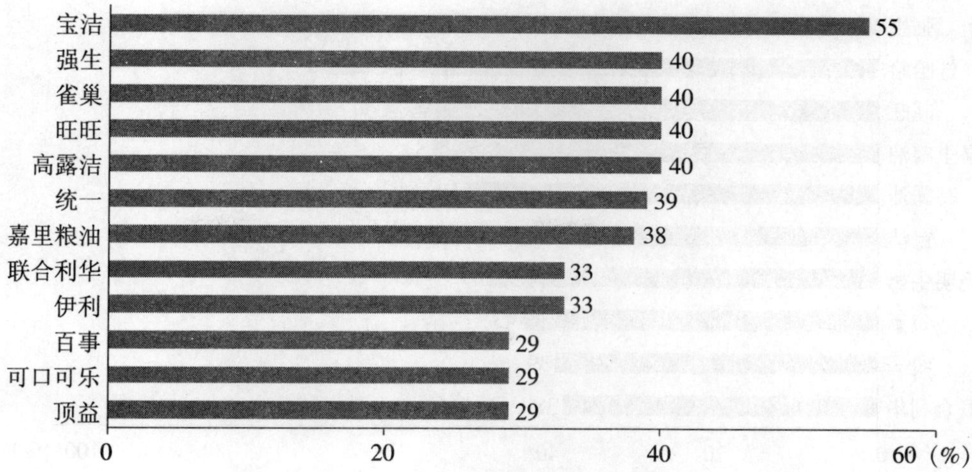

图 21　“对于零售商的意见和投诉能够快速、妥善地处理和回复”方面
（零售商关注度 83%，列第 15）

销售人员的专业能力和业务素质将是决定零售商判断快速消费品企业服务水平的重要指标。

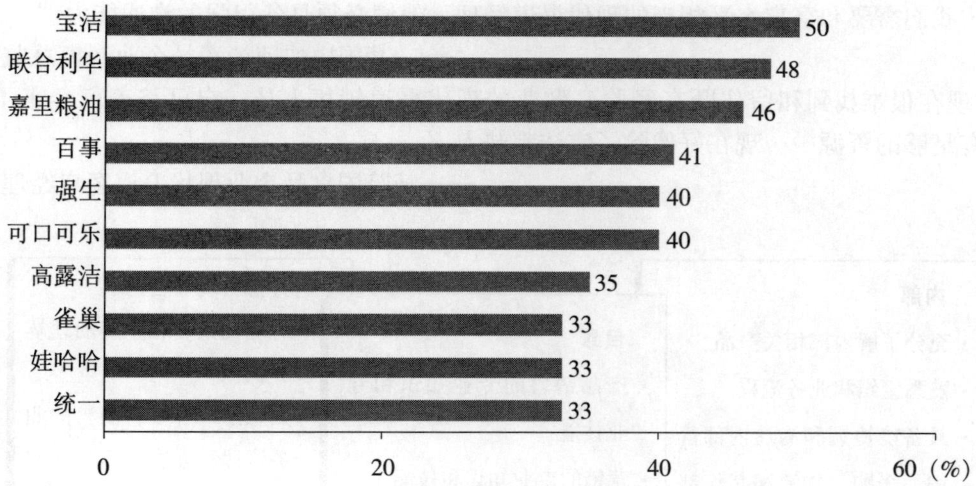

图 22　“销售人员拥有对顾客和营销的专业素质和专业知识，
能为我们的业务带来价值增值”方面
（零售商关注度 88%，列第 8）

（4）“销售人员对其产品和业务流程非常熟悉”方面

人的问题是决定供应商客户服务水平的关键要素；然而面对现代渠道的快速发展，销售人员的短缺将会是未来 3 到 5 年困扰快速消费品企业的一个主要问题。

一些快速消费品企业的声音：

“现在人的问题的确是困扰我们现代渠道发展的主要问题，我们迫切需要真正的具有

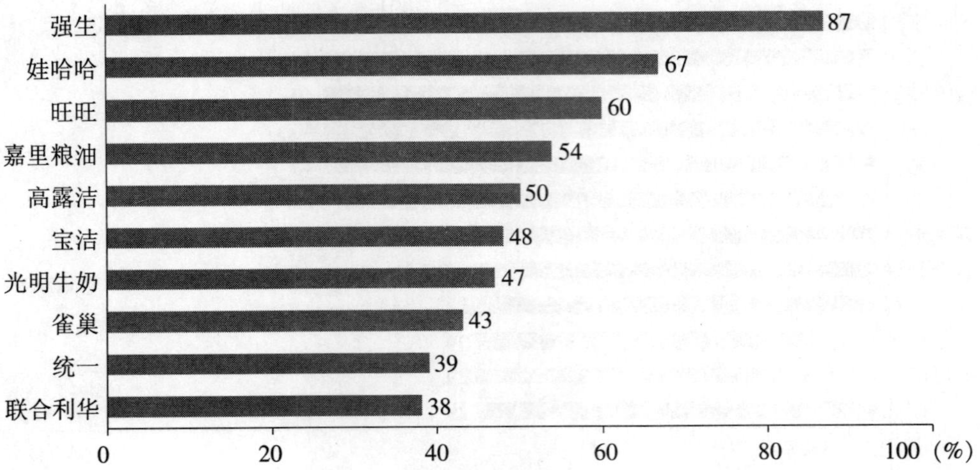

图 23 “销售人员对其产品和业务流程非常熟悉”方面
（零售商关注度 93%，列第 2）

KA 渠道经验和技能的销售人员，而现在是外部招聘困难，内部培养跟不上。”

——某跨国食品企业大区 KA 总监

“现代渠道需要一种全新的操作模式，而我们的销售人员仍然迷信原来传统渠道的经验……我们需要和客户水平相当的现代渠道经理，他们必须具备很强的沟通能力。”

——某国内快速消费品企业销售总监

“现在很难找到和留住既有经验又敬业的现代渠道销售人员，自己培养已经来不及，也没有足够的资源……现在好像除了宝洁都缺人。”

——某跨国食品企业现代渠道客户经理

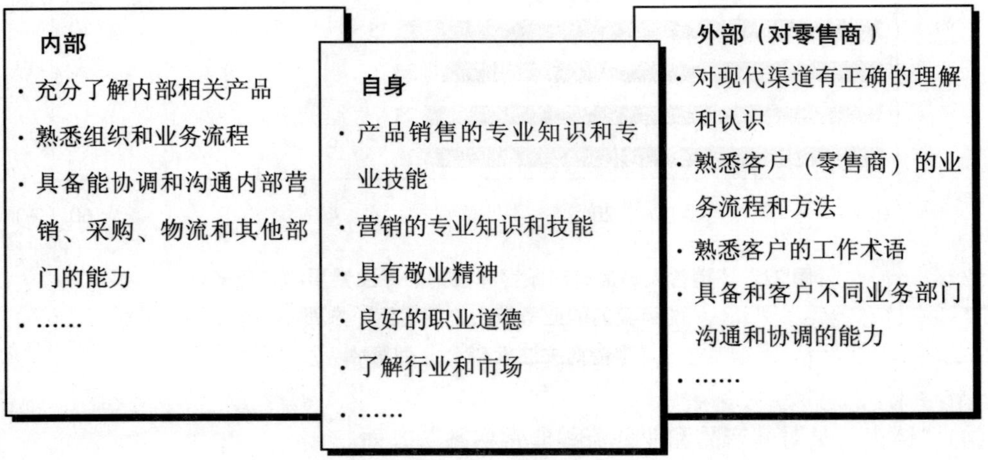

图 24 快速消费品企业现代渠道销售人员素质模型

4. 零售商评价十佳快速消费品企业——供应链管理

（1）“订单能够及时、足额、准确地交付”方面订单交付仍然是供应链管理领域零售商最关注的问题，快速消费品企业这方面的整体表现比2004年有所提升。零售商对订单交付的关注度下降，从另一个侧面反映了供应商订单交付能力的提升。

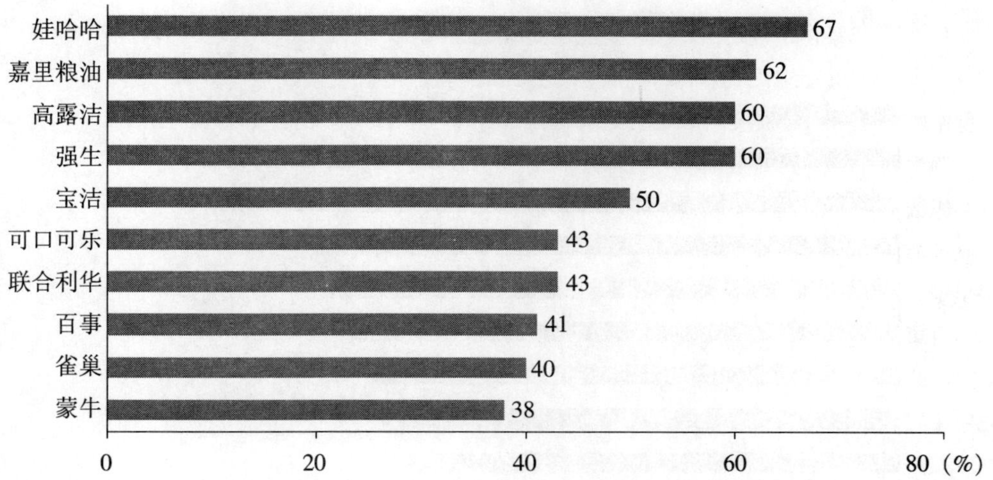

图25　“订单能够及时、足额、准确地交付”方面
（零售商关注度91%，列第5）

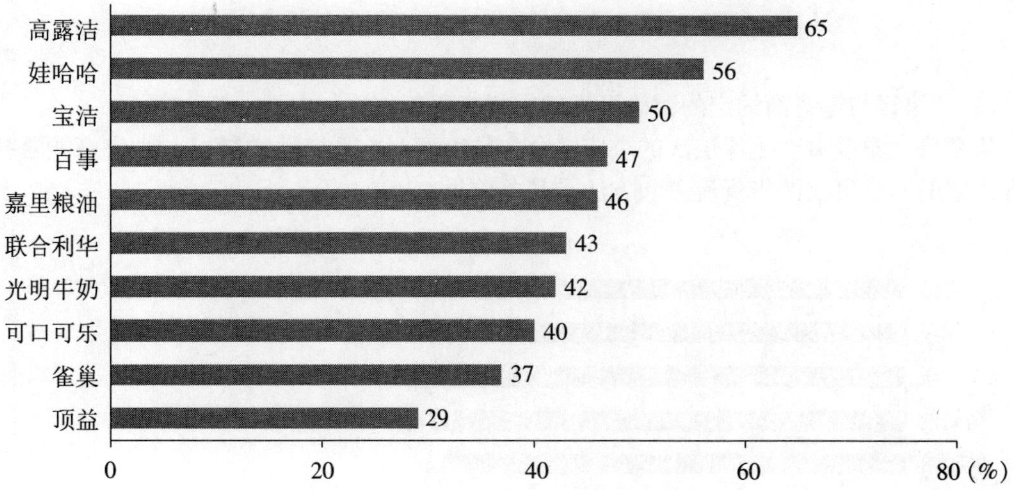

图26　“及时提供新品、价格变化和促销计划，做好订货预测”方面
（零售商关注度84%，列第12）

供应商应该了解影响订单及时、足额、准确交付的原因，进行自我检查，系统地从多方面进行提高和修正。影响原因主要有：零售商跨区域开店扩张，快速消费品企业的配送分销体系无法迅速提供完善的支持；旺季市场供需关系失衡，供应商的排产无法满足市场需求；供应商物流网络不够完善，物流能力低或物流资源不足；供应商预测市场变化能力低，生产经常滞后于市场需求，造成缺货；经销商的能力和态度问题；零售商方面更严格的要求或变化——例如订货频次过多、最小订货数过低、紧急订单频繁、不合理的收货时间和要求等。

(2)“及时提供新品、价格变化和促销计划，做好订货预测”方面

充分的信息交流和沟通是实现供应链管理合作的基础，快速消费品企业这方面的整体表现有大幅度的提高。

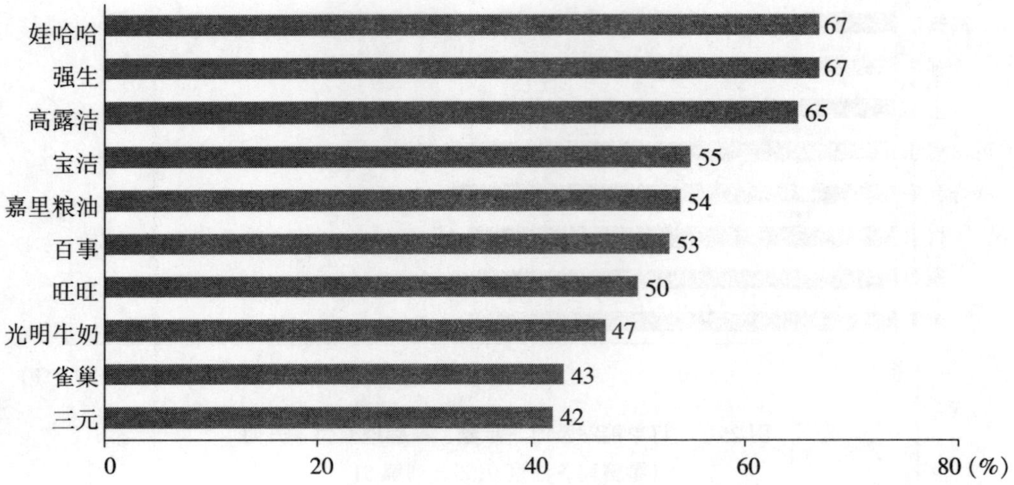

图27　“提供准确、及时、标准和完整的商品信息给零售商，实现商品信息的一致性和同步”方面
（零售商关注度84%，列第13）

(3)“执行与零售商约定的明确可靠的供货流程与方法”方面

从零售商角度看，更深层次的供应链合作是工商双方系统性的衔接，供应商能否执行双方约定的明确可靠的供货流程和方法是基本前提。

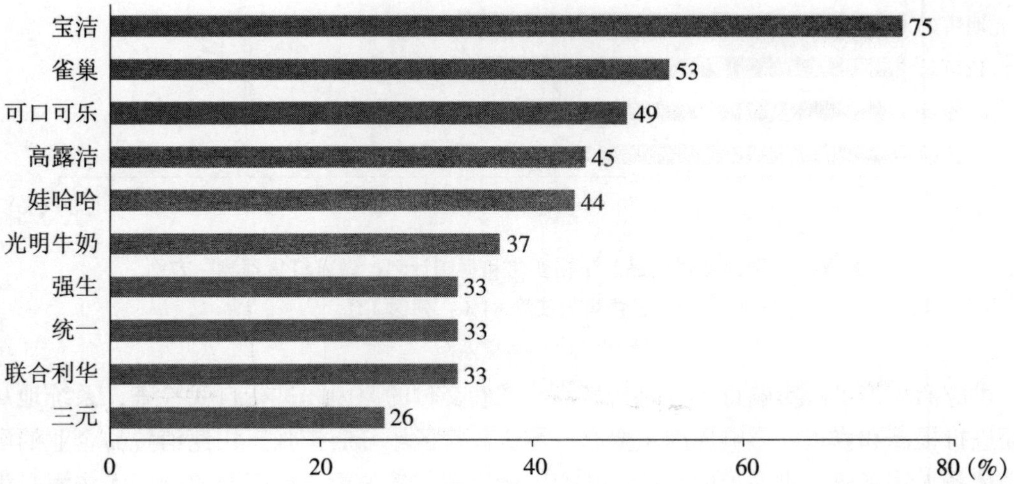

图28　“执行与零售商约定的明确可靠的供货流程与方法”方面
（零售商关注度86%，列第10）

供应商如果能够执行约定的供货流程和方法，有助于零售商：进行更准确的库存预测；提高收货效率，降低成本，减少退货；提高订单的准确度……

宝洁公司拥有合理清晰的客户分类方法，针对大客户制定了专门的供货流程和方法，并成立专门的客户服务团队，基于对客户和市场的研究，从 IT、营销、物流等多方面设计和改进供货流程和方法，定期地有针对性地进行客户培训和沟通。

(4)“协助零售商加快商品库存周转、降低货架缺货率”方面

零售商对供应链管理的综合指标的总体满意度水平偏低，工商双方在供应链合作上任重而道远。

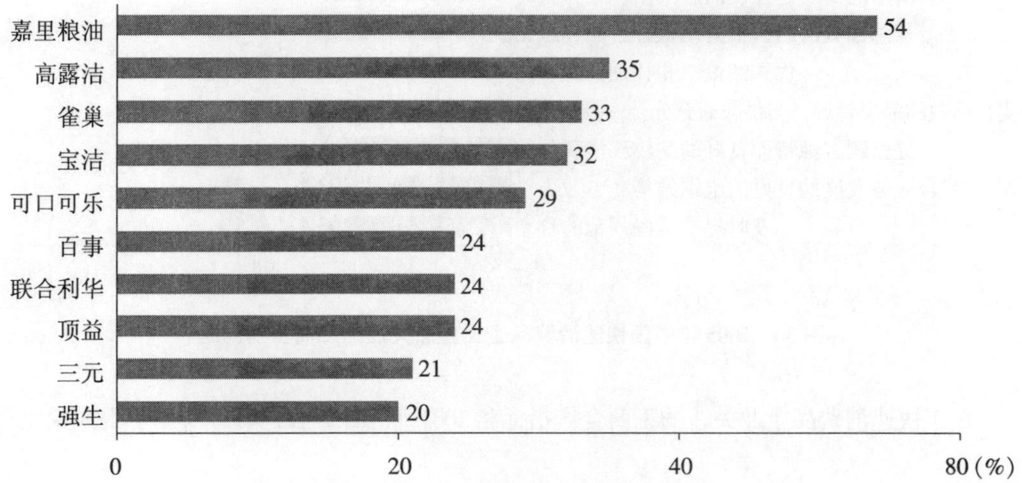

图 29　“协助零售商加快商品库存周转、降低货架缺货率”方面
(零售商关注度 88%，列第 9)

面对激烈的行业竞争，零售商对平效和成本更为敏感。提高库存周转率可帮助零售商降低成本，同时也是货架销售的效率的反映。降低缺货率不仅可以提高销售，同时可减少缺货对顾客满意度和忠诚度的影响。

四、零售商卷

(一) 快速消费品企业关注焦点

2005 年中国零售商和快速消费品企业工商协作研究中，中国的跨国快速消费品企业和本土快速消费品企业的高级管理人员对工商协作的 40 多项指标进行了评估。

快速消费品企业关注度超过 96% 的指标有 8 项，超过 93% 的有 7 项，分为零售商合作策略、前端管理和后台管理三个方面。

被调研的快速消费品零售企业被要求针对各个指标作出重要性评价（即：不相关/不重要/较不重要/一般重要/较为重要/非常重要），IBM 以选择“较为重要/非常重要”的问卷比例为该指标的被关注度。

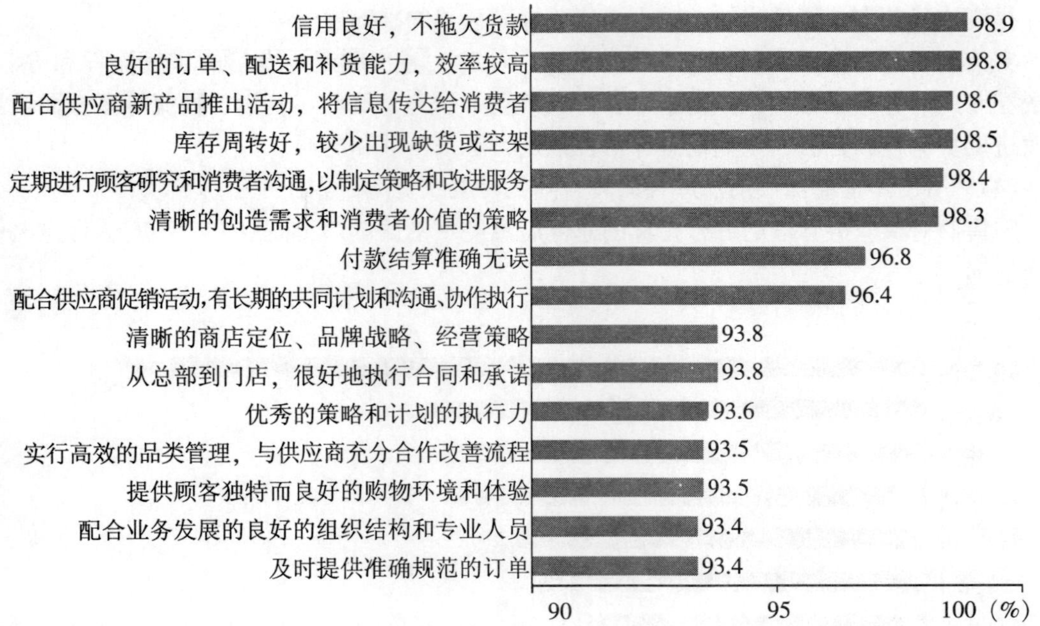

图30　2005年中国快速消费品企业重点关注的工商协作问题

2005年快速消费品企业关注的工商合作指标和2004年相比，在内容上发生了很大变化。

表2　　2005年和2004年最关注的工商合作指标对比前15项排名

指标描述	2005年排名	关注度	2004年排名	关注度	变化情况
信用良好，不拖欠货款	1	98.9	1	98	→
良好的订单、配送和补货能力，效率较高	2	98.8	>15	86	↑↑↑
配合供应商新产品推出活动，将信息传达给消费者	3	98.6	9	92	↑↑
库存周转好，较少出现缺货或空架	4	98.6	5	96	↑
定期进行顾客研究和消费者沟通，以制定策略和改进服务	5	98.4	>15	78	↑↑↑
清晰的创造需求和消费者价值的策略	6	98.4	15	88	↑↑
付款结算准确无误	7	96.8	1	98	↓↓
配合供应商促销活动，长期的共同计划和沟通、协作执行	8	96.6	>15	54	↑↑↑
清晰的商店定位、品牌战略、经营策略	9	93.8	—	—	
从总部到门店，很好地执行合同和承诺	10	93.8	>15	86	↑↑
优秀的策略和计划的执行力	11	93.6	—	—	
实行高效的品类管理，与供应商充分合作改善流程	12	93.5	—	—	
提供顾客独特而良好的购物环境和体验	13	93.5	>15	76	↑↑
配合业务发展的良好组织结构和专业人员	14	93.4	>15	78	↑↑
及时提供准确规范的订单	15	93.4	4	97↓↓↓	

表 3　　2004 年前 15 项关注指标中跌出 2005 年排名的指标

指标描述	2005 年排名	关注度	2004 年排名	关注度	变化情况
按规定要求收货并及时确认到货	17	91.5	4	97	↓↓
与制造商在价格策略方面配合，共同维护品牌形象和市场秩序	18	91.5	10	91	↓↓
业务人员具有高度敬业精神和职业道德	20	91.4	2	97	↓↓↓
保证商品质量，如包装、保质期并避免商品破损等	21	91.3	7	93	↓↓↓
有明确的供应商合作战略	22	89.5	3	97	↓↓↓
具备准确的 IT 系统支持，能提供及时详细的业务数据	34	87.0	12	89	↓↓↓
渠道费用总额比较合理	36	84.0	8	92	↓↓↓
共同制定未来计划，包括商品、品质和促销等	38	82.0	6	94	↓↓↓

1. 零售商意识到竞争力来自于自身运营能力和体系建设，工商双方的关注焦点从博弈走向协作

(1) 合作策略层面：

“业务人员具有高度敬业精神和职业道德”从上年的第二名跌出前 15 项，一方面说明零售商的员工总体素质有所提升，另外一方面说明目前零售商之间的竞争更加依赖于整体性、系统性能力之间的竞争。

“有明确的供应商合作战略”，“共同制定未来工作计划，包括商品、品质和促销”，这已经成为大部分零售商的共识，从博弈走向合作的大趋势日益清晰。如果谁忽视了今天与制造商的合作，明天注定被淘汰出局。

“渠道费用总额比较合理”跌出前 15 项说明，零售商注定成为商品流通价值链中最关键的环节——控制着终端，收取费用在目前的市场上已成为大势所趋，而只有少数大的品牌商，或占据某个品类优势的品牌商，或在一定区域市场拥有较多渠道资源的供货商拥有与零售商博弈的筹码。

一方面零售商的门店数量不断增加、拓展区域不断加大、配送中心不断建立、采购规模和能力不断提升，另一方面零售商不断侵入竞争对手的领地或被侵入，低价格策略是绝大多数零售商惟一注重和采取的竞争手段，“与制造商在价格策略方面配合，共同维护品牌形象和价格秩序”必然成为不可能完成的任务。

(2) 零售前端管理：基础层面的操作能力日趋改善和提升，如“按规定要求收货并及时确认到货”，“保证商品质量，如包装、保证期并避免商品破损等”这些工作已经成为各个零售商的日常工作和运营的标准。

(3) 零售后端管理：对“具备准确的 IT 系统支持，能够提供及时详细的业务数据”关注度显著下降，零售商通过对 IT 系统的持续投入和应用，目前的确可以满足日常运作管理的基本需求，但是绝大部分零售商尚未开始利用商业智能分析来指导经营计划。充分利用 ECR 和 CPFR 的理念来与制造商共同挖掘供应链的潜力，才是持久制胜之道。

2. 快速消费品企业满意度排名

虽然零售商开始重视与快速消费品企业的合作及提升自身运营管理能力，但依然是任重而道远。

通过对最为关注的 15 项指标的满意度比较发现，2005 年的整体满意度只有 37.8%，相比上年的 39.6%不升反降，令人担忧。涉及到合作策略、前端管理和后台管理的诸多重点关注指标中都没有表现特别突出的指标，整体看合作中问题较大。

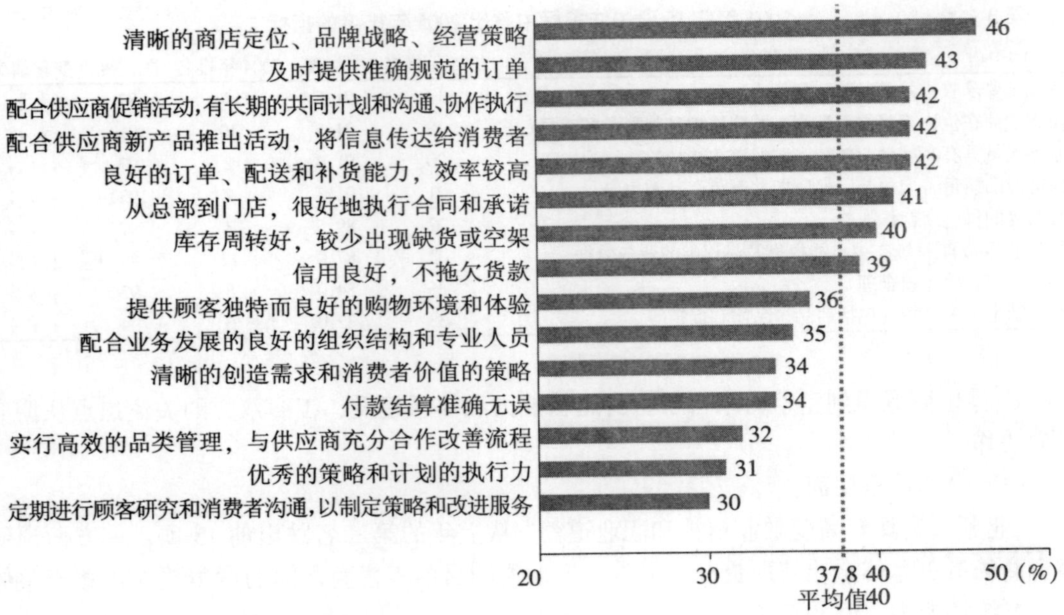

图 31　快速消费品企业最为关注的 15 项指标的满意度排名

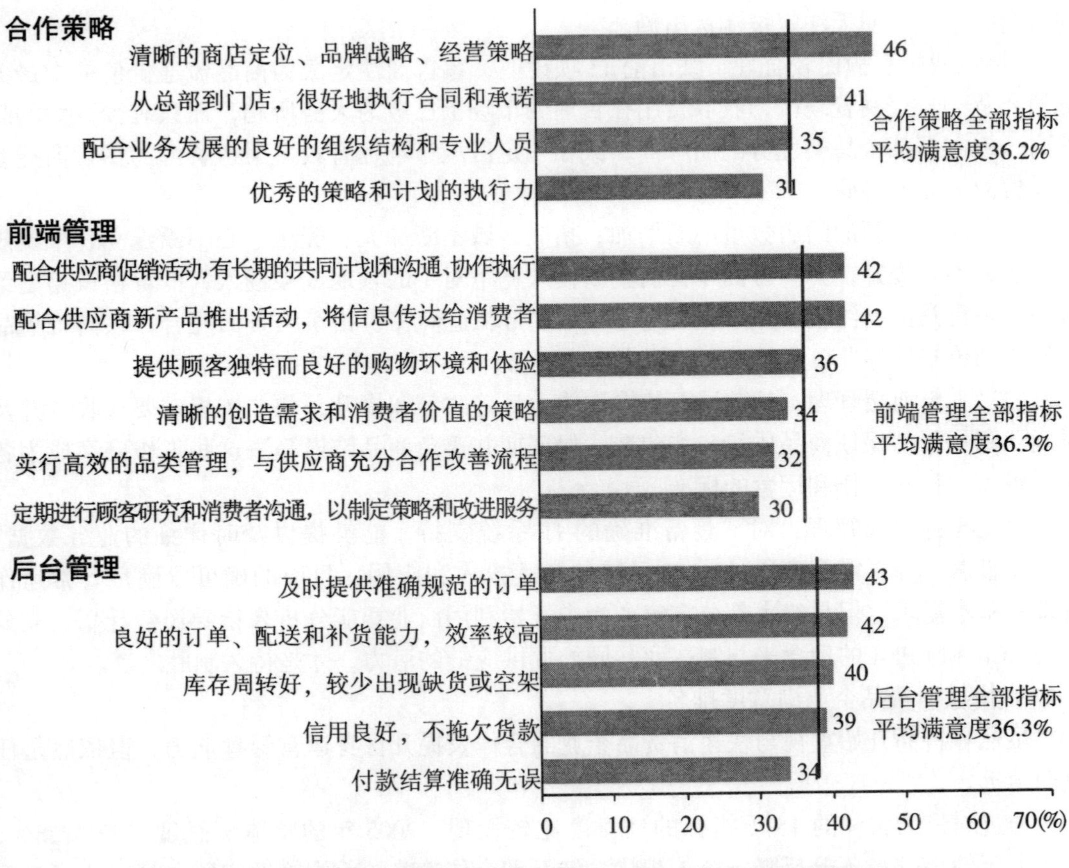

图 32　2005 年快速消费品企业对重点关注的工商合作指标的满意度

从零售商的合作策略、前端管理和后台管理三个层面看，各个满意度指标均值非常接近，都没有什么突出的表现，所以零售商未来的提升必将是全方位的。

（二）2005年研究总体发现和建议

1.2005年与2004年比较，快速消费品企业的关注点有所不同。

（1）零售商的信用和付款永远是双方合作的基石。

（2）零售商提升自身运营管理能力和与制造商协同提升供应链效率必须并重。订货、补货、库存管理是零售企业运营管理的最基本要求，涉及到双方日常紧密运营合作的各个环节，目前仍然是零售商的薄弱环节之一，而零售商提升自身运营管理能力和与制造商协同提升供应链效率是解决问题的根本之道。

（3）零售商必须更加关注和取悦消费者，才能够建立其忠诚度。消费者的需要已经从单一变得复杂，从外在单一价值走向个人综合购物体验及多维度需要，零售商为取悦消费者必须付出更多的努力。

（4）零售商的定位策略、品牌策略等竞争策略将决定其未来。随着众多现代零售业态和全球零售商进入中国市场，零售商越来越需要从之前的混沌中想清楚自己到底来自哪里、走向何方，制定清晰的定位策略、品牌策略、竞争策略将决定其未来的发展。

（5）零售商的管理模式和执行力成为影响合作和业绩的关键因素。零售商迅速拓展和全国布局之后，总部 vs 门店，集权 vs 分权，统一 vs 灵活，不同管理模式的选择和优劣势直接影响到快速消费品企业与之合作的可能，以及合作后双方的业绩。

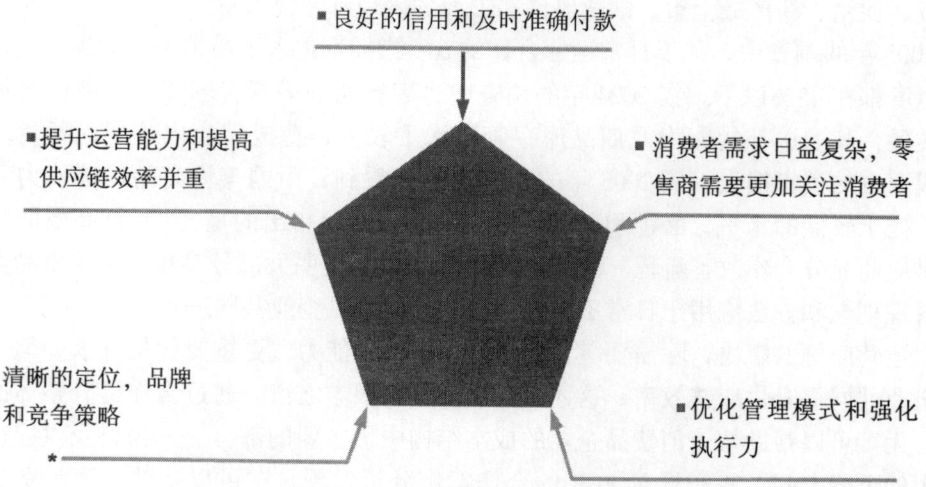

图33　2005年快速消费品企业的关注点

2.2005年研究的关键发现和建议

（1）零售商信用和付款。无论如何，零售商必须保证其良好的信用和及时准确付款，这是任何业务合作的基石；在连续三年的调查中，它都是快速消费品企业最为关注的指标。

据2004年AC尼尔森的调查，大卖场仍然高速增长，但是其单店销售额已经下降，之前零售商开店即大赚的好日子已经一去不复返了。部分零售商还存在寄希望于利用门店收入的持续现金流和对上游供货商的压款来进入其他暴利行业投资的想法，但是随着零售门店经营业绩的下滑和国家对宏观经济的调控，各个所谓暴利行业的逐利空间不断缩小，资金链的断裂可能成为这部分零售商梦魇的开始，于是就不断重复着一些零售商关门和溜之大吉的案例。

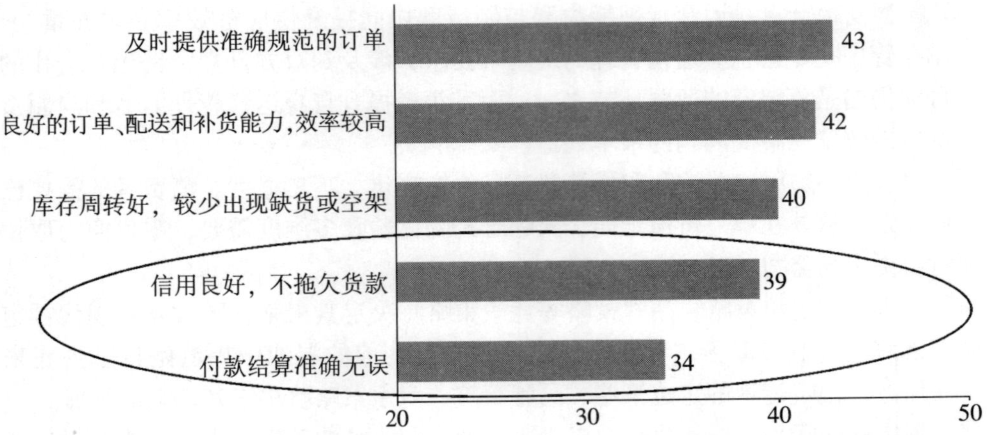

图34　“信用良好，不拖欠货款”和“付款结算准确无误”方面的满意度

（2）日常运营合作问题。日常运营层面的合作问题依然层出不穷，零售商在订单、配送和补货、促销、新产品上市、缺货等诸多方面的表现都差强人意。

在2005年的调查中，关于日常运营合作的6项指标都进入了最被关注的领域，而且其中的满意度都在43%以下。在2004年的调查中，零售商的运营管理能力就被快速消费品企业所质疑，其配送补货能力及商品库存管理水平较差，造成门店内缺货、断货现象严重，造成双方的销售损失。从2005年的调查中可以看到，中国零售商的运营能力和库存管理仍然处于较低的水平，必须引起高度重视。尤其需要指出的是，“实行高效的品类管理，与供应商充分合作改善流程”的满意度只有32%，说明大部分零售商尚未将品类管理等先进管理理念和方法应用于日常工作，并与快速消费品企业共同进步。

日常运营问题的解决，除需要零售商提升运营管理能力，更重要的是寻求如何与快速消费品企业共同提升供应链效率，这才是解决问题的根本之道。通过合作提升整体的供应链效率，无疑可以帮助快速消费品企业的成本结构中最主要的部分——物料及供应链成本找到巨大的下降空间。我们针对ECR的合作案例分析发现，这可以帮助快速消费品企业和零售商获得相当于零售价格5%的收益，而目前国内零售商的平均净利润只有1%～2%的水平，通过提升供应链效益远比获得通道费用有更为广阔的空间和更为持久的收益。

（3）消费者体验。现在和将来，零售商必须更加关注和满足消费者，因为消费者要求日趋复杂，已经从单一需要走向对整体的个人体验的追求。零售商对于消费者的认识，需要最高层的重视，持续不断的投入，建立有效的沟通渠道，获得源源不断的消费者数据，商业智能系统的有效利用，才可能实现针对消费者的高效率分析。否则“真正关注消费

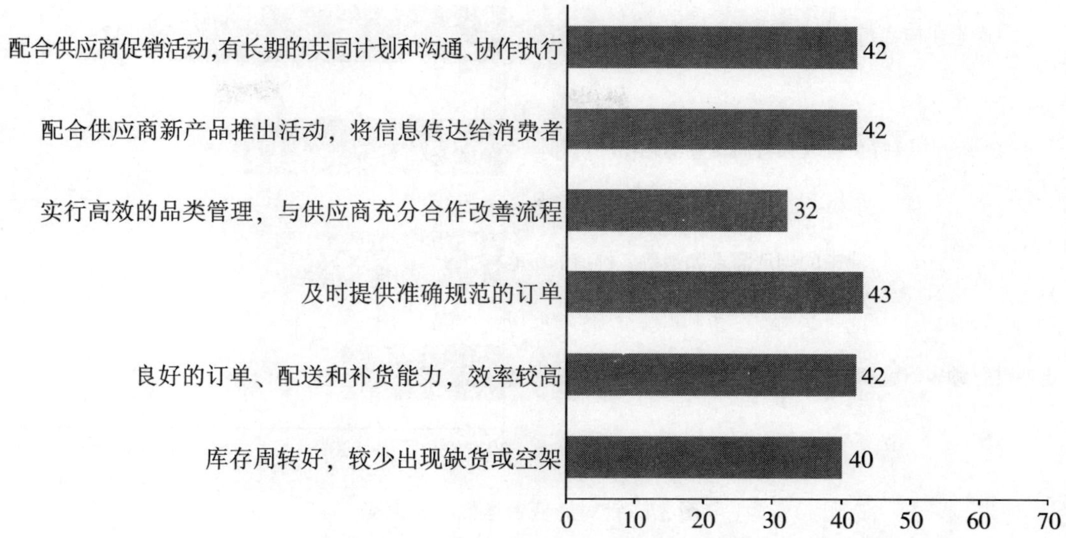

图 35　针对日常运营层面的 6 项指标的满意度

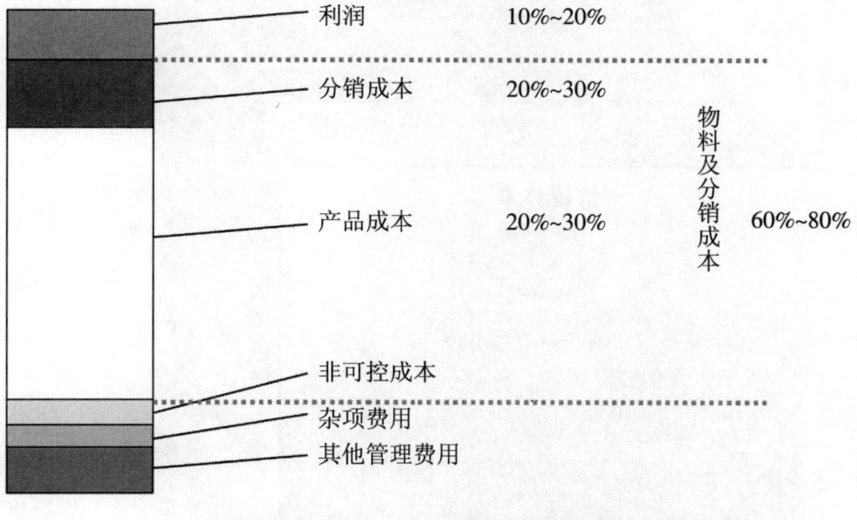

图 36　某快速消费品产品的成本和利润占比示例

者”和“顾客就是我们的上帝”就永远是口号，“了解消费者”只能是痴人说梦，“让消费者满意”无异于自欺欺人。

零售商必须意识到，原有的竞争优势会很快速地被蚕食，要维持增长，零售商必须比竞争对手行动得更早——对日益复杂化的消费者需要更加深入的了解。所以，零售商必须注重对消费者需求的多维度洞察，才可以真正赢得消费者的心。

消费者人群的结构已经从原先的“井型”转变为“钟型”，单一的产品很难得到大部分消费人群的一致认同。零售商必须了解消费者需求和消费习惯的变化趋势。而消费者需求的变化，不单单体现在原来的商品本身的价值，而是包含购物体验、个人情感等多维度的“全面价值体系”。

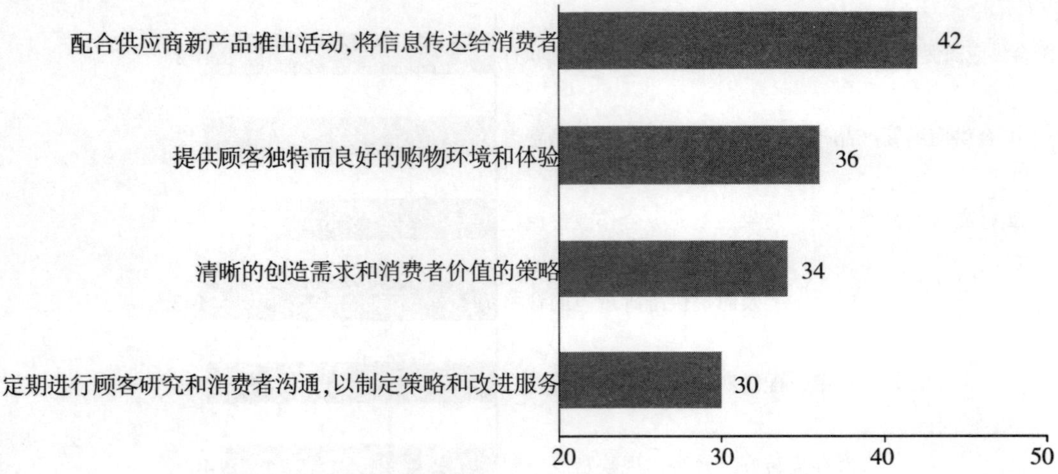

图37 针对消费者指标的满意度

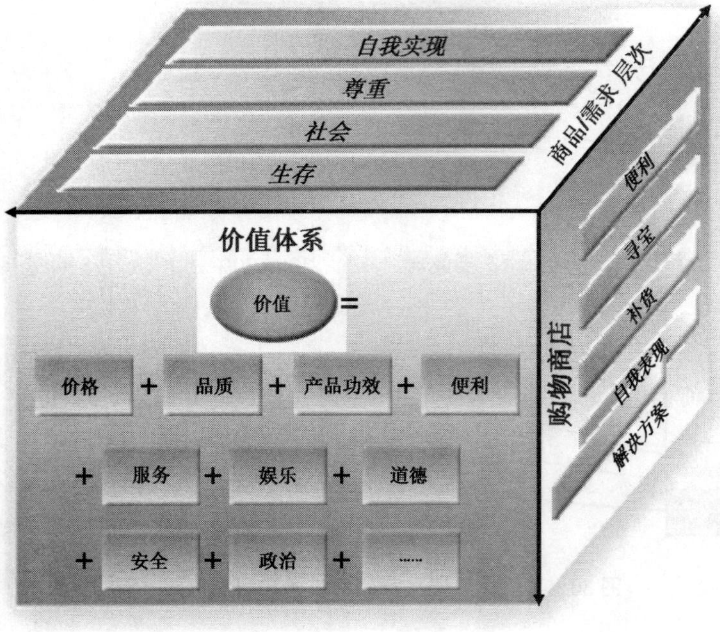

图38 消费者价值体系多维度模型

(4) 零售商的策略。随着零售商的快速扩张和全国布局，日趋激烈的竞争使得各个零售商都要重新考虑定位、竞争策略及如何管理不同业态和不同区域市场的门店。零售商合作战略的四个指标的整体满意度是调研三个层面里最低的，只有36.2%。

2005年快速消费品企业针对合作战略的关注点已经从2004年注重双方面的“共同业务计划，业务回顾”，“人员的职业道德和敬业精神”，“了解供应商的业务策略”等，全面转向了零售商自身是否具备战略层面的考量，如零售商“清晰的商店定位、品牌策略、经营策略”，“优秀的策略和计划的执行力”。同时零售商的门店数量不断增加，必然对其管理模式和组织架构设计提出新的要求。

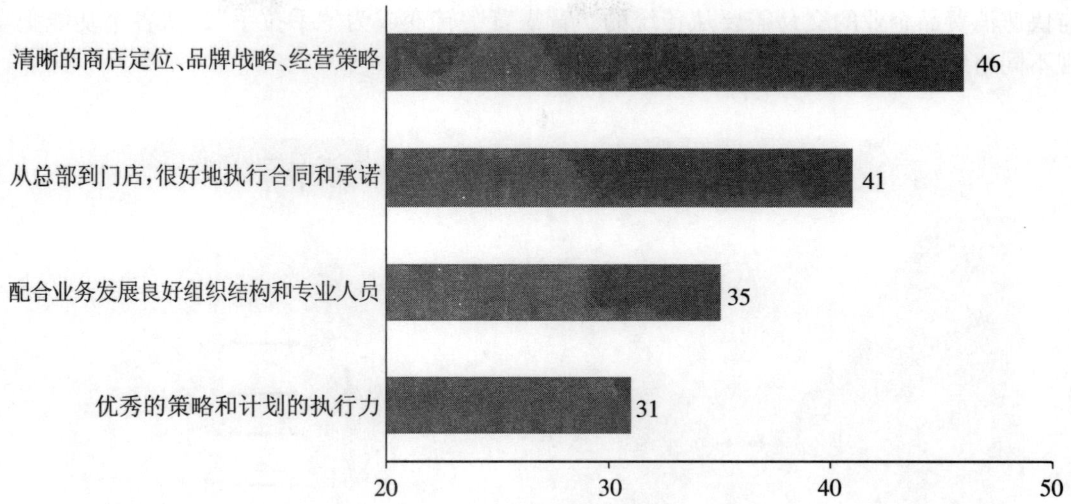

图 39 合作战略满意度排名

零售企业的战略选择必定是自上而下的，零售商必须在业态定位、市场选择、竞争策略……作出自己的抉择，否则市场会对其作出优胜劣汰的选择。

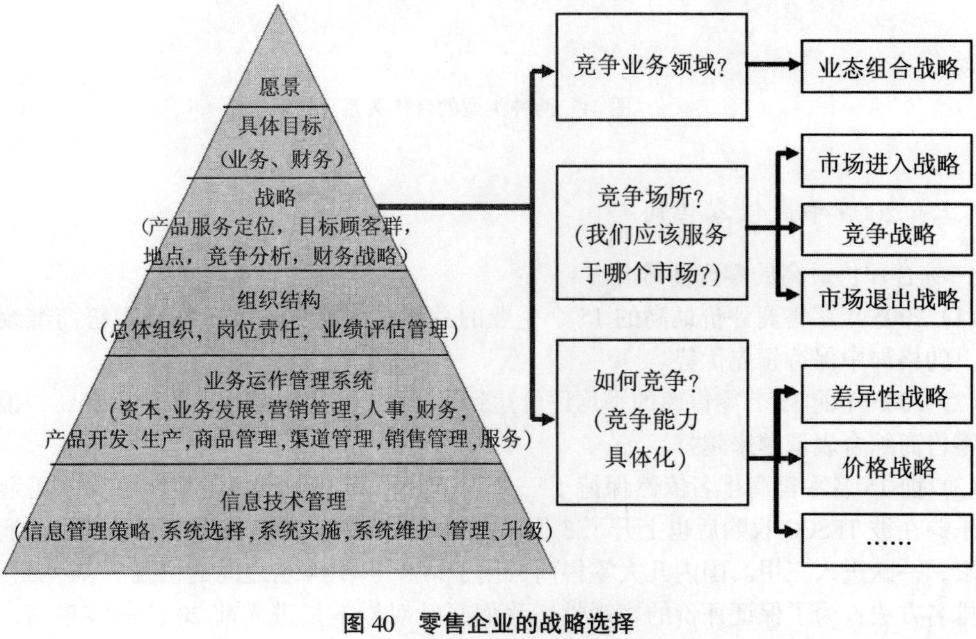

图 40 零售企业的战略选择

(5) 零售商的组织和管理模式。目前零售商内部组织的障碍导致零售商不能快速反应和调整去满足消费者的要求。

快速消费品企业与零售商的合作始于合同及商业条款的谈判、付款和结算方式，促销活动的安排、日常运作的沟通和维护等等，所有这些都首先依赖于零售商的组织架构设计、管理模式、团队保证与快速消费品企业保持一致、稳定、高效、持续的沟通。零售商与快速消费品企业的交易需要从传统的“背靠背”转变成为“手拉手”，从各个功能上实现不同组织架构的对接、沟通与高效合作。

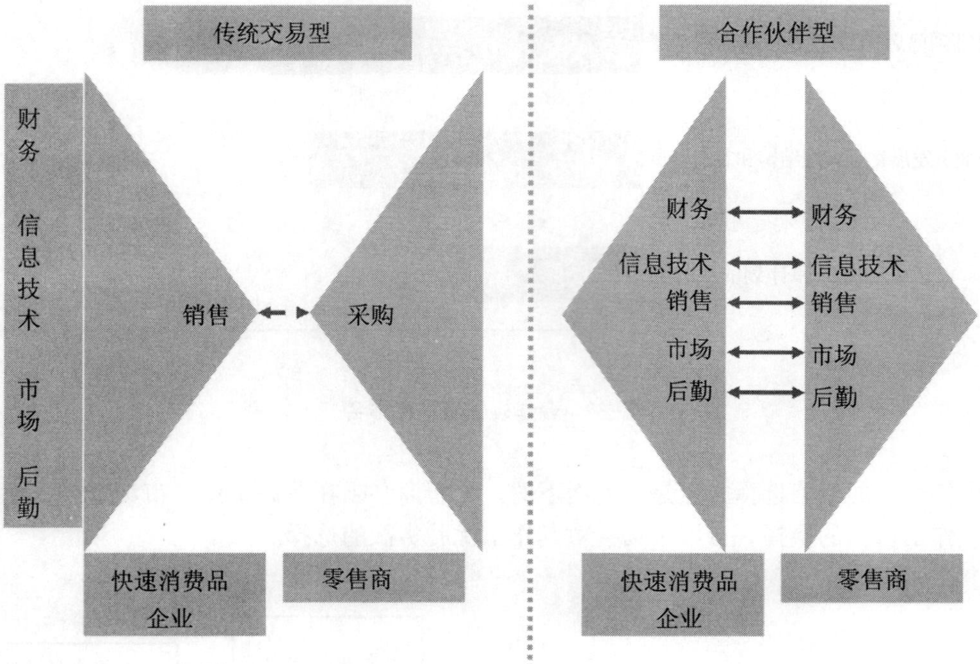

图41　两种类型的合作关系

（三）2005年最佳零售商

1. 综合评价最高的零售商排名

（1）2005年零售商评价最高的15个企业的总体结构变化不大，外资零售商继续在三分天下的格局中保持领先优势。

（2）2005年前15名零售商的平均评价达到了3.97，比2004年上升了近10%，说明领先的零售商综合表现越来越好。

（3）前15名零售商排名依然保持了三分天下的格局，全球知名零售商沃尔玛继续领先，乐购在被TESCO收购后也上升了3位，占据榜眼位置，排名仅次于沃尔玛，大润发表现抢眼，一跃进入三甲。国内几大零售商占据了第8至第14名之间的位置。

排名方法：为了保证评价的客观性，我们只针对样本量进入前20位的零售商，依据其得分的算术平均数进行排名。

2. 合作最紧密的零售商排名

合作紧密度是门店数量、覆盖区域及快速消费品企业对其满意度的综合体现。全国性的跨国零售商在紧密度中同样优势明显，家乐福、沃尔玛、麦德龙占据了前三位，虽然家

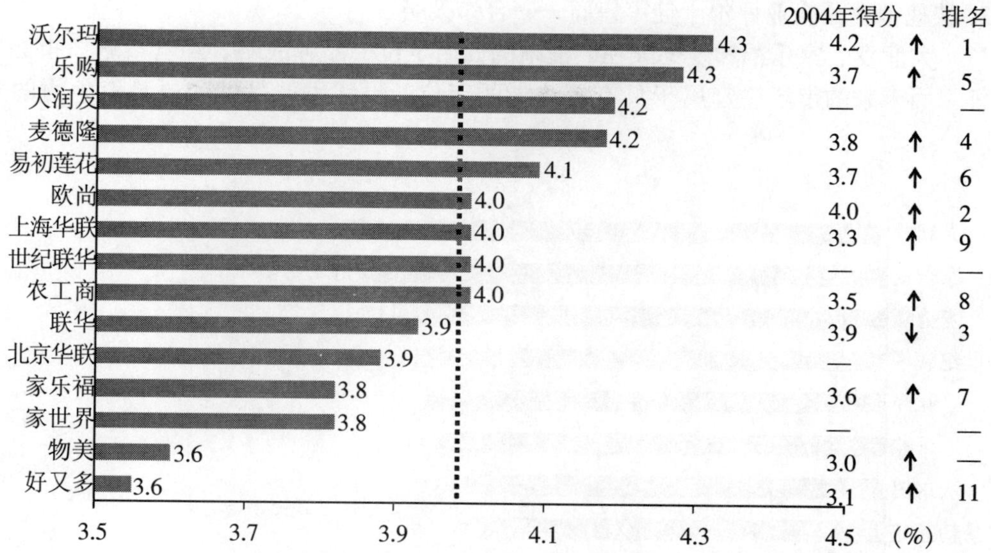

图 42　2005 年快速消费品企业综合评价最高的 15 个零售商

乐福的综合评价排名不佳，但是其紧密度排名第一，达到 80%，这是因为其拥有遍布全国的 62 家门店，最高的单店营业额，“更会在中国市场做生意”的声誉。

外资及合资的零售商总体评分在 47%以上，而内资零售商则逊色很多。虽然内资零售商的门店数量不比外资少，而且是多业态发展，但是快速消费品企业对其满意度仍然较低。

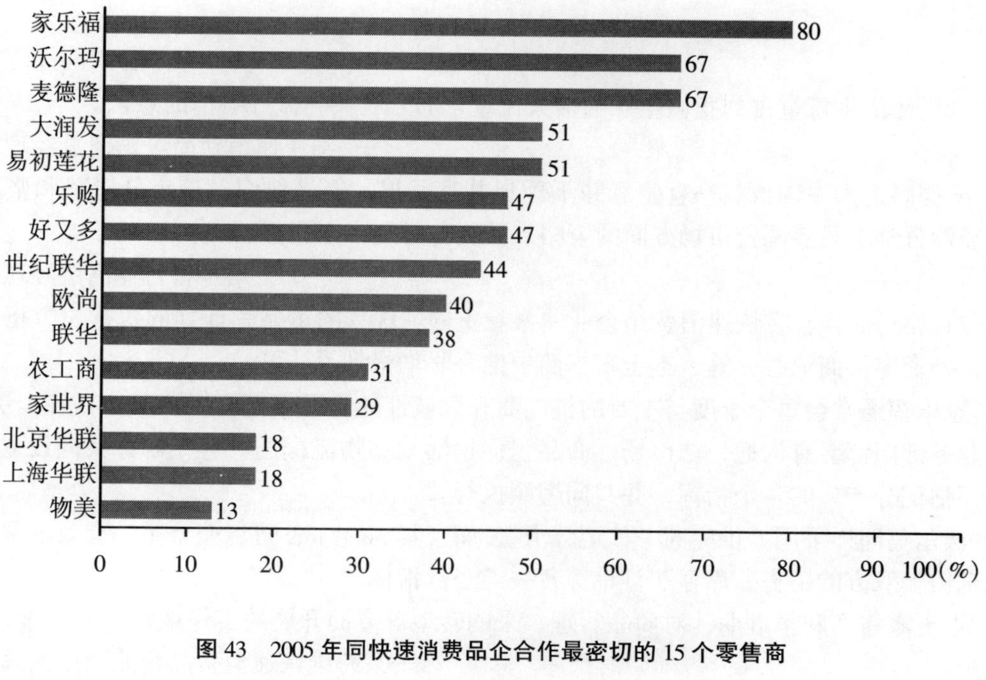

图 43　2005 年同快速消费品企合作最密切的 15 个零售商

3. 快速消费品企业评价十佳零售商——合作策略

（1）大润发、家乐福和麦德隆在“清晰的商店定位、品牌战略、经营策略”指标上评价最好，而未来的市场注定属于具有更清晰的定位、更优秀的品牌和更具竞争力的零售商。

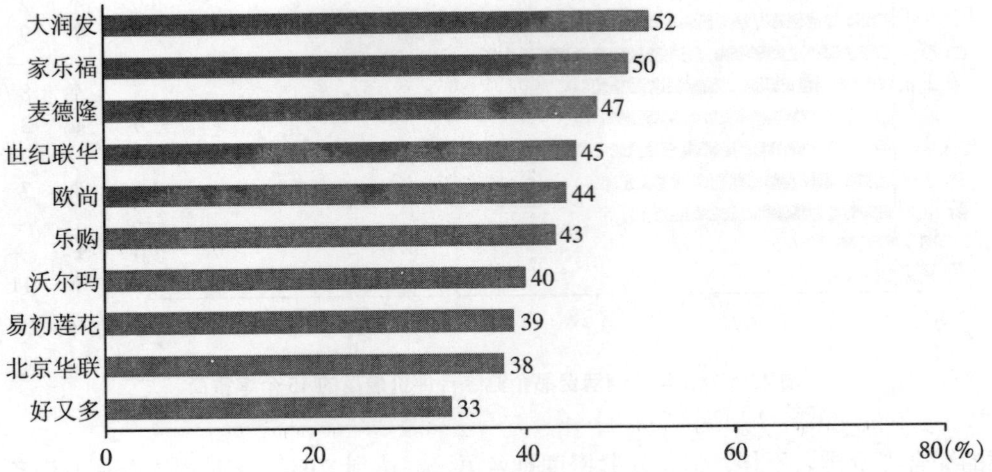

图44 “清晰的商店定位、品牌战略、经营策略”方面
（零售商关注度93%，列第10）

“大润发非常了解消费者目前需要什么，而且在整个商品价格方面千方百计地去满足消费者。他们做生意很厉害，所采用的商品管理系统也非常出色，可以提供很好的销售分析支持。”

——某零售采购经理

“家乐福的生意量占到我们生意的很大比重，而且有共同做好事情的意识。”

——某快速消费品经销商总经理

“麦德隆进入中国虽然一直生意并不理想并且亏损，但是他们一直十分清楚和坚持他们的经营哲学。只要调整市场方面的策略，其坚持必定带来回报。”

——某零售行业高层经理

（2）相对而言，在快速消费品企业非常看重的“优秀的策略和计划的执行力”指标评比中，外资零售商更胜一筹，本土零售商中惟有联华得到了认可。

“家乐福通常会每个季度与主要的供应商开区域性的沟通交流会议，双方在各个层面、各个业务部门都会有沟通，如市场、商品、促销活动、物流配送等等；双方共同设立‘供应商评估记分卡’的各个指标，并共同遵照执行。”

“沃尔玛同样采用‘供应商考核记分卡’，而且其 retail link 可以非常主动有效地帮助时时刻刻监督双方的销售、库存、订单等各关键经营指标。”

“本土零售商联华近期针对商品管理、采购转型等方面开展的工作很好。”

——某跨国快速消费品企业大区经理

（3）在“配合业务发展良好的组织结构和专业人员”这项指标的评价上，国际零售三

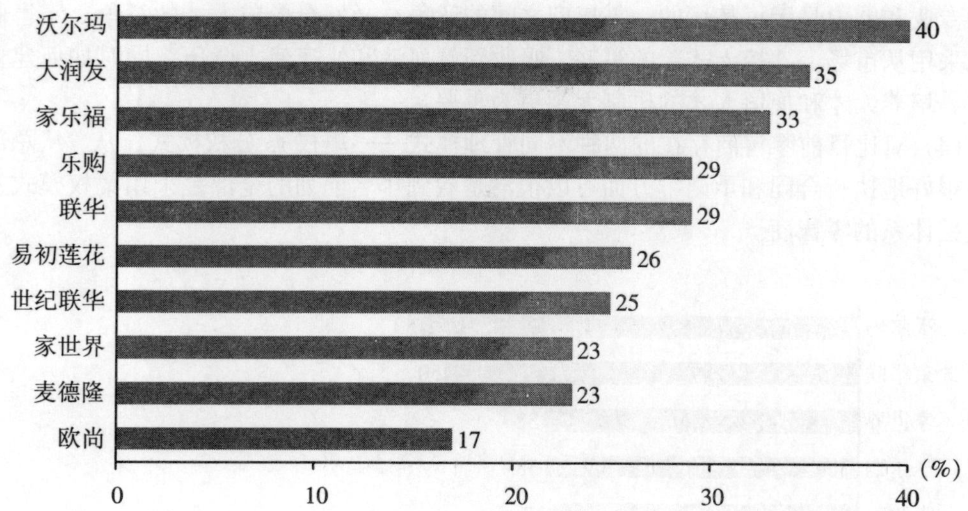

图 45 “优秀的策略和计划的执行力”方面

（零售商关注度 93%，列第 11）

大巨头占据了前三名，本土零售商只有世纪联华、联华和上海华联榜上有名。

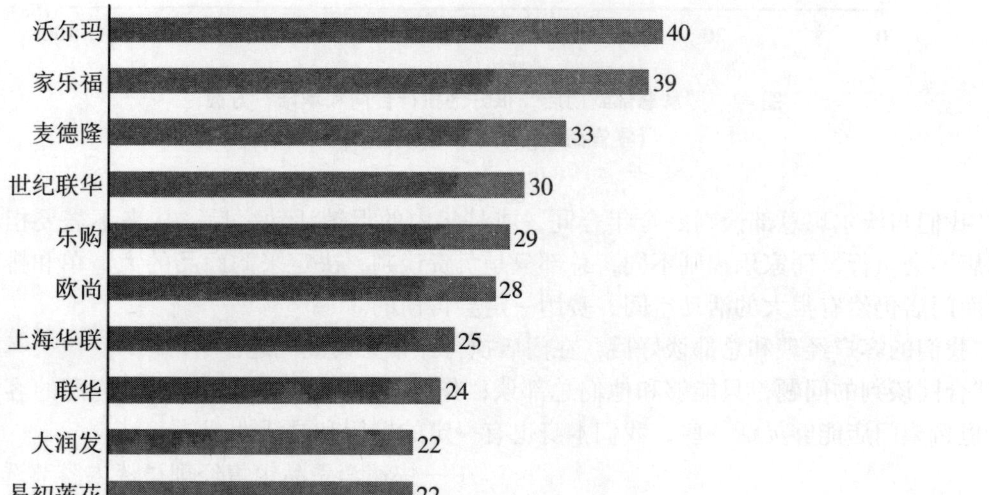

图 46 “配合业务发展良好的组织结构和专业人员”方面

（零售商关注度 93%，列第 15）

零售企业内部组织的障碍往往会导致零售商不能快速反应和及时调整去满足消费者的需求，不能随时基于市场上的千变万化走上转型之路。要实现“以消费者为中心”运作模式，零售商在企业组织模式及运行模式内的所有关键领域都能够做到一体化运作。

零售行业作为劳动力密集型行业，需要通过员工面对面地服务于每个消费者，所以人员的专业和能力是无可替代的；零售商之间的竞争，必然会形成人才的竞争。零售商虽然可以采用从市场上“挖人才”的策略，吸收新鲜血液和快速建立队伍，同时如何建立招聘人才、培养人才和挽留人才的机制无疑更为重要。

(4) 对比目前零售商存在的两种不同管理模式——集权 vs 分权模式，从“从总部到门店，很好地执行合同和承诺”方面可以很清楚看到排名前列的全部是采用集权模式及有良好监控体系的零售商。

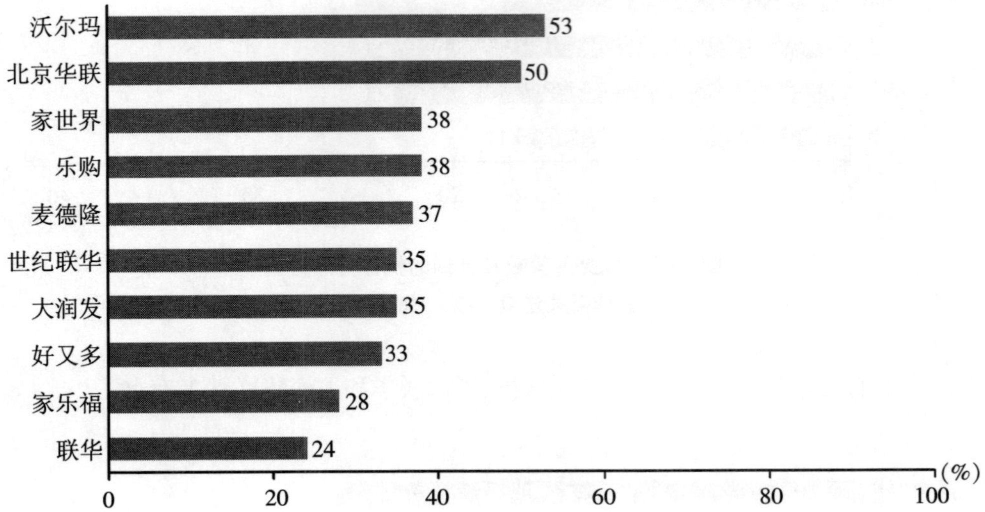

图 47　“从总部到门店，很好地执行合同和承诺”方面

(零售商关注度 93%，列第 9)

“我们与沃尔玛总部谈判好全年合同，或是年中的促销活动之后，从来不需要担心各个门店不会执行；而家乐福则不同，总部只是负责谈判，决定采购商品的大清单和排面参考，而门店仍然有很大的活动空间，费用一定会再谈的。”

“我们的客户经理和总部谈好后，在门店执行经常会碰到问题。”

“合同谈判的问题，只能够和他们总部谈；作为负责区域或某个城市零售商的客户经理，也希望门店能够灵活一些，我们本身也有一定的费用和灵活性。”

——快速消费品销售经理访谈内容节选

零售商和快速消费品企业必然面对如何在总部和区域/门店之间取舍一致协同性还是灵活性，往往不同层面的管理人员存在不同的认识和要求。

4. 快速消费品企业评价十佳零售商——前端管理

(1) 针对消费者的两项指标“定期进行顾客研究和消费者沟通，以制定策略和改进服务”和“清晰的创造需求和消费者价值的策略”，沃尔玛和大润发分列第一。沃尔玛在各个门店和总部都有与消费者沟通的渠道，并一贯高度重视消费者研究；大润发通过对消费者需求的准确把握，利用匹配的商品和价格策略，有效的 DM 促销等手段牢牢抓住了消费者。

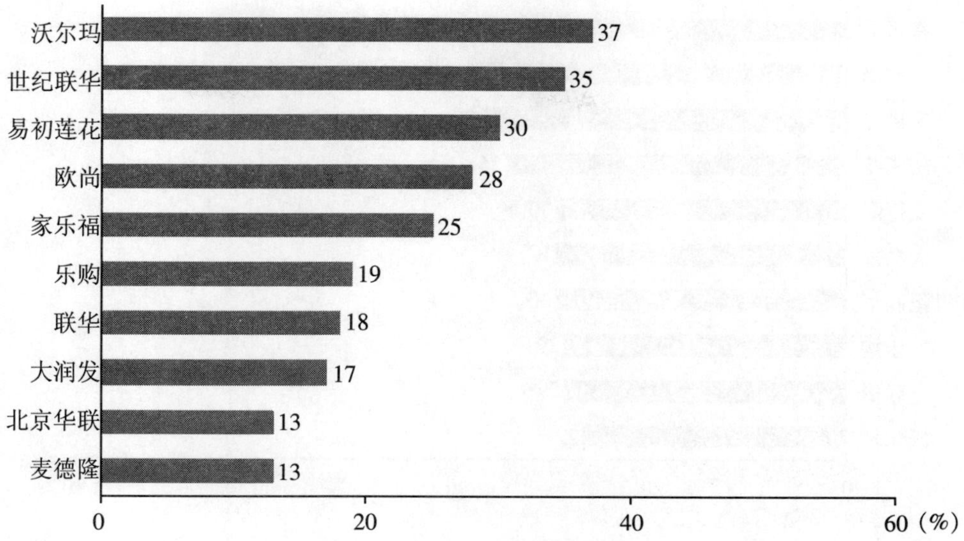

图 48　“定期进行顾客研究和消费者沟通，以制定策略和改进服务”方面
（零售商关注度 98%，列第 5）

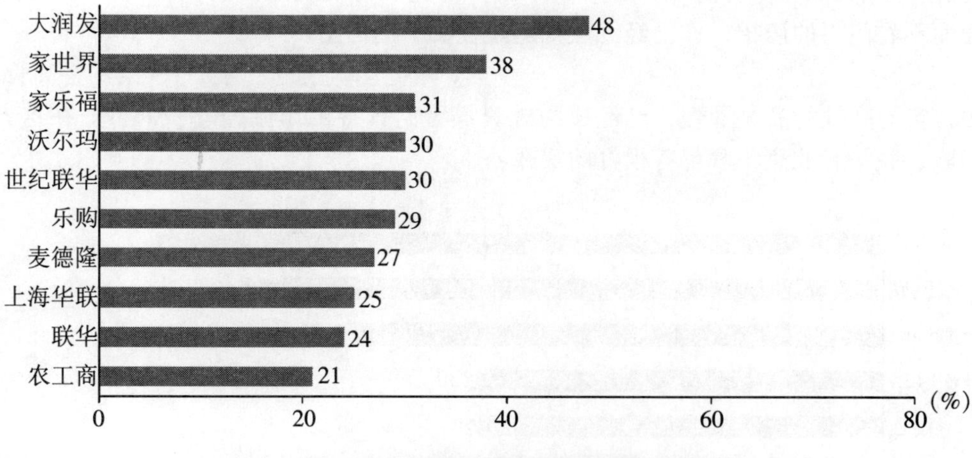

图 49　“清晰的创造需求和消费者价值的策略”方面
（零售商关注度 98%，列第 6）

（2）“提供顾客独特而良好的购物环境和体验”中，家乐福表现最佳，它一贯重视店面的综合改造和投入，引领潮流变化和取悦消费者。

家乐福最佳实践介绍

• 门店设计：趋向于百货商店，通道更为宽敞，灯光更为明亮，标识更为清晰，不同区域的货架具有针对性。

• 商品陈列：注重从上到下的整体排面设计，视觉冲击效果好。

• 服装和化妆品：引进品牌专柜，辅以专区设计，提升商品视效。

• 生鲜食品：不同颜色分属不同类别商品，灯光和敞开式设计相互配合。

• 商品促销：根据不同时期的主题安排促销活动，进行促销区域商品选择和陈列。

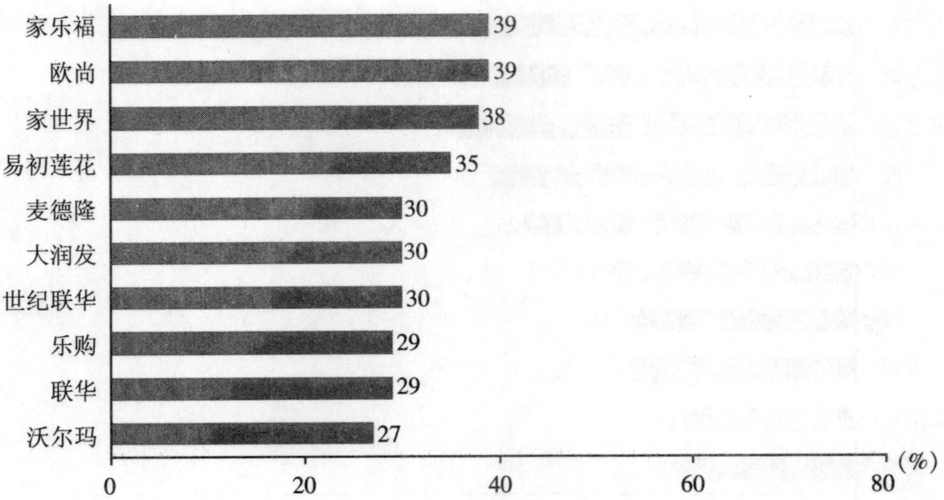

图 50 "提供顾客独特而良好的购物环境和体验"方面
(零售商关注度 93%，列第 13)

"国内的绝大部分零售商都在学习家乐福，首先学习的就是其店面，所以如果站在商场里面而不看门口的店招，你已经无法知道是在哪个门店了。"

——某零售高管

(3) 实行高效的品类管理，已经成为外资零售商日常工作流程的一部分。在这方面，上海华联、联华和北京华联都有很好的实践。

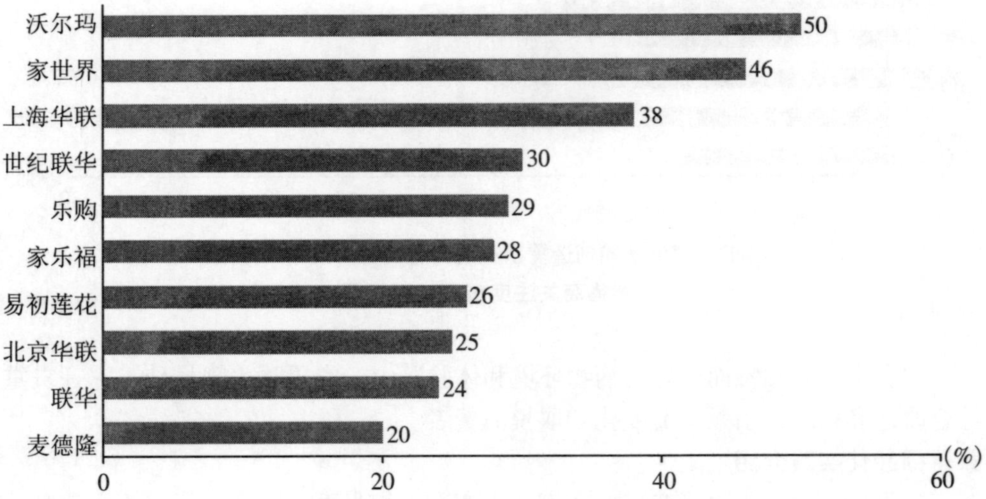

图 51 "实行高效的品类管理，与供应商充分合作改善流程"方面
(零售商关注度 93%，列第 10)

最佳实践

• 在品类管理方面，上海华联对品类优化、货架管理和商品组合配置进行了积极的探索，2000年其与宝洁进行的品类管理项目取得了良好的效果，这些都使得其采购管理和门店管理整体水平持续提升。

• 对于零售商来说，品类管理是体现高流转率的具体支撑手段并能够优化商品结构。根据沃尔玛与宝洁之前的合作显示，沃尔玛的销售额上升了32．5%，库存下降了46%，周转速度提高了11%。

• 国内零售商家世界和宝洁公司合作的“高效品类管理”案例，曾在2004年第七届亚洲ECR大会上作为成功案例与众企业分享。

（4）在“配合供应商促销活动，共同计划和沟通、协作执行”和“配合供应商新产品推出活动，将信息传达给消费者”两项指标中，国内的零售商获得了较好的评价。

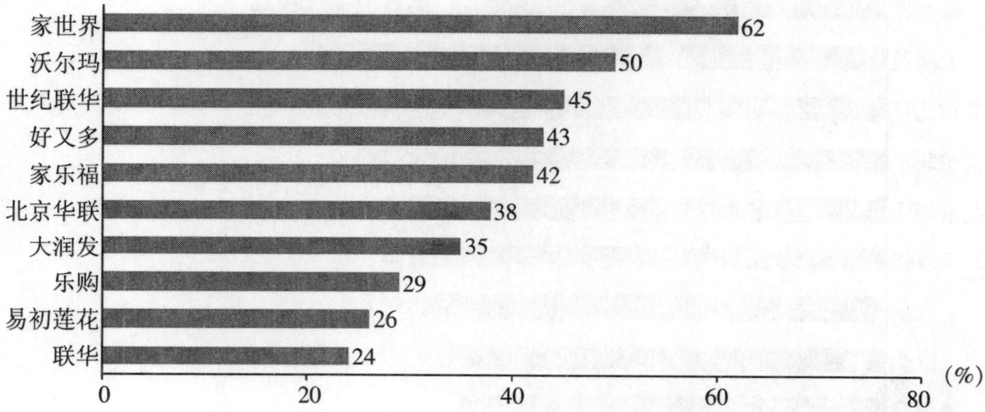

图52 “配合供应商促销活动，共同计划和沟通、协作执行”方面
（零售商关注度96%，列第8）

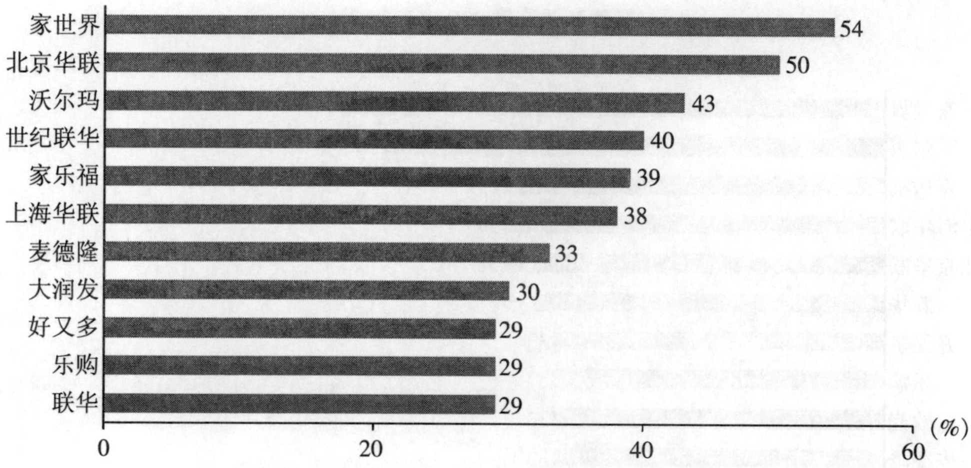

图53 “配合供应商新产品推出活动，将信息传达给消费者”方面
（零售商关注度98%，列第3）

“与家乐福等外资超市沟通促销活动计划时，他们往往要求独家的或第一档期；而国

内的零售商比较配合，因为我们的品牌号召力也很强，能够帮助他们提高销售。”

——某知名品牌快速消费品企业销售经理

5. 快速消费品企业评价十佳零售商——后端管理

(1) 在“及时提供准确规范的订单”和“良好的订单、配送和补货能力，效率较高”中，沃尔玛和家世界评分高出一筹。家世界从2001年推广使用“家世界网上供应链管理系统”，一方面帮助自身提升管理水平，细化及时信息的掌握和库存水平；另一方面，供应商通过及时了解门店销售，帮助监督商品库存，以节约供货和运输等成本。

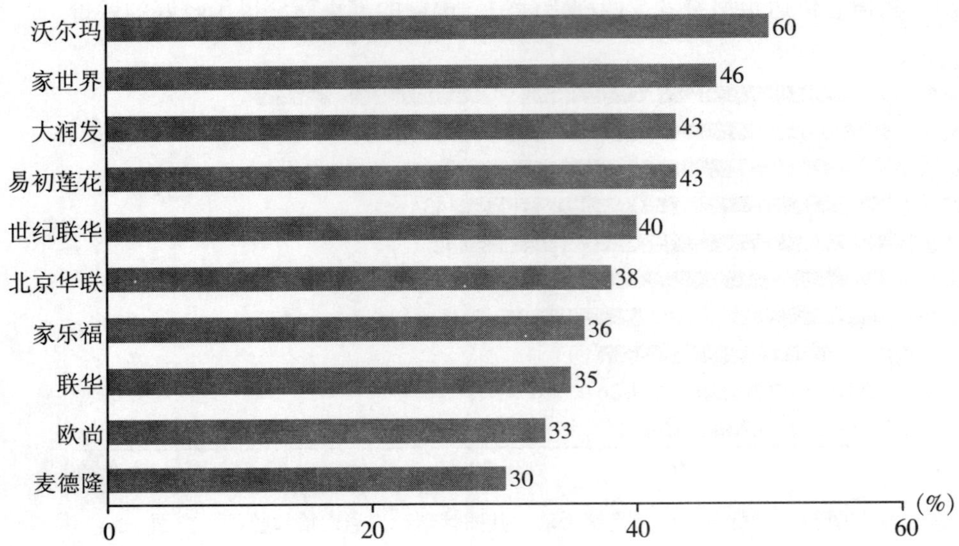

图54 “良好的订单、配送和补货能力，效率较高”方面

(零售商关注度98%，列第2)

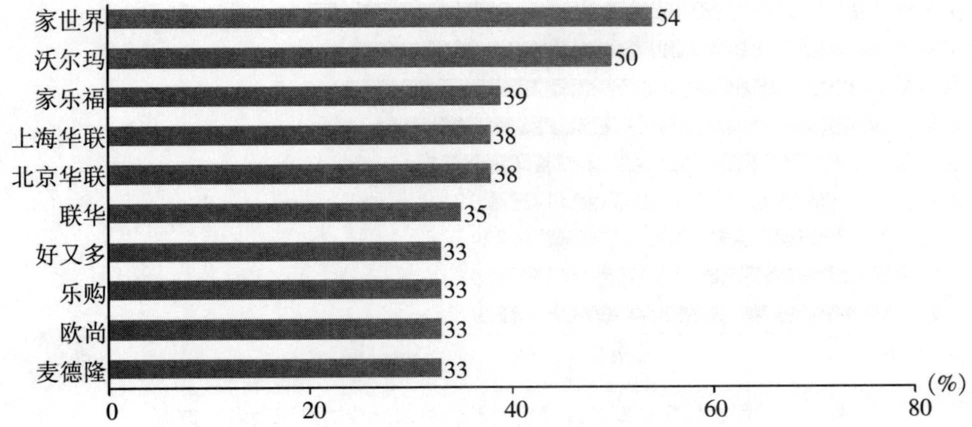

图55 “及时提供准确规范的订单”方面

(零售商关注度93%，列第14)

(2)"库存周转好，较少出现缺货或空架"指标相比去年的整体满意度反而下降，可见目前零售商的基本运营管理水平尚未有显著提升。领先的沃尔玛、易初莲花都在各自门店数量较多的区域设立了配送中心，随着门店拓展和整体规模的不断扩大，配送中心的效益必然会帮助到零售商。

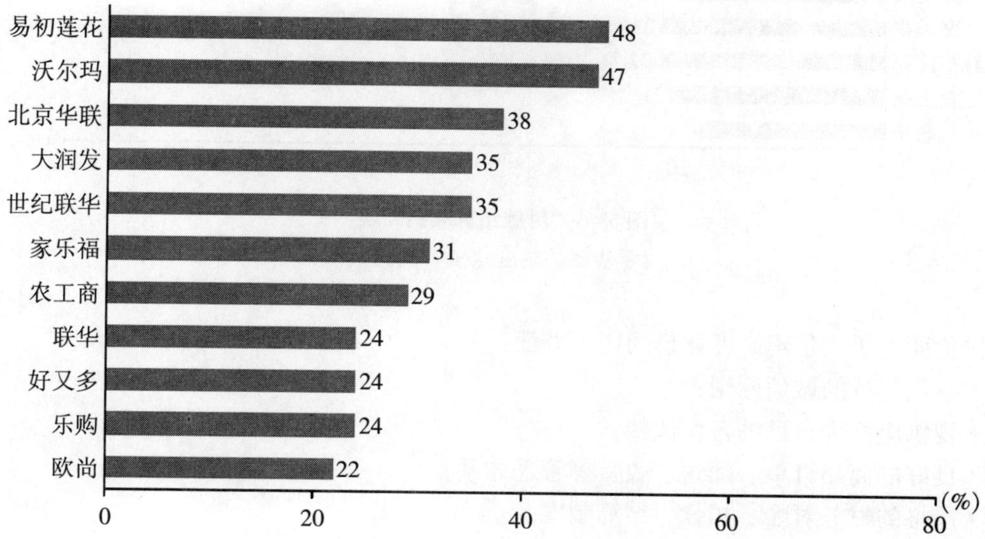

图 56 "库存周转好，较少出现缺货或空架"方面
(零售商关注度 93%，列第 10)

(3)"信用良好，不拖欠货款"和"付款结算准确无误"两项指标中，沃尔玛连续三年保持第一，新进榜的大润发、乐购和北京华联表现不错。

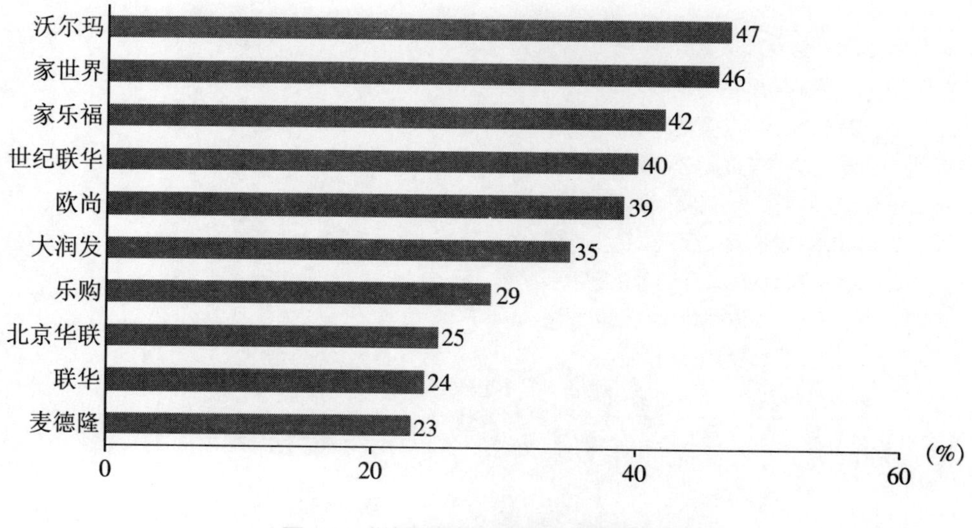

图 57 "信用良好，不拖欠货款"方面
(零售商关注度 98%，列第 1)

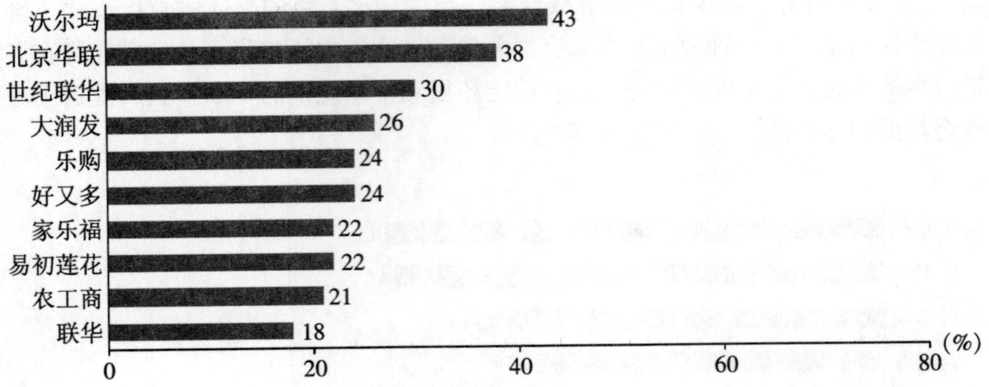

图58 “付款结算准确无误”
(零售商关注度96%，列第7)

供货商给予沃尔玛高度评价的四个方面：

- 一贯坚持的诚信原则；
- 视供应商为自己的合作伙伴；
- 良好的商品订单、配送、收货等管理体系；
- 严格的财务对账、扣款、结算制度。

2005 年餐饮连锁企业发展动态趋势调查

一、调查基本情况

1. 调查目的

本调查仅针对餐饮连锁企业管理层，旨在了解企业在发展战略、人力资源、营运管理方面的动态与发展趋势，为企业决策者提供参考数据。

2. 调查范围

本调查以中国连锁经营协会的餐饮连锁骨干会员企业为调查对象，涉及正餐、快餐、休闲饮品等多个业态，总部分布在全国 15 个省/直辖市。问卷共发出 30 份，有效回收 23 份，回收率 77%，历时 2 周。

3. 回复企业特点

(1) 其中 68%的企业曾经入围 2004 年度中国连锁经营百强，最少销售额为 4.86 亿元；

(2) 单体系连锁店铺在 100 家以上的企业占 81%；

(3) 品牌经营期 5 年以上的企业占 72%。

4. 问卷形式

本次调查问卷由北京凯朗伯思咨询公司设计提供，共 11 个问题，每个问题均可多选，内容主要分三部分——发展战略、人力资源、营运管理。

5. 分析报告撰写

在分析调查数据的基础上，结合企业管理者访谈，同时参考中国连锁经营协会 2005 年开展的多项调查结果进行分析，其结果仅代表餐饮连锁企业在战略管理层面的现状和趋势，供企业参考。

二、调查分析

1. 您认为目前餐饮连锁企业在发展战略方面________。

从图 1 中可以看到，大多数企业（占 82%）决策者对自身的发展战略重视程度很高，也说明他们对所制定的发展战略充满自信。

2. 您关注餐饮连锁企业战略管理的重点是________。

在决策者看来，自己的战略规划一般是没有问题的，而战略与战术的结合是寻找一套行之有效的方法实现既定战略目标，这是关注的焦点，比例最高，占 69%。其次是对战略规划的执行，占 41%。说明企业在执行层面还存在比较大的困惑，反映出企业对市场变化的掌控能力和落实战略目标意图的方法方面可能有一定的差距。

3. 您最关心的战略问题是________。

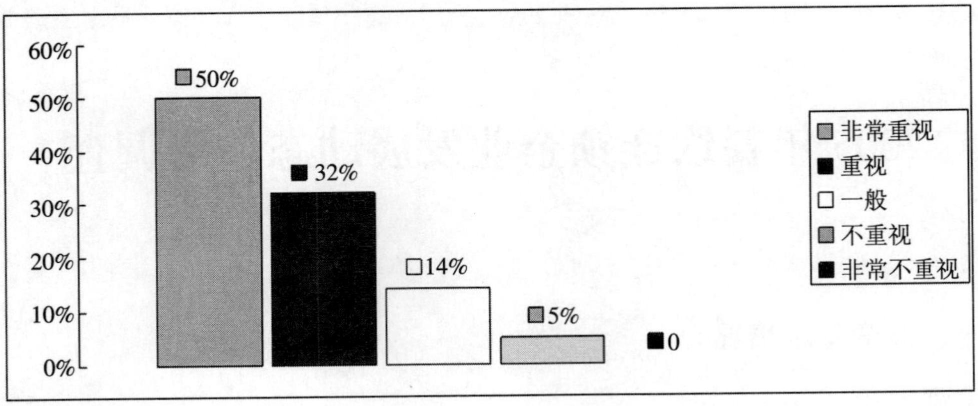

图1

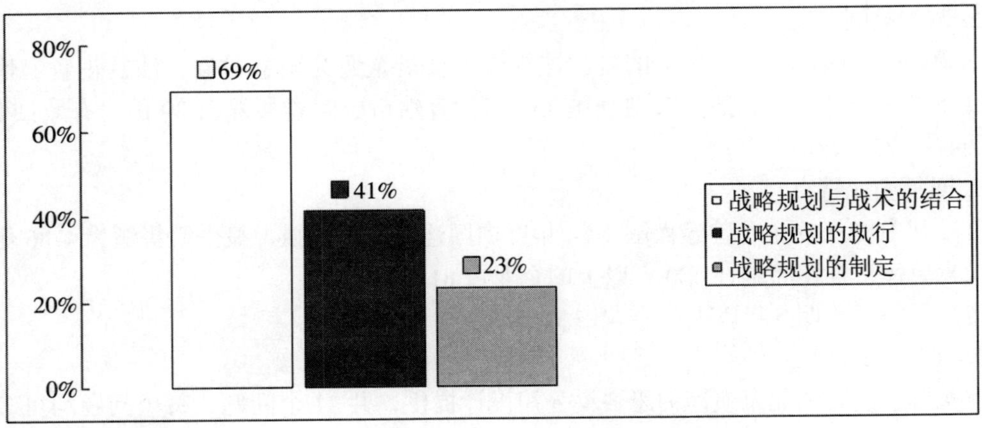

图2

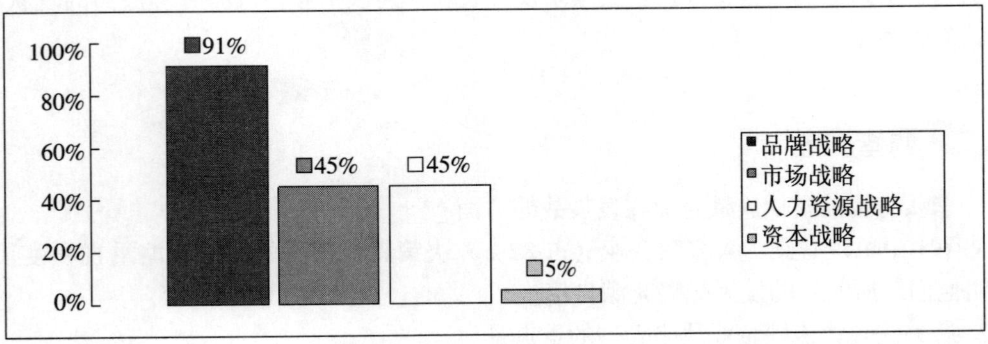

图3

根据回复问卷企业的特点，品牌战略已经在绝大多数企业中（91%）得到高度重视，说明企业已经进入发展期，不再满足于单纯的知名度和美誉度，开始制定能体现品牌价值的延伸产业计划，有些企业已经取得一定的经验。

市场战略与人力资源战略处于同等重要的位置，再次反映出企业对战略管理的重点在执行层面，与上一个问题有关联。

市场战略是指市场开发布局和市场营销，而后者更薄弱一些，因为传统餐饮的观念重口碑，不重营销宣传。从调查上看，有45%的企业开始重视这一现代营销理念。与此同等重要的是人力资源战略，对大多数企业来讲，加强内训、建立人才储备是长期需要解决的问题。

资本战略对现阶段大多数企业还比较遥远，主要是因为对资本运作的知识了解程度不高，以及与融资渠道接触较少有关。但从我们实际了解情况看，有部分民营企业已经通过在境外注册公司，开始运作资本，例如某火锅企业已顺利融资。另外，还有企业正在同国外大型餐饮公司商讨合作事宜。

此外，融资对企业发展模式也有选择，对以特许经营为主的企业来说，投资机构的评价不高，主要源于对加盟总部的控制力表示担忧，另外，他们认为国内加盟商对知识产权不够尊重。

4．您认为餐饮连锁企业在人力资源方面最大的问题是________。

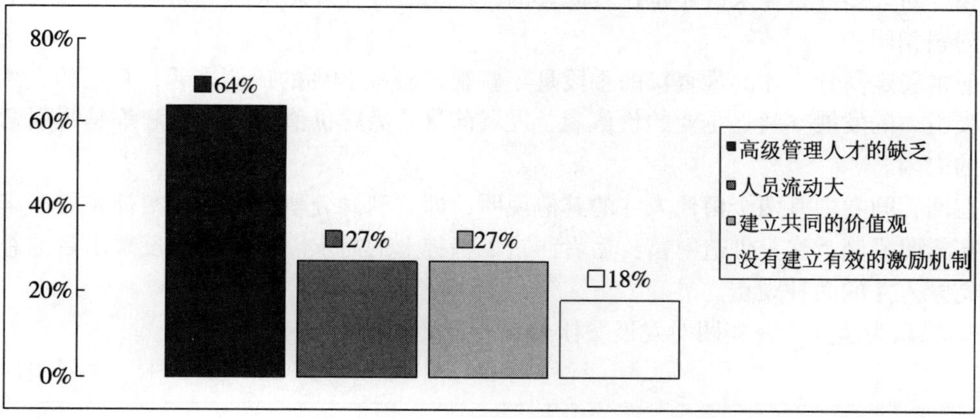

图4

图4显示出企业目前普遍存在高级管理人才缺乏的问题，体系发展越快，人才问题就越突出。主要原因：

(1) 高级人员的缺失，与人才流动大的企业氛围有关，是造成执行力下降的重要因素。

(2) 自身培养和选拔人才的机制和理念有不足之处，缺乏共同的价值观。

(3) 企业内部少有建立有效的系统教育机制，没有为今后发展储备人才的意识。

(4) 与我国教育体制有关，餐饮行业重技术培养而轻管理。另外，餐饮行业整体从业者的素质和社会地位偏低，也难以吸引高级人才进入行业。

在回复问卷中，有的企业更明确地指出，“由于社会信用体系不完善而造成企业与员工双方信用的缺失，从而造成双方无法形成共同的愿景”。这说明，社会大环境对小环境的影响是客观存在的事实。

5. 您认为对建立稳定的高管队伍以下措施中最有效的是________。

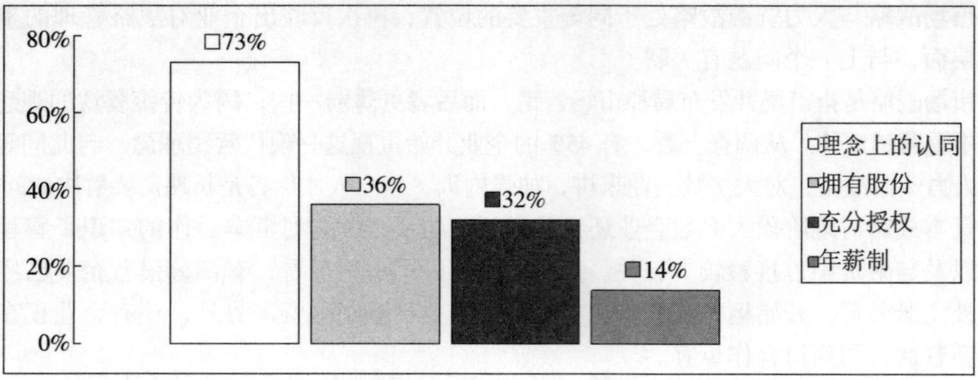

图5

稳定人才队伍，决策层认为主要靠理念（价值观），其次是股权和充分授权。股权既是激励又是约束，这个回答反映出企业主的理性思维，但没有反映出企业目前实际的做法。授权对大多数企业来讲还是比较充分的，但仍然存在理念认同上的差距，这与上面反映的问题相同。

通常稳定高管人才的最直接的手段是年薪制，但从14%的比例来看，真正的人才更需要有吸引力的发展空间。企业的价值观、发展前景、品牌价值、信任机制等是吸引职业经理人的内因。

在回答问卷中有两个留住人才的其他说明，即“利润分享机制”、“精神物质双丰收”。前者实行股份制，注重创造财富；后者注重了精神上的需求。其实，这反映出目前企业中稳定高管人才的两种观点。

6. 您认为建立企业集团对发展餐饮连锁的意义在于________。

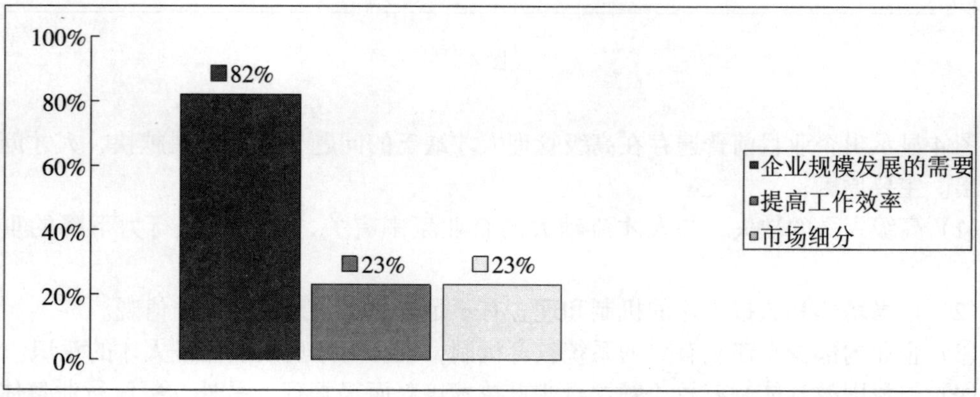

图6

从图6中可以看出，多数企业在成立企业集团的问题上是非常谨慎和理性的，只有在企业发展的特定阶段和达到一定规模时才考虑。

调查显示，主流企业视“企业规模发展的需要”而建立企业集团（82%），主流企业至少发展连锁在 5 年以上，或因主业产业链的发展建立集团，如向生产领域延伸；或横向发展开展多品牌经营，也有多产业化发展的企业，如向酒店行业拓展，但属于少数。

如果说前面属于企业战略上的考虑，那么，提高工作效率和细分市场应属于战术上的安排。同样是 23%的比例，印证了前面企业家“战略和战术相结合”的战略管理思路，成立集团也是一种战术。

另外，成立集团与人的因素不大。调查中没有一家企业认为它是调动中高层积极性的手段，说明企业在成立集团的重大决策上，不受人的因素干扰（尤其是为均衡家族人情关系而设岗），理性地顺应市场发展变化，求稳而不冒进。

7. 您认为餐饮连锁企业向食品加工领域发展________。

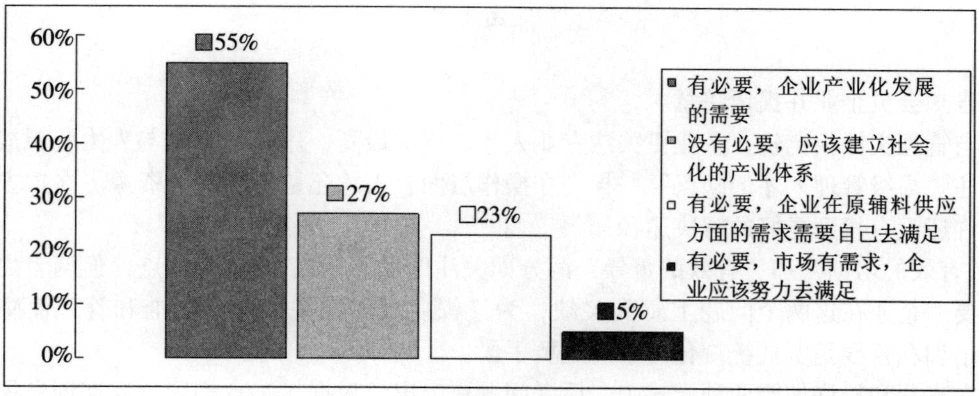

图 7

首先，企业产业化发展与集团化组织结构调整有必然联系，餐饮连锁企业进入食品加工业的趋势十分明显，而且是内部需求的驱动远远大于外部因素。23%的企业会因为“企业在原辅料供应方面的需求需要自己去满足”而发展产业链，而只有 5%的企业是因为“市场有需求，企业应该努力去满足”而发展产业链。

这说明向食品加工领域发展是满足企业扩张的内驱力，而满足市场需求并不是餐饮连锁向食品加工领域发展的责任和动力。

另外，还有 27%的观点认为“没有必要，应该建立社会化的产业体系”，这说明有相当一部分企业在发展阶段、规模、核心竞争力方面还不能做到“自给自足”，仍然需要依赖社会化的产业链支持。由此不得不提出“食品安全”的问题，媒体在食品安全问题上的频繁曝光，使很多餐饮企业开始担忧供应商和物流环节上的不确定因素。所以，自力更生也是迫于自我保护的需要。而不能在加工环节“自给自足”的企业，则需要重视建立供应商监控体系和流程。

8. 您认为餐饮连锁企业在营运管理方面欠缺的是________。

营运管理是连锁体系的核心，其中最重要的是“规范细致的营运管理文件”，而选择这一问题的比例只有 18%，说明企业在手册建立方面有较好的基础和自信，但是实际情况也许会有差距。在协会 2005 年上半年对部分特许企业管理文件的查阅中发现，大部分企业的法律文件存在漏洞，甚至有的企业是致命硬伤，为此协会专门发文将抽查结果和改进

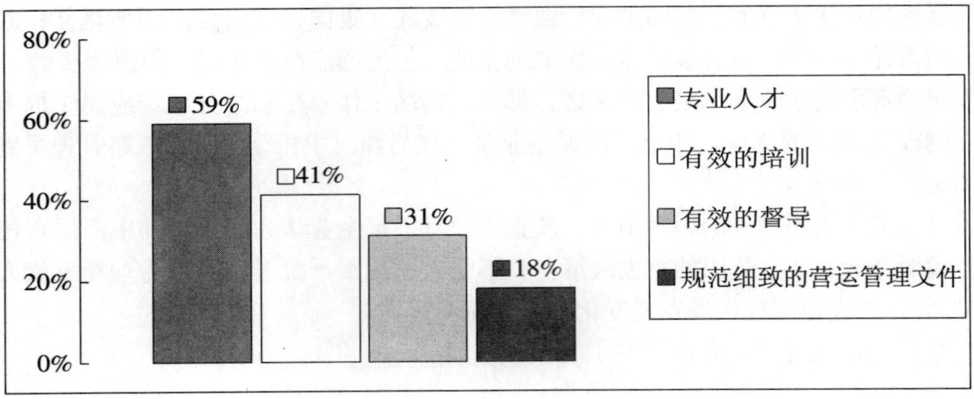

图8

办法告知会员企业并提请注意。

与管理文件相比较，企业更关注专业人才，比例最高，达59%，这与人力资源战略中最关注“高级管理人才的缺乏”一样，在操作层面，人才还是最稀缺的资源。在这方面企业也许还没有找到更好的解决途径。

“有效的培训”和“有效的督导”两方面关注度虽然相差10个百分点，但两者之间同等重要。企业在这两个问题上感到欠缺，为连锁店难以实现统一化标准和管理而感到困惑，培训和督导是实现统一化诉求的重要手段。

在直营和特许加盟两种模式中，后者问题更突出。根据《2005中国特许连锁发展状况蓝皮书》调查显示，餐饮行业遇到的五大难点问题依次是“加盟商行为不规范”、“管理体系须提升”、“督导体系不完善”、“市场运作难统一”和“培训体系不完善”。由此可见，培训和督导仍然是企业比较薄弱、亟待完善的环节。其实，这也说明企业在管理文件方面还有可改进的地方。

在回复问卷中，有人提出“法治与人治应兼而有之”的观点。把管理上升到法治的高度是一种进步，作为企业的管理者依法管理不仅是针对加盟商，还应贯彻到企业内部。

9. 您认为餐饮连锁企业营运管理中最重要的是________。

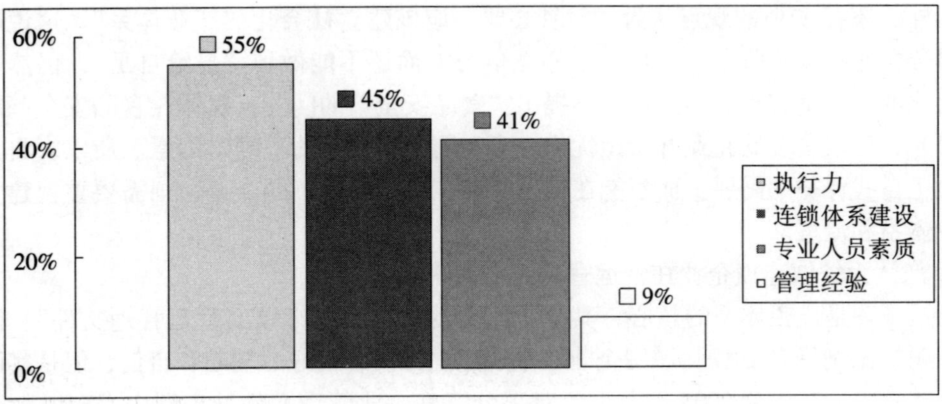

图9

在这一问题中，除“连锁体系建设”以外，其他都与人有关。执行力首先被决策者视为最重要，在前面多个问题中企业对人才的关注始终位于前列。从图 9 中分析，企业对专业人员的素质要求（41%）大大高于对曾有管理经验的要求（9%），这同以前有明显变化。原因可能主要源于三方面：

（1）竞争本身使熟悉餐饮行业的管理人员更加匮乏，满足不了本行业企业快速发展的需要，迫使企业向外部（非餐饮业）寻找人才。

（2）企业主改变了“隔行如隔山”的老观点，接受“行业不同，但管理相通”的现代理念，认为餐饮业的管理经验只是需要有一个熟悉的过程，只要具备良好的专业素质，其他行业人才均可进入餐饮业。

（3）决策层意识到企业发展桎梏于现有管理人员思维模式的局限，难以再提升管理水平，开始引进管理现代化程度较高的行业人才，目的是同时引进现代化的管理模式，比如从零售行业引进人才。

“连锁体系建设”的重视程度排第二位反映出企业正处于管理体系亟待提升的阶段，急需加强体系建设的内部管理。

10. 您对餐饮连锁企业发展前景的看法是________。

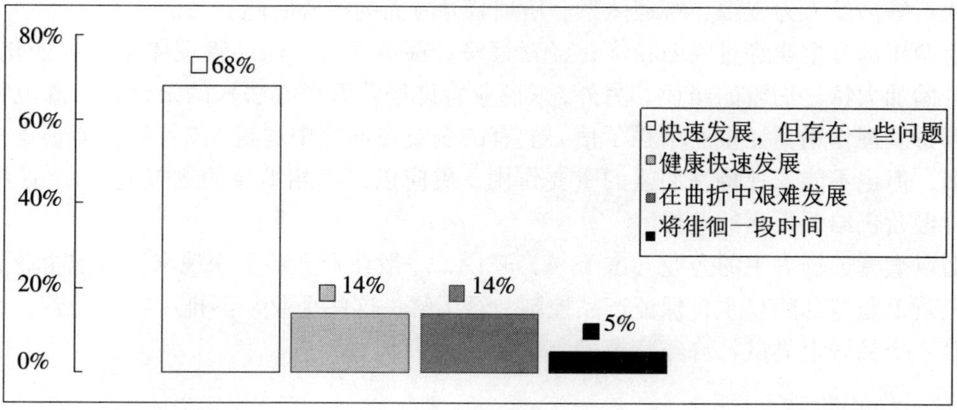

图 10

这个问题和下面的问题都是反映决策层对行业未来发展的判断。从图 10 中可以看出，对餐饮行业将继续快速发展的乐观判断基本符合国家对餐饮行业发展趋势的判断。但是，认为“健康快速发展”的企业仅占 14%，更多的企业认为“快速发展，但存在一些问题”，占 68%。他们谨慎地看待快速发展带来的影响，比如人力资源、采购物流、培训督导、法律环境、资金链等都是制约快速发展的一些问题。有个企业在回复中写道：“要从市场出发，稳健地百分百地做好每一家门店”，这一表述非常准确地表达了这部分较成熟企业，在快速发展的鼓噪中理性的一面。

从图 10 中可以看出，仍有 19%的人持不乐观看法，说明现在的大环境仍然有桎梏行业发展的忧虑，例如法律问题、人力资源成本不断提高、从业人员素质下降等。

11. 您认为餐饮连锁企业的发展主要通过________方式。

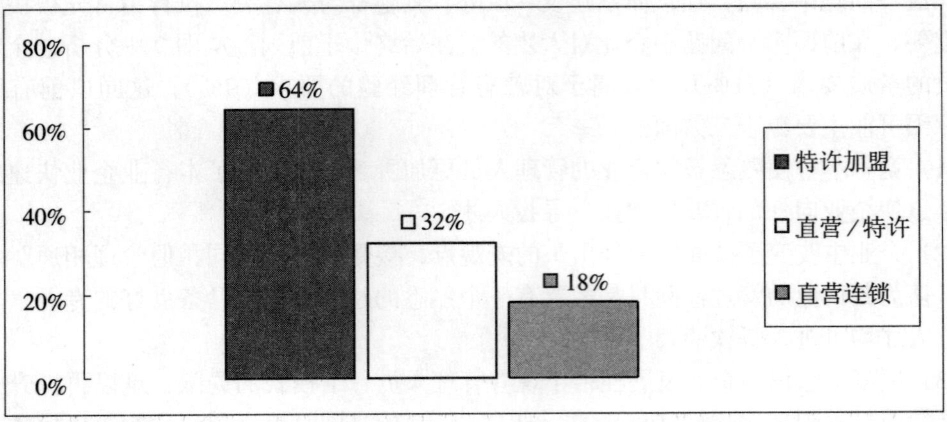

图11

通过调查可以看出，特许经营仍然是企业的主要发展模式，这也许是餐饮行业能够快速发展的原因之一。根据《2005中国特许经营连锁发展状况蓝皮书》可知，在开展特许经营的餐饮企业中，有特许经营发展放缓的趋势，主要原因是加盟店管理成本提高，标准化难以执行等涉及人力资源、管理体系、培训督导方面的核心问题。

近两年部分企业经过收缩和优化经营策略，逐步完善了内部管理体系和标准化建设，又将开始加大特许加盟的步伐。另外，《商业特许经营管理办法》的出台，对规范特许经营市场将发挥作用，让企业增强了信心。有的企业在回复中写道："目前连锁企业直营越来越多，但也不能忽视特许加盟的重要作用，更应以二者相结合的方式进行。"说明企业对特许经营仍给予很高的期望。

对以直营连锁为主的企业（占18%）来说，一般在资金链上表现出比其他企业更有实力，经营上坚持品牌自主，保证产品控制。经了解，这些企业并不排斥特许经营，而是希望在第二个品牌上尝试特许经营模式。

三、2006年中国餐饮连锁企业战略发展趋势

通过上述现状调查分析，我们对餐饮连锁企业在2006年战略层面上的发展趋势特点作出如下判断：

1. 趋势一：解决人才问题，提高管理层执行力

人才危机一直是困扰各行业发展的主要问题，作为决策层若想实现战略目标计划，首先要稳定现有高管队伍，提升管理层执行力，显然采取何种方法解决这些问题已成当务之急。有些企业受创业时人情关系的局限，要提升执行力需从外部招聘职业经理人，因此职业经理人的表现在2006年将更加活跃。此外，加强内部培训，建立人才储备机制也是工作调整的侧重点。

2. 趋势二：品牌战略发展提升到新高度

品牌战略不再是纸上谈兵，通过多元化渠道使这一目标得以实现，更多的企业开始实施品牌战略，以选择多品牌战略居多，其次是产业链的延伸。现代品牌营销在"酒香不怕

巷子深”的传统餐饮业会越来越多地被应用，以提升品牌价值。

3. 趋势三：多品牌和产业链发展成为趋势，并得到实践和经验积累

经过一两年的摸索和实践，以德克士为代表的多品牌发展模式和以重庆德庄为代表的生产加工产业链发展模式，已经积累了相当的经验。更多的餐饮行业会围绕餐饮主业扩张发展规模。

4. 趋势四：扩张模式仍以特许经营为多数，直营连锁定位在高端市场

尽管由于2004－2005年餐饮连锁行业加盟店管理成本较高，而放慢了特许经营的步伐，但经过近两年的调整，特许经营仍为多数企业主要的扩张模式。此时，对加盟商的选择和管理会更加理性和严格。另外，随着《商业特许经营条例》的出台，企业对未来特许经营市场的规范将会更有信心。

出于对品牌声誉保护的原因，在北京、上海等核心重点城市，发展直营店是企业的首选，尤其是第一家店多会以战略性的形象出现。

5. 趋势五：对食品安全更加重视，对加工环节和供应商提出更高要求

苏丹红、禽流感、甲醛啤酒等食品安全事件，让一些一流企业一次次处于舆论的风口浪尖，餐饮连锁企业的决策者再次领教了媒体的强大杀伤力。对于较成熟的企业来说，食品安全是一项能产生回报的“投资”，而不是“开支”，它将带来忠诚客户、更高的营业额和品牌增值。所以，越来越多的企业对食品安全更加重视，增强加工环节管理和自我生产能力，对供应商则提出更高要求，开始建立供应商监控体系和流程。此外，餐饮连锁企业应对突发事件的危机公关预案会提到更高的层面。

（楚 东）

海外特许品牌中国发展状况调查报告

企业国际化发展成为不可逆转的潮流。特许经营目前正作为企业国际化发展的重要方式之一。根据WTO的报告，2004年全球服务贸易出口额2.1万亿美元。中国的进出口额分别为721亿美元和624亿美元，居第八位和第九位。其中，专有权利特许费和使用费进出口额分别是44.9亿美元和2.36亿美元。数据表明，中国正成为国际特许经营品牌重要的进口国。海外特许品牌的进入不仅带动了中国特许经营的蓬勃发展，同时启发中国企业采用特许经营方式走出国内，融入全球竞争中。

2005年2月1日起开始实施商务部颁发的《商业特许经营管理办法》。为配合国家主管部门落实此办法的精神，协会开展了“海外特许品牌中国发展状况”调查工作。通过此次调查，希望获得海外特许品牌在中国发展的基础数据；同时，也希望为中国特许企业走向海外发展起到一些借鉴作用。

本次调查通过问卷、电话访谈及面谈等形式，对具有一定规模的78家海外特许经营企业进行了调查访问，调查对象主要来自中国连锁经营协会的相关会员企业，涉及餐饮、服务和零售业等特许经营广泛发展的领域。调查内容涉及以下五个方面：

1. 基本情况

(1) 来源国及所从事的行业；

(2) 特许加盟费和权益使用金的收取数量和方式；

(3) 地理区域选择和加盟店发展速度等。

2. 进入方式的选择，以及合作伙伴的选择标准

3. 特许经营模式的选择

4. 面临的主要问题

5. 发展趋势展望

通过对这些基础数据和资料的收集、整理分析，协会编制出本报告。

一、总体概况

1. 来源国分布及行业分布

调查结果显示，目前进入我国的海外特许品牌中，来自美国的特许品牌占到近50%。根据美国《特许经营时代》杂志公布的“2004年全美特许品牌200强”统计，已有60多个特许品牌进入中国大陆市场，尤其是榜单上前20个特许品牌中进入我国大陆的已有14家，占了65%。其次是来自亚洲的新加坡、日本、韩国和中国的香港、台湾地区，以及欧洲的德国、法国、英国和意大利。

从全球特许经营涉及的行业来看，餐饮业和零售业是发展最多、增长最快的行业。但是目前从进入中国大陆的海外特许品牌所从事的行业来看，餐饮品牌占了半壁江山。前述的14个品牌中，餐饮品牌7个，占53.8%，酒店住宿业3家，占23%，房产服务业最大、

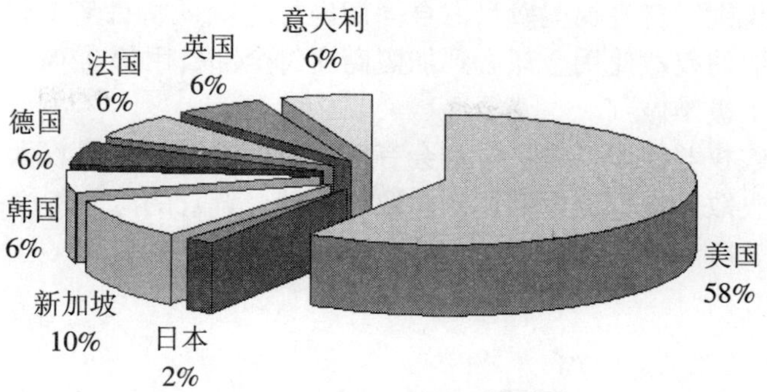

图 1　调研的 78 个海外特许品牌的来源国比例

最知名的两个品牌都进来了。图 2 将美国 20 强中的品牌行业分布与进入我国大陆的品牌行业分布数做了对比。

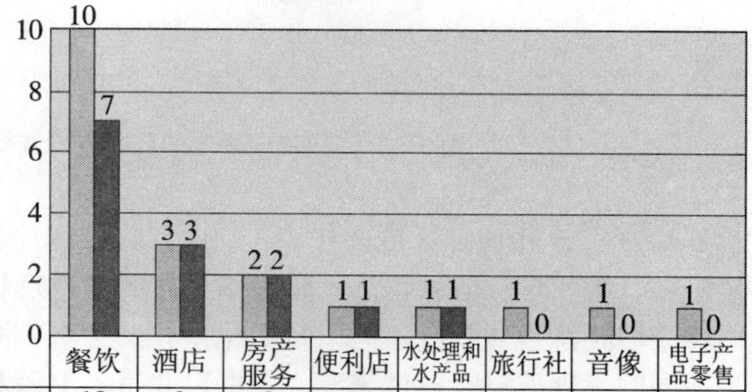

	餐饮	酒店	房产服务	便利店	水处理和水产品	旅行社	音像	电子产品零售
TOP20分行业品牌数量	10	3	2	1	1	1	1	1
已进入品牌数量	7	3	2	1	1	0	0	0

图 2　美国 20 强分行业分布及其中进入我国品牌的分行业分布情况

根据图 2 可以看出，除了受国家政策限制等因素影响的行业仍未进入国内市场外，其他行业都已基本进入了我国大陆市场。这也足以说明，国家政策是影响海外特许品牌能否进入本国市场发展的最基本因素。而本国市场中相关行业的经济发展程度是海外特许品牌会否进入的充分条件，如房产服务行业最大的两个特许品牌这两年相继进入我国，并且得到了高速发展。

但是随着中国正式全面履行 WTO 承诺，全面对外资开放零售以及服务业，国内经济持续向好以及国内特许经营环境的逐步完善，其他行业的特许品牌正在快速增长，汽车后市场服务、健身、教育培训、经济型酒店、商务旅行、美容美发、速递、运输、房屋修缮与服务，特别是非食品专卖，包括儿童用品专卖、体育用品专卖、香水专卖、化妆品专卖、时装专卖等等将成为未来几年内海外品牌进入的热点行业。

2. 特许加盟费和权益使用金收取数量和方式

相比国内许多不收加盟费或权益使用金的特许品牌，受调查的 78 个海外特许品牌无一不征收特许加盟费或权益使用金，不少知名特许品牌的加盟费还相当昂贵。这里特别要强调的一点是，调查中我们发现海外经营较成功的特许品牌在设计特许加盟费和权益使用金的比例时有一个规则：特许加盟费只占合同期内加盟商向特许者支付全部费用的8%左右，而经营期间收取的权益使用金却占到加盟商支付全部费用的92%。目前，这一点在中国的特许品牌企业中极难做到。

特许总部在征收权益使用金时，常常会有四种方法：按固定值收取、按营业额比例收取、按利润额比例收取、按配送金额比例收取等，接受调查的海外特许品牌总部所采用的方法占比情况如图3所示。

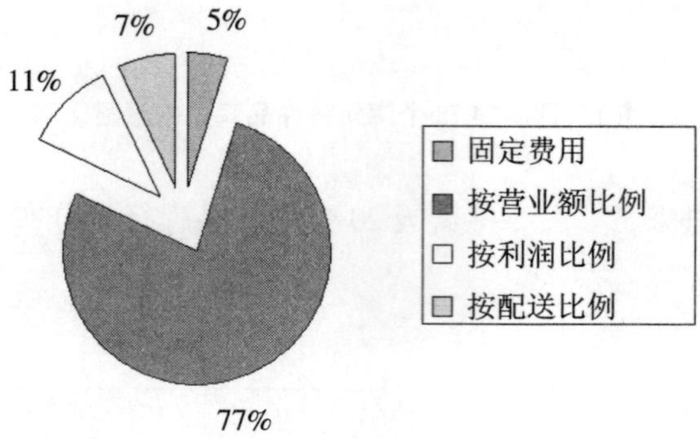

图3　特许权益使用金的征收方式选择

3. 加盟店发展速度和地理区域选择等

资料显示，过去5年，海外特许品牌来华发展的数量每年都在以两位数的增长速度增加。受我国各区域经济发展程度不同以及文化差异的影响，海外特许品牌对于不同的地理区域设计了不同的发展战略。总体来看，主要以北京、上海和广州为中心来发展特许加盟店。调查中海外特许品牌对"如何决定是否要进入一个新的地理区域"这一问题的回答情况如图4所示。

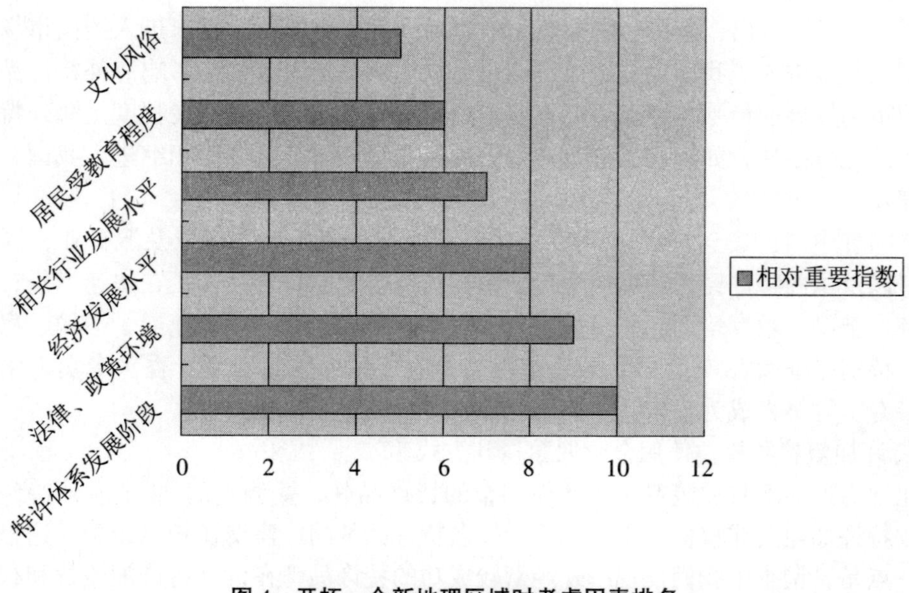

图4　开拓一个新地理区域时考虑因素排名

二、进入方式的选择，以及合作伙伴的选择标准

前几年为避开我国的政策限制，海外特许品牌主要通过跨境交付方式或者是合资合作方式从而实现在中国大陆的发展。截至2004年年底之前，美国特许品牌前20强已进入中国大陆的13个特许品牌（汉堡王是2005年进入中国大陆市场）中，7个品牌采取的是跨境交付方式，另外6个采取的是合资的方式。比如，酒店巨头普遍以合作形式来到中国市场，采取与中国本土酒店强强合作、优势互补的形式居多，简单来说就是中方出硬件设施、场地、一般员工，外方出品牌、管理系统、高层管理人员，以达到一种双赢的局面。到2004年12月11日，中国加入WTO三年过渡期结束后，我国政府放开对外商投资商业领域在股比、地域、店铺数量等方面的限制，海外特许品牌在进入中国采取的方式上有所变化，更多的愿意选择独资方式在我国开展业务，如2005年上半年进入中国大陆的汉堡王特许品牌就是通过建立独资公司在我国市场开展业务。

调查资料显示，无论是通过跨境交付还是合资合作方式，海外特许品牌在选择国内的合作伙伴时，通常考虑的因素有：政府关系，同行业或相关行业的背景知识，企业现阶段已取得的成绩，企业的技术管理水平和资金实力。

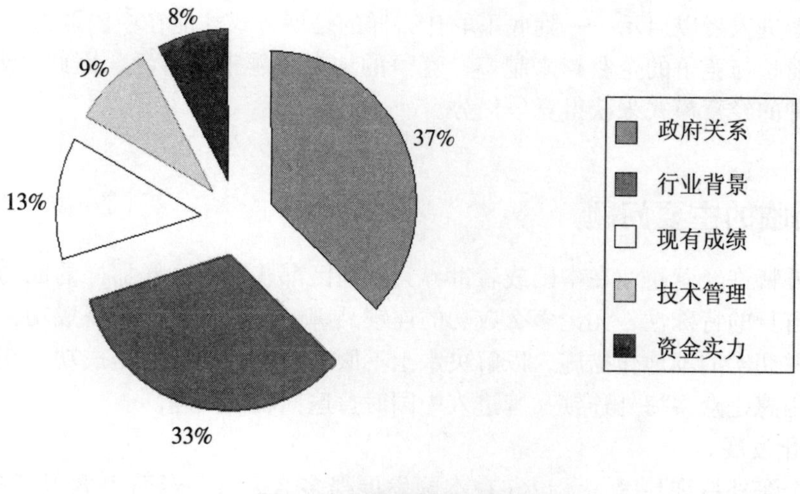

图5　合作伙伴的选择标准

三、经营模式分析

调查中发现，由于海外特许品牌企业缺乏对我国文化习惯的准确了解，同时也难以抽出足够的人手来一个个招募特许商，发展特许加盟店，因此，绝大多数的海外特许品牌在国内采取的是多店特许经营模式。由于企业所在行业的不同，以及各个企业自身制定的战略不同，因此，在决定多店特许经营模式时，又会有主特许经营和区域开发两种方式的选择。根据海外特许品牌企业进入我国大陆市场的进入方式不同（跨境交付，商业存在），

他们也会更倾向于选择某种多店特许经营模式。

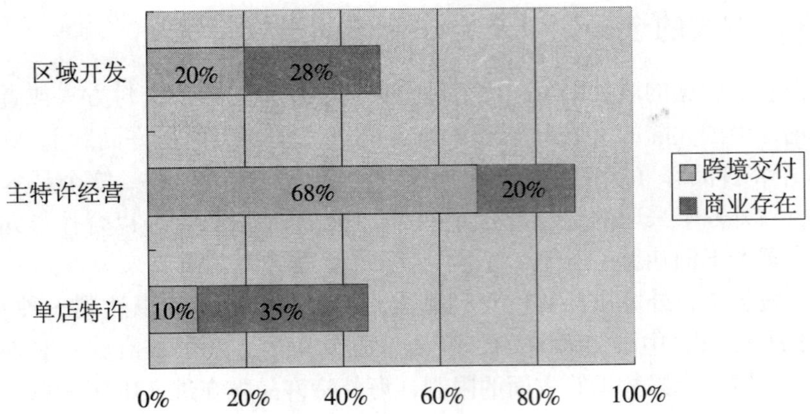

图6

但同时，以百胜和麦当劳为代表的外资餐饮集团的市场扩展已由一、二级城市向三级城市延伸，并利用餐饮品牌的影响力发展其他行业业务，增强自身经营实力和发展空间。同时也有单纯以特许方式甚至总部在中国无一兵一卒的一些国外特许品牌在中国遇到了挫折，这也给新进入者以启示——到底采取什么样的拓展方式才能在中国取得成功。

由于当前参与竞争的企业越来越多，竞争的地点也越来越广泛，因此企业也会创造、融合出更多种的经营模式来获得竞争优势。

四、面临的主要问题

虽然海外特许经营企业在本国或者世界其他地区都获得了这样那样的成功，但是中国的环境有其自身的特殊性，无论多么成功的连锁品牌，要想在中国获得成功，必须根据中国的情况采取切实的本地化措施，以解决水土不服的问题，才能获得成功，获得理想的回报。以下的困惑是众多海外连锁品牌进入中国时普遍面临的问题。

1. 本地化发展

任何一个海外特许品牌，无论它在本国发展得多么完善，经营上取得了多大的成功，当该品牌开始全球化发展时，进入任何一个新的市场都将面临本地化的过程，尤其是在东西方文化差异较大的领域，生搬硬抄百分百拷贝并不一定会让特许品牌在中国取得同样的成功。

一些特许商对自己的产品要求非常严格，要求百分百原汁原味。这种出于维护品牌的声誉的考虑固然无可厚非，但如何让中国的消费者以合理的价格接受外来的产品才是第一位的，美国特许品牌20强中的Subway在中国的成长经历就对很多海外特许企业有借鉴意义。我们看到，无论是麦当劳、肯德基这样的餐饮巨头，还是酒店连锁业的巨头们都比较务实地采取一些本地化措施，使得各自的产品更加具有竞争力。

2. 有差异的游戏规则

中外双方对于特许经营费用的理解和征收有差异。就如前面所讲，加盟海外特许品牌，尤其是成功的知名品牌，都要缴纳相关的特许经营费，以获得商标使用权、KNOW－HOW等。但国内许多开展特许经营的企业，为了获得数量上的快速增长，跑马圈地，往往不收取任何特许经营费用，这样就必然导致投资人在心理承受上会有大的障碍。

另外，中国投资人或企业在作投资决策或选择投资形式时，为能够大大减少投资风险，往往倾向于合资的形式，因此让投资人缴纳特许经营费，并且独自承担投资资金，又需要越过一道坎。中外双方奉行游戏规则的这种差异是国外特许品牌来华发展的最大障碍。

3. 信息不对称，"假洋品牌"有机可乘

相对西方的发达经济，中国的经济环境是比较封闭的，很多信息上的滞后和不对称直接让"假洋品牌"有可趁之机。目前，国内许多行业的特许品牌，纷纷打出来自意大利、来自荷兰、来自法国，但事实上，有近半数是子虚乌有的，尤其是当这些"假洋品牌"做出欺诈行为后，更是让加盟者蒙受了很大的经济和心理损失。

4. 加盟商不够成熟

特许加盟商业模式在中国发展时间较短，速度较快，许多投资人对这种商业模式没有很好的理解，常常是目光短浅，急于求成，只贪图眼前利益。因此在成为特许加盟商后，缺乏对特许者的文化与战略目标的充分理解，这就会引起加盟商不重合同、不守信用、不愿接受特许总部的指导监督，任意修改核心要素等问题，从而对特许品牌、特许体系造成破坏。

五、海外特许经营企业在中国发展展望

经过十几年的发展，中国的特许连锁经营环境已经得到了较大的完善，我们还了解到，不少海外特许品牌能够在全球竞争中脱颖而出，或是芝麻开花节节高，不得不归功于其在中国的顺利发展，肯德基从2003年排名的第29名一跃至2005年的第4名，发展速度可谓神速，其中国市场的店面也已经突破1200家。

根据此次调查活动得到的数据和资料，可以预计海外特许经营品牌在中国必将有更大的发展，主要会呈现以下特点：

1. 经营环境更加有序

市场的规范既有内在要求也有外在的动力。投资者为了选择合适的海内外加盟项目，必定更加谨慎。国内外特许企业之间的竞争更加激烈，也使得各特许企业之运作更加透明规范。2005年，商务部出台《商业特许经营管理办法》，从法律保障角度进一步规范了特许连锁市场。

2. 特许商与加盟商日趋多样性

海外知名特许品牌在中国十年的发展经历，也教育了广大海外特许商该如何在中国获得成功。品牌引入形式仍是特许、连锁、合资合作等并存，与此同时，中国投资者也将突破原先的以国有或大型企业为主，逐步向国营企业、上市公司、私营民营、个人投资，以及海外留学人员等共同参与。

3. 外资特许品牌将渐次涉足更多领域、更多区域

随着中国全面履行加入WTO承诺，中国的市场越来越开放，中国和世界的交流越来越充分，越来越多的国际品牌将进入中国，特许加盟也将成为众多国际品牌进入中国的重要方式。中国的消费者也越来越熟悉、信任与依赖特许连锁经营模式，可以预见外资特许品牌将在中国迎来百花齐放的局面。

4. 兼并重组将大规模发生

作为一种快速扩充企业规模，迅速进入一个市场，有效降低进入门槛，以及提高竞争力的重要方式，兼并重组也将成为国外特许品牌进入中国的一种重要方式。

国外品牌进入中国往往很慎重，他们宁愿花时间等待观察，也不愿贸然进入这个与众不同的市场，但一旦他们认定这个市场具有足够的吸引力，便会采取一切措施不惜代价进入。国外品牌往往资金充沛，有实力通过并购的方式迅速进入新的市场。我们看到非特许领域的并购已多次发生，在特许领域的大规模并购也将大规模发生。

我们也看到，一些著名连锁企业先期进入中国后并未急于采取特许加盟的方式，而是采取直营的方式精耕细作，待时机成熟再采取特许加盟的方式，这一方面是出于对品牌声誉的维护，另一方面是保护加盟者的利益。这也值得广大已进入以及即将进入中国的海外特许企业借鉴。如何平衡短期与长期利益，如何使品牌更好的本地化，海外特许企业在中国的成功还有很长的路要走。

2004年美国最大20家特许企业

排名	企业名称	主营项目	是否进入我国
1	McDonald' s	快餐	是
2	7 – Eleven	便利店	是
3	Carlson Wagonlit Travel	旅行社	
4	KFC	快餐	是
5	Burger King	快餐	是
6	Wendy' s	快餐	
7	Pizza Hut	匹萨餐饮	是
8	Coldwell Banker Real Estate	地产中介	是
9	Subway Restaurants	三明治快餐	是
10	Blockbuster	家庭音像、游戏品租赁、零售	
11	Taco Bell	墨西哥餐厅	是
12	Marriott Hotels，Resorts & Suites	酒店连锁	是
13	RadioShack	时尚电子产品零售	
14	Holiday Inn Hotels & Resorts	酒店连锁	是

续表

排名	企业名称	主营项目	是否进入我国
15	Domino's Pizza	匹萨餐饮	是
16	Sheraton Hotels & Suites	酒店连锁	是
17	Century 21 Real Estate	地产中介	是
18	Culligan International	涉水产品	是
19	Applebee's Neighborhood Grill & Bar	休闲烧烤吧	
20	Dunkin' Donuts	餐饮	

（苏　霜）

中国与日美欧自愿连锁发展比较

一、国际上不同国家自愿连锁产生的背景

在各国经济不景气，流通逐渐国际化的今天，尤其在我国加入WTO日趋临近的时候，国内多数中小生产、批发、零售企业即将处于从来没有过经验尝试的流通环境中，对这些中小生产、批发、零售企业来讲，面临着能否持续生存发展的问题。而从国际自愿连锁发展成功经验来讲，越是在这种环境下，越能显示出自愿连锁的经营组织形式已成为拯救中小生产、批发、零售企业的生存策略的必然性。

从发达国家的美国、日本、欧洲主要国家自愿连锁发展史来看，无论在哪个国家和地区，自愿连锁必须在与其国情相适应、与地区流通需求相适应的环境下得以发展。

1. 中外自愿连锁产生的环境比较

(1) 美国的自愿连锁：国内经济不景气，中小零售店铺经营困难，作为与大型连锁企业的超市直营店和大型百货店等开展经营对抗而产生，并且多数是以批发商为主发展超市自愿连锁经营；

(2) 欧洲的自愿连锁：经济不景气与大店对策；

(3) 日本的自愿连锁：高度经济成长期与大店、连锁店对策；

(4) 中国的自愿连锁产生于全面对外开放、经济快速成长和与中外流通大企业、大型连锁企业等的对抗经营环境中。

2. 不同国家自愿连锁发展的法律和行政性环境

(1) 美国自愿连锁企业的发展，是企业作为生存战略，自愿竞争、自主设立的组织，不受国家法律、行政性等环境的影响。

(2) 欧洲的自愿连锁，在某种程度上一方面有法律性、行政性对大店发展的限制，另一方面行业竞争和生存发展迫使中小企业联合，进而促进了自愿连锁的发展。

(3) 日本自愿连锁的发展，在国际上，受行政支持多也是有名的，主要因为国家保护中小商人利益，限制大店发展。日本在上世纪60年代出台许多现代流通政策，大力支持中小流通企业的发展，具体政策是对采取自愿连锁组织化经营的企业所需的商品物流配送中心的建设，给与一定的资金支持。

(4) 中国市场逐渐开放，进一步引进市场竞争机制，政府大力支持连锁商业的发展，由于自愿连锁刚刚起步，国家目前还没有具体的支持政策。但在中小流通企业发展越来越艰难的经营环境中，政府将对促进中小流通企业发展的自愿连锁形式出台相关支持政策或措施。

3. 不同国家自愿连锁发展至今的历史年限

自愿连锁发展至今，美国已有125年的历史，欧洲已有90年的历史，日本已有35年

的历史，而中国最多只有8年的历史。

二、不同国家自愿连锁总部的实际经营情况比较

1. 美国自愿连锁总部

美国自愿连锁企业的加盟店数估计平均为1000家；商品进货集中率在70%~80%之间；自有品牌占年销售比例大约为20%；自愿连锁企业全部导入了地区总部制度；总部基本都是从厂家或产地直接进货；在信息网络建设方面，美国自愿连锁企业基本已完成；在股票上市方面，美国的自愿连锁企业中有一部分企业是上市的；在总部与加盟店的合同方面，与日本相同，多数为1年；在总部经营直营店方面，美国的自愿连锁企业经营直营店较多；在多种经营方面，美国的自愿连锁企业开放性较高。

2. 欧洲自愿连锁总部

欧洲自愿连锁总部一般加盟店数为1000家（区域数）左右；商品集中进货的比率在80%~90%之间；自有品牌占年销售比例约30%左右；自愿连锁企业基本导入了地区总部制度；总部基本都是从源头（厂家、产地）进货；在信息网络建设方面，欧洲自愿连锁企业同美国一样，基本已完成；在股票上市方面，欧洲的自愿连锁企业都是上市企业；在总部与加盟店的合同方面，与美国和日本不同，一般为3年签约1次；在总部经营直营店方面，欧洲的自愿连锁企业同美国的一样，经营直营店的较多；在多种经营方面，欧洲的自愿连锁企业开放性较高。

3. 日本自愿连锁企业总部

日本自愿连锁企业总部平均年销售额达155亿日元；加盟店数平均230家；商品进货集中率在46%~50%之间；自有品牌占年销售比例约为5%；一部分自愿连锁体系导入了地区总部制度；总部多是从批发、制造商处实行共同采购；在信息网络建设方面，日本的自愿连锁企业同美国、欧洲的有一定差距，正处于建设中；在股票上市企业方面，日本在已有的自愿连锁企业中，只有1个是上市企业；在总部与加盟企业或加盟店的合同方面，与美国一样，多为1年；在总部经营直营店方面，日本的自愿连锁企业同美国、欧洲的有所不同，总部经营直营店的较少；在多种经营方面，日本的自愿连锁企业一般不发展多种经营业务。

4. 中国自愿连锁企业总部

由于中国自愿连锁发展较晚，总部拥有的加盟店数还不多，但随着商业网点竞争的加剧，中小流通企业以自愿连锁组织方式扩张发展的速度将加快。目前，商品进货集中率在20%~90%之间；自有品牌销售在增加，有的企业其比例约占1%~2%；在导入地区总部制度方面，也有少数企业进行了部分导入；总部多是从批发商和生产企业直接进货；在信息网络建设方面，中国的自愿连锁企业同美国、欧洲和日本都有很大的差距，我国较多企业刚刚起步，市场发展是空白；在总部与加盟店的合同方面呈松散型，我们调查过的企业一般是1年签约1次；在总部经营直营店情况方面，我国现有的自愿连锁企业多是在经营直营店的基础上发展而成的，所以，经营直营店的较多，但以商品批发或配送为主导型的自愿连锁企业呈增加的发展趋势。

三、不同国家自愿连锁加盟店的实际情况

1. 加盟者的规模

日本的加盟者多是拥有1至2家店铺，并且店铺规模小；美国的加盟者多是拥有7至10家店铺，店铺规模大；欧洲的加盟者多是拥有7至10家店铺或单体店，店铺规模大；我国的加盟者开单体店多，且店铺规模较小。

2. 加盟者对总部的忠诚度

美欧的加盟者或加盟店对总部的忠诚度较高，日本和我国的加盟者或加盟店对总部的忠诚度相对低，目前日本的统一进货率在50%左右，我国的统一采购进货比例一般在20%~90%之间，在区县以下体系中，一般是一手钱一手货的配送做法。

3. 不同国家自愿连锁企业的店铺面积

美国自愿连锁企业加盟店的店铺面积平均在2600平方米左右；欧洲国家自愿连锁企业加盟店的店铺面积一般在290平方米左右，目前已呈现向大型化发展的趋势；日本自愿连锁企业加盟店的店铺面积平均在230~240平方米；中国自愿连锁企业加盟店的店铺面积在50~500平方米之间发展。

4. 每年向总部交纳费用

美国自愿连锁加盟店每年向总部上交的费用约为30万元人民币左右；欧洲自愿连锁加盟企业每年向总部上交的费用约为60万人民币左右（这与加盟企业或加盟店的规模大小不同有关）；日本自愿连锁加盟企业一般每年向总部上交的费用约在4.5万~5万元人民币之间；中国自愿连锁加盟店一般每年向总部上交的费用约在3600元人民币。

5. 对店铺投资的欲望

除去产品和CRS费用外，日本的加盟者（店）对店铺投资的欲望小，而欧美的加盟者或加盟店对店铺投资的欲望大。

四、不同国家自愿连锁的整体印象比较

1. 在资本与经营方面

美国和欧洲的自愿连锁企业一般是资本与经营呈分离状态，而日本多为不分离，中国现有的企业也呈分离状态。

2. 在发展加盟店的特点方面

美国和欧洲的自愿连锁企业更多的是以面发展，中小连锁企业加盟的较多；而我国虽然发展不多，但作为发展的特点，与日本相似，以点发展的多，即加盟者多是单体店铺。

3. 在扩张发展方面

由于美国和欧洲的自愿连锁企业在发展加盟店时，更多的是吸收了中小连锁企业加盟，所以在扩张发展上，体现了合并的特点；而我国和日本由于加盟者多是单体店铺，所以合并的特点体现得不明显。

4. 在后勤支持体系建设方面

美国和欧洲的自愿连锁企业的后勤支持体系建设基本完成，欧洲的一些企业不仅完成

了体系建设，而且还非常完善。日本自愿连锁企业的后勤支持体系建设尚未完成，而我国因刚刚发展，后勤支持体系建设还没排到日程。美国和欧洲采取自愿连锁组织形式发展的企业多，且发展得比较好，与后勤支持系统建设到位有直接关系。

五、国际自愿连锁营销技术发展历程

美国、欧洲、日本等国以批发为主导型的自愿连锁经营组织是在与直营连锁经营的斗争中成长起来的。因为，这些国家自愿连锁企业是把自身置于“为使独立零售店能战胜直营连锁店而进行加盟店的选址、业态开发、价格战略、促销技术、零售援助、信息系统开发、网络构筑”等环境之中的。近年来，欧美一些国家出现了比直营连锁总部还拥有更高的、可支持零售发展功能的自愿连锁经营制的大批发配送企业。如：美国第二大食品批发商的加洲食品批发配送中心、日本国分食品批发企业、德国的爱德卡食品批发企业等，在为加盟企业或加盟店服务方面，更加体现了现代营销理念。一些地方连锁、区域连锁企业，多数开始利用这些大型批发配送企业的系统支持职能，以聚焦连锁发展，立足主业经营资源，进而增强经营的竞争力。这种放弃连锁总部批发配送职能的企业在不断产生，并呈增加趋势。因此，具有批发配送功能的自愿连锁企业，在不断满足零售经营需求变化的过程中，作为其支持零售发展的功能也日趋得到充实和提高。如成立于 1926 年的美国 IGA 自愿连锁经营组织，就较早脱离了单纯的传统批发，对交易伙伴的零售店进行经营指导，以强化双方的竞争力。

自愿连锁不同年代的活动特征标志着国际流通竞争的发展历程。以美国不同年代自愿连锁发展特征为例：

1920 – 1929 年：建立以批发业为主导型的自愿连锁企业；建立以零售业为主导型的自愿连锁企业；设立 IGA 美国杂货商联盟的自愿连锁组织；产生支持零售经营的理念体系。

1930 – 1959 年：确立了大量进货、大量销售的经营理论；确立了促销技术；产品经营开始适应消费者商品多样化的需求；商品结构向综合化、齐全化发展；使用标准化的托盘。

1960 – 1969 年：开发适应店铺大型化经营的业态；追求物流的效率化；通用优待券或信用卡的灵活使用等。

1970 – 1979 年：形成 POS（时点销售信息管理）、EOS（电子热线订货）管理下的机械化、系统化。

1980 – 1989 年：开发出以折扣销售为中心的新业态；物流后勤部队化；利用数字开发、管理、支持零售活动；导用空间（商用卫星）管理。

1990 年 – 现在：采用单品效率化管理、快速反应、品类管理、ABC 分析等。

在国际上，自愿连锁每一时期的发展特征，都标志着流通发展竞争的压力、流通发展的创新、流通领域开拓进取的过程。

（于淑华）

2005年特许加盟商调查分析报告

2005年中国连锁经营协会结合特许品牌的评选，对入围企业的加盟商进行了问卷调查，目的主要有两个，一是了解加盟商对总部服务和支持的认识，二是了解加盟商总体状况。我们按照特许商提供的加盟商名录进行了随机抽样，共调查了45家企业的142名加盟商，被调查企业均为2004年度中国优秀特许奖评选的入围企业，它们的情况基本代表了中国特许经营发展的现状。这项调查结果将为特许总部改善与加盟商的关系起到参考、借鉴和促进的作用。

下面主要从五个方面来说明此次调查的结果。

一、加盟商特点的变化

从1997年中国连锁经营协会成立以来，我国特许经营事业开始进入快速发展轨道，并逐步得到投资者的认可，尤其是近3年以来，随着特许体系数量的增多，吸引了大量的加盟商。调查资料显示，80%的加盟商都是在近3年内选择加盟的。

表1　加盟商选择加盟的时间分布

年份	频数	百分比
1995年	1	0.7
1996年	1	0.7
1998年	4	2.8
1999年	5	3.5
2000年	6	4.2
2001年	10	7.0
2002年	27	19.0
2003年	40	28.2
2004年	44	31.0
2005年	4	2.8
Total	142	100.0

1．加盟商素质的提高

调查发现，2001年与2005年相比，加盟商文化程度有显著的提高（见表2），选择加盟而不是自己创业被越来越多的高学历人士所认可，以为那种读了大学或获得了高学历就

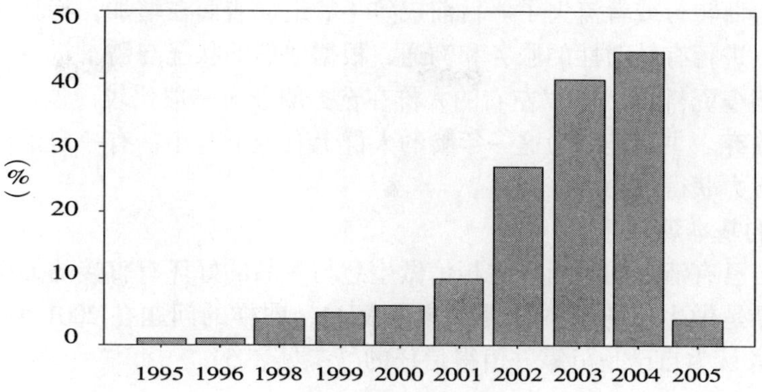

图 1 加盟商的加盟时间分布

一定要自己创业的观念在悄然改变；同时也说明随着我国市场经济的逐步完善，靠自己单打独斗取胜的机会在减少，人们选择投资更加理性化。

表 2　　加盟商文化程度分布

文化程度	2001 年		2005 年	
	频数分布	百分比	频数分布	百分比
初中及以下	12	13.5	5	3.5%
高中和中专	35	39.3	37	26.1%
大专及同等学历	31	34.8	75	52.8%
本科及硕士以上	11	12.4	25	17.6%
Total	89	100.0	142	100.0

其次，加盟商的年龄组别发生了很大变化。从资料看，36 到 45 岁年龄组中，2005 年比 2001 年增加了将近 12 个百分点，而 35 岁以下年龄组却减少了相应的数额（见表 3)。

表 3　　2001 与 2005 年加盟商的年龄分布对比

年　龄	2001 年		2005 年	
	频数分布		百分比	
25 岁以下	8	9.0	3	2.1
26 ~ 35 岁	50	56.2	73	51.4
36 ~ 45 岁	24	27.0	55	38.7
46 ~ 60 岁	7	7.9	11	7.7
Total	89	100.0	142	100.0

这一方面可以说明成熟的加盟商数量在增多，同时也可能是年轻的加盟商，即原来 35

岁年龄组的加盟商转行或者流失了。目前成熟年龄组加盟商在增加，特许商就应该根据该年龄人群的特点进行有针对性的服务和沟通，根据他们的状况与需求进行积极的工作。同样，根据以往调查资料看，40岁左右的人群在选择职业时一般比较谨慎，一旦选择了轻易不会流失或者放弃。主要是因为这一年龄的人群上有老下有小，有一定的经济实力和人生体验，一般会努力获得成功。

2. 加盟商的基本观念

加盟商对自己有清晰的判断，并相信做生意与人品的好坏有直接的关系。将近98%的人认为好的人品是做生意的基本前提（参见表4），同样的问题在2001年调查时是92%。同时有98%的人认为自己是可靠并值得信任的（参见表5）。

表4　　人品对生意好坏的影响

在生意场上，人品对生意的好坏有直接影响	2001年		2005年	
	频数	百分比	频数	百分比
很不正确	1	1.2	1	.7
一般	4	4.7	2	1.4
正确	29	33.7	11	7.9
很正确	52	60.5	126	90.0
Total	86	100.0	140	100.0

表5　　加盟商对自我诚信的判定

与我相识的人都信任，认为我诚实可靠	2001年		2005年	
	频数	百分比	频数	百分比
很不正确	5	5.8	1	.7
一般	8	9.3	1	.7
正确	48	55.8	24	17.1
很正确	25	29.1	114	81.4
Total	86	100.0	140	100.0

我们是按照五级量表进行考察的，结果发现肯定回答的比率2005年（98.5%）比2001年（84.9%）高出近15个百分点，尤其在强烈认同上更为显著，达到不可思议的52个百分点，说明现在的加盟商比以往更加自信了。

3. 加盟商对目前所从事工作的认识

总体看加盟商都高度认同自己目前所从事的工作，达到94%（参见表6），说明总部对加盟商的选择是正确的，只要总部提供优质的服务，目前的这支加盟商队伍是稳定的，很少可能离开总部，回答“不后悔选择加盟”的占94.3%（参见表7），而我们在2001年进行的一项相关调查时“如有更好的选择可能会离开特许商”的比率达到了57%。

表 6　加盟商对所从事工作的认同度

我很喜欢现在从事的工作	频数	百分比
不正确	2	1.4
一般	4	2.8
正确	19	13.4
很正确	114	80.3
Total	139	97.9

表 7　加盟商对加盟品牌的认同度

我一直不后悔加盟现在经营的品牌	频数	百分比
很不正确	3	2.1%
一般	5	3.6%
正确	21	15.0%
很正确	111	79.3%
Total	140	100.0

表 8　加盟商对特许商的忠诚度

我一旦选择了特许商就不再轻易改变主意而离开他	2001 年		2005 年	
	频数	百分比	频数	百分比
很不正确	1	1.2	8	5.8
不正确	16	18.8	3	2.2
一般	20	23.5	12	8.7
正确	36	42.4	31	22.5
很正确	12	14.1	84	60.9
Total	85	100.0	138	100.0

可以说，与过去相比，加盟商的忠诚度明显提高了。这是特许商应该感到欣慰的变化。

4. 加盟商对总部价值观的认同

2005 年的调查显示，加盟商对总部价值观的认同率达到 88%，高度认同率达到 57.1%（参见表 9），而在 2001 年的调查中分别是 53.6%和 10.7%。这样变化的结果一方面表明加盟商开始成熟和理性化，另一方面，总部的宣传和培训也强化了加盟商对总部价值观的认同，取得了预期成效。

表9　　加盟商对总部价值观的认同度

我感觉自己的价值观与总部的要求很接近	2001年		2005年	
	频数	百分比	频数	百分比
很不正确	0	0	2	1.4
不正确	4	4.8	3	2.1
一般	35	41.7	23	16.4
正确	36	42.9	32	22.9
很正确	9	10.7	80	57.1
Total	84	100.0	140	100.0

从以上几个方面看，特许商在选择加盟商时应该更有信心，只要不断完善加盟体系就不愁找不到合适的加盟商。

二、加盟商的需要

了解加盟商的需要是对加盟商开展服务的基础，加盟商的需要有许多方面，通过调查我们发现，他们最为关心的还是经营管理问题。这也是一个很难进行量化，因人而异的工作。从加盟商所关注问题的重要程度看，依次为经营管理（29.2%）、技术（19.3%）、人员培训（18.6%）、广告、产品配送、信息服务等（参见表10）。加盟商对产品配送并不十分看重，但是总部却认为对加盟商进行产品配送是影响特许关系的重要因素。因此，总部应该加强对加盟商管理和技术方面的培训工作。

从目前来看，在产品配送方面总部与加盟商没有太多的隔阂，认识基本是一致的，其原因主要是总部都很看重产品配送业务，因为从中可以得到很高的利润回报，同时，也说明即使健全的特许体系（入围的企业）也主要是以产品分销为主要经营模式，因此总部往往也就不重视对加盟商的管理和技术的培训，加盟商因而在这方面的需求上升。这是值得中国特许经营领域的主管部门重视的事情。

表10　　加盟商的需要

您希望得到总部的哪些帮助和支持（多选项）	频数	百分比
经营管理	80	29.2%
技术方面	53	19.3%
人员培训	51	18.6%
广告宣传	42	15.3%
信息服务	25	9.1%
产品配送	18	6.6%
其他	5	1.8%

而且，另一组数据（参见表11）也验证了加盟商对总部提供服务的态度。例如，加盟商对总部的配送和服务的满意度很高，达到了82.4%，说明总部的配送工作基本符合加盟商的需要。但是，加盟商对总部收取权益金和保证金的总体满意度是66%（参见表13），对总部品牌宣传方案的满意度则较低，只有61.2%（参见表12），说明加盟商认为总部在这两个方面的工作应该加强。

表11　　加盟商对总部的配送和服务的满意度

我对总部的配送和服务很满意	频数	百分比
很不正确	5	3.6%
不正确	6	4.3%
一般	12	8.6%
正确	26	18.6%
很正确	91	65.0%
Total	140	100.0

表12　　加盟商对总部品牌宣传方案的满意度

我对总部的品牌宣传方案感到满意	频数	百分比
很不正确	9	6.5%
不正确	7	5.0%
一般	36	25.9%
正确	31	22.3%
很正确	56	40.3%
Total	139	100.0

表13　　加盟商对总部收取费用的认同度

我对总部收取权益金和保证金的做法感到满意	频数	百分比
很不正确	13	9.5%
不正确	10	7.3%
一般	24	17.5%
正确	45	32.8%
很正确	45	32.8%
Total	137	100.0

因此，加盟商希望总部改进的工作主要表现在如表14所示的几个方面（见表14），也可以说是目前加盟商对盟主工作不满意的地方。其中呼声最高的是给加盟商提供更多的经

营秘诀（49.3%），以及希望总部在技术（44.4%）和专业信息方面（40.1%）的工作加以改进。同样从表14中还可以看出，加盟商在许多方面都依赖于总部，都希望总部给予更多的支持。

表14　　加盟商希望总部改进的工作

您认为目前总部的工作在哪些方面需要改进（多选项）	频数	百分比
1. 加强广告宣传的力度	70	49.3%
2. 在技术上给予更多的支持	63	44.4%
3. 希望给加盟商提供更多的专业信息	57	40.1%
4. 改进培训方式和质量	40	28.2%
5. 给加盟商提供更多的经营秘诀	36	25.4%
6. 减少权益金和保证金的数额	34	23.9%
7. 应该提供加盟商之间交流的机会	24	16.9%
8. 提供更多的与顾客打交道的方法	28	19.7%
9. 总部应该给加盟商更大的发展自由和空间	19	13.4%
10. 希望总部对所有的加盟商一视同仁	2	1.4%
11. 其他	5	3.5%

三、加盟商与特许商的关系

在谈到与特许商的关系时有近47.3%的加盟商认为是伙伴关系，其次是朋友关系（20.3%）。这种情况一方面说明无论是加盟商还是特许商，在对特许经营观念的理解上还处于初级阶段，另一方面也说明中国社会是一个人情味很浓的社会，在处理与加盟商的关系时完全的理性化未必是最好的选择。从表15中可以看出其中的特点。

表15　　加盟商与特许商的关系

如果做比喻，您希望总部与加盟商应是怎样的关系（多选项）	频数	百分比
伙伴关系	121	47.3%
朋友关系	52	20.3%
利益关系	29	11.3%
工作关系	29	11.3%
婚姻关系	13	5.1%

续表

如果做比喻，您希望总部与加盟商应是怎样的关系（多选项）	频数	百分比
上下级关系	7	2.7%
没有什么实质关系	2	0.8%
剥削与被剥削关系	0	0
其他	3	1.2%

如果把特许关系确定为非理性的伙伴和朋友关系，那么加盟商希望的服务和督导就具有了特殊性。他们在回答对督导员的认识时反映了他们对特许关系的一致看法，这种认识的偏离也可能是总部在提供服务和支持时存在某些偏颇造成的。因此，加盟商就会期望督导员在技术（教练员）和关系（协调员）上给予更多的支持，分别占到了35.1%和30.2%(见表16)。

表16　　加盟商对督导员的认识

您觉得总部的督导员相当于（多选项）	频数	百分比
教练员	92	35.1%
协调员	79	30.2%
监察员	45	17.2%
考核员	28	10.7%
公关员	10	3.8%
报告员	6	2.3%
其他	2	0.8%

此外，加盟商对总部开展的活动是否感兴趣的问题也有明显的取向。问卷中总共提出了9个常见的活动，每个加盟商可以选择3个回答。从这组数据中可以看出加盟商的实际需求，为盟主今后开展加盟活动有了明确的指向。例如，大部分加盟商对总部开展的经营技巧经验交流活动（占66.9%）和培训活动（占57.7%）感兴趣，愿意在提高自身能力方面与总部保持密切联系（见表17）。

在这里，值得一提的是加盟商中有42.3%的人表达了与总部负责人的沟通愿望，这是近年来的特许经营发展中出现的新现象。在特许经营发展初期，一般总部负责人都能亲历亲为，到实地进行考察，与加盟商进行沟通；但在企业发展壮大以后，便由专门的督导员或者市场开发部门负责接待加盟商，特许总部的负责人往往变成幕后的指挥者。由此，给加盟商造成的一个错觉是总部负责人不再关心和重视他们，导致加盟商对总部产生意见。因此，作为特许总部的负责人应该一如既往地关注加盟商，或者逐渐减弱对加盟商的关注，或者逐步培养加盟商的独立创业的能力。这方面需求的增长与希望提高自身管理技巧和沟通活动（如参加加盟商会议）形成呼应。

同时，我们也可以看出，加盟商对特许商热衷的配送服务和评优奖惩活动缺乏足够的兴趣，而对凡是与自己经营管理活动有关的活动都表现出积极性，如经验交流会、培训、与总部负责人沟通、加盟商会议、广告宣传活动及与督导员的沟通等等（详见表17)。

从调查资料看，加盟商首先感到总部提供的管理技术和培训活动明显不足，其次是总部负责人应该更多地去面对面访问加盟商，了解他们的处境，解决他们遇到的问题。

表17 加盟商希望参加的活动

您对总部开展的下列哪些活动感兴趣（多选项）	频数	百分比
经营技巧经验交流会	95	66.9%
培训活动	82	57.7%
经常与总部负责人进行的沟通活动	60	42.3%
加盟商会议（如年会）	52	36.6%
广告宣传活动	36	25.4%
与督导员和支持小组的沟通活动	27	19.0%
配送服务	16	11.3%
不定期的分片联席会议	14	9.9%
评优奖惩活动	5	3.5%

加盟商发展的阶段性问题。加盟初期的需求与发展中以及成熟期有很大的不同。现在的加盟商逐渐由初期投资的“冲动”冷却下来，关注最多的是管理和技术。因此，盟主在召开加盟商会议时应该分期分批地进行，按照加盟的时间、处于的发展阶段等进行区别对待。

一般来说第一年是一种情况，处于求知阶段，特点是虚心求教，耐心。通常在第二年对新加盟的事业比较投入，工作比较认真。第三年（过了投资回收期后）到第四年是一个时期，这一阶段或者成功了而感觉高兴，认为自己有能力，眼光独到；或者失败了而怨天尤人，这时需要盟主给予更多的关注。五年后又会进入一个新的阶段——或者转行，或者投资其他方面，或者继续做下去，这一时期的特点是惶惑不安。加盟商基本掌握并熟悉了企业的运转，也从中获得了预期的利益，见识增长，朋友圈子扩大，心态自然会出现各种各样的变化，或者腻烦或者反抗，不服从总部的指导，认为自己很成熟了，也想要独立创业。这些都应引起盟主的注意，在不同阶段有针对性地开展工作。

四、加盟商对总部工作的评价

关于加盟商对总部的评价，我们是通过电话调查得到的结果。调查对象是2004年度优秀特许品牌入围的31家企业的151个样本（平均每个企业5家），抽样原则是按照总部提供的全部加盟商名单等距随机抽取5家进行电话访问。

调查表设计了十个在特许体系运作中容易出现的问题（如表18)，目的是考察总部对加盟商的服务是否到位，是否得到了加盟商的认可。

表 18　　加盟商对总部的看法

考察项目 \ 百分比	不满意	一般	满意
总部在加盟合同中的承诺兑现程度	5.3%	24.0%	70.7%
总部给加盟商提供培训（包括开业前后）是否充分和必要	5.3%	18.0%	76.7%
总部提供的开业协助是否令加盟商满意	5.3%	14.7%	80.0%
总部对加盟店的督导是否到位	12.0%	20.7%	67.3%
总部对加盟店的配送比例和及时程度	10.0%	14.7%	75.3%
总部提供的经营管理文件（手册等）是否实用	5.3%	28.7%	66.0%
总部对加盟店是否有商圈保护及其执行情况	11.3%	12.0%	76.7%
加盟商在经营管理中遇到困难和问题，总部给予帮助和支持是否及时和到位	10.0%	25.3%	64.7%
加盟店目前的经营情况与项目投资分析报告是否一致或接近	14.7%	20.7%	64.7%
加盟商加盟后对总部品牌评价的变化	10.7%	20.0%	69.3%

关于加盟手册。加盟手册是管理经营的宝典，盟主一般都会竭力打造并完善适应的手册，但是很多时候往往不能如加盟商的意。我们认为这有几个方面的原因：一是加盟商创业初期，发展少量的直营店并不足以把握该行业的特性，往往是东施效颦，脱离实际；二是多聘请专业的顾问公司进行编制，从我国现有特许经营发展阶段和专业人员来看，还没有哪家咨询顾问公司能够深入到只做一种业态的，往往是什么都做，眉毛胡子一把抓，结果是皮毛之物多于实际内容，加之投资商不愿意或者不重视这方面的工作，往往是投入不足，使得咨询顾问的经费捉襟见肘，无法深入细致地研究，也就难以制定出符合实际变化的操作方案；三是盟主的管理人员主动性和积极性缺乏，不能够把遇到的问题及时总结提炼，形成新的方案。

因此，满足加盟商的需要应该从盟主总部做起，要求管理人员既是管理者又是创作者，其工作就是完善特许体系。

加盟商对总部这十项工作给予的评价各不相同，其中“总部提供的开业协助”是最令加盟商满意的选项，回答满意的比率占 79.5%，最让加盟商不满意的选项是“加盟商在经营管理中遇到困难和问题，总部给予帮助和支持的及时和到位程度”和“加盟店目前的经营情况与项目投资分析报告的一致或接近程度”，其比率均只有 64.2%。

加盟商希望品牌有较高的知名度，对加盟店的经营有利。盟主经常参加展会或做广告宣传是很必要的，一方面可以增强加盟商的信心，增加凝聚力和向心力，有利于对加盟商的管理；另一方面也可以提高品牌知名度，吸引更多的加盟商。

对加盟商帮助和支持的一贯性问题。从数据看，加盟商开业时得到的帮助比较全面和充分，也感觉到满意，但开业之后的帮助会逐渐减少，或者双方都认为不再那么重要，或者转向其他方面的帮助，例如物流、新技术及管理方式等等。加盟商与盟主之间在“帮助程度”方面存在一种矛盾现象，帮助过多会使加盟商形成依赖，帮助少则会独立，而不遵守加盟规则。这就需要盟主掌握好“度”的问题，目标是培养加盟商的独立性，培训他们掌握经营技术与技巧。但在培训中注意引导他们遵守规则和道德，加入更多的人文主义内容，而不能一味地只求利益最大化。

在最不满意的选项中，“总部对加盟店的督导的到位程度”（12%）和“加盟店目前的经营情况与项目投资分析报告的一致或接近程度”（14.7%）得分最低。

督导是特许体系工作中重要的一个环节，但是做到完全满意是很难的。从数据看，盟主应改变对督导工作的认识，它不仅仅是管理和收费工具，更是工作的改进策略。

五、加盟商对协会的期望

特许经营在我国经过十几年的发展已经得到大家的普遍认可，但相应的组织机构还不是很健全，服务类别与方式还处于摸索阶段。无论是加盟商还是盟主都需要强力组织机构的帮助和保护。在此次调查中我们专门就加盟商对连锁协会组织的工作进行了访谈，主要反映出加盟商在寻求除了盟主之外的帮助和支持。加盟商的总体意见和建议集中在以下几个方面：

(1) 希望加强与协会的沟通。例如，很多加盟商都提出了“希望协会能提供餐饮行业更多的交流机会”。建议协会和总部应切合加盟商当地的风俗等实际情况，在不同的时间、地点进行有效的沟通，真正实现双赢的理念。

(2) 希望得到更为真实的特许商信息。例如，希望协会每年发布特许商相关信息，并加强对连锁企业的调查和考核，为加盟商提供真实准确的信息，并督促连锁企业改正其不正确的经营方法。推出优秀的连锁企业，不让加盟商受骗，加大对连锁企业的管理和维护；希望协会严厉查处“傍名牌”的一些假品牌。

(3) 希望协会给加盟商提供发展机会。例如，希望协会多给已经经营成功的各品牌加盟商提供更多的行业信息及加盟其他品牌的商机；希望协会经常搞活动，引导总部加强广告宣传力度。

(4) 希望加强评选的真实性与可靠性。例如，希望此类调查活动能够坚持下去，希望协会能够派人深入企业做深入细致的调查。

(5) 希望加大对品牌的宣传力度。例如，希望中国连锁经营协会扩大自己的影响力，并在各大媒体定期公布优秀特许品牌及优秀特许企业管理商。

从上述言论看，加盟商认识到了行业协会的价值，表明加盟商队伍也在快速成长和成熟，特许企业总部应该更多地从加盟商的角度思考问题，真正达到合作双赢的目标。

六、中国模式的特许企业经营管理思路——中国经验

根据调查资料，我们可以看出加盟商的一些想法，也是我们长期以来社会制度环境造成的结果。有以下几个方面应该特别加以注意，这也是在国际化过程中不能够改变的策略：

1. 选择加盟商的经验

行业与区域因素应该重点考虑，不是每个地方和每个区域的人都能够做好每一件事

情。因为我们发现很多成功的特许企业的加盟商大量地聚集在某一个区域的现象；加盟商的经营管理资源应该充足（包括各种社会关系），这会有利于企业的成长，但是如果加盟商在当地很“强势”则往往走向盟主想法的反面，即很难控制与沟通；加盟商的兴趣与愿望是其能否持续成功的关键，如果为了养家糊口或者只是为了获得经济利益，对从事的行业并不感兴趣则基本不会长久。

2. 加盟商关系的维护

制定明确的沟通计划，让加盟商和盟主都习惯于一种沟通规则，可以最大限度地降低冲突的产生；加盟商的需求是无限和多样化的，盟主在与其沟通时应该长期不间断地进行，不能试图走捷径或快速改变加盟商的观念；双方沟通过程中应尽量避免人格化倾向，在各种场合都以公司或部门的面目出现，不至于将来因为人员变化带来沟通困难。

加盟商需要的帮助与支持，不仅仅是技术和人才，更主要的是情感交流，这一点具有明显的中国特色，加盟商忠诚的对象指向不是这个企业、品牌或者核心业务，更多的是特许企业的老板，或者说最初吸引加盟商的可能是老板本人，而不是加盟项目本身。这在国外学者和实业家看来是不可思议的，但从调查数据中明显看出加盟商的抱怨都与此有关(如希望与盟主的负责人直接沟通等)。因此，一方面总部领导应尽力做到亲历亲为，同时注意提高沟通人员的职位（或头衔），并在沟通之前与高层人员协商好沟通内容，这就给沟通带来确定性和有价性，这一点在与加盟商沟通时显得尤其重要。

（于显洋）

第三部分　地方篇

北京市连锁经营发展状况

一、概述

2005年，北京市连锁经营商业继续保持稳健的良好发展态势，优势连锁企业不断成长壮大，龙头企业作用增强，带动整体连锁经营管理水平的提高。2005年，全市零售、餐饮连锁企业实现零售额950.7亿元，同比增长14%，连锁经营零售额占全市零售额的比重为32.8%。188家连锁经营企业共有连锁门店5973家，其中132家零售连锁企业拥有门店4875家，占81.6%；56家餐饮连锁企业拥有门店1098家，占18.4%。在5973家连锁门店中，本市门店有5265家。全市连锁经营面积437.7万平方米，比上年底增加59.3万平方米。全市连锁企业吸纳从业人员16.7万人，同比增长10.56%。

二、连锁经营发展的主要特点

1. 在连锁零售业态中，超市和专业店业态销售增长幅度仍处于较高水平，成为拉动连锁零售额增长的主要因素

超市和专业店实现零售额分别为353.9亿元和271.1亿元，同比分别增长23.9%和32.9%。占连锁零售额的比重分别为37.2%和28.5%。在14%连锁零售额的增长幅度中，有9.2个百分点是超市和专业店业态贡献的。

主要连锁零售业态发展情况

业态类型	门店数（家）	去年同期（家）	零售额（亿元）	同比增长（%）	占连锁零售额的比重（%）	对连锁零售额14%增长的贡献（%）
百货商店	29	27	76.4	19.9	8.04	1.13
超级市场	1147	1102	353.9	23.9	37.23	5.21
专业店	2159	1893	271.1	32.9	28.52	3.99
专卖店	502	435	34.4	15.3	3.62	0.51
便利店	494	459	12.6	2.3	1.33	0.19

专业店和专卖店业态规模扩张速度快于其他零售业态，门店数分别达到2159个和502个，门店扩张速度都达到14%以上。

2. 连锁经营企业以开直营店为主

在全市5973个门店中，直营店4482个，比上年增加414个，占门店总数的75%；加盟店1491个，比上年减少254个，占门店总数的25%。目前，北京在零售、餐饮和生活服务三大行业中导入特许经营的企业共112个。

3. 连锁企业信息化管理水平逐步提高

随着连锁企业店铺和经营规模的扩大，企业经营管理系统也在不断调整和升级。优势企业积极采用现代信息技术，借助网络资源，在互联网上搭建零售商与供应商的交流平台，强化了采购和结算系统的功能，促进了商业流程的调整。同时，信息化管理也对上游客户提出了技术资质要求，有效优化了供应链结构。经了解，京客隆、翠微大厦、美廉美、旺市百利、华普超市等企业目前能够全部或部分实现网上对账。

4. 连锁经营企业加快建设和完善物流配送环节

(1) 目前配送中心具备了物流配送的基本功能，信息化水平相对较高。通过对连锁配送中心进行调查了解，目前建设的配送中心的主要功能有进货、储存、拣选、流通加工、分拣、配货、送货、信息处理等，其中流通加工功能较弱。目前建设的自有配送中心都不同程度地建立了计算机管理系统，管理上基本覆盖了订单管理、入出库管理、库存管理和配送管理等，由于信息化管理水平的高低与配送中心硬件配置相适应，所以在目前配送中心高架库与平仓相结合的设施条件下，条形码货位管理还没有普遍进行。

(2) 超市连锁企业注重以生鲜经营提高企业盈利能力，加强生鲜配送中心的建设，首家企业自建的京客隆生鲜配送中心全面投入使用，日处理包装果蔬4万公斤左右，日分割加工猪肉2万公斤左右。

(3) 一些企业的物流配送业务已委托第三方企业来完成。目前，环京物流的物流服务客户有55家，包括百安居、乐华梅兰、和黄天百、ESPRIT、星巴克、宝马汽车、大中电器、神州数码、美廉美等企业。东方友谊配送积极开展第三方冷链物流业务，既为零售终端服务，也为豆制品等生产企业提供部分配送服务。物美集团现共有门店659家，旗下有3个大型的配送中心。

(4) 连锁企业商品统一配送率达到47%。2005年，连锁经营企业商品购进总额为924.2亿元，统一配送商品购进额为434.8亿元，占商品购进额的47%。在统一配送商品购进额中，自有配送中心配送商品占46%，非自有配送中心占54%。全市连锁经营企业建有配送中心161个，其中本市158个，外埠3个，自有配送中心113个。

5. 部分连锁企业的调整和改革悄然加速

外资与内资企业之间、内资与内资企业之间并购、重组等在不断进行。西友集团控股首联集团，积极对优质经营资源进行整合，努力提高首联的经营能力。全聚德集团组建成立了中国全聚德（集团）股份有限公司，通过资源整合，股权结构调整，仿膳等众多老字号企业加入全聚德。王府井股份公司收购了徐州华联和首联集团持有的“北京7-11”25%的股权，形成多业态经营格局。国美电器收购了易好佳和东北黑天鹅专卖店。

6. 连锁企业市场集中度提高

2005年，在188家连锁经营企业中，19家连锁企业销售额达到10亿元以上，实现销售额848.8亿元，占连锁企业总销售额的80%；实现零售额752.1亿元，占连锁企业总零售额的79.1%；门店数1988个，占总门店的33.3%。

7. 本市连锁企业在全国连锁行业中具有一定影响力

在第七届中国特许加盟大会上，在全国范围内授予4家连锁企业“中国特许奖”，中国全聚德（集团）股份有限公司、北京福奈特洗衣服务有限公司获此殊荣。在第七届中国连锁业会议上，京客隆生鲜配送中心解决方案被评为“2005年中国零售业十佳创新案例”之一。

6家连锁集团进入全国连锁30强。2005年，在全国连锁30强企业中，北京国美电器有限公司、北京华联集团投资控股有限公司、北京物美投资集团有限公司、北京王府井百货（集团）股份有限公司、东方家园有限公司、北京京客隆超市连锁集团有限公司6家企业入围。分别位于第2、5、6、26、28、29位。入围企业在全国范围内实现销售额1077亿元，同比增长56.3%，占30强企业实现销售额的21.9%；共开门店1363家，比上年同期增加282家，占30强企业店铺总数的21.5%。

8. 连锁经营业种达到85种

2005年，零售业、餐饮业和居民服务业连锁经营的业种达到85种，比2000年增加15种。

9. 大型连锁企业外埠扩张速度加快

2005年，北京国美新开店铺156家，其中在外埠新开店147家，占新开店铺数的94.2%；北京物美集团在外埠新开店铺10家；北京华联在外埠新开店铺59家。本市连锁企业在外埠共开门店708个。

10. 连锁经营在郊区县得到快速发展

2005年，远郊区县连锁经营蓬勃发展，现代流通网络逐步建立。远郊区村镇新发展连锁超市、便利店681个，累计达到1123个，乡镇和千人以上大村覆盖率分别达到88%和53%。

11. 外商投资企业扩张速度不减

截至2005年年底，外商投资连锁企业共有26家，共开门店755个，比上年同期增加138个，增长速度为22.4%，比全市连锁企业门店增长速度高19.6个百分点。外资连锁企业实现零售额157.4亿元，同比增长30.8%，实现零售额占全市连锁零售额的16.6%。

12. “十五”期间连锁经营实现快速发展

连锁商业实现零售额的比重由12%上升到32.8%。社区连锁超市便利店覆盖率由40%提高到87%。

随着市场竞争的加剧，连锁企业呈现出两极分化的趋势，龙头企业正在稳健高质量地健康发展，如北京京客隆商业集团股份有限公司；个别民营企业在不规范的经营管理下经营失败，如曾有5家大卖场的盛兴超市已倒闭。

（北京市商务局）

天津市连锁经营发展状况

2005年是天津市商业投资力度最大、商业设施发展最快的时期。截至2005年年底，天津市已有大型综合超市62家，连锁经营企业达到80多家，新型业态门店2600多个，连锁销售规模实现340亿元。

2005年天津市商贸流通业大力吸引商业固定资产投资，加快推进商贸载体设施建设，越来越多的现代化大型商业设施拔地而起，尽显国际商贸大都市的繁华。大型综合超市、连锁专卖店、专营店等新型业态发展迅速。据统计，“九五”期间天津市大型综合超市尚不足10家，现已发展到62家，沃尔玛、家乐福、麦德龙、万客隆、欧尚、易初莲花、易买得等国外知名大型超市纷纷在天津市落户，家世界、乐购、人人乐等国内大型超市经营企业迅速发展，国美、物美、津工、大中等连锁企业遍地开花。

2005年，天津市市场建设改造步伐加快、规模扩大、档次提升，大型专业批发市场发展势头强劲，辐射功能进一步增强。“十五”期间，大市场建设改造投资累计达到50亿元，比“九五”增长40%，批发市场总数达到150个，建筑面积达到222万平方米，大胡同商业中心、储宝钢材现货交易市场、滨海国际汽车城、环渤海建材中心批发市场、登发装饰基地、国际轻工商贸城、天津粮油批发市场交易大厦等一批规模宏大、设施高档、功能齐全的大市场矗立津门。本市亿元商品批发市场成交额达到760亿元，同比增长21%。环渤海建材、大胡同小商品、滨海汽车、储宝钢材、天津粮油等批发市场已成为全国知名市场品牌。

在商业设施加快建设的同时，购物环境也得到了明显改善，建设标准、设施档次水平显著提高，成为城市标志性建筑。2.6万平方米的一商友谊商厦、2.5万平方米的国际商场、11万平方米的津汇广场、3.6万平方米的伊都锦等一批商业设施均创造了舒适、人性化的综合性购物环境，在吸引了大批国际、国内知名品牌进店经营的同时，也成为旅游、休闲、娱乐、文化场所。

“十一五”期间，天津市零售业将向更宽领域发展，重点投资发展多种业态、便民商业、农村商业及商贸服务业，使本市商业整体跨上一个新台阶。

- 到2010年，高端百货零售企业达5家，高端百货商场达到20个以上；
- 市区便民商业覆盖率达到100%；
- 形成区（县）、乡、村三级消费品零售网络；
- 培育5至7家国家级餐饮企业。

一、加快提升零售商业

1. 大力发展高端百货零售业

加快建设现代商业广场、信达广场等一批高档次、现代化商业设施；鼓励各大中型商场积极开展错位经营，大力实施名品、名店等品牌战略，引导和推动传统百货业转型升级。据介绍，到2010年，全市高端百货零售经营企业达到5家，高端百货商场达到20个以上。

2. 规划建设SHOPPMALL（购物中心）及大型超市

加快建设天一MALL，积极推进京津新城MALL，到2010年全市建设大型SHOPP-MALL3个，新建6000平方米以上大型超市10至20座。

二、大力发展新型业态

1. 加快发展连锁经营和新型业态

加快培育家世界、津工、食为天等连锁龙头企业，重点扶持便利店、社区便民店、专卖店及专业店。到2010年，形成年销售额超100亿元的大型连锁企业集团3家，超30亿元的连锁企业6家，连锁经营业种达到100种，销售额占社会消费品零售额比重达到50%。

2. 全力打造特色旅游消费区

深入挖掘历史文化风貌区和优秀历史建筑资源，建设商业、旅游、文化有机结合的风情街区。五大道、法式、意式、奥式及德式等风情街区上，重点增加餐饮、娱乐、休闲等商贸服务内容。鼓励市内各区积极开办商业夜市场，把和平区南市等培育成精品夜市场。

三、规范发展便民商业

1. 大力推进便民商业进社区

统一规划建设“业态齐全、设施达标、连锁经营”的便利店、早点快餐店及废旧物资回收点等便民商业网点。到2010年全市建成和完善社区商业服务中心200个，市区便民商业覆盖率达到100%。

2. 全面加快农贸市场升级改造和规范化菜市场建设

加快建立菜市场（生鲜食品超市）建设的市场布局和设置管理标准体系，实施与生产基地产销对接、定牌生产，鼓励菜市场的投资者实施统一经营，鼓励菜市场实行连锁经营、配送等现代流通方式，进一步强化规范化管理。

四、大力发展农村商业

1. 加快完善天津农村商业网络布局

改造、整合及新建相结合，推动大中型流通企业到区县及乡镇投资建设；支持基层供销社建立健全农村日用消费品和农资连锁网络；鼓励民营、个体以合资、合作等形式参与建设和改造。到2010年，建立日用消费品连锁配送中心10个，乡镇及较大自然村经营门店3000个，连锁率达到90%；建成农业生产资料连锁超市（兼配送中心）15个，乡镇、大自然村直营或加盟店200个，基本形成区（县）、乡、村三级消费品零售网络，农村城镇便民商业网点覆盖率达到80%。

2. 加强农副产品流通体系建设

扶植发展农产品生产、加工、销售龙头企业，积极推广“公司+农户”生产流通模式，建立区域性农副产品批发交易市场，拓展农副产品购销渠道，建立食品安全流通体系。到2010年，培育生产、加工、销售于一体的农副产品龙头企业10个，区域性农副产品批发交易市场10个，农副产品知名品牌20个，组建农村专业合作经济组织500个。

五、积极发展商贸服务业

1. 大力发展餐饮业

着力培育5至7家年销售规模超亿元、全国知名的餐饮业品牌企业或企业集团，形成多元化、多层次、品类丰富的餐饮服务体系。到2010年，全市餐饮业营业额突破300亿元，年均增长16%。

2. 培育发展生产性服务业

重点推动研发服务、汽车服务、成套服务、物流服务、设计服务、采购服务、航运服务、会展服务、咨询服务和职教服务等十大生产性服务业发展。

3. 推进发展生活性服务业

鼓励连锁化、品牌化经营，支持服务细分、服务创新和特色经营，加快推进生活性服务业发展，住宿、美容美发、洗染、照相等行业的营业收入年均增长15%。

4. 规范发展特种服务业

拍卖业、旧货业营业规模年均增长速度保持在15%以上；典当业和租赁业重点是加强规范管理，培育龙头企业。

(天津市商务委)

沈阳市连锁经营发展状况

2005年在全市连锁经营企业的共同努力下，通过新开、扩张、兼并、特许等经营措施，推动了全市商业流通连锁经营业态健康、持续地发展，全年新批连锁经营企业23家，使连锁经营企业总数达到338家；新增连锁店铺382个，使连锁店铺总数达到4200多个；连锁经营企业销售额实现230亿元，比上年增长6.5%，占全市社会消费品零售额总额914亿元的25.2%。

1. 大型连锁超市抢开新店

2005年元月就有上海世纪华联兴华店抢先开业，当月24日又有乐购广宜店开业，之后又有中兴超市于洪店、家乐福塔湾店、大福源沈河店、苏宁电器等营业面积在万米以上的大型超市在沈阳市抢滩登陆。

2. 竞争激烈体现优胜劣汰

在新的连锁企业不断开业的同时，一些在激烈的市场竞争中败下阵来的企业纷纷倒闭：有60多家店铺的绿色阳光便利店、会员形式的万客隆大型超市、标准超市的新一佳大型超市、灿坤3C大型家电超市等相继闭店。

3. 便利店显露兼并趋势

基础比较扎实的每之购便利店，抓住市场发展有利时机，迅速采取特许兼并的经营策略，一年就收纳73家加盟店，使店铺总数达到264家，遍布全市的大街小巷，成为连锁经营的知名企业。

4. 培训专业人才促进连锁发展

为了使沈阳市连锁经营企业快速、健康的发展，沈阳市连锁经营协会在2005年4月与中国连锁经营协会联合举办第九期“品类管理”培训班，全面介绍“品类管理”技术，结合实际案例讲解，让学员对“品类管理”知识有更透彻、更深刻的掌握，为企业经营带来实实在在的帮助，共有16个大型连锁企业的54名管理人员参加了培训，收到了明显的效果。

5. 补充会员企业增强协会活力

沈阳市连锁经营协会全年召开5次理事会议，调整增补了部分理事单位，选择各行业的典型企业当选为副会长，进一步扩大了协会的影响力，增强了协会的活力。另外，协会还定期出版了四期《沈阳连锁》杂志，向全国广泛推介本市连锁企业，传播国家有关法律法规，介绍连锁业态发展，为协会成员搭建沟通的桥梁。

6. 举办连锁展会帮助企业发展

2005年6月，沈阳市连锁经营协会在辽宁展览馆举办了“第三届连锁经营及特许加盟展览会”，北京、上海、天津、重庆、广州、哈尔滨、大连、深圳等16个省市、12个行业的68家连锁经营企业参加了展会，吸引了众多市内外专业人士到会商洽。

（沈阳市商业局消费品流通处）

大连市商业网点普查分析报告

大连市普查的商业网点包括零售业、餐饮业、服务业、商品交易市场以及住宿业。普查结果表明：在总数为85460个的商业网点中，零售业网点有53819个，占整个商业网点数量的62.98%；营业面积近625万平方米，占整个商业网点面积的40.46%。各类商业网点直接吸纳就业人员达46万人。

另外，在商品交易市场、餐饮业、服务业、住宿业这几个行业的商业网点中，商品交易市场和住宿业稍好一些，人均在0.5平方米上下。但餐饮业和服务业却显得较差，仅在0.25平方米左右。人均营业面积主要反映了商业设施规划的发达程度，相比之下，餐饮业、服务业与零售业有四五倍之差。

本次普查显示，大连市目前商业网点的规模和影响力十分有限。规模以下的小网点有3万多个，而规模以上的商业网点中也有近1/3以上的餐饮业、服务业网点小于50平方米。而像这种规模的网点在北京和上海已经被明令禁止营业。专家提出，“十一五”期间，大连商业网点发展的战略思路应该从注重数量发展转为以质量提高为主。处于随时倒闭或歇业状态的“开关”型小规模网点要突破发展瓶颈，引导其走连锁经营之路。

本次普查的零售网点涉及食杂店、便利店、超市、购物中心等11个零售业种。业态的多样化证明了这一行业竞争比较充分。其中18个购物中心的营业面积为126.85万平方米，1.12平方米的人均零售商业面积，无疑让大连进入了全国零售商业快速发展城市之列。

不过，目前大中型零售网点过于集中在某一商圈，而且发展速度过快，甚至是两年内新增的商业卖场面积超出了过去几十年发展的规模，从而导致了十分激烈的竞争。不仅如此，专家认为，大卖场的密度过高会严重威胁周边其他业态的生存发展。研究表明，在大卖场周边3公里商圈内，一般小超市、食杂店等营业额会下降30%左右。因此，政府应该继续加强对商业设施项目建设实施听证会的监控力度。这一点，已经为大连市商业“十一五”发展规划所明确：今后大连零售业网点的发展重点是连锁超市、便利店和社区型（邻里型）商业，以实现在便利性、服务性、多功能方面满足居民消费的需要。

（大连日报）

黑龙江省连锁经营发展状况

截至2005年年底，黑龙江省连锁公司（含部分单体超市）有111个，全年连锁经营实现销售130亿元。其基本特征主要有以下几个方面：

1. 外资和国内大的连锁公司除加速在省城开店外，已将发展触角伸向省内二级城市，大卖场、大百货店、大专业店等几大主要业态都由其占据主要市场份额

目前5000平方米以上的现代零售网点全省有近40个，其中65%集中在省城哈尔滨。

2005年以来，外资和国内大的连锁公司除加速在哈开店外，已将发展触角伸向省内二级城市。大福源采取外围抢攻战略，9月份在佳木斯投下一子，在佳木斯零售市场掀起一股不可小视的波澜；上海百联集团旗下的世纪联华10月中旬在牡丹江市区开出进军省内外埠市场的第一店，使竞争正酣的牡丹江零售市场犹如火上浇油；沃尔玛齐齐哈尔购物广场10月10日在齐齐哈尔中瑞商城正式奠基，而其拓展大庆市场的前期工作也在同步进行着；家乐福已做足了进军二级城市的选址和经营上的准备；麦德龙也将入驻大庆市场。

目前，在全省大城市零售市场中，大卖场以沃尔玛、家乐福、大福源、世纪联华为代表，大百货以马来西亚的百盛为代表，大专业店以苏宁、国美、百安居为代表，几个主要现代零售业态都由外资和国内大连锁公司占据主要市场份额。

2. 家电专业店拼抢开店势头迅猛，整合力度加大

国内的家电连锁巨鳄国美、苏宁等都是2004年进入黑龙江市场的。为实现他们在黑龙江市场的整体布局，2005年两大巨鳄拼抢开店势头迅猛，在省城哈尔滨每新崛起一个商圈必有国美、苏宁的影子。激烈的竞争和快速的扩张往往使企业出现欲速则不达的情况，今天开店、不久关店的情况时有发生。国美在哈开出的5家店中已关了3家。现在他们正在将触角伸向省会城市之外的区域中心城市。

国美今年靠实力收购了省内最大的家电连锁企业——黑天鹅，并且在实施新的发展战略，即靠黑天鹅占据更大的市场份额，向外围抢攻。

3. 民营企业发展势头旺盛，结合实际不断创新，显现出区域性优势和旺盛的生命力

目前，全省超市企业（含单体超市）有90家，主要在哈尔滨以外的市县发展。特别近两年内民营超市发展很快，多数为1000~2000平方米的单体超市，在市县区域市场发挥着增加就业，以现代营销方式的安全、快捷、低价服务于当地居民的重要作用。而形成一定规模的民营连锁超市在经营实践中不断创新，规模不断扩大。一是主动与国际接轨，寻求新的突破。2005年4月21日，在庄严的北京人民大会堂，大庆庆客隆与国际食品杂货联盟IGA签署加盟协议，正式加入国际自愿连锁机构——IGA。二是以资本和经营管理优势，收购兼并弱势企业，不断整合市场。绥化华辰超市公司2005年兼并了绥棱绥客隆超市，鹤岗比优特超市也兼并了当地的一家超市。三是大胆探索业态的创新。比优特超市在

原有经营综合超市的基础上，大胆尝试经营服装超市，2000多平方米的服装超市8月份开业后经营十分火爆。佳木斯的哈维斯为企业在愈发激烈的市场竞争中寻求拓展市场空间找到了新的途径，不仅实现了经营项目的拓展，更主要是突破了传统的思维方式，为日后的发展奠定了基础。四是在超市生鲜经营上的突破。庆客隆超市有自己特色的生鲜经营，在全省业界有口皆碑。后来居上的宝清家乐购超市在果蔬经营上选准市场定位，在采购、促销上形成市场冲击力，由此形成控制市场价位优势，而其靠果蔬经营上的人气拉动其他销售的做法也十分令人称道，走出一条在县城开超市比较成功的道路。五是更加注重利用“外脑”，实现经营管理上的创新。缺乏懂经营会管理的专业人才，经营业绩不够理想是省内民营企业存在的普遍状况。为在竞争中争得主动，取得优势地位，一些经常走出来、善于学习和借鉴的民营超市老板，比以往更加注重利用“外脑”，高薪聘用专业管理人员，给他们职务和职权，使企业的经营管理改观较快。这种融合做法，也在一定意义上提升了整个行业水平。

4. 随着城市化进程的加快，社区超市在一些大中城市有较快的发展，在完善城市社区功能、满足居民便捷多样需求方面起着越来越大的作用

据不完全统计，目前全省大中城市中以发展社区连锁超市、便利店网络为主的连锁公司有近20家，发展社区店铺近百家。哈尔滨中央红集团公司、联强公司、大庆庆客隆公司、立新超市公司、大庆百货大楼超市公司、鹤岗比优特超市公司、佳木斯哈维斯超市公司等都把发展社区超市作为扩展的重点，已初步形成区域店铺网络。

在发展社区商业上，最为突出的要数大庆的庆客隆超市。庆客隆是一家创立于1998年的民营企业。从成立那天起，庆客隆就把自己定位在社区，“为社区提供方便快捷的优质服务”成为企业的经营宗旨。庆客隆连锁店门面上的口号是“天天低价，始终如一；保证满意，服务社区”。每一个社区店成立，他们首先考虑的是安置当地下岗职工和待业青年；其次是亮化社区，改善环境。在经营上，他们根据当地顾客的需要，不断调整商品结构。生鲜商品的量大丰富和现场制售的方便快捷已成为庆客隆社区超市的一大经营特点，备受家庭主妇的欢迎。而他们始终坚持的低价策略，使社区百姓得到了真正的实惠。

七年来，庆客隆连锁店由1个增加到11个，营业面积由当初的5091平方米增加到现在的37000平方米，2300多人在庆客隆实现了就业，安置下岗职工900多人。

5. 行业协会在服务企业、促进企业做强做大方面实现新突破

省连锁经营协会是全省连锁经营领域惟一的行业组织。在主管部门领导的支持下，在服务企业、尤其是在促进企业做强做大方面做了大量卓有成效的工作。一是在信息服务上，协会主办的《黑龙江连锁》会刊全年编辑出版了12期，提供企业急需的行业政策、行业动态、行业经营管理指南和行业商机。改版后的会刊不仅在形式上增强了形象性，而且在内容上更突出了实效性、可操作性。如增加大量的“商业案例”和“名企借鉴”内容，得到政府、业界的一致认同。二是在哈尔滨组织召开了“全国中小城市超市发展战略研讨会”，请来全国连锁业界的15名知名专家同台论述中小超市发展的商机和策略，为全省中小超市今后的发展指明了方向。三是针对企业实际，组织行业培训、超市沙龙，企业一致反映收效大，学有所得，解决了企业经营管理中遇到的实际问题。四是组织企业到外省市行业内先进企业考察，使参加考察的企业的负责人在开阔眼界的同时，学到了创新经

营的好做法，如部分企业回来后学以致用，开出的服装超市大获成功。五是组团参加“第七届中国连锁业会议”。参会的10家企业一致感到，通过参加这样的全国高层会议，在触摸到行业发展脉搏的同时，进一步鼓舞了斗志，对中小超市的发展路数更明确了。六是为企业组织联合采购，降低经营成本；为企业经营管理咨询诊断、商务联络做了大量的协调、沟通工作，并且初显成效，协会的影响力大大增强。

（黑龙江省连锁经营协会）

上海市连锁经营发展状况

一、2005年上海连锁经营的基本概况

2005年，连锁网点约15700个，同比增长10%左右。其中市外网点近5000个，同比增长20%左右；市内网点约10800个，同比增长6%。连锁业实现销售总额1560亿元，同比增长31．4%。其中内资企业增长27%，港澳台商企业增长24%，外商投资企业增长45%。市内连锁零售额实现815．71亿元，同比增长20%，占本市社会消费品零售总额2973亿元的27%。连锁业态、业种近90个。

上海连锁业2005年实现的业绩为“十五”计划划上了一个圆满的句号。在这丰硕的成果中，凝聚了上海连锁企业广大员工辛勤劳动的汗水和聪明才智，也凝聚了各连锁业伙伴们，广大供应商、生产商的大力支持和真诚合作。

二、2005年上海连锁业发展的主要特点

1. 业态发展集中于大卖场

2005年，大型综合超市拥有市内网点126个，比2004年增加15个，其中郊区新增11家，大卖场已覆盖了本市除崇明以外的所有地区。标准超市受大卖场和便利店的挤压，处于低速发展和转型期，标准超市向生鲜食品超市转型也存在着许多瓶颈，有待于进一步的探索。便利店停止大规模的“圈地运动”，进入了盘整阶段，重点是提高单店营运效益，提升差异化、个性化经营功能。上海便利店已从外延式增长向集约式增长方式转变。2005年，上海连锁业业态发展集中于大卖场，而大卖场的发展重点在市郊。市郊已成为全市连锁业重要的支撑和增长亮点。

2. 市外网点扩展继续加速

近年来，上海连锁业开拓国内市场的步伐不断加快，据统计，2005年底在市外开设的连锁商业网点近5000个，比上年同期增加1000多个。

华东地区仍然是上海连锁业市外拓展的重中之重。截至2005年年底，上海在华东地区开设的连锁网点有3000多个，占市外连锁网点总数的76%，为各地区之首。

上海连锁企业在全国34个大中城市都有网点，总体增幅较快，但发展不平衡。另外发展较快的、开设网点较多的是北京、大连、南京、杭州、广州等城市，其中杭州居首为500多个。上海连锁业开拓全国市场是企业发展的一个重要途径。

3. 加快专业、专卖店的发展

专业、专卖店相对标准超市和便利店等业态而言可称得上是连锁商业的后起之秀，尤其是家用电器、建筑材料和药品类专业、专卖店的销售更是占了相当大的市场份额。2005

年上海30余家连锁专业、专卖店实现销售总额200多亿元，同比增长30%。其中以永乐、国美、苏宁电器为首的家电连锁企业实现销售约150亿元，同比增长30%；以百安居、好美家为龙头的建材连锁企业实现销售40多亿元，增长27%；以上海药房、华氏大药房为主的医药连锁企业实现销售26亿元左右，增长24%。专业、专卖店将是上海连锁业发展的又一亮点。

4. 二、三级城市市场争夺激烈，外资发起第二轮冲击波

2005年，上海连锁超市市外新开店782家，增幅20%，大大超过市内新开门店增长6%的幅度，新开门店多数集中于省级及以下城市。

1995年法国家乐福在上海曲阳开了第一家大卖场，至今有门店70家，其中62家开在上海市外。麦德龙把长三角的二、三级城市作为重点扩张区域，继续在南京、无锡、南通、苏州开设分店。大润发目前门店总数49家，上海市内仅7家。好又多105家门店中有97家开在市外二、三级城市。世界零售业巨头沃尔玛在广东沿海和京津地区周边辐射，逐步控制东北、珠江三角洲和中原地区。外资大卖场在上海的门店总数有67家，占上海大卖场总数126家的53%。外资零售企业进入我国流通领域的速度加快，外资连锁企业发起进入中国市场的第二轮冲击波已在二、三级城市市场掀起高潮。

5. 多业态与专业化经营成为新的发展方向

上海联华拥有世纪联华大卖场、联华标超、联华快客便利店、迪亚天天折扣店、联华生鲜食品超市（超级生活馆）等多种业态。农工商也有农工商大卖场、农工商标超、好德便利店和伍缘折扣店等多种业态。加快多业态混合经营，积极应对顾客多方面需求是2005年上海超市业发展的新动向。另外，专业专卖业态的市场占有率在不断提高，如目前发展较快的家电专业连锁、建材专业连锁和药品专业连锁已逐步成为行业的龙头企业。

（上海连锁经营协会）

山东省流通业发展状况

经济普查显示，山东省流通业虽然发展很快，实力进一步增强，但整体竞争力不强的局面并未改变，亟待提升。

一、山东省流通业发展现状

近几年来，山东省流通领域积极推进市场取向改革，推动了多元经济结构、多种经济成分、各类经济主体并存流通格局的形成，流通产业化程度大大提高，流通业正成为市场化资源配置程度高、活力强、发展快、特色鲜明的重要产业。

1. 流通行业规模呈不断扩张之势，就业人数不断增加

近年来，随着市场化程度的不断提高，山东省流通业得到长足发展，行业规模日趋扩大，经营领域不断延伸。据经济普查资料，2004年末山东省批发零售业法人企业单位达56936个，比2001年增长12.3%，其中：批发业法人企业单位达32841个，比2001年增长13.5%；零售业法人企业单位达24095个，比2001年增长10.6%。个体经营户125.5万户，比2001年增长66.6%。流通行业的快速发展，在促进经济发展的同时，对缓解社会就业压力也发挥了十分重要的作用。2004年流通行业从业人员达348.8万人，比2001年增长41.1%。

2004年批发零售业企业经营状况表

	单位数（个/户）	就业人员（万人）	销售额（亿元）
法人企业	56936	100.9	6438.2
批发业	32841	53.1	4758.2
农畜产品批发	2778	8.7	309.1
食品、饮料及烟草制品批发	3053	8.4	701.3
纺织、服装及日用品批发	2104	3.0	232.6
文化、体育用品及器材批发	752	0.8	60.5
医药及医疗器材批发	764	2.0	132.8
矿产品、建材及化工产品批发	12394	17.4	2144.9
机械设备、五金交电及电子产品批发	7811	9.1	902.4
贸易经纪与代理	143	0.2	14.7
其他批发	3042	3.5	259.9
零售业	24095	47.8	1680.0

续表

	单位数（个/户）	就业人员（万人）	销售额（亿元）
综合零售	3089	20.3	555.7
食品、饮料及烟草制品专门零售	2484	4.1	63.4
纺织、服装及日用品专门零售	2277	3.2	47.9
文化、体育用品及器材专门零售	1389	2.0	57.6
医药及医疗器材专门零售	1536	3.1	81.0
汽车、摩托车、燃料及零配件专门零售	3734	4.8	535.7
家用电器及电子产品专门零售	3256	4.3	192.1
五金、家具及室内装修材料专门零售	3580	3.2	76.9
无店铺及其他零售	2750	2.8	69.6
个体经营户	1255067	247.9	4306.4

2. 投资主体呈现多元化，个体私营经济地位日趋加强

从注册类型看，投资主体多元化结构已初步形成，个体、私营、外商等各种社会投资成为流通业发展的主要力量，市场份额逐步提高。2004 年，批发零售企业中私营法人单位 38023 个，占全部批零企业法人单位的 66.8%。个体私营从业人员 285.1 万人，占全部批零从业人员的 81.7%；销售额 6507.4 亿元，占全部批零销售额的 60.6%。外商投资批零企业已达 286 家，比 2001 年增长 24.3%。

3. 新兴零售业态快速发展

近几年，随着国际零售巨头的入驻及国内特大零售商的抢滩，山东省市场格局日新月异，超级市场、便民连锁店、专卖店、购物中心等新兴零售业态在大中城市纷纷设立，自动售货、电子商务、网上购物等现代营销方式相继登场，流通业呈现多样化的发展态势。2004 年，山东省限额以上连锁零售业 60 个，其中专业店 30 个，超级市场 15 个，百货商店 13 个，专卖店、便利店各 1 个。全省连锁企业实现销售额 381.9 亿元，零售额 285.5 亿元，利润总额 5.0 亿元，显示出强劲的发展势头。

4. 商品交易市场日渐成熟

目前山东省商品市场数量、摊位数、成交额等主要指标均位居全国前列。2004 年，山东省年成交额 1 亿元交易及以上的商品交易市场达 316 个，较 2003 年增加 8 个；商品成交额达 2243.7 亿元，比上年增长 9.5%；年成交额 30 亿元及以上的市场达 15 个，较 2003 年增加 2 个，实现成交额 829.1 亿元，占全部亿元市场成交额的 40%；专业化有所加强，专业市场达 229 个，占全省亿元市场的比重为 72.5%，较 2003 年上升 1.7 个百分点。

5. 大中型流通企业竞争能力不断增强

山东省大中型流通企业在激烈的市场竞争中，注重发挥自身资源、服务、信誉等固有优势，经济实力进一步增强，经营规模进一步提高。截至 2004 年末，全省限额以上大中型批零贸易企业已达 3417 家，实现销售额 4395.3 亿元，占全省批零贸易企业销售总额的 68.3%；利润总额 58.4 亿元，占全部批零企业利润总额的 41.9%。其中批发企业 1684 家，

实现销售额3151.2亿元，利润总额48.7亿元；零售企业1733家，实现销售额1244.1亿元，利润总额9.7亿元。

二、流通业发展中存在的主要问题

虽然山东省流通业发展较快，但必须清醒地看到，山东省流通企业“散、小、弱”的问题仍然突出，流通产业总体竞争力还不强，商品流通的产业化水平还有待进一步提高。

从行业发展看，2004年山东省第三产业增加值占GDP的比重比全国平均水平低近10个百分点，其中批发零售流通业增加值仅占GDP的8.3%。而欧、美、日等发达国家第三产业的比重高达70%左右，批发零售流通业占整个GDP的16%左右，山东省存在着明显的差距。从近几年变化的情况看，山东省流通产业占服务业的比重一直在低水平徘徊，与1995年相比，2004年还下降了1.5个百分点，这种趋势与经济社会总体发展趋势极不协调。

从经营规模看，全省规模以下流通企业和个体户销售额6349.3亿元，占销售总额的近六成。2004年，山东省最大的零售企业销售额只占全国社会消费品零售总额的0.2%；而同期美国沃尔玛公司销售额占美国当年社会消费品零售总额的7.8%。全国连锁企业前10强中，上海占4家，江苏省占2家，而山东省只有1家。

从业态结构看，山东省连锁企业实现的零售额在社会消费品零售总额中所占的比重仅为5.4%，而这一比例在美国达到60%，日本为40%，我国台湾地区则达到61%。山东省规模最大的连锁企业三联商社销售总额为128.3亿元，也仅为上海百联集团连锁销售额的19.0%。

从网点布局看，农村流通网点依然稀少，售后服务体系不健全、设施不配套、综合运行成本偏高等状况仍然存在，导致农村的部分消费流向城市，延缓了农村市场的发展进程。

三、提升山东省流通业竞争力的对策与建议

从流通业发展趋势和山东省实际来看，提升山东省流通业的整体竞争力，当前应突出抓好以下几项工作。

1. 搞好流通业区域发展规划，打造区域流通优势

现代流通业广泛采用现代信息技术、网络技术和现代物流技术，资源配置从一个工厂、一个地区、一个国家扩展到全球，对一个地区的经济有着决定性的影响。一个地区一旦出现在商流、物流、信息流、资金流、人员流动等方面的便利，就可以转化为区域流通优势，形成贸易活跃的竞争高地，将极大地有利于其产业集聚，促进其经济快速发展。所以，要从长远发展大局出发，以大市场、大流通、大物流为理念，依据全省现有流通业发展状况以及各地和周边地区的产业基础，制定好区域流通发展战略，对业态结构、地区分布进行科学规划，合理确定各地区域流通的职能分工，使全省成为统一的快速流通的经济圈。要加快行业规划的制定与完善，包括行业发展阶段规划、业态发展规划、完善商业网点布局规划等，使全省流通业实现合理布局、科学发展。同时要搞好总体控制，避免重复

建设，防止出现“有场无市”的现象和盲目发展带来的恶性竞争。

要突出抓好农村现代商业网点建设，深度开拓农村市场。要从城乡一体化和建立畅销体系的角度重新考虑流通资源的合理配置，鼓励流通体系向农村多渠道延伸、渗透。要大力开发农村市场，培育和建立适合农民消费水平和需求层次的零售业态，强化信息技术的利用，打破城乡阻隔，形成中心地带与边缘地带、城市与农村一体化的流通网络。

要进一步整顿和规范市场流通秩序，改善流通环境。规范市场流通秩序是一项长期性的工作，必须坚持标本兼治、重在治本。要按照建设“信用山东”的要求，继续在流通领域广泛开展“诚信兴商”活动，加强诚信体系建设，逐步形成以道德为支撑、产权为基础、法律为保障的社会信用制度，营造一个有利于流通产业发展的良好环境。

2. 积极培育龙头企业，增强山东省产品对外销售的主导能力

一个地区的竞争力越来越取决于流通能力，能否加快现代流通业的发展，已成为提高经济运行速度、效益和质量的关键。山东省正实施半岛制造业基地战略，积极提高商品流通渠道的主导能力，扩大山东产品对省外的销售力度是至关重要的。要提高山东省商品流通渠道的主导权，关键是要发展一批在全国有影响的流通企业。同时大型流通企业是推进流通现代化的主要载体，发达的流通业的一个重要标志就是拥有一批具有较强国际竞争力的大型流通企业，如经济发达的美国拥有沃尔玛，法国拥有家乐福，德国拥有麦德龙，培育大型流通企业既是国际的成功经验，也符合山东省实际需要。所以，要鼓励流通企业做大做强，提高市场综合竞争力。要加强对流通领域大公司、大集团工作的指导，按照建立现代企业制度的要求，大力推进产权制度改革，增强企业创新能力，突出经营主业，提高核心竞争力，实现规模扩张，力争培育出一批拥有自主品牌和知识产权、主业突出、核心竞争能力强、初步具有国际竞争能力的大型流通企业。

3. 整合流通资源，大力发展连锁流通业态

被称为“现代流通革命”的连锁经营，是体现社会化大生产的现代流通方式。其本质是把现代化工业大生产的原理运用于商业，实现商业经营活动的标准化、专业化和统一化，从而达到提高规模效益的目的。从国际零售业发展历程来看，连锁经营在零售业中的主导地位已是大势所趋。近年来山东省也出现了一批连锁式的百货店、超级市场、专业店、专卖店等零售新兴业态，但总体来讲连锁经营仍处于起步阶段，亟须有个大的发展。要在现有流通资源的基础上，通过资源整合，推进连锁经营组织向更大范围、更深层次发展和延伸，力争在未来 5 至 10 年基本确立连锁经营组织在流通业中的主体地位。要积极鼓励多元化流通主体之间、不同区域流通企业之间、流通企业与上游生产企业和批发、零售与外贸等不同环节流通企业之间的重组、合并与联合，突破流通领域传统的依部门、环节、地区分离的板块结构，营造新型的流通组织模式。要鼓励连锁“龙头”企业充分发挥资本运行、资源配置、技术创新和市场开拓等方面优势，以资产、品牌、经营技术等资源为纽带，通过股份制改造、兼并联合、参股控股、重组等方式，扩大市场份额和规模效应，实现跨越式发展。

要积极推动电子商务的广泛应用。电子商务是现代流通业的发展趋势，它的无时空限制、便捷、互动等优势，使其在经济活动中得到越来越广泛的应用。要积极建设一批集信息发布、价格指导、网上交易、资源配置等功能于一体的行业门户网站，发挥无形市场的优势，鼓励大型百货商场、购物中心、连锁超市建设网上商城，扩大网上消费，拓宽电子

商务覆盖面。

4. 大力引进和培养流通业管理人才

现代流通管理人才的竞争日益成为流通企业之间的竞争焦点。推进流通现代化，关键在于要抓紧培养和造就一支熟悉现代流通的高素质人才队伍。北京物美连锁公司的董事长就是中科院系统科学博士、美国斯坦福大学博士后，在发展连锁经营的思路、模式、措施方面，确实做到了同国际接轨。所以，要把引进和培养流通高级管理人才作为一项战略任务来抓，为流通业现代化储备一大批精通现代流通方式、现代连锁、物流企业经营管理的高素质专业人才，通过运用先进的流通技术和管理方式，提高流通业的规模化程度和规范化水平，提高流通业的整体竞争力。

（商务部）

青岛市连锁经营状况

2005年度青岛市十大零售企业销售排名，利群、维客、国美、佳世客、北方国贸、家乐福、利客来、第一百盛、国货和海信实业十家企业上榜。其中，利群以82.3亿元的销售额位居榜首，并继续名列全省零售业首位。十大企业2005年共实现销售额171.88亿元，同比增长39.8%。

1. 流通能力不断增强，销售规模大幅度提高

2005年青岛十大零售企业户均销售额达17.2亿元，比上年增加4.5亿元，其中销售额超过10亿元的企业有4户，比上年增加1户，分别为利群、维客、国美和佳世客；销售增幅超过30%的有5户，分别为利群、维客、北方国贸、利客来和国货。十大零售企业销售额占全市限额以上零售企业的比重达73%，占全市零售市场份额的比重近20%，骨干拉动作用明显增强。

2. 盈利能力不断增强，经营水平不断提高

十大零售企业经营领域开始向商业地产和综合服务领域延伸，不断推进连锁扩张，企业发展后劲明显增强，2005年度实现利润3.46亿元，同比增长58.4%，其中盈利超过5000万元的有3户，分别为利群、佳世客和家乐福；盈利增幅超过50%的有5户，分别为利客来、国货、佳世客、北方国贸和维客。

3. 扩张发展能力增强，流通技术水平不断提高

2005年，十大零售企业在本土市场开设大型分店3处，在半岛城市群新投资建设大型商业设施4处，累计达到22处，实现跨区域销售22亿元，同比增长36%。2005年，包括卷烟、石油等在内的十大流通企业年度新发展连锁及加盟门店300余处，累计达到1520家，其中大型商业设施56处，重点城镇的中型超市7处，城市社区改造“夫妻店”发展加盟便利店650多个，推进商务部“万村千乡”市场工程在市郊农村发展加盟便利店800余处。同时，企业更加注重信息化和物流发展，对企业连锁发展发挥着重要支撑作用。利群物流2005年度完成商品配送额24.8亿元，同比增长54.3%。

2005年青岛市十大零售企业销售情况

企业名称	销售额（亿元）	包含业态、范围
1. 利群集团	82.29	商业零售、物流配送及加盟连锁
2. 青岛维客集团	20.73	商业零售、物流配送
3. 青岛国美电器有限公司	14.75	电器零售、加盟连锁
4. 青岛永旺东泰商业有限公司	10.30	商业零售
5. 青岛北方国贸大厦股份有限公司	8.54	商业零售、物资经营

续表

企业名称	销售额（亿元）	包含业态、范围
6. 青岛家乐福商业有限公司	8.45	商业零售
7. 青岛利客来集团	8.08	商业零售
8. 青岛第一百盛有限公司	7.45	商业零售
9. 青岛国货有限公司	6.73	商业零售
10. 青岛海信实业股份有限公司	4.56	商业零售

（青岛日报）

江苏省消费品市场状况

2005年，在全面、协调和可持续的科学发展观指引下，江苏省消费品市场继续保持了快速增长的良好势头，消费规模扩大，城乡差距缩小，连锁发展迅速，消费热点持续，消费继续在快速增长通道上运行。

1. 消费规模继续扩大，对经济增长的拉动作用增强

2005年全省实现消费品零售总额5699.9亿元，比上年增长16%，高出全国3.1个百分点，增速位于全国首位，总量在全国排列第三。其中餐饮业完成零售额629.09亿元，同比增长19.4%，增幅高居各行业之首。商贸流通业在增加税收、扩大就业、繁荣市场、拉动消费、培育品牌、促进城乡流通和改善人民生活方面发挥着越来越重要的作用。

2. 城乡市场共同繁荣，消费差距缩小

随着城市化进程的推进，商业网点的日益完善，服务质量的提高，农村市场消费环境有了较大改观。同时，农民减负政策的落实，社会保障措施的到位，加上2004年农民收入增长较快，农村居民对未来的消费预期看好，消费潜力开始释放。2005年全省城市市场实现消费品零售额4126.15亿元，同比增长16.6%；农村实现消费品零售额1573.75亿元，同比增长14.5%。城乡市场增长速度由上年相差3.2个百分点缩小到相差1.5个百分点。

3. 连锁企业发展迅速，企业做大做强取得新进展

2005年全省连锁企业实现销售总额1530.89亿元，比去年增长48.9%，其中省内销售额1100.7亿元，增长39.6%，占社会消费品零售总额的19.1%，提高2.9个百分点。2005年本省连锁企业138家，增加2家；全省门店总数9468个，增加1443个，其中本省企业门店数9332个（含在外省开店1066个），增加1418个（外省232个）；新增配送中心75个，统一配送率达到82.3%，增加2.5个百分点。苏宁电器、苏果超市、五星电器、文峰大世界等骨干连锁企业加快扩张，经营规模进一步扩大，在全国连锁企业排名中位次都有所前移。其中苏宁电器销售额达397.18亿元，增长79.7%，在全国列第3名；苏果超市销售额达到181.13亿元，增长29.4%，在全国列第7名。随着企业连锁化步伐的加快，连锁网点已从市中心拓展到县乡镇村庄，经营业态已从日用品延伸到餐饮、电器、数码、医药及其他生活服务行业，成为流通业发展的主要方向。

4. 商品交易市场稳步发展，市场经营规模不断扩大

2005年全省年交易额超100亿元的市场达到13家，50亿元以上的市场20家，亿元以上的市场450家，比2004年分别增加2家、2家、13家。亿元市场总交易额达到4808.46亿元，最大的吴江中国东方丝绸市场成交额超过了300亿元。

5. 居民收入提高，促进了消费结构升级

2005年城镇居民人均可支配收入为12319元，同比增长17.5%，增幅较上年提高了4.3个百分点；农村居民人均纯收入5276元，增长11%。随着城乡居民收入不断提高，人们的消费意识发生了转变。在消费总量大幅度增长的基础上，居民消费结构继续从基本生

活型向现代生活型转变。传统意义上的价格第一的消费思维正被注重质量、环保等因素的新的消费观念所取代，部分高收入者和年轻消费者追求超前消费、便捷消费、绿色消费。食品和基本生活用品支出的比重大幅下降，以通讯电器、住房、汽车、旅游休闲消费、教育等为代表的消费热点，带动了整个商品市场，并拉动相关产业的发展。人们居住环境得到改善，交通通信发展迅速，私人轿车拥有量继续上升，耐用消费品不断升级，旅游消费异常红火，精神生活得到充实。2005年，全省销售给个人的商品房面积达3534.84万平方米，增长14.3%。全省汽车私人拥有量增长39.9%，私人轿车增幅高达49.5%。全省城镇居民人均消费支出8622元，增长17.6%，高于上年8.3个百分点；其中，食品和衣着类商品支出增幅分别为9.4%和31.6%，交通和通信支出增长37.3%，家庭设备用品及服务增长18.9%，医疗保健和娱乐教育文化及服务支出分别增长16.6%和24.9%。消费方式和消费观念的转变，使江苏省传统服务行业得到壮大，新兴服务行业蓬勃发展，推动了工业结构向重化工化和高技术化方向调整。

6. 地区间发展仍保持一定的梯度

苏南、苏中、苏北地区社会消费品零售额分别比上年同期增长16.3%、15.9%和15.4%，与上年相比虽然地区间增长幅度的差距在缩小，但全省三大区域经济发展的不平衡性在消费品市场领域继续得到体现。

2005年江苏省消费品市场保持了良好的运行态势，对国民经济增长起到了较好的促进作用。但仍然存在着市场发展不平衡现象：一是南北差异较大，苏南商业发展已接近发达国家水平，苏北商业发展则刚起步，商业网点的质和量上都有明显的差距；二是城乡差别较大，大中型城市商业市场发展迅速，商业网点密布，农村商业市场开发仍显不足，形态落后；三是苏南苏北经济的差异，导致两地居民购买力、消费结构、消费档次以及消费习惯的差异，要进一步扩大内需、启动消费的任务比较艰巨。

（江苏省经济贸易委员会）

南京市商业“十一五”规划

南京市确定了55个2006年南京服务业的重点建设项目，涉及商贸、旅游、会展、物流、金融、软件、邮电等各个服务业领域，它们将在2007年、2008年建成。副市长李琦提出，2006年南京服务业将新增就业人员5万人以上，而到2010年，服务业从业人员要占到全社会就业人员的50%以上。

一、四大商贸区

城南商贸区。面积3平方公里，包括：宁南商贸广场、大明路二手车交易市场、宜家卡子门店、红星美凯龙。

城北商贸区。以晓庄广场为中心，规划面积达1.87平方公里，总投资10亿元，包括：高力家居港、汽配城、百安居、国美电器、韩国烧烤店、品牌汽车4S店等大型市场项目。

江北商贸区。坐落在浦口区桥北路，总投资达28亿元，将成为江北第一商贸中心，包括：华东销品茂、沃尔玛、明发滨江大酒店。

河西商贸区。总投资达210亿元，占地4200亩，包括：奥体场馆、艺兰斋、江苏剧院、滨江第一区、城市规划设计园等文化体育类、创意产业等。

二、精品消费

金鹰三期。位于新街口西面原交家电商厦，投资14亿元，面积15万平方米，包含国际顶级品牌精品店、主题餐厅、娱乐休闲、写字楼的楼群将拔地而起，该楼群将和原有的4万平方米的金鹰购物中心“对接”，形成功能齐全、规模巨大的金鹰内街购物广场，计划于2009年建成。

铜锣湾广场。位于江宁，整个广场将会涵盖商务办公大厦、电影院、国际精品时尚店、百货主力店、电器主力店、大型超市等多种业态，是目前江宁乃至南京最大的综合型商业零售项目之一，计划于2008年建成。

南京国际黄金珠宝营销展示设计中心。位于白下区内，建设面积20万平方米，引进美国、南美、中东、欧洲及港澳台地区的约70家左右黄金珠宝企业，计划于2008年建成。

三、小商品市场

南京国际小商品城。位于南京禄口空港新城科技园区中心，毗邻南京禄口国际机场，占地1428亩。城内设有商贸园区、仓储包装园区、综合大型超市、外商采购中心和商务中心。银行、邮政、公安、卫生、工商、税务等机构入驻城中，城内商家足不出户，可与全国各地乃至世界的商家进行交易，计划于2008年建成。

南京—义乌小商品城。坐落在江宁区科学园内，项目总投资6亿元，总建筑面积约20万平方米。在小商品城内将兴办中国（南京）文体用品市场，华东旅游（酒店）用品市场等。同时，在其他区块按行业划分区域，成为日用百货、针织、家纺、五金、钟表、饰品、工艺品等商品的大型集散中心，计划于2008年建成。

四、专业市场

南京沪江商贸城。位于六合区，占地1000亩，建筑面积36万平方米，设计为中国特大型五金机电交易市场，计划于2008年建成。

金盛国际建材中心。总投资30亿元，设计为90万平方米大型建材采购物流会展中心，计划于2008年建成。

仙林国际汽车城。占地面积200多亩，提供品牌汽车经销、汽车配件销售和维修装饰等服务，计划于2007年建成。

（商务部）

南通市零售业发展状况

一、南通零售业态变革的总体描述与结构特征

从各种零售业态进入南通市场的时间上看，主要经历了三次变革时期：改革开放初期至上世纪80年代末，南通市商业零售市场的发展长期落后于国民经济发展的需要，零售业态主要以传统的百货店为主要模式，1989年底，全市零售商业机构（含个体经营户）仅为5.33万个，从业人数12.10万人；上世纪90年代中后期至入世前，南通零售业态发展步伐有所加快，1996年9月南通零售市场上出现了首家超级市场——南通时代置业有限公司北阁店，从此一种全新的经营业态给南通零售市场带来了先进的经营模式与理念，为零售市场发展注入了新的活力，零售业态变革步入了较快发展时期。至2001年底（入世时），全市共有零售业产业活动单位和个体经营户9.23万个，比1989年增长73.2%，从业人数18.69万人，比1989年增长54.5%；入世后至今，南通零售市场的国际化进程明显加快，零售业态变革也步入了最快的发展时期，这一时期不少国内外知名零售大户纷纷入驻南通，南通市零售市场上相继出现了南通金鹰国际有限公司、南通通润发超市有限公司、南通苏宁电器有限公司、宏图三胞电脑科技发展公司、上海农工商超市有限公司南通店、南通通莲超市有限公司、锦江麦德龙现购自运有限公司等新型业态，同时本地也崛起了江苏文峰大世界连锁发展股份有限公司、江苏时代超市有限公司等一批有一定影响力的新业态商业企业集团，南通零售市场增添了巨大的商机和活力，市场规模扩大较快。第一次经济普查数据显示，2004年底，全市共有零售业产业活动单位和个体经营户13.09万个，比入世前的2001年增长41.8%，从业人数25.32万人，比入世前的2001年增长35.5%；入世前后，全市社会消费品零售总额由2001年的270.98亿元增加到2004年的384.25亿元，增长41.8%，平均每年递增12.3%。

从南通零售业态的变革过程可以看出，南通市零售市场从入世前的1996年开始出现超级市场，不久又相继出现了连锁店经营形式的专卖店、专业店、仓储式卖场等新型零售业态，并在以后得以迅速成长。他们首先在市区繁华地段占领市场，然后逐步向居民社区、县城关镇延伸，不久方便店、仓储式商店、廉价商店、电视购物也相继出现，零售业态及经营方式呈现出连锁化、多样化的发展趋势。从零售业的经营方式上看，独立商店仍占主导地位，连锁商店居第二位，整个零售市场的发展以多元化为主要特征。全国第一次经济普查资料显示（见表1，按经营地汇总），2004年底，全市零售业独立商店单位总数达3494个，占零售业产业活动单位数的85.8%，年末从业人员2.42万人，占零售业产业活动单位年末从业人数的71.3%，实现零售额75.77亿元，占零售业产业活动单位零售额的59.1%；而连锁商店上述三项指标的占比分别为11.5%、27.1%和39.9%。其中连锁商业总店分别为1.1%、5.2%和24.3%，连锁商业分店分别为10.4%、21.9%和15.6%。从

零售业经营业态上看，专业店、专卖店是南通市现阶段零售业的主要业态，传统百货商店不断萎缩，专业（专卖）店占据市场份额的六成多，取代了昔日百货商店的主导地位，超级市场发展迅速。2004年底，全市共有专业（专卖）店产业活动单位数2676个，占比达65.8%，年末从业人员数、全年累计零售额分别为1.88万人、78.02亿元，占比分别达55.3%和60.8%；超级市场的单位数占4.1%，年末从业人员数占15.7%，零售额占14.8%，正处于较快上升期；而百货商店上述三项指标的占比仅为23.8%、26.5%和23.2%，并呈现平缓下降的发展走势。

表1　　2004年按零售业态和方式汇总的全部产业活动单位构成情况

分组	产业活动单位数（万个）		年末从业人员数（人）		零售额（亿元）	
	单位数	比重%	人员数	比重%	零售额	比重%
合计	4070	100.0	34023	100.0	128.27	100.0
按经营方式分组	—		—		—	
独立商店	3494	85.8	24249	71.3	75.77	59.1
连锁商业总店	44	1.1	1762	5.2	31.14	24.3
连锁商业分店	424	10.4	7467	21.9	19.99	15.6
其他	108	2.7	545	1.6	1.37	1.1
按零售业态分组	—		—		—	
百货商店	968	23.8	9012	26.5	29.72	23.2
超级市场	165	4.1	5345	15.7	18.97	14.8
专业店	2516	61.8	17666	51.9	66.69	51.9
专卖店	160	3.9	1151	3.4	11.43	8.9
其他	216	6.4	849	2.5	1.56	1.2

从新业态外资企业在南通市场的发展情况看，入世后过渡期，由于受国家政策的限制，外资企业在南通零售市场的占有率较低。从进入市场的时间上看，主要集中在进入新世纪以来的近几年；从业态上看，外商在南通零售市场所经营的零售业态形式主要为超级市场、大卖场、仓储式卖场；从布点上看，外商投资的零售企业主要选择在市区繁华地段和城乡结合部；从市场占有率看，外商和港澳台商投资新业态企业在南通零售市场上所占的市场份额不到3%，单位数仅占0.5%。全国第一次经济普查资料显示（见表2，按经营地汇总），从零售业企业注册类型上看，由于南通市零售业外资进入相对较晚，目前内资仍是零售业的主渠道。无论从零售业的产业活动单位数看还是从年末从业人员、零售额看，南通市内资零售业产业活动单位数、年末从业人员数、零售额所占比重均在97.0%以上。可以这样认为，目前南通零售市场本土零售企业一统天下，处于绝对主导地位，但是，从未来几年的发展看，内外资注册类型结构会有所变化。

表 2　　2004 年按零销企业注册类型汇总的全部产业活动单位构成情况

注册类型	产业活动单位数（万个）		年末从业人员数（人）		零售额（亿元）	
	单位数	比重%	人员数	比重%	零售额	比重%
合计	4070	100.0	34023	100.0	128.27	100.0
内资	4049	99.5	33688	99.0	124.61	97.1
国有	220	5.4	2431	7.1	9.99	7.8
集体	984	24.2	4706	13.8	7.15	5.6
联营	9	0.2	48	0.1	0.17	0.1
私营	2395	58.8	16967	49.9	55.38	43.2
有限责任公司	393	9.7	7677	22.6	40.15	31.3
股份制	8	0.2	1682	4.9	11.01	8.6
其他	40	1.0	177	0.5	0.76	0.6
外商投资	11	0.3	70	0.2	2.44	1.9
港澳台投资	10	0.2	265	0.8	1.22	1.0

二、南通零售业态变革中存在的问题及成因

基于上述的分析，可以得出这样的结论：“十五”期间，南通零售业态发展有了质的飞跃，零售市场上各种新型业态不断涌现，基本打破了业态单一的市场状况，形成了多种业态竞相发展的新格局。但是从总体上、从更深层次上看，入世后南通市零售市场上一些新业态的出现与发展仍是一种浅层表面的变革，有的甚至偏离了正常的运作方向，直接影响了零售商业的整体健康发展，存在的问题不容忽视。

1. 零售业态分布不尽合理

具体表现为：城镇大型商场、超级市场、专业店、专卖店超常规发展，传统商业中心存在重复建设问题。全国第一次经济普查资料显示，近两年发展的零售新业态基本上都集中在南通市市区及六县城关镇，而此范围内的人口仅占全市的四分之一；农村零售新业态发展滞后，由于受居住分散、交通不便等客观条件的制约，新业态店铺数量极少，规模普遍偏小，个体经营户唱主角，超级市场的规模优势和低价特点很难在农村市场展现。目前，南通市城乡零售业态发展结构失衡，反映出零售业态布局的不足，一定程度上也影响城市商业中心整体功能的发挥。特别是受农民普遍收入水平较低，消费观念陈旧，重数量轻质量等因素的影响，农村店铺经营规模较小，经营方式、管理理念、运作模式落后，必然形成小型零售企业的经营难以为继，个体经营户一统天下的市场格局。

2. 零售业态组织化程度较低

在城镇，百货店长期以来是零售市场运行的火车头，但在近几年激烈的市场竞争中已暴露出许多不足，尤其是市场定位和经营方式已难以适应消费多样化的趋势，有些百货店在变革中形成了一种超市不超、连锁不连的经营业态和方式，偏离了正常的发展方向。全

国第一次经济普查数据显示，2004年全市44家商业连锁总店共实现零售额31.14亿元，平均每个总店仅实现零售额0.7亿元。据国外专家测算，连锁总店的门店数至少要发展到20家以上，年商品销售额在1亿元以上才能盈利。但目前南通市大部分连锁总店都没有达到这一规模，连锁优势根本无法体现。在农村，零售业态不规范运作表现得更为突出，不少个体经营户对连锁的概念没有准确的理解，认为连锁超市就是开架售货，或者几家商店统一了店名、服装、标识就是连锁，导致不少连锁店表面连锁而实质仍是个体经营户各自为政，根本没有按连锁的“统一配送、统一核算、统一管理”的模式进行经营。农村市场中连而不锁、有名无实的店铺比比皆是，大多数小店铺实质上就是个体经营户。零售业态组织化程度较低，运作不规范，新型业态的优势难以发挥。

3. 零售业态缺少模式创新

从南通市零售业业态的出现与发展情况看，真正能够理解外资零售业各种新型业态内涵的企业较少，能够把这种深刻理解与本地消费主体需求多样化、消费习惯、消费行为、消费文化、消费水平等有机融合，创造出适应中国特色的零售业态与经营模式的企业就更少。大多数零售企业的业态变化只能算作是一种较为初级的、外在的创新，主要是简单引进新的模式，尤其是国外商家的一些店铺形式、商品陈列方式，简单模仿一些营销手段和技巧等等，市场上多数企业运作模式基本属于模仿型。应当承认，处在转轨和起步阶段的南通市零售企业业态发展有一个特殊成长阶段，也是一个相当关键的阶段。我们与国外零售企业相比，可以少走几十年业态变革的摸索之路，但是，也正是这种“拷贝式”使企业在短期内难以将自身的经营个性融入其中，借鉴国外的先进理念、运作模式、管理手段等，形成有自身鲜明特色的新经营模式。因此，零售市场出现不少企业业态经营方式、经营定位雷同，目标顾客、营销理念模糊，最终必然导致同地区、同档次、同类型的多家企业之间的过度竞争，甚至形成恶性循环的苗头。

4. 零售业态产业高度分散

全国第一次经济普查数据显示，2004年南通限额以上零售企业零售额83.25亿元，仅占同期全社会社会消费品零售总额的20%左右，其中本市连锁总店和连锁分店零售额51.13亿元，约占同期全社会消费品零售总额的一成多。而外资家乐福公司2004年销售额102亿元人民币，为南通市限额以上零售企业销售额的122.5%。在美国零售市场上排名前几位的零售企业的销售额一般占整个市场份额的70%以上。相对而言，南通市的零售业高度分散是当前一大显著问题，而且，目前还没有出现区域性的零售企业，最大的零售企业也只是在以南通为中心向周边发展。虽然跨地区发展已成为一个大趋势，但目前仅仅是开始，多数企业没有找到跨地区扩张的有效途径，这也是产业高度分散的根本原因。

5. 零售业态管理手段落后

目前的大型超级市场、便利店、仓储式卖场、专卖店、专业店逐步成为市场主流业态。与此同时，连锁经营方式也逐渐在零售业中广泛采用。这需要企业具有科学的管理机制和现代的管理手段，但现在南通市大多数企业没从根本上真正形成自己的管理机制与竞争优势，并创造出独特的经营业态管理模式。总体来看，目前零售企业还缺乏现代的管理方式和手段，管理上缺乏长效机制，服务上缺乏一致性，企业也缺乏相应的形成差别化经营的有效措施。这主要是行业整体缺乏高素质的人才，员工缺乏知识更新与业务培训造成的。全国第一次经济普查数据显示，南通市零售业从业人员约85%是高中及以下学历，大学学历者仅占2.5%，研究生更是寥寥无几，全行业仅有32人，受企业管理人才特别是高层管理人才缺少的限制，企业整体经营与管理水平较难提高。

三、南通零售业态发展变化趋势

我国加入WTO以后，特别是去年底中国零售市场的全面对外开放，过渡期的结束，就意味着我们的市场是双向启动的，人家可以进来，我们也可以出去，为我们对外对内发展都带来了机遇。南通零售市场面临着新时机、新形势、新任务、新挑战，市场主体多元化，市场竞争将更加激烈。可以预计未来几年中，南通市零售业在业态不断变革与规模不断扩大的同时，将与国际知名零售企业集团进行无国界交流、无时差沟通、低成本运作、零距离交锋；以电子化、网络化、国际化为基础，能体现快节奏、高效率、低费用、新潮流的新业态也将成为市场主流。具体讲，零售业态发展将呈现以下几大新趋势：

1. 中国零售市场的全面开放，为外国企业特别是跨国零售集团提供了广阔的市场

据商务部对2005年上半年连锁企业经营情况统计，家乐福公司排名第五，销售额102亿元人民币，同比增长31.9%，店铺数量增长38.0%；沃尔玛公司销售额47亿元人民币，同比增长26.8%，店铺数量增长20.5%。当前，外资零售企业集团非常看好中国巨大的消费品市场，以跨国公司为核心的经济全球化快速发展，把世界各国经济联结成一个紧密的整体，对世界各国经济的发展产生了多方面的影响，也直接推动了全球范围内零售业态的变化。在全球生产要素优化重组和产业转移的重大机遇下，他们非常注重在全球范围内合理配置资源，提高企业竞争力。其竞争优势表现为：一是国际化的采购合作平台。跨国零售采购集团的国际采购、销售网络，必将推动零售集团与生产企业的对接，减少采购环节，降低采购成本。二是高效率的组织模式。其发展是由大量销售的商品和较高的商品周转率推动的。三是以服务为本的品牌理念。以竭诚的服务态度、高标准的服务质量、满意的服务绩效，让顾客高兴而来、满意而归。在商业运作中，他们的理念是不仅仅提供平价商品吸引广大的消费者，更重要的是提供最好的商品、最低的价格和最优质的服务，以保障消费者的权益。

2. 入世后首批进入中国大城市的新业态外资企业，已基本完成从适应期向发展期的转变

近几年来，外商在中国探索本土化经营的过程中，谨慎寻求发展道路，这个初探阶段已基本完成。面对已完全开放的中国零售市场，面对新的发展时机和巨大的消费市场，凭着对中国零售市场的较深刻理解，他们已制定出周密的自身发展规划，要加快步伐进入中国零售市场，特别是将其独特的视角转向沿海的中小城市，南通市零售企业已不是面对“狼将来了”，而是步入“与狼共舞”的新发展阶段。现代大型超级市场和仓储式大卖场经营业态的形式迎合了现代人们“一站式”购物的需要，且以商品丰富、价格低廉的优势拥有相当大的顾客流，极具市场竞争力，将是内、外资零售企业布点、业态选择等方面竞争的焦点。

3. 传统百货商店业态将向细分化、个性化方向变化，其市场份额进一步萎缩

近几年，内资传统百货店业态将会发生新变化：一方面百货商店内的中低档商品和五金家电等商品将会分流出场，让位给超级市场和专业（专卖）店；百货商店中高毛利、低

周转的商品比重增加，并重在提高服务质量，在走规范化经营的道路上下大功夫。另一方面，一部分百货店仍以大众消费需求为定位目标，但将自身改变业态，向大型综合性超级市场转化。在城市，随着人们生活质量的提高，集购物、餐饮、娱乐等功能为一体的购物中心将有较大的发展。另外，新型零售业态发展还将促进现代物流的大发展，随着国内零售业态不断发展、整合，商业企业内部的物流水平也将大大提高。

4. 随着城市化进程的不断推进，大型综合超级市场、专卖店将有更大的发展空间

随着生产力水平和人们生活质量的不断提高，要求生鲜食品从生产到消费之间的链条进一步缩短，食品超市中生鲜食品的比重将会逐步增加，并达到规范化标准。在业态发展过程中，一部分食品超市将会发展转变成大型综合性超级市场，这一业态将成为零售市场上的主导业态。由于南通市目前尚缺乏方便店所需要的强大的消费层支持，受生产力发展水平的限制，本土化的方便店大发展还需要一定的时间，但是，随着南通市经济的不断增长，人们生活节奏加快，以及国外大型配送企业的进入，将会大大促进方便店这一业态的发展。专业店、专卖店在南通市将会有较大的发展空间，以连锁形式开设的专卖店，在商业街、商业中心以及大型商业设施和百货商场中都会有一定的市场占有率，他们会在商品品牌、经营方式、规范服务等方面形成自身的风格。

5. 新型业态的发展与壮大，需要高新技术和网络化的支持

连锁经营形式和现代经营业态相结合，所产生的生命力和竞争力是其他任何经营模式都无法取代的。外资企业依靠高科技支持，形成了以网络为基础的自动化商业管理与经营系统，从而完全改变了传统零售业的运作方式，使大量的市场营销分析、补货系统分析、营销手段调整等都可以使用现代化的电子技术进行管理。未来新业态零售企业，通过依靠强大的网络支持将顾客、店员、供应链发展进行有效的分析、整合和管理，从而打造出现代企业的品牌形象，获得持久的、最大的利润增长空间。可以预计，科技含量高的、通过电子网络实现"无店铺"交易的全功能超级市场将会出现。

（江苏省统计局）

福建省商业发展状况

近年来，我国的消费率一直明显低于主要发达国家和部分发展中国家，也大大低于世界平均水平，福建省的消费率在全国的平均数以下。中共中央“十一五”规划建议明确指出：“要进一步扩大国内需求，调整投资和消费的关系，增强消费对经济增长的拉动作用。”本文拟通过研究消费对经济发展的重要性，福建省消费市场的特征、消费结构、变化趋势和存在问题，探讨如何引导消费升级、促进消费率提高的措施和办法。

一、福建省消费市场的主要特征

近年来，福建省消费市场在国家扩大内需和促进消费政策措施的作用下，消费规模不断扩大，消费水平稳步提高。主要特点如下：

1. 消费规模实现了标志性突破

十五期间，福建省社会消费品零售总额年均增长12%以上，2004年达1995.82亿元，比上年增长14.7%，2005年达2265亿元，增长13.5%，显示出强劲的增长后劲。

2. 消费结构实现了跨越式升级

2004年城镇居民消费结构与2000年相比，吃、穿、用所占比重下降，而娱乐、教育、文化、交通、通讯、居住、医疗、保健上升，汽车、住房、通讯等消费成为热点；旅游、教育等消费增长迅速；农村消费结构升级也在加快。城乡居民恩格尔系数持续下降，2004年城市居民家庭为41.6%，农村家庭为46.7%，比2000年分别下降了3.1和2个百分点。

3. 消费市场亮点频现

住房的热销，带动了建筑及装潢材料等相关商品销售的快速增长。居民住房条件不断改善，也带动了与住房消费密切相关的五金电料类、家具类、建筑及装潢材料类的增长。2004年全省五金电料类实现零售额32925.5万元，比上年增长146.7%；家具类实现零售额31497.9万元，增长138.3%；建筑及装潢材料类实现零售额50358.1万元，增长106.3%。

以移动电话为主的通讯器材类商品销售继续高速增长。2004年全省通讯器材类实现零售额124568.4万元，比上年增长169.3%，增幅比上年提高了48.3个百分点。近年来，随着各地手机价格及入网费的一再下调，手机销量激增，出现了城市消费者以更新换代为主，农村消费群体扩大的趋势。

“暑期消费”是市场的一大亮点，学生消费的层次也在不断升级。2004年教师、学生出外旅游以及家长休假带小孩出门旅游的人数明显增加，致使居民文化娱乐支出明显增加。8月份全省城镇居民人均文化娱乐支出36.38元，比上年同期增长1.4倍，与此有关的交通支出也明显增长，达29.7%。

4. 城市消费能力继续增强

2004年全省城市市场实现社会消费品零售额达1239.9亿元，比上年增长17.2%，占社会消费品零售总额的62.12%；县及县以下市场实现755.91亿元，占社会消费品零售总额的37.87%，增长10.7%，比上年增幅提高了3.5个百分点。主要是由于国家扶持“三农”的各种优惠政策促进农民收入的增加，提高了农村居民的购买力，也拉动了农村消费。但是县及县以下市场零售额的比重比2000年降低了5.4个百分点，城乡消费水平差距进一步扩大。

5. 餐饮市场消费增势强劲

2004年全省餐饮业零售额达252.65亿元，比上年增长19.6%，增幅提高了13个百分点。餐饮业零售额的增长拉动全省社会消费品零售总额增长2.4个百分点。特别是5、6月份，分别增长54.6%和43.6%，节日餐饮业生意火爆。

6. 消费需求和方式多样化

居民在购物时不再把价格作为消费的惟一决定因素，而是统筹考虑价格、服务、文化、质量、绿色、健康、环保，个性化、品牌化消费人群迅速扩大。信贷消费、租赁消费、网络信息消费等新方式的兴起，改变了传统消费观念，促进了消费便利化。节日消费需求旺盛。“五一”和国庆两个黄金周节日期间各地消费品市场都呈现货源足、品种多、档次升、价格稳、服务优的景象。由于客流量增加，大型商场商品旺销。

二、福建省消费市场存在的主要问题

1. 消费率不断下降

消费对GDP的拉动作用日趋减弱，成为福建省国民经济发展中的一大瓶颈，表现出最终消费占GDP的比重稳中走低，近几年最终消费占GDP比重的下降出现了不断加速的苗头。如2000年福建省最终消费率为52.7%，到2004年降为50.5%。与国际水平相比，目前福建省的消费水平有较大差距。根据国际经验，人均GDP达到1000美元时，消费率一般为61%，达到2000美元时，消费率一般为70%，而我国2004年为53%，福建省为50.5%，这一比率，不仅与国际一般水平不相匹配，而且与中国GDP增长的水平也不相匹配。其原因：一是占人口多数的农民消费水平低，增长速度低于城镇。2000年至2004年福建省GDP增长50.7%，城镇居民人均收入增长61.9%，农民人均收入只增长25.6%。2004年福建省农村居民人均消费支出仅为城镇居民的40%，导致农村消费的比重逐年下降。城镇居民中高收入者和低收入者的收入差距也在扩大。二是随着经济体制改革的深入，社会保障、医疗、住房改革措施的逐步出台，消费者对未来收入预期的不确定性不断增强，预期支出也随之明显增大，这就强化了消费者的储蓄动机，社会储蓄率仍然保持较高的水平。至2004年底，福建省居民储蓄存款比2000年增加了1445.3亿元，增长81.8%，超过城乡居民收入增幅。据专项调查，储蓄的目的有59.3%是为了子女上学，43.6%是为了用于买房，42.6%是为了养老保险，41.4%是为了医疗保险。三是仍存在不少限制消费的政策。例如在现行的汽车消费政策中，有过高的特别消费税、购置税、附加费等，导致汽车买得起、用不起，汽车消费门槛过高。

2. 消费供给不能满足消费多样化需求

当居民对商品和服务的品种、质量、价格呈现出多层次、多样化需求时，商品和服务供给的针对性和差异性不明显，难以满足不同收入群体、不同地域、不同年龄段消费者的差异性和多元化的消费需求。如农村居民的消费增长缓慢，除了收入等方面的影响外，针对农村居民消费需要的商品、服务的缺乏是重要原因。再如，随着人口老龄化程度的不断增加，老年群体的消费需求是一个新的市场机遇，但我们的消费供给对这一领域的关注很不够。更需重视的是，许多用于提升居民消费结构的高档商品如住房的市场供给缺乏层次性，尤其是忽视了中低收入群体的需求和消费能力。面对消费转型期居民消费需求的变化，消费供给缺乏敏感性和前瞻性，导致部分商品和服务的市场供给滞后，结构“老化”。

3. 商业服务业区域布局和业态发展尚不合理

农村人口多，但商业投入少，商业网点建设不足，不能适应福建省2400多万农村居民的消费需求。城镇新区建设中也存在商业网点配套发展滞后的新问题。

4. 服务缺乏及服务水平不高

一方面，目前城镇居民需要的服务业规模、种类不能适应消费结构变动中物质消费比重下降而服务消费比重上升的需求。如在WTO条款提出的140多种服务门类中，我国只提供40多种。可以说，老百姓长期生活在缺乏服务的环境中，无论是教育服务、医疗服务、文化服务，还是旅游服务、家政服务、看护服务等都较缺乏，尤其是服务的水平和质量离居民的要求相距甚远，使消费者的许多潜在需求得不到及时实现，居民的消费需求增长受阻。另一方面，许多服务业的价格却急剧上升，尤其是医疗、教育等服务行业的高收费，一直是经济生活中困扰消费者的问题，制约了居民消费结构的升级和居民消费质量的提高。

5. 市场的规范化程度不高

目前，消费市场上的种种缺陷影响了居民个人的消费心理和消费需求。一是市场竞争行为不够规范，降价促销愈演愈烈，商业欺诈层出不穷，妨碍了居民消费。二是生产销售假冒伪劣商品问题屡禁不止，不时冲击着市场经济秩序，特别是食品安全问题，在一定程度上影响着居民购买力的实现。三是市场的布局规划还不够规范，零、乱、散的现象还比较突出，缺乏健全的市场监管制度。

三、福建省消费结构变化趋势

进入新世纪以来，福建省城乡消费结构产生了巨大的变化，呈现多元化消费趋势的同时又出现一些共同的消费热点，具体表现如下：

1. 住房仍是消费升级的重点

据调查，福建省28.7%的城镇居民家庭除食品外，现有消费支出最大的项目是住房与装修，未来五年支出最大项目是建房的家庭占36.7%；农村居民认为未来五年支出最大项目是建房的占35.2%。因为在城市化进程中，新增城镇人口需要在城镇有一个安居场所，平民阶层对住房的需求也较大，中低收入家庭改善住房条件的需求随着购买力的提高也不断增长。开始进入小康生活的中国人，对住房的需求，已经从生存型向舒适型转变，房屋的位置、房型、环境、价格成为人们考虑的综合因素。从国际经验来看，福建省住房消费将保持一定时期的增长。

2. 汽车消费需求增长空间较大

近年来，福建省汽车销售量和保有量迅速增加，社会轿车保有量从2000年到2004年平均每年递增约20%。同时，私人汽车消费又带动汽车保险的消费，当前轿车保险在保费收入中占有重要地位，增长较快。

3. 教育消费成为经常性的消费热点

教育具有双重性，从宏观和家庭来看，教育是消费，对于个人来说，教育又可以看作为投资。正因为教育具有消费和投资的双重属性，随着社会进入知识经济的时代，教育成为一个长期的热点。目前，福建省城镇居民40.4%和农村居民28.3%的家庭消费支出（除食品外）最大的项目为教育，有75.2%的家庭将在未来五年内加大对教育的投入。

4. 电子设备消费成为新的消费热点

调查显示，福建省城镇居民家庭有固定电话的占96%，移动电话率达74%，农村居民家庭有手机的达40.8%，均高于全国平均水平，还有越来越多的人上网。福建省城镇居民家庭未来五年的家电消费支出计划：64%的将购买电脑，55%的将购买大屏幕彩电，54%的将购买空调，47%的将购买数码相机，其他的家电产品如全自动洗衣机、组合音响、DVD、冰箱、整体浴室、整体厨房等有近一半的家庭愿意购买。农村居民家电消费虽比城市滞后一些，但冰箱、洗衣机、热水器、录像机、组合音响等产品消费正在升温。

5. 绿色消费将成为新的消费主题

人们的消费不仅需要数量的满足，而且要求质量的提高，以健康为核心的绿色消费将成为人们消费的话题。无公害食品、绿色食品、有机食品开始受到人们的追捧，“回归自然”、“返璞归真”正在成为居民消费的潮流。

6. 旅游消费成为主要休闲方式

2005年，福建省人均GDP已经超过2000美元，按照国际惯例，人均GDP达到800~1000美元，表明居民已进入旅游发展的排浪式消费阶段，目前这种排浪式消费已经在福建省城镇显现出来。

7. 服务消费支出将有较大的增长空间

人们在进行实物商品消费的同时享受服务消费，这已经成为当前消费的一个重要特征。未来5至10年，以人为本的生活观念日益突出，服务消费在人们消费中所占的比重会越来越高，居民能够享受到的社会公共服务种类和规模将越来越多。

8. 银色消费市场具有较大空间

福建省已经进入老龄消费社会，到21世纪中叶，全省的老龄人口将超过总人口的1/4左右。随之而来的老龄消费——银色消费市场具有较大的发展空间，而社区养老服务大有可为，它既包括提供家务服务、家庭医疗保健、老人照护等服务，还包括在社区兴办老年食堂、茶室、托老所、老年病防治以及各种老年文体设施等。

9. 个性化消费趋势日益凸显

与群体消费相对应的是个体消费，而个体消费最主要的特征就是个性化消费，即使是那些收入水平较低的消费者，也在想方设法体现自己独特的风格。越来越多的消费者要求每一件商品都要根据他们的需求而订做，每一项服务都要根据他们的要求而满足。如戴尔电脑所提供的就是个性化的产品和服务，在小轿车市场中也是如此。

10. 消费取向日益成熟

具体表现：一是购买动机。据调查，对于购买商品首先考虑的因素，城镇居民选“性能”的占41.1%，选“品牌”的占28%，农村居民选“性能”的占47%；价格在消费者购买决策过程中不再是主导因素。二是售后服务。在售后服务项目中，城镇居民选“维修”的占41.9%，选“免费维修”的占22.8%，选“退换”的占20.8%；农村居民选“退换”的占56.04%，选“免费维修”的占26%。农村消费者自我保护行为增强。例如对于“发现严重的质量问题后如何处理”的问题，在调查中表示要向商户要求索赔的农户比重达68.5%。对“打折销售”的看法，40.53%的农户认为“视质量区别对待”，24.13%的农户认为“难以辨清，还是明码实价好”。同时，对于旧货，62%的农户明确表示不想购买。三是购买地点。城镇居民已有60%多的人愿意并且经常去超市购物；农村居民购买家用电器在县城的占47.2%，在乡镇的占29.6%，购买农机具在农机公司的占36.51%，在专业商店的占34.6%，购买服装用品的70%以上在县城和乡镇。

四、扩大消费的措施及建议

1. 科学制定发展规划，调整积累与消费结构

从今后的经济发展趋势看，依靠消费需求拉动经济增长不是权宜之计，而是长远的战略性措施。因此，必须根据福建省经济发展、居民消费水平的实际情况，从启动消费、扩大需求的角度出发，以需求为导向，制定好“十一五”福建省经济社会发展规划，适当增加消费比重。同时，要从福建省的资源条件出发，根据人们的合理需求，取消各种限制消费的政策和体制，采取各种措施，缩小居民之间的收入差距，以促进人的全面发展和城乡居民消费健康发展为宗旨，来调整消费结构。选择可持续消费的发展模式，把扩大内需的重点从投资转向消费，以推动全省经济的持续较快发展。

2. 增加有效供给，满足多样化消费需求

根据国内市场国际化和消费结构升级的新形势，积极调整产业结构和产品结构，生产质优价廉的产品，满足城乡居民需要。一是利用好国内外“两个市场、两种资源”，改善供给结构，稳定物价，增加有效供给；二是面向农村居民大市场，调整产品结构，生产能满足农民的特定消费环境和消费特点以及不同收入水平群体需要的产品；三是不断拓宽服务消费的空间和领域，扩大服务消费品种和规模，提高服务质量和水平。

3. 增加城乡居民收入，提高消费水平

居民实际收入水平的高低直接影响着居民消费能力的升降。为此，各级政府要通过积极发展经济来提高国家的经济实力，为城乡居民增加收入打下坚实的基础。在分配政策上要进一步缩小收入差距，当前特别要采取措施增加低收入者收入，扩大中等收入者比重及其收入水平。一是继续保持农民收入较快增长势头，坚持“多予、少取、放活”，重点在“多予”上下功夫，实行工业反哺农业、城市支持农村，完善促进农业增产和农民增收的税收、价格、政策，坚决查处向农民乱收费、乱摊派，加强对农民外出就业的技能培训、信息引导和服务，确保农民务工工资按时定额发放。二是加大对职工最低工资制度执行情况的检查力度，妥善处理国有企业改革过程中拖欠职工工资、住房公积金和社会保险费等问题。三是进一步改革机关事业单位工资制度，完善公务员职级工资制度。四是增加就业，建立和完善积极的就业和再就业政策，着力解决国有、集体企业下岗失业人员再就业问题，保证中低收入阶层居民收入有一个合理的增长幅度。

4. 大力开拓农村市场，扩大农村市场消费

积极推动农村市场网络建设，建设“万村千乡”农家店，鼓励有条件的商业连锁企业向农村延伸，组织适合农村市场消费的商品下乡和优质农产品进城，大力培育贸、工、农一体化的龙头企业，开展农产品深加工，促进农产品流通，不断提高农民收入。加强农村公共基础设施建设，积极改善和营造农村的消费环境。一是要继续加强农村电网和饮水工程改造工作，不断完善供电供水设施；二是努力加强农村道路、通讯和广播电视设施建设；三是建立和完善厂家和商家的农村销售和售后服务网点，方便农民消费。

5. 大力发展社会服务业，促进新型消费方式

制定商业服务业发展规划，加强政策引导，鼓励发展现代商业服务业，重点发展连锁经营、物流配送、电子商务，发展无店铺销售等新型业态，并用先进技术提升传统商业服务业，将服务领域延伸到社区，推动流通企业扩大服务范围，转变服务方式，开创服务功能，提供个性化服务，推动家庭劳动社会化，促进新型消费方式的发展。按照为民、便民、利民的原则，加快商业网点建设，大力发展方便居民消费的新型零售业态，改造和调整传统零售业态，加快建设汽车、家用电器、建材家居、电子信息和通讯产品等新兴消费热点的流通服务网络，推动百万人口以上城市逐步实现便利店进社区。加快建设租赁市场和二手商品市场。加强公共信息服务体系建设。建立覆盖城乡的公共信息服务系统，同时也为居民购买商品提供信息，及时分析消费需求，培育消费热点，使市场供应与需求的信息做到对称，促进产需衔接。

6. 加快社会保障体系建设，改善居民消费预期

由于社会保障体系尚未完善健全，相当多的居民消费者对未来预期不稳定，即使收入总额增加，也不愿增加当期消费，而为可能出现的失业、医疗支出等进行储蓄。此外，家庭支出的不确定性加大，如子女教育支出增加，也导致即期消费减弱。为此，加快社会保障体系建设、改善居民消费预期十分紧迫。一是继续巩固“两个确保”，规范和完善城市“低保”工作，逐步提高保障标准；二是扩大社会保险覆盖面，提高个体私营等非公有制企业的社会保险参保率，完善就业人员的参保办法；三是完善社会统筹和个人账户相结合的基本养老保险制度，不断扩大覆盖面；四是妥善解决关闭破产企业退休人员医疗保障问题；五是建立和完善农村社会保障体系。完善农村居民最低生活保障制度，逐步扩大覆盖面。合理确定对农民的征地补偿标准，妥善安置失地农民，为他们提供相应的社会保障。

7. 减轻居民教育、医疗负担，改善居民支出预期

要加大财政对教育、卫生的投入力度。对农村义务教育免收杂费，扩大对贫困家庭学生免费提供课本和寄宿生活费补助的范围。合理确定高等教育收费标准，完善国家和社会资助家庭经济困难学生的制度。稳步推进城镇医疗卫生体制改革，合理确定药品和医疗服务价格，遏制乱用药、乱检查、乱收费，防止居民医疗支出负担过快膨胀。搞好新型农村合作医疗试点，扩大试点范围，提高对参加合作医疗农民的补助标准，加强城乡医疗救助体系建设。

8. 努力培养新的消费热点，不断拓宽消费领域

与发达国家和很多发展中国家相比，我国耐用消费品的拥有率仍然偏低，服务性消费占居民总消费的份额则更低，教育、卫生、文化、旅游以及各种服务的供给还难以满足居民的消费需求，特别是服务贸易还处于起步阶段，市场空白点还很多，潜力巨大，商机无

限。因此，应继续落实稳定房价的各项政策措施，进一步规范房地产市场秩序，增加普通商品住房供应，加快经济适用房建设，完善廉租住房制度，抓紧研究住房体制改革的配套政策，合理确定职工住房补助标准；制定鼓励生产、购买和使用经济型轿车的政策，取消对小排量汽车使用的限制，规范汽车维修服务业，加强停车设施的规划和建设；规范电信业竞争和服务，完善电信服务条款，形成合理的定价机制，提高电信服务水平。要针对福建省城乡居民消费逐步升级、服务消费面较大的现状，加快教育、卫生、文化、健身、旅游及其他服务业的改革进程，大力发展信息服务、金融理财服务、租赁服务、社会服务、家庭个人医疗服务，不断扩大消费市场空间，分层次加快居民消费结构的升级。要采取切实措施，扩大节假日销售，加强对企事业单位执行劳动法规定的职工作息、休假和工薪制度的监督检查。落实年休假制度，使职工有更多时间休息和出游，促进旅游业和旅游消费健康发展。要培育3至5个在全国有影响的商品展销会，形成品牌，扩大会展销售。要完善信贷消费政策，增加消费信贷品种，进一步扩大信贷消费的规模和领域。探索扩大居民最终消费的新方式、新途径，刺激即期需求增长，引导和拉动消费需求增长。

9. 继续整顿规范市场秩序，改善消费环境

加强消费环境的建设，强化对市场的管理，切实保护消费者合法权益。加强对市场秩序的整顿和规范，努力创造健康安全的消费环境。加快研究制定规范市场的地方性法规和规章，加快企业和个人信用体系建设，尽快建立和完善统一公平、规范有序的市场体系，营造公平合理的竞争环境，重点加强食品、药品、农资等市场监管，坚决打击商业欺诈、假冒伪劣等不法行为，建立生产经营者责任制，发展消费者权益保护中介机构，加大消费纠纷处理力度。切实保障消费者的合法权益。规范企业销售行为，禁止带有欺诈性质的促销，严格区分新型营销方式和违法营销，使广大人民群众做到放心购物。

10. 树立和落实科学消费观，引导科学消费

要提倡适度消费、健康消费、安全消费、绿色消费、环保消费，引导居民转变“量入为出”的旧的消费观念，实现由节俭型向适度消费型转变。要加强宣传、教育，使居民懂得促进消费和扩大消费是发展经济、扩大内需的重要途径，是推动整个国民经济持续快速健康发展的有力措施。适时抓住国家经济发展良好态势，积极引导居民扩大消费，促进消费实现途径的多样化，由自我积累型向信贷消费型发展。要制定产业政策、价格政策、税收政策，限制不科学的消费。寻求稀有资源代用品，建立售新收旧制度，提供商品合理包装，要制定、完善有关消费方面节约资源和保护环境的法律法规，并做到对产品生产、流通、消费全过程的监管，依法禁止消费过程中的浪费资源和污染环境的行为，明确禁止的具体内容和惩罚的具体办法。

（福建省经贸委）

河南省连锁业状况

2005年，据不完全统计，全省商业连锁企业全年销售额224亿元，同比增长27%，连锁企业260多个，门店4000余个。其特点：一是国内外知名连锁企业纷纷入驻河南，竞争日趋激烈；二是经营业态增加，销售规模扩大；三是商务部实施的“万村千乡”工程在河南省35个县（市）试点，建成连锁农家店6000余个；四是协会积极宣传倡导自愿连锁，创新成为企业主旋律。总的来看，显现出稳健发展的态势。

2005年河南省商业企业销售额排行榜

销售额排序	企业名称	年销售额	店铺数
1	郑州丹尼斯百货有限公司	199400	28
2	河南国美电器有限公司	128000	14
3	河南永乐生活电器有限公司	12000	20
4	河南八方和盛电器有限公司	110200	31
5	漯河双汇商业连锁有限公司	110000	318
6	河南大张实业有限公司	86000	42
7	河南思达连锁商业有限公司	75000	242
8	河南世纪强华超市有限公司	74000	6
9	洛阳上百金鑫珠宝有限公司	55000	14
10	信阳市亚谷集团有限责任公司	48000	16

（河南省商业行业协会）

湖南省连锁经营发展状况

一、湖南省连锁经营发展现状

2005年，连锁经营在湖南省商贸流通业继续保持发展的势头，据湖南省统计局统计，到2005年年底，全年社会消费品零售总额实现24591200万元，同比增长14.4%，其中批发零售贸易业21045132万元，同比增长13.9%，餐饮业3174324万元，同比增长19.3%；市级13714263万元，同比增长15.3%，县级4535970万元，同比增长14.4%，县以下6340967万元，同比增长12.5%。

中国零售业对外资已全面开放，我国零售连锁业正面临着急速扩展和激烈竞争态势。连锁零售企业扩张的重点已经从大城市一级城市转移到了内地二、三级城市。但开店多并不代表竞争力强，在某些城市，外资超市的单店年赢利率高出同城的拥有众多门店的本土企业的整体之和。连锁零售业应该更多地关注运营，而不是盲目地开店与并购，扩大店铺数量。由于店铺迅速增多，竞争加剧，加上企业管理基础不牢固，一些企业的管理水平在店铺急速扩张中应声下降，造成企业现有管理水平和运营能力与企业的发展规模不匹配，规模扩大的同时也增加了企业的运营成本，但企业的赢利能力却未能消化扩张带来的资金压力以及相应的成本开支。由此，导致湖南省零售业赢利呈下降趋势。

目前来看，湖南省连锁业仍然处于粗放扩张阶段，世界连锁巨头纷纷进驻湖南，对湖南市场造成了强大的冲击。麦德龙、家乐福、沃尔玛等超级卖场相继登台，沃尔玛二店的新张无不昭示湖南市场是块大蛋糕，而且，冲着这块蛋糕来的还会有很多的国际巨头和内地连锁巨头，对湖南本土企业而言，面临的是外资外地优势企业的强势打压，又要承受自身的先天羸弱和先进管理文化的消化不良，这是湖南本土连锁企业面临的危机。本土连锁商业应沉着应对，不断学习并消化先进的管理方式、管理理念和管理文化，在学习中不断做大做强。在学习的过程中还要对别人的经验进行升华和创新，才能立于不败之地！

改革开放以来，湖南省商品流通业改革和发展速度加快，主要表现在流通规模不断扩大，流通体制改革逐步深化，流通结构调整日趋加快，流通方式不断创新，国内贸易开放程度明显加深，流通技术水平大幅度提高，流通调节机制日益完善。但从整体上看，商品流通业对湖南省经济的贡献率仍然偏低，规模和总量仍然偏小，新型现代流通方式尚处于起步发展阶段，流通管理手段、管理技术、管理水平相对落后等。为了推进湖南省“三化”进程，全面建设小康社会，应充分发挥现代流通业在引导生产、促进消费、扩大内需、增加就业等方面的作用。流通现代化是流通业在促进国民经营持续健康发展中发挥先导作用的决定性因素，而连锁经营已成为当今流通业中最具活力的经营方式。

二、发展连锁经营，做强做大流通企业

1. 做强方面

一是通过精细化管理和积聚核心优势“做强”企业。湖南大型零售企业作为湖南零售行业的领先者，要以发展民族商业品牌为己任，网点规模扩张要回归理性，要在急速扩张和稳健发展之间，寻找新的平衡点。扩张是一把双刃剑，在削弱对手的同时也可能伤及自身，缺乏统一采购、配送，连锁的优势难以发挥，只依靠单一的价格手段竞争，是没有做强基础的。企业要积极采用先进科学的经营管理技术、信息技术、现代物流技术、预算成本控制管理、经营全过程的精细化管理手段强化企业管理体系，夯实管理基础，使企业在做强中逐步做大，在做大中实现逐步做强的良性循环。只有这样，企业才能具有核心竞争优势，才能为自身的持续发展奠定坚实的基础。

二是坚持以人为本，通过人才建设“做强”企业。在人才建设上，零售企业要始终坚持以人为本，将人才作为企业发展的第一源泉，要逐步向人才的国际化方向发展，让更多了解和掌握国内外先进经营管理技术的人才加入到大型企业的团队中，为企业尽快融入到国际市场竞争中发挥其重要作用，逐步缩短与国际大型流通集团在人力资源方面的距离。

2. 做大方面

一是积极开展连锁经营，在走出去中做大企业。大型零售企业集团要积极应用连锁经营模式，在立足湖南的基础上，加快在全国的商业布局，不断延伸市场半径，拓展进入新的区域，开辟新的市场，寻找新的增量资源，盘活存量资源。目前，友谊阿波罗、通程、步步高、华银旺和等企业已基本完成在全省一、二级市场的战略布局，并开始向县、乡镇和农村延伸。步步高和怀化佳惠分别在江西省和贵州省开办了超市。

二是顺应发展需要，在联合重组中做大企业。大型流通企业要紧紧围绕改革发展和市场竞争的新形势，从市场需求和企业发展需要出发，通过跨行业、跨所有制的整合重组，通过开办连锁直营店、加盟店，通过参股、托管、资本并购等多种方式，多渠道拓展企业网点规模，形成资源共享型、强弱互补型等扩张重组模式，力争在企业扩张中取得更好、更大的效益。

三是积极进行业态创新，在多元化经营中做大企业。大型企业要根据消费市场的需求变化，积极开发和引进先进业态，创新业态组合。当前，越来越多的大型流通企业在加强主力业态发展的同时，积极开展多种业态的错位经营，超市与便利店业态、百货与超市业态、百货与购物中心、百货与折扣店业态、专业店与专卖店等多种形式的业态组合式发展，这样既丰富了市场的业态结构，满足了市场的多样化消费需求，又保持了企业经营的持久活力。

湖南大型流通企业经过近几年的不断发展，在流通经济中的先导作用日益突出，已成为建立湖南现代流通体系的重要力量，已具备较强的市场竞争力、经营创新力和发展潜力。正是由于大企业的市场推进和创新带动作用，使流通产业的规模结构逐步优化，使湖南流通现代化的运行质量得以提升。实践证明，大型流通企业是具有竞争力和应变能力的，是湖南流通经济发展的重要依靠力量，正是有大型流通企业的带头作用，才保证了市场安全和稳定的能力，使社区商业服务业的功能更加完善，并通过特许经营为中小流通企

业的创业和发展提供了一定条件。

作为湖南流通现代化进程的推进者和见证者，政府职能部门要在流通领域树立和落实科学发展观，不断强化服务和管理意识，从商业网点规划、经济调节、市场监督、社会管理和公共服务等方面积极优化流通企业发展环境，促进大型流通企业持续、健康、快速地发展。进一步加强与大企业的沟通和联系，积极与外省市及国家有关部门协调，努力为大企业解决发展中存在的合资合作、上市、税收、用电等实际问题，搭建为大型流通企业服务的快速通道。在大力推广连锁经营等现代流通方式的过程中，本着“以企业为主体，市场化运作”的原则，鼓励、引导和发挥大企业的品牌优势，促进社区便民服务网络的建设。

下一步流通企业将会面临激烈的竞争形势，面对更加紧迫的发展问题。与国际、国内先进大型零售集团相比，我们的企业还有较大的差距，发展之路任重而道远，还需谋求更高水平、更高效率和效益的发展。

商业企业在曲折中前进，在竞争中发展，在艰苦创业中做强，我们相信，在湖南推进流通现代化的航程中，大型流通企业一定能够为众多中小流通企业的发展、为湖南流通业的发展扬帆领航，一定能打造出湖南在全国流通领域中的“航空母舰”。

（湖南省连锁经营协会）

广州市连锁经营发展状况

2005年是广州市连锁经营发展具有特别意义的一年，这一年市政府召开了“加快发展连锁经营工作会议”，并投入专项经费，摸清了全市连锁经营的基本情况，请专家学者提出了加快发展连锁经营的意见建议，吹响了加快发展连锁经营的进军号。

一、连锁经营概况及特点

2005年广州市社会消费品零售总额1899亿元，居全国城市第三位，同比增长13.2%，增幅为1998年以来最高水平。全市连锁经营销售额521亿元，占当年社会消费品零售总额的27.4%，同比增长5个百分点。连锁经营已逐步从传统的第三产业扩展到新型服务业和各种零售领域等80多个行业，并成为广州流通服务业重要的经营模式和企业组织方式，正在发挥着越来越重要的作用。它促进了广州实现现代化大都市的目标，进一步增强了广州流通产业的竞争力，推动了流通产业成为广州的主导产业，进一步净化了广州的市场流通环境，不断提升广州居民的生活素质。

目前广州市的连锁经营总体呈四大特点：

第一，经过多年的发展，广州市连锁经营已经形成了外源经济与内源经济共同发展，便民型的超市与时尚型的专卖店、专业店并驾齐驱的格局，呈现出多元化、立体化发展的良好势头。

第二，连锁经营外延不断扩大。连锁经营发展之初，主要是集中于超市及便民服务方面，经过近10年的发展，它已被第三产业各行业普遍应用，而且在某些行业还起着主导地位。

第三，跨地区、跨所有制的连锁企业不断增加。以往只有外地人到广州发展连锁经营的局面已开始转变，不少本地企业也走出去发展，并取得了可喜的成绩。

第四，市场空间广阔，前景看好。

(1) 从连锁经营的空间分布看，广州市的行政区划已进行了调整，凸显出新区网点缺乏，这正是市场进入的空间。

(2) 从行业的分布来看，连锁经营网点数最多的前10位大都是传统意义上的商业、服务业行业，而一些新兴产业、现代服务业都没有排上位置，这恰好是我们可以看到商机的空间。

5. 与国内其他城市相比，成熟的行业仍有发展空间。漫步广州街头，随处可见超市、便利店的存在，但企业的规模、网点数与上海、北京、深圳相比，我们并不算大和多。在竞争激烈中，一些不够规范和实力欠缺的企业被淘汰，市场份额正向高素质、有实力的企业招手。

二、连锁经营的业态结构特点

经过摸查，2005年全市连锁企业的门店数超过1.25万间，其中，大型百货店占总数的0.18%，以本土商业为主体，是具有较大影响力的区域品牌；标准超市占总数的4.08%，以本土企业为代表，但与上海、深圳等城市相比，企业规模不够大、实力不够强；大型综合超市占总数的0.34%，基本上由外来企业和外资企业所包揽；便利店占总数的2.48%，基本上也是由外资和外来企业所包揽；专业店占总数的64.78%；专卖店占总数的19.97%，以品牌专卖店为主；餐饮店占总数的6.48%，包括正餐、快餐和西餐等。

2005年广州连锁经营业态店铺分布表

业　态	店铺数（个）	比重（%）
百货店	211	1.68
大型百货店	23	0.18
超　市	512	4.08
大型综合超市	43	0.34
便利店	311	2.48
专业店	8124	64.78
专卖店	2504	19.97
餐饮店	813	6.48
合　计	12541	100

资料来源：根据广州市工商局、广州市统计局等有关数据计算整理而成。

三、连锁经营的行业结构特点

随着社会分工的日益细化、消费个性化的凸显以及市场细分时代的到来，广州连锁经营的行业覆盖面越来越广，已经涉及80多个行业。连锁经营行业中店铺数最多的是药店，其次是服装店，第3位是超市和便利店，第4位到第10位依次为房地产中介、食品、冲印、快餐、凉茶、燃气站、眼镜。由此可见，广州市开展连锁经营的店铺中，不仅有零售行业的（如超市便利店、百货等），而且有服务行业的（如餐饮服务、美容美发、房地产中介等）；不仅有生活资料的（如食品、服装等），而且有生产资料的（如建材、仪器等）；不仅有生活服务业的（如家电维修、家政服务、婚介婚庆等），而且有生产服务业的（如事务所、咨询策划、物流服务等）。从发展趋势来看，广州的连锁经营还将在原有行业扩大发展，并向新的行业和领域拓展。

四、连锁经营的空间分布特点

从广州连锁店铺的空间分布来看，分布密度最高的（原）越秀区每平方公里有连锁店铺165.721个，最低的增城市（广州市最边远的县级市）只有0.1个，由此可见，广州连锁经营目前空间布局的差异很大，大部分集中在中心城区，外围城区和县级市的连锁经营店铺数较少，分布密度和每千人拥有数较低。但是，从发展趋势看，广州市的连锁经营开始呈现向外扩展的态势，与前几年相比，连锁经营在番禺区、花都区、黄埔区、从化市、增城市等地区得到较快的发展。

五、连锁经营发展趋势预测

“十一五”期间，将是广州商业新一轮发展的重要时期，从全市经济发展趋势来分析，连锁经营也将出现一些变化。连锁经营将进一步体现四化，即更加集中化、规模化、特色化、专业化；连锁经营跨地区发展将越来越多，覆盖的空间和范围越来越广；连锁经营管理的技术化、信息化要求越来越高；连锁经营形式和业态将进一步多样化、立体化；外资连锁零售企业的扩张方式将由合资转向并购。

（广州市连锁经营协会）

东莞市商贸流通状况

一、概况

2005年，东莞市社会消费品零售总额达500.01亿元，同比增长17.2%，按行业分，其中批发零售贸易业零售额430.38亿元，增长17.7%；餐饮业零售额69.57亿元，增长14.6%。社会商品销售总额839.01亿元，同比增长17.9%。

二、商业网点及设施

2005年全市500平方米以上的大中型商场有467个，面积达261万平方米。其中3000平方米以上的有218个，面积230万平方米；1万平方米以上的有84个，面积160万平方米。花园商贸城、文化购物广场、虎门黄河商业城、厚街商贸中心、长安愉康新世界购物广场、樟木头地王商业城、万江华南MALL等一批高档次、高品位的现代化综合商场、购物中心相继落成。个体和私营连锁企业发展迅速，全市私营个体商业销售收入266.26亿元，增长17.8%，个体私营连锁企业门店总数已超过2000间。

由市经贸局会同市规划局主编的《东莞市2005－2015年城市商业网点规划》（下称《商业网点规划》）于2005年12月31日经市政府批转实施（东府［2005］198号）。按《商业网点规划》的设计，到2015年东莞市商业网点规划目标是建成以“一主八副”商业中心为主导，以城镇商业为支撑，以社区商业为基础，以各类商业街为特色，市场结构合理、业态优化、电子商务功能完善的商业网点体系，形成商业服务业、会展经济和物流基地与产业相互促进、协调发展的繁荣局面。

三、商业连锁状况

近年，东莞市连锁经营取得长足进步，经营方式已由单一直营连锁向直营、特许连锁相结合的方向发展；连锁经营领域从超市、便利店向百货、社区店、大卖场等多种业态渗透；从百货零售向餐饮、医药、烟草、洗涤、摄影冲印、美容美发、家居装饰等不同行业扩张。中域电讯、美宜佳便利店、东莞国药店、杏林春凉茶、真功夫餐饮、健民珠宝、茂光眼镜、嘉荣购物广场、天和百货、华美乐建材超市、天福便利店、面包乐园、永正购书中心等一批知名连锁品牌企业逐步成长起来。据统计，目前全市连锁经营门店总数已达到3300多家。其中规模较大的有：东莞市糖酒集团公司创办的美宜佳连锁便利店有680家；市医药总公司组建的国药连锁已在全市范围内开设了650家连锁店；东莞市天福便利店有

320间；星瀚便利店有近200间。自1997年世界商业巨头沃尔玛、家乐福进入东莞后，百佳、麦德龙、吉之岛、华润、好又多、大福源、百安居、“7 – Eleven“、“OK”、星巴克等外资企业先后进入东莞；2003年国内著名家电连锁品牌国美电器进入东莞后，天虹商场、顺电电器、新一佳超市、铜锣湾百货、苏宁电器、永乐电器、海雅百货、中华百货、天河城等国内著名品牌随后纷纷进入东莞。

（东莞连锁协会）

深圳市商业发展状况

一、国民经济持续快速增长

初步核算，2005年深圳市生产总值（GDP）4926.90亿元，比上年增长15.0%。其中，第一产业增加值9.87亿元，下降20.4%；第二产业增加值2580.82亿元，增长17.9%；第三产业增加值2336.21亿元，增长11.6%。按常住人口计算的人均GDP为60507元，增长11.5%。按现行汇率计算，本地生产总值达到609.31亿美元，人均GDP为7483美元。全社会劳动生产率86556元，增长10.9%。

“十五”期间，全市经济总量连续跨越3000亿元和4000亿元，经济增长速度年平均达到16.3%，比“十五”计划预期目标高4.3个百分点，比“九五”时期平均增速高0.4个百分点。其中，第一、二、三产业增加值年平均增速分别为－9.3%、19.1%和13.5%，三次产业结构由2000年的0.7∶49.7∶49.6发展为0.2∶52.4∶47.4。

消费市场价格小幅上升。2005年居民消费价格总水平比上年上涨1.6%，其中服务项目价格上涨0.8%。在监测的八大类商品及服务中，食品类上涨4.5%，其中粮食上涨3.1%，植物油下降2.2%，肉禽及制品上涨3.3%，水产品上涨8.5%，鲜菜上涨16.0%，鲜果上涨2.5%，在外用膳食品上涨2.6%；烟酒及用品类下降0.4%；衣着类上涨3.2%；家庭设备用品及维修服务类上涨0.6%；医疗保健和个人用品类下降0.6%；交通和通讯类下降1.9%；娱乐教育文化用品及服务类下降1.8%；居住类上涨3.6%。

二、固定资产投资规模继续扩大

全年完成全社会固定资产投资1176.13亿元，比上年增长7.6%。在全社会投资中，基本建设投资599.83亿元，增长19.7%。基本建设投资的快速增长支撑了全社会固定资产投资的明显回升；房地产开发投资418.76亿元，下降3.6%；更新改造投资114.21亿元，增长29.8%；其他投资43.32亿元，下降37.6%。由于2005年以来房地产开发投资持续下降，使房地产投资占全社会投资比重由上年的39.7%下降到35.6%。

从投资的行业看，第一产业投资0.23亿元，比上年下降86.1%，第二产业投资372.49亿元，增长45.2%，其中工业完成投资365.70亿元，增长52.7%，占全社会投资的31.1%。第三产业投资803.41亿元，下降3.7%，其中交通运输、仓储及邮电通信业投资154.08亿元，增长56.7%；批发和零售贸易、餐饮业投资26.69亿元，增长95.1%；科学研究和综合技术服务业投资3.05亿元，下降36.3%；教育文化艺术及广播电视业投资32.47亿元，下降12.4%。全年重大建设项目中，机卡分离数字电视接收机、平湖垃圾发电厂二期、平湖物流基地、华翰科技工业园、6英寸0.35微米锗硅集成电路芯片等重点项目投资完成情况良好；主要竣工的有地铁一期、会展中心、赤湾港13＃泊位、罗湖口岸/

火车站综合改造、招商银行金融电子研发中心、福华德电厂扩建等项目。

全年商品房施工面积3402.00万平方米，比上年增长9.0%，其中住宅2424.28万平方米，增长7.4%；商品房竣工面积644.09万平方米，下降36.4%，其中住宅468.07万平方米，下降39.4%。

三、国内贸易稳步增长

全年批发和零售贸易、餐饮业实现增加值587.93亿元，比上年增长12.0%，占本地生产总值的比重达11.9%。

全年社会消费品零售总额1437.67亿元，比上年增长15.0%，近4年来增长速度首次赶上了GDP增长。其中，批发零售贸易业零售额1258.17亿元，增长15.2%；餐饮业零售额179.50亿元，增长13.6%。

全年商品销售总额2920.39亿元，比上年增长18.9%。在限额以上批发零售贸易业商品销售中，十大类商品除书报杂志类下降6.1%外，其余均实现增长。其中，汽车类增长56.7%；金银珠宝类增长32.4%；体育娱乐用品和办公用品类分别增长34.2%和31.2%；服装和食品类分别增长16.5%和15.0%；家用电器和音响器材类增长14.8%；通讯器材类增长9.7%；日用品类增长1.9%。

四、人口、人民生活和社会保障

人口继续增长。全市年末常住人口827.75万人，按可比口径比上年末增加26.95万人，增长3.4%。其中户籍人口181.93万人，增加16.80万人，增长10.2%，占常住人口比重为22.0%；暂住人口645.82万人，增加10.15万人，增长1.6%，占比为78.0%。

户籍人口出生率12.64‰，比上年增加1.06个千分点；死亡率1.41‰，增加0.04个千分点；自然增长率11.23‰，增加1.02个千分点。

职工工资水平有所提高。全年全市在岗职工工资总额516.75亿元。全市在岗职工年平均工资32476元，比上年增长1.7%。

城镇居民生活水平和质量稳步提高。根据600户城镇居民家庭抽样调查资料显示，全年居民人均可支配收入21494.40元，比上年增长8.7%，扣除物价因素，实际增长7.0%。城镇居民人均消费性支出15911.88元，增长9.7%，实际增长8.0%。恩格尔系数为33.4%。年末居民人均住房使用面积18.31平方米。

年末居民储蓄存款余额3229.38亿元，比年初增加603.99亿元，增长23.0%。

社会保险体系不断完善。年末全市有352.75万人参加了基本养老保险，143.18万人参加了失业保险，分别比上年增长19.2%和11.7%；全市有269.58万人参加了基本医疗保险，增长16.5%。

（深圳市统计局）

成都市连锁经营发展状况

成都市连锁经营的发展史，当从1993年太平洋百货第一家店入驻开始。随后，连锁业如雨后春笋，方兴未艾。截至2005年底，全市内资、外资、合资大型商贸连锁业达35家，连锁经营网点达2000余个，销售额占全市社会消费品零售总额的比例由2001年的6%上升到23%。

一、触角越伸越远

瞄准周边城市和区县，是成都连锁企业的共同选择。红旗连锁2003年在成都周边及二级城市开店160家，2005年已发展到295家；互惠超市2003年在成都周边及二级城市开店30家，2005年发展到63家。到2005年底，苏宁、国美、成商、摩尔百盛、好又多等连锁企业共在周边二级城市开设连锁店16家。

连锁业最初的发展仅局限于超市、大卖场和便利店，如今，餐饮、服装专卖、儿童玩具、办公用品、音像书刊、电子通讯产品、建材、中介服务等行业也出现连锁企业，市场空间不断拓展。

新的扩张计划已在酝酿。2006年，百胜餐饮、苏宁电器、家乐福、北京华联、百联集团等都将抢滩成都周边二级城市作为发展目标。家乐福准备进军绵阳，百胜餐饮将目光瞄向绵阳、乐山、遂宁等城市。

二、带去的不仅是商品

经济社会的快速发展和交通条件的根本改善，使处于成都一小时经济圈范围内的德阳、眉山、绵阳、资阳等二级城市成为连锁商家的必争之地。

眉山市2005年连锁企业销售总额为37.7亿元，其中三分之一来自于外地入驻本地的连锁企业，这部分连锁企业绝大部分来自成都。德阳市的情况也大抵如此，且红旗连锁、世纪联华、摩尔百盛、人民商场等连锁企业的经营情况普遍好于本土连锁企业。

阻碍连锁经营向周边地区发展的行政壁垒正在消除。但随着连锁业的发展，当地群众、商家和行政部门都逐渐认同外地连锁的进入，为外地连锁商家的市场延伸创造了平等的市场环境。

成都连锁企业向周边扩张，促进了当地商业的发展。本土商业在激烈的竞争中，在学习、借鉴先进经营和管理经驻的同时，提高了自身的管理和服务水平。连锁经营的“鲶鱼效应”正在周边地区显现。

三、受惠的不仅是市民

能够享受与城市居民同等的消费条件是农村群众的梦想。国家统计局的一项调查表明，目前农村居民的消费水平比城市居民的消费水平整整落后10年。连锁经营向农村拓展是缩小城乡居民消费水平差距的一条出路。

连锁经营向农村延伸，在方便农民购物的同时，还为农副产品提供了销售平台。

（四川日报）

青海省消费品市场状况

“十五”期间，在西部大开发战略和国家宏观调控政策的指引下，全省消费品市场进入了快速发展的阶段，省外知名企业的不断进入，个体私营经济的快速发展和各种新型业态的不断涌现，给全省的消费品零售市场注入了新的活力，使消费品市场规模逐年扩大。

一、“十五”期间消费品市场主要特点

1. 消费品零售额实现了新的突破，消费需求逐步驶入快车道

“十五”期间，全省经济进入了较快的发展阶段，基础设施建设步伐明显加快，工业生产快速发展，居民收入稳定增长，国民经济呈现良好的发展态势，消费环境不断得到改善，市场繁荣，流通规模不断扩大，消费水平不断提高，消费品市场稳步增长，增幅明显快于“九五”时期，特别是2002年全省社会消费品零售总额突破100亿元，消费品市场进入快速增长的快车轨道。2005年，全省累计实现社会消费品零售额160.51亿元，“十五”期间年均增长11.9%，增幅比“九五”时期提高了3.71个百分点，连续5年保持了两位数的增长幅度，整个消费品市场货源充足、有效供给不断增加、商品质量不断提高，满足了城乡居民不同消费层次的需求。

2. 新型零售业态发展迅猛，形成新的多元化商贸流通格局

2000年以来，超市、连锁商业进入青海省商贸零售业，以经营方式和服务方式创新为主要特征的新型业态已深入到餐饮、零售等流通领域。新型零售业态和现代营销方式的出现，使青海省消费品零售市场格局发生了显著的变化。

“十五”期间，传统零售企业在日益激烈的市场竞争中注重塑造自身形象，引进现代营销方式，创新特色经营，市场定位准确，不断适应广大消费者的需求，企业地位得到巩固，规模不断扩大，呈现勃勃生机和较强的市场集聚效应，有效地拉动了消费品增长。目前，全省超亿元的商贸流通企业已达到9家。

“十五”期间，以连锁为代表的新型业态呈现出良好的发展势头。5年间，在传统百货零售业态稳步发展的同时，以连锁为代表的新型业态迅猛发展，逐渐出现了连锁企业、超级市场、便利店、专卖专业店等多种零售业态，给青海省的零售业注入了先进的管理模式和新型的营销理念，打破了传统的、单一的以百货、副食品为主的经营模式，进一步促进了零售市场多主体、多层次、多业态发展。2000年，全国知名企业北京华联超市入驻我省，在带来竞争的同时，也给青海省传统零售业带来了先进的管理经验、零售技术、营销技术、服务理念等，激发了青海省传统零售企业发展的活力，促进了青海省流通企业的发展，流通营销方式的多样化，进一步激活了消费市场，使居民购物更加便捷。目前宁食集团在居民小区开设的便民连锁店已达53家，其中加盟店28家，青百股份公司也有45家，青海青徽超市门店数达到23家。

家电专业店发展迅速。近几年来，国内家电零售业巨头苏宁电器、国美电器纷纷抢滩西宁商圈，引爆了较为强劲的家电抢购热潮。城镇居民家电的二次更新换代步伐加快，2004年达到高峰，全省限额以上批发零售贸易业家电零售额达到2.83亿元，为近几年最高值。

3. 城市消费品市场逐年扩大，农牧区市场趋于活跃，消费增幅差距缩小

随着城市化发展进程的不断推进，以及商业基础设施投入的加大，为青海省消费品市场的发展增添了新的活力，加上交通便利，农民进城购物不仅十分方便，而且由于店多、商品丰富、选择余地大，使城市消费品市场范围逐渐扩大，发展速度加快。随着国家一系列惠农政策的贯彻落实，全省农牧业产业结构调整步伐的加快，农牧民收入不断提高，增强了购买能力，农牧区消费品市场发展明显加快。“十五”期间，全省城市市场消费品零售额年均递增12.82%，占全部零售总额的份额达64.3%；农牧区市场占全部零售市场的份额为35.7%，年均递增10.25%，比“九五”期间年均增速快5.15个百分点。农牧区消费市场的活跃，说明青海省农牧区消费需求不足的薄弱环节正在逐步弥合。

4. 个体经济发展迅速，对全省增长贡献提高

改革开放以来，特别是近10年来，青海省流通体制改革步伐加快，流通领域开放程度加大，消费品市场多元化得到了充分发展，非公有经济快速发展，所占零售市场份额也逐年提高。2004年，全省非公有制商贸企业共实现消费品零售额67.66亿元，其中，个体经济占全省消费总量份额达到50.14%，对全省消费品零售额增长的贡献率达46.6%，成为拉动“十五”期间全省消费品零售额增长的主力之一。

5. 餐饮业蓬勃发展，成为消费品市场新亮点

“十五”期间，伴随着人民群众生活水平的提高、生活节奏的加快、生活方式的创新及消费观念的转变，追求方便、快捷、舒适可口的饮食已成为一种趋势，各种风格、档次的菜肴满足了不同层次的居民消费需求，“黄金周”假日经济更是激发了居民外出就餐的热情，加上青海省旅游业等服务性消费的增长，带动了餐饮业的增长，使餐饮业成为消费品市场的一大亮点。“十五”期间，餐饮业营业额年均增长12.08%。餐饮业的发展，从一个侧面反映出城乡居民收入的日益提高，折射出的正是解决了温饱，向小康生活迈进的百姓生活。

6. 居民生活质量提高，消费结构升级明显加快

“十五”时期，随着全省综合经济实力的日益增强，城乡居民收入不断增长，2005年全省城镇居民人均可支配收入达到8058元，农村居民人均纯收入2165元，“十五”期间年均增长幅度分别为10.3%、7.8%。居民收入的增加，促进了消费结构的改善，生活质量得到提高，以住宅、通讯为主的消费热点逐步形成，汽车开始进入高收入居民家庭。居民的消费方式逐步从生存型向享受型、发展型转变。

一是恩格尔系数逐年下降，食品消费结构发生变化。2005年全省城镇居民恩格尔系数为36.3%，比“九五”末降低4.6个百分点，农村居民恩格尔系数为45.1%，比“九五”末降低12.79个百分点，城镇居民粮油消费比重逐年下降，肉禽蛋及水产品、奶及奶制品占食品消费比重增加，各类精细加工的成品、半成品消费明显增加。

二是家用电器成为居民家庭生活的必备用品，以移动电话为主的通讯器材销售大幅增长。随着手机新款不断推出以及通讯费用和手机价格的不断下调，手机市场需求量不断扩

大，市场普及率大幅度提高，城乡居民的人均占有率迅速增长，成为“十五”时期一大消费热点。2005年城镇居民交通通讯消费支出比2000年增加399.5元，增长1.32倍，年均增长18%，每百户城镇居民拥有移动电话126部，比2000年增长11.6倍。

三是汽车进入居民家庭。“十五”时期，随着全省国民经济的快速发展和居民收入水平的提高，以及汽车降价，私家车步入高收入家庭，成为人们享受生活的一个明显特征。2005年全省限额以上批发零售贸易汽车类实现零售额6332万元，比2000年增长1.48倍，年均增长19.96%，增长幅度在所统计的38个商品分类中遥遥领先。目前全省每百户城镇居民拥有私家车1.4辆，其中西宁市达到1.67辆。

四是教育文化支出不断增加。2005年城镇教育文化消费支出691.25元，比2000年增加307.7元，增长62.12%。

五是住房热销带动相关产业快速发展。“十五”时期，随着居民收入增加，购买住房，改善居住条件，成为很多居民生活的重要目标，住宅消费形成了日益升温的消费热点。2000年，全省商品住宅销售额仅为4.18亿元，2004年达到11.89亿元，增长了1.84倍，其中售给个人的由2000年的1.95亿元增加到2004年的11.7亿元，增长了4.97倍；2005年全省城镇居民人均住房建筑面积达到18.3平方米，比2000年增长43.98%。住房需求的增加带动了消费品市场中相关商品销售的升温，2005年全省建筑及装潢材料类销售比上年增长65.6%。

二、“十五”期间消费品市场快速发展的主要成因

“十五”期间，全省经济持续快速健康发展促进了消费品市场稳步增长，特别是城乡居民收入的较快增长，带动了消费结构的升级转型。

1. 全省经济持续快速发展，为消费品市场的活跃奠定了基础

“十五”期间青海省国民经济持续、协调、健康发展，质量效益明显提高，综合实力显著增强。2005年，全省完成国内生产总值543亿元，“十五”年均增长12%，人均生产总值达到1150美元。工业企业经济效益大幅度提高，基础设施建设力度加大，经济发展后劲明显增强，产业结构调整成效显著，特色经济框架初步形成，居民生活条件明显改善，有力地推动了消费品市场的稳步增长。

2. 收入的提高是居民消费支出增加的前提条件

“十五”期间，青海省人民生活水平总体上实现了由温饱到小康的历史性跨越。2005年全省城镇居民人均可支配收入为8058元，比2000年增加2888元，增长55.86%，其中人均消费性支出为6245.26元，比2000年增加674.5元，增长了36.4%，年均递增8.1%。“三农”问题的高度重视，农牧业投入、结构调整、农牧民技能培训和外出务工等方面的工作力度不断加大，各种支农惠农政策得到贯彻落实，实现了农牧民收入持续增长。2005年农牧民人均纯收入为2165元，比2000年增加674.5元，增长45.25%，年均递增7.8%。居民收入的快速提高，进一步促进了居民消费的较快增长，从而使“十五”时期消费品市场呈现出了持续快速增长的态势。

3. 居民消费升级转型是新一轮消费增长的主要推动力

“十五”期间，全省城乡居民的收入不断增加，居民消费结构处于由温饱型向小康型

过渡阶段，从以家用电器消费为主的第二次消费升级逐步开始向高档消费品升级，以住宅、旅游、信息通讯、化妆品类、金银珠宝、汽车等为代表的消费热点不断涌现，极大地推动了青海省消费品市场的发展。

4. 旅游业快速发展，促进消费品市场日趋活跃

“十五”期间，青海省加大对旅游基础设施、景区和服务设施建设的力度，旅游景区环境不断得到改善，郁金香节、环青海湖国际公路自行车赛、抢渡黄河等体育赛事成为带动青海旅游的品牌，使青海的知名度逐步提高。“十五”期间全省累计接待游客2341万人次，实现旅游收入88亿元，年均增长19.5%。旅游人数和旅游收入的增长，不但拉动了消费群体的增加，而且刺激了居民的消费，活跃了商品市场，带动相关产业发展，增加了商品销售量，为全省零售市场带来了商机，在一定程度上拉动了消费品零售额的增长。

（商务部）

新疆生产建设兵团商品市场运行状况

2005年，兵团经济保持良好运行态势，商品市场总体运行平稳，实现了较快增长。

根据兵团统计局提供的数据（兵团统计快报），2005年1～12月份，兵团全社会商品销售总额完成362.14亿元，同比增长9.1%，完成年度计划的116.44%；社会消费品零售总额92.71亿元，同比增长13.9%，完成年度计划的103.01%。

一、兵团商品市场运行情况

1. 消费品市场需求活跃，零售增幅保持高位平稳运行

2005年1至4季度，兵团消费品市场分别实现零售总额18.05亿元、39.99亿元、63.9亿元、92.71亿元，呈逐月上升趋势，比上年分别增长10.5%、14.9%、15.9%和13.9%。

在限额以上批发零售贸易业零售额中，生活消费品销售总额累计同比增幅较大的前五种是：五金电料类2906万元、化妆品类1029万元、文化办公用品类2406万元、金银珠宝类563万元、体育娱乐用品类277万元，同比分别增长57.2%、46%、42.2%、34%、24.8%，显示出享受生活消费阶段的新特征。

从销售地区来看，2005年1至12月份城市社会消费品零售总额实现51.98亿元，占全兵团社会消费品零售总额的56.07%，同比增长12%，县及县以下分别实现2.9亿元和37.83亿元，分别占全兵团社会消费品零售总额的3.13%、40.8%，同比增长31.7%、15.4%，兵团职工消费在兵团社会消费品零售总额的比重呈上升态势，并初显向团部聚集的倾向。

从行业来看，批发零售贸易业和餐饮业同步增长。2005年1至12月份批发零售贸易业实现社会消费品零售总额73.03亿元，占社会消费品零售总额的78.77%，同比增长18.4%。其中：限额以上批发零售贸易业社会消费品零售总额为17.03亿元，同比增长8.2%；限额以下及个体户56亿元，同比增长21.9%；餐饮业实现社会消费品零售总额12.23亿元，同比增长10.9%。

2. 生产资料销售增幅较大

由于能源原材料价格持续上涨，对最终消费品价格走势影响加大，部分重要生产资料价格大幅波动，各类农资商品平均价格全线上涨。2005年1至12月份，限额以上生产资料批发销售总额为246.72亿元，同比增长8.76%。其中增幅较大的有：木材及制品类0.28亿元（65.7倍）、棉麻类158.67亿元（47.56%），化肥类31.29亿元（20.48%），石油及制品类10.23亿元（12.08%），建筑材料类0.71亿元（10.48%）。

兵团大宗自产产品产销情况。在六大类兵团自产产品中，番茄酱产量因受自然灾害的影响降幅较大；主要棉纺厂对纺机的淘汰和调整致使棉布减产，其他产品产量均保持了增

长态势。化工产品PVC产量大幅增长的主要原因是天业化工城新上项目投产；六大类产品销售情况均比去年有较大提高，其中PVC增长主要是销售价格上扬；番茄酱因2004年产量大、价格低，不少产品积压至2005年销售且价格上升。

3. 主要农副产品、生产资料市场价格走势

2005年兵团城市生活必需品市场供应充足，粮、油等综合类商品价格保持平稳；肉、禽类商品价格受“猪链球菌疫情”、“禽流感”影响略有起伏；蔬菜价格受生产季节、天气变化和市场供应等因素影响，部分品种价格波动明显，但基本处在正常范围。2005年第四季度化肥的过货量达到50500吨左右，高于第三季度。化肥的进货价格与第三季度持平，原因一是经过上半年的调整，进口价格已经趋于平稳，二是铁路运输力量加大。

二、2006年商品市场运行趋势展望

2005年，由于国家在促进流通业发展，扩大内需、促进消费等方面出台了一系列政策和措施，加大了推进流通现代化和开拓城乡市场的力度，对消费增长发挥了重要推动作用。2006年作为“十一五”规划的开局之年，随着中央宏观调控政策的继续推进，国民经济将继续保持平稳较快发展。

据商务部对2006年上半年国内市场供求趋势进行的调查和分析表明，国内600种主要消费品中，71.7%供过于求，其中饮料、服装、纺织品、家电、家居用品等商品供过于求的比例较高；与社会消费品相比，生产资料供求状况较为平衡，300种主要生产资料中，23%供过于求，72.7%供求平衡，4.3%供不应求。分类别看，建筑材料、机电产品、汽车、黑色金属、轻工纺织原料、农业生产资料、化工产品市场供给充裕，绝大多数商品将处于供求平衡或供大于求状态；供需偏紧和供不应求商品主要集中在能源、有色金属和木材市场。与2005年下半年相比，2006年上半年主要生产资料品种供求和价格走势特点如下：

1. 能源类产品市场供求继续向宽松方向转变，价格高位企稳

成品油市场需求持续扩大，国内生产受资源约束，将继续保持低速增长，国际高油价短期难以出现实质性回调，供需关系依然呈现偏紧局面，国内市场价格继续高位运行。

2. 黑色金属向供过于求方向发展，价格小幅回落

钢材需求仍将保持一定速度的增长，由于国内钢材新增产能集中释放，供大于求的局面加剧，钢材市场价格处于低位运行、小幅回落状态。但受钢材生产成本支撑，钢材价格跌落幅度有限。

3. 农业生产资料市场供需大为改观，价格稳步回落

随着煤炭、磷矿石等上游资源供需矛盾缓解，以及国家稳定农资价格调控政策的落实，总体上农业生产资料市场供需趋于平衡，价格呈逐步回落态势。由于我国农业生产资料供需存在着较强的季节性和区域差异性，受运输不畅、集中使用等因素影响，上半年不同时段，局部地区仍存在着农资供需偏紧的可能。

2006年兵团国内贸易工作，要全面贯彻党的十六届五中全会和兵团党委五届七次全会精神，以科学发展观统领国内贸易发展全局，以深化改革、扩大消费为主线，按照全国商

务工作会议的安排和部署，加快培育流通业龙头企业，继续实施“万村千乡”市场工程，大力发展连锁经营、电子商务和物流配送等现代流通方式，启动标准化农产品批发市场建设，实施畜禽屠宰场整合工程，开展创建绿色饭店活动，实施兵团“三绿工程”五年发展规划，开展兵团社会信用体系建设工作，加强国内贸易人才培训工作，推动兵团国内贸易稳步发展，为兵团经济和社会发展做出更大贡献。

（新疆生产建设兵团商务局）

上海百货零售企业价格促销行为自律规范

第一条 为了规范上海百货零售企业价格促销行为，保护消费者合法权益，倡导价格诚信、营销诚信、服务诚信、创建诚信百货业，根据《中华人民共和国消费者权益保护法》、《中华人民共和国反不正当竞争法》、《中华人民共和国价格法》和《中华人民共和国广告法》等有关法律、法规，制定本规范。

第二条 凡上海百货商业行业协会的零售会员企业及本市的百货零售企业适用于本规范。

第三条 在经营中实行明码标价。标明的价格应当依据经营成本和市场供求状况等因素制定。不得以不真实、无依据的价格欺诈消费者。

第四条 商品零售标价签要正确无误地标明品名、产地、计价单位、零售价格、规格、等级、质地等项栏目，并必需加盖核价章。

第五条 商品零售要严格执行三色标价签的规定。明码实价的商品不得商议降价；明码降价的商品要标明降价前一次的售价和降价原因，按降低价格进行交易；明码议价的商品不得再以优惠价名义降价。

第六条 开展价格促销活动要坚持明折实价，不得以虚拟原价、抬高价格、加价打折等价格欺诈行为，不得以不正当的竞争方式搞低价倾销。

第七条 价格促销活动中，提倡以款代券的促销方式，即消费者买足规定数量的商品后，以送券额度折合现金，即时在销货款中扣除。

第八条 价格促销活动要确保商品质量，凡经销商品、赠品等都要履行“三包”责任，坚决杜绝以劣质商品、假冒商品欺骗消费者。

第九条 价格促销广告要符合《广告法》规定，保证广告的真实性、准确性，不得以不实、虚假广告诱骗消费者购买商品。

第十条 价格促销活动规则要公正、公平、公开，并在商店醒目位置进行公示。凡采用购物送券、价外赠物、有奖销售、积分返利等促销措施都要规范，应明示送券使用范围、使用期限；应明示赠物的品名、规格、数量；应明示设奖的种类、中奖概率、奖金金额或奖品种类，以及兑奖时间和方式；应明示积分商品范围、时间和返利比例等具体规则，不得以模糊概念或文字欺骗消费者。

第十一条 在促销活动中，凡有不参加促销活动的柜台或商品，不能标以“全场”范围、“全部”商品的促销活动；凡促销活动中各柜台或各商品促销折扣不统一的，不能标以“全场”打×折的语言和字样；凡促销活动中所标的折扣商品，必须做到名符其实，有货供应。

第十二条 对入驻百货零售企业的品牌商自行组织的价格促销活动，由商店有关部门按照本自律规范进行监督管理。

第十三条　为了保证本自律规范的贯彻执行，协会提倡和帮助百货零售企业建立诚信档案，搞好企业自律；开展行业检查，组织会员企业在重大节日期间，进行自律检查；加强与市、区有关部门的联系和配合，加强对零售企业价格促销行为的监督管理，不断规范零售企业的经营行为，努力建设诚信百货业，树立上海百货行业的新形象。

二〇〇五年九月十四日

云南省商业零售企业进货交易行为规范

第一条 为维护我省流通领域市场秩序，规范商业零售企业与供应商的进货交易关系，维护公平交易秩序，保障消费者的合法权益，促进商业零售企业与供应商平等合作、互惠互利，根据有关法律、法规和规章，制定本规范。

第二条 凡在云南省行政区域内直接面向最终消费者提供商品和服务的商业零售企业，适用本规范。

第三条 本规范所称进货交易行为，是指商业零售企业通过经销、代销、代购、联营等形式与供货商之间的经营行为。

第四条 商业零售企业的进货交易行为，应当遵守国家有关法律、法规和规章，接受政府有关部门的指导和监督。

第五条 商业零售企业与供货商之间的交易行为，应当遵循平等、自愿、公平、诚实信用的原则，遵守社会公德和商业职业道德。

第六条 商业零售企业必须有固定的营业场所，具备完备有效的营业手续，注册资本(金)真实合法。

第七条 商业零售企业要对供货商提供的商品质量、进货渠道进行严格审核，禁止发生商业贿赂等不正当经营行为。

(一)商业零售企业应对供货商进行严格的资质调查，并建立供货商信用档案，可以实地考察并掌握供货商生产经营场所和生产过程、生产环境、仓储物流等情况。

(二)商业零售企业应当取得供货商提供的进店商品生产许可证、产品检验(检疫)合格证、食品卫生许可证等有关证件，严格审核产品的标识、成分、质量、出厂检验证明。对属于强制性产品认证、绿色产品标志、知名品牌产品的商品，商业零售企业应要求供货商提供相关证明材料并备案存档。

(三)商业零售企业应当加强采购进货管理，对进货渠道建立严格的责任追究制度。

第八条 商业零售企业与供货商进行交易行为应当履行以下责任：

(一)商业零售企业通过经销、代销、代购、联营等经营形式同供货商建立交易行为，应当与供货商签订书面合同，合同应当明确各方的权利与义务，包括购进商品的品种、质量、规格、数量、时间、地点、结算方式、结账期、合同解除条件、违约责任、合同争议解决方式及各方共同约定的其他条款。对合同条款有争议的，应按照合同目的、交易习惯及诚实信用原则，确定其条款的真实含义。所有合同格式条款要符合《云南省合同格式条款监督条例》规定。

(二)商业零售企业不得利用所处市场优势地位订立显失公正的格式条款。

第九条 商业零售企业向供货商收取费用应遵守以下原则：

(一)商业零售企业应事先明示收费的项目、标准、权利和义务，经与供货商协商一致后，以合同约定。

（二）商业零售企业因特殊情况或因业务经营实际出现合同外收费情形的，应当与供货商协商签订补充合同。

（三）商业零售企业收取的各种费用必须如实入账，向供货商开具正式发票，并依法纳税。

第十条　商业零售企业邀请供货商参加促销活动应当坚持自愿、合作、公平原则，不得强行要求供货商参加，并遵守以下原则：

（一）商业零售企业邀请供货商参加的促销活动，应事先征求供货商的意见。

（二）商业零售企业邀请供货商参加促销活动，应在协议中明确参加办法、经营风险负担、折扣比例、费用分担、售后服务等内容。

（三）商业零售企业不得借新店开业、店庆、节日庆典等名义向供货商强行索取赞助费用；不得重复设置或变相设置收费项目；禁止在合同外收取与供货商业务无直接关联的费用；禁止在无合同约定的情况下，擅自克扣供货商结算货款。

第十一条　商业零售企业必须严格按照合同约定的结算方式、时间及地点与供货商进行货款结算，规范履约行为。

（一）商业零售企业应在合同中用明确规范的文字表述结账日期的起止时间，严格履行合同。

（二）商业零售企业在货款结算过程中，延迟结算期或变更结算金额应根据合同的约定，通过法定或约定程序提前与供货商沟通并取得一致。支付期限不得长于收货后45天。

（三）禁止人为设置障碍占压供货商货款，故意拖延结算。

（四）禁止商业零售企业利用合同形式欺诈供货商的财物。

第十二条　商业零售企业与供货商双方应当本着合作发展的原则，建立长期稳定、互惠互利的合作关系。商业零售企业应主动向供货商反馈市场需求变化和商品供求信息，引导供货商提供适应市场需求变化的商品。

第十三条　支持和鼓励行业协会构筑本省流通领域的诚信自律体系，建立行业内部约束、惩戒机制，以督促本规范的实施。

第十四条　商业零售企业与供货商在履行进货交易合同中出现争议时，可协商和解，协商不成的，依据合同约定的仲裁协议提请仲裁机构仲裁或依法向人民法院提起诉讼。

第十五条　各级商务部门要正确引导商业零售企业与供货商的进货交易行为，进一步加强对进货交易行为的指导和监督管理。对违法本规范的，各级商务部门主动会同各有关部门，依照有关法律、法规和规章的规定，坚决纠正和查处各种促销活动中的违法违规行为。

第十六条　本规范由云南省商务厅负责解释。

第十七条　本规范自公布之日起施行。

二〇〇五年十一月三日

昆明市商业零售企业进货交易行为规范

第一条 为维护我市流通领域市场经济秩序，规范商业零售企业（以下简称：零售商）进货交易行为，根据《中华人民共和国合同法》、《中华人民共和国产品质量法》、《中华人民共和国反不正当竞争法》等有关法律、法规和规章，制定本规范。

第二条 凡在本市行政区域内直接面向最终消费者提供商品和服务的零售商，适用本规范。

第三条 本规范所称进货交易行为，是指零售商通过经销代销、代购、联营等形式与供货商之间的经营行为。

第四条 零售商的进货交易行为，应当遵守国家法律、法规和规章，接受政府有关部门的监督。

第五条 零售商与供货商之间的交易行为，应当遵循平等、自愿、公平、诚实信用的原则，遵守社会公德和商业职业道德。

第六条 零售商应当取得有效、完备的营业手续，注册资本（金）真实合法，必须有固定的营业场所。

第七条 零售商作为商品销售的终端环节，要加强对供货商、购进商品的质量、进货渠道的审核，禁止商业贿赂等不正当经营行为的发生。

（一）零售商对供货商应当进行全面、细致的资质调查，注意跟踪了解、掌握供货商的信用情况。必要时应对供货商生产经营场所和生产过程、生产环境、储运条件等情况进行实地考察。

（二）零售商应当取得供货商提供的进店商品生产许可证、产品检验（检疫）合格证、食品卫生许可证等有关证件，对产品的标识、成分、质量、出厂检验证明等进行审核，以保证符合规定的标准。对属于强制性产品认证、绿色产品标志、知名品牌产品的商品，应当提供相关证明材料并备案存档。

（三）零售商应当加强内部管理，对进货渠道建立可追溯制度和责任追究制度。

第八条 零售商与供货商进行进货交易行为时，应当履行下列责任：

（一）零售商通过经销、代销、代购、联营等经营形式同供货商建立交易行为，应当与供货商签订书面合同，并可使用商务主管部门与工商行政管理部门共同推行的合同示范文本。

（二）零售商与供货商订立的合同应当明确合同各方的权利与义务，包括购进商品的品种、质量、规格、数量、时间、地点、结算方式、结账期、合同解除条件、违约责任、合同争议解决方式及各方共同约定的其他条款。对合同条款有争议的，应按照合同目的、交易习惯及诚实信用原则，确定其条款的真实含义。所有合同条款要符合《云南省合同格式条款监督管理条例》规定。

（三）零售商不得利用其在市场中所处的优势地位订立显失公允的格式条款。

第九条 零售商向供货商收取费用应当坚持公平合理、公开约定、管理规范的原则。

（一）零售商在进货交易活动中应事先明示收费的项目、标准、权利和义务，经各方协商一致后，以合同约定。

（二）遇有特殊情况或因业务经营实际出现合同外收费情形的，应当与供货商协商签订补充合同。

（三）零售商收取的各种费用必须如实入账，向供货商开具正式发票，并依法纳税。

第十条 禁止零售商利用其优势地位向供货商收取不当费用。下列行为属不当收费：

（一）要求供货商负担与商品销售无直接关联费用的；

（二）要求供货商负担的费用超过供货商可直接获得的商业利益的；

（三）为完成零售商本身财务指标而要求供货商负担费用的；

（四）假借各种名目重复向供货商收取费用的；

（五）借罚款名义向供货商收取费用的；

（六）借新店开业、店庆、节日庆典等名义向供货商强行索取赞助费的；

（七）在无合同约定或收费项目、金额未达成一致的情况下，擅自克扣供货商结算货款的；

（八）其他不当收费行为。

第十一条 零售商邀请供货商参加促销活动应当坚持自愿、合作、公平原则，不得强行要求供货商参加。促销活动产生的费用，零售商应与供货商合理分担。

（一）直接影响供货商商业利润或利益的促销活动，应事先征求供货商的意见。

（二）零售商与供货商在协议中明确约定促销活动的参加办法、经营风险负担、回扣比例、费用分担、售后服务等。

第十二条 零售商必须严格按照合同约定的结算方式、时间及地点与供货商进行货款结算，规范履约行为。

（一）零售商应根据商品特性和销售的实际情况，在合同中用规范明确的文字表述结账日期的起止时间，全面履行合同。

（二）零售商在货款结算过程中，遇有结算期迟延或结算金额变更等情形，应根据法律、法规的规定和合同的约定，通过法定或约定程序提前告知供货商并取得一致。支付期限不得长于收货后45天。

（三）零售商不得以占压供货商货款作为企业融资的手段，阻碍商品流通。

（四）不得人为设置障碍，故意拖延结算。

（五）禁止零售商利用合同形式欺诈骗取供货商的财物。

第十三条 零售商与供货商在履行进货交易合同中出现争议时，可协商和解，协商不成的，依据合同约定的仲裁协议提请仲裁机构仲裁或依法向人民法院提起诉讼。

第十四条 支持和鼓励行业协会依据本规范制定进货交易行为行业公约，构筑覆盖本市流通领域的诚信自律体系，建立行业内部约束机制、惩戒机制，督促本规范的实施。

（一）市供应商行业协会要通过发挥协会职能作用，保护会员企业的合法权益，协助政府搞好行业管理，加强会员企业的行业自律。

（二）建立零售商信用档案，及时、准确、全面地记载和反映零售商信用状况，通过行检、行评，将零售商进货交易行为纳入信用等级的评定范围，信用等级将作为零售商融资信贷、经济往来、申报信用企业、名牌企业、服务名牌认定的主要依据。

（三）建立信用信息网络平台，向供货商、消费者及社会各界公示零售商信用情况。

（四）对零售商、供货商之间因进货交易行为而产生的纠纷和矛盾，相关行业协会要建立磋商机制，加强协调和沟通。

第十五条 政府职能部门要通过警示信息对查处的零售商违法经营行为和失信行为向社会公布。

第十六条 充分发挥新闻媒体的监督作用，借助社会舆论对进货交易活动中不规范的行为进行评论，进一步加强社会监督的力度。

第十七条 政府鼓励、支持消费者、法人和其他组织对进货交易行为进行社会监督和舆论监督。

第十八条 各级商务主管部门要正确引导商业零售企业与供货商的进货交易行为，进一步加强对进货交易行为的指导和监督管理。对违反本规范的，各级商务部门主动会同各有关部门，依照有关法律、法规和规章的规定，坚决纠正和查处。

第十九条 本规范为零售商进货交易行为的基本规范，鼓励零售商按照法律、法规和规章的规定，制定严于本规范的履约信用标准。

第二十条 本规范自公布之日起施行。

二〇〇六年二月九日

乌鲁木齐市商业零售企业促销行为规范（试行）

第一条　为维护市场经济秩序，规范商业零售企业（以下简称：经营者）促销行为，保护消费者和经营者的合法权益，根据《中华人民共和国消费者权益保护法》、《中华人民共和国反不正当竞争法》、《中华人民共和国价格法》、《中华人民共和国广告法》、《中华人民共和国合同法》、《中华人民共和国安全生产法》、《禁止价格欺诈行为的规定》等有关法律、法规和规章的规定，制定本规范。

第二条　本规范为商业零售企业促销行为的基本规范，适用于本市行政区域内直接面向消费者提供商品和服务的经营者。

国家法律、法规和规章另有规定的行业促销行为从其规定。

第三条　本规范所指的促销行为，是指经营者为吸引消费者、扩大销售所采取的各种形式的营销措施。

第四条　经营者的促销行为是一种营销策略，是企业自主经营的市场行为。开展促销活动，必须遵守国家的法律、法规和规章，接受政府有关部门的监督。

第五条　提倡经营者开展能够让消费者得到真正实惠的促销活动。鼓励经营者结合实际，积极探索多种形式的人文促销、文化促销、服务促销等活动。

第六条　经营者开展各种形式的促销活动，应当将活动范围、详细规则向消费者明示，维护消费者的知情权。

（一）将促销活动所提供商品或服务的范围、方式、促销规则，以及相关附加性条件等具体信息，在营业场所的入口处、店堂内等明显适当的位置，提前进行明确的明示，使消费者在购买商品或接受服务前，了解或掌握其真实的信息。

（二）向消费者发布的促销信息、活动规则，不得含有让消费者承担应当由经营者承担的义务；不得增加消费者的义务；不得排除、限制消费者依法变更、解除合同的权利；不得排除、限制消费者依法请求支付违约金、损害赔偿、提起诉讼等法定权利。不得以最终解释权拒绝消费者的咨询或做出任意解释。严禁利用广告做虚假宣传，严禁在现场做虚假演示。

（三）已向公众明示的促销规则、时间、范围等内容，不得在活动期间随意变更或终止。

第七条　经营者开展以下形式促销活动，应当遵循公开、公平、自愿、诚实信用的原则，禁止价格欺诈行为，促进公平竞争，保护消费者和经营者的合法权益，遵守社会公德和商业职业道德，保留促销活动核定价格的有关资料。

（一）打折让利

经营者应当按照政府价格主管部门的规定实行明码标价，注明商品的品名、产地、规格、等级、计价单位、价格、折扣率等有关情况，不得虚构原价。

（二）购物返券

经营者应当提前明示使用返券的商品范围、时间、方式、返券面值，以及有关附加性条件等详细内容。不得限制使用返券选购同一品牌的商品，返券使用期限自当日购买商品的行为结束之后，一般应不少于三个营业日，确保消费者的选择权。禁止以虚构原价（虚构原价指所标示的原价不是本次降价前一次在本交易场所成交的有交易票据的价格）、虚假优惠折价的方式进行购物返券活动。

（三）价外馈赠

经营者应当如实标示馈赠物品的品名、规格、数量。不得馈赠假冒伪劣商品或借此推销质次价高商品（质次价高商品指被指定的经营者所销售的商品属于不合格商品，或者质量与价格明显不符商品，即商品虽然合格，但其价格明显高于同类商品的中等市场价格）。

（四）有奖销售

有奖促销必须到工商行政管理机关依法备案审查。经营者应当明示其所设奖的种类、中奖概率、奖金金额或奖品种类、兑奖时间和方式等事项。奖金的最高金额不得超过5000元，以商品或者其他形式作为奖励的，按照同期市场同类商品的销售价格或实有价值计算金额。

（五）限时购物

不得组织容易造成人群聚集、人身伤害、秩序混乱的限时点、限商品数量或免费赠送的促销活动。

（六）降价销售

经营者降价销售商品或提供服务，应当使用降价标价签或价目表，如实说明降价原因，标明原价和现价。

（七）积分返利

经营者应当明示积分商品范围、时间、返利比例等具体规则。

第八条 经营者开展各种形式的促销活动，应当如实进行广告宣传。不得使用含糊的、易引起误解的语言或文字误导消费者购买商品或接受服务。凡有不参加促销活动的柜台或商品的，不得标称“全场”范围的促销活动。

第九条 经营者不得以排挤对手为目的，以低于成本的价格进行商业促销活动。有下列情形之一的除外：

（一）销售鲜活商品；

（二）处理有效期限即将到期的商品或者其他积压的商品；

（三）季节性降价；

（四）因清偿债务、转产、歇业降价销售商品。

第十条 经营者不得以促销优惠为由，迟延或拒绝消费者索要购物凭证（单据）、开具发票的要求。

第十一条 经营者采取促销方式销售商品或馈赠的物品，均应保证商品质量和售后服务质量。严禁销售以假充真、以次充好、掺杂使假及“三无”产品。

第十二条 经营者提供的服务内容、服务项目应符合规范标准，不得因采取促销活动而随意变更，不得因促销活动减免接受服务者应享受的服务项目和内容，损害消费者的合法权益。

第十三条　经营者应按照国家有关规定或与消费者达成的协议，承担“三包”和售后服务的义务。对于不符合质量标准的商品或服务，应依法承担修理、更换、退还货款、赔偿损失等责任。

第十四条　经营者应当加强促销活动的组织管理，在提供商品或服务的过程中，不得占用消防安全通道，应当按照政府有关部门的规定和要求，制定促销活动的应急预案和处置措施，防止因促销活动造成公共场所的秩序混乱、疾病传播、人身伤害和财产损失。

第十五条　经营者应当参照乌鲁木齐市贸易发展局已发布的《乌鲁木齐市商业服务质量规范（试行）》的要求，设置由主要领导负责的服务质量管理机构，配备管理人员，建立健全现场管理、消费者投诉受理、服务质量考核管理等制度。

第十六条　各相关行业协会应积极配合商业主管部门工作，加强对会员企业促销行为的行业自律监督，在行业内推广实施本规范。

第十七条　市贸易发展局作为商贸流通业务主管部门要牵头组织督查和公示，市工商行政管理局、市发展和改革委员会等相关部门要积极协助配合，定期不定期地进行督促检查，并充分发挥新闻媒体和社会公众的监督作用。对消费者投诉反映的违反本规范的促销行为，经核实，要及时通过媒体予以公开披露。

第十八条　政府价格、工商行政管理等部门要依法定职责，加强对经营者促销行为的监督管理，并依据有关法律、法规和规章的规定对违法经营者依法查处。

第十九条　本规范由乌鲁木齐市贸易发展局和乌鲁木齐市工商行政管理局共同负责解释。

第二十条　本规范自公布之日起施行。

二〇〇五年八月十九日

乌鲁木齐市商业零售企业进货交易行为规范（试行）

第一条 为维护流通领域市场经济秩序，促进乌鲁木齐市消费品市场繁荣和稳定，规范本市商业零售企业（以下简称：零售商）进货交易行为，根据《中华人民共和国合同法》、《中华人民共和国产品质量法》、《中华人民共和国反不正当竞争法》等有关法律、法规和规章，制定本规范。

第二条 凡在本市行政区域内直接面向最终消费者提供商品和服务的零售商，适用本规范。

第三条 本规范所称进货交易行为，是指零售商通过经销、代销、代购、联营等形式与供货商之间的经营行为。

第四条 零售商的进货交易行为，应当遵守国家法律、法规和规章，接受政府有关部门的监督。

第五条 零售商与供货商之间的交易行为，应当遵循平等、自愿、公平、诚实信用的原则，遵守社会公德和商业职业道德。

第六条 政府鼓励和支持消费者、法人和其他组织对进货交易行为进行社会监督和舆论监督。

第七条 零售商应当取得有效、完备的营业手续，注册资本（金）真实合法，必须有固定的营业场所。

第八条 零售商作为商品销售的终端环节，要对供货商的主体资格、购进商品的质量、进货渠道进行审查，禁止商业贿赂等不正当竞争行为，防止不合格商品进入。

（一）零售商应当建立进店商品查验制度。进货时查验产品生产许可证、合格证、食品卫生许可证、营业执照等相关证件；查验产品的标识、保质期限、出厂检验（检疫）证明，以保证商品符合规定的质量标准；对于强制性食品安全认证、绿色产品认证、知名品牌商品等产品，应当索要相关材料备案存档。

（二）零售商购进商品时，应当建立登记制度。如实登记供货商名称、商品名称、规格、数量、保质期限、购进时间等内容，随时接受有关部门检查。

（三）零售商应当建立不合格商品自查退出制度。认真做好商品的经常性检查，发现变质、过期、失效等存在质量缺陷的商品以及其他违法违规商品，要及时清理退出市场。同时，如实做好记录并交送工商机关处理。

（四）无产品生产许可证、合格证、食品卫生许可证、营业执照等有关证件的产品以及“三无”产品，不准购进或销售。

（五）零售商应当自觉接受并积极配合工商部门开展商品质量抽检工作。

（六）零售商应当按照乌鲁木齐市工商行政管理局发布的《乌鲁木齐地区商业服务业“先行赔付”办法》及《实施细则》的规定，建立先行赔偿制度，设立赔偿基金。

第九条　零售商与供货商进行进货交易行为时，应当履行下列责任：

（一）零售商通过经销、代销、代购、联营等经营形式同供货商建立交易行为，应当与供货商签订书面合同。

（二）零售商与供货商订立的合同应当明确合同各方的权利与义务，包括购进商品的品种、质量、规格、数量、时间、地点、结算方式、结账期、合同解除条件、违约责任、合同争议解决方式及各方共同约定的其他条款。对合同条款有争议的，应按照合同目的、交易习惯及诚实信用原则，确定其条款的真实内容。

（三）零售商不得利用其在市场中所处的优势地位，订立显失公正的格式条款。

第十条　零售商向供货商收取费用应当坚持公平合理、公开约定、管理规范的原则。

（一）零售商在进货交易活动中应事先明示收费的项目、标准、权利和义务，经各方协商一致后，以合同约定。

（二）遇有特殊情况或因业务经营实际出现合同外收费情形的，应当与供货商协商签订补充合同。

（三）零售商不得利用市场优势地位向供货商收取以下任何形式不正当费用：

1. 与供货商的商品销售无直接关系的费用；

2. 高于供货商获取的商业利润的费用；

3. 为达到零售商本身财务指标的目的，而要求供货商负担的费用；

4. 假借各种名目，不按价格主管部门核定的项目、标准向供货商收取的费用；

5. 零售商向供货商硬性推销商品或其他物品收取的费用；

6. 其他不正当的收费。

（四）零售商收取的各种费用必须如实入账，向供货商开具正式发票，并依法纳税。

第十一条　零售商邀请供货商参加促销活动应当坚持自愿、合作、公平原则，不得强迫供货商参加。促销活动产生的费用，零售商应与供货商合理分担。

（一）直接影响供货商商业利润或利益的促销活动应事先征求供货商的意见。

（二）零售商与供货商在协议中应明确约定促销活动的参加办法、经营风险负担、折扣比例、费用分担、售后服务等。

（三）零售商与供货商在协议中应明确约定各项赞助费用；不得重复设置或变相设置收费项目；禁止在合同以外强行收取与供货商业务无直接关联的费用；禁止在无合同约定或收费项目、金额未达成一致的情况下，擅自克扣供货商结算货款。

（四）根据经营面积、营业利润等不同情况，零售商与供货商应明确相应的折扣比例。

第十二条　零售商必须严格按照合同约定的结算方式、时间及地点与供货商进行货款结算，规范履约行为。

（一）零售商应根据商品特性和销售的实际情况，在合同中用规范明确的文字表述结账日期的起止时间，全面履行合同。

（二）零售商与供货商进行货款结算，付款结算期限应自供货之日起30日内结清。

（三）零售商在货款结算过程中，遇有结算期迟延或结算金额变更等情形，应根据法律、法规的规定和合同的约定，通过法定或约定程序提前与供货商沟通并取得一致。

（四）零售商不得以占压供货商货款作为企业融资的手段，阻碍商品流通。

（五）不得人为设置障碍，故意拖延结算。

（六）禁止零售商利用合同形式欺诈骗取供货商的财物。

第十三条 零售商应当参照乌鲁木齐市贸易发展局发布的《乌鲁木齐市商业服务质量规范（试行）》所规定的服务人员、服务操作、服务设施、服务环境、商品（服务）质量管理和服务管理方面的基本要求，为供货商提供优质的服务。

第十四条 支持和鼓励乌鲁木齐市商业联合会等行业协会依据本规范制定进货交易行为行业公约，构筑覆盖本市流通领域的诚信自律体系，建立行业内部约束机制、惩戒机制，督促本规范的实施。

（一）建立零售商信用档案，及时、准确、全面地记载和反映零售商信用状况，通过行检、行评，将零售商进货交易行为及时反馈工商行政管理部门，并纳入信用等级的评定范围，信用等级将作为零售商融资信贷、经济往来、申报信用企业、名牌企业、服务名牌认定的主要依据。

（二）建立信用信息网络平台，向供货商、消费者及社会各界公示零售商信用情况。

第十五条 支持供货商成立行业自律组织，规范供货商交易行为，依法维护自身合法权益。

第十六条 市贸易发展局和市工商行政管理部门要发挥行业监督和引导作用。市贸易发展局作为商贸流通业务主管部门要牵头组织督查和公示，市工商行政管理局等相关部门要积极协助配合，定期不定期地进行督促检查，特别是群众举报的零售商违法经营行为和失信行为要重点检查，对多次举报并查实的零售商，通过警示信息在新闻媒体上向社会公示，充分发挥新闻媒体的监督作用，进一步加强社会监督的力度。

第十七条 商贸流通主管部门要加强“诚信兴商”活动的宣传教育，积极推动本规范的试行，要引导零售商积极参与乌鲁木齐市开展的“诚实守信”活动。政府职能部门要依据相关法律、法规，按照各自职能，加强对零售商进货交易行为的监督管理。

第十八条 零售商与供货商在履行进货交易合同中出现争议时，可协商和解或者调解解决，当事人不愿和解、调解或者和解、调解不成的，可以依据合同约定的仲裁协议提请仲裁机构仲裁或依法向人民法院提起诉讼。

第十九条 本规范为零售商进货交易行为的基本规范，鼓励零售商按照法律、法规和规章的规定，制定严于本规范的履约信用标准。

第二十条 乌鲁木齐市贸易发展局和市工商行政管理局要依法定职责，加强对经营者进货交易行为的监督管理，并依据有关法律、法规和规章的规定对违法经营者依法查处。

第二十一条 本规范由乌鲁木齐市贸易发展局和乌鲁木齐市工商行政管理局共同负责解释。

第二十二条 本规范自公布之日起施行。

二〇〇五年八月二十九日

第四部分　技术篇

IBM“下一代商店”解决方案

针对零售业面临日趋严峻的市场变化，一直致力于零售创新解决方案研发的IBM公司已将重点放在推动“下一代商店”的解决方案上。

这一解决方案将为零售业带来怎样的好处呢？简单地说，好处有三：帮助零售商更有效地影响和改变顾客的购物体验；大大提高雇员的销售和服务效率；通过智能技术创造出一种反应更加快捷、灵活的购物环境。

IBM投入了大量资金开发基于商店店面的解决方案，这一方案集IBM公司研发部、软件部、咨询服务以及零售业务部之大成，所有人都在朝着“下一代商店”这个方向努力。IBM亲历并有力推动了中国零售业从小到大的迅猛发展；凭借在全球三十年积累的对零售业的深刻见地，IBM正在为帮助中国零售业立足世界而继续努力。

近些年来，已经和正在发生的许多重大变革影响着零售业的发展。消费者形态的变化是眼下零售业变化的主要推动力之一。今天的消费者正变得越发复杂，他们的需求是如此的多样，对零售商和供应商来说，保持与这些消费者的亲密关系正成为一个巨大的挑战。人口结构方面的变化、社会经济条件的变化等因素，导致了消费者价值观越来越具备其个性化。例如，中国这一代人和下一代人之间的差别显著，以至于他们作为消费者的需求也是截然不同的，今天的零售业解决方案必须能应对这一复杂性。

市场竞争日趋激烈，中国尤甚。本地经营者和来自全球的经营者还在角逐市场份额。而在日本、美国和西欧这些成熟的经济体中，我们已经看到了“胜利者和失败者”的兴衰场景——某些零售业模式正在走向死亡，一些新的模式正在取而代之。

对于那些附带低情感附加值的物品（诸如卫生纸、纸巾、尿布等日常用品），购物者愿意选择价格最便宜的，他们会积极搜索大型、高效并低价的商家——人们愿意在规模大的、价格低的、效率高的购物环境中购买这些物品。与此同时，如果消费者想要的是一次特殊的购物经历，如需要得到帮助或解决方案，比如家庭影院系统，那时他们会受到零售专卖店的吸引——诸如家用电器零售商、运动用品店或DIY商店，而且他们会花掉许多钱，对商家的收入总量和实际利润都是很大的贡献。

相反地，夹在中间的是那些没有价值，主题差别不明显的零售商，它们既没有非常低的价格，也没有非常好的服务、质量或其他相关联的东西。事实上，在北美等地，许多试图通过大量促销手段来吸引消费者的老式百货商店或传统的杂货店已经开始崩溃。因为消费者现在更加复杂了，他们知道自己所需要的是什么样的服务。这种变化必然要求零售商重新审视自己的生存环境，并确定自己处于零售业的哪个层次，这是市场变化的第二个推动力。

当前的趋势是，信息技术已成为影响零售业变化的第三个推动力。零售商们一直积极使用信息技术——尤其是在企业系统层面，推进效率、配送、库存管理等。当前，零售商正处于选择的路口——或者利用技术来提升供应链效率，或者不利用技术而渐渐走向消亡。

那么，在大多数先进的零售商已经提升了后端配送系统并以良好的效率运行的情况下，如何开始在商店层面利用技术改变顾客的购物体验以大量增加销售呢？这正是IBM将重点放在推动“下一代商店”解决方案的原因所在。因为价格已经降得很低了，技术必然成为变化的根本原因。对于许多应用了宽带网络、无线网络的零售店来说，推广“下一代商店”已经具备了很好的基础。而随着信息技术价格的不断下降，许多零售商现在可以负担得起在所有（或至少在大多数）商店中大规模部署技术的计划，这正是许多西方零售商现在正在经历的阶段。

设想一下，在一个典型的用砖和水泥建造的商店里，当你作为一个消费者进入商店时你是完全匿名的，没人知道你是谁，你之前已经来过多少次，在这花费了多少时间，都曾买了什么，你喜欢什么等等。零售商可能只有惟一一次机会知道你已经来到了他们的商场，那就是在你递过钱就要离开的时候。这种情况下，零售商完全不能与顾客在购物过程中交互，再想对这次购物过程产生影响已经太晚了。

而在“下一代商店”的互联网购物环境里，当你一进入在线商店时，零售商就已经知道了，不仅马上可以知道先前你已经来过多少次，都曾买了什么、浏览了什么、放弃了什么，而且可以提供你正在查看物品的相关建议，并对其他正在寻找类似产品的消费者提供有用的提示——这完全是不同的购物经历。如果零售商具备掌握店中顾客情况的技术能力，当消费者在店中购物时他们就可以非常个性化的、有效的方式与消费者互动。那么，如何将这种层次的能力带到现实的商店中呢？这正是IBM随需变应的零售部门一开始就要解决的主要挑战之一。

有一个实际的例子，即IBM零售业团队2004年和美国马萨诸赛州波士顿一家主要杂货店联合所做的试验计划。他们为这家杂货店的每个购物车上装了一个由IBM制造的电子设施——“购物助手”。当顾客进入商店推上这个购物车的时候，这个“购物助手”将会迅速扫描消费者的忠诚卡。由于忠诚卡中存储着诸如顾客正常购买的商品以及他们的购物清单通常有些什么内容之类的信息，零售商就能够与顾客保持沟通并参与到其购物过程中。

事实证明，这样的尝试好处巨大。例如，如果顾客的时间紧迫，这个“购物助手”可以拿出顾客通常的购物清单并在商店平面图上绘出每样物品放置在什么地方，从而使顾客快速地找到所要的物品。同时，由于这个“购物助手”还能够标示出顾客在商店内的具体位置以及他的贮物车中都放了什么物品，也给零售商提供了为顾客提供其他相关产品的机会。如果“购物助手”看到顾客将鸡肉放入了篮子，它就会建议顾客选择一个可能的配方，指出所有配方成分所在的正确方向，甚至为顾客提供折扣。这是IBM技术如何帮助零售商建立与顾客的良好关系，帮助他们保持对消费者的需求有相应反应的一个成功案例。

另一个例子是在全球各大机场的免税店集团（DFS Galleria）项目，2005年已在海口机场已投入使用，该系统可让顾客轻松、无缝、迅速地通过机场，存放行李，租用汽车，在Galleria购物并自动地通过海关为其购买的产品办理出关。

到目前为此，在美国已有几百家的零售商采用了IBM的这一系列解决方案，包括部署店面的集成架构，自助结账系统，复杂商品销售向导和查询系统，用于导购、商品展示、广告随时随地显示的系统，放在购物车上的购物助手等。2005 年 9 月，在北京举办的“第十二届亚太零售商大会及展会”和 11 月“第七届中国连锁业会议”上，IBM 两次倾力把“未来商店”呈现在观众面前。

打开这种创新性的商店内部开发的关键可以在 IBM“零售店面基础架构”中找到。这一架构的第一个目标，是提供一个开放的、有弹性的、安全的平台，高度灵活和可升级。这样零售商就可以轻易实现与未来的各种有特性的应用系统之间的融合，而不浪费以前的投资。第二个目标是创造一种环境，帮助零售商以更快的速度实施新的整合方案。第三个目标是为企业和店铺之间搭建一体化的整合渠道，从而使零售商能够及时有效地管理整个公司。对一般集成商来说，将所有这些元素集成到一起通常需要两年时间，然而 IBM 由于已经创建了基础性的基于商店的架构，这将使得零售商仅在 6 个月内就可以铺开这样的系统。

对于处在白热化竞争时代的中国零售企业来说，建立“下一代商店”系统正是时候，这也将是未来可以真正获益的地方。像许多其他国家一样，中国零售业正处在重新构建大部分系统结构的过程中——这为中国零售提供了选择未来正确的渠道平台和利用最先进技术的机会。我们看到，中国的零售商还在设法解决优化诸如供应链管理之类的事情，但他们正在快速地赶上来，实际上，由于没有这些遗留系统拖后腿，他们有很大的机会实现跳跃式前进。

在这点上，外国的零售商面对的挑战更大，因为他们需要考虑在中国运营的问题，包括货源、雇员、店址选择等等。而对于中国零售商来说，只需使用已被证明成功的系统即可，这样就有机会通过更早部署新系统而领先外国竞争对手一步。

另外能使中国零售商占先的优势就是，他们更深入了解能够使消费者产生共鸣的消费习俗和文化特色。如果他们具备能够与消费者进行互动的技术能力——当消费者在店中购物时，他们就可以非常个性化的、有意义的、相关的方式与消费者互动，那么，他们将会比外国零售商做得更好。

IBM 不仅仅拥有技术，还有零售行业与技术结合的经验，正如三十几年前 IBM 发明的 UPC 条码，从此引发超级市场的经营模式迅速发展一样，技术和经验的背后，是为零售行业提供整体解决方案的综合实力，包括战略及相关业务咨询、项目实施和管理、系统建设和整合等全程服务。

（IBM 大中华区零售行业解决方案部总经理　陈明华）

射频识别（RFID）系统安全对策技术研究概述

射频识别（RFID）技术是一种非接触式自动识别技术，它利用射频方式自动识别目标对象并获取相关数据。它可识别高速运动物体，并可同时识别多个标签，操作快捷方便。

典型的射频识别系统由附着在目标对象上的电子标签、阅读器以及数据交换管理系统组成。电子标签也称射频卡，具有智能读写及加密通信的能力。阅读器能从标签上回收数据，有时也可以将数据写进标签。射频识别系统作为一种有用的工具可广泛应用在工业自动化、商业自动化、交通运输管理等不同领域。

值得注意的是，人们在看到射频识别系统所具有的广泛前景的同时，也开始关注与该项技术相关的关乎个人和企业的安全和隐私问题。

一、安全与隐私问题

RFID标签的使用向合法组织和个人提出了安全和隐私威胁。由于阅读器与RFID标签之间是无线通信，因此射频识别系统很容易受到攻击。RFID标签拥有惟一的ID，一旦攻击者获得ID，也就获得了目标对象的数据信息。未被保护的标签易遭受来自未授权方的监听、交易分析、业务欺骗或业务抵赖。未授权的阅读器在没有合适的访问控制协议下可随时访问其附近的标签从而获得机密数据。即使标签内容是保密的，攻击者仍可根据标签上特殊信息的可预测性对个体目标进行地点跟踪。一般地，交易分析攻击就是破坏地点隐私(Location Privacy)。

除了被监听和跟踪的威胁外，基于RFID标签的基本系统也易受到业务抵赖或是标签欺骗的攻击。通过欺骗合法标签，小偷可愚弄自动结账口或安全系统使其认为被盗货物仍然在货物架上；非法者可以改写或是重置标签内容。破坏者也可以通过破坏一组标签的有效工作性能，从而可能使整个供应链陷入瘫痪状态。这些问题都是亟待解决的。

二、RFID系统安全中的主要技术对策

随着射频识别（RFID）系统在各个领域的广泛应用，国内外的研究人员已经认识到解决RFID系统所面临的安全问题是RFID技术能够获得更广泛的应用的关键之一，他们也正在试图找到更好、更经济的方法来解决RFID系统面临的安全威胁。针对不同的应用领域，射频识别（RFID）系统对安全性要求也有所不同。以下将针对不同的安全性要求详细介绍几种安全技术对策。

（一）“Kill Tag”方法

保护消费者隐私的最直接手段就是在射频标签置于消费者手中之前关闭掉射频标签的所有功能。也就是说这种开关标签处于“死”状态后将无法被再次激活，从而无法通过获

得标签的 ID 达到盗取消费者隐私的目的。

实际上，Auto - ID 中心已经为需要应用这种开关标签的商品提出了一种标准设计模式。他们提出，这种设计规范是通过向标签发送特殊的“kill”命令（通常包含 8bit 的口令）来永久关闭标签的所有功能。

例如，超市可使用射频标签来帮助管理商品账目和检测货物架上商品库存情况。为了保护消费者隐私，超市收银员在超市出口处封杀已购买商品的标签。

（二）“Faraday Cage”方法

我们可以将射频标签置于一种由金属网或金属薄片制成的容器（通常称为 Faraday Cage）中屏蔽起来，这样某一频段的无线电信号将无法穿透外罩，当然也就无法激活内部的射频标签。现在已经有一家公司开发了基于保护隐私目的的附有可屏蔽标签的产品。

虽然使用射频识别标签将是不可避免的趋势，但是在绝大多数的应用领域，这种将标签置于容器中的安全措施显然不是很方便，例如衣服、腕表，甚至消费者本身所携带的标签都不适合采用这种方法。

所以“Faraday cage”方法在保护消费者隐私方面很大程度上仍是不完善的方案。

（三）有源干扰方法

对射频信号进行有源干扰（active - jamming）是另一种形式的保护射频标签免受监测的物理手段。消费者可以随身携带一种能主动发出无线电信号的设备，用以阻碍或干扰附近射频识别系统的阅读器的正常工作。

这种有源干扰的方法可能是违法的（至少是在发射能量太高的情况下），而且是一种拙劣的、带有强制性的方法。它可能会给附近的射频识别系统甚至是不要求隐私保护的合法系统带来严重的破坏。

鉴于这种方法的特点，一般不单独使用，而是和射频识别的“singultion”协议一起使用来破坏射频识别系统的某些特定的操作。

（四）智能标签方法

设计更具智能化的射频识别标签是另一种更普遍的方法，这些射频标签以一定的形式相互作用和影响，从而能更好地保护消费者的隐私。为达到这种目的，一般较典型的方法是采用密码学的知识。

除了对安全性的要求，降低标签的造价也是射频标签获得广泛应用的一个前提。因此，在利用密码学的知识使射频标签获得更好的安全性的同时，遇到的最大挑战就是如何设计满足这种要求的低造价标签。

下面详细介绍国际上已经提出的三种智能标签方法：散列函数锁存（Hash - Lock）方法，重加密（Re - encryption）方法，二叉树（Silent Tree - Walking）方法。

1. 散列函数锁存方法

由 Weisetal 所提出的这种方法，标签是可以被“封锁（locked）”的，所以除非标签被“开启（unlocked）”，否则它将拒绝显示它的 ID 身份号。

我们可以想像，当射频标签被锁以后，它被赋予一个值 y（或是 meta - ID），并且标签只能在已知密钥或是个人身份号码（PIN）x 的情况下才能被解锁。其中，x 和 y 通过单向散列函数 h 建立关系：y = h（x）。

我们把对射频标签基于散列函数访问控制的说明以下面的模型来表示：

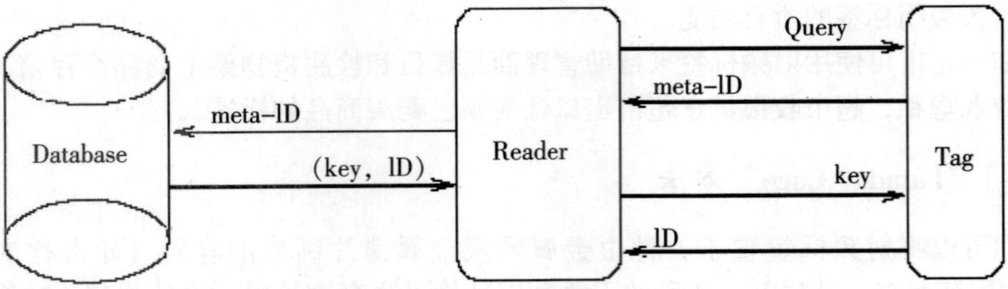

在这个设计中，除了要求有合适的基于散列函数的硬件设施外，每个基于散列函数的标签里的存储器的一部分用来暂存 meta - ID，并且存储器在封锁和开启两种状态下都能运行。

当要封锁标签时，标签拥有者将使用散列函数对随机密钥产生散列值以作为标签的 meta - ID，即 meta - ID←hash（key），并将随机密钥和 meta - ID 储存到后端的数据库（database）中。一旦获得一个 meta - ID 值，标签就进入封锁状态，这样，标签只响应带有 meta - ID 的所有询问并封锁其他的功能。

当要开启标签时，首先询问来自标签的 meta - ID 值，同时在后端的数据库（database）中查找相应的随机密钥。系统将查到的密钥发送给标签，标签将得到的密钥通过散列函数运算得到一个散列值，将该值与本身储存的 meta - ID 值进行比较，如果两个值匹配的话，标签将会自动开启并向周围的阅读器提供所有的功能信息。

这种方法只需要完成标签中散列函数的实现以及后端数据库里的密钥管理，在不久的将来它是一种较直接和经济的方法。令人遗憾的是，既然标签产生的 meta - ID 是用来作为身份码，那么采用这种方法仍可能跟踪到消费者。

2. 重加密方法

由于射频识别标签与阅读器之间的通信很容易被监测到，我们可以对标签存储的内容进行加密。这里提出的一种所谓的“通用重加密（universal re - encryption）”方法，即是对射频标签中已加密的信息进行周期性的再加密，或者说重加密就是对密文进行再加密。这样，由于信息形式的可变性使得标签无法被盗取，标签持有者也很难被跟踪到。

通过公钥密码体制来实现重加密，这样即使密文是通过多重加密获得的，但只需通过一次解密就能获得对应的明文。如果使用对称密码体制，对多重加密的密文需要经过多次解密才能获得对应的明文或是必须保持阅读器与射频标签同步来获得对应明文。

一种基于厄格玛尔（ELGamal）变形通用重加密的射频识别系统模型可以说明这种方法。这个模型的组成部分及各部分功能说明如下：

• RFID 标签：RFID 标签通过发送一个 ID 信息（密文 C）来响应来自阅读器的询问，它的 ID 信息（密文 C）用通用重加密方法加密过。

• 数据库（Database）：数据库里存有私钥 x，它主要用于加密射频标签的 ID 信息（密文 C）以及与标签相关的信息。这个私钥只有通过一个已存在的访问控制机制才能获得，所以它是被安全存放的。另外，我们必须使用已存在的认证机制来访问数据库的信息，而且在数据库里实现 ID 信息的重加密运算。

• 读取 ID 信息的阅读器：首先阅读器向射频标签发送一个请求后接收到来自标签的 ID 信息（密文 C），然后阅读器通过一个存在的认证机制访问数据库并获得附在标签上的信息细目，从而能够根据 ID 信息提供服务以及其他一些功能。

• 实现重加密的阅读器：首先阅读器向射频标签发送一个请求后接收到来自标签的 ID 信息（密文 C），然后阅读器通过一个存在的认证机制从数据库中接收一个新的密文 C'，接着更新射频标签的 ID 信息。如果阅读器存有 ID 信息，它使用万能重加密后，当进行下一轮重加密时跟踪射频标签将变得很困难。

• 攻击方：攻击方试图从 RFID 标签获取信息，并企图干涉消费者的地点隐私。而且，攻击方可能试图修改 RFID 标签中的信息。

3. 二叉树方法

随着射频识别技术应用范围的不断扩大，这就要求阅读器能从众多射频标签中识别到与它匹配的特定标签。在识别的过程中，无处不在的射频标签发射的响应必然会彼此干扰，因而急需一种反碰撞算法来解决这个问题。射频标签分布的密度越大，碰撞率就越高，破坏性也就越严重。

一种简单的确定性反碰撞算法被称为二叉树方案，在这个方案中，一个阅读器询问它附近所有标签的 ID 码串的下一个比特值。如果阅读器检测到一个碰撞，那么在这簇标签中至少有两个标签在同一比特位上有不同的比特值。接着，阅读器会发送一个比特回答用来指示哪个标签可以继续进行下去，哪个标签将停止响应。

有这样一种二叉树查询模式（这种模式只发送在前向通道上安全的 ID 值，并且不会对系统性能产生不好的影响）：假设一簇标签有相同的 ID 前缀，例如产品号或是生产商的 ID 号。为了识别到特定标签，阅读器会询问它附近所有标签的 ID 码串的下一个比特值。由于远距离的窃听者只能监测前向信道，所以它不能监听到来自标签的响应，这样阅读器和标签能有效地共享这个秘密比特值。如果没有碰撞发生，那么所有标签在那个比特位拥有相同的值，阅读器会继续询问下一个比特值。如果发生碰撞，阅读器需要指定这簇标签中哪些标签可以继续响应下去。

因为我们假定这簇标签拥有共同的前缀，那么阅读器就可以在后向通道中获得这个前缀。这个前缀可以用来隐藏 ID 号中独特部分的比特值。假设我们有两个标签，它们的 ID 值分别是 b_1 和 $b_1\,\overline{b_2}$。阅读器将从两个标签中获得 b_1 但不会发生碰撞，接着在接受下一个比特时阅读器将会检测到碰撞。因为远距离的窃听者无法获得 b_1，所以阅读器可以发送 $b_1 \oplus b_2$ 或是 $b_1 \oplus \overline{b_2}$ 的值来识别想得到的标签。

射频识别（RFID）技术即将成为一种流行的技术而获到广泛应用，所以它的安全及隐私威胁将是重点考虑的问题。法律的制定必须确保个人的隐私安全；研究人员必须研发出符合安全要求的技术。本文介绍的这几种方案具有一定的应用价值，虽然没有哪一种方案是万能的，但是针对不同的安全要求，这些方案可以用于不同场合的射频识别系统中。

（郭　俐　王喜成）

第五部分　法规篇

国务院关于促进流通业发展的若干意见

国发［2005］19号

各省、自治区、直辖市人民政府，国务院各部委、各直属机构：

随着改革开放不断深入和社会主义市场经济体制的完善，我国流通业在促进生产、引导消费、推动经济结构调整和经济增长方式转变等方面的作用日益突出。当前，我国商品市场供求总格局已发生根本性变化，面临的国际化竞争更趋激烈，但流通领域仍存在流通企业规模偏小，组织化程度低，现代化水平不高，市场体系不够完善等问题，迫切需要我们在流通领域树立和落实科学发展观，建设大市场，发展大贸易，搞活大流通，加快推进内外贸一体化和贸工农一体化，促进经济结构调整和经济增长方式转变，为促进城乡协调发展和国民经济持续快速健康发展作出新贡献。为此，特提出以下意见：

一、加大改革力度，提高流通企业竞争能力

（一）大力推进国有流通企业改组改制。积极推进国有流通企业改革，建立现代企业制度。各级人民政府要因地制宜，采取多种方式支持国有流通企业改组改制，增强国有流通企业活力，提高盈利能力；对资不抵债、长期亏损、扭亏无望的国有流通企业，依法实施租赁、出售、债务重组和关闭破产；支持企业进行跨行业、跨地区、跨所有制的资产重组，鼓励各种资本参与流通企业改组改造；在深化流通企业改革过程中，注意保全银行信贷资产，防止逃废银行债务。

（二）妥善处理国有流通企业历史包袱。允许国有流通企业通过将其使用的、已划拨的土地在补办出让手续、补交土地出让金后纳入企业总资产冲抵企业债务；经财政、国有资产管理部门同意，按照国家有关规定，国有流通企业可以通过出售所持国有产权抵偿历史债务。

（三）妥善安置职工，降低国有流通企业改革成本。国有流通企业享受原国家经贸委等八部门《关于国有大中型企业主辅分离辅业改制分流安置富余人员的实施办法》（国经贸企改［2002］859号）的政策措施；对流通企业依法出售自有产权的营业或办公用房收入以及处置企业使用划拨土地的收入，可优先留给企业用于缴纳社会保险费和安置职工；对向企业经营者或职工定向出售的国有中小流通企业资产，应规范“招拍挂”程序，在履行决策、资产清查、财务审计和资产评估审核程序后，要维护企业职工权益，在同等价格条件下，优先卖给本企业职工，卖给其他单位和个人的，要切实妥善安排好原企业的职工；纳税确有困难的流通企业，可按现行规定申请减免生产性用房的房产税和城镇土地使用税。

（四）加快培育大型流通企业集团。要按照市场经济规律和世贸组织规则，积极培育一批有著名品牌和自主知识产权、主业突出、核心竞争力强、具有国际竞争力的大型流通

企业；鼓励具有竞争优势的流通企业通过参股、控股、承包、兼并、收购、托管和特许经营等方式，实现规模扩张，引导支持流通企业做强做大。

国务院各有关部门和有关金融机构要扶持流通企业做强做大，在安排中央外贸发展基金和国债资金、设立财务公司、发行股票和债券、提供金融服务等方面予以支持。重点培育的大型流通企业可直接向商务部申请进出口配额、许可证、国营贸易经营权和相关资质等。

地方各级人民政府要结合实际，采取具体措施，支持国家和地方重点培育大型流通企业的发展。

（五）进一步放开搞活中小流通企业。商务部、国家发改委、财政部、科技部等有关部门要按照资金使用方向和程序，在安排中央外贸发展基金、中小企业发展专项资金、中小企业科技创新资金等方面支持中小流通企业发展。鼓励有条件的流通企业到境外开展流通业务。

地方各级人民政府要采取切实有效的措施支持中小流通企业发展，在市场准入、信用担保、金融服务、物流服务、人才培训、信息服务等方面进行扶持。

（六）努力创造流通企业公平竞争的环境。加快电价改革步伐，积极推动工商企业同网同价；引导和规范零售企业的促销和进货交易等行为，依法打击商业欺诈，整顿规范流通秩序；有序推进流通业对外开放，鼓励流通企业实行内外贸一体化经营，为内外资流通企业公平竞争创造良好的环境。

二、加快创新步伐，提高流通现代化水平

（七）切实推进连锁经营快速发展。国务院各部门和地方各级人民政府要进一步研究制定并完善实施办法，切实把《国务院办公厅转发国务院体改办国家经贸委关于促进连锁经营发展若干意见的通知》（国办发［2002］49号）的各项政策措施落到实处。

（八）推动流通企业进行流通方式和技术创新。充分运用财政和金融手段支持流通企业进行结构调整，重点支持现代流通方式的推广和运用。地方各级人民政府要在财政补贴、土地使用等方面，鼓励连锁经营企业发展，尤其是到城市社区、农村建立营销网络；鼓励发展循环经济，从财政等方面支持优势再生资源回收企业通过连锁经营等方式拓展回收网络；加大利用信息技术改造流通业传统作业方式的力度，采用现代物流的管理模式，提高管理效率，降低成本，鼓励各类流通企业发展电子商务。

（九）鼓励发展物流配送中心。企业利用原使用的国有划拨土地使用权引进资金和设备建设物流配送中心，可在依法办理经营性用地出让手续、按市场价格补缴土地使用权出让金后，将土地使用权作为法人资产出资。根据城市规划需要对旧仓库等设施进行拆迁易地改造且新建物流配送中心的，城市政府在拆迁或收回企业土地使用权和建筑物时，应依法进行合理补偿，并在城市物流规划用地上给予相应安排。对农产品仓储设施建设用地按仓储用地对待。

三、加强流通基础设施建设，建立健全流通领域公共信息服务体系

（十）加大流通基础设施建设投入力度。积极运用财政贴息等政策措施，加大对农产品批发市场、物流配送中心等流通基础设施建设的投入力度；加强食品安全，支持“三绿工程”发展，建立、完善流通环节食品检疫检测体系，实行无害化处理制度，所发生费用由财政负担的相应列入各级财政预算。

（十一）建立健全流通领域公共信息服务体系。中央财政从2005年起每年拿出一定资金支持全国流通领域公共信息服务系统建设，从中央外贸发展基金中安排一定资金支持全国市场信息服务体系建设。地方各级财政要加大资金投入，支持当地商品信息服务系统的建设和运行维护。商务主管部门要制定流通领域公共信息服务体系建设规划，加强管理。

四、建立调控和应急机制，确保国内市场稳定有序

（十二）建立和完善重要商品储备制度。要进一步完善糖、肉、边销茶等生活必需品和茧丝绸等重要商品的中央储备制度，妥善处理储备商品历史遗留问题。中央储备商品储备费用按有关规定执行。地方各级人民政府也要结合实际建立地方生活必需品储备制度，所需储备费用由地方政府确定。

（十三）建立应急调控快速反应机制。中央应急调控发生的费用由商务部商财政部根据国家有关突发事件应急保障的规定，保障组织应急物资供应所需的合理费用；地方应急调控发生的费用，由地方商务主管部门商地方财政部门根据当地人民政府有关规定处理。

五、支持商业服务业发展，方便人民群众生活

（十四）支持生活保障性服务业发展。支持发展社区商业网点，逐步形成门类齐全、便民利民的城市社区服务网络。重点支持与人民群众生活息息相关的便利店和便民早餐网点、清真餐饮网点、废旧物资回收网点建设。在城市开发建设的新居住区内，规划确定的商业网点用房、用地，以及作为小区公益性资产的便民网点，不得挪作他用。各地也要从改善农民生产生活条件、方便农民消费需求出发，发展综合性的农村社区商业服务网点。

地方各级人民政府要采取各种措施解决低收入群体的洗浴问题，优先保证便民浴池用水，并实行优惠政策；对吸纳下岗失业人员的服务型企业和自谋职业从事服务业的下岗失业人员，要按规定切实落实好有关再就业优惠政策；鼓励经济型连锁饭店进行卫生、安全设施改造；鼓励和支持新兴服务业发展。

六、积极培育统一大市场，扩大国内消费需求

（十五）打破地区封锁，加快建设全国统一大市场。切实清除制约全国统一市场形成、实行地区封锁的有关规定，取消各种不合法收费，推进全国高效率鲜活农产品流通“绿色通道”建设，并加大执法和舆论宣传力度。

（十六）加大知识产权保护力度，实施品牌战略。鼓励流通企业创立和维护商标信誉，培育企业品牌。加大对侵权行为的打击力度，重视和加强对知名流通企业、全国性和地方性商业老字号的“著名商标”和“驰名商标”的认定和保护工作。

（十七）建立和完善农村流通体系。加大农村市场建设的力度，完善农村流通基础设施，促进农村市场的形成，有条件的地区要在财政预算中安排一定数量的资金给予支持。鼓励优势流通企业用连锁经营方式完善农村流通网络，采取多种方式开拓农村市场，引导农村消费。开展农产品连锁经营试点，对增值税一般纳税人购进免税农产品按13%的扣除率计算进项税抵扣；对试点企业从农业生产单位购进农产品的，鼓励其取得农业生产单位开具的普通发票，作为进项税额抵扣凭证；对试点企业建设冷藏、低温仓储、运输为主的农产品冷链系统的，可以实行加速折旧。

（十八）规范和发展消费信贷。努力扩大消费需求，优化消费结构，完善消费手段，扩大消费信贷品种、范围和规模。打破垄断，鼓励竞争，支持商业银行与流通企业在充分协商的基础上推广银行卡。大力推进商业信用体系建设。

七、完善政策法规，为流通业发展提供有力保障

（十九）加快制定我国流通领域的法律法规。要从建立和完善统一开放、竞争有序的现代市场体系出发，按照依法行政和实现对全社会流通统一管理的要求，借鉴发达国家流通立法经验，结合我国丰富的流通实践，加快修订和研究制定规范商品流通活动、流通主体、市场行为、市场调控和管理等方面的法律法规和行政规章。

（二十）加强队伍建设，理顺和强化流通行业管理。各级人民政府要按照中央提出的“加强内贸”的要求，切实加强领导，充分发挥国内流通行业主管部门的职能作用；加强队伍建设，吸引优秀人才参与国内流通业的管理；加强人员培训，建立多层次人才培训体系，鼓励大专院校、研究院所设置专业课程培训高级流通业管理人才，鼓励中介组织开展职业培训，提高流通从业人员素质。

（二十一）充分调动各方面的积极性，促进流通业发展。国务院有关部门、地方各级人民政府要积极研究制定促进流通业发展的政策措施，地方政府可根据当地财力和流通业发展实际，建立促进流通业发展的相应机制；加强流通理论研究，做好大型流通设施建设规划，加快流通业标准化建设步伐。充分发挥流通行业中介组织作用，规范行业协会行为，创造良好的流通业发展环境。

二〇〇五年六月九日

中共中央　国务院关于推进社会主义新农村建设的若干意见

党的十六届五中全会通过的《中共中央关于制定国民经济和社会发展第十一个五年规划的建议》，明确了今后5年我国经济社会发展的奋斗目标和行动纲领，提出了建设社会主义新农村的重大历史任务，为做好当前和今后一个时期的“三农”工作指明了方向。

近几年，党中央、国务院以科学发展观统领经济社会发展全局，按照统筹城乡发展的要求，采取了一系列支农惠农的重大政策。各地区各部门认真落实中央部署，切实加强“三农”工作，农业和农村发展出现了积极变化，迎来了新的发展机遇。粮食连续两年较大幅度增产，农业结构调整向纵深推进，农民收入较快增长，农村税费改革取得重大成果，社会事业进一步发展，农村基层组织建设得到加强，干群关系明显改善。农业和农村发展的好形势，对保持国民经济平稳较快增长和社会稳定，发挥了重要的支撑作用。但必须看到，当前农业和农村发展仍然处在艰难的爬坡阶段，农业基础设施脆弱、农村社会事业发展滞后、城乡居民收入差距扩大的矛盾依然突出，解决好“三农”问题仍然是工业化、城镇化进程中重大而艰巨的历史任务。各级党委和政府必须按照党的十六届五中全会的战略部署，始终把“三农”工作放在重中之重，切实把建设社会主义新农村的各项任务落到实处，加快农村全面小康和现代化建设步伐。

一、统筹城乡经济社会发展，扎实推进社会主义新农村建设

(1) 建设社会主义新农村是我国现代化进程中的重大历史任务。全面建设小康社会，最艰巨最繁重的任务在农村。加速推进现代化，必须妥善处理工农城乡关系。构建社会主义和谐社会，必须促进农村经济社会全面进步。农村人口众多是我国的国情，只有发展好农村经济，建设好农民的家园，让农民过上宽裕的生活，才能保障全体人民共享经济社会发展成果，才能不断扩大内需和促进国民经济持续发展。当前，我国总体上已进入以工促农、以城带乡的发展阶段，初步具备了加大力度扶持“三农”的能力和条件。“十一五”时期，必须抓住机遇，加快改变农村经济社会发展滞后的局面，扎实稳步推进社会主义新农村建设。

(2) 围绕社会主义新农村建设做好农业和农村工作。“十一五”时期是社会主义新农村建设打下坚实基础的关键时期，是推进现代农业建设迈出重大步伐的关键时期，是构建新型工农城乡关系取得突破进展的关键时期，也是农村全面建设小康加速推进的关键时期。“十一五”时期要高举邓小平理论和“三个代表”重要思想伟大旗帜，全面贯彻落实科学发展观，统筹城乡经济社会发展，实行工业反哺农业、城市支持农村和“多予少取放活”的方针，按照“生产发展、生活宽裕、乡风文明、村容整洁、管理民主”的要求，协调推进农村经济建设、政治建设、文化建设、社会建设和党的建设。当前，要完善强化支

农政策，建设现代农业，稳定发展粮食生产，积极调整农业结构，加强基础设施建设，加强农村民主政治建设和精神文明建设，加快社会事业发展，推进农村综合改革，促进农民持续增收，确保社会主义新农村建设有良好开局。

（3）扎实稳步推进社会主义新农村建设。推进新农村建设是一项长期而繁重的历史任务，必须坚持以发展农村经济为中心，进一步解放和发展农村生产力，促进粮食稳定发展、农民持续增收；必须坚持农村基本经营制度，尊重农民的主体地位，不断创新农村体制机制；必须坚持以人为本，着力解决农民生产生活中最迫切的实际问题，切实让农民得到实惠；必须坚持科学规划，实行因地制宜、分类指导，有计划有步骤有重点地逐步推进；必须坚持发挥各方面积极性，依靠农民辛勤劳动、国家扶持和社会力量的广泛参与，使新农村建设成为全党全社会的共同行动。在推进新农村建设工作中，要注重实效，不搞形式主义；要量力而行，不盲目攀比；要民主商议，不强迫命令；要突出特色，不强求一律；要引导扶持，不包办代替。

（4）加快建立以工促农、以城带乡的长效机制。顺应经济社会发展阶段性变化和建设社会主义新农村的要求，坚持“多予少取放活”的方针，重点在“多予”上下功夫。调整国民收入分配格局，国家财政支出、预算内固定资产投资和信贷投放，要按照存量适度调整、增量重点倾斜的原则，不断增加对农业和农村的投入。扩大公共财政覆盖农村的范围，建立健全财政支农资金稳定增长机制。2006年，国家财政支农资金增量要高于上年，国债和预算内资金用于农村建设的比重要高于上年，其中直接用于改善农村生产生活条件的资金要高于上年，并逐步形成新农村建设稳定的资金来源。要把国家对基础设施建设投入的重点转向农村。提高耕地占用税税率，新增税收应主要用于“三农”。抓紧制定将土地出让金一部分收入用于农业土地开发的管理和监督办法，依法严格收缴土地出让金和新增建设用地有偿使用费，土地出让金用于农业土地开发的部分和新增建设用地有偿使用费安排的土地开发整理项目，都要将小型农田水利设施建设作为重要内容，建设标准农田。进一步加大支农资金整合力度，提高资金使用效率。金融机构要不断改善服务，加强对“三农”的支持。要加快建立有利于逐步改变城乡二元结构的体制，实行城乡劳动者平等就业的制度，建立健全与经济发展水平相适应的多种形式的农村社会保障制度。充分发挥市场配置资源的基础性作用，推进征地、户籍等制度改革，逐步形成城乡统一的要素市场，增强农村经济发展活力。

二、推进现代农业建设，强化社会主义新农村建设的产业支撑

（5）大力提高农业科技创新和转化能力。深化农业科研体制改革，加快建设国家创新基地和区域性农业科研中心，在机构设置、人员聘任和投资建设等方面实行新的运行机制。鼓励企业建立农业科技研发中心，国家在财税、金融和技术改造等方面给予扶持。改善农业技术创新的投资环境，发展农业科技创新风险投资。加强农业高技术研究，继续实施现代农业高技术产业化项目，尽快取得一批具有自主知识产权的重大农业科技成果。针对农业生产的迫切需要，加快农作物和畜禽良种繁育、动植物疫病防控、节约资源和防治污染技术的研发、推广。把农业科研投入放在公共财政支持的优先位置，提高农业科技在国家科技投入中的比重。继续安排农业科技成果转化资金和国外先进农业技术引进资金。加强种质资源和知识产权保护。要加快农业技术推广体系改革和建设，积极探索对公益性

职能与经营性服务实行分类管理的办法，完善农技推广的社会化服务机制。深入实施农业科技入户工程，扩大重大农业技术推广项目专项补贴规模。鼓励各类农科教机构和社会力量参与多元化的农技推广服务。加强气象为农业服务，保障农业生产和农民生命财产安全。大力推进农业机械化，提高重要农时、重点作物、关键生产环节和粮食主产区的机械化作业水平。

（6）加强农村现代流通体系建设。积极推进农产品批发市场升级改造，促进入市农产品质量等级化、包装规格化。鼓励商贸企业、邮政系统和其他各类投资主体通过新建、兼并、联合、加盟等方式，在农村发展现代流通业。积极发展农产品、农业生产资料和消费品连锁经营，建立以集中采购、统一配送为核心的新型营销体系，改善农村市场环境。继续实施“万村千乡市场工程”，建设连锁化“农家店”。培育和发展农村经纪人队伍。加快农业标准化工作，健全检验检测体系，强化农业生产资料和饲料质量管理，进一步提高农产品质量安全水平。供销合作社要创新服务方式，广泛开展联合、合作经营，加快现代经营网络建设，为农产品流通和农民生产生活资料供应提供服务。2006年要完善全国鲜活农产品“绿色通道”网络，实现省际互通。

（7）稳定发展粮食生产。确保国家粮食安全是保持国民经济平稳较快增长和社会稳定的重要基础。必须坚持立足国内实现粮食基本自给的方针，稳定发展粮食生产，持续增加种粮收益，不断提高生产能力，适度利用国际市场，积极保持供求平衡。坚决落实最严格的耕地保护制度，切实保护基本农田，保护农民的土地承包经营权。继续实施优质粮食产业工程和粮食丰产科技工程，加快建设大型商品粮生产基地和粮食产业带，稳定粮食播种面积，不断提高粮食单产、品质和生产效益。坚持和完善重点粮食品种最低收购价政策，保持合理的粮价水平，加强农业生产资料价格调控，保护种粮农民利益。继续执行对粮食主产县的奖励政策，增加中央财政对粮食主产县的奖励资金。

（8）积极推进农业结构调整。按照高产、优质、高效、生态、安全的要求，调整优化农业结构。加快建设优势农产品产业带，积极发展特色农业、绿色食品和生态农业，保护农产品知名品牌，培育壮大主导产业。继续实施种子工程。大力发展畜牧业，扩大畜禽良种补贴规模，推广健康养殖方式，安排专项投入支持标准化畜禽养殖小区建设试点。要加强动物疫病特别是禽流感等重大疫病防控的基础设施建设，完善突发疫情应急机制，加快推进兽医管理体制改革，稳定基层兽医队伍。积极发展水产业，扩大优质水产品养殖，发展远洋渔业，保护渔业资源，继续做好渔民转产转业工作。提高农产品国际竞争力，扩大园艺、畜牧、水产等优势农产品出口，加强农产品对外贸易磋商，提高我国农业应对国际贸易争端的能力。

（9）发展农业产业化经营。要着力培育一批竞争力、带动力强的龙头企业和企业集群示范基地，推广龙头企业、合作组织与农户有机结合的组织形式，让农民从产业化经营中得到更多的实惠。各级财政要增加扶持农业产业化发展资金，支持龙头企业发展，并可通过龙头企业资助农户参加农业保险。发展大宗农产品期货市场和“订单农业”。通过创新信贷担保手段和担保办法，切实解决龙头企业收购农产品资金不足的问题。开展农产品精深加工增值税改革试点。积极引导和支持农民发展各类专业合作经济组织，加快立法进程，加大扶持力度，建立有利于农民合作经济组织发展的信贷、财税和登记等制度。

（10）加快发展循环农业。要大力开发节约资源和保护环境的农业技术，重点推广废弃物综合利用技术、相关产业链接技术和可再生能源开发利用技术。制定相应的财税鼓励政策，组织实施生物质工程，推广秸秆气化、固化成型、发电、养畜等技术，开发生物质能源和生物基材料，培育生物质产业。积极发展节地、节水、节肥、节药、节种的节约型农业，鼓励生产和使用节电、节油农业机械和农产品加工设备，努力提高农业投入品的利用效率。加大力度防治农业面源污染。

三、促进农民持续增收，夯实社会主义新农村建设的经济基础

(11) 拓宽农民增收渠道。要充分挖掘农业内部增收潜力，按照国内外市场需求，积极发展品质优良、特色明显、附加值高的优势农产品，推进"一村一品"，实现增值增效。要加快转移农村劳动力，不断增加农民的务工收入。鼓励和支持符合产业政策的乡镇企业发展，特别是劳动密集型企业和服务业。着力发展县城和在建制的重点镇，从财政、金融、税收和公共品投入等方面为小城镇发展创造有利条件，外来人口较多的城镇要从实际出发，完善社会管理职能。要着眼兴县富民，着力培育产业支撑，大力发展民营经济，引导企业和要素集聚，改善金融服务，增强县级管理能力，发展壮大县域经济。

(12) 保障务工农民的合法权益。进一步清理和取消各种针对务工农民流动和进城就业的歧视性规定和不合理限制。建立健全城乡就业公共服务网络，为外出务工农民免费提供法律政策咨询、就业信息、就业指导和职业介绍。严格执行最低工资制度，建立工资保障金等制度，切实解决务工农民工资偏低和拖欠问题。完善劳动合同制度，加强务工农民的职业安全卫生保护。逐步建立务工农民社会保障制度，依法将务工农民全部纳入工伤保险范围，探索适合务工农民特点的大病医疗保障和养老保险办法。认真解决务工农民的子女上学问题。

(13) 稳定、完善、强化对农业和农民的直接补贴政策。要加强国家对农业和农民的支持保护体系。对农民实行的"三减免、三补贴"和退耕还林补贴等政策，深受欢迎，效果明显，要继续稳定、完善和强化。2006年，粮食主产区要将种粮直接补贴的资金规模提高到粮食风险基金的50%以上，其他地区也要根据实际情况加大对种粮农民的补贴力度。增加良种补贴和农机具购置补贴。适应农业生产和市场变化的需要，建立和完善对种粮农民的支持保护制度。

(14) 加强扶贫开发工作。要因地制宜地实行整村推进的扶贫开发方式，加大力度改善贫困地区的生产生活条件，抓好贫困地区劳动力的转移培训，扶持龙头企业带动贫困地区调整结构，拓宽贫困农户增收渠道。对缺乏生存条件地区的贫困人口实行易地扶贫。继续增加扶贫投入，完善管理机制，提高使用效益。继续动员中央和国家机关、沿海发达地区和社会各界参与扶贫开发事业。切实做好贫困缺粮地区的粮食供应工作。

四、加强农村基础设施建设，改善社会主义新农村建设的物质条件

(15) 大力加强农田水利、耕地质量和生态建设。在搞好重大水利工程建设的同时，不断加强农田水利建设。加快发展节水灌溉，继续把大型灌区续建配套和节水改造作为农业固定资产投资的重点。加大大型排涝泵站技术改造力度，配套建设田间工程。大力推广节水技术。实行中央和地方共同负责，逐步扩大中央和省级小型农田水利补助专项资金规模。切实抓好以小型灌区节水改造、雨水集蓄利用为重点的小型农田水利工程建设和管

理。继续搞好病险水库除险加固，加强中小河流治理。要大力加强耕地质量建设，实施新一轮沃土工程，科学施用化肥，引导增施有机肥，全面提升地力。增加测土配方施肥补贴，继续实施保护性耕作示范工程和土壤有机质提升补贴试点。农业综合开发要重点支持粮食主产区改造中低产田和中型灌区节水改造。按照建设环境友好型社会的要求，继续推进生态建设，切实搞好退耕还林、天然林保护等重点生态工程，稳定完善政策，培育后续产业，巩固生态建设成果。继续推进退牧还草、山区综合开发。建立和完善生态补偿机制。做好重大病虫害防治工作，采取有效措施防止外来有害生物入侵。加强荒漠化治理，积极实施石漠化地区和东北黑土区等水土流失综合防治工程。建立和完善水电、采矿等企业的环境恢复治理责任机制，从水电、矿产等资源的开发收益中，安排一定的资金用于企业所在地环境的恢复治理，防止水土流失。

（16）加快乡村基础设施建设。要着力加强农民最急需的生活基础设施建设。在巩固人畜饮水解困成果基础上，加快农村饮水安全工程建设，优先解决高氟、高砷、苦咸、污染水及血吸虫病区的饮水安全问题。有条件的地方，可发展集中式供水，提倡饮用水和其他生活用水分质供水。要加快农村能源建设步伐，在适宜地区积极推广沼气、秸秆气化、小水电、太阳能、风力发电等清洁能源技术。从2006年起，大幅度增加农村沼气建设投资规模，有条件的地方，要加快普及户用沼气，支持养殖场建设大中型沼气。以沼气池建设带动农村改圈、改厕、改厨。尽快完成农村电网改造的续建配套工程。加强小水电开发规划和管理，扩大小水电代燃料试点规模。要进一步加强农村公路建设，到“十一五”期末基本实现全国所有乡镇通油（水泥）路，东、中部地区所有具备条件的建制村通油（水泥）路，西部地区基本实现具备条件的建制村通公路。要积极推进农业信息化建设，充分利用和整合涉农信息资源，强化面向农村的广播电视电信等信息服务，重点抓好“金农”工程和农业综合信息服务平台建设工程。引导农民自愿出资出劳，开展农村小型基础设施建设，有条件的地方可采取以奖代补、项目补助等办法给予支持。按照建管并重的原则，逐步把农村公路等公益性基础设施的管护纳入国家支持范围。

（17）加强村庄规划和人居环境治理。随着生活水平提高和全面建设小康社会的推进，农民迫切要求改善农村生活环境和村容村貌。各级政府要切实加强村庄规划工作，安排资金支持编制村庄规划和开展村庄治理试点；可从各地实际出发制定村庄建设和人居环境治理的指导性目录，重点解决农民在饮水、行路、用电和燃料等方面的困难，凡符合目录的项目，可给予资金、实物等方面的引导和扶持。加强宅基地规划和管理，大力节约村庄建设用地，向农民免费提供经济安全适用、节地节能节材的住宅设计图样。引导和帮助农民切实解决住宅与畜禽圈舍混杂问题，搞好农村污水、垃圾治理，改善农村环境卫生。注重村庄安全建设，防止山洪、泥石流等灾害对村庄的危害，加强农村消防工作。村庄治理要突出乡村特色、地方特色和民族特色，保护有历史文化价值的古村落和古民宅。要本着节约原则，充分立足现有基础进行房屋和设施改造，防止大拆大建，防止加重农民负担，扎实稳步地推进村庄治理。

二〇〇五年十二月三十一日

国务院《直销管理条例》

第一章　总　　则

第一条　为规范直销行为，加强对直销活动的监管，防止欺诈，保护消费者的合法权益和社会公共利益，制定本条例。

第二条　在中华人民共和国境内从事直销活动，应当遵守本条例。

直销产品的范围由国务院商务主管部门会同国务院工商行政管理部门根据直销业的发展状况和消费者的需求确定、公布。

第三条　本条例所称直销，是指直销企业招募直销员，由直销员在固定营业场所之外直接向最终消费者（以下简称消费者）推销产品的经销方式。

本条例所称直销企业，是指依照本条例规定经批准采取直销方式销售产品的企业。

本条例所称直销员，是指在固定营业场所之外将产品直接推销给消费者的人员。

第四条　在中华人民共和国境内设立的企业（以下简称企业），可以依照本条例规定申请成为以直销方式销售本企业生产的产品以及其母公司、控股公司生产产品的直销企业。

直销企业可以依法取得贸易权和分销权。

第五条　直销企业及其直销员从事直销活动，不得有欺骗、误导等宣传和推销行为。

第六条　国务院商务主管部门和工商行政管理部门依照其职责分工和本条例规定，负责对直销企业和直销员及其直销活动实施监督管理。

第二章　直销企业及其分支机构的设立和变更

第七条　申请成为直销企业，应当具备下列条件：

（一）投资者具有良好的商业信誉，在提出申请前连续5年没有重大违法经营记录；外国投资者还应当有3年以上在中国境外从事直销活动的经验；

（二）实缴注册资本不低于人民币8000万元；

（三）依照本条例规定在指定银行足额缴纳了保证金；

（四）依照规定建立了信息报备和披露制度。

第八条　申请成为直销企业应当填写申请表，并提交下列申请文件、资料：

（一）符合本条例第七条规定条件的证明材料；

（二）企业章程，属于中外合资、合作企业的，还应当提供合资或者合作企业合同；

（三）市场计划报告书，包括依照本条例第十条规定拟定的经当地县级以上人民政府认可的从事直销活动地区的服务网点方案；

（四）符合国家标准的产品说明；

（五）拟与直销员签订的推销合同样本；

（六）会计师事务所出具的验资报告；

（七）企业与指定银行达成的同意依照本条例规定使用保证金的协议。

第九条 申请人应当通过所在地省、自治区、直辖市商务主管部门向国务院商务主管部门提出申请。省、自治区、直辖市商务主管部门应当自收到申请文件、资料之日起7日内，将申请文件、资料报送国务院商务主管部门。国务院商务主管部门应当自收到全部申请文件、资料之日起90日内，经征求国务院工商行政管理部门的意见，作出批准或者不予批准的决定。予以批准的，由国务院商务主管部门颁发直销经营许可证。

申请人持国务院商务主管部门颁发的直销经营许可证，依法向工商行政管理部门申请变更登记。

国务院商务主管部门审查颁发直销经营许可证，应当考虑国家安全、社会公共利益和直销业发展状况等因素。

第十条 直销企业从事直销活动，必须在拟从事直销活动的省、自治区、直辖市设立负责该行政区域内直销业务的分支机构（以下简称分支机构）。

直销企业在其从事直销活动的地区应当建立便于并满足消费者、直销员了解产品价格、退换货及企业依法提供其他服务的服务网点。服务网点的设立应当符合当地县级以上人民政府的要求。

直销企业申请设立分支机构，应当提供符合前款规定条件的证明文件和资料，并应当依照本条例第九条第一款规定的程序提出申请。获得批准后，依法向工商行政管理部门办理登记。

第十一条 直销企业有关本条例第八条所列内容发生重大变更的，应当依照本条例第九条第一款规定的程序报国务院商务主管部门批准。

第十二条 国务院商务主管部门应当将直销企业及其分支机构的名单在政府网站上公布，并及时进行更新。

第三章 直销员的招募和培训

第十三条 直销企业及其分支机构可以招募直销员。直销企业及其分支机构以外的任何单位和个人不得招募直销员。

直销员的合法推销活动不以无照经营查处。

第十四条 直销企业及其分支机构不得发布宣传直销员销售报酬的广告，不得以缴纳费用或者购买商品作为成为直销员的条件。

第十五条 直销企业及其分支机构不得招募下列人员为直销员：

（一）未满18周岁的人员；

（二）无民事行为能力或者限制民事行为能力的人员；

（三）全日制在校学生；

（四）教师、医务人员、公务员和现役军人；

（五）直销企业的正式员工；

（六）境外人员；

（七）法律、行政法规规定不得从事兼职的人员。

第十六条 直销企业及其分支机构招募直销员应当与其签订推销合同，并保证直销员只在其一个分支机构所在的省、自治区、直辖市行政区域内已设立服务网点的地区开展直销活动。未与直销企业或者其分支机构签订推销合同的人员，不得以任何方式从事直销活动。

第十七条 直销员自签订推销合同之日起60日内可以随时解除推销合同；60日后，直销员解除推销合同应当提前15日通知直销企业。

第十八条 直销企业应当对拟招募的直销员进行业务培训和考试，考试合格后由直销企业颁发直销员证。未取得直销员证，任何人不得从事直销活动。

直销企业进行直销员业务培训和考试，不得收取任何费用。

直销企业以外的单位和个人，不得以任何名义组织直销员业务培训。

第十九条 对直销员进行业务培训的授课人员应当是直销企业的正式员工，并符合下列条件：

（一）在本企业工作1年以上；

（二）具有高等教育本科以上学历和相关的法律、市场营销专业知识；

（三）无因故意犯罪受刑事处罚的记录；

（四）无重大违法经营记录。

直销企业应当向符合前款规定的授课人员颁发直销培训员证，并将取得直销培训员证的人员名单报国务院商务主管部门备案。国务院商务主管部门应当将取得直销培训员证的人员名单，在政府网站上公布。

境外人员不得从事直销员业务培训。

第二十条 直销企业颁发的直销员证、直销培训员证应当依照国务院商务主管部门规定的式样印制。

第二十一条 直销企业应当对直销员业务培训的合法性、培训秩序和培训场所的安全负责。

直销企业及其直销培训员应当对直销员业务培训授课内容的合法性负责。

直销员业务培训的具体管理办法由国务院商务主管部门、国务院工商行政管理部门会同有关部门另行制定。

第四章 直销活动

第二十二条 直销员向消费者推销产品，应当遵守下列规定：

（一）出示直销员证和推销合同；

（二）未经消费者同意，不得进入消费者住所强行推销产品，消费者要求其停止推销活动的，应当立即停止，并离开消费者住所；

（三）成交前，向消费者详细介绍本企业的退货制度；

（四）成交后，向消费者提供发票和由直销企业出具的含有退货制度、直销企业当地服务网点地址和电话号码等内容的售货凭证。

第二十三条 直销企业应当在直销产品上标明产品价格，该价格与服务网点展示的产品价格应当一致。直销员必须按照标明的价格向消费者推销产品。

第二十四条 直销企业至少应当按月支付直销员报酬。直销企业支付给直销员的报酬只能按照直销员本人直接向消费者销售产品的收入计算，报酬总额（包括佣金、奖金、各种形式的奖励以及其他经济利益等）不得超过直销员本人直接向消费者销售产品收入的30%。

第二十五条　直销企业应当建立并实行完善的换货和退货制度。

消费者自购买直销产品之日起30日内，产品未开封的，可以凭直销企业开具的发票或者售货凭证向直销企业及其分支机构、所在地的服务网点或者推销产品的直销员办理换货和退货；直销企业及其分支机构、所在地的服务网点和直销员应当自消费者提出换货或者退货要求之日起7日内，按照发票或者售货凭证标明的价款办理换货和退货。

直销员自购买直销产品之日起30日内，产品未开封的，可以凭直销企业开具的发票或者售货凭证向直销企业及其分支机构或者所在地的服务网点办理换货和退货；直销企业及其分支机构和所在地的服务网点应当自直销员提出换货或者退货要求之日起7日内，按照发票或者售货凭证标明的价款办理换货和退货。

不属于前两款规定情形，消费者、直销员要求换货和退货的，直销企业及其分支机构、所在地的服务网点和直销员应当依照有关法律法规的规定或者合同的约定，办理换货和退货。

第二十六条　直销企业与直销员、直销企业及其直销员与消费者因换货或者退货发生纠纷的，由前者承担举证责任。

第二十七条　直销企业对其直销员的直销行为承担连带责任，能够证明直销员的直销行为与本企业无关的除外。

第二十八条　直销企业应当依照国务院商务主管部门和国务院工商行政管理部门的规定，建立并实行完备的信息报备和披露制度。

直销企业信息报备和披露的内容、方式及相关要求，由国务院商务主管部门和国务院工商行政管理部门另行规定。

第五章　保证金

第二十九条　直销企业应当在国务院商务主管部门和国务院工商行政管理部门共同指定的银行开设专门账户，存入保证金。

保证金的数额在直销企业设立时为人民币2000万元；直销企业运营后，保证金应当按月进行调整，其数额应当保持在直销企业上一个月直销产品销售收入15%的水平，但最高不超过人民币1亿元，最低不少于人民币2000万元。保证金的利息属于直销企业。

第三十条　出现下列情形之一，国务院商务主管部门和国务院工商行政管理部门共同决定，可以使用保证金：

（一）无正当理由，直销企业不向直销员支付报酬，或者不向直销员、消费者支付退货款的；

（二）直销企业发生停业、合并、解散、转让、破产等情况，无力向直销员支付报酬或者无力向直销员和消费者支付退货款的；

（三）因直销产品问题给消费者造成损失，依法应当进行赔偿，直销企业无正当理由拒绝赔偿或者无力赔偿的。

第三十一条　保证金依照本条例第三十条规定使用后，直销企业应当在1个月内将保证金的数额补足到本条例第二十九条第二款规定的水平。

第三十二条 直销企业不得以保证金对外担保或者违反本条例规定用于清偿债务。

第三十三条 直销企业不再从事直销活动的，凭国务院商务主管部门和国务院工商行政管理部门出具的凭证，可以向银行取回保证金。

第三十四条 国务院商务主管部门和国务院工商行政管理部门共同负责保证金的日常监管工作。

保证金存缴、使用的具体管理办法由国务院商务主管部门、国务院工商行政管理部门会同有关部门另行制定。

第六章 监督管理

第三十五条 工商行政管理部门负责对直销企业和直销员及其直销活动实施日常的监督管理。工商行政管理部门可以采取下列措施进行现场检查：

（一）进入相关企业进行检查；

（二）要求相关企业提供有关文件、资料和证明材料；

（三）询问当事人、利害关系人和其他有关人员，并要求其提供有关材料；

（四）查阅、复制、查封、扣押相关企业与直销活动有关的材料和非法财物；

（五）检查有关人员的直销培训员证、直销员证等证件。

工商行政管理部门依照前款规定进行现场检查时，检查人员不得少于2人，并应当出示合法证件；实施查封、扣押的，必须经县级以上工商行政管理部门主要负责人批准。

第三十六条 工商行政管理部门实施日常监督管理，发现有关企业有涉嫌违反本条例行为的，经县级以上工商行政管理部门主要负责人批准，可以责令其暂时停止有关的经营活动。

第三十七条 工商行政管理部门应当设立并公布举报电话，接受对违反本条例行为的举报和投诉，并及时进行调查处理。

工商行政管理部门应当为举报人保密；对举报有功人员，应当依照国家有关规定给予奖励。

第七章 法律责任

第三十八条 对直销企业和直销员及其直销活动实施监督管理的有关部门及其工作人员，对不符合本条例规定条件的申请予以许可或者不依照本条例规定履行监督管理职责的，对直接负责的主管人员和其他直接责任人员，依法给予行政处分；构成犯罪的，依法追究刑事责任。对不符合本条例规定条件的申请予以的许可，由作出许可决定的有关部门撤销。

第三十九条 违反本条例第九条和第十条规定，未经批准从事直销活动的，由工商行政管理部门责令改正，没收直销产品和违法销售收入，处5万元以上30万元以下的罚款；情节严重的，处30万元以上50万元以下的罚款，并依法予以取缔；构成犯罪的，依法追究刑事责任。

第四十条 申请人通过欺骗、贿赂等手段取得本条例第九条和第十条设定的许可的，由工商行政管理部门没收直销产品和违法销售收入，处5万元以上30万元以下的罚款，由国务院商务主管部门撤销其相应的许可，申请人不得再提出申请；情节严重的，处30万元以上50万元以下的罚款，并依法予以取缔；构成犯罪的，依法追究刑事责任。

第四十一条 直销企业违反本条例第十一条规定的，由工商行政管理部门责令改正，处3万元以上30万元以下的罚款；对不再符合直销经营许可条件的，由国务院商务主管部门吊销其直销经营许可证。

第四十二条 直销企业违反规定，超出直销产品范围从事直销经营活动的，由工商行政管理部门责令改正，没收直销产品和违法销售收入，处5万元以上30万元以下的罚款；情节严重的，处30万元以上50万元以下的罚款，由工商行政管理部门吊销有违法经营行为的直销企业分支机构的营业执照直至由国务院商务主管部门吊销直销企业的直销经营许可证。

第四十三条 直销企业及其直销员违反本条例规定，有欺骗、误导等宣传和推销行为的，对直销企业，由工商行政管理部门处3万元以上10万元以下的罚款；情节严重的，处10万元以上30万元以下的罚款，由工商行政管理部门吊销有违法经营行为的直销企业分支机构的营业执照直至由国务院商务主管部门吊销直销企业的直销经营许可证。对直销员，由工商行政管理部门处5万元以下的罚款；情节严重的，责令直销企业撤销其直销员资格。

第四十四条 直销企业及其分支机构违反本条例规定招募直销员的，由工商行政管理部门责令改正，处3万元以上10万元以下的罚款；情节严重的，处10万元以上30万元以下的罚款，由工商行政管理部门吊销有违法经营行为的直销企业分支机构的营业执照直至由国务院商务主管部门吊销直销企业的直销经营许可证。

第四十五条 违反本条例规定，未取得直销员证从事直销活动的，由工商行政管理部门责令改正，没收直销产品和违法销售收入，可以处2万元以下的罚款；情节严重的，处2万元以上20万元以下的罚款。

第四十六条 直销企业进行直销员业务培训违反本条例规定的，由工商行政管理部门责令改正，没收违法所得，处3万元以上10万元以下的罚款；情节严重的，处10万元以上30万元以下的罚款，由工商行政管理部门吊销有违法经营行为的直销企业分支机构的营业执照直至由国务院商务主管部门吊销直销企业的直销经营许可证；对授课人员，由工商行政管理部门处5万元以下的罚款，是直销培训员的，责令直销企业撤销其直销培训员资格。

直销企业以外的单位和个人组织直销员业务培训的，由工商行政管理部门责令改正，没收违法所得，处2万元以上20万元以下的罚款。

第四十七条 直销员违反本条例第二十二条规定的，由工商行政管理部门没收违法销售收入，可以处5万元以下的罚款；情节严重的，责令直销企业撤销其直销员资格，并对直销企业处1万元以上10万元以下的罚款。

第四十八条 直销企业违反本条例第二十三条规定的，依照价格法的有关规定处理。

第四十九条 直销企业违反本条例第二十四条和第二十五条规定的，由工商行政管理部门责令改正，处5万元以上30万元以下的罚款；情节严重的，处30万元以上50万元以下的罚款，由工商行政管理部门吊销有违法经营行为的直销企业分支机构的营业执照直至由国务院商务主管部门吊销直销企业的直销经营许可证。

第五十条 直销企业未依照有关规定进行信息报备和披露的，由工商行政管理部门责令限期改正，处 10 万元以下的罚款；情节严重的，处 10 万元以上 30 万元以下的罚款；拒不改正的，由国务院商务主管部门吊销其直销经营许可证。

第五十一条 直销企业违反本条例第五章有关规定的，由工商行政管理部门责令限期改正，处 10 万元以下的罚款；拒不改正的，处 10 万元以上 30 万元以下的罚款，由国务院商务主管部门吊销其直销经营许可证。

第五十二条 违反本条例的违法行为同时违反《禁止传销条例》的，依照《禁止传销条例》有关规定予以处罚。

第八章 附　　则

第五十三条 直销企业拟成立直销企业协会等社团组织，应当经国务院商务主管部门批准，凭批准文件依法申请登记。

第五十四条 香港特别行政区、澳门特别行政区和台湾地区的投资者在境内投资建立直销企业，开展直销活动的，参照本条例有关外国投资者的规定办理。

第五十五条 本条例自 2005 年 12 月 1 日起施行。

二〇〇五年八月二十三日

国务院《禁止传销条例》

第一章　总　　则

第一条　为了防止欺诈，保护公民、法人和其他组织的合法权益，维护社会主义市场经济秩序，保持社会稳定，制定本条例。

第二条　本条例所称传销，是指组织者或者经营者发展人员，通过对被发展人员以其直接或者间接发展的人员数量或者销售业绩为依据计算和给付报酬，或者要求被发展人员以交纳一定费用为条件取得加入资格等方式牟取非法利益，扰乱经济秩序，影响社会稳定的行为。

第三条　县级以上地方人民政府应当加强对查处传销工作的领导，支持、督促各有关部门依法履行监督管理职责。

县级以上地方人民政府应当根据需要，建立查处传销工作的协调机制，对查处传销工作中的重大问题及时予以协调、解决。

第四条　工商行政管理部门、公安机关应当依照本条例的规定，在各自的职责范围内查处传销行为。

第五条　工商行政管理部门、公安机关依法查处传销行为，应当坚持教育与处罚相结合的原则，教育公民、法人或者其他组织自觉守法。

第六条　任何单位和个人有权向工商行政管理部门、公安机关举报传销行为。工商行政管理部门、公安机关接到举报后，应当立即调查核实，依法查处，并为举报人保密；经调查属实的，依照国家有关规定对举报人给予奖励。

第二章　传销行为的种类与查处机关

第七条　下列行为，属于传销行为：

（一）组织者或者经营者通过发展人员，要求被发展人员发展其他人员加入，对发展的人员以其直接或者间接滚动发展的人员数量为依据计算和给付报酬（包括物质奖励和其他经济利益，下同），牟取非法利益的；

（二）组织者或者经营者通过发展人员，要求被发展人员交纳费用或者以认购商品等方式变相交纳费用，取得加入或者发展其他人员加入的资格，牟取非法利益的；

（三）组织者或者经营者通过发展人员，要求被发展人员发展其他人员加入，形成上下线关系，并以下线的销售业绩为依据计算和给付上线报酬，牟取非法利益的。

第八条　工商行政管理部门依照本条例的规定，负责查处本条例第七条规定的传销行为。

第九条　利用互联网等媒体发布含有本条例第七条规定的传销信息的，由工商行政管理部门会同电信等有关部门依照本条例的规定查处。

第十条 在传销中以介绍工作、从事经营活动等名义欺骗他人离开居所地非法聚集并限制其人身自由的，由公安机关会同工商行政管理部门依法查处。

第十一条 商务、教育、民政、财政、劳动保障、电信、税务等有关部门和单位，应当依照各自职责和有关法律、行政法规的规定配合工商行政管理部门、公安机关查处传销行为。

第十二条 农村村民委员会、城市居民委员会等基层组织，应当在当地人民政府指导下，协助有关部门查处传销行为。

第十三条 工商行政管理部门查处传销行为，对涉嫌犯罪的，应当依法移送公安机关立案侦查；公安机关立案侦查传销案件，对经侦查不构成犯罪的，应当依法移交工商行政管理部门查处。

第三章　查处措施和程序

第十四条 县级以上工商行政管理部门对涉嫌传销行为进行查处时，可以采取下列措施：

（一）责令停止相关活动；

（二）向涉嫌传销的组织者、经营者和个人调查、了解有关情况；

（三）进入涉嫌传销的经营场所和培训、集会等活动场所，实施现场检查；

（四）查阅、复制、查封、扣押涉嫌传销的有关合同、票据、账簿等资料；

（五）查封、扣押涉嫌专门用于传销的产品（商品）、工具、设备、原材料等财物；

（六）查封涉嫌传销的经营场所；

（七）查询涉嫌传销的组织者或者经营者的账户及与存款有关的会计凭证、账簿、对账单等；

（八）对有证据证明转移或者隐匿违法资金的，可以申请司法机关予以冻结。

工商行政管理部门采取前款规定的措施，应当向县级以上工商行政管理部门主要负责人书面或者口头报告并经批准。遇有紧急情况需要当场采取前款规定措施的，应当在事后立即报告并补办相关手续；其中，实施前款规定的查封、扣押，以及第（七）项、第（八）项规定的措施，应当事先经县级以上工商行政管理部门主要负责人书面批准。

第十五条 工商行政管理部门对涉嫌传销行为进行查处时，执法人员不得少于2人。

执法人员与当事人有直接利害关系的，应当回避。

第十六条 工商行政管理部门的执法人员对涉嫌传销行为进行查处时，应当向当事人或者有关人员出示证件。

第十七条 工商行政管理部门实施查封、扣押，应当向当事人当场交付查封、扣押决定书和查封、扣押财物及资料清单。

在交通不便地区或者不及时实施查封、扣押可能影响案件查处的，可以先行实施查封、扣押，并应当在24小时内补办查封、扣押决定书，送达当事人。

第十八条 工商行政管理部门实施查封、扣押的期限不得超过30日；案件情况复杂的，经县级以上工商行政管理部门主要负责人批准，可以延长15日。

对被查封、扣押的财物，工商行政管理部门应当妥善保管，不得使用或者损毁；造成损失的，应当承担赔偿责任。但是，因不可抗力造成的损失除外。

第十九条　工商行政管理部门实施查封、扣押，应当及时查清事实，在查封、扣押期间作出处理决定。

对于经调查核实属于传销行为的，应当依法没收被查封、扣押的非法财物；对于经调查核实没有传销行为或者不再需要查封、扣押的，应当在作出处理决定后立即解除查封，退还被扣押的财物。

工商行政管理部门逾期未作出处理决定的，被查封的物品视为解除查封，被扣押的财物应当予以退还。拒不退还的，当事人可以向人民法院提起行政诉讼。

第二十条　工商行政管理部门及其工作人员违反本条例的规定使用或者损毁被查封、扣押的财物，造成当事人经济损失的，应当承担赔偿责任。

第二十一条　工商行政管理部门对涉嫌传销行为进行查处时，当事人有权陈述和申辩。

第二十二条　工商行政管理部门对涉嫌传销行为进行查处时，应当制作现场笔录。

现场笔录和查封、扣押清单由当事人、见证人和执法人员签名或者盖章，当事人不在现场或者当事人、见证人拒绝签名或者盖章的，执法人员应当在现场笔录中予以注明。

第二十三条　对于经查证属于传销行为的，工商行政管理部门、公安机关可以向社会公开发布警示、提示。

向社会公开发布警示、提示应当经县级以上工商行政管理部门主要负责人或者公安机关主要负责人批准。

第四章　法律责任

第二十四条　有本条例第七条规定的行为，组织策划传销的，由工商行政管理部门没收非法财物，没收违法所得，处50万元以上200万元以下的罚款；构成犯罪的，依法追究刑事责任。

有本条例第七条规定的行为，介绍、诱骗、胁迫他人参加传销的，由工商行政管理部门责令停止违法行为，没收非法财物，没收违法所得，处10万元以上50万元以下的罚款；构成犯罪的，依法追究刑事责任。

有本条例第七条规定的行为，参加传销的，由工商行政管理部门责令停止违法行为，可以处2000元以下的罚款。

第二十五条　工商行政管理部门依照本条例第二十四条的规定进行处罚时，可以依照有关法律、行政法规的规定，责令停业整顿或者吊销营业执照。

第二十六条　为本条例第七条规定的传销行为提供经营场所、培训场所、货源、保管、仓储等条件的，由工商行政管理部门责令停止违法行为，没收违法所得，处5万元以上50万元以下的罚款。

为本条例第七条规定的传销行为提供互联网信息服务的，由工商行政管理部门责令停止违法行为，并通知有关部门依照《互联网信息服务管理办法》予以处罚。

第二十七条　当事人擅自动用、调换、转移、损毁被查封、扣押财物的，由工商行政管理部门责令停止违法行为，处被动用、调换、转移、损毁财物价值5%以上20%以下的罚款；拒不改正的，处被动用、调换、转移、损毁财物价值1倍以上3倍以下的罚款。

第二十八条 有本条例第十条规定的行为或者拒绝、阻碍工商行政管理部门的执法人员依法查处传销行为，构成违反治安管理行为的，由公安机关依照治安管理的法律、行政法规规定处罚；构成犯罪的，依法追究刑事责任。

第二十九条 工商行政管理部门、公安机关及其工作人员滥用职权、玩忽职守、徇私舞弊，未依照本条例规定的职责和程序查处传销行为，或者发现传销行为不予查处，或者支持、包庇、纵容传销行为，构成犯罪的，对直接负责的主管人员和其他直接责任人员，依法追究刑事责任；尚不构成犯罪的，依法给予行政处分。

第五章 附 则

第三十条 本条例自2005年11月1日起施行。

二○○五年八月二十三日

国务院《国家突发公共事件总体应急预案》

1　总　　则

1.1　编制目的

提高政府保障公共安全和处置突发公共事件的能力，最大程度地预防和减少突发公共事件及其造成的损害，保障公众的生命财产安全，维护国家安全和社会稳定，促进经济社会全面、协调、可持续发展。

1.2　编制依据

依据宪法及有关法律、行政法规，制定本预案。

1.3　分类分级

本预案所称突发公共事件是指突然发生，造成或者可能造成重大人员伤亡、财产损失、生态环境破坏和严重社会危害，危及公共安全的紧急事件。

根据突发公共事件的发生过程、性质和机理，突发公共事件主要分为以下四类：

(1) 自然灾害。主要包括水旱灾害，气象灾害，地震灾害，地质灾害，海洋灾害，生物灾害和森林草原火灾等。

(2) 事故灾难。主要包括工矿商贸等企业的各类安全事故，交通运输事故，公共设施和设备事故，环境污染和生态破坏事件等。

(3) 公共卫生事件。主要包括传染病疫情，群体性不明原因疾病，食品安全和职业危害，动物疫情，以及其他严重影响公众健康和生命安全的事件。

(4) 社会安全事件。主要包括恐怖袭击事件，经济安全事件和涉外突发事件等。

各类突发公共事件按照其性质、严重程度、可控性和影响范围等因素，一般分为四级：Ⅰ级（特别重大）、Ⅱ级（重大）、Ⅲ级（较大）和Ⅳ级（一般）。

1.4　适用范围

本预案适用于涉及跨省级行政区划的，或超出事发地省级人民政府处置能力的特别重大突发公共事件应对工作。

本预案指导全国的突发公共事件应对工作。

1.5　工作原则

(1) 以人为本，减少危害。切实履行政府的社会管理和公共服务职能，把保障公众健康和生命财产安全作为首要任务，最大程度地减少突发公共事件及其造成的人员伤亡和危害。

(2) 居安思危，预防为主。高度重视公共安全工作，常抓不懈，防患于未然。增强忧患意识，坚持预防与应急相结合，常态与非常态相结合，做好应对突发公共事件的各项准备工作。

(3) 统一领导，分级负责。在党中央、国务院的统一领导下，建立健全分类管理、分级负责，条块结合、属地管理为主的应急管理体制，在各级党委领导下，实行行政领导责任制，充分发挥专业应急指挥机构的作用。

（4）依法规范，加强管理。依据有关法律和行政法规，加强应急管理，维护公众的合法权益，使应对突发公共事件的工作规范化、制度化、法制化。

（5）快速反应，协同应对。加强以属地管理为主的应急处置队伍建设，建立联动协调制度，充分动员和发挥乡镇、社区、企事业单位、社会团体和志愿者队伍的作用，依靠公众力量，形成统一指挥、反应灵敏、功能齐全、协调有序、运转高效的应急管理机制。

（6）依靠科技，提高素质。加强公共安全科学研究和技术开发，采用先进的监测、预测、预警、预防和应急处置技术及设施，充分发挥专家队伍和专业人员的作用，提高应对突发公共事件的科技水平和指挥能力，避免发生次生、衍生事件；加强宣传和培训教育工作，提高公众自救、互救和应对各类突发公共事件的综合素质。

1.6 应急预案体系

全国突发公共事件应急预案体系包括：

（1）突发公共事件总体应急预案。总体应急预案是全国应急预案体系的总纲，是国务院应对特别重大突发公共事件的规范性文件。

（2）突发公共事件专项应急预案。专项应急预案主要是国务院及其有关部门为应对某一类型或某几种类型突发公共事件而制定的应急预案。

（3）突发公共事件部门应急预案。部门应急预案是国务院有关部门根据总体应急预案、专项应急预案和部门职责为应对突发公共事件制定的预案。

（4）突发公共事件地方应急预案。具体包括：省级人民政府的突发公共事件总体应急预案、专项应急预案和部门应急预案；各市（地）、县（市）人民政府及其基层政权组织的突发公共事件应急预案。上述预案在省级人民政府的领导下，按照分类管理、分级负责的原则，由地方人民政府及其有关部门分别制定。

（5）企事业单位根据有关法律法规制定的应急预案。

（6）举办大型会展和文化体育等重大活动，主办单位应当制定应急预案。

各类预案将根据实际情况变化不断补充、完善。

2 组织体系

2.1 领导机构

国务院是突发公共事件应急管理工作的最高行政领导机构。在国务院总理领导下，由国务院常务会议和国家相关突发公共事件应急指挥机构（以下简称相关应急指挥机构）负责突发公共事件的应急管理工作；必要时，派出国务院工作组指导有关工作。

2.2 办事机构

国务院办公厅设国务院应急管理办公室，履行值守应急、信息汇总和综合协调职责，发挥运转枢纽作用。

2.3 工作机构

国务院有关部门依据有关法律、行政法规和各自的职责，负责相关类别突发公共事件的应急管理工作。具体负责相关类别的突发公共事件专项和部门应急预案的起草与实施，贯彻落实国务院有关决定事项。

2.4 地方机构

地方各级人民政府是本行政区域突发公共事件应急管理工作的行政领导机构，负责本行政区域各类突发公共事件的应对工作。

2.5　专家组

国务院和各应急管理机构建立各类专业人才库，可以根据实际需要聘请有关专家组成专家组，为应急管理提供决策建议，必要时参加突发公共事件的应急处置工作。

3　运行机制

3.1　预测与预警

各地区、各部门要针对各种可能发生的突发公共事件，完善预测预警机制，建立预测预警系统，开展风险分析，做到早发现、早报告、早处置。

3.1.1　预警级别和发布

根据预测分析结果，对可能发生和可以预警的突发公共事件进行预警。预警级别依据突发公共事件可能造成的危害程度、紧急程度和发展势态，一般划分为四级：Ⅰ级（特别严重）、Ⅱ级（严重）、Ⅲ级（较重）和Ⅳ级（一般），依次用红色、橙色、黄色和蓝色表示。

预警信息包括突发公共事件的类别、预警级别、起始时间、可能影响范围、警示事项、应采取的措施和发布机关等。

预警信息的发布、调整和解除可通过广播、电视、报刊、通信、信息网络、警报器、宣传车或组织人员逐户通知等方式进行，对老、幼、病、残、孕等特殊人群以及学校等特殊场所和警报盲区应当采取有针对性的公告方式。

3.2　应急处置

3.2.1　信息报告

特别重大或者重大突发公共事件发生后，各地区、各部门要立即报告，最迟不得超过4小时，同时通报有关地区和部门。应急处置过程中，要及时续报有关情况。

3.2.2　先期处置

突发公共事件发生后，事发地的省级人民政府或者国务院有关部门在报告特别重大、重大突发公共事件信息的同时，要根据职责和规定的权限启动相关应急预案，及时、有效地进行处置，控制事态。

在境外发生涉及中国公民和机构的突发事件，我驻外使领馆、国务院有关部门和有关地方人民政府要采取措施控制事态发展，组织开展应急救援工作。

3.2.3　应急响应

对于先期处置未能有效控制事态的特别重大突发公共事件，要及时启动相关预案，由国务院相关应急指挥机构或国务院工作组统一指挥或指导有关地区、部门开展处置工作。

现场应急指挥机构负责现场的应急处置工作。

需要多个国务院相关部门共同参与处置的突发公共事件，由该类突发公共事件的业务主管部门牵头，其他部门予以协助。

3.2.4　应急结束

特别重大突发公共事件应急处置工作结束，或者相关危险因素消除后，现场应急指挥机构予以撤销。

3.3　恢复与重建

3.3.1　善后处置

要积极稳妥、深入细致地做好善后处置工作。对突发公共事件中的伤亡人员、应急处置工作人员，以及紧急调集、征用有关单位及个人的物资，要按照规定给予抚恤、补助或补偿，并提供心理及司法援助。有关部门要做好疫病防治和环境污染消除工作。保险监管机构督促有关保险机构及时做好有关单位和个人损失的理赔工作。

3.3.2 调查与评估

要对特别重大突发公共事件的起因、性质、影响、责任、经验教训和恢复重建等问题进行调查评估。

3.3.3 恢复重建

根据受灾地区恢复重建计划组织实施恢复重建工作。

3.4 信息发布

突发公共事件的信息发布应当及时、准确、客观、全面。事件发生的第一时间要向社会发布简要信息，随后发布初步核实情况、政府应对措施和公众防范措施等，并根据事件处置情况做好后续发布工作。

信息发布形式主要包括授权发布、散发新闻稿、组织报道、接受记者采访、举行新闻发布会等。

4 应急保障

各有关部门要按照职责分工和相关预案做好突发公共事件的应对工作，同时根据总体预案切实做好应对突发公共事件的人力、物力、财力、交通运输、医疗卫生及通信保障等工作，保证应急救援工作的需要和灾区群众的基本生活，以及恢复重建工作的顺利进行。

4.1 人力资源

公安（消防）、医疗卫生、地震救援、海上搜救、矿山救护、森林消防、防洪抢险、核与辐射、环境监控、危险化学品事故救援、铁路事故、民航事故、基础信息网络和重要信息系统事故处置，以及水、电、油、气等工程抢险救援队伍是应急救援的专业队伍和骨干力量。地方各级人民政府和有关部门、单位要加强应急救援队伍的业务培训和应急演练，建立联动协调机制，提高装备水平；动员社会团体、企事业单位以及志愿者等各种社会力量参与应急救援工作；增进国际间的交流与合作。要加强以乡镇和社区为单位的公众应急能力建设，发挥其在应对突发公共事件中的重要作用。

中国人民解放军和中国人民武装警察部队是处置突发公共事件的骨干和突击力量，按照有关规定参加应急处置工作。

4.2 财力保障

要保证所需突发公共事件应急准备和救援工作资金。对受突发公共事件影响较大的行业、企事业单位和个人要及时研究提出相应的补偿或救助政策。要对突发公共事件财政应急保障资金的使用和效果进行监管和评估。

鼓励自然人、法人或者其他组织（包括国际组织）按照《中华人民共和国公益事业捐赠法》等有关法律、法规的规定进行捐赠和援助。

4.3 物资保障

要建立健全应急物资监测网络、预警体系和应急物资生产、储备、调拨及紧急配送体系，完善应急工作程序，确保应急所需物资和生活用品的及时供应，并加强对物资储备的监督管理，及时予以补充和更新。

地方各级人民政府应根据有关法律、法规和应急预案的规定，做好物资储备工作。

4.4 基本生活保障

要做好受灾群众的基本生活保障工作，确保灾区群众有饭吃、有水喝、有衣穿、有住处、有病能得到及时医治。

4.5 医疗卫生保障

卫生部门负责组建医疗卫生应急专业技术队伍，根据需要及时赴现场开展医疗救治、疾病预防控制等卫生应急工作。及时为受灾地区提供药品、器械等卫生和医疗设备。必要时，组织动员红十字会等社会卫生力量参与医疗卫生救助工作。

4.6 交通运输保障

要保证紧急情况下应急交通工具的优先安排、优先调度、优先放行，确保运输安全畅通；要依法建立紧急情况社会交通运输工具的征用程序，确保抢险救灾物资和人员能够及时、安全送达。

根据应急处置需要，对现场及相关通道实行交通管制，开设应急救援“绿色通道”，保证应急救援工作的顺利开展。

4.7 治安维护

要加强对重点地区、重点场所、重点人群、重要物资和设备的安全保护，依法严厉打击违法犯罪活动。必要时，依法采取有效管制措施，控制事态，维护社会秩序。

4.8 人员防护

要指定或建立与人口密度、城市规模相适应的应急避险场所，完善紧急疏散管理办法和程序，明确各级责任人，确保在紧急情况下公众安全、有序的转移或疏散。

要采取必要的防护措施，严格按照程序开展应急救援工作，确保人员安全。

4.9 通信保障

建立健全应急通信、应急广播电视保障工作体系，完善公用通信网，建立有线和无线相结合、基础电信网络与机动通信系统相配套的应急通信系统，确保通信畅通。

4.10 公共设施

有关部门要按照职责分工，分别负责煤、电、油、气、水的供给，以及废水、废气、固体废弃物等有害物质的监测和处理。

4.11 科技支撑

要积极开展公共安全领域的科学研究；加大公共安全监测、预测、预警、预防和应急处置技术研发的投入，不断改进技术装备，建立健全公共安全应急技术平台，提高我国公共安全科技水平；注意发挥企业在公共安全领域的研发作用。

5 监督管理

5.1 预案演练

各地区、各部门要结合实际，有计划、有重点地组织有关部门对相关预案进行演练。

5.2 宣传和培训

宣传、教育、文化、广电、新闻出版等有关部门要通过图书、报刊、音像制品和电子出版物、广播、电视、网络等，广泛宣传应急法律法规和预防、避险、自救、互救、减灾等常识，增强公众的忧患意识、社会责任意识和自救、互救能力。各有关方面要有计划地对应急救援和管理人员进行培训，提高其专业技能。

5.3 责任与奖惩

突发公共事件应急处置工作实行责任追究制。

对突发公共事件应急管理工作中做出突出贡献的先进集体和个人要给予表彰和奖励。

对迟报、谎报、瞒报和漏报突发公共事件重要情况或者应急管理工作中有其他失职、渎职行为的，依法对有关责任人给予行政处分；构成犯罪的，依法追究刑事责任。

6 附 则

6.1 预案管理

根据实际情况的变化，及时修订本预案。

本预案自发布之日起实施。

二〇〇六年一月八日

国家计划委员会《价格违法行为行政处罚规定》

（1999 年 7 月 10 日国务院批准 1999 年 8 月 1 日国家发展计划委员会发布根据 2006 年 2 月 21 日《国务院关于修改〈价格违法行为行政处罚规定〉的决定》修订）

第一条　为了依法惩处价格违法行为，保护消费者和经营者的合法权益，根据《中华人民共和国价格法》（以下简称价格法）的有关规定，制定本规定。

第二条　县级以上各级人民政府价格主管部门依法对价格活动进行监督检查，并决定对价格违法行为的行政处罚。

第三条　价格违法行为的行政处罚由价格违法行为发生地的地方人民政府价格主管部门决定；国务院价格主管部门规定由其上级价格主管部门决定的，从其规定。

第四条　经营者违反价格法第十四条的规定，有下列行为之一的，责令改正，没收违法所得，可以并处违法所得 5 倍以下的罚款；没有违法所得的，给予警告，可以并处 3 万元以上 30 万元以下的罚款；情节严重的，责令停业整顿，或者由工商行政管理机关吊销营业执照：

（一）相互串通，操纵市场价格，损害其他经营者或者消费者的合法权益的；

（二）除依法降价处理鲜活商品、季节性商品、积压商品等商品外，为了排挤竞争对手或者独占市场，以低于成本的价格倾销，扰乱正常的生产经营秩序，损害国家利益或者其他经营者的合法权益的；

（三）提供相同商品或者服务，对具有同等交易条件的其他经营者实行价格歧视的。

第五条　经营者违反价格法第十四条的规定，捏造、散布涨价信息，哄抬价格，推动商品价格过高上涨的，或者利用虚假的或者使人误解的价格手段，诱骗消费者或者其他经营者与其进行交易的，责令改正，没收违法所得，可以并处违法所得 5 倍以下的罚款；没有违法所得的，给予警告，可以并处 2 万元以上 20 万元以下的罚款；情节严重的，责令停业整顿，或者由工商行政管理机关吊销营业执照。

第六条　经营者违反价格法第十四条的规定，采取抬高等级或者压低等级等手段销售、收购商品或者提供服务，变相提高或者压低价格的，责令改正，没收违法所得，可以并处违法所得 5 倍以下的罚款；没有违法所得的，给予警告，可以并处 1 万元以上 10 万元以下的罚款；情节严重的，责令停业整顿，或者由工商行政管理机关吊销营业执照。

第七条　经营者不执行政府指导价、政府定价，有下列行为之一的，责令改正，没收违法所得，可以并处违法所得 5 倍以下的罚款；没有违法所得的，可以处 2 万元以上 20 万元以下的罚款；情节严重的，责令停业整顿：

（一）超出政府指导价浮动幅度制定价格的；

（二）高于或者低于政府定价制定价格的；

（三）擅自制定属于政府指导价、政府定价范围内的商品或者服务价格的；

（四）提前或者推迟执行政府指导价、政府定价的；

（五）自立收费项目或者自定标准收费的；

（六）采取分解收费项目、重复收费、扩大收费范围等方式变相提高收费标准的；

（七）对政府明令取消的收费项目继续收费的；

（八）违反规定以保证金、抵押金等形式变相收费的；

（九）强制或者变相强制服务并收费的；

（十）不按照规定提供服务而收取费用的；

（十一）不执行政府指导价、政府定价的其他行为。

第八条 经营者不执行法定的价格干预措施、紧急措施，有下列行为之一的，责令改正，没收违法所得，可以并处违法所得5倍以下的罚款；没有违法所得的，可以处4万元以上40万元以下的罚款；情节严重的，责令停业整顿：

（一）不执行提价申报或者调价备案制度的；

（二）超过规定的差价率、利润率幅度的；

（三）不执行规定的限价、最低保护价的；

（四）不执行集中定价权限措施的；

（五）不执行冻结价格措施的；

（六）不执行法定的价格干预措施、紧急措施的其他行为。

第九条 本规定第四条至第八条规定中经营者为个人的，对其没有违法所得的价格违法行为，可以处5万元以下的罚款。

第十条 经营者违反法律、法规的规定牟取暴利的，责令改正，没收违法所得，可以并处违法所得5倍以下的罚款；情节严重的，责令停业整顿，或者由工商行政管理机关吊销营业执照。

第十一条 经营者违反明码标价规定，有下列行为之一的，责令改正，没收违法所得，可以并处5000元以下的罚款：

（一）不标明价格的；

（二）不按照规定的内容和方式明码标价的；

（三）在标价之外加价出售商品或者收取未标明的费用的；

（四）违反明码标价规定的其他行为。

第十二条 拒绝提供价格监督检查所需资料或者提供虚假资料的，责令改正，给予警告；逾期不改正的，可以处5万元以下的罚款，对直接负责的主管人员和其他直接责任人员给予纪律处分。

第十三条 政府价格主管部门进行价格监督检查时，发现经营者的违法行为同时具有下列三种情形的，可以依照价格法第三十四条第（三）项的规定责令其暂停相关营业：

（一）违法行为情节复杂或者情节严重，经查明后可能给予较重处罚的；

（二）不暂停相关营业，违法行为将继续的；

（三）不暂停相关营业，可能影响违法事实的认定，采取其他措施又不足以保证查明的。

政府价格主管部门进行价格监督检查时，执法人员不得少于两人，并应当向经营者或者有关人员出示证件。

第十四条　本规定第四条至第十一条规定中的违法所得，属于价格法第四十一条规定的消费者或者其他经营者多付价款的，责令经营者限期退还。难以查找多付价款的消费者或者其他经营者的，责令公告查找。

经营者拒不按照前款规定退还消费者或者其他经营者多付的价款，以及期限届满没有退还消费者或者其他经营者多付的价款，由政府价格主管部门予以没收，消费者或者其他经营者要求退还时，由经营者依法承担民事责任。

第十五条　经营者有行政处罚法第二十七条所列情形的，应当依法从轻或者减轻处罚。

经营者有下列情形之一的，应当从重处罚：

（一）价格违法行为严重或者社会影响较大的；

（二）屡查屡犯的；

（三）伪造、涂改或者转移、销毁证据的；

（四）转移与价格违法行为有关的资金或者商品的；

（五）经营者拒不按照本规定第十四条第一款规定退还消费者或者其他经营者多付价款的；

（六）应予从重处罚的其他价格违法行为。

第十六条　经营者对政府价格主管部门作出的处罚决定不服的，应当先依法申请行政复议；对行政复议决定不服的，可以依法向人民法院提起诉讼。

第十七条　逾期不缴纳罚款的，每日按罚款数额的3%加处罚款；逾期不缴纳违法所得的，每日按违法所得数额的2‰加处罚款。

第十八条　任何单位和个人有本规定所列价格违法行为，情节严重，拒不改正的，政府价格主管部门除依照本规定给予处罚外，可以在其营业场地公告其价格违法行为，直至改正。

第十九条　价格执法人员泄露国家秘密、经营者的商业秘密或者滥用职权、玩忽职守、徇私舞弊，构成犯罪的，依法追究刑事责任；尚不构成犯罪的，依法给予行政处分。

第二十条　本规定自发布之日起施行。

二〇〇六年二月二十一日

商务部、财政部关于对2005年“万村千乡”市场工程项目予以资金支持的通知

商规发［2005］302号

各省、自治区、直辖市、计划单列市及新疆生产建设兵团商务主管部门、财政厅（局）：

为进一步贯彻落实《国务院办公厅转发商务部等部门关于进一步做好农村商品流通工作意见的通知》（国办发［2004］57号）精神，引导企业、社会各类资本参与农村商品流通网络建设，推动“万村千乡”市场工程的顺利开展，商务部、财政部决定对2005年纳入“万村千乡”市场工程的试点项目予以资金支持。现将有关事项通知如下：

一、本通知所称“万村千乡”市场工程项目是指根据《商务部关于开展“万村千乡”市场工程试点的通知》（商建发［2005］45号）要求，列入各省级商务主管部门“万村千乡”市场工程试点规划并报商务部备案的企业，经批准在县级（内蒙古、西藏、甘肃、青海、新疆、新疆生产建设兵团的地级市、地区、师，下同）及县以下农村地区建设和改造流通网络、发展新型流通业态的建设项目。

二、本通知所称资金支持，是指国家对承担“万村千乡”市场工程项目的企业，为完善农村流通网络，建设区域性配送中心（含具有配送功能的中心店，以下统称配送中心）所取得的银行贷款予以适当的利息补助，以及开办农家店给予适当的资金支持。资金从中央外贸发展基金中内外贸一体化项目中安排。

三、安排资金支持的原则是：以企业为主体，通过建立新型农村流通网络，改善农村消费环境，降低农村商品流通成本，提高农村商品流通质量。

四、资金使用范围

（一）县级区域性商品（包括日用消费品、农业生产资料）配送中心、配送设施及信息系统的改造、建设项目；

（二）乡（镇）级与村级农家店建设和改造项目。

五、支持方式及标准

（一）贴息：对建设或改造配送中心的银行中长期固定资产投资贷款，予以1年贷款利息补助。中、西部地区贴息率不超过3%，其他地区贴息率不超过2%。

（二）农家店资金补助：每个乡级农家店补助2000元，每个村级农家店补助3000元。中、西部地区，每个农家店补助标准分别增加800元。

六、申请资金支持的项目应符合以下条件：

（一）经批准列入试点地区的试点企业，符合本通知第四项规定范围、且在2005年1月1日－12月31日完成的配送中心及农家店建设、改造项目；

（二）承担项目的企业依法注册，无销售假冒伪劣产品、坑农害农的记录，并与所在地地级以上商务主管部门签订了不销售假冒伪劣产品保证书；

（三）配送中心的建设、改造项目贷款，经国家开发银行等政策性银行或中国农业银

行等商业银行批准同意，承办企业与银行已签订贷款合同；

（四）农家店标准符合商务部制定的《农家店建设与改造规范》（暂定名，以正式发布为准）。

七、项目的组织与申报

各省、自治区、直辖市、计划单列市及新疆生产建设兵团商务主管部门（包括业务和财务部门，下同）会同当地财政厅（局）（以下统称地方主管部门）共同负责本地区资金支持项目的组织申报、初审、汇总和上报等工作，并于2005年8月31日前将有关申请材料报商务部（市场建设司）、财政部（企业司）。

各地上报的材料包括：

（一）“万村千乡”市场工程当年实施方案，包括各试点企业拟在乡镇和村建店的名录汇总表；

（二）2005年配送中心和农家店项目安排情况及申请资金支持情况；

（三）“万村千乡”市场工程资金申请汇总表。

八、资金拨付

（一）商务部对各地报送的资金支持项目进行汇总后，会同财政部进行联合审核。根据审核结果，商务部、财政部联合下达本年度“万村千乡”市场工程资金支持计划。

（二）凡经批准纳入“万村千乡”市场工程支持计划，并在2005年12月31日前实际完成的项目，承担“万村千乡”市场工程的企业应在2006年1月底前向地方主管部门提出资金拨付申请。

（三）各地方主管部门对承办企业提交的市场工程资金拨付申请进行审核，并在2006年3月底前向商务部、财政部上报资金拨付申请。财政部按照预算管理级次将资金拨付到地方财政部门，地方财政部门在收到上级财政部门拨付的资金起20日内将资金下达到承办企业。承办企业收到市场工程资金后，应按照国家有关规定进行账务处理。

九、各地商务主管部门要加强对“万村千乡”市场工程项目申报及有关业务管理工作，完善项目申报机制。对于企业报送的项目申请和资金拨付申请等有关材料妥善保管，以备核查。

（一）试点企业申请项目计划的材料主要有：

1. 申请“万村千乡”市场工程资金报告；

2. 承办“万村千乡”市场工程方案：包括企业基本情况和项目基本情况。其中，配送中心项目需报送配送中心地点、规模、辐射范围、项目进度、项目所需资金总额及需向银行贷款金额、利息与申请贴息额等；农家店项目需报送农家店数量、地区分布、项目进度、申请支持金额等。

（二）试点企业申请拨付“万村千乡”市场工程项目资金的材料主要有：

1.“万村千乡”市场工程资金申请表；

2.“万村千乡”市场工程项目实际执行情况总结；

3. 配送中心建设、改造项目，提供企业与承贷银行签订的项目贷款合同、借款凭证及实际支付的贷款利息结算清单（复印件，需加盖企业公章）。

十、各地商务主管部门，特别是财务和业务部门要加强沟通，通力合作，按照工作职责加强对“万村千乡”市场工程的财务和业务管理；要积极配合当地财政主管部门，定期对“万村千乡”市场工程项目的执行和资金的落实情况进行监督、检查，确保工程项目顺利进行、资金及时到位，并于2006年6月底以前向商务部、财政部上报2005年度市场工程资金的执行情况报告。报告内容应包括“万村千乡”市场工程总结、市场工程资金的拨付、使用、贷款项目预期效益与实际效益比较、分析和评价，试点企业上年度的计划完成情况等。

十一、严禁任何单位骗取、挪用或截留“万村千乡”市场工程资金。对违反本通知规定的单位，财政部、商务部将全额收回资金，并取消其以后年度申请资格，核减直至取消所在地年度资金；情节严重或涉嫌触犯国家法律的，依法追究相关人员或单位的责任。

十二、各地在执行本通知过程中，应加强调查研究，认真总结经验，如有问题，及时向商务部（规划财务司、市场建设司）、财政部（企业司）反映。

二〇〇五年七月八日

商务部《农家店建设与改造规范》

1　范围

本标准规定了农村村级农家店和农村乡级农家店的基本特征、经营设施设备和经营管理的基本要求。

本标准适用于农村村级农家店和农村乡级农家店的建设、改扩建及其经营管理。

2　术语和定义

下列术语和定义适用于本标准。

2.1　农家店 countryside stores

店址设在乡镇或村，运用现代流通方式，以销售商品为主，并提供收购农产品及其他相关服务的零售店铺。

2.2　村级农家店 countryside stores in villages

设在自然村或行政村，以本村居民为主要目标顾客，通过连锁经营，执行规范的商品质量和物价管理，满足村民就近购买日用消费品、食品、副食品和简易生产资料的需求，同时提供相关服务的零售店铺。

2.3　乡级农家店 countryside stores in town and township

设在乡（镇），以本乡镇居民为主要目标顾客，通过连锁经营，满足居民对日常消费品、食品、副食品和简易生产资料的需求，并具备一定的为村级农家店提供采购、配送、批发或业务指导服务功能的店铺。

2.4　单品 stock keeping unit

商品的最小分类。

2.5　连锁经营 chain operation

指企业经营若干同行业或同业态的店铺，以同一商号、统一管理或授予特许经营权方式组织起来，共享规模效益的一种经营组织形式。

3　村级农家店要求

3.1　基本特征

东中部地区店铺营业面积40平方米以上，经营商品品种（单品）600种以上，配送率40%以上；西部地区店铺营业面积20平方米以上，经营商品品种（单品）400种以上，配送率40%以上。

3.2　经营管理

3.2.1　经营设施设备

3.2.1.1　店堂内进行简洁装修，墙壁和地面便于经常清扫刷洗；店内通风、明亮。

3.2.1.2　有与经营商品相匹配的陈列货架或玻璃柜台。有条件的店铺提供顾客购物篮。

3.2.1.3　使用检定合格、未超过检定周期的计量器具。

3.2.1.4　有与连锁经营方式相适应的信息基础设施设备。

3.2.1.5　有消防设施或消防器材。

3.2.2　从业人员的业务技能和职业道德

从业人员应无传染性疾病；具有一定的文化程度，经过岗前培训，熟悉所经营商品的性能和使用方法及相关知识，诚实守信。

3.2.3　售货方式

除特殊商品外，采取开架售货方式。

3.2.4　物价管理

执行国家物价管理政策，所有商品都明码标价。

3.2.5　商品质量管理

3.2.5.1　建立商品准入和可追溯制度，对进货渠道和供货商进行登记管理。

3.2.5.2　有避免散装食品、副食品受到污染的防护设施。

3.2.5.3　从配送中心以外购进食品，应通过企业认定的符合商品质量管理要求的供货商。

3.2.5.4　向顾客承诺不销售假冒伪劣商品。

3.2.6　商品结构和服务功能

所有村级农家店都应有日常生活必需品、食品、副食品、调料、洗涤用品等。有条件的店，可以为村民提供农副产品市场信息服务，小宗零星农副土特产品及废旧物资代购、代收，化肥、农药小包装或折零供应服务以及相应的售后服务。

3.2.7　经营场地与陈列

代销化肥农药、代购土特产品的营业场地与生活消费品的营业场地严格隔开。

4　乡级农家店要求

4.1　基本特征

东中部地区店铺营业面积300平方米以上，经营商品品种（单品）1500种以上，配送率50%以上；西部地区店铺营业面积100平方米以上，经营商品品种（单品）800种以上，配送率40%以上。

4.2　经营管理

4.2.1　经营设施设备

4.2.1.1　店堂内进行简洁装修，墙壁和地面便于清扫和刷洗，店内通风、明亮。室外有与经营规模相应的停车位。兼有批发业务的应有与其业务相适应的仓储设施及管理人员。

4.2.1.2　有与所经营商品和经营规模相匹配的陈列货架或玻璃柜台，购物车、篮。

4.2.1.3　使用检定合格、未超过检定周期的计量器具，计量器具的数量应能充分满足经营的需要。所有计量器具应按国家规定定期送检，不准确的应停止使用。

4.2.1.4　有充分满足连锁经营需要的信息基础设施、设备。

4.2.1.5　配备消防安全设施或设备，保证消防安全设施齐全、完好、有效。

4.2.2　从业人员业务技能和职业道德

4.2.2.1　各岗位的从业人员都具有与其岗位相适应的业务知识和技术水平，有初中以上文化程度，经过社会专门培训机构或企业组织的岗前培训，考试合格。

4.2.2.2 经营食品、副食品的从业人员，应定期进行健康检查，持有当地卫生主管部门颁发的健康证明。

4.2.2.3 店铺制定职业道德守则，所有岗位从业人员都遵守职业道德守则，坚持诚信经营，店铺定期对岗位从业人员遵守职业道德守则情况认真考核。

4.2.3 售货方式

以批零兼营、开架自选、原包陈列为主，也可以采取完全开架自选，出入口分设。

4.2.4 物价管理

执行国家价格管理政策，所有商品都明码标价。

4.2.5 商品质量管理

4.2.5.1 满足3.2.5的要求。

4.2.5.2 建立商品质量责任制度。

4.2.5.3 涉及消费安全的商品通过质量认证。

4.2.6 商品结构和服务功能

4.2.6.1 满足3.2.6的要求。

4.2.6.2 满足村零售店铺进货要求或业务技术指导的要求。

4.2.6.3 能开展鲜活商品经营，为本地生产的达到质量标准的产品进超市提供途径。

4.2.7 经营场地与陈列

4.2.7.1 满足3.2.7的要求。

4.2.7.2 有与经营规模与经营范围相适应的仓储设施。

二〇〇五年六月二十八日

商务部关于继续实施“万村千乡市场工程”的通知

商建发［2006］38号

各省、自治区、直辖市、计划单列市及新疆生产建设兵团商务主管部门：

为贯彻落实中央经济工作会议和《中共中央国务院关于推进社会主义新农村建设的若干意见》（中发〔2006〕1号）精神，商务部2006年继续实施“万村千乡市场工程”工作，现就有关事项通知如下：

一、2006年“万村千乡”市场工程的建设任务

工作目标：2006年力争建成10万家标准化农家店。

主要内容：在县及县以下地区建立配送中心；在乡、村两级建设日用消费品农家店、农业生产资料农家店，建设标准分别符合《农家店建设与改造规范》（SB/T10393－2005）、《商务部关于印发<农资农家店建设与改造规范>的通知》（商建发〔2005〕543号）的要求。

保障措施：2006年扩大试点县市比例，东部地区试点比例由30%提高到70%，中西部地区由20%提高到60%；充分利用和改造供销社、农技服务站、粮店、邮政局等网络，具备条件的地方可采取“整县推进”方式；国家继续对2006年“万村千乡市场工程”项目进行资金扶持，具体办法另行制定。各级商务主管部门要积极争取和落实配套政策，营造良好的市场发展环境。

二、新增试点县及试点企业的条件

（一）试点县条件

1. 符合《商务部关于开展“万村千乡市场工程”试点的通知》（商建发〔2005〕45号）中有关规定。
2. 制定了2006年和到2007年的“万村千乡市场工程”实施规划。
3. 承诺在规定的时间内将建设情况在《商务部“万村千乡市场工程”信息服务系统》中如实登记。
4. 成立了专门的领导机构，并已经或承诺出台相关扶持政策措施。

（二）试点企业条件

1. 具有较强经济实力和管理经验的流通企业。
2. 注册资金100万元以上，且具备发展连锁经营的硬软件条件。

3. 制定了2006年和到2007年的“万村千乡市场工程”实施规划。

4. 承诺在规定的时间内将建设情况在《商务部“万村千乡市场工程”信息服务系统》中如实登记。

三、新增试点县及试点企业的申报程序

（一）提出申请

由县及企业自愿提出申请，分别如实完整填报《2006年度“万村千乡市场工程”新增试点县申请表》，《2006年度“万村千乡市场工程”新增试点企业申请表》，并加盖公章；申请试点的企业还应提供加盖企业财务章的验资报告及工商登记证复印件。具体申请受理程序及需要提供的其他相关材料，由各省、自治区、直辖市、计划单列市及新疆生产建设兵团商务主管部门（以下简称各省级商务主管部门）另行制定。

（二）资格推荐

各省级商务主管部门接到申请材料后，对提交申请的县和企业的资格进行审查，提出拟推荐的试点县及企业名单，有关材料存档3年备查。

请各省级商务主管部门于2006年3月31日前向商务部（市场体系建设司，下同）报送有关材料。报送的材料包括：

1. 推荐的正式文件，包括有关情况说明，新增试点县和企业名单、附件1－4及新增试点企业资格证明材料。试点县比例应严格控制在本通知要求的范围内，在每个县进行试点的流通企业不超过2家（企业不受地域限制）。

2. 在《商务部“万村千乡市场工程”信息服务系统》中下载《××省（区市）“万村千乡市场工程”2006年度规划建设项目汇总表》和《××省（区市）“万村千乡市场工程”试点企业2006年度规划建设项目汇总表》，如实完整填写后，打印表格并加盖公章。

（三）批复试点

商务部接到各省级商务主管部门推荐试点县和企业材料后，于4月底前办理完当年所有新增试点县市和企业的核准事宜。

（四）项目验收

2006年采取全年组织两次集中验收的方式。各地方根据“万村千乡市场工程”项目建设情况，分批组织已建成项目参加2006年6月或12月的验收。各省级商务主管部门按《商务部关于“万村千乡市场工程”项目验收的通知》（商建发〔2005〕533号）精神，制定相应操作程序。

四、加强对2005年试点企业的管理

各省级商务主管部门可根据本地区实际情况，对2005年度试点企业进行资格重新认

定。凡发现有违规行为或企业自动退出的，应取消其试点资格，并于2006年3月31日前报商务部备案。

经各省级商务主管部门确定的延续试点企业，应根据本通知精神，对试点规划进行滚动式调整；各省级商务主管部门相应调整本地区2006年和2007年“万村千乡市场工程”实施规划，连同有关企业调整后的规划，一并于3月31日前报商务部备案。

五、其他要求

（一）完善基础工作

地方各级商务主管部门要落实责任制，及时、准确做好2006年“万村千乡市场工程”相关信息的报送工作；要有效利用《商务部“万村千乡市场工程”信息服务系统》建立工作档案，督促试点县及企业按时全面如实上报进展情况；要加强调查研究，及早发现新情况，总结新经验，解决新问题，促使“万村千乡市场工程”继续扎实有效推进。

（二）制定实施细则

各省级商务主管部门应按照本通知要求，结合本地实际，制定具体实施细则，报商务部备案。

二〇〇六年二月十三日

商务部、财政部、建设部关于进一步做好城市商业网点规划制定和实施工作的通知

商建发［2005］378号

2004年商务部、建设部下发《关于做好地级城市商业网点规划工作的通知》（商建发［2004］18号）后，全国城市商业网点规划工作取得了一定进展。但是，仍有部分地级以上的城市没有按照要求，完成商业网点规划的制定工作。吴仪副总理在2005年全国流通工作会议上指出：城市商业网点规划不是可做可不做的工作，而是一项必须做而且一定要抓紧做好的工作，有条件的地方，要把县级市的商业网点规划工作提上议事日程。为贯彻落实国务院领导指示精神，进一步加强城市商业网点规划的制定和实施工作，现就有关问题通知如下：

一、进一步提高对城市商业网点规划工作的认识

做好城市商业网点规划工作，有利于加强城市商业网点的合理布局，防止盲目投资和重复建设，促进城市商业网点全面、均衡发展，满足人民群众日常生活需求，是贯彻科学发展观、构建和谐社会的要求。同时，在我国商业领域按照加入WTO承诺全面对外开放后，城市商业网点规划对于加强对商业领域外资进入的引导，保障内外资商业企业公平竞争，促进商业设施建设健康发展等具有十分重要的意义。各地必须高度重视，将城市商业网点规划列入政府工作重点，在组织制定经济社会发展“十一五”规划、制定城市总体规划、城市近期建设规划时，都必须将商业网点规划作为一项重要内容。

二、加强组织领导，加快商业网点规划工作进度

各级城市人民政府应按照商务部、建设部《关于做好地级城市商业网点规划工作的通知》要求，加强对城市商业网点规划工作的领导和组织，建立由城市商务、城乡规划和财政部门密切配合的协调工作机制，并给予城市商业网点规划制订工作必要的经费保障，推动城市商业网点规划工作的开展。省级商务部门应指定机构负责督促商业网点规划工作，并建立工作责任制，力争2005年底前完成地级以上城市商业网点规划工作。到期仍然没有完成商业网点规划的，原则上不得再批准建设新的建筑面积在1万平方米以上的大型商业网点。

三、切实提高商业网点规划编制水平

城市商务主管部门负责组织编制城市商业网点规划。在编制城市商业网点规划过程

中，要集思广益，广泛征求专家及社会各界的意见，有条件的地方可以邀请社会中介机构参与咨询，提高规划编制水平。

城市商业网点规划的编制要依据城市总体规划，符合城市总体规划确定的发展布局和建设时序。内容应符合商务部印发的《城市商业网点规划编制规范》（商建发［2004］180号）的要求。要坚持以人为本，充分体现城市的特色；要注意结合本地实际，防止盲目攀比、贪大求洋的倾向。

四、认真做好商业网点规划实施工作

城市商业网点（包括商品交易市场、零售商店、购物中心、餐饮店等）的新建和改、扩建，改变现有商业网点的用途，都必须符合城市商业网点规划。城市商务主管部门应当组织或参与对新建大型商业网点的论证。新建大型商业网点的选址以及城市新区开发、旧城更新过程中商业网点的规划布置，应当征求商务主管部门的意见。对于不符合规划要求的商业网点，应当通过规划的调控和引导，逐步进行调整和改造。城市商务主管部门应定期发布鼓励和限制建设的商业网点指导目录，引导社会资金投向。

二〇〇五年九月十九日

商务部关于开展全国社区商业示范社区评审工作的通知

各省、自治区、直辖市、计划单列市及新疆生产建设兵团商务主管部门：

2005年4月，商务部下发了《关于加快我国社区商业发展的指导意见》（商改发[2005] 223号），根据文件要求，商务部将于年内开展全国社区商业示范社区的评审工作。为保证评审工作的顺利开展，现将有关事项通知如下：

一、申报

（一）“全国社区商业示范社区”的申报仅限于已取得省（自治区、直辖市）级社区商业示范称号的社区，由所在地市级商务主管部门根据“社区商业全国示范社区评价规范”组织推荐，报省级主管部门审核后报商务部，每省限推荐2个社区，含计划单列市的省限推荐3个社区，计划单列市不再单独报送。

（二）申报材料包括：

1. 社区商业规划（图）及说明。
2. 社区商业建设的工作报告或典型材料介绍（可附取得成效的图片、表格等）。
3. “全国社区商业示范社区”申请表。
4. 社区商业网点情况汇总表。
5. 居民满意度调查表（10份）。
6. 推荐单位的评价材料。
7. 上级商务主管部门审核意见。

（三）申报材料请于2005年11月10日前报送商务部商业改革发展司。

二、评审

（一）初审

初审由商业改革发展司委托中国商业联合会行业发展部负责，主要审查是否按规定要求报送申报材料。未按要求报送的，在规定时间内仍未补报的，作不合格处理。

（二）评审

评审由商业改革发展司组织专家组对初审合格的社区进行。评审原则上针对上报材料，进行评审，必要时可采用现场及时评分的方式。专家组按照“社区商业全国示范社区评价规范”逐一打分，按总分从高到低，评选出50个全国示范社区。

（三）抽查回访

商业改革发展司将视情况组织专家组，对全国社区商业示范社区抽查回访。如调查情况与上报资料有较大差异的，根据实际情况确定是否取消示范资格。如取消示范资格，则从备选社区中再次进行审查补充。

评审工作将于2005年12月上旬完成，对列入全国社区商业示范的社区，商务部将给予宣传和表彰。各地商务主管部门要高度重视这项工作，认真组织好本地区全国社区商业示范社区的申报工作。已上报材料的省（自治区、直辖市），请及时补充完善有关材料并在规定的时间内报送。

二〇〇五年十月十日

商务部办公厅关于扩大开放、提高吸收外资水平、促进中部崛起的指导意见

商资字［2005］130号

河南、山西、安徽、湖北、江西、湖南商务主管部门：

为贯彻落实党中央、国务院作出的“中部崛起”战略决策，加快中部地区经济发展步伐，积极合理有效利用外资，促进中部地区全面提高开放水平，抓住有利时机，充分发挥地区优势，因地制宜地做好吸收外商直接投资工作，现就促进中部地区进一步扩大吸收外资规模，提高吸收外资水平提出若干指导性意见。

一、战略意义

促进中部地区崛起，是党中央、国务院从我国现代化建设全局出发作出的重大战略决策，是全面落实科学发展观，统筹区域发展，促进东中西互动，实现优势互补，共同发展的必然选择。进一步扩大中部地区对外开放，扩大吸收外资规模，提高中部地区吸收外资水平，是加快促进中部地区崛起的重要内容，是充分发挥中部发展潜力和比较优势的重要途径，是中部地区全面建设小康社会的重要举措。

二、指导思想和工作目标

指导思想：以邓小平理论和“三个代表”重要思想为指导，全面贯彻党的十六大、十六届五中全会和中央经济工作会议的精神，坚持科学发展观统领经济社会发展全局，进一步解放思想，更新发展观念，增强创新意识，坚定不移地扩大中部地区对内对外开放，继续扩大吸收外资规模，优化外资结构、提高吸收外资质量，加速产业结构调整和优化升级，引进先进技术、管理经验和高素质人才，以提升自主创新能力为出发点，发挥区域优势，实现经济和社会效益双增长，形成东中西良性互动、区域经济协调发展的新格局。

工作目标：各地要高度重视吸收外资在中部地区崛起过程中的重要性，以扩大开放，更多更好地吸收外资作为中部崛起的突破口，紧紧抓住国际产业转移加快的有利时机，完善政策法规，拓宽吸收外资渠道，扩大吸收外资规模；发挥中部地区人才、资源比较优势，引导跨国公司向中部地区转移附加值较高的加工制造环节、服务外包业务。经过努力，力争使中部地区实际使用外资金额在今后3－5年内逐年有较大幅度的增长，实际使用外资占全国比例有较大的提升，吸收外资的质量和水平进一步提高，外商投资产业结构进一步调整和优化，外商投资的技术溢出效应不断增强，外资在中部地区崛起方面发挥的重要作用更加明显。

三、具体措施

(一) 积极探索和拓展吸收外资新方式，鼓励外国投资者以并购、参股等多种方式参与国有企业改组改造，促进体制和机制创新，增强中部地区国有企业适应市场经济的能力，实现国有经济实行战略性调整的要求。支持符合条件的外商投资股份制公司在国内外资本市场上市。

(二) 积极探索盘活国有资产的有效形式，鼓励外资参与中部地区不良资产的重组与处置，允许外商投资企业依法购买金融资产管理公司的不良债权和股权，并对其拥有的资产进行重组与处置。

(三) 立足中部地区现有的农业、资源、交通、人力等优势和区位优势，积极吸收外资加快重点行业和重点企业的技术改造，不断提高产业整体素质和核心竞争力，推进产业升级，加强对引进技术的消化、吸收，大力提高自主创新能力。

(四) 结合中部各省的区域优势，尽快修改《中西部地区外商投资优势产业目录》，支持外商投资重点行业和企业。积极引导外商投资国家重点发展的现代农业、钢铁、汽车、机械、化工和装配备制造业等，促进产品更新换代，提高竞争力。积极吸收外资发展服装、食品、轻工、电子等劳动密集型产业，促进就业，形成具有较强竞争力的现代产业基地。国家在上述行业重大项目布局安排上向中部地区倾斜，重大关键技术和设备引进给予政策性信贷支持，重大项目经批准可适当降低资本金比例。

(五) 鼓励外商投资高新技术产业和研究开发中心。充分发挥和综合利用现有资源、人才、生产能力的优势，鼓励跨国公司在中部地区以独资或与当地企业、科研机构、高等院校合资的形式设立研究开发中心。鼓励跨国公司在中部地区设立投资性公司、地区总部。

(六) 促进中部地区不断发展现代服务业，推进服务贸易领域对外开放。各项服务贸易利用外资试点，优先考虑选择中部地区开展试点工作。发挥中部在全国交通格局中的枢纽作用，吸引外资大力发展物流、交通运输等行业，外商投资物流企业的试点扩大到中部地区。推动中部地区开展承接国际服务贸易转移和东部地区产业梯度转移。

(七) 研究落实 CEPA 有关规定，支持和指导中部地区做好对接工作，促进港澳地区的现代服务业投资中部地区。

(八) 加大宣传力度，推动中西部地区现有优惠政策的落实。

(九) 加大政策支持力度，采取措施鼓励外商以多种方式参与中部地区基础设施建设，改善外商投资中部地区硬件设施环境，提高中部地区的引资竞争力。

(十) 根据我国目前重点整合和培育的会展品牌总体规划，支持中部地区举办中部地区投资贸易洽谈会，帮助中部地区打造国际性、专业性的博览会。

(十一) 支持和指导中部地区开展投资促进工作，协助中部地区制定投资促进战略、编制中部地区优势产业投资促进报告；推动中部地区整合投资促进资源，形成整体地域优势；支持中部地区利用中国国际投资贸易洽谈会等平台，不断做好招商引资工作。

(十二) 完善投资服务体系，加强投资促进平台建设和开放型经济人才培训。继续使用“中央外贸发展基金”支持中部地区吸收外资加快发展。支持中部地区加强同国际组织、境外机构的交流与合作。

（十三）发挥中部地区资源优势，积极支持中部地区通过吸收外资提高资源产品深加工和精加工能力，促进中部地区企业扩大高附加值产品出口。

（十四）加快中部地区现有国家级开发区建设，提高自主创新能力。对发展势头较好、产业特色明显、带动力较强的开发区，在原批准规划面积已得到充分利用的情况下，依据土地利用总体规划和城市总体规划，适当扩大用地规模。鼓励中部地区省级开发区加快发展。

（十五）鼓励东部沿海外商投资企业投资中部地区，推动东部和中部以及中部省际之间建立协调合作机制，创造条件促进东部和中部地区之间加强投资和贸易合作。

二〇〇五年十二月二十八日

商务部关于促进中小流通企业改革和发展的指导意见

为贯彻落实《国务院关于促进流通业发展的若干意见》（国发［2005］19号）和《国务院关于鼓励支持和引导个体私营等非公有制经济发展的若干意见》（国发［2005］3号）精神，引导中小流通企业（包括商品批发、零售、外贸、餐饮业、住宿业和其他居民服务业的中小企业）加快改革发展步伐，促进中小流通企业健康发展，提出以下意见。

一、指导思想和发展目标

中小流通企业是流通业的主体，约占全国流通企业总数的99%以上，实现的销售额约占全社会消费品零售总额的90%以上，并提供了大量就业机会。近年来，随着国有经济布局调整步伐加快，中小流通企业在促进国民经济稳定增长、拉动民间投资、方便群众生活、缓解就业压力、促进市场繁荣、保持社会稳定等方面发挥着越来越重要的作用。但是，长期以来，中小流通企业缺乏必要的政策支持和引导，在发展中存在许多困难和问题，制约了其健康发展。

指导思想：以“三个代表”重要思想为指导，全面贯彻党的十六大、十六届三中全会和国务院召开的全国流通工作会议精神，树立科学发展观，促进大、中、小型流通企业的协调发展，充分发挥中小流通企业在增加就业、解决“三农”问题、促进国民经济持续协调发展等方面的重要作用，积极推进中小流通企业改革，推动中小流通企业运用信息技术和现代营销技术，大力发展现代流通方式，不断提高经营管理和现代化水平，加大扶持力度，采取有力措施切实解决制约中小流通企业发展的主要问题，改善经营环境，促进中小流通企业健康发展。

发展目标：到2010年，中型流通企业基本建立现代企业制度，小型流通企业健全经营管理制度，经营行为更加规范，经营管理水平显著提高，抵抗风险的能力明显增强，流通基础设施和应用现代信息技术水平显著改善。中小流通企业的数量进一步增加。中小流通企业销售收入年均增长速度争取达到9%，适当快于国民经济的增长速度，培育一批中小企业的知名品牌。按照各相关行业标准，实现规范经营。吸纳就业人员的能力进一步增强，新增就业人数位居各行业前列。

二、深化改革，增强中小流通企业活力

各级商务主管部门要结合当地实际情况，深化中小国有流通企业改革，进一步增强企业活力。推进企业产权制度改革，建立归属清晰、权责明确、保护严格、流转顺畅的现代产权制度。引导企业采取联合、收购、兼并、租赁、承包经营、出售等多种形式进行产权

制度和经营机制改革，加快国有中小流通企业改制。在中型流通企业中大力推行股份制改革，鼓励和支持民间资本、外资等非公有资本参与国有中小流通企业改革，实现投资主体多元化。大力发展国有资本、集体资本和非公有资本参股的混合所有制中小流通企业。

推动中型流通企业深化企业制度改革，健全企业法人治理结构，按照现代企业制度要求，转换经营机制，完善企业经营、用工、人事和收入分配等制度，调动企业职工的积极性。引导中小流通企业重视基础管理工作，进一步加强企业管理，依法建立商品经营管理、财务管理、合同管理、人力资源管理、安全管理等企业内部管理制度，完善企业内部管理规范和标准。

鼓励优势企业兼并、重组、托管困难企业，对长期亏损、资不抵债、扭亏无望的企业依法实施破产。要加强对中小流通企业改革的引导与规范。在企业改制过程中规范操作，防止国有资产流失，防止逃废、悬空银行债务。要正确处理改革、发展、稳定的关系，维护职工正当权益，保持社会稳定。

各地商务主管部门要积极协调当地有关部门出台鼓励创业、支持中小流通企业经营创新、技术创新和开拓市场的税收政策和金融支持政策，降低中小流通企业的改革、改制成本。鼓励有条件的地方通过国有企业资产经营收益、商业用地变现、流通企业国有资本减持、转让以及财政拨付等方式筹措资金，建立国有中小流通企业改革的专项资金，用于无力支付改制费用企业的改制费用以及破产企业资产变现后不足支付职工社会保险、经济补偿等方面费用。要积极协调，争取地方房产管理部门的支持，解决国有中小流通企业长期使用的商业用房产权归属问题。要认真落实国家关于企业吸纳下岗职工就业和国有企业下岗职工创办中小企业的优惠政策。

三、大力发展现代流通方式，提高中小流通企业现代化水平

积极推进连锁经营、特许经营、物流配送、代理制、多式联运、电子商务等组织形式和服务方式的发展，中小流通企业可以根据自身特点，着重发展特许加盟和中小企业间的自由连锁，进一步提高中小企业的组织化程度。鼓励用现代流通方式改造传统流通业态，鼓励中小流通企业发展联合采购，努力提高服务质量和规模经营效益。

推动中小流通企业实施品牌战略。大力发展特色化、专业化、品牌化经营，培育一批中小企业的知名品牌，弘扬和发展中华老字号。引导企业实行错位经营，转变经营方式上陈旧雷同、缺乏服务品牌和以“价格战”等低层次竞争手段为主的状况。积极倡导通过联合、合作、特许经营和自由连锁等方式，依托有竞争力的企业，形成一批拥有著名服务品牌、多元投资主体的优势中小流通企业。

各地商务主管部门要积极协调当地有关部门，认真贯彻落实《国务院办公厅转发国务院体改办国家经贸委关于促进连锁经营发展若干意见的通知》（国办发［2002］49号）中提出的各项支持政策，在简化行政审批手续、实行统一纳税、减少重复检查等方面切实为中小流通企业发展创造良好外部环境。

引导中小企业采用适合自身发展水平和实际需要的信息技术，在有条件的地区进行中小流通企业电子商务试点。

四、支持创办中小流通企业，放宽市场准入限制

坚持发展流通领域大公司、大集团与扶持中小流通企业并举。鼓励创办中小流通企业，积极开发新的工作岗位。在市场准入、专营商品和服务的指定经营、土地使用等方面，应给予中小流通企业更多的支持，除国家法规有特殊规定外，各地给予外资企业和大企业的优惠政策，应同样适用中小流通企业。应从鼓励开办、方便注册的角度出发，简化中小流通企业设立审批程序，除法律、行政法规有特殊规定外，不得设置前置审批。

创造公平竞争的外部环境。认真清理各种不利于中小流通企业发展的行政法规和政策规定，研究制定符合世贸组织规则又有利于中小流通企业发展的政策措施。进一步整顿和规范市场秩序，严肃查处不正当竞争行为，坚决取消地方保护主义措施，创造有利于中小流通企业与大企业公平竞争的市场环境。要切实减轻中小流通企业负担，对已取消的收费项目要进行监督检查，对巧立名目、变相增加中小流通企业负担的，要坚决予以查处。

支持开展内外贸一体化经营，加快内外贸企业的融合，打破大宗商品内外贸分割的经营管理体制。鼓励中小流通企业根据企业实际开展进出口业务和国内经营，促进内外贸企业合作，结成战略合作伙伴，发挥各自优势，共同开拓国内外市场。对符合《中小企业国际市场开拓资金管理（试行）办法》和《中小企业国际市场开拓资金管理办法实施细则》规定的，要按有关规定给予资金支持。促进中小流通企业引进国外先进经验和经营管理技术，鼓励有条件的中小流通企业实施“走出去”战略，尤其是与优势工业企业联手开拓国际市场，积极扩大进出口贸易和对外服务。在对外投资、进出口信贷、出口信用保险等方面中小流通企业应与其他企业享受同等待遇。

五、完善中小流通企业融资体系，切实解决融资难问题

积极争取地方有关部门设立的中小企业发展专项资金，支持中小流通企业的发展。鼓励有条件的地区设立支持中小流通企业的发展基金，或在政府统一支持的中小企业发展基金中安排一定规模的资金，重点用于扶持中小流通企业的创立、扩大经营服务规模、人员培训、信用担保及服务体系建设等方面。各地商务主管部门应积极协调各商业银行，推动其按照《中国人民银行关于进一步加强对有市场、有效益、有信用中小企业信贷支持的指导意见》（银发〔2002〕224 号）精神，加大对中小流通企业的信贷支持，完善对中小流通企业的金融服务，扩大授信额度，开发新的信贷服务项目；鼓励各类信用担保机构积极开展中小流通企业的担保业务；要制定相应政策，鼓励、引导社会各方面资金投入中小流通企业的改造和发展。

拓宽融资渠道，支持符合条件的中小流通企业利用股票上市、资产重组、股权置换等多种方式筹措资金。鼓励上市公司和外商参股、整合中小流通企业，引导、推动并规范中小流通企业通过合资、合作、产权出让等方式利用外资进行改组改造。符合条件的中小流通企业可依照国家有关规定申请发行企业债券。

六、切实将中小流通企业发展纳入当地经济发展规划，在用地、用电等方面给予积极支持

各地商务主管部门要结合城市发展和城区改造以及新建居民区的开发，合理规划大中小商业网点布局，促进大型商店与中小店铺的协调发展。要合理安排中小流通企业的用地，为中小流通企业提供生存发展空间。大中城市根据城市总体规划，迁出或关闭的市区污染大、占地多等不适应城市功能定位的工业企业所退出的土地，商务主管部门要协调城市规划部门，支持符合规划的中小流通企业使用。逐步解决流通企业用电价格高于工业企业的不合理现象。

加大对中西部和东北地区中小流通企业发展的扶持力度。西部地区和东北地区地方商务主管部门要积极争取和用好西部大开发和振兴东北老工业基地的各项政策，包括在财政、税收和土地使用等方面的政策。鼓励和吸引国内各类投资者以及外商到中西部和东北地区投资创办中小流通企业。

加快农村地区中小流通企业发展步伐，要积极鼓励创办为农民、农村、农业服务的中小流通企业。要注意适应当地市场需求，因地制宜地发展有优势的中小流通企业，大力吸纳农村富余劳动力参与流通业。鼓励优势流通企业改造现有农村流通网点，注重改善当地流通和服务的条件，提高农村商品流通水平。鼓励中小流通企业成为“贸工农、产供销”一体化龙头企业，参与农产品流通。

七、积极支持中小流通企业进行科技创新和技术改造

积极倡导采用现代化科技管理技术，提高中小流通企业运用现代科技成果的能力。支持中小流通企业开展技术改造，改变店容店貌，积极应用计算机管理等现代化手段，在零售企业和门店经营中推广使用时点销售系统（POS），逐步建立和完善信息管理系统（MIS），积极创造条件，提高中小流通企业的信息化水平。

认真落实好国家有关支持企业技术改造的政策，对符合国家产业政策的技术改造项目，可列入国债资金项目计划给予贴息支持。各地商务主管部门要争取当地有关部门加大对中小流通企业技术改造的支持力度，对中小流通企业的技改投资、购置设备等给予一定的扶持政策。对中小流通企业科技创新按有关支持政策给予有效扶持。

充分运用财政和金融手段支持流通企业进行结构调整，重点支持现代流通方式的推广和运用。地方各级人民政府要在财政补贴、土地使用等方面，鼓励连锁经营企业发展，尤其是到城市社区、农村建立营销网络；引导企业加大利用信息技术改造传统作业方式的力度，采用现代管理技术，提高管理效率，降低成本；鼓励各类流通企业发展电子商务。

八、健全中小流通企业服务体系，提供人才培训、信息服务

鼓励具备条件的地区建立面向广大中小流通企业的公共信息服务平台，为中小流通企业在政策、技术、市场、人才信息等方面提供服务。

加强人才培训。整合社会资源，创新培训方式，形成政府引导、社会支持和企业自主相结合的培训机制，开展面向中小流通企业的投资咨询和职业技能等方面的培训。积极探索面向流通行业的职业教育体系建设，加快培养中小流通企业所需各类人才，加强岗位职业培训，提高从业人员的职业道德、信誉意识、竞争意识、服务意识和业务水平。

要积极发挥行业协会的作用，推动中小企业行业协会等中介机构的发展，发挥其在服务企业、行业自律、加强企业与政府沟通等方面的作用。鼓励社会各类中介服务组织增强服务意识，为中小企业提供创业辅导、企业诊断、市场营销、投资融资、贷款担保、产权交易、技术支持、人员培训、对外合作、展览展销、法律咨询等服务。

九、加强组织领导，扎扎实实做好工作

各地商务主管部门要进一步转变观念，统一思想，充分认识新阶段、新形势、新体制下加快发展中小流通企业的重要意义，真正把促进中小流通企业的发展放到重要位置。要学习借鉴发达国家政府十分重视扶持中小企业发展的经验，做好对中小流通企业的扶持、引导、服务工作，努力为中小流通企业的发展创造良好环境。同时，要进一步研究探索并逐步建立中小流通企业相关统计制度。

要转变职能，结合地方机构改革，将扶持中小流通企业发展作为商务主管部门的职责和重点工作。要牢固树立为中小流通企业服务的意识，针对他们在发展中遇到的困难和问题，研究具体措施予以解决。要加强舆论宣传，充分利用新闻媒体，营造中小企业发展的良好舆论氛围。

各级商务主管部门要在当地党委、政府的领导和支持下，加强与发展改革委、财政、金融、税收、工商等有关部门的沟通与协调，积极争取各方面的理解与支持，会同有关部门，研究提出本地区贯彻实施《中小企业促进法》和本意见的工作计划和实施方案，制定和实施促进中小流通企业发展的具体政策措施，明确工作重点，因地制宜，切实做好协调、指导和服务工作。

二〇〇五年九月二十六日

商务部、发展改革委、公安部、税务总局、工商总局关于印发《整治商业零售企业不规范促销行为专项行动工作实施方案》的通知

商建发［2005］463号

各省、自治区、直辖市及新疆生产建设兵团商务主管部门、发展改革委（物价局）、公安厅（局）、国家税务局、地方税务局、工商局：

为贯彻落实《国务院关于促进流通业发展的若干意见》（国发［2005］19号）、《国务院办公厅关于开展打击商业欺诈专项行动的通知》（国办发［2005］21号），以及商务部等11个部门《关于印发＜打击商贸活动中欺诈行为专项行动工作方案＞的通知》（商整规发［2005］269号），现将《整治商业零售企业不规范促销行为专项行动工作实施方案》印发你们。请各地区、各部门按照实施方案的具体要求和部门分工，明确工作职责，加强协调配合，认真督促检查，切实做好专项行动工作。

商务部

发展改革委

公安部

税务总局

工商总局

二〇〇五年九月十四日

附件：《整治商业零售企业不规范促销行为专项行动工作实施方案》

随着市场经济的发展，零售行业出现了一些新的促销形式，丰富了经济生活，繁荣了市场，对促进商品流通、扩大消费发挥了积极作用。但是，商业零售企业（以下简称零售商）的促销活动也存在一些问题，主要表现在：违反《反不正当竞争法》的有关规定，采取不正当竞争方式进行有奖销售；促销宣传行为不规范；在促销时采取谎称降价、虚构原价等标价方式及价格手段进行价格欺诈；对消费者的知情权、选择权、公平交易权作出诸多限制；开展促销活动缺乏相应的安全管理措施，等等。这些不规范的促销活动与“诚信兴商”的商业道德相悖，损害了零售商自身形象，引发了恶性竞争，扰乱了市场竞争秩序，侵害了消费者的合法权益，甚至还影响了社会稳定。

为规范零售商的促销行为，2005年3月30日，国务院办公厅发布了《国务院办公厅

关于开展打击商业欺诈专项行动的通知》（国办发［2005］21号），决定用一年左右的时间，开展包括整治零售商不规范促销行为在内的专项行动工作。开展此项整治工作有利于保护消费者的合法权益，构建和谐的商业环境，促进零售行业的健康有序发展，维护社会稳定。

2005年5月18日，商务部等11个部门联合下发了《关于印发<打击商贸活动中欺诈行为专项行动工作方案>的通知》（商整规发［2005］269号），明确将零售商不规范促销行为等六类商业欺诈行为纳入专项整治工作。2005年6月9日，国务院下发了《国务院关于促进流通业发展的若干意见》（国发［2005］19号），明确提出要“引导和规范零售商的促销和进货交易等行为，依法打击商业欺诈，整顿规范流通秩序”。

为贯彻落实国务院文件及顺利开展专项整治工作，制定本方案。

一、工作目标

制定相关规定，建立长效机制；提高零售商的诚信兴商意识，使企业通过不正当促销手段进行恶性竞争的现象得到明显好转，促销行为更加规范，消费者反映较为突出的促销活动中存在的欺诈行为基本得到治理；建立公平、规范的促销环境，维护零售行业的公平竞争秩序。

二、主要任务及具体分工

1. 制定有关规定，建立协调处理机制

商务部要牵头会同发展改革委、公安部、税务总局、工商总局等部门制定《零售商促销行为管理办法》（以下简称《办法》），明确零售商在促销安全、促销宣传、促销价格、促销商品质量保证等方面应当遵守的基本准则，并规定相应的法律责任。同时，商务部要会同有关部门研究贯彻落实《办法》的具体措施，建立部门间的协调管理机制。

2. 加强对零售商开展促销活动的引导和管理

商务主管部门要切实加强对零售商促销活动的行业管理，依据法律法规及《办法》，引导零售商依法开展促销活动。要通过实地调研、召开座谈会等方式，对本地区存在的零售商不规范促销行为进行调查摸底，确定重点整治的不规范促销行为。零售商开展促销活动没有采取相应的安全管理措施，造成治安事件，产生恶劣社会影响的，公安机关要依法查处。

3. 整治零售商在促销活动中的价格违法行为

价格主管部门要加强市场价格监管，加大监督检查力度，依法查处零售商在促销活动中利用虚假的或者使人误解的标价形式或价格手段，欺骗、诱导消费者或者其他零售商与其进行交易，以及不按规定明码标价等价格违法行为。要将促销时谎称降价、虚构原价、价格表示无依据或者无从比较、不标示或者含糊标示价格附加条件、降价销售与标示的折扣幅度不符、不履行或者不完全履行价格承诺等价格欺诈行为作为检查重点。同时要积极推进零售商价格诚信建设，引导零售商树立诚信兴商意识，自觉抵制价格欺诈行为。

4. 整治零售商虚假促销宣传的行为

工商行政管理部门要规制零售商的欺诈性促销宣传行为，禁止零售商在促销活动中使用含糊的、易引起误解的语言文字，或以虚假的“清仓”、“换季”、“拆迁”、“歇业”等事由开展促销活动。对零售商从事欺骗性有奖销售、巨奖销售等不正当促销活动的，依法查处。

5. 整治零售商在促销活动中销售假冒伪劣商品的行为

工商行政管理部门要加强市场监管，依据相关法律法规及《办法》，对零售商在促销活动中销售假冒商品、不合格商品以及掺杂、掺假，以假充真，以次充好的商品的行为依法查处。对促销活动期间或促销活动结束后，消费者购买的促销商品因质量等正当原因要求退换货，零售商以促销为由拒绝，以及零售商将假冒伪劣、失效、变质、过期或无生产厂家、无厂家地址、无生产日期的物品作为有奖销售的奖品、赠品的行为，工商行政管理部门要责令其限期改正或作出相应的处罚；构成犯罪的，依法追究其刑事责任。

6. 整治零售商在促销活动中偷逃税的行为

税务机关要严厉查处零售商在促销活动中的偷逃税行为；构成犯罪的，依法移交公安机关处理。

三、组织领导

商务部会同发展改革委、公安部、税务总局、工商总局建立全国打击不规范促销专项行动部际协调小组（以下简称部际协调小组），组长由商务部分管领导担任，成员由各有关业务对口司（局）级领导组成。部际协调小组通过召开联席会议等方式统一协调各部门的行动，指导、督促和检查各地开展专项行动工作，督查督办大案、要案，并根据整治工作进展的需要，适时组成联合督查组，分赴重点地区进行督查，发现问题及时提出整改意见。

部际协调小组下设办公室，成员由各有关部门的处级干部组成。办公室根据部际协调工作会议的决议督促各地、各部门开展相关工作，汇总各地情况向部际协调小组报告。办公室日常工作由全国打击商贸活动中欺诈行为专项行动领导小组办公室专项二组（设在商务部市场体系建设司）承担。

各省、自治区、直辖市、计划单列市商务、发展改革（物价）、公安、税务、工商等部门要建立本地区整治零售商不规范促销行为专项行动协调小组，负责统一协调本地区整治工作。各地商务主管部门要按照工作部署，切实负起牵头责任，保证专项整治工作落到实处。

四、工作要求

1. 统一思想，狠抓实效

零售商促销活动与人民群众日常生活息息相关，各地、各有关部门要充分认识打击不规范促销专项行动工作的重要性、长期性、艰巨性和复杂性，要从实践“三个代表”重要思想、构建社会主义和谐社会的高度，把此次专项行动作为改善消费环境，维护社会稳定，推动经济发展工作的重要内容，狠抓落实，要见成效。

2. 加强协作，密切配合

在开展专项整治工作过程中，各地、各部门要从大局出发，各司其职、各负其责，通力合作、密切配合。各地要加强专项行动的信息沟通与交流，结合《办法》的有关规定逐步建立协调管理、监督机制。

3. 加强舆论宣传，建立投诉处理机制

各地、各部门要以“规范商家促销，保障百姓权益”为主题，通过广播、电视、报刊、网络等媒体大力宣传法律法规、《办法》及有关规定，宣传整治情况，及时曝光查处的违法案件，跟踪报道大案要案；大力弘扬诚实守信的商业道德，倡导明码实价，诚信兴商，营造消费者放心的良好购物环境。

鼓励社会公众对零售商的不规范促销行为进行举报。部际协调小组办公室设立举报电子信箱，并对举报人保密。部际协调小组成员单位按各自职责对举报事项进行查处；举报事项不属于部际协调小组成员单位职责范围的，要及时转送有关部门。各地也要设立举报电话及电子信箱，建立相应的投诉处理机制，并对举报人保密。

4. 加强信息沟通，对不规范促销行为进行公告

各有关部门要建立和完善打击欺诈行为的信息共享机制。零售商违反有关规定开展不规范促销活动的，负责查处的部门要依据《办法》将查处情况向同级有关部门通报；县级以上地方商务主管部门要将依职权查处的情况及有关部门通报的查处情况逐级上报至国务院商务主管部门。国务院商务主管部门对查处情况予以汇总，对情节严重的违法违规行为，经征求有关部门意见后，通过商务部网站和全国性报刊向社会公告，公告信息包括：零售商的名称、住所、经营场所、法定代表人、工商登记注册号码；违法违规行为；查处机关依法查处的事项、处罚内容。受到处罚的零售商具有下列情形的，暂不予公告：在法律规定的有效期限内对行政处罚申请行政复议或提起行政诉讼，受理机关或法院尚未作出终局决定、裁定或判决的。

五、工作步骤

1. 组织准备阶段（2005年9月–12月）

商务部会同发展改革委、公安部、税务总局、工商总局等部门抓紧制定《办法》，争取10月底前联合发布。

各地根据本方案精神成立协调小组，设立举报电话及电子信箱，并在9月30日前将协调小组人员名单及举报电话、电子信箱报部际协调小组办公室。

《办法》颁布后，各地、各部门要结合实际，通过多种方式宣传贯彻《办法》。省级协调小组要结合前期调查摸底过程中掌握的情况，确定下一步整治工作重点，制定工作方案，于12月20日前将摸查情况、宣传贯彻《办法》情况、下一步整治工作具体方案报部际协调小组办公室。

2. 整治实施和督查指导阶段（2006年1月–4月）

各地根据工作方案全面开展专项整治工作。整治工作中及贯彻落实《办法》过程中遇到的问题、困难，要及时向部际协调小组办公室报告，部际协调小组各成员单位要认真进行研究，及时采取应对措施。

部际协调小组各成员单位要加强对本部门、本系统专项整治工作的经常性督促检查，及时沟通、认真指导，总结、推广好的经验和做法，为下一步制定相关行政法规奠定基础。

3. 总结验收阶段（2006 年 5 月）

各地要对照整治目标，认真做好检查验收，并形成书面报告，于 2006 年 5 月 20 日前报部际协调小组办公室。

商务部、公安部、税务总局、工商总局关于印发《整治商业零售企业恶意占压、骗取供应商货款欺诈行为专项行动工作实施方案》的通知

各省、自治区、直辖市及新疆生产建设兵团商务主管部门、公安厅（局）、国家税务局、地方税务局、工商局：

为贯彻落实《国务院关于促进流通业发展的若干意见》（国发［2005］19号），以及商务部等11个部门《关于印发＜打击商贸活动中欺诈行为专项行动工作方案＞的通知》（商整规发［2005］269号），现将《整治商业零售企业恶意占压、骗取供应商货款欺诈行为专项行动工作实施方案》印发你们。请各地区、各部门按照实施方案的具体要求和部门分工，明确工作职责，加强协调配合，认真督促检查，切实做好专项行动工作。

商务部
公安部
税务总局
工商总局
二○○五年九月十四日

附件：《整治商业零售企业恶意占压、骗取供应商货款欺诈行为专项行动工作实施方案》

近年来，零售行业发展迅速，对促进商品流通、扩大消费发挥了积极的作用。但是，一些零售企业滥用销售终端的优势地位，在交易过程中损害供应商的合法权益。例如，一些零售企业对供应商货款久拖不还，恶意占压供应商货款开设新企业或分支机构；个别零售企业打着连锁经营的旗号，在骗取银行贷款、供应商货款后，即卷款潜逃或以经营不善为由关闭企业。这些含有欺诈性质的行为在全国各地引发了多起供应商哄抢货物等群体性事件，阻碍了零售行业健康发展，影响了社会稳定。

为解决上述问题，商务部等11个部门联合发布了《关于印发＜打击商贸活动中欺诈行为专项行动工作方案＞的通知》（商整规发［2005］269号），决定用一年左右的时间，集中整治商业零售企业（以下简称零售商）恶意占压、骗取供应商货款的欺诈行为。开展此项整治工作有利于保护相关债权人的合法权益，促进零售商供应商共同发展，从而也有利于保护消费者的合法权益，维护社会稳定。2005年6月9日，国务院下发了《国务院关于促进流通业发展的若干意见》（国发［2005］19号），明确提出要“引导和规范零售商的促销和进货交易等行为，依法打击商业欺诈，整顿规范流通秩序”。

为贯彻落实国务院文件及顺利开展专项整治工作，制定本方案。

一、工作目标

制定相关规定，建立长效机制；提高零售商的诚信意识，使零售商骗取供应商货款的现象得到预防和有效遏制，恶意占压供应商货款的状况得到改善，促进零供双方互惠互利、合作共赢，建立正常、良好的商业伙伴关系，从而更好地维护消费者合法权益，促进零售行业健康有序发展，构建和谐商业环境。

二、主要任务及具体分工

1. 制定有关规定，建立协调机制

制定《零售商与供应商进货交易管理办法》（以下简称《办法》），明确零售商支付货款的最长期限、拖欠供应商货款行为的具体表现及承担的相应法律责任等，预防、查处零售商恶意占压、骗取供应商货款的欺诈行为。同时，商务部要会同有关部门研究贯彻落实《办法》的具体措施，建立部门间的协调管理机制。

2. 对零售商进行调查摸底，预防在先

零售商超出合同期限、有能力偿付而故意不向供应商支付货款，即为恶意占压供应商货款。各地商务主管部门要通过实地调研、召开座谈会等方式，对本地区存在的零售商恶意占压、骗取供应商货款行为进行调查摸底。对供应商反映强烈、特别是涉嫌诈骗的零售商，要通过行业协会等掌握该企业拖欠供应商货款的情况，包括被拖欠的供应商数量、拖欠的货款数额、拖欠的时间等，提早采取应对措施。

3. 发现问题及时查处，探索和建立风险预警机制

省级商务主管部门对零售商拖欠供应商货款超过三个月、拖欠货款数额累计超过零售商净资产百分之五十或造成严重社会影响的，应将其确定为重点监控企业，并向同级税务、工商等部门通报。

县级以上商务、税务、工商部门应将发现的涉嫌骗取供应商货款的犯罪线索，移送当地公安机关。公安机关在接到有关线索后，应依法开展调查工作；经调查，认定存在涉嫌犯罪事实的，应当立案侦查。

4. 积极发挥协会作用

各地商务主管部门要鼓励和支持零售商、供应商成立行业协会，并加强对行业协会的指导；发挥行业协会沟通政府和企业的桥梁作用，引导零售商加强自律，诚信兴商；引导供应商增强自身的风险防范及依法维权意识，建立中小供应商与零售商平等对话机制。鼓励行业协会建立磋商机制，协调促进零售商供应商互惠互利、共同发展。

三、组织领导

商务部会同公安部、税务总局、工商总局建立整治零售商恶意占压、骗取供应商货款欺诈行为专项行动部际协调小组（以下简称部际协调小组），组长由商务部分管领导担任，

成员由各有关业务对口司（局）级领导组成。部际协调小组通过召开联席会议等方式，协调各部门的行动，指导、督促和检查各地开展专项行动工作，督查督办大案、要案，并根据整治工作进展的需要，适时组成联合督查组，分赴重点地区进行督查，发现问题及时提出整改意见。

部际协调小组下设办公室，成员由各有关部门的处级干部组成。办公室根据部际协调工作会议的决议督促各地、各部门开展相关工作，汇总各地情况向部际协调小组报告。办公室日常工作由全国打击商贸活动中欺诈行为专项行动领导小组办公室专项二组（设在商务部市场体系建设司）承担。

各省、自治区、直辖市、计划单列市商务、公安、税务、工商等部门要建立本地区整治零售商恶意占压、骗取供应商货款欺诈行为专项行动的协调小组，负责统一协调本地区整治工作。各地商务主管部门要按照工作部署，切实负起牵头责任，保证专项整治工作落到实处。

四、工作要求

1. 提高认识，加强组织领导

各地、各有关部门要充分认识到当前开展打击零售商恶意占压、骗取供应商货款欺诈行为专项行动的重要性，在发展本地经济、对外招商引资过程中，要努力防范商业风险，加强对企业的监管。

2. 加强协作，及时沟通

在开展专项整治工作过程中，各地、各部门要从大局出发，在各司其职、各负其责的基础上，通力合作、密切配合，加强信息沟通与交流，结合《办法》的有关规定逐步建立协调管理、监督机制。

3. 加强舆论宣传，建立投诉处理机制

各地、各有关部门要以“零供携手，共同发展”为主题，通过广播、电视、报刊和网络等媒体大力宣传相关法律法规及《办法》；倡导零售商供应商合作互赢，诚信兴商，宣传专项整治情况，及时曝光查处的违法案件，跟踪报道大案要案。

鼓励供应商对零售商恶意占压、骗取货款的行为进行举报。部际协调小组办公室设立举报电子信箱，并对举报人保密。部际协调小组成员单位按各自职责对举报事项进行查处；举报事项不属于部际协调小组成员单位职责范围的，要及时转送有关部门。各地也要设立举报电话及电子信箱，建立相应的投诉处理机制，并对举报人保密。

4. 加强信息沟通，对恶意占压、骗取货款行为进行公告

各有关部门要建立和完善打击欺诈行为的信息共享机制。零售商违反有关规定恶意占压、骗取供应商货款的，负责查处的部门要依据《办法》将查处情况向同级有关部门通报；县级以上地方商务主管部门要将依职权查处的情况及有关部门通报的查处情况逐级上报至国务院商务主管部门。国务院商务主管部门对查处情况予以汇总，对情节严重的违法违规行为，经征求有关部门意见后，通过商务部网站和全国性报刊向社会公告，公告信息包括：零售商的名称、住所、经营场所、法定代表人、工商登记注册号码；违法违规行为；查处机关依法查处的事项、处罚内容。受到处罚的零售商具有下列情形的，暂不予公

告：在法律规定的有效期限内对行政处罚申请行政复议或提起行政诉讼，受理机关或法院尚未作出终局决定、裁定或判决的。

五、工作步骤

1. 组织准备阶段（2005年9月－12月）

商务部会同公安部、税务总局、工商总局等部门抓紧制定《办法》，争取10月底前联合发布。

各地根据本方案精神成立协调小组，设立举报电话及电子信箱，并在9月30日前将协调小组人员名单及举报电话、电子信箱报部际协调小组办公室。

《办法》颁布后，各地、各部门要结合实际，通过多种方式宣传贯彻《办法》。省级协调小组要结合前期调查摸底过程中掌握的情况，确定下一步整治工作重点，制定工作方案，于12月20日前将摸查情况、宣传贯彻《办法》情况、下一步整治工作具体方案报部际协调小组办公室。

2. 整治实施和督查指导阶段（2006年1月－4月）

各地根据工作方案全面开展专项整治工作。整治工作中及贯彻落实《办法》过程中遇到的问题、困难，特别是零售商拖欠数额大、涉及地区广、被拖欠的供应商众多，可能引发社会不稳定事件的，要及时向部际协调小组办公室报告，部际协调小组各成员单位要认真进行研究，及时采取应对措施。

部际协调小组各成员单位要加强对本部门、本系统专项整治工作的经常性督促检查，及时沟通、认真指导，总结、推广好的经验和做法，为下一步制定有关行政法规奠定基础。

3. 总结验收阶段（2006年5月）

各地要对照整治目标，认真做好检查验收，并形成书面报告，于2006年5月20日前报部际协调小组办公室。

商务部、中国证券监督管理委员会、国家税务总局、国家工商行政管理总局、国家外汇管理局《外国投资者对上市公司战略投资管理办法》

第一条 为了规范股权分置改革后外国投资者对A股上市公司（以下简称上市公司）进行战略投资，维护证券市场秩序，引进境外先进管理经验、技术和资金，改善上市公司治理结构，保护上市公司和股东的合法权益，按照《关于上市公司股权分置改革的指导意见》的要求，根据国家有关外商投资、上市公司监管的法律法规以及《外国投资者并购境内企业暂行规定》，制定本办法。

第二条 本办法适用于外国投资者（以下简称投资者）对已完成股权分置改革的上市公司和股权分置改革后新上市公司通过具有一定规模的中长期战略性并购投资（以下简称战略投资），取得该公司A股股份的行为。

第三条 经商务部批准，投资者可以根据本办法对上市公司进行战略投资。

第四条 战略投资应遵循以下原则：

（一）遵守国家法律、法规及相关产业政策，不得危害国家经济安全和社会公共利益；

（二）坚持公开、公正、公平的原则，维护上市公司及其股东的合法权益，接受政府、社会公众的监督及中国的司法和仲裁管辖；

（三）鼓励中长期投资，维护证券市场的正常秩序，不得炒作；

（四）不得妨碍公平竞争，不得造成中国境内相关产品市场过度集中、排除或限制竞争。

第五条 投资者进行战略投资应符合以下要求：

（一）以协议转让、上市公司定向发行新股方式以及国家法律法规规定的其他方式取得上市公司A股股份；

（二）投资可分期进行，首次投资完成后取得的股份比例不低于该公司已发行股份的百分之十，但特殊行业有特别规定或经相关主管部门批准的除外；

（三）取得的上市公司A股股份三年内不得转让；

（四）法律法规对外商投资持股比例有明确规定的行业，投资者持有上述行业股份比例应符合相关规定；属法律法规禁止外商投资的领域，投资者不得对上述领域的上市公司进行投资；

（五）涉及上市公司国有股股东的，应符合国有资产管理的相关规定。

第六条 投资者应符合以下要求：

（一）依法设立、经营的外国法人或其他组织，财务稳健、资信良好且具有成熟的管理经验；

（二）境外实有资产总额不低于1亿美元或管理的境外实有资产总额不低于5亿美元；或其母公司境外实有资产总额不低于1亿美元或管理的境外实有资产总额不低于5亿美元；

（三）有健全的治理结构和良好的内控制度，经营行为规范；

（四）近三年内未受到境内外监管机构的重大处罚（包括其母公司）。

第七条　通过上市公司定向发行方式进行战略投资的，按以下程序办理：

（一）上市公司董事会通过向投资者定向发行新股及公司章程修改草案的决议；

（二）上市公司股东大会通过向投资者定向发行新股及修改公司章程的决议；

（三）上市公司与投资者签订定向发行的合同；

（四）上市公司根据本办法第十二条向商务部报送相关申请文件，有特殊规定的从其规定；

（五）在取得商务部就投资者对上市公司进行战略投资的原则批复函后，上市公司向中国证监会报送定向发行申请文件，中国证监会依法予以核准；

（六）定向发行完成后，上市公司到商务部领取外商投资企业批准证书，并凭该批准证书到工商行政管理部门办理变更登记。

第八条　通过协议转让方式进行战略投资的，按以下程序办理：

（一）上市公司董事会通过投资者以协议转让方式进行战略投资的决议；

（二）上市公司股东大会通过投资者以协议转让方式进行战略投资的决议；

（三）转让方与投资者签订股份转让协议；

（四）投资者根据本办法第十二条向商务部报送相关申请文件，有特殊规定的从其规定；

（五）投资者参股上市公司的，获得前述批准后向证券交易所办理股份转让确认手续、向证券登记结算机构申请办理登记过户手续，并报中国证监会备案；

（六）协议转让完成后，上市公司到商务部领取外商投资企业批准证书，并凭该批准证书到工商行政管理部门办理变更登记。

第九条　投资者拟通过协议转让方式构成对上市公司的实际控制，按照第八条第（一）、（二）、（三）、（四）项的程序获得批准后，向中国证监会报送上市公司收购报告书及相关文件，经中国证监会审核无异议后向证券交易所办理股份转让确认手续、向证券登记结算机构申请办理登记过户手续。完成上述手续后，按照第八条第（六）项办理。

第十条　投资者对上市公司进行战略投资，应按《证券法》和中国证监会的相关规定履行报告、公告及其他法定义务。

第十一条　投资者对其已持有股份的上市公司继续进行战略投资的，需按本办法规定的方式和程序办理。

第十二条　上市公司或投资者应向商务部报送以下文件：

（一）战略投资申请书（格式见附件 1）；

（二）战略投资方案（格式见附件 2）；

（三）定向发行合同或股份转让协议；

（四）保荐机构意见书（涉及定向发行）或法律意见书；

（五）投资者持续持股的承诺函；

（六）投资者三年内未受到境内外监管机构重大处罚的声明，以及是否受到其他非重大处罚的说明；

（七）经依法公证、认证的投资者的注册登记证明、法定代表人（或授权代表）身份证明；

（八）经注册会计师审计的该投资者近三年来的资产负债表；

（九）上述（一）、（二）、（三）、（五）、（六）项中规定提交的文件均需经投资者法定代表人或其授权代表签署，由授权代表签署的还应提交经法定代表人签署的授权书及相应的公证、认证文件；

（十）商务部规定的其他文件。

前款所列文件，除第七项、第八项所列文件外，必须报送中文本原件，第七项、第八项所列文件应报送原件及中文译件。

商务部收到上述全部文件后应在30日内作出原则批复，原则批复有效期180日。

第十三条 符合本办法第六条规定的外国公司（“母公司”）可以通过其全资拥有的境外子公司（“投资者”）进行战略投资，投资者除提交本办法第九条所列文件外，还应向商务部提交其母公司对投资者投资行为承担连带责任的不可撤销的承诺函。

第十四条 投资者应在商务部原则批复之日起15日内根据外商投资并购的相关规定开立外汇账户。投资者从境外汇入的用于战略投资的外汇资金，应当根据外汇管理的有关规定，到上市公司注册所在地外汇局申请开立外国投资者专用外汇账户（收购类），账户内资金的结汇及账户注销手续参照相关外汇管理规定办理。

第十五条 投资者可以持商务部对该投资者对上市公司进行战略投资的批准文件和有效身份证明，向证券登记结算机构办理相关手续。

对于投资者在上市公司股权分置改革前持有的非流通股份或在上市公司首次公开发行前持有的股份，证券登记结算机构可以根据投资者申请为其开立证券账户。

证券登记结算机构应根据本管理办法制定相应规定。

第十六条 投资者应在资金结汇之日起15日内启动战略投资行为，并在原则批复之日起180日内完成战略投资。

投资者未能在规定时间内按战略投资方案完成战略投资的，审批机关的原则批复自动失效。投资者应在原则批复失效之日起45日内，经外汇局核准后将结汇所得人民币资金购汇并汇出境外。

第十七条 战略投资完成后，上市公司应于10日内凭以下文件到商务部领取外商投资企业批准证书：

（一）申请书；

（二）商务部原则批复函；

（三）证券登记结算机构出具的股份持有证明；

（四）上市公司营业执照和法定代表人身份证明；

（五）上市公司章程。

商务部在收到上述全部文件之日起5日内颁发外商投资企业批准证书，加注“外商投资股份公司（A股并购）”。

如投资者取得单一上市公司25%或以上股份并承诺在10年内持续持股不低于25%，商务部在颁发的外商投资企业批准证书上加注“外商投资股份公司（A股并购25%或以上）”。

第十八条 上市公司应自外商投资企业批准证书签发之日起30日内，向工商行政管理机关申请办理公司类型变更登记，并提交下列文件：

（一）公司法定代表人签署的申请变更申请书；

（二）外商投资企业批准证书；

（三）证券登记结算机构出具的股份持有证明；

（四）经公证、认证的投资者的合法开业证明；

（五）国家工商行政管理总局规定应提交的其他文件。

经核准变更的，工商行政管理机关在营业执照企业类型栏目中加注“外商投资股份公司（A股并购）”字样，其中，投资者进行战略投资取得单一上市公司25%或以上股份并承诺在10年内持续持股不低于25%的，加注“外商投资股份公司（A股并购25%或以上）”。

第十九条　上市公司应自外商投资企业营业执照签发之日起30日内，到税务、海关、外汇管理等有关部门办理相关手续。外汇管理部门在所颁发的外汇登记证上加注“外商投资股份公司（A股并购）”。如投资者进行战略投资取得单一上市公司25%或以上股份并承诺在10年内持续持股不低于25%的，外汇管理部门在外汇登记证上加注“外商投资股份公司（A股并购25%或以上）”。

第二十条　除以下情形外，投资者不得进行证券买卖（B股除外）：

（一）投资者进行战略投资所持上市公司A股股份，在其承诺的持股期限届满后可以出售；

（二）投资者根据《证券法》相关规定须以要约方式进行收购的，在要约期间可以收购上市公司A股股东出售的股份；

（三）投资者在上市公司股权分置改革前持有的非流通股份，在股权分置改革完成且限售期满后可以出售；

（四）投资者在上市公司首次公开发行前持有的股份，在限售期满后可以出售；

（五）投资者承诺的持股期限届满前，因其破产、清算、抵押等特殊原因需转让其股份的，经商务部批准可以转让。

第二十一条　投资者减持股份使上市公司外资股比低于25%，上市公司应在10日内向商务部备案并办理变更外商投资企业批准证书的相关手续。

投资者减持股份使上市公司外资股比低于10%，且该投资者非为单一最大股东，上市公司应在10日内向审批机关备案并办理注销外商投资企业批准证书的相关手续。

第二十二条　投资者减持股份使上市公司外资股比低于25%，上市公司应自外商投资企业批准证书变更之日起30日内到工商行政管理机关办理变更登记，工商行政管理机关在营业执照上企业类型调整为“外商投资股份公司（A股并购）”。上市公司应自营业执照变更之日起30日内到外汇管理部门办理变更外汇登记，外汇管理部门在外汇登记证上加注“外商投资股份公司（A股并购）”。

投资者减持股份使上市公司外资股比低于10%，且投资者非为单一最大股东，上市公司自外商投资企业批准证书注销之日起30日内到工商行政管理机关办理变更登记，企业类型变更为股份有限公司。上市公司应自营业执照变更之日起30日内到外汇管理部门办理外汇登记注销手续。

第二十三条　母公司通过其全资拥有的境外子公司进行战略投资并已按期完成的，母公司转让上述境外子公司前应向商务部报告，并根据本办法所列程序提出申请。新的受让方仍应符合本办法所规定的条件，承担母公司及其子公司在上市公司中的全部权利和义务，并依法履行向中国证监会报告、公告及其他法定义务。

第二十四条 投资者通过A股市场将所持上市公司股份出让的，可凭以下文件向上市公司注册所在地外汇局申请购汇汇出：

(一) 书面申请；

(二) 为战略投资目的所开立的外国投资者专用外汇账户（收购类）内资金经外汇局核准结汇的核准件；

(三) 商务部出具的关于上市公司股权结构变更的批复文件；

(四) 证券经纪机构出具的有关证券交易证明文件。

第二十五条 投资者持股比例低于25%的上市公司，其举借外债按照境内中资企业举借外债的有关规定办理。

第二十六条 相关政府机构工作人员必须忠于职守、依法履行职责，不得利用职务便利牟取不正当利益，并对知悉的商业秘密负有保密义务。

第二十七条 香港特别行政区、澳门特别行政区、台湾地区的投资者进行战略投资，参照本办法办理。

第二十八条 本办法自发布之日起30日后施行。

附件1：战略投资申请书

一、投资者名称

二、目标上市公司名称

三、投资意向

（投资者及授权代表签章）

年　　月　　日

附件2：战略投资方案

一、投资者名称及自身情况简介（母公司通过其全资拥有的境外子公司进行战略投资的还应提供母公司的相关材料）

二、目标上市公司名称、经营范围，拟取得公司股份的具体方式、拟取得的股份数量及取得后占上市公司已发行股份的比例、战略投资时限

三、持续持股期限

四、投资者与目标上市公司控股股东的关联关系说明

（投资者及授权代表签章）

年　　月　　日

二〇〇五年十二月三十一日

商务部关于下放外商投资企业备案和批准证书发放管理权限、进一步简化审批程序等有关问题的公告

根据《国务院关于第三批取消和调整行政审批项目的决定》（国发［2004］16号），国务院部委、直属机构及部分授权企业等部门（以下简称国务院有关部门）审批设立限额以下外商投资企业（包括合同、章程）的备案、发证权限下放到省、自治区、直辖区、计划单列市商务主管部门（以下简称省级商务主管部门）。为切实做好有关落实工作，与现行外商投资企业审批工作相衔接，现就下放外商投资企业备案和批准证书发放管理权限、进一步简化审批程序等有关问题公告如下：

一、根据国务院授权，今后国务院有关部门批准设立外商投资企业或变更，应将企业批复文件（包括合同、章程等申报材料）向企业所在地省级商务主管部门备案，由省级人民政府颁发外商投资企业批准证书；今后国务院有关部门核准的新设外商投资项目，合同、章程报企业所在地省级人民政府审批并颁发批准证书。对于本通知下发之前国务院有关部门已经批准设立的外商投资企业合同、章程的变更、发证等，一律报企业所在地省级商务主管部门批准并办理有关手续。

国务院投资体制改革决定确定的由商务部审批的外商投资项目，须报商务部批准；法律、法规对批准设立外商投资企业有专项规定的，按有关规定办。

二、地方商务主管部门办理上述备案、发证，变更、换证时，对于新设、增资、减资项目，应按外商投资统计的有关规定进行外商投资统计，对于其他类型的备案、变更或换发外商投资企业批准证书，不得计入本地的外商投资统计。

三、各级商务主管部门应进一步简化审批程序，方便外商投资企业。对已设立外商投资企业合同、章程内容非实质性的修改，如外商投资企业名称变更、投资者名称变更、企业法定地址变更等事项，企业可持有关文件向原审批部门直接备案，并变更批准证书。

以上公告事项自二〇〇六年一月一日起执行。

二〇〇五年十一月十四日

商务部关于农产品连锁经营试点企业资格认定有关问题的函

商建农函［2005］592号

各省、自治区、直辖市、计划单列市及新疆生产建设兵团商务主管部门：

为切实贯彻落实《商务部、财政部、国家税务总局关于开展农产品连锁经营试点的通知》（商建发〔2005〕1号，以下简称《通知》）精神，根据财政部、税务总局在试点企业联合审定会上就试点企业资格提出的意见，现将有关问题通知如下：

一、对试点企业材料进行审查

各省级商务主管部门接到本通知后，立即严格按照《通知》第三条规定对拟推荐的试点企业材料进行审查，审查重点放在企业资格而不是项目上，资格审查侧重以下要点：

（一）试点企业应至少具备第三条第一款规定的条件之一。其中农产品批发市场除年交易额应在10亿元以上外，还应满足食用农产品年销售额东部地区在6000万元以上，中部地区在4000万元以上，西部地区在1500万元以上；在城市开办农产品连锁超市的流通企业，无论在城市开办了多少家连锁超市，至少有5家以上（含5家）连锁超市的食用农产品销售额不低于总销售额的25%。

（二）企业提交的申请书中应明确企业符合第三条第一款的哪一项要求，并详细说明食用农产品销售额及占总销售额比例的计算方法，加盖企业财务章；

（三）企业提交的工商营业执照、法人代码复印件应加盖企业公章；

（四）审计部门或中介机构出具的近两年的资产负债表和损益表不是原件的，应加盖企业财务章；

（五）当地商务主管部门对企业情况的认定，是指县及县以上商务主管部门确认。

（六）各省级商务主管部门会同财政、税务部门联合推荐试点企业，其中税务部门包括国税部门和地税部门。

二、准确填写农产品连锁经营试点企业申请情况汇总表

各省级商务主管部门在对本省推荐的试点企业材料严格按照文件规定审查后，根据审查结果，如实、完整填报农产品连锁经营试点企业申请情况汇总表（见附件），并在指定位置加盖公章。调整试点企业名单的，应与同级财政、税务部门重新联合上报，推荐试点企业总量原则上不超过4家。

三、工作程序要求

各省级商务主管部门根据上述要求，认真进行试点企业材料审查，于2006年2月24日之前，将审查后试点企业补报材料及农产品连锁经营试点企业情况汇总表以正式文件报市场建设司（农村市场处），同时将电子版发送至邮箱 jsnongcunchu@mofcom.gov.cn。望各地切实严格把关，认真审核企业资格，材料仍然不符合要求或未按时补送材料的企业及地区，将取消本年度试点资格。

特此通知。

二〇〇五年十二月二十六日

商务部《酒类流通管理办法》

第一章　总　　则

第一条　为规范酒类流通秩序，促进酒类市场有序发展，维护国家利益，保护酒类生产者、经营者和消费者的合法权益，根据国家有关法律、法规，制定本办法。

第二条　本办法所称酒类是指酒精度（乙醇含量）大于0.5%（体积分数）的含酒精饮料，包括发酵酒、蒸馏酒、配制酒、食用酒精以及其他含有酒精成分的饮品。经国家有关行政管理部门依法批准生产的药酒、保健食品酒类除外。

本办法所称酒类流通包括酒类批发、零售、储运等经营活动。

第三条　在中华人民共和国境内从事酒类流通活动，应当遵守本办法。

第四条　酒类流通实行经营者备案登记制度和溯源制度。

第五条　商务部负责全国酒类流通监督管理工作。

县级以上商务主管部门负责本行政区域内酒类流通监督管理工作。

第二章　备案登记

第六条　从事酒类批发、零售的单位或个人（以下统称酒类经营者）应当在取得营业执照后60日内，按属地管理原则，向登记注册地工商行政管理部门的同级商务主管部门办理备案登记。

第七条　酒类经营者备案登记程序如下：

（一）领取《酒类流通备案登记表》（以下简称《登记表》）。《登记表》可以通过商务部政府网站（http：//www.mofcom.gov.cn）下载，或到所在地商务主管部门领取。

（二）填写《登记表》。酒类经营者应完整、准确、真实地填写《登记表》；同时认真阅读《登记表》所附条款，并由法定代表人或业主签字、盖章。

（三）向商务主管部门提交下述备案登记材料：

1. 按本办法第七条第（二）项要求填写的《登记表》一式两份；

2. 由法定代表人或业主签字、盖章的营业执照复印件和卫生许可证复印件；

3. 经商务部认可并由省级商务主管部门公示要求提交的其他材料。

第八条　商务主管部门应自收到酒类经营者提交的上述材料之日起5个工作日内办理备案登记手续，在《登记表》上加盖印章。

第九条　商务主管部门应当完整准确地记录和保存酒类经营者的备案登记信息和登记材料，建立备案登记档案，定期向上级主管部门报送，并可向社会公布。

第十条　登记表上的任何登记事项发生变更时，酒类经营者应当自变更之日起30日内（属于工商登记事项的自工商登记变更之日起30日内）向商务主管部门办理变更手续。

商务主管部门收到酒类经营者提交的书面材料后，应当在5个工作日内办理变更手续。

《登记表》自酒类经营者在工商行政管理部门注销登记或被吊销营业执照之日起自动失效。商务主管部门应定期与同级工商行政管理部门核实注销或吊销情况。

第十一条　商务主管部门在办理备案登记或变更备案登记时，仅可收取经当地物价部门核定的工本费，不得收取其他费用。

第十二条　酒类经营者不得伪造、涂改、出租、出借、转让、买卖或骗取《酒类流通备案登记表》。

第三章　经营规则

第十三条　从事酒类批发、零售、储运等经营活动应当依法执行国家或行业有关标准的规定。

第十四条　酒类经营者（供货方）在批发酒类商品时应填制《酒类流通随附单》（以下简称《随附单》），详细记录酒类商品流通信息。《随附单》附随于酒类流通的全过程，单随货走，单货相符，实现酒类商品自出厂到销售终端全过程流通信息的可追溯性。

《随附单》内容应包括售货单位（名称、地址、备案登记号、联系方式）、购货单位名称、销售日期、销售商品（品名、规格、产地、生产批号或生产日期、数量、单位）等内容，并加盖经营者印章。

已建立完善的并符合本办法要求的溯源制度的酒类经营者，经商务部认可，可以使用自行制定的单据，代替本办法规定的《随附单》。

第十五条　酒类经营者采购酒类商品时，应向首次供货方索取其营业执照、卫生许可证、生产许可证（限生产商）、登记表、酒类商品经销授权书（限生产商）等复印件。

酒类经营者对每批购进的酒类商品应索取有效的产品质量检验合格证明复印件以及加盖酒类经营者印章的《随附单》或符合本办法第十四条第二款规定的单据；对进口酒类商品还应索取国家出入境检验检疫部门核发的《进口食品卫生证书》和《进口食品标签审核证书》复印件。

酒类经营者应建立酒类经营购销台账，保留3年。

第十六条　酒类经营者应当在固定地点贴标销售散装酒，禁止流动销售散装酒。

散装酒盛装容器应符合国家食品卫生要求，粘贴符合国家饮料酒标签标准的标识，并标明开启后的有效销售期、经营者及其联系电话。

第十七条　酒类经营者储运酒类商品时应符合食品卫生管理、防火安全和储运的相关要求。酒类商品应远离高污染、高辐射地区，不得与有毒、有害、污染物（源）、腐蚀性等物品混放。

第十八条　酒类经营者销售酒类商品应明码标价，诚实守信。

第十九条　酒类经营者不得向未成年人销售酒类商品，并应当在经营场所显著位置予以明示。

第二十条　禁止批发、零售、储运以下商品：

（一）使用非食用酒精等有害人体健康物质兑制的酒类商品；

（二）伪造、篡改生产厂名、厂址、生产日期的酒类商品；

（三）侵犯商标专用权等知识产权的酒类商品；

（四）掺杂使假、以次充好、以假充真、超过保质期等的酒类商品和非法进口酒；

（五）其他国家法律法规禁止销售的酒类商品。

第四章　监督管理

第二十一条　县级以上商务主管部门依据国家有关法律、法规和本办法，对本行政区域内酒类流通进行监督管理。

各级商务主管部门不得限制或阻碍合法酒类商品在本地区的流通。

第二十二条　商务主管部门在监督管理时，应出示有效证件，执法人员不得少于两人。在有证据或接到举报等情况下，执法人员可以查阅账册或抽取样品。抽取样品的，应当向当事人出具有效凭证。

商务主管部门有义务为当事人保守商业秘密。

酒类经营者应配合商务主管部门的监督检查，如实提供情况，不得擅自转移、销毁待查受检酒类商品。

第二十三条　商务主管部门应建立酒类流通监测体系，对当地酒类流通情况进行监测分析，建立酒类经营者信用档案，并适时向社会公布。

商务部应用现代信息技术建立酒类流通管理和酒类商品安全信息系统，各级商务主管部门和酒类经营者应及时报送相关信息。

第二十四条　商务主管部门可自行或会同有关部门对本地区销售的酒类商品进行抽样检验，并可向社会公布检验结果。

商务主管部门出具或认可的酒类鉴定结论应以国家法定检测机构检测结果或被侵权企业的鉴别报告为依据。

第二十五条　鼓励酒类行业组织建立和完善行业自律制度。

第二十六条　任何单位或个人有权向当地商务主管部门、工商行政管理部门或有关部门举报、投诉违反本办法的行为。

第五章　法律责任

第二十七条　违反本办法第六条、第十条第一款规定的，由商务主管部门给予警告，责令其限期改正；逾期拒不改正的，可视情节轻重，对酒类经营者处二千元以下罚款，并可向社会公告。

违反本办法第十二条规定的，可视情节轻重，处一万元以下罚款；违反工商行政管理法律法规的移送工商行政管理机关依法处理；构成犯罪的，依法追究刑事责任。

第二十八条　违反本办法第十四条、第十五条规定的，由商务主管部门予以警告，责令改正，并可向社会公布；拒不改正的，可视情节轻重，处五千元以下罚款，并向社会公告。

第二十九条　违反本办法第十六、十七条规定的，由商务主管部门予以警告、责令改正；情节严重的，可处一万元以下罚款，并可移送工商行政管理机关依法处理；构成犯罪的，依法追究刑事责任。

第三十条　违反本办法第十九条规定的，由商务主管部门或会同有关部门予以警告，责令改正；情节严重的，处两千元以下罚款。

第三十一条　违反本办法第二十条规定的，由商务主管部门或会同有关部门没收非法商品，并可视情节轻重处三万元以下罚款；违反工商行政管理法律法规及侵犯商标专用权的，移送工商行政管理机关依法处理；违反其他法律法规的，移送相关机关依法处理；构成犯罪的，依法追究刑事责任。

第三十二条　违反本办法第二十二条第三款规定的，由商务主管部门予以警告、责令改正；情节严重的，可处一万元以下罚款。

第三十三条　商务主管部门从事酒类流通监督管理违反本办法规定的，依法给予行政处分。

第六章　附　　则

第三十四条　已依法实行酒类流通行政许可管理的地区，应继续执行许可证制度，酒类商品流通按本办法实行溯源制度，酒类流通许可证书视同《登记表》。

第三十五条　《登记表》和《随附单》由商务部统一制定，省级商务主管部门负责具体实施。

第三十六条　县级以上商务主管部门可以依法委托相关机构从事酒类流通监督管理工作。

第三十七条　本办法由商务部负责解释。

第三十八条　本办法自2006年1月1日起施行，自施行之日起设立三个月过渡期。在过渡期内，酒类经营者应当按照本办法规定办理备案登记和建立酒类流通溯源制度。

二〇〇五年十一月七日

国家质量监督检验检疫总局《商品条码管理办法》

第一章 总 则

第一条 为了规范商品条码管理，保证商品条码质量，加快商品条码在电子商务和商品流通等领域的应用，促进我国电子商务、商品流通信息化的发展，根据国家有关规定，制定本办法。

第二条 本办法所称商品条码包括零售商品、非零售商品、物流单元、位置的代码和条码标识。

我国采用国际通用的商品代码及条码标识体系，推广应用商品条码，建立我国的商品标识系统。

第三条 中华人民共和国境内商品条码的注册、编码、印制、应用及其管理，适用本办法。

第四条 国家质量监督检验检疫总局（以下简称国家质检总局）和国家标准化管理委员会（以下简称国家标准委）是全国商品条码工作的主管部门，统一组织管理全国商品条码工作。中国物品编码中心（以下简称编码中心）是全国商品条码工作机构，负责全国商品条码管理的具体实施工作。

第五条 厂商识别代码是商品条码的重要组成部分。任何单位和个人使用商品条码必须按照本办法核准注册，获得厂商识别代码。

第二章 注 册

第六条 依法取得营业执照和相关合法经营资质证明的生产者、销售者和服务提供者，可以申请注册厂商识别代码。

集团公司中具有独立法人资格的子公司需要使用商品条码时，应当按规定单独申请注册厂商识别代码。

第七条 厂商识别代码注册申请人（以下简称申请人）可以到所在地的编码中心地方分支机构（以下简称编码分支机构）申请注册厂商识别代码。

申请人应当填写《中国商品条码系统成员注册登记表》，出示营业执照或相关合法经营资质证明并提供复印件。

第八条 对申请人提供的申请资料，编码分支机构应当在5个工作日内完成初审。对初审合格的，编码分支机构签署意见并报送编码中心审批；对初审不合格的，编码分支机构应当将申请资料退给申请人并说明理由。

第九条 对初审合格的申请资料，编码中心应当自收到申请人交纳的有关费用之日起5个工作日内完成审核程序。对符合本办法第六、七条规定要求的，编码中心向申请人核准注册厂商识别代码；对不符合规定要求的，编码中心应当将申请资料退回编码分支机构并说明理由。

第十条　申请人获准注册厂商识别代码的，由编码中心发给《中国商品条码系统成员证书》（以下简称《系统成员证书》），取得中国商品条码系统成员（以下简称系统成员）资格。

第十一条　具有下列情形之一的，不予注册厂商识别代码：

（一）不能出示营业执照或相关合法经营资质证明文件的。

（二）社会组织、行业协会、中介机构等组织或单位，非本单位使用厂商识别代码的。

（三）违反法律法规或者国际物品编码协会章程的其他情形。

第十二条　编码中心应当定期公告系统成员及其注册的厂商识别代码。

第三章　编码、设计及印刷

第十三条　商品条码的编码、设计及印刷应当符合《商品条码》（GB12904）等相关国家标准的规定。编码中心应当按照有关国家标准编制厂商识别代码。

第十四条　系统成员应当按照有关国家标准编制商品代码，向所在地的编码分支机构通报编码信息。

第十五条　企业在设计商品条码时，应当根据应用需要采用《商品条码》（GB12904）、《储运单元条码》（GB/T16830）、《EAN·UCC 系统 128 条码》（GB/T15425）等国家标准中规定的条码标识。

第十六条　从事商品条码印刷的企业可以向条码工作机构提出申请，取得印刷资质。获得印刷资质的印刷企业，可优先承接商品条码的印刷业务。具体管理办法由国家质检总局另行规定。

第十七条　印刷企业应当按照有关国家标准印刷商品条码，保证商品条码印刷质量。

印刷企业接受商品条码印刷业务时，应当查验委托人的《系统成员证书》或境外同等效力的证明文件并进行备案。

第十八条　条码工作机构鼓励系统成员和相关单位委托具有商品条码印刷资格的企业印刷商品条码。

第四章　应用和管理

第十九条　系统成员对其厂商识别代码、商品代码和相应的商品条码享有专用权。

第二十条　系统成员不得将其厂商识别代码和相应的商品条码转让他人使用。

第二十一条　任何单位和个人未经核准注册不得使用厂商识别代码和相应的条码。

任何单位和个人不得在商品包装上使用其他条码冒充商品条码；不得伪造商品条码。

第二十二条　销售者应当积极采用商品条码。销售者在其经销的商品没有使用商品条码的情况下，可以使用店内条码。店内条码的使用，应当符合国家标准《店内条码》（GB/T 18283）的有关规定。

生产者不得以店内条码冒充商品条码使用。

第二十三条　销售者进货时，应当查验与商品条码对应的《系统成员证书》或者同等效力的证明文件。

第二十四条 销售者不得经销违反第二十一条规定的商品。

销售者不得以商品条码的名义向供货方收取进店费、上架费、信息处理费等费用，干扰商品条码的推广应用。

第二十五条 在国内生产的商品使用境外注册的商品条码时，生产者应当提供该商品条码的注册证明、授权委托书等相关证明，并到所在地的编码分支机构备案，由编码分支机构将备案材料报送编码中心。

第二十六条 国家质检总局、国家标准委负责组织全国商品条码的监督检查工作，各级地方质量技术监督行政部门负责本行政区域内商品条码的监督检查工作。

第二十七条 各地质量技术监督行政部门要积极配合地方政府和有关部门，引导商品生产者、销售者、服务提供者积极采用国际通用的商品代码及条码标识体系，使用商品条码，保证商品条码质量，提高企业在商品生产、储运、配送、销售等各环节的现代化管理水平。

第五章　续展、变更和注销

第二十八条 厂商识别代码有效期为2年。

系统成员应当在厂商识别代码有效期满前3个月内，到所在地的编码分支机构办理续展手续。逾期未办理续展手续的，注销其厂商识别代码和系统成员资格。

第二十九条 系统成员的名称、地址、法定代表人等信息发生变化时，应当自有关部门批准之日起30日内，持有关文件和《系统成员证书》到所在地的编码分支机构办理变更手续。

第三十条 系统成员停止使用厂商识别代码的，应当在停止使用之日起3个月内到所在地的编码分支机构办理注销手续。

第三十一条 已被注销厂商识别代码的生产者、销售者和服务提供者，需要使用商品条码时，应当重新申请注册厂商识别代码。

第三十二条 任何单位和个人不得擅自使用已经注销的厂商识别代码和相应条码。

第三十三条 编码中心应当定期公告已被注销系统成员资格的企业名称及其厂商识别代码。

第六章　法律责任

第三十四条 系统成员转让厂商识别代码和相应条码的，责令其改正，没收违法所得，处以3000元罚款。

第三十五条 未经核准注册使用厂商识别代码和相应商品条码的，在商品包装上使用其他条码冒充商品条码或伪造商品条码的，或者使用已经注销的厂商识别代码和相应商品条码的，责令其改正，处以30000元以下罚款。

第三十六条 经销的商品印有未经核准注册、备案或者伪造的商品条码的，责令其改正，处以10000元以下罚款。

第三十七条 销售者以商品条码的名义向供货商收取进店费等不正当费用的，供货商可依法要求退还。

第三十八条　本章所规定的行政处罚由县以上地方质量技术监督行政部门负责实施。

第三十九条　当事人对行政处罚不服的，可以依法申请行政复议或者提起行政诉讼。

第四十条　质量技术监督行政部门应当加强对条码工作机构的管理与监督。因条码工作机构及工作人员的失误，给系统成员造成重大损失的，依法给予行政处分。

第四十一条　从事商品条码管理工作的国家工作人员滥用职权、徇私舞弊的，由其主管部门给予行政处分；构成犯罪的，依法追究其刑事责任。

第七章　附　　则

第四十二条　本办法下列用语的涵义是：

商品条码是由一组规则排列的条、空及其对应代码组成，是表示商品特定信息的标识。

零售商品代码与条码是指以满足零售扫描结算为主要目的，而为商品单元编制的代码和条码标识。

非零售商品代码与条码是指以满足非零售结算为目的，而为商品单元所编制的代码和条码标识。在流通环节中，可以对该商品单元进行定价、订购或开据发票。

物流单元代码与条码是指对物流中临时性商品包装单元所编制的代码和条码标识。

位置代码与条码是指对厂商的物理位置、职能部门等所编制的代码与条码标识。

厂商识别代码是指国际通用的商品标识系统中表示厂商的惟一代码，是商品条码的重要组成部分。

商品代码是指包含厂商识别代码在内的对零售商品、非零售商品、物流单元、位置、资产及服务进行全球惟一标识的一组数字代码。

店内条码是指商店为便于商品在店内管理而对商品自行编制的临时性代码及条码标识。

第四十三条　商品条码收费按照国家有关规定执行。

第四十四条　本办法由国家质检总局负责解释。

第四十五条　本办法自 2005 年 10 月 1 日起施行。1998 年 7 月 3 日原国家质量技术监督局颁布的《商品条码管理办法》同时废止。

二〇〇五年五月三十日

商务部《外商投资商业领域管理办法》的补充规定

为促进香港、澳门与内地建立更紧密经贸关系，鼓励香港、澳门服务提供者在内地设立商业企业，根据国务院批准的《〈内地与香港关于建立更紧密经贸关系的安排〉补充协议二》及《〈内地与澳门关于建立更紧密经贸关系的安排〉补充协议二》，现就《外商投资商业领域管理办法》（商务部令第8号）中的有关香港和澳门服务提供者投资商业领域作出如下补充规定：

一、允许香港、澳门服务提供者设立独资、合资或合作企业经营化肥、成品油、原油的佣金代理业务，以及化肥的批发和零售业务。

二、对于同一香港、澳门服务提供者在内地累计开设店铺超过30家的，如经营商品包括图书、报纸、杂志、汽车（2006年12月11日起取消本限制）、药品、农药、农膜、化肥、粮食、植物油、食糖、棉花等商品，且上述商品属于不同品牌，来自不同供应商的，允许香港、澳门服务提供者控股，出资比例不得超过51%。

三、本规定中的香港、澳门服务提供者应分别符合《内地与香港关于建立更紧密经贸关系的安排》及《内地与澳门关于建立更紧密经贸关系的安排》中关于“服务提供者”定义及相关规定的要求。

四、香港、澳门服务提供者在内地投资商业领域的其他事项，仍按照《外商投资商业领域管理办法》执行。

五、本规定自发布之日起施行。

二〇〇六年一月九日

第六部分　附　录

附录一

2005－2006年度《中国流通产业发展报告》概要

2006年4月，商务部市场运行司与国研中心市场所正式发布了2005－2006年度的《中国流通产业发展报告》。

报告指出，流通业已成为国民经济的先导产业。2005年，流通产业在为经济发展做出重要贡献的同时，竞争能力进一步增强。一是规模继续扩大，社会消费品零售总额实际增长12%，生产资料销售额增长16.2%，进出口贸易额增长23.3%。二是效益不断提高，批发零售贸易餐饮业增加值增长11.4%，缴纳增值税、营业税和所得税增长17.7%，重点批发企业利润增长9.8%，重点零售企业利润增长8%。三是结构继续优化，传统行业技术、管理水平不断提升，新兴行业进一步加快发展步伐；东中西部区域间的差距在缩小，城乡之间差别有所改观。

报告分析，整个“十五”期间，流通业发展成就有目共睹，商品市场快速协调发展。一方面，在经济发展过程中，流通业的地位进一步得到体现，消费通过流通决定生产。各级政府加快法制建设步伐，加大政策扶持、资金投入力度，逐步改善流通基础设施和经营环境，促进流通业的发展。另一方面，流通业积极适应形势的变化，转变经营观念，积极应用先进适用技术，加快改造落后的经营设施，努力为生产和消费提供优质服务。

报告对“十一五”期间流通产业的发展进行了展望。“十一五”期间，流通产业既面临着良好的发展机遇，也面临扩大消费、活跃市场和提高人民群众生活水平的重任。一是我国经济已进入以市场为主导、以消费结构升级和企业自主投资为基础的新增长阶段，“十一五”乃至更长时间内，工业化、城市化、市场化、国际化的加速发展，将为我国社会经济发展提供持续的增长动力，推动我国流通产业呈现全新的发展格局。二是各级政府“十一五”规划的出台和实施，特别是首次制定针对流通领域的专项规划，为流通业的发展描绘了宏伟蓝图。三是扎实推进社会主义新农村建设和城市社区商业发展，进一步推进西部大开发，继续实施东北老工业基地振兴战略以及积极促进中部崛起，有利于城乡之间、东中西部区域间流通业协调发展。四是不断加快流通设施与装备的现代化步伐，采用更多先进适用的管理、技术方法和手段，加快流通领域自主品牌建设，进一步提高竞争力。五是各级政府更加重视流通业的发展，出台和实施各项扶持政策和措施，流通体制改革试点有望取得突破，发展的制度环境日趋完善，市场秩序进一步优化。

关于2006年流通业的发展趋势，报告指出，我国经济仍将保持稳定较快增长的势头，增幅将在8%左右，为流通产业的快速稳定发展提供了更为广阔的市场空间。预计社会消费品零售总额将比2005年增长13%左右，超过7.5万亿元；全社会生产资料销售总额将增长12%左右，超过15.5万亿元；进出口贸易额增长15%以上，超过1.6万亿元。

商务部从成立之日起就十分重视流通业的发展。从2005年起，商务部市场运行司与国研中心市场所开始编撰并发布《中国流通产业发展报告》。新编撰的2005－2006年度的发展报告，既是对过去一年流通产业发展状况的总结，也是对今年乃至“十一五”期间的发展予以展望和预测，对于广大流通企业、研究人员及有关政府主管部门具有一定的研究参考价值。

发展改革委等部门通报 2005 年全国物流运行基本情况

2005 年，在国家继续加强和改善宏观调控政策的影响下，我国物流运行增长速度虽有所放慢，但仍保持在快速增长区间。据核算：

一、社会物流总费用增速有所减慢，与 GDP 比率进一步下降

2005 年，全国社会物流总费用为 33860 亿元，按现价计算，同比增长 12.9%，增速比上年回落 3.7 个百分点。物流费用与 GDP 的比率，2004 年调整前为 21.3%，全国经济普查增加 GDP2.3 万亿元，物流费用由 2.9 万亿元调整为 3 万亿元。根据调整的统计数据计算，2004 年物流费用与 GDP 的比率为 18.8%，2005 年这个数据降为 18.6%，比上年下降 0.2 个百分点。

从全国社会物流总费用结构来看，有以下特点：

1. 运输费用增速回落明显，占总费用比重有所下降

2005 年，运输费用为 18639 亿元，同比增长 10.1%，占社会物流总费用的 55%，比上年下降了 1.9 个百分点。2005 年运输费用增速减慢，占总费用比重下降的主要原因是由于货运需求增长放慢，全国货运量与周转总量增速分别回落了 2.8 和 6.2 个百分点。

在运输费用中，道路运输费用为 11766 亿元，同比增长 9.5%，增幅比上年回落 1.8 个百分点，道路运输费用占运输总费用的比重由上年的 63.5%下降到 63.1%，下降 0.4 个百分点；铁路运输费用为 2030 亿元，同比增长 8.4%，增幅比上年回落 2.5 个百分点，占运输总费用的 10.9%，比上年下降 0.2 个百分点；水上运输费用为 2458 亿元，同比增长 16%，增幅比上年回落 9.2 个百分点，占运输总费用的 13.2%，比上年提高 0.7 个百分点；航空运输费用 166 亿元，同比增长 16.9%，增幅比上年回落 6.5 个百分点，占运输费用的 0.9%，比上年提高 0.1 个百分点；管道运输费用为 117 亿元，同比增长 15.8%，增幅比上年提高 8.5 个百分点，占运输费用的 0.6%，与上年基本持平；装卸搬运及其他运输费用为 2101 亿元，同比增长 7.6%，占运输费用的 11.3%，比上年下降 0.2 个百分点。

2. 保管费用增长相对较快，比重有所上升

2005 年，保管费用为 10632 亿元，同比增长 18.4%，占社会物流总费用的 31.4%，比上年上升 1.5 个百分点。

在保管费用中，利息费用为 4902 亿元，同比增长 13%，增速比上年上升 5.3 个百分点，占保管费用的 46.1%，比上年下降 2.2 个百分点；仓储费用为 2808 亿元，同比增长 22.6%，增速比上年上升 4.6 个百分点，占保管费用的 26.4%，比上年上升 0.9 个百分点；货物损耗费用为 622 亿元，同比增长 18.3%，占保管费用的 5.9%，比例与上年持平；配送、包装、流通加工费用为 2150 亿元，同比增长 26.2%，增速比上年回落 1.8 个百分点，

占保管费用的 20.2%，比上年提高 2.2 个百分点；保险费用为 111 亿元，同比增长 20.2%，占保管费用的 1%，与上年基本持平。

3. 管理费用增速回落，占总费用比重基本未变

2005 年管理费用为 4589 亿元，同比增长 12.3%，占社会物流总费用的 13.5%，比上年下降 0.1 个百分点。

二、物流业收入增长较快

2005 年全国物流业总收入为 18791 亿元，同比增长 12.7%。其中，运输领域收入合计 15924 亿元，同比增长 10.5%，占总收入的 84.7%，比重比上年下降了 1.7 个百分点；保管收入 2867 亿元，同比增长 26.7%，占总收入的 15.3%，比重比上年增加了 1.7 个百分点。

特别是一些反映现代物流发展趋势的领域的收入增长明显快于全国物流总收入平均增速。其中，信息及相关服务收入为 26 亿元，比上年增长 28%；配送收入为 219 亿元，增长 28%；流通加工收入为 1249 亿元，增长 27.2%；包装收入为 239 亿元，增长 29.9%。

三、社会物流总额增速放缓

2005 年社会物流总额为 48.1 万亿元，同比增长 25.2%，增幅比上年降低 4.7 个百分点。

商务部关于表彰 2005 年度“万村千乡市场工程”先进集体、优秀试点企业及先进工作者的决定

各省、自治区、直辖市、计划单列市及新疆生产建设兵团商务主管部门：

“万村千乡市场工程”实施一年来，全国各地涌现出一大批在开拓农村市场、发展农村现代流通网络方面作出显著成绩的先进集体、优秀试点企业和先进工作者。

为总结和推广各地一年来实施“万村千乡市场工程”的经验，学习和弘扬先进，进一步激发各有关方面的积极性与创造性，商务部决定授予北京市商务局等 113 个单位“2005 年度‘万村千乡市场工程’先进集体”荣誉称号；授予苏果超市等 98 家企业“2005 年度‘万村千乡市场工程’优秀试点企业”荣誉称号；授予王绥生等 137 名同志“2005 年度‘万村千乡市场工程’先进工作者”荣誉称号。

希望受到表彰的先进集体、优秀试点企业和先进工作者，珍惜荣誉，戒骄戒躁，再接再厉，争取更大的成绩。各级商务主管部门要认真学习和大力宣传先进集体、优秀试点企业和先进工作者的典型事迹，贯彻落实党的十六届五中全会、中央经济工作会议和 2006 年中央 1 号文件精神，把“万村千乡市场工程”工作做得更好，为构建农村现代流通体系、推进我国社会主义新农村建设做出新的贡献。

附件 1：2005 年度“万村千乡市场工程”先进集体（113 个）；

附件2：2005年度“万村千乡市场工程”优秀试点企业（98个）；

附件3：2005年度“万村千乡市场工程”先进工作者（137名）。

商务部

二〇〇六年二月十四日

附件1：2005年度“万村千乡市场工程”先进集体（113个）

一、北京市

1. 北京市商务局

二、天津市

1. 天津市商务委

2. 天津市供销合作总社

三、河北省

1. 河北省商务厅

2. 河北省衡水市商务局

3. 河北省石家庄市人民政府

4. 河北省沧州市人民政府

5. 河北省赵县人民政府

6. 河北省沙河市人民政府

7. 河北省邯郸市商务局

8. 河北省承德市商务局

9. 河北省永年县人民政府

四、山西省

1. 山西省商务厅

五、内蒙古自治区

1. 内蒙古自治区锡林郭勒盟太仆寺旗商务局

六、辽宁省

1. 辽宁省商业厅

2. 辽宁省鞍山市商业委员会

3. 辽宁省法库县商贸旅游局

4. 辽宁省海城市商业发展局

5. 辽宁省台安县商业局

七、大连市

1. 大连市商业局

2. 大连市庄河市人民政府

3. 大连市庄河市对外贸易经济合作局

八、吉林省
1. 吉林省商务厅市场体系建设处
2. 吉林省吉林市商务局
九、黑龙江省
1. 黑龙江省大庆市人民政府
2. 黑龙江省鹤岗市商务局
3. 黑龙江省五常市供销合作社联合社
4. 黑龙江省海伦市供销合作社联合社
十、上海市
1. 上海市青浦区经济委员会
2. 上海市奉贤区经济委员会
十一、江苏省
1. 江苏省经济贸易委员会
2. 江苏省南京市商业贸易局
3. 江苏省邳州市人民政府
4. 江苏省扬州市商业贸易局
5. 江苏省江都市商业贸易局
十二、浙江省
1. 浙江省经济贸易委员会
2. 浙江省绍兴市人民政府
3. 浙江省嘉兴市经济贸易委员会
4. 浙江省衢州市贸易与粮食局
5. 浙江省舟山市经济贸易委员会
6. 浙江省临安市贸易局
十三、宁波市
1. 宁波市贸易局
2. 宁波市慈溪市贸易与粮食局
3. 宁波市鄞州区贸易局
十四、安徽省
1. 安徽省商务厅
2. 安徽省祁门县商务局
3. 安徽省怀宁县人民政府
4. 安徽省巢湖市商务局
5. 安徽省滁州市南谯区人民政府
十五、福建省
1. 福建省经济贸易委员会
2. 福建省晋江市商务局
3. 福建省南平市经济贸易委员会
十六、江西省

1. 江西省高安市商务局
2. 江西省玉山县商业局
3. 江西省丰城市商业总会办公室

十七、山东省

1. 山东省经贸委市场建设处
2. 山东省东营市经济贸易委员会商贸科
3. 山东省莒南县经济贸易局
4. 山东省肥城市商业贸易局

十八、青岛市

1. 青岛市经济贸易委员会
2. 青岛市城阳区财贸局
3. 青岛市胶南市财贸局
4. 青岛市胶州市财贸办公室

十九、河南省

1. 河南省商务厅
2. 河南省南阳市商务局
3. 河南省淅川县人民政府

二十、湖北省

1. 湖北省商务厅
2. 湖北省仙桃市商务局
3. 湖北省随州市商务局
4. 湖北省黄冈市商务局
5. 湖北省十堰市商务局
6. 湖北省浠水县商务局

二十一、湖南省

1. 湖南省商务厅
2. 湖南省长沙市商务局
3. 湖南省岳阳县商务局
4. 湖南省耒阳市商务局
5. 湖南省汉寿县商务局
6. 湖南省石门县商务局

二十二、广东省

1. 广东省经济贸易委员会
2. 广东省广州市经济贸易委员会
3. 广东省惠州市经济贸易局
4. 广东省茂名市经济贸易局

二十三、广西壮族自治区

1. 广西壮族自治区南宁市商务局
2. 广西壮族自治区柳州市商务局

3. 广西壮族自治区钦州市商务局
4. 广西壮族自治区灵山县经济贸易局
二十四、海南省
二十五、重庆市
1. 重庆市商业委员会
2. 重庆市江津市人民政府
3. 重庆市南川市商业委员会
4. 重庆市綦江县商业委员会
5. 重庆市开县商业委员会
6. 重庆市潼南县商业委员会
二十六、四川省
1. 四川省成都市贸易与粮食局
2. 四川省遂宁市商务局
3. 四川省温江区人民政府
二十七、贵州省
1. 贵州省毕节市经济贸易局
二十八、云南省
1. 云南省玉溪市商务局
二十九、陕西省
1. 陕西省商务厅
2. 陕西省西安市商业贸易局商品流通处
3. 陕西省咸阳市商务局
4. 陕西省渭南市商务局
5. 陕西省杨陵区商业局
6. 陕西省宝鸡市陈仓区经济贸易局
三十、甘肃省
1. 甘肃省商务厅
2. 甘肃省定西市商务局
3. 甘肃省白银市会宁县商务局
4. 甘肃省武威市商务局
三十一、青海省
1. 青海省海北藏族自治州经济贸易委员会
三十二、宁夏回族自治区
1. 宁夏回族自治区银川市商务局
三十三、新疆维吾尔族自治区
1. 新疆维吾尔族自治区经贸委贸易市场处
2. 新疆维吾尔族自治区和田地区经贸委贸易市场科
3. 新疆维吾尔族自治区昌吉市经济贸易委员会
三十四、新疆生产建设兵团

1. 新疆生产建设兵团商务局市场建设改革发展处

附件2：2005年度“万村千乡市场工程”优秀试点企业（98个）

一、北京市
1. 北京市房山华冠商贸有限公司
2. 北京二兴益科贸有限责任公司
3. 北京顺义隆华购物中心
4. 北京市昌平新世纪商城
5. 北京福兰德连锁超市
二、天津市
1. 天津市宁河县家乐超市有限责任公司
2. 天津市中嘉农业生产资料有限责任公司
3. 天津市静海县百货有限公司
三、河北省
1. 河北沧州好日子超市股份有限公司
2. 河北省农业生产资料有限公司
四、山西省
1. 山西省太原市唐久超市有限公司
五、内蒙古自治区
1. 内蒙古自治区巴彦淖尔市乐广丰超市有限责任公司
六、辽宁省
1. 海城亿家商业有限公司
2. 沈阳超市发生活购物广场
3. 阜新市新合作客多来连锁超市
4. 台安县金色谷农资超市经营有限公司
七、大连市
1. 大连金玛超市连锁有限公司
八、吉林省
1. 磐石市商贸城实业有限责任公司
2. 大安市供销总公司
3. 辽源市联贸大厦隆都超市
九、黑龙江省
1. 讷河市供销中心商城
十、上海市
1. 上海青浦商业有限公司
2. 上海烟草集团奉贤烟草糖酒有限公司

十一、江苏省

1. 苏果超市有限公司
2. 江苏苏农农资连锁集团股份有限公司
3. 常熟市常客隆购物广场有限公司
4. 南通文峰超市加盟管理有限公司

十二、浙江省

1. 浙江供销超市有限公司
2. 杭州余杭禹倡商厦有限公司
3. 浙江东兴商厦股份有限公司
4. 湖州老大房超市有限公司
5. 有加利连锁超市有限公司

十三、宁波市

1. 浙江慈客隆超市有限公司

十四、安徽省

1. 安徽省徽商集团有限公司
2. 安徽省辉隆农资集团有限公司
3. 当涂县中润商贸有限责任公司
4. 潜山县皖城有限责任公司
5. 宿州市美惠多超市有限责任公司

十五、福建省

1. 福建省仙游县供销合作社总公司
2. 福建南平市龙得宝农资有限公司
3. 安溪县联谊润家购物广场有限公司

十六、江西省

1. 玉山县供销合作总公司
2. 高安市富达购物广场
3. 宁都县太阳购物广场

十七、山东省

1. 山东家家悦超市有限公司
2. 山东新星购销总部
3. 济南康泰有限公司
4. 寿光百货大楼有限公司
5. 山东中邮物流有限责任公司聊城分公司
6. 滕州市丰谷农资有限责任公司
7. 莒南县开元百货有限公司

十八、青岛市

1. 利群集团股份有限公司
2. 青岛维客集团股份有限公司
3. 青岛利客来商贸股份有限公司

4. 胶南市糖酒副食品总公司

十九、河南省

1. 西峡县天福来有限责任公司
2. 舞钢市万客来量贩

二十、湖北省

1. 武汉中百集团股份有限公司
2. 湖北富迪实业有限公司
3. 随州市顺泰商贸有限公司
4. 十堰市新合作鑫城超市有限公司
5. 浠水县双桥大厦商贸有限公司

二十一、湖南省

1. 岳阳和田连锁超市有限责任公司
2. 湖南东安县好运多连锁超市有限公司
3. 邵东县仟家连锁有限公司

二十二、广东省

1. 广东省农业生产资料总公司
2. 广东普宁供销社集团公司
3. 广东东莞糖酒集团美宜佳便利店有限公司
4. 茂名市明湖百货有限公司
5. 惠州市快迪贸易连锁有限公司

二十三、广西壮族自治区

1. 广西壮族自治区南宁市康迈商业有限责任公司
2. 灵山供销社工业品公司

二十四、海南省

1. 海南绿生农资有限公司

二十五、重庆市

1. 重庆重客隆超市有限公司

二十六、四川省

1. 成都红旗连锁有限公司
2. 江油市汇星实业有限公司
3. 四川金汇源贸易有限公司

二十七、贵州省

1. 贵州省清镇市供销社社有资产经营有限公司
2. 贵州省桐梓县农业资料公司
3. 贵州开阳县兴合农资有限责任公司
4. 贵州麻江县农资日杂公司

二十八、云南省

1. 玉溪市百信商贸集团有限责任公司

二十九、陕西省

1. 西安市十九粮油食品贸易总公司连锁公司
2. 陕西亨通连锁店管理集团有限公司
3. 渭南市居家乐连锁有限责任公司
4. 陕西农科经贸连锁有限公司

三十、甘肃省

1. 天水广融工贸有限公司
2. 陇西县金茂商务有限责任公司
3. 庆阳市庆城县百货副食采购供应站
4. 甘肃巨龙供销（集团）股份有限公司

三十一、青海省

1. 互助土族自治县农业生产资料公司

三十二、宁夏回族自治区

1. 宁夏中邮物流公司

三十三、新疆维吾尔族自治区

1. 新疆农资（集团）有限责任公司
2. 新疆阿尔曼实业有限公司

三十四、新疆生产建设兵团

1. 新疆生产建设兵团农业生产资料供应公司
2. 新疆生产建设兵团农六师芳草湖农场供销合作公司
3. 新疆生产建设兵团农五师农业生产资料公司

三十五、中华全国供销合作总社

1. 新合作商贸连锁股份有限公司

附件3：2005年度“万村千乡市场工程”先进工作者（137名）

一、北京市

1. 王　文　北京市商务局调研员
2. 张玉成　北京市大兴区商务局副局长
3. 崔连启　北京市平谷区商务局局长
4. 朱秀庚　北京市延庆县商务局副局长

二、天津市

1. 崔淑凤　天津市宁河县家乐超市有限责任公司总经理
2. 刘天胜　天津市静海县百货有限公司董事长兼总经理
3. 杨景奎　天津劝宝超市有限责任公司副董事长
4. 臧学田　天津市商务委员会主任科员
5. 张　岚　天津市供销合作总社主任科员

三、河北省

1. 张殿奎　石家庄市人民政府副市长
2. 马中宇　河北省商务厅副处长
3. 商向晖　河北省承德市商务局科长
4. 徐魁书　河北省武安市供销社主任
5. 杨秋来　河北省衡水市商务局副局长

四、山西省

1. 周林梅　山西省商务厅市场体系建设处处长
2. 翟肖锋　山西省商务厅市场体系建设处副处长
3. 刘晋福　山西省太原市商务局市场体系建设处副处长
4. 邓援朝　山西省运城市商务局局长

五、内蒙古自治区

1. 李光亮　内蒙古自治区商务厅市场体系建设处副处长

六、辽宁省

1. 魏　玉　辽宁省商业厅现代流通处处长
2. 陆锦绣　辽宁省沈阳市商业局市场建设处副处长
3. 金明祥　辽宁省海城市商业发展局局长
4. 刘忠会　辽宁省阜新市商业局现代流通科科长
5. 林　宏　辽宁省鞍山市商委副主任

七、大连市

1. 方健伟　大连市商业局副局长
2. 金晓黎　大连市庄河市人民政府副市长
3. 夏玉忱　大连市庄河市对外贸易经济合作局科长
4. 王延和　大连市金玛超市连锁有限公司董事局主席

八、吉林省

1. 陈文军　吉林省松源市外经贸局主任科员
2. 金玉姬　吉林省延边州商务局处长
3. 刘宇燕　吉林省长春市商务局副科长
4. 孟凡武　吉林省白城市商务局科长

九、黑龙江省

1. 朱锦山　黑龙江省商务厅副处长
2. 孙艳梅　黑龙江省哈尔滨市商务局副主任科员
3. 沈嵩岩　黑龙江省哈尔滨市供销合作社联合社副处长
4. 夏文镛　黑龙江省齐齐哈尔市商务局副局长
5. 柳春阳　黑龙江省牡丹江市商务局科长
6. 姚兴隆　黑龙江省宁安市供销社科长
7. 吕平洋　黑龙江省佳木斯市商务局副局长
8. 陈万里　黑龙江省大庆市商务局科长
9. 孟宏涛　黑龙江鹤岗市郊区供销社主任

十、上海市

1. 徐云生　上海市青浦区供销合作联合社科长
2. 龚宏国　上海青浦商业有限公司副主任
3. 俞金林　上海青浦区练塘供销合作社副经理
4. 谈德生　上海市南汇区供销合作总社办事员
5. 钱国民　上海市南汇区新场供销合作社办事员
6. 沈爱芳　上海市奉贤烟草糖酒有限公司金叶超市有限公司主任
7. 金治平　上海市金山区干巷供销合作社主任

十一、江苏省

1. 卞益斌　江苏省经济贸易委员会科长
2. 朱玉贵　江苏省盐城市经济贸易委员会副主任
3. 李　仿　江苏省南通市经济贸易委员会处长
4. 史天文　江苏省南京市高淳县商务局办事员
5. 余志方　江苏省南京市溧水县供销社科长

十二、浙江省

1. 孙志丹　浙江省人民政府副秘书长
2. 张　波　浙江省衢州市人民政府副市长
3. 孟柏千　浙江省绍兴县人民政府副县长
4. 杜炉杰　浙江省缙云县万客隆超市总经理
5. 王威振　浙江省台州华联超市有限公司总经理

十三、宁波市

1. 吴国兴　宁波市贸易局主任科员
2. 劳建青　宁波市慈溪市贸易与粮食局科长
3. 张建新　宁波市余姚市华联超市有限公司总经理

十四、安徽省

1. 张弘强　安徽省商务厅主任科员
2. 刘孝文　安徽省宿州市商务局科长
3. 宋家伟　阜阳市人民政府副市长
4. 刘观志　安徽省徽商农家福有限公司总经理助理
5. 张广福　安徽省合肥市肥西县商务局局长

十五、福建省

1. 蒋爱民　福建省经济贸易委员会商业处副处长
2. 郑明增　福建省三明市经济贸易委员会副主任
3. 陈宏恩　福建省龙岩市经济贸易委员会科长
4. 谢国荣　福建省漳州市经济贸易委员会科长
5. 詹文建　福建省莆田市经贸委主任科员
6. 黄培德　福建省宁德市蕉城区供销社科员

十六、江西省

1. 王晓艺　江西省高安市商务局局长
2. 赵贵生　江西省宁都县商业行业总会会长

3. 吴　辉　江西省上饶市经济贸易委员会副科长

十七、山东省

1. 钱淑芬　山东省经贸委市场建设处副处长
2. 鲍跃忠　山东潍坊百货集团股份有限公司副总裁
3. 宋　凯　山东省日照市贸易办公室副主任科员
4. 孟宪才　山东省临邑县人民政府财贸办公室主任
5. 徐　岭　山东省菏泽市贸易办公室科长
6. 卢文明　山东省烟台市财贸办公室副主任

十八、青岛市

1. 张　蔚　青岛市经济贸易委员会调研员

十九、河南省

1. 王绥生　河南省商务厅市场体系建设处处长
2. 杨树齐　河南省商务厅市场体系建设处助理调研员
3. 秦　炫　河南省南阳市商务局副局长
4. 霍云瞧　河南省南阳市商务局市场体系建设科科长
5. 孙国银　河南省桐柏县“万村千乡”市场工程领导小组副组长
6. 刘玉仙　河南省内乡县新大新有限公司董事长
7. 张少华　河南省虞城科迪便民连锁超市公司经理

二十、湖北省

1. 蔡海泉　湖北省商务厅副处长
2. 周忠义　湖北省仙桃市商务局局长
3. 张轶能　湖北省随州市商务局副局长
4. 华再利　湖北省黄冈市商务局主任科员
5. 朱定志　湖北省武汉中商集团副总经理

二十一、湖南省

1. 张军平　湖南省商务厅市场体系建设处副处长
2. 谭山平　湖南省湘潭市人民政府副市长

二十二、广东省

1. 罗房枢　广东省经贸委副处长
2. 马国铭　广东省广州市经济贸易委员会助理调研员
3. 李观来　广东省茂明市人民政府副市长

二十三、广西壮族自治区

1. 欧阳玮　广西壮族自治区南宁市商务局副科长
2. 李旭亮　广西壮族自治区岑溪市经贸局局长
3. 唐机文　广西壮族自治区柳州市商务局副局长
4. 谢　强　广西壮族自治区钦州市商务局局长
5. 区　梅　广西壮族自治区灵山县经济贸易局副局长

二十四、海南省

二十五、重庆市

1. 秦文武　重庆市商业委员会主任
2. 林　杰　重庆重客隆超市有限公司董事长

二十六、四川省

1. 曹世茹　成都红旗连锁有限公司董事长
2. 慕建勋　成都市温江区商务局副局长
3. 杜春茂　四川省老邻居商贸连锁有限公司董事长

二十七、贵州省

1. 张恩瑞　贵州省麻江县供销社主任
2. 祝国平　贵州省开阳县供销社主任
3. 李　明　贵州省贵阳市供销合作社联合社副主任
4. 黄永红　红花岗区市场服务中心主任

二十八、云南省

1. 朱长松　云南省商务厅主任科员

二十九、陕西省

1. 张科成　陕西农科经贸连锁有限公司总经理
2. 康争战　渭南市居家乐商贸连锁有限责任公司总经理
3. 田红光　陕西省咸阳商务局规划建设科科长
4. 安建勇　陕西省西安市商业贸易局商品流通处处长
5. 封会民　陕西省渭南市商务局科长
6. 卫景芳　陕西省杨凌示范区经贸发展局主任科员

三十、甘肃省

1. 黄河清　甘肃省商务厅市场体系建设处调研员
2. 李龙学　甘肃省武威市商务局市场运行调节科科长
3. 牛天龙　甘肃省敦煌市商务局副局长
4. 刘　荣　甘肃省陇南市徽县商务局局长
5. 陈国杰　甘肃省定西市商务局市场体系建设科科长

三十一、青海省

1. 岳才春　青海省商务厅副处长

三十二、宁夏回族自治区

1. 王　强　宁夏回族自治区商务厅副处长

三十三、新疆维吾尔族自治区

1. 买买提·乌斯满　新疆区经贸委副主任
2. 马龙江　新疆维吾尔族自治区经贸委贸易市场处副处长
3. 高晓云　新疆维吾尔族自治区昌吉回族自治州经贸委科长
4. 高　敏　新疆维吾尔族自治区伊犁哈萨克自治州经贸委副主任科员
5. 魏小军　新疆维吾尔族自治区塔城地区经济贸易委员会科长

三十四、新疆生产建设兵团

1. 李光明　新疆生产建设兵团农六师芳草湖总场党委书记、政委
2. 吐迪麦麦提·亚生　新疆生产建设兵团农资公司喀什配销中心墨玉县经销部经理

3. 汪　英　新疆生产建设兵团农五师艾比湖商场经理

三十五、中华全国供销合作总社

1. 侯顺利　新合作商贸连锁股份有限责任公司总经理

商务部办公厅关于公布第一批“万村千乡市场工程”示范点名单的通知

商建字〔2006〕24号

各省、自治区、直辖市、计划单列市及新疆生产建设兵团商务主管部门：

为贯彻落实中央经济工作会议和2006年中央1号文件关于“继续实施万村千乡市场工程”的工作部署，充分发挥典型地区的示范带动作用，商务部在各地推荐的基础上，经过考察，确定河北省沧州市等20个市县为第一批“万村千乡市场工程”示范点。具体名单如下：

河北省沧州市，河北省赵县，辽宁省鞍山市，黑龙江省大庆市，山东省莒南县，山东省威海市，浙江省绍兴市，浙江省临安市，安徽省怀宁县，安徽省巢湖市，江苏省南京市，江苏省邳州市，江西省高安市，湖北省仙桃市，湖南省湘潭市，河南省淅川县，广西自治区南宁市，四川省射洪县，重庆市江津市，陕西省泾阳县。

希望各示范点继续努力探索，总结经验并发现更多好的典型。商务部将通过多种形式，加强与示范点的联系与交流，示范点所在地的省级商务主管部门要搞好指导，及时总结和推广其示范经验。

特此通知。

商务部关于公布第一批全国社区商业示范社区名单的通知

商改字〔2006〕6号

各省、自治区、直辖市、计划单列市及新疆生产建设兵团商务主管部门：

根据《商务部办公厅关于开展全国社区商业示范社区评审工作的通知》（商改字〔2005〕55号），经对各地上报的全国社区商业示范社区申请材料进行评审，现将第一批全国社区商业示范社区名单（共59个）公布如下：

北京市朝阳区西坝河西里社区

北京市东城区胡家园社区

上海市长宁区新泾社区

上海市浦东新区联洋社区

天津市河东区美福园社区

天津市河西区永安道社区

重庆市渝中区莲花池社区

重庆市沙坪坝区天星桥社区
河北省石家庄市裕华区国际城社区
河北省保定市国家高新区茗畅园社区
山西省太原市万柏林区漪汾苑社区
山西省太原市小店区太航社区
内蒙古自治区呼和浩特市新城区北街社区
内蒙古自治区包头市昆都仑区乌兰社区
辽宁省沈阳市大东区长安街道办事处民航社区
辽宁省沈阳市沈河区风雨坛街道顺通社区
辽宁省大连市沙河口区锦云社区
辽宁省鞍山市铁东区园林街道拥军社区
吉林省长春市朝阳区西康路东社区
吉林省长春市南关区重庆路北社区
黑龙江省哈尔滨市南岗区中央红花园社区
黑龙江省牡丹江市西牡丹社区
江苏省南京市建邺区南湖社区
江苏省苏州工业园区邻里中心
浙江省杭州市下城区长庆街道王马社区
浙江省宁波市鼓楼街道中山社区
安徽省合肥市安居苑社区
安徽省芜湖市南瑞社区
福建省福州市鼓楼区洪山镇锦江社区
福建省厦门市“未来海岸　铜锣湾广场”社区
福建省泉州市丰泽区东湖社区
江西省南昌市东湖区滕王阁上凤凰坡社区
江西省南昌市西湖区十字街建设桥社区
山东省济南市佛山苑社区
山东省青岛市天泰奥林匹克花园社区
山东省潍坊市早春苑社区
河南省焦作市丰收社区
湖南省长沙市西湖社区
湖南省湘潭市岳塘区霞光社区
广东省广州市番禺祁福新社社区
广东省深圳市罗湖区都市名园
广东省东莞市东城区东泰花园社区
广西省南宁市西乡塘区秀湖社区
广西省南宁市青秀区新兴苑社区
四川成都市锦江区万科城市花园社区
四川成都市成华区新鸿社区

贵州省贵阳市云岩区宅吉路街道办事处盐务社区
贵州省贵阳市南明区二戈寨街道白马井巷社区
云南省昆明市五华区威远社区
云南省昆明市盘龙区尚义社区
陕西省西安市明德门北社区
陕西省西安市高新区枫叶新都市社区
甘肃省兰州市西固区新安路社区
青海省西宁市礼让街办事处七一路西社区
青海省西宁市大通县青铝社区
宁夏自治区银川市民生社区
宁夏自治区银川市新城南社区
新疆自治区乌鲁木齐市天山区中山路社区
新疆自治区乌鲁木齐市沙依巴克区炉院东街社区

商务部

二〇〇六年一月二十五日

附录二

2005 连锁年度风云人物

卫停战

关键词：国企改制　稳健发展

北京京客隆商业集团股份有限公司董事长。

自 1972 年始至今，卫停战在商业岗位上整整干了 33 年。在他的带领下，京客隆（前身为朝阳副食品总公司）从一家副食品公司向现代零售业态的超市企业转型并获得成功，于 2002 年成立的北京京客隆超市连锁有限公司为当时北京市第一个大型连锁企业集团。

卫停战说："企业的灵魂是创造。"京客隆的前身是一家老国企，由计划经济向市场经济改制，对民营企业也许不新鲜，但对京客隆就是一种挑战和一种创造。在发展的过程中，卫停战坚持"不断创新，稳健发展"的模式。2004 年 11 月，卫停战再一次领导京客隆顺利实行了第二次股份制改造，使京客隆在机制、经营管理、技术、资金运作等方面的规范化有了质的飞跃。

在中国连锁经营协会发布的"2004 年中国连锁百强"中，京客隆列第 28 位。京客隆已成为一家大型网络化连锁经营的名牌企业。

陈　晓

关键词：精耕细作发展　香港上市

上海永乐家用电器有限公司董事长兼总裁。

1996 年底，陈晓带领 40 几名员工共同组建了民营股份制企业——上海永乐家用电器有限公司，从进口电器的代理批发入手，作为首家家电专业零售、批发卖场，永乐打破了当时上海家电市场国有企业一统天下的局面，打出"千种品牌，万款家电，总有一款适合你"的经营口号。1998 年，陈晓引进连锁经营模式，并修改传统商业的价格构造，改变传统的销售渠道，这种前瞻性的举措，为永乐的成功奠定了坚实的基础。短短几年，永乐家电成为中国规模第三的家电连锁企业，而且被同行和媒体一致公认为是中国盈利水平最好的家电连锁企业之一。

2004 年，在陈晓领导下，永乐成功引进了海外战略投资者摩根斯坦利的 5000 万美元资金和先进的管理模式。2005 年，继以 20 亿元人民币身价名列 2005 胡润百富榜第 66 位两天之后，10 月 14 日，永乐在香港成功上市，发行 4.558 亿股，融资 10.26 亿港元，公司的总市值达到 51 亿港元，永乐家电在陈晓的带领下又步入了新的发展里程。

张轩松

关键词：“农改超”生鲜经营　跨区域发展

福建永辉集团董事长。

2001年3月，当时任福州永辉超市有限公司董事长的张轩松创办了福州首家“农改超”超市——福州永辉屏西生鲜超市，自此在全国率先开创了“生鲜食品超市”这种全新业态经营农贸超市的模式，并获得空前成功。

在近年来的“农改超”热潮中，各地成功者寥寥，福州永辉却在实践过程中营业额连年翻番，独树一帜，在超市的生鲜经营和我国“农改超”的发展历程中具有里程碑意义。

2001年，“永辉模式”得到了当时的国务院副总理李岚清的充分肯定，国务院七部委也将永辉模式作为“农改超”的典范向全国推广。永辉在生鲜经营上的不菲成就，吸引了国内众多连锁企业学习取经。

张轩松总结说，永辉的成功在于“勤劳、创新、沟通和总结”。2004年，永辉营业额突破20亿元，2005年营业额预计将达35亿元。目前，福建永辉开始走出福州，向全国发展。张轩松正以生鲜经营为旗帜，以现代物流配送系统为支撑，以食品工业和现代农业为两翼，带领着福建永辉朝着实现全国性民族商贸企业集团的目标前进。

张国贤

关键词：四方联采　豫商新貌

河南大张实业有限公司董事长，“四方联采”发起人之一。

张国贤创办的大张实业，通过业态创新，稳扎稳打，多年稳居河南洛阳零售业第一。

张国贤对中国连锁业的更大贡献在于他对自愿连锁的率先实践。2002年，洛阳大张与河南另外3家零售企业许昌胖东来、南阳万德隆、信阳西亚组建了中国超市行业第一家自愿连锁雏形组织——“四方联采”。张国贤、于东来、沈世泉、王献忠等四位志同道合者本着“诚信经商、相互促进”的精神，制定了“在区域中有优势、在竞争中有形象、在错位中有利润、在谈判中有力度、在拓展中有方向”的发展战略，不断做强做大，四家企业销售额从2002年不足5亿元达到2005年的30多亿元，实现营业额、利税额持续翻番，全部成为当地市场最大的连锁企业。

在张国贤等“四方联采”的企业家们身上，还体现着一种高尚的人生境界、精诚互助的合作理念、诚信经商的企业家精神，展现了新一代“豫商”的风貌。“四方联采”通过3年尝试，初步探索出一条具有中国特色、适合本区域发展的中小企业自愿连锁的发展之路。

邱源昶

关键词：现代便利店盈利模式

上海可的便利有限公司总经理。

1996年2月，邱源昶走马上任，重组可的食品公司，这是他开始真正涉足商业。他的这一选择，在9年后给人们带来了一个全国最大的便利店公司。

邱源昶成功地把可的从食品型小超市转型为现代便利店业态。在中国便利店公司基本处于全行业亏损状态时，他带领可的便利店公司快速扩张且不乏稳健，目前在上海、江苏、浙江等地的门店达1100多家，并成为便利店业态中为数不多的盈利企业之一。

邱源昶是中国目前规模型便利店公司中担任总经理职务最长的总经理，经历了中国便利店从导入、成长到规模化的整个过程。邱源昶对中国便利店业态的贡献在于，他持续地将信息系统运用于中国的便利店连锁经营，首倡了中国便利店的内部加盟制度，并成功地实现了便利店的跨区域经营，建立了完整的连锁店管理体系。

郑万河

关键词：百货全国连锁　50年辉煌

北京王府井百货（集团）股份有限公司董事长兼总经理。

在百货业遭遇困境和争议之时，郑万河力排众议，矢志推动王府井百货发展大百货连锁，将连锁业态中最难复制成功的百货店之花开到了全国各地，不仅“走得出去”，而且“站得住脚”，取得了显著的经济效益和良好的社会效益。发展过程中，郑万河领导下的王府井百货成功实践了百货业的集中采购，并形成有效规模优势，探索出了全国百货连锁的一种成功模式和途径，向中国连锁界证明了百货连锁强大的战斗力和生命力。

作为“新中国第一店”的北京王府井百货集团，历经50年沧桑，从一个传统国有企业发展成为具有现代化的、先进管理水平的大型连锁百货集团。下一步，王府井百货又要开始新一轮的管理创新，从以往单店连锁向区域管理模式转变，并将在北京首先推广。2005年恰逢集团50年庆典，郑万河将继续带领王府井百货迈向更宏伟的目标。

钟浩威

关键词：工商关系　商誉

沃尔玛百货有限公司全球高级副总裁、亚洲区总裁兼首席执行官。

热爱中国文化的钟浩威亲身经历了沃尔玛在中国的发展历程。1974年钟浩威加入沃尔玛百货有限公司，1994年被任命为沃尔玛亚洲区总裁兼首席执行官，至今已在中国工作了10多年。他行事风格刚强而灵活，不墨守成规，为沃尔玛在中国的发展立下了汗马功劳。

在与供应商的关系上，沃尔玛一直享有非常好的口碑。钟浩威崇尚“零售业竞争是多赢”的观点，在他的领导下，沃尔玛中国也延续了沃尔玛的一贯作风。沃尔玛公司坚持采购中国制造的产品，而且一贯注重与供应商建立合作伙伴关系。沃尔玛帮助供应商了解市场需求，削减成本，提高质量，改善包装，从而增强了企业的竞争力，促进了生产企业的发展。在中国连锁经营协会与IBM中国有限公司合作主办的“年度工商关系调查”中，沃尔玛在“供应商对零售商的综合评价得分”中连续3年名列第一。在工商关系日渐紧张的连锁零售业，钟浩威领导的沃尔玛中国再一次用行动和事实为工商协作做出了表率。

蔡达标

关键词：中式快餐标准化

真功夫餐饮连锁机构总裁。

餐饮连锁是近年来发展势头最猛的连锁业态之一。但在中国快餐市场，虽然中式快餐进行了长期不懈的努力，却因受标准化困扰，西式快餐一直在快餐市场上遥遥领先，抢尽风头。当许多专家和快餐连锁企业还在高呼“中式快餐的明天在哪里？中式快餐什么时候能实现标准化?”之时，蔡达标默默无闻地破解了中式快餐管理困局，带领“真功夫”完全实现了标准化工业生产，实现了营运、服务、管理、工序、质量甚至物流的标准化，制定了中国快餐连锁业内第一套完备的营运手册，被业界誉为“完善的中餐标准化宝典”。同时，“真功夫”的跨区域发展也卓有成效。

在中式快餐的标准化操作上，“真功夫”走在了全国同行业的最前端，探索出了一条适合于中式连锁快餐发展的新道路，使打破西式快餐的强势地位成为可能，这对中式连锁快餐的发展具有极其重要的意义。今年，在华南市场稳步发展的基础上，“真功夫”开始向华北和华东地区拓展。

2005年度中国零售创新奖

我国现代零售业经过10年的发展，正在经历着两个重大的转变：随着市场的全面开放，单纯的模仿只能延缓失败，惟有创新才是发展之本，而我国的零售企业正从学习、模仿国外企业向自主创新发展转变；二是行业正在从以追求速度为主的外延式扩张阶段转变为以差异化求生存、谋发展的创新阶段。

为推动中国零售业创新活动的开展，中国连锁经营协会在全国开展了创新案例的征集和“中国零售创新奖”评选活动。经过为期2个多月的征集，共收到零售创新案例近70篇。创新的内容包括战略管理创新、业态创新、营销创新、技术创新四个方面。经过11位业内专家的两轮筛选，评选出中国零售十佳创新案例，并汇集出版了《零售创新案例》一书，希望给零售商及管理者以启迪和帮助。

1. SPAR超市：欧洲高端大卖场的中国化　作者：SPAR中国首席代表张智强
2. 家乐福：收银排队解决方案创新　作者：德利多富信息系统（上海）有限公司
3. “谭鱼头”：数码火锅　作者：IBM公司
4. 上海可的便利店：开发鲜食产品　作者：上海可的便利店有限公司
5. 京客隆：生鲜食品配送中心　作者：北京京客隆超市有限公司
6. 上海城市超市：高端路线　作者：上海城市超市有限公司
7. 伍缘折扣店：居民身边的大卖场　作者：上海伍缘现代杂货有限公司
8. 上海华联超市：以顾客需求为导向　作者：宝洁公司

9. 均价折扣店的创新：1·5·9 上海启点超市　作者：上海启点超市有限公司
10. 苏宁电器：储备人才　作者：苏宁电器连锁股份有限公司

2005 年度中国零售十佳创新案例点评

SPAR 十八超市：欧洲高端大卖场的中国化

国际 SPAR 与山东家家悦超市合作的第一家“十八超市”，是由家家悦已开业一年半的一个大卖场改造建成的。国际 SPAR 通过与家家悦的各级干部携手合作，花了半年时间，最终制订了一套密切结合中国国情的完整方案。

在 SPAR 的经营理念中，超市设计是如何使一个店铺从视、闻、尝、听、触等各种角度让目标顾客全方位体验和感受店铺。SPAR 就是通过视觉要素、嗅觉要素、味觉要素、听觉要素、触觉要素营造卖场气氛，达到与顾客沟通的最佳效果。第一家“十八超市”在没有显著增加资金投入的情况下，营业额同比增加了 30%多。家家悦随后开出的第二家“十八超市”是接手一个原先营业额只有不到 1 万元的竞争对手的店，改造后平均日营业额超过 20 万元。

好的店铺设计，始终要围绕目标顾客来进行，调动顾客的积极性并与其有效沟通；保持自己的独特个性，常变而又常新，并始终让商品做主角；货架、背景等都是商品的附属，与顾客做“第六感沟通”。

家乐福：收银排队解决新方案

法国家乐福集团是全球第二大零售集团，其主要经营业态包括大卖场、超级市场、折扣店等，家乐福超过 9000 家的门店遍布全球。

众所周知，超市里顾客与营业员接触的机会较少，收银员的服务质量至关重要。调查显示，排队长度如果超过 3 人就难以容忍的顾客占 45.4%，另有 40.5%的顾客容忍长度为 6 人。针对这个问题，家乐福与德利多富公司合作进行了收银解决方案的创新。收银排队系统的具体操作流程是：（1）扫描顾客采购的商品条码；（2）产生惟一性的扫描批次号码；（3）客户带着惟一的批次号码和采购打包好的商品到收银台付款；（4）收银员在收款台扫描批次号码，并获得所有顾客采购的商品信息及价款总额；（5）从 CALYPSOPOS 系统重新找回预先扫描的商品信息数据；（6）付款后，销售小票包括详细购物信息将被打印出，客户完成购物并减少购物的等待时间。

通过实施这套系统，明显减少并缩短了客户购物结账的等待时间，从而达到顾客“开心的来，满意的回”的结果。

"谭鱼头"：用IT系统铸造数码火锅

成都谭鱼头投资股份有限公司是一家以餐饮业为龙头、以连锁经营为模式的现代企业，现有员工8000余人，年销售额近5亿元人民币。

谭鱼头的第一家火锅店刚开业时，30多张桌子的餐厅天天爆棚，门口经常有几十人排队等位。但时间久了，顾客开始没有耐心排队等候了。这时，谭鱼头与IBM公司合作全面采用IT系统。首先，产品要用最好的。餐厅、厨房这些比较特殊的应用环境本身对IT设备就提出了考验。其次，技术要有前瞻性。未来业务增长、POS密集、客流量高峰信息发送密集的时候，很可能会出现传输瓶颈。所以，保险起见，他们还是采用了有线网络连接。最后，要为企业解决实际问题。800平方米以下的店面不使用POS，因为对于不上规模的店面，IT系统的投入就不划算。

"谭鱼头"的成功其实是个多种因缘巧合的案例，这个信息化建设的处女地上，借助IT推动企业发展，对任何一个企业都不是一件容易的事情，谭鱼头却做到了。

可的便利：开发鲜食产品

上海可的便利店有限公司成立于1996年，现属光明乳业股份有限公司旗下的控股子公司。公司拥有集直营、委托和特许加盟三种经营模式为一体的专业便利店1000余家。

由于现在都市人生活、工作节奏的加快，人们对食品制成品的需求大幅增长，消费者的饮食结构发生了根本性变化，即食食品的方便化、即食化是迎合生活质量升级的食品发展趋势。上海可的公司鲜食大类的产品从中式早餐到西式早餐；从中式鲜食到各式鲜食；从中式点心到西式点心，品种丰富。以当地口味的商品为主，以各国、各地区风味的商品为辅的产品结构形成了可的鲜食产品的个性。特别是可的自有品牌的创立做到了特色化和差异化。目前已经上市的可的鲜食产品可分为六大系列近百种单品，适合不同喜好的消费人群。

可的在鲜食领域已经领先于其他便利系统，并在中国的零售业市场立足，成为鲜食商品销售最具规模和市场的便利店企业。

京客隆：生鲜配送中心解决方案

北京京客隆商业集团股份有限公司创建于1994年，是一家投资主体多元化的大型商业集团，主要从事日常消费品的流通业务。

为了解决京客隆超市生鲜类商品的加工配送问题，形成标准化、一体化、规范化的经营模式，集团公司建设了大型的多功能生鲜食品配送中心。他们的创新体现在以下几个方面：（1）生鲜食品配送中心完全按照国际化的建设标准来进行设计并施工；（2）中心内设有蔬果加工车间、肉品加工车间、季节性冻品配送车间及日配品中转车间；（3）中心设有专门的食品安全卫生控制部门，负责对各类生鲜产品进行检测；（4）生鲜食品配送中心凭借其"细、净、鲜"的管理理念，朝着为北京市民提供"安全肉、放心菜"的方向不断努力。

生鲜食品配送中心的建立，成功实现了食品冷链所要求的加工、贮藏和运输的功能，从真正意义上对猪肉进行排酸加工处理，明显提高了产品的品质并延长了保存期限。

城市超市：商品经营的高端路线

上海城市超市是上海最大的一家专业经营进口食品、日用品的连锁超市。城市超市定位于高端市场，通过优雅的购物环境和贴心的服务吸引并留住客户。

中国自改革开放以来，引入外资的同时外籍人士不断涌入，然而，在上海的零售业格局中没有主营进口食品、日用品的超市，外籍人士在上海生活购物颇感不适应。城市超市正是瞄准了这样一个市场空白点，抓住改革开放的大机遇，明确树立客户目标，另辟蹊径，定位于高端市场。其创新具体表现在以下几个方面：(1) 独特的经营理念——商品自己找、蔬菜自己种、面包自己烤、咖啡自己炒；(2) 一站式购物服务；(3) 优雅的购物环境和超值的客户服务；(4) 配合目标客户准确布店；(5) 与客户良性互动。

上海城市超市将市场细化后，选择了空白的高端市场，从产品、服务、经营等各个角度始终围绕着“高端”二字做文章，不仅企业获得了成功，更为提升城市形象做出了贡献。

“伍缘折扣”：居民身边的大卖场

伍缘折扣店是农工商超市集团 2004 年下半年独资创办的“上海伍缘现代杂货有限公司”下属的直营连锁店，目前已经发展到 200 家的经营规模。

大卖场虽然品种多价格便宜，但存在诸多购物不便。便利店虽然就近便利，但每日生活必需品比较少。农工商超市集团开发了“伍缘折扣”这一新业态，以新的方式来满足居民每日生活所需。具体包括以下九个方面：(1) 把“伍缘折扣”定位于“居民身边的大卖场”；(2) 与农工商超市农副产品的经营优势相结合；(3) 为顾客优选商品；(4) 整箱陈列，简洁明快；(5) 将服务台与收银台合二为一；(6) 开发了冷冻与冷藏合一的陈列设备；(7) 采用跳跃的色彩与亮丽的店面；(8) 采取直营连锁方式；(9) 成立了创新改进小组。

伍缘折扣店以独特的方式简便地满足了消费者对距离的便利性、购物的便利性、服务的便利性与时间的便利性要求。

上海华联：以顾客需求为导向的营销策略

华联超市股份有限公司是中国国内最大的连锁超市集团之一，成立于 1993 年，2003 年归并到百联集团旗下。上海华联年销售额 56 亿元，拥有 1000 多家门店。

根据对中小超市购物者的调研，购物者普遍希望中小超市在品类陈列上具有关联性，营造舒适的美容购物环境。针对上述状况，华联超市和宝洁公司进行了美容护理中心项目测试。华联超市在 3 家测试门店的个人护理中心采取革新行动：(1) 建立个人护理中心，将洗发护发、化妆品、个人清洁、口腔护理和女性用品这五个品类集中陈列；（2）实现品类管理和公平货架；（3）按照消费者的购物习惯陈列；（4）建立令购物者轻松愉快的购物环境；（5）建立单独的收银台。华联超市个人护理中心项目的革新在测试门店取得了成功，整体商店的销售上升25%，五个参与品类的销售上升61%，毛利率从14%提升到16%。

零售企业的经营创新，必须围绕着分析顾客，真正了解他们的需求，满足目标顾客群体的要求，为他们创造更大的价值。这样才能提高企业的效益，创造竞争优势。

启点超市：本土的均价折扣店

上海启点超市成立于2005年，是一家以经营1元、5元、9元商品为特色的新型连锁超市，商品品类以学生用品、各类饰品、休闲食品、简易家居用品、生活用品为主。

目前，国内大卖场、标超、便利店发展得如火如荼，均价折扣店却一直发展缓慢。作为均价折扣店的代表，“1·5·9启点超市”在管理的众多层面上运用独创的经营管理方法，主要包括：（1）信息管理系统简单化——把信息分为“重要”、“必要”和“一般”三类，对商品信息进行分类；（2）百货占主导地位的商品构成——商品结构中，时尚百货以95%的比例占绝对优势，食品仅占5%；（3）日用百货的零库存经营——启点超市实现占品种数90%的百货品种零库存经营；（4）商品陈列的方式创新——超市引进全新的陈列器材和道具，立体地展示各种商品。

目前，启点超市已发展至12家门店，1个配送中心，取得了在高速扩张下基本保本盈利的业绩，标志着在中国真正意义上颇具规模、又极富本土特色的均价折扣店实现了零的突破。

苏宁电器：1200工程储备人才

苏宁电器集团始创于1990年，截至2005年7月，苏宁电器在中国24个省和直辖市拥有200多家连锁店，员工人数超过7万名。

苏宁电器自1996年开始全国连锁经营，每年均以加速度方式快速增长，企业规模的扩大对人才数量的需求也在成倍递增。苏宁电器立足于2005年发展规划对中层管理干部的需求，秉承“自主培养、内部提拔”的人才培养方式，制定了具有前瞻性、战略性意义的“1200工程项目”。“1200工程”的核心内容是：用两年的时间将应届大学毕业生培养为中层管理干部。“1200工程”对于苏宁电器来说，是基于企业两年后的发展需要，超前储备人才，同时又是一项持续性、长期性的工作。从范围上来说，不是针对特定体系、特定岗位，而是涵盖集团内的各个部门近30个岗位；从投入上来说，仅“1200”一期启动之时，在一年培养期内的预算投入就达3000万元。

“1200工程项目”为苏宁连锁发展带来了新的生机，使整个团队充满了青春的活力，是提高家电流通业现代化管理水平的一大途径。

2005－2006 年度中国优秀特许奖公示

中国优秀特许品牌

序号	品牌	企业名称	行业/业态
1	联华	联华超市股份有限公司	超市
2	信义	信义房产管理咨询（上海）有限公司	房屋中介
3	东易日盛	北京东易日盛装饰有限责任公司	家装
4	百圆	山西省百圆裤业有限公司	服装专卖店
5	象王	上海象王洗衣有限公司	洗衣
6	红黄蓝亲子园	北京红黄蓝儿童潜能教育娱乐有限公司	教育
7	仙踪林	上海仙踪林餐饮有限公司	休闲饮品
8	德克士	天津德克士食品开发有限公司	西式快餐
9	迪欧	迪欧餐饮管理有限公司	咖啡馆
10	大滇园	昆明大滇园美食有限公司	中式正餐

加盟商满意奖

序号	品牌	企业名称	行业/业态
1	居众装饰	深圳市居众装饰设计工程有限公司	家装
2	东方爱婴	北京市东方爱婴咨询有限公司	教育
3	环球雅思	北京市东城区环球雅思培训学校	教育

最具成长力奖

序号	品牌	企业名称	行业/业态
1	如家	上海如家酒店有限公司	经济型酒店
2	TNT	荷皇天地（中国）投资有限公司	快递服务
3	英派斯	青岛英派斯大健康股份有限公司	健身
4	农家福	安徽徽商农家福股份有限公司	农资连锁店
5	谭木匠	重庆谭木匠工艺品有限公司	工艺品专卖店
6	都市清泉	上海理日科技发展有限公司	水站

特许管理创新奖

序　号	品　牌	企业名称	行业/业态
1	美宜佳	东莞市糖酒集团美宜佳便利店有限公司	便利店
2	吴裕泰	北京吴裕泰茶叶股份有限公司	茶叶专卖店
3	永和	永和国际发展有限公司	中式快餐
4	绿茵阁	广州市绿茵阁餐饮连锁有限公司	西餐厅
5	马兰	马兰拉面快餐连锁有限责任公司	中式快餐
6	秦妈	重庆秦妈餐饮管理有限公司	中式正餐
7	植秀堂	青岛植秀堂养生养颜连锁有限公司	美容
8	康洁	郑州市康洁洗涤有限公司	洗衣

优秀管理者奖

序号	获奖者	职务	所在企业	品牌
1	贾军	董事长	北京市东方爱婴咨询有限公司	东方爱婴
2	柏力	总裁兼首席执行官	速伯艾特（北京）国际酒店管理有限公司	速8
3	吕德章	总经理	长春市若石足道健康技术有限公司	若石
4	吉浦钧	董事长	郑州市康洁洗涤有限公司	康洁
5	陈昕	全国特许加盟经理	荷皇天地（中国）投资有限公司	TNT
6	陈帖	总经理	大连好月嫂家庭服务有限公司	好月嫂
7	张凯	总经理	北京龙发装饰集团特许经营中心	龙发
8	张智强	副总裁	广州市绿茵阁餐饮连锁有限公司	绿茵阁
9	谭传华	董事长	重庆谭木匠工艺品有限公司	谭木匠
10	张国衡	总经理	东莞市糖酒集团美宜佳便利店有限公司	美宜佳

优秀加盟商奖（单店）

序　号	获奖者	加盟品牌	加盟企业名称
1	董誉	东方爱婴	北京市东方爱婴咨询有限公司
2	李永生	业之峰	北京业之峰装饰有限公司
3	行涛	龙发	北京龙发装饰集团
4	黄学军	若石	长春市若石足道健康技术有限公司
5	吴建军	伊尔萨	荣昌·伊尔萨洗染连锁集团
6	张艳荣	翰皇	北京翰皇伟业皮革清洁养护连锁服务有限公司
7	何青	肯德基	百胜（中国）投资有限公司
8	李昆豫		百胜（中国）投资有限公司

续表

序　号	获奖者	加盟品牌	加盟企业名称
9	张国军	迪欧	迪欧餐饮管理有限公司
10	李华	秦妈	重庆秦妈餐饮管理有限公司
11	许长春	德克士	天津德克士食品开发有限公司
12	汪其全	阿瓦山寨	咸阳阿瓦餐饮文化连锁有限公司
13	韩涛	渔公渔婆	沈阳市小土豆餐饮有限公司
14	刘国敏	大滇园	昆明大滇园美食有限公司
15	温天宽	德庄	重庆德庄实业（集团）有限公司
16	张嘉林	刘秀	内蒙古刘秀餐饮连锁管理有限责任公司
17	朱辉	川江号子	成都川江号子餐饮管理有限公司
18	张祖俊	小尾羊	内蒙古小尾羊餐饮连锁有限公司
19	刘志善	摸错门	青岛市摸错门饮食文化有限公司
20	林铭德	联华	联华超市股份有限公司
21	延军锋	席殊	北京旌旗席殊书屋有限公司
22	吴中树	百圆	山西省百圆裤业有限公司
23	郭圣从	农家福	安徽徽商农家福股份有限公司
24	李源	燕之屋	厦门市双丹马实业发展有限公司

优秀加盟商奖（区域）

序　号	获奖者	加盟品牌	加盟企业名称
1	徐宝霞	红黄蓝亲子园	北京红黄蓝儿童潜能教育娱乐有限公司
2	杨育才	21 世纪不动产	21 世纪中国不动产
3	李丹	东易日盛	北京东易日盛装饰有限责任公司
4	许永杰	轻舟	北京轻舟世纪建筑装饰工程有限公司
5	王倩	植秀堂	青岛植秀堂养生养颜连锁有限公司
6	金加南	福奈特	北京福奈特洗衣服务有限公司
7	武建萍	好月嫂	大连好月嫂家庭服务有限公司
8	徐秋芳	英派斯	青岛英派斯大健康股份有限公司
9	贾雪绪	永和	永和国际发展有限公司
10	龚季龙	毛家	韶山毛家饭店发展有限公司
11	李延军	小天鹅	重庆小天鹅投资控股（集团）有限公司
12	黄茂芳	绿茵阁	广州市绿茵阁餐饮连锁有限公司
13	王利军	好伦哥	北京好伦哥餐饮有限公司

附录三

中国连锁经营协会简介

中国连锁经营协会是在民政部登记注册的连锁领域惟一的全国性行业组织，成立于1997年。截至2005年年底，协会拥有团体会员超过1000家。会员企业2005年销售额超过8200亿元人民币，连锁店铺数12万个，提供就业岗位200万个。

协会会员包括团体会员和个人会员。团体会员涵括了零售、餐饮、服务等行业中的50多个行业、业态，企业主要为国内知名和在华外资连锁公司、重要供应商及相关中介组织。个人会员为企业高层管理人员、知名专家和记者等。

协会以推动连锁经营在中国的发展为已任，以会员服务为核心，代表行业利益，维护会员合法权益，提供各项促进企业发展的服务内容，主要包括：

政策协调 成为企业与政府之间沟通的平台，通过政策建议、标准制定、信用体系建设等为行业发展创造良好环境。

企业合作 以中国连锁业大会、中国连锁店展览会、中国特许加盟大会、中国特许展等活动为平台，推动行业合作交流与发展。

行业培训 通过“中国零售管理人员商务证书”、“中国特许经营管理人员商务证书”两个从业人员认证培训体系，帮助企业管理人员提高业务水平。

资讯传递 通过协会网站、电子通讯和《连锁》月刊、《年鉴》等媒介平台传递行业资讯，使企业及时把握行业发展脉搏。同时，保持与中央、地方媒体的紧密合作。

国际交流 作为WFC、APFC成员国代表，与世界50多个国家在零售连锁和特许经营方面建立了紧密联系，积极推动国际化交流。

行业研究 通过行业统计和专项调查，发布连锁百强报告、特许经营蓝皮书、食品安全等十多项报告，为政府和企业提供涉及行业发展趋势等方面的调研服务，为企业决策提供依据。

行业自律 以《中国连锁经营协会章程》、《连锁超市行业道德规范》、《特许经营道德规范》为准则，规范企业经营行为，促进行业健康发展。

中国连锁经营协会以“引导行业、服务会员、回报社会、提升自我”为理念，努力推动行业发展，欢迎更多的企业加入协会，相互交流、寻求合作，共同发展，为中国的连锁经营事业创造辉煌。

附录四

各地方协会名录

序号	协会名称	电话	传真	地址	邮编
1	北京市连锁经营协会	62218069	62262236	北京市海淀区北三环西路明光北里2号	100088
2	西安连锁经营协会	029－87295045	029－87231455	西安市二府街27号	710003
3	广州连锁经营协会	020－86471051－568	020－6472200	广州市西湾东路18号广州蔬果大厦七楼	510160
4	东莞市零售行业协会	0769－22477290 22502386	0769－22477265	东莞市莞太大道篁村路段13号糖酒集团公司二楼202室	523000
5	上海连锁商业协会	021－62717620 62717621	021－62717623	上海市石门一路251弄4号	200041
6	天津市连锁商业协会	022－23023836	022－23023804	天津市和平区重庆道25号	300050
7	深圳市零售商业行业协会	0755－82948490	0755－82945078	深圳市福田区彩田南路路灯大厦4楼	518026
8	武汉商会连锁经营分会	027－82788591 82785633	027－82853739	武汉市汉口京汉大道893号	430013
9	厦门市商业联合会连锁经营同业公会	0592－530253	0592－35041490	厦门市湖滨北路15号外贸大厦315室	361012
10	重庆市连锁经营协会	023－63821111	023－63811666	重庆市渝中区公园路19号德艺大厦26－6号	400011
11	湖南省连锁经营协会	0731－4131132	0731－4131132	长沙市车站南路699号金贸大厦412室	410001
12	大连市连锁企业协会	0411－84600529	0411－84600509	大连市沙河口区联合路联合巷21号301－302室	116021

续表

序号	协会名称	电话	传真	地址	邮编
13	黑龙江省连锁经营协会	0451－86320598	0451－86320598	哈尔滨市南岗区和兴路北鸿花园e栋204室	150080
14	沈阳市连锁经营协会	024－22722104 22722874 22731872	024－22731872	沈阳市市府大路260号137室	110013
15	安徽省连锁经营协会	0551－2621143	0551－2621163	合肥市庐江路70号	230001
16	广东省连锁经营协会	020－38483952－807	020－38483953	广州市天河区龙口东路363号保供大厦15楼	510630
17	福建省连锁经营协会	0597－87806186	0591－87851537	福州市中山路23号商业大厦8楼	350003
18	泉州超市协会	0595－22276152	0595－2272768	福建省泉州市南俊巷新府口48号	362000
19	河南省商业行业协会	0371－63817447	0371－63817447	河南省郑州市文化路任寨北街2号	450003
20	济南市连锁经营协会	0531－86915809	0531－86315230	济南市历下区南券门巷1号二楼	250011
21	太原市连锁经营协会	0351－7229842 4085958	0351－4085958 3081170	山西太原市南内环街61号经科委	030084
22	安徽商业联合会零售商业委员会	0551－2658284	0551－2658284	合肥市长江中路136号青云楼6楼	230001
24	绍兴市连锁经营协会	0575－8617765	0575－5250308	绍兴市胜利东路17号供销合作总社	312000
25	哈尔滨市连锁经营协会	0451－867764	0451－0186776402	哈尔滨市松北区世纪大道1号	150021

附录五

2005年世界主要零售商业绩

俄罗斯 Sedmoi

Sedmoi是俄最大的零售商之一，主营大卖场和超市，总部位于莫斯科。3月17日，公司的报告显示，2005年公司净利润增长69%，达到4710万美元；总收入达7.13亿美元，但收入的增幅没有公布；2005年公司店铺数量增长44%，达到111家。2006年，公司计划新开4家大卖场和25家超市。

瑞士 Coop

Coop是瑞士第二大超市企业，3月15日公司报告显示，2005年公司净利润下降了15.6%，为2.17亿美元；但公司销售额增长了0.6%，达到112亿美元。公司认为，利润下降主要是由于对800个商品削价造成的。截至去年底，公司有1437家店。

比利时 Delhaize

Delhaize是比利时最大的零售商，在美国等国家开展有业务。3月中旬公司宣布，2005年公司净利润为4.54亿美元，比上年的3.67亿美元有大幅提高。公司全年销售额提高了4.2%，达到231亿美元。公司预测2006年销售将提高4%～5%，利润增长8%～12%，并预计新开店96家，使总店数达到2732家。

以色列 Supersol

Supersol是以色列最大的零售商，公司3月中旬宣布，2005年公司销售额提高了6.1%，达到14亿美元；公司净利润为1800万美元，比2004年有所提高。

巴西 CBD

CBD是巴西最大的零售商，公司3月中旬的报告显示，2005年公司营业收入为55亿美元，上升了6.8%；但净利润下降了31%，为1.05亿美元，营业费用大幅上升是其利润下降的主要原因。

日本大荣

大荣公司最近发布了2005财年业绩的预期，在截止到2月28日的2005财年中，公司预计税前亏损2530万美元。尽管公司目前关店和重组计划很顺利，但广告和店铺的重新设计成本大大增加。

美国 Publix

Publix是美国东南地区最大的区域型超市企业，公司2005年销售额达到206亿美元，增长11%，店铺同比销售增长5.4%；公司净利润达9.89亿美元，比上年增长20.7%。

智利 D&S

D&S是智利最大的零售商，2005年公司净利润大幅上升，达到6760万美元，增长了四倍；销售额增长了4.7%，达到27亿美元。公司利润主要来源于非食品领域的扩张，包括服装、药店和金融服务。

日本 Seven & I

Seven & I近期宣布，公司2005财年的净利润预计为7.25亿美元，比2004年的9.67亿美元下降了25%；公司销售预计为329亿美元，比2004年的312亿美元略有提高。

泰国正大 CP Seven Eleven

CP Seven Eleven（易初莲花的母公司和7－11在泰国的经营方）2005年销售提高了26.4%，达到24.58亿美元，其中泰国的便利店业务销售增长了31%，达12.44亿美元。在中国，易初莲花（Lotus）超市的销售增长了35%，达7.18亿美元（财务数据），但经营仍处于亏损状态。

奥地利 SPAR

SPAR公司最近报告显示，公司2005年销售增长了4.1%，达到90亿美元。其中本国销售增长2.5%，达到50多亿美元；国际业务增长8%，达到近40亿美元，占总销售额的39%。

香港牛奶公司 Dairy Farm

Dairy Farm公司最近报告显示，2005年公司营业利润为1.9亿美元，增长16%，增长主要原因是并购和主要市场经济状况好转；公司销售额为55亿美元，上年为51亿美元。公司目前在亚洲经营有3000家店，包括超市、大卖场、药妆店、便利店等。

英国 Safeway

Safeway公司日前宣布，公司2005年销售增长了7.2%，从358亿美元增加到384亿美元；净收入为5.61亿美元，2004年为5.6亿美元；由于成本提高，毛利率从2004年的29.58%下降到2005年的28.39%。

美国 Dollar Tree

Dollar Tree是美国最大的均价折扣店之一，2005年公司实现销售33.9亿美元，比上年增长8.6%，而店铺同比下降了0.8%；净利润从1.8亿美元下降到1.74美元。

美国沃尔玛

Wal－Mart公司3月初公布，在截止到1月31日的2005财年中，公司销售额为3124亿美元，比上年增长9.5%；净利润增长9.4%，为112亿美元。其中沃尔玛店（Wal－Mart Store，业态之一）销售增长9.4%，为2099亿美元；山姆店销售增长7.2%，为398亿美元；海外销售增长11.4%，为627亿美元。公司认为，美国国内业务增长良好，但其英国的子公司ASDA并没有达到预期销售目标。

芬兰 SOK

SOK是芬兰本土最大的零售商，在波罗的海周边国家开展业务，2005年销售额增长了6.6%，达到105亿美元。扣除非常项目前的利润上升了24%，达到4.9亿美元。

美国 Target

Target公司目前宣布，公司2005年收入为24亿美元，比前一年的19亿美元大幅增长；总销售额为526亿美元，增长了12.3%，店铺同比增长了5.6%。

日本西友 seiyu

Seiyu是沃尔玛的日本子公司，公司最近报告显示，2005年公司亏损加大，达到1.61亿美元，而2004年亏损额为1.14亿美元；销售额下降了3.3%，为90亿美元，其中店铺同比下降了2.1%。根据公司重组计划，2006年将加大对24小时店的投入，并且在更多的店采用沃尔玛的库存管理系统。

哥伦比亚 Exito

哥伦比亚最大的零售商 Exito 公司公告显示，2005 年公司净利润增长 7.6%，达到 2900 万美元；销售增长了 19.3%，达到 14.1 亿美元。

德国 ALDI

ALDI 是欧洲最大的折扣店之一，2005 年公司销售额为 116 亿美元，净利润率保持在 2.5%。在德国，店铺网点基本饱和，竞争激烈，实现 1%的净利润已经是非常可观的。

加拿大 Loblaw

Loblaw 是加拿大最大的本土零售企业，公司 2005 年销售比上年增长 6.1%，达到 229 亿美元，其中店铺同比销售增长 4.6%。营业收入增长 15.2%，达到 11 亿美元，营业利润率为 5%。

德国麦德龙

麦德龙公司 2005 年的销售额比前一年增加了 4.2%，达到 557 亿欧元（1 欧元约合 1.2 美元）。去年，麦德龙公司在海外市场的销售额增加了 10.5%，达到 298 亿欧元；在德国境内的销售额只增加了 2.2%，为 259 亿欧元。麦德龙在海外市场的销售额占公司整体销售额的比例达到创纪录的 53.5%。

法国家乐福

因投资不能盈利的分店而花费了 3.72 亿欧元之后，家乐福 2005 年净利润下跌了 16%，降至 14.4 亿欧元。排除一次性费用，利润上升 1.2%，为 18.1 亿欧元，摊薄后每股收益为 2.58 欧元；而经营利润下降 2.9%，为 31.7 亿欧元。家乐福在法国的销售额下降 0.4%，达到 356 亿欧元；在美洲的销售额上升 7.5%，达到 51 亿欧元；在亚洲的销售额上升 12.6%，达到 57 亿欧元。公司董事会主席认为，家乐福在亚洲的业绩得益于撤出了表现不佳的日本市场，以及加速扩张新店。公司还预计，在销售增长的基础上，2006 年经营利润将更快地上升，同时将继续其扩张计划，预计全年投资新建 100 家大型超市。

2006 年全球零售 100 强

名次	公司名称	中文名称	国别	2004 年零售额（百万美元）	业态
1	Wal – Mart	沃尔玛	美国	285222	仓储商店、现购自运、折扣百货店、综合超市、超级商店、超级市场
2	Carrefour	家乐福	法国	89568	仓储商店、现购自运、便利店、折扣商店、综合超市、超级商店、超级市场
3	Home Depot	家居货栈	美国	73094	家居装修
4	Metro	麦德龙	德国	69781	仓储商店、现购自运、百货店、综合超市、超级商店、家居装修、电器专业店、其他专业店、超级市场

续表

名次	公司名称	中文名称	国别	2004年零售额（百万美元）	业态
5	Tesco	特斯科	英国	62505	便利店、综合超市、超级商店、超级市场
6	Kroger	克罗格	美国	56434	便利店、综合超市、超级商店、其他专业店、超级市场
7	Costco	科斯托克	美国	47146	仓储商店、现购自运
8	Target	塔吉特	美国	45682	折扣百货店、综合超市、超级商店
9	Koninklijke Ahold	阿霍德	荷兰	44793	仓储商店、现购自运、便利店、折扣商店、药店、综合超市、超级商店、其他专业店、超级市场
10	ALDI	阿尔迪	德国	42906E	折扣商店、超级市场
11	Schwarz Group	施瓦茨	德国	42793 E	折扣商店、综合超市、超级商店
12	Rewe	瑞威	德国	42782 E	服装专业店、仓储商店、现购自运、便利店、折扣商店、家居装修、药店、综合超市、超级商店、电器专业店、其他专业店、超级市场
13	Intermarché	英特玛诗	法国	41721 E	服装专业店、便利店、折扣商店、家居装修、其他专业店、超级市场
14	Albertsons	艾伯森	美国	39897	便利店、药店、超级市场
15	Walgreens	沃尔格林	美国	37508	药店
16	Auchan	欧尚	法国	37373	百货商店、折扣商店、电器专业店、家居装修、综合超市、超级商店、超级市场
17	Lowe’s	劳氏	美国	36464	家居装修
18	Aeon	依宏	日本	36345	服装专业店、便利店、药店、百货商店、折扣商店、家居装修、综合超市、超级商店、其他专业店、超级市场
19	Safeway，Inc	西夫韦	美国	35823	超级市场
20	Sears，Roebuck	西尔斯	美国	35718	百货商店、无店铺零售、其他专业店
21	E Leclerc	勒克莱尔	法国	34828 E	便利店、综合超市、超级商店、超级市场
22	Edeka	爱德卡	德国	32125 E	仓储商店、现购自运、便利店、折扣商店、家居装修、综合超市、超级商店、其他专业店、超级市场
23	Ito Yokado	伊藤洋华堂	日本	31920	服装专业店、便利店、百货商店、综合超市、超级商店、其他专业店、超级市场
24	CVS	思佛斯	美国	30594	药店

续表

名次	公司名称	中文名称	国别	2004年零售额（百万美元）	业态
25	Tengelmann	特格曼（欧倍德的母公司）	德国	28991 E	服装专业店、仓储商店、现购自运、折扣商店、家居装修、综合超市、超级商店、其他专业店、超级市场
26	Casino	卡西诺	法国	28024	仓储商店、现购自运、便利店、百货商店、折扣商店、电器专业店、综合超市、超级商店、超级市场
27	J Sainsbury	桑斯博里	英国	27538	便利店、综合超市、超级商店、超级市场
28	Best Buy	百思买	美国	27433	电器专业店
29	Coles Myer	考斯梅尔	澳大利亚	23180	便利店、百货商店、其他专业店、超级市场
30	Woolworths	乌尔沃斯	澳大利亚	22916E	便利店、折扣百货店、电器专业店、其他专业店、超级市场
31	Wm Morrison	莫里森	英国	22601	便利店、综合超市、超级商店、超级市场
32	Delhaize Group	德尔海兹利莲	比利时	22355	仓储商店、现购自运、便利店、药店、综合超市、超级商店、其他专业店、超级市场
33	Kmart	凯马特	美国	19701	折扣百货店、综合超市、超级商店
34	Publix	大众超级市场	美国	18554	便利店、其他专业店、超级市场
35	JCPenney	彭尼	美国	18424	百货商店、无店铺零售
36	Rite Aid	来德爱	美国	16816	药店
37	KarstadtQuelle	卡尔施泰特	德国	16385	百货商店、无店铺零售、其他专业店
38	Gap	嘉普	美国	16267	服装专业店
39	PPR（formerly Pinault－Printemps－Redoute）	PPR集团（前身为春天集团）	法国	15743	服装专业店、百货商店、无店铺零售、其他专业店
40	Federated Department Stores	联合百货	美国	15630	百货商店、无店铺零售、其他专业店
41	Loblaw	老不老	加拿大	15487	仓储商店、现购自运、折扣商店、综合超市、超级商店、超级市场
42	El Corte Ingles	埃尔·科尔特·因格莱斯	西班牙	15462E	服装专业店、便利店、百货商店、电器专业店、综合超市、超级商店、超级市场
43	TJX Cos.	TJX	美国	14913	服装专业店、其他专业店
44	IKEA	宜家	瑞典	14511	其他专业店

续表

名次	公司名称	中文名称	国别	2004年零售额（百万美元）	业态
45	May Department Stores	五月百货	美国	14441	服装专业店、百货商店
46	Marks and Spencer	马克斯思班塞（玛莎）	英国	14237	便利店、百货商店、其他专业店
47	Kingfisher	翠丰	英国	14061	家居装修
48	Daiei	大荣	日本	14050	服装专业店、百货商店、折扣商店、综合超市、超级商店、其他专业店、超级市场
49	COOP Italia	意大利合作社	意大利	13007 E	折扣商店、综合超市、超级商店、超级市场
50	Migros Genossenschafts	米格罗斯	瑞士	12371	服装专业店、便利店、百货商店、电器专业店、家居装修、综合超市、超级商店、其他专业店、超级市场
51	DSG（formerly Dixons）	DSG（前身为迪克森斯）	英国	12143	电器专业店
52	Otto	奥托	德国	11920	服装专业店、仓储商店、现购自运、无店铺零售、其他专业店
53	Meijer	梅耶尔	美国	11900 E	综合超市、超级商店
54	Coop Norden	诺登合作社	瑞典	11801	便利店、折扣商店、家居装修、综合超市、超级商店、超级市场
55	Louis Delhaize	路易－德尔海兹	比利时	11733 E	仓储商店、现购自运、便利店、折扣商店、综合超市、超级商店、其他专业店、超级市场
56	Kohl’s	科尔斯	美国	11700	百货商店
57	Dell	戴尔	美国	11354 E	无店铺零售
58	Toys’R’Us	玩具反斗店	美国	11100	其他专业店
59	Uny	生活仓库	日本	10955	服装专业店、便利店、百货商店、家居装修、综合超市、超级商店、超级市场
60	GUS（Great Universal Stores）	大世界商店	英国	10710	家居装修、无店铺零售、其他专业店
61	H. E. Butt	赫布特	美国	10500 E	超级市场
62	SuperValu	苏比维鲁	美国	10500	折扣商店、综合超市、超级商店、超级市场
63	Circuit City	环城	美国	10472	电器专业店

续表

名次	公司名称	中文名称	国别	2004年零售额（百万美元）	业态
64	Yamada Denki	山田电气	日本	10274	电器专业店
65	Staples	斯特普尔斯	美国	10251	其他专业店
66	Mercadona	梅尔卡多纳	西班牙	10130	超级市场
67	Coop Switzerland	瑞士合作社	瑞士	10065	便利店、百货商店、药店、家居装修、综合超市、超级商店、其他专业店、超级市场
68	Winn－Dixie	温迪克斯	美国	9921	超级市场
69	Systeme U	U记超市	法国	9807 E	综合超市、超级商店、超级市场
70	ICA AB		瑞典	9794	药店、折扣店、综合超市、超级商店、超级市场
71	Sobeys		加拿大	9623	便利店、折扣商店、药店、超级市场、超级商店
72	Office Depot	办公用品仓储	美国	9519 E	无店铺零售、其他专业店
73	Seiyu	西友	日本	9437	百货商店、综合超市、超级商店、超级市场
74	Limited Brands	有限品牌	美国	9408	服装专业店、无店铺零售
75	John Lewis	约翰·刘易斯	英国	8745	百货商店、综合超市、超级商店、超级市场
76	Boots	布茨	英国	8677	药店
77	Somerfield	索姆菲尔德	英国	8669	便利店、折扣商店、超级市场
78	Takashimaya	高岛屋	日本	8527	服装专业店、百货商店
79	Millennium Retailing Group	千禧零售集团	日本	8517	百货商店
80	Jean Coutu Group	尚库都	加拿大	8211	药店
81	Metro（Metcash）		南非	8139 E	仓储商店、现购自运、便利店、电器专业店、其他专业店、超级市场
82	Alimentation Couche－Tard		加拿大	8065	便利店、其他专业店
83	Army & Air Force Exchange Service	美国陆军和空军	美国	7990	便利店、综合超市、超级商店、其他专业店

续表

名次	公司名称	中文名称	国别	2004 年零售额（百万美元）	业态
84	Mitsukoshi	三越	日本	7922	百货商店
85	Lotte	乐天	韩国	7920 E	便利店、百货商店、综合超市、超级商店、超级市场
86	Spar ? sterreichische Warenhandels		澳大利亚	7712 E	便利店、综合超市、超级商店、其他专业店、超级市场
87	Dollar General	道勒占诺	美国	7661	折扣商店
88	Avon	雅芳	美国	6656	无店铺零售
89	Dillard’s	狄乐百货	美国	7529	百货商店
90	AS Watson	屈臣氏	中国（香港）	7463 E	便利店、药店、电器专业店、综合超市、超级商店、其他专业店、超级市场
91	Anton Schlecker	安东·施勒克尔	德国	7355 E	药店、综合超市、超级商店
92	KESA Electricals		英国	7277	电器专业店、其他专业店
93	H & M Hennes & Mauritz AB	亨尼斯·毛瑞茨	瑞典	7264	服装专业店
94	BJ’s Wholesale Club	BJ 仓储俱乐部	美国	7220	仓储商店、现购自运
95	Kesko	凯斯科	芬兰	7153	服装专业店、百货商店、折扣商店、电器专业店、家居装修、综合超市、超级商店、其他专业店、超级市场
96	Nordstrom	诺德斯壮	美国	7131	服装专业店、百货商店、无店铺零售
97	Menards	美伊娜多	美国	7000 E	家居装修
98	Conad		意大利	6998 E	便利店、综合超市、超级商店、超级市场
99	Leroy Merlin	乐华梅兰	法国	6944	家居装修
100	Amazon.com	亚马逊网站	美国	6921	无店铺零售

说明：

（1）资料来源于美国全国零售联盟（NRF）发布的“2006 全球零售 250 强”。

（2）本排名依据的是 2004 年各公司的“零售额”。因许多公司多元化经营，其零售额小于等于公司的整体销售额，根据零售额排名能反映零售业实际发展情况。

（3）零售额数据后的字母“E”表示该数据为估计数据。

（4）对于专业店，仅区分出服装专业店和电器专业店，其余的用“其他专业店”表示。

2006年全球零售业发展指数（GRDI）分析

在现代零售业全球化快速发展的背景下，贸易商和食品零售商都在寻求去国外发展。根据A.T科尔尼公司的2006年全球零售业发展指数（GRDI）调查表明，亚洲成为国际零售市场关注的中心，其中印度仍是全球最有吸引力的市场，而中国的受关注度下降。

该调查是一个年度分析报告，自2001年开始发布，主要用于帮助零售商确定其全球发展战略重点，以及测评新兴市场的零售投资吸引力。而这些国家的排名是通过对25个变量的系列分析后设定的，这些变量囊括了经济和政治风险、零售市场吸引力、零售饱和水平，以及对比各国的国民生产总值与零售总额的差异四方面内容。

2006年GRDI分析表明，亚洲已超越东欧地区成为全球零售扩张的主要关注点，全球20强中有8家企业在亚洲发展强劲，而在东欧只有7家。而且亚洲拥有最具投资潜力的越南，它在2006年的排名中比去年提升了5个排名，位居第三位。数据表明，亚洲的泰国、马来西亚及韩国也都在前15名中。

印度今年继续稳坐第一的位子。让零售投资者对印度感兴趣的原因是，印度今年允许外资零售商进行直接投资，而且对单一品牌的投资额可以达到51%。这一政策引发了零售业以及其他行业都决定要尽快进入市场，其中包括Gap、Zara、UCB、Timex等企业。沃尔玛已宣布将在印度开设一个办事处以进行市场研究。Tesco则通过与居家护理零售有限公司的合股经营来进入市场，他们开的这家巨型商城名叫Magnet。Fadi Farra是全球零售业发展指数研究小组的负责人，他认为，“对零售商来说，在这场全球化竞赛中，时间是最重要的竞争优势资源。能够在适当的时机进入市场才是成功的关键。”

不甘示弱的本地零售企业为了应对挑战，尽可能地占领最佳店址。“印度处在最具零售商吸引力的颠峰状态，它拥有着3500亿美元的零售市场，今年预期增长可达13%，而目前印度前五名零售商的零售总和还不到整个零售市场的2%。”Farra说。

俄罗斯由2003年、2004年的全球第一，在2005年滑落到了第二位，2006年仍排在印度的后面。但俄罗斯仍然具有吸引力，2005年它的零售市场销售总额为1.8亿美元，涨幅达19%。国际零售商的进驻和本地企业的发展，使零售市场向莫斯科和圣彼得堡以外的城市扩张，俄罗斯开始逐渐关闭它的机会之窗。

排名第三的越南是亚洲经济快速增长的国家之一，国民生产总值增长达7.5%，人口8400万人，消费品消费总额在2005年比2004年增长了16倍以上，2005年现代零售业增长达20%。“越南就像5年前的印度，经济增长势头强劲，同时零售市场高度分散。因为越南90%的零售店都是当地的邻家店，其零售市场主要由夫妻商店组成。和印度一样，外国直接投资进入越南最大的障碍是FDI条例、高进口税，以及很难取得开店经营的执照。”Farra说。

中国在今年的排名又下滑了一位，跌至第五。虽然中国市场仍非常具有吸引力，但由于国际零售商急于建立据点和快速发展市场占有率，使得中国的市场日趋饱和。沃尔玛和家乐福积累起了无法撼动的市场地位，而Tesco2004年年中通过2.5亿美元的投资进入市场，已经拥有了大约50个门店并计划未来以每年15家店的开店速度扩张。杂货店和便利店的发展阵地已经逐步从中国的东部沿海城市向西移动。新生零售业态的发展也迅速覆盖了家用电器业、服装业、百货零售业等。

当前，全球零售业发展速度最快的，是以阿拉伯联合酋长国和沙特阿拉伯为首的中东地区。从2001年到2005年该地区现代零售增长达38%，仅次于中欧和东欧的增长率，遥遥领先于其他市场。阿联酋、沙特阿拉伯和科威特的消费总额的年复合增长率为10%，这再次表明了零售业的商机。许多美国的零售商虽然已经出现在阿联酋，包括JCPenney、Saks、Borders和Liz Claiborne，但他们对当地零售市场的关注度还是非常低。例如：在沙特阿拉伯，前五名零售商的总和占不到11%的总零售额。

A.T科尔尼研究发现，现代零售的全球化步伐仍在加快。2001年以来，49家零售商进入了89个以上的新的市场。但调查也发现，以同样的速度冲向市场并不意味着都能成功，仅2006年就有19家零售企业退出了原有市场，大部分零售商都在努力使自己开发的新市场在5年内实现盈利，当然前提条件是能够坚持5年。

A.T科尔尼的2006年全球零售业发展指数（GRDI）

国　家	2006年排名	2005年排名	变化
印度 India	1	1	没有变化
俄罗斯 Russia	2	2	没有变化
越南 Vietnam	3	8	+5
乌克兰 Ukraine	4	3	-1
中国 China	5	4	-1
智利 Chile	6	11	+5
拉脱维亚 Latvia	7	6	-1
斯洛文尼亚 Slovenia	8	5	-3
克罗地亚 Croatia	9	7	-2
土耳其 Turkey	10	9	-1
突尼斯 Tunisia	11	15	+4
泰国 Thailand	12	12	没有变化
韩国 Korea	13	14	+1
马来西亚 Malaysia	14	18	+4
马其顿 Macedonia	15	16	+1
阿联酋 United Arab Emirates	16	N/A	新增
沙特阿拉伯 Saudi Arabia	17	21	+4
斯洛伐克 Slovakia	18	10	-8
墨西哥 Mexico	19	24	+5
埃及 Egypt	20	25	+5

续表

国 家	2006 排名	2005 排名	变化
保加利亚 Bulgaria	21	13	－8
罗马尼亚 Romania	22	22	没有变化
匈牙利 Hungary	23	19	－4
中国台湾 Taiwan	24	26	＋2
波黑 Bosnia & Herzegovina	25	20	－5
立陶宛 Lithuania	26	17	－9
巴西 Brazil	27	29	＋2
摩洛哥 Morocco	28	23	－5
哥伦比亚 Colombia	29	N/A	新增
哈萨克斯坦 Kazakhstan	30	N/A	新增

英国商业网点规划和商业网点设施的立法及相关情况调研

英国是发达的市场经济国家，商业在国民经济中占有重要地位，其商业网点遍布城镇中心、市区边缘和乡村等地。近年来，随着现代零售业的连锁化、多样化发展，零售业已成为英国重要的经济部门之一。目前，英国的百货商店、超市、大型超市（在英国，面积超过2500平方米的超市被称为大型超市）、大型购物中心、专卖店及便利店等各类商业网点数量已超过32.2万个，其零售业销售总额达到2340亿英镑，零售业就业人数约为300万人，占英国所有劳动力人口数量的近11%。

一、英国规划体系的主要特征

英国的规划体系随着经济社会的发展而变化。作为产业革命的发祥地，英国在城镇规划方面的探索起步很早。在英国，1909年颁布了《住宅、城镇规划条例》，法规中第一次出现城镇规划这个术语；针对早期工业化带来的严重的环境问题，英国政府1947年颁布了《1947年英国城镇和乡村规划法》，出台强有力的集中制规划体系。英国上世纪50年代为战后重建时期，城市规划以物质形态规划为主；六七十年代因经济发展停滞，规划注重为经济发展服务，城市规划中主要强调经济社会的发展问题，同时为更合理进行城市建设，强调规划过程的公众参与；七八十年代，随着环境问题的尖锐，城市规划则突出环境的规划建设。英国在1971年修订城乡规划法时确立了新的规划体系，将规划分为结构规划（Structure plan）和地方规划（Local plan）。1990年英国修订城乡规划法时仍保留了这个层次的规划。1990年以来这一规划体系再次在发展中发挥了决定性的作用。英国中央政府对土地的管辖权不仅包括立法和规划指导政策等规范性文件，还包括观察、控制和规划批准方面的广泛权力。中央政府在批准地方规划时，主要审查该规划是否贯彻了中央制定的规划政策。

尽管如此，英国中央政府的任何一项规划建议都有相关地区和地方的密切参与。此外，城市和乡镇在具体发展目标的制定方面具有很大的自由，虽然地区规划应该贯彻中央政府的政策方针，但中央政府对发展哪些区域和如何发展并没有做出详细的规定。

二、英国的商业网点规划政策

英国政府对商业网点规划十分重视，把这项工作作为促进城市经济、社会和商业自身健康、协调、可持续发展的重要手段。作为英国最大的零售行业协会，英国零售协会（The British Retail Consortium，BRC）也力求尽可能保护和促进英国零售业的经济、政治和社会环境。在英国，没有专门设立有关商业网点规划及商业网点设施的法律，而主要通过议会形成规划政策。议会通过的规划政策是指导性的法令文件，涉及住房、商业、交通等各个领域，通常包括以下内容：

（1）住房，包括住房的数量，土地供应的可获得性及其分布；

（2）工业和商业，包括用地的供应和分布；

（3）商业，包括场所及中心等级和分布；

（4）未来发展过程中确保城镇和乡村认同的条件，确认城镇与乡村发展趋向，以及关于乡村居民点分布的政策；

（5）交通与通讯，包括主要的道路网，促进公共交通和交通管理的政策；

（6）农业和林业，包括农业用地保护及造林区域政策；

（7）矿业，包括资源的保护和计划开采政策，场地保护政策；

（8）废物处理战略以及关系到开发风险和污染控制的政策；

（9）环境保护；

（10）城市绿化带及总体分布；

（11）娱乐和旅游，包括设施的布局，如乡村公园，以及加强城乡联系的政策；

（12）教育、健康、福利以及社会服务等设施。

英国中央政府通过上述文件对地方政府的具体规划工作进行指导，地方政府则负责制定本地区的详细规划。地方规划是在中央政府的规划政策总体思想指导下对局部区域的较详细的政策规划，包括了详细的开发建设控制和指导内容，强调发展的具体空间布局，土地利用及交通网络等物质开发要素。地方规划主要以小地区规划为主，包括郊外发展区、小城镇或大城市区的中心开发区。英国的城市功能的划分标准并不统一，可以是城市、乡镇和区域，也可以是一个城市不同的乡镇和区域都对规划工作负责。

1993年7月，英国出台了《城镇中心及零售业发展规划指导政策》；1996年6月，对此进行更新修改；2003年，将其修订为《城镇中心规划政策》，对零售、交通、旅游、休闲等使用土地均做出规定。根据规定，不论商店面积大小都需要符合规划。凡开设占地面积2500平方米以上的商业设施，地方规划部门须向副首相办公室（Office of the Deputy Prime Minister，ODPM）提出申请，副首相办公室调查了解并协调相关部门意见后给予批复。英国对本国企业和外商企业的规划采取相同的审批政策，没有专门针对外商企业的政策规定。

为了使商业网点的发展达到规模适度、布局合理、结构优化的目的，英国广泛采用公开征求公众意见及召开听证会等公开的商业网点规划程序，并在实践中随着本地区社会经济的发展对规划内容不断进行修订。

三、英国商业网点规划目标

商业资源是社会公共资源。在商业网点规划及设施建设过程中，英国的相关规划部门既要考虑商业网点对城镇中心的活力和生命力的冲击，又要充分考虑对环境的影响，考虑交通承受能力的问题，保证交通的畅通。交通对商业网点分布起着非常重要的作用。交通和基础设施的投资建设和分布要注意分散，如英国各个地区乃至乡村都有便利的交通通讯网络和商业网点。

英国鼓励有效率的零售行业以城镇中心作为投资重点。英国从上世纪六七十年代开始，为适应家庭轿车快速发展的需要鼓励郊区商业的发展。但从 90 年代末开始，为了减少汽车对环境的污染，缓解交通拥挤，避免乱占耕地，英国政府鼓励在城市边缘、市中心和居民区开店，发展小型商业网点的同时，严格控制在郊区开设大型商业设施。

英国有非常成熟的零售市场。在发展商业网点时，因各地情况不同，各地区政府所采取的对策和措施也有所不同。在规划程序中，另一个目标是希望保证不同种类的商店和消费设施，以供消费者选择，因此对食品、建材家具和电器等不同行业制定了不同的规划政策。同时，对建设大型零售设施，还要综合考虑对现有商业的影响，比如商店稠密度，即项目所在区域的人口数量、商店数量、住宅及办公楼情况；项目的实施能创造多少就业岗位，对现有商店的冲击可能减少多少就业岗位等因素。

四、英国商业网点建设的管理现状

英国对其商业网点的管理是国家级和地方级两级管理机构。在中央政府的各有关部门中，现由副首相办公室负责英格兰地区的地方政府有关政策，其中包括制定英格兰地区规划的指导性政策，以指导地方具体规划，协调建设部门和商业部门的意见，并对 2500 平方米以上的商业项目进行审批。地方按区设立机构。英格兰分 9 个区，每个区有相应的管理机构，负责商业网点的具体规划及审批。此外，由苏格兰议会的执行机关和威尔士议会中的财政和中心服务部（Finance and Central Service Department）分别负责苏格兰和威尔士的地方政府的有关政策；在北爱尔兰，则由北爱尔兰议会的执行机关中的环境部（Department of Environment）负责地方政府的相关政策。

在英国，地方政府对大型零售设施的土地规划和管理起主导作用。按照程序，零售设施开发商须向当地规划部门提交规划申请和详细的建设计划，附上有关对零售、交通和环境的影响等不同的研究报告，并由当地规划部门负责审批。审批大型购物中心等较大的项目时首先要考虑这个方案能否放在城市中心地区，并优先考虑交通枢纽地区；如果不能放在中心地区，再考虑能否放在中心地区的边缘；最后才考虑放在远离中心地区的较偏远的地点。目前，英国大型零售项目的审批手续复杂，审批时间较长，有的长达数年。由于对建设大型零售设施进行严格管理，目前出现了英国的大型零售企业向海外发展的趋势。

从经济角度来讲，商业网点连接生产和销售；从社会角度来讲，商业网点与百姓的日常生活密不可分。随着零售的概念发生变化，原先传统的产品范围和行业区分已不存在。在英国，零售商的经营范围已从单纯的产品销售扩大到产品供应环节，一些零售商还经营主要服务于自己的产品销售或自有商店的配送中心。由此可见，英国的商业网点及其分布已与该国的经济和社会生活紧密相关。

（驻英国使馆经商处　郑珍玲）

日本规范零售商与供货商交易关系及促销行为的法规

日本是市场经济发达国家，原则上不对零售商与供货商交易做过多限制。但为防止零售商利用有利的采购地位进行不正当交易，日本在《关于禁止私人垄断及确保公正交易的法律》（简称《反垄断法》）范畴内对此做出规范。为避免企业在促销行为中出现不正当行为，日本除《反垄断法》外，针对不同领域的商品，还从行业规范的角度分别制定了相应法律法规予以约束。

一、日本规范零售商与供货商交易关系的法规

为避免具有强大购买力的零售企业对供货厂商采取不正当交易行为，日本政府公正交易委员会根据《反垄断法》第2条第9款，于2005年5月13日出台了《关于大规模零售企业在与供货厂商交易中采取特定不公正交易方法的告示》（简称《大规模零售业告示》），以取代1954年公布的《关于百货店业采取特定不公正交易方法的告示》。

（一）规范对象

该《告示》的规范对象是大规模零售企业从供货企业购买用于销售的商品的行为。其中，大规模零售企业是指销售普通消费者日常使用商品的零售企业。符合以下两项条件之一者即属大规模零售企业：一是上个业务年度的销售额超过100亿日元（相当于8亿元人民币）；二是在东京或政府指定城市拥有面积3000平方米以上的店铺，或在其他市镇村拥有面积1500平方米以上的店铺。供货企业是指向大规模零售企业供应商品的企业，但公认其交易地位不处于劣势的企业除外。

（二）主要内容

1. 禁止不正当退货

除以下情况外，原则上禁止大规模零售企业或其加盟者将所采购货物的全部或部分向供货企业退货。

（1）由于应由供货企业承担责任的原因（例如，商品存在瑕疵或与预订商品不相符），

在接收该商品后适当时间内，在适当数量范围内退货。

(2) 在一般批发交易的正常商业惯例允许在一定期限、数量范围内，或在总量的一定范围内退货的情况下，大规模零售企业在该商业惯例的范围内，经与供货企业协商确定退货条件，根据该条件退货。

(3) 预先得到供货企业的同意，且退货所产生的损失由大规模零售企业承担。

(4) 供货企业主动提出希望接收退货，且该供货企业通过自行处理该商品可以获得直接利益。

2. 禁止不合理压价

禁止大规模零售企业或其加盟者在从供货企业采购商品后，要求该供货企业降低供货价格的行为。但由于应由供货企业承担责任的原因，在接收该商品后一定时间内，在一定金额范围内要求降价的情况除外。

3. 禁止不合理的委托销售交易

禁止大规模零售企业或其加盟者要求按照相对于一般批发交易的正常商业惯例而言，对供货企业明显不利的条件，与供货企业进行委托交易的行为。

4. 禁止对特价商品等压价采购

禁止大规模零售企业或其加盟者，对其用于特价销售的特定商品，要求供货企业以明显低于正常水平的价格提供的行为。

5. 禁止拒绝接收特别预订的商品

禁止大规模零售企业指示供货企业以特别规格、设计、型号等采购特定商品，签订合同后，在不存在应由该供货企业承担责任的事由的情况下，拒绝接收全部或部分该商品的行为。但事先征得该供货企业同意，或由该大规模零售企业承担损失的情况除外。

6. 禁止强迫销售

禁止大规模零售企业在无正当理由的情况下，要求供货企业购买其指定商品，或利用其指定服务的行为。

7. 禁止不当使用供货企业的员工

除以下情况外，禁止大规模零售企业或其加盟者要求供货企业派遣员工为其工作，或代为支付其员工工资的行为。

(1) 事先征得供货企业的同意，仅要求其派遣员工从事自该供货企业所采购商品相关的销售业务（仅限于通过该员工的技能运用，能够为该供货企业带来直接利益的情况）。

(2) 事先与供货企业就其所派遣员工的业务内容、劳动时间、派遣期限等条件达成协议，且派遣所需必要费用由大规模零售企业承担。

8. 禁止收受不当经济利益

禁止大规模零售企业或其加盟者要求供货企业提供本无必要提供的金钱（如所谓决算赞助费等）、服务或其他经济利益；即使对于一定程度上有利于供货企业商品促销的赞助费，或有利于供货企业削减成本的物流中心使用费等，也禁止要求供货企业提供超出合理范围的金钱、服务或其他经济利益。

9. 禁止在要求被拒绝时采取对供货企业不利的行为

禁止大规模零售企业以上述各条规定的要求未被满足为由，对供货企业采取推迟付款、减少交易数量、停止交易或其他不利行为。

10. 禁止对向公正交易委员会举报的供货企业采取不利行为

禁止大规模零售企业以供货企业向公正交易委员会举报，或准备举报其不当做法为由，对供货企业采取推迟付款、减少交易数量、停止交易或其他不利行为。

二、日本规范零售商促销行为的法律法规

(一)《防止不正当促销奖品及不正当表述法》

该法简称《奖品表述法》，于1962年在《反垄断法》框架下制定。该法规定，限制设置过度的促销奖品，禁止进行虚假、夸大的宣传，在宣传、包装中不得使用在品质、价格等方面显著优于本企业产品实际情况或竞争者产品的误导性表述，以确保公平竞争，保障消费者合理选购商品。

根据《奖品表述法》，由各行业自主制定公平竞争规章，经公正交易委员会批准，作为判断是否违反该法的依据。截至2004年底，日本共制定关于促销奖品的规章40种，关于宣传表述的规章65种，涉及肉类、乳酸菌饮料、豆酱、奶酪等食品行业，汽车驾校、银行等服务行业，涵盖领域十分广泛。公正交易委员会还据该法制定《告示》，对促销奖品的最高额、总额、提供方式等做出了规范。

日本政府关于促销奖品的规定

<table>
<tr><td rowspan="4">一般促销</td><td rowspan="2">促销涉及交易的单价</td><td colspan="2">促销奖品限额</td></tr>
<tr><td>最高额</td><td>总额</td></tr>
<tr><td>低于5000日元</td><td>单价的20倍</td><td rowspan="2">促销涉及的预定销售总额的2%</td></tr>
<tr><td>高于5000日元</td><td>10万日元</td></tr>
<tr><td rowspan="3">联合促销</td><td colspan="3">促销奖品限额</td></tr>
<tr><td>最高额</td><td colspan="2">总额</td></tr>
<tr><td>一律30万日元</td><td colspan="2">促销涉及的预定销售总额的3%</td></tr>
<tr><td rowspan="3">整体促销</td><td>交易单价</td><td colspan="2">促销奖品最高额</td></tr>
<tr><td>低于1000日元</td><td colspan="2">100日元</td></tr>
<tr><td>高于1000日元</td><td colspan="2">交易单价的1/10</td></tr>
</table>

注：整体促销是指面向所有购买该商品、服务的消费者均赠送促销奖品的促销方式。

对违法企业，地方政府可要求其停止有关行为。如其不服从，可请求公正交易委员会处理。公正交易委员会可采取劝告、警告，直至命令停止该行为。对于妨碍检查、不据实回答问题、不按规定提交报告者及其所属法人同时处以50万日元以下罚款。

(二)《特定商业交易法》

该法于1976年制定，对上门推销、邮寄销售、电话推销、传销、提供特定连续服务

(按摩美容院、外语培训学校等)、以提供与商品相关业务为由诱导推销商品等6种销售交易做出规范。要求进行上述交易时，必须说明销售方企业名称、推销目的、商品或服务的种类；必须立即递交书面合同，合同必须明示商品或服务的售价、支付方法及时间、交货或提供服务的时间；必须说明解除合同的相关事宜等。

同时，禁止虚假、夸大的广告宣传。例如，内容与商品的性能、品质，服务的内容明显不一致；夸大商品的性能、品质，服务的内容，造成显著优于本企业产品实际情况或竞争者产品的误导性表述。对于违法企业，日本政府经济产业省可处一年以内停止其全部或部分业务的处罚。

(三)《药事法》

该法于1960年制定。该法第8章规定，任何人不得以明示或暗示方式，对医药品、化妆品、医疗器械的名称、制造方法、性能、效果等作出虚假或夸大的广告、表述、传播；不得使用医生、专家等对其性能、效果做出担保等误导性表述做广告、表述、传播。对于治疗癌症等特殊疾病的医疗品，不得对非医疗相关人员实施广告。对违法企业视情节分别处以一年以内徒刑或（和）100万日元以下罚款，或者二年以内徒刑或（和）200万日元以下罚款。

(四)《健康增进法》

该法于2002年制定。该法规定凡拟在所销售食品上标注适用于婴幼儿、孕妇、产妇、病人等特定人群，必须事先上报厚生劳动省批准。不得对所销售食品的保健效果做出虚假或夸大的广告、表述。日本政府厚生劳动省对违法企业实行劝告，直至罚款。

(驻日本使馆经商处)

附录六

IBM 2005年中国零售业大事记

1月　百安居导入IBM应用管理外包服务

IBM为百安居在10个城市的20余家店铺即时提供在账款结算、物流配送、库存管理等方面所需的IT后台支援。

3月　"IBM大中华区零售业战略合作伙伴大会"成功举办

来自两岸三地的120家专注于中国零售业信息化的老总们相聚杭州，共同规划和展望中国零售业的未来。

4月　上海联华超市与IBM携手搭建供应链管理平台

此项目为期六年，服务范围遍及全国的世纪联华大卖场，以及相应的6000多家供应商。双方保守估计，在合同期内该平台可为世纪联华节省3.5亿元人民币的成本。

5月　IBM亚太区"零售创新中心"在上海揭幕

该中心集中展示了IBM在零售行业全球最先进的科技和应用成果，它不仅仅属于IBM，更属于中国和亚洲的零售业。

6月　四川新华发行集团与IBM合作建设零售连锁信息系统

IBM公司业务咨询部提供了包括流程设计和ERP系统（SAP）的实施，相关的软硬件部门密切配合，帮助四川新华发行集团及其下属的近200个营销网点迎击市场挑战。

8月　发布《2005中国零售企业和快速消费品企业工商协作研究》白皮书

IBM与中国连锁经营协会第三次合作，分析了中国零售企业和快速消费品企业的工商协作的现状和未来发展趋势，并对工商协作的现状提出行业观点和建议，以实现价值的提升。

9月　IBM在"亚太区零售商大会"上首次在中国展示"未来商店"

10月　IBM"蓝色引擎"全面提速燕莎腾飞

北京燕莎友谊商城、IBM和富基三方协力打造的"可视化流程驱动"供应链管理系统"燕莎蓝色引擎"，经过近两个月试运行及1800家供应商的使用，10月正式全面升级运行。

11月　IBM应中国连锁经营协会之约，在中国连锁业大会上再次展示"未来商店"

成都谭鱼头投资股份有限公司与IBM合力打造"谭鱼头数码火锅"荣获"2005中国十大零售创新奖"。

12月　IBM"零售商店集成架构"（SIF）全力支持NOVO，打造新概念百货形象

IBM和上海寰联科技有限公司帮助NOVO实现"高度分散、统一管理"的特殊要求，再一次诠释了IBM零售随需应变。

推出专为中小零售商设计的又一款POS新品：IBM SurePOS500－514

让中小零售商享受与零售巨头同样的先进技术、优异品质和优质服务。

德利多富信息系统有限公司

关于德利多富

德利多富信息系统有限公司（Wincor Nixdorf International Gmbh）是一个国际性的零售业和银行业的 IT 领导者。

源于德国的德利多富在创业之初就充满了传奇与激情。我们为之骄傲的公司创始人，计算机工业的鼻祖：海因斯·利多富先生（Heinz Nixdorf，1925 - 1986）于 1952 年创立公司并将其迅速发展为欧洲第四大计算机公司。历经半个多世纪的扩张，如今的德利多富在 90 多个国家拥有分支机构或合作伙伴，集研发、市场、销售和技术支持于一体，服务于银行业、零售业客户，迅速响应世界各地的市场和客户需求。产品市场占有率逐年上升，无论是金融自助服务设备，还是零售业 POS 机均居德国第一、欧洲第二和全球第三。

在零售领域，德利多富为零售商们提供面向整个价值链的软、硬件解决方案：从门店到总部，从 POS 系统、电子现金和自助扫描到整个商业处理解决方案的供应，并在企业资源计划、供应链管理、品类管理、客户关系管理、商业智能和多渠道商业等方面，提供包括从战略、流程到方案执行的全方位的咨询服务。

我们可以自豪地说，德利多富是世界上最成功、最专业的零售业 IT 供应商和服务商！全球排名前 25 位的顶级零售商中有 17 家是德利多富的客户；欧洲排名前 25 位的零售商中有 19 家选择了德利多富作为其 IT 合作伙伴，包括 Carrefour（家乐福）、Metro（麦德龙）、Auchan（欧尚）、B&Q（百安居）、Tesco 等零售巨头。德利多富以其先进的技术、完善的服务理念和对零售业的深刻理解携助着这些零售商的成长、扩张和发展。

BEETLE POS 系列

BEETLE POS 系统是德利多富专为零售和服务业设计的一种高性能、可升级、面向未来的 POS 系统，结合标准 PC 技术和 POS 的特殊功能，具有强大的兼容性和灵活性。

BEETLE POS 系统具有如下优点：

（1）系统构造、界面、操作系统和网络全部采用最先进的 PC 行业标准技术，确保用户在硬件和软件方面的投资保护。

（2）根据 POS 的独特需求而设计的功能，如断电保护和带电源的外围设备接口，保证系统的可靠性和安全性。

BEETLE POS 系列凭借其对数据的安全性、设计的科学性、操作的简易性以及符合各个国家特殊需求的高度的灵活性，在全世界零售领域获得了巨大的成功。

因此，BEETLE POS 用户可以完全放心，因为你选择的是专业的、面向未来的 POS 系统。

软件解决方案

1. 快速收银解决方案 Queue Busting Solution

快速收银解决方案对收银排队流程的创新做法和流程，有针对性地解决了这一困扰零售行业的难题，是为大型超市设计的减少排队等候时间，提高客户忠诚度的专业零售解决方案。

2. 零售行业销售审计的标准应用程序 FDPlus

FDplus 是德利多富用于零售业销售审计的标准应用程序，它能使零售业审计部门减少因损耗造成的损失。Fdplus 针对销售审计业务拥有一套全面、综合的专门分析方法，它是一个功能强大的工具，在很大程度上覆盖了欺诈和损耗管理方面的分析和统计处理要求。

3. 便携式商店助手 PSA

PSA 便携式商店助手的设计和设备依赖于 Extra Future Store（特殊的未来商店）和其他创新项目中所获得的实践经验，以拥有最新移动解决方案平台的所有品质而自豪。由于其小巧、轻便和紧凑型的设计，使得该装置对用户来说颇为友好。在个人购物应用中，顾客可凭此接收到有关购物和位置向导方面的信息。

4. 大型购物中心智能信息管理系统 Mall Intelligence

Mall Intelligence 是德利多富自主开发的大型购物中心智能信息管理系统。包含 7 个基本模块：商铺管理、租户管理、销售管理、会员管理、促销管理、计费管理、权限管理。可帮助购物中心业主了解不同交易规模的承租人的销售情况；分析、比较各类承租人；跟踪整个商场运作情况，并提供深度报告以帮助业主采取正确的预防措施以避免过多的损失和作出正确的决策。Mall Intelligence 可解决大型购物中心业主和承租人之间的矛盾，创造双赢局面，并且不断监控和完善这种双赢局面。

5. 可基于 Linux 的国际化店铺解决方案 CALYPSO

CALYPSO 是德利多富最成功的标准化店铺解决方案之一，面向具有集中机构的自助式销售零售商。CALYPSO 可在完全基于 Linux 操作系统的平台上运行，能满足最佳性能和安全的需要。该系统得到了家乐福、百安居等国际零售商的青睐，作为一种成熟的并且在世界范围内收到良好功效的解决方案，是国际零售商们的理想选择。

6. 灵活的商业解决方案 TradePos

TradePos 是一套特别适用于中小型连锁店、专卖店、便利店等零售业态的销售管理系统。基于客户/服务器结构，以 Windows NT 操作系统为基础，使用被广泛接受应用的标准组件（Access、ODBC、OPOS、ActiveX 等）。其开放式的结构更易于用户的客户化。TradePos 具有完善的交易概念，数据安全性与透明性达到完美的结合。

7. TP.net（TradePos 升级版）& TPLinux（CALYPSO 升级版）

（1）高度灵活性能

①涵盖了不同商业业态的功能需要；

②功能强大的促销引擎，通过促销功能模块支持现行的各种类型的促销活动；

③可运行在不同品牌的硬件系统上；

④单机运行和 Client－Server 结构化运行的灵活配置；

⑤强大的可扩展性；

⑥可实现 Web 方式的收银功能。

（2）易用，易学，结构化和强有力的产品可扩展能力

①即插即用的组件技术构造；

②多参数开关机制和可客户化的开放结构；

③容易操作，灵活、多层次的软件模型。

（3）多样化的可集成能力

①基于 ARTS 数据模式；

②开放的数据管理结构（SQL Database）；

③XML 交易处理方式和 XML 接口；

④远程访问命令引擎。

（4）全面基于 Microsoft.NET 技术和最新版本的 Microsoft 操作系统

后台自主安装服务。通过在服务期端存储的软件安装/升级程序包，自动实时为 POS 进行安装/升级服务，大大提高 IT 部门运行效率。

TPLinux 所提供的功能特性与 TP.net 相同，只是它的运行基于 Linux 系统平台。

德利多富依其具有艺术气质的产品、居于世界顶级的技术、提供给客户优良的增值产品、解决方案和相关服务，很快成为业内解决方案和客户服务的领导者。并将零售业和银行业经验迅速扩展到邮政业、彩票业等其他领域。

作为一个活力十足的发展中国家，中国商品流通业日渐发达，德利多富肩负着发展中国零售业的使命，斥巨资在中国建立了研发中心和生产服务基地，集研发、市场、销售和服务为一体，能够迅速响应市场需求，全力支持客户的技术进步。

竞争的时代，协作的精神愈加浓郁。在将更多更先进的科技和理念带入中国、不断加强本土化开发力度和研发力量的同时，德利多富愿携手更多合作伙伴共同推动中国零售业的发展。

北京凯朗伯思"KEYBOX"咨询顾问公司

"KEYBOX"是中国最活跃的连锁（特许）经营专业咨询公司之一，主要从事连锁（特许）经营的管理咨询（面向连锁经营企业）和投资咨询（面向特许经营投资者）。

"KEYBOX"的咨询顾问不仅有丰富的管理咨询的专业知识和经验，而且具有丰富的连锁（特许）企业管理的实战经验。公司总经理陈实先生曾任多家著名连锁（特许）企业高级管理成员，是中国连锁经营协会理事，中国连锁经营协会特许经营委员会、优秀特许品牌评审委员会、自律委员会委员，标准化委员会和教育与培训委员会委员，同时担任中国烹饪协会快餐专业委员会执行委员，专家委员会委员。陈实先生还受邀担任多家公司的高级顾问。

"KEYBOX"的其他顾问也有多年担任著名连锁（特许）企业高级管理成员的经历。他们曾主持建立了多个连锁（特许）体系。

"KEYBOX"总部设在中国北京，在上海、深圳设有办公室，与中国香港、欧洲、马来西亚和澳大利亚的相关专业机构有密切的合作。

"KEYBOX"认为，中国连锁（特许）经营事业具有非常广阔的发展前景，连锁（特许）经营的发展将极大地促进中国经济和社会的进步。因此，"KEYBOX"投入全部精力参与中国连锁（特许）经营事业的发展。

KEYBOX服务的客户（案例）：

中华人民共和国商务部、中华人民共和国国家标准化委员会、中国连锁经营协会《特许管理体系标准》(2004－2005)

中华人民共和国商务部、中华人民共和国国家标准化委员会、中国连锁经营协会《特许管理体系评估标准》(2006)

中国连锁经营协会优秀特许品牌评估系统（2003－2004）

中国领先的图文设计与服务品牌——恒晟图文（2006）

中国瑜珈健身著名品牌——悠季（2005－2006）

中国领先的钢材流通品牌——浙金集团（2005－2006）

世界领先、中国十大最有价值品牌之一的电器企业（2005）

美国某著名医疗管理机构（2005）

美国纽约某比萨品牌（2005）

中国排名领先的某出国教育咨询服务机构（2004－2005）

世界500强企业——中石化长城润滑油（2004）

中国最有价值的餐饮品牌——全聚德（2004）

中国最大的非邮政报刊发行企业——《北京青年报》小红帽股份有限公司（2003－2004）

中国最大的送餐企业——丽华快餐（2003）

中国规模最大的汽车维修连锁企业——中车集团（2001－2003）

中国连锁店最多的中式快餐——马兰拉面（1993－2003）

凡佳诗公司

北京凡佳诗管理顾问有限公司成立于1998年，是中国特许连锁经营专业咨询机构，中国连锁经营协会会员及指定培训机构，中国商业联合会高级经理人指定培训机构，北京老字号协会理事单位，拥有由30余名国内外资深特许经营专家、品牌专家、管理专家、营销专家、财务专家和法律专家组成的顾问团队，并建立了自己的专业连锁经营网站。

1. 专业特许连锁经营顾问

专注于特许连锁经营领域、走专业化道路是凡佳诗的特色。多年来，凡佳诗培养了一支连锁经营领域的专业咨询研究力量，形成了一套适合中国企业的连锁经营管理理论和实操体系。

2. 政府和行业机构的咨询、研究合作者

凡佳诗与政府部门保持并发展了良好关系，长期为政府提供咨询服务，为商务部、国务院法制办、中国商业联合会、中国连锁经营协会、北京市商务局、原国家经贸委等多家政府机构提供了特许经营政策研究、特许经营立法等相关咨询。此外，凡佳诗还是中国商业联合会和中国连锁经营协会指定的课程研发、培训机构。凡佳诗总经理、高级顾问郑丹阳是中国连锁经营协会特许委员会委员、“中国优秀特许品牌”评委，北京市连锁经营协会“北京优秀特许品牌”评委。

3. 选择性管理输出

凡佳诗拥有高水平的企业管理专家，擅长领导大型企业特别是连锁企业的运营。公司成功地对杉杉集团、新天国际、海魄服装、一休童装、翻斗乐等企业进行了管理输出，并取得了出色的业绩，受到了企业的好评。目前，公司正在为内联升、吴裕泰、韵泓筷子店提供长期陪伴式咨询服务，为全聚德餐厅进行店铺营运诊断及服务指导。

4. 课程研发机构

多年来，凡佳诗研发了深受连锁企业欢迎的培训课程，已经为数百家连锁企业进行了培训，为数十家企业进行了诊断，并提供了有针对性的企业内部培训课程，受到企业的广泛好评。

凡佳诗的理念：“诚信务实，追求卓越！”“干则必成，干则一流！”

凡佳诗的目标：“与客户共同打造连锁金链条！”

图书在版编目(CIP)数据

2006年中国连锁经营年鉴/中国连锁经营协会编．北京:中国商业出版社,2006.7

ISBN 7-5044-5709-4

Ⅰ.2… Ⅱ.中… Ⅲ.连锁商店-商业经营-中国-2006-年鉴 Ⅳ.F721.7-54

中国版本图书馆CIP数据核字(2006)第085526号

责任编辑:唐伟荣

中国商业出版社出版发行
(100053 北京广安门内报国寺1号)
新华书店总店北京发行所经销
北京明月印务有限责任公司印刷

*

787×1092毫米 16开 36印张 850千字
2006年8月第1版 2006年8月第1次印刷
定价:280.00元

* * * *

(如有印装质量问题可更换)